唐浩明

点评

曾国藩家书

上

华东师范大学出版社

图书在版编目（CIP）数据

唐浩明点评曾国藩家书/唐浩明著.—上海：华东师范大学出版社，2015.9

ISBN 978-7-5675-4110-8

Ⅰ.①唐… Ⅱ.①唐… Ⅲ.①曾国藩（1811~1872）-书信集-研究 Ⅳ.①K827=52

中国版本图书馆 CIP 数据核字（2015）第 218203 号

唐浩明点评曾国藩家书

著　者　唐浩明
项目编辑　许　静　储德天
特约编辑　邱承辉
审读编辑　王　海　汪建华
封面设计　吕彦秋

出版发行　华东师范大学出版社
社　　址　上海市中山北路3663号，邮编200062
网　　址　www.ecnupress.com.cn
电　　话　021-60821666　行政传真　021-62572105
客服电话　021-62865537（兼传真）门市电话　021-62869887（邮购）
地　　址　上海市中山北路3663号华东师范大学校内先锋路口
网　　店　http://hdsdcbs.tmall.com

印 刷 者　北京文昌阁彩色印刷有限责任公司
开　　本　787×1092　16开
印　　张　42
字　　数　710千字
版　　次　2016年1月第1版
印　　次　2018年12月第4次印刷
书　　号　978-7-5675-4110-8/K.455
定　　价　88.00元（上下册）

出版人　王　焰

（如发现本版图书有印订质量问题，请寄回本社市场部调换或电话021-62865537联系）

一个大人物的心灵世界

十几年前,随着《曾国藩全集》和以曾国藩为主人公的文学作品的出版,一个一度曾经改变历史走向的人物,仿佛一件稀有文物被发掘出土似的,立时引起国人的广泛兴趣:官场士林、商界军营乃至市井百姓,一时间都以谈论曾氏为博雅为时髦。此风亦波及海外华人世界,华文媒体也争相介绍这位早已被遗忘的曾文正公。

中国近代史上叱咤风云的人物岂止千百,为何此人能得到众多领域和层次的关注:似乎只要是中国人,谁都可以从他身上说点什么!看来,这就不仅仅是出于个人经历的传奇性,而是此人身上有着民族和文化的负载。

当今的时代,是一个全球经济一体化的时代,西方文化仗着经济实力的强大,正在向全世界各个角落风卷残云般扑来,大有排斥、压倒一切文化的势头。曾经创造过五千年灿烂文明的中国文化,在如此形势下如何立足,它究竟还有没有存在的必要,中华民族还需要它的哺育吗?它还有发展的可能吗?这些原本不是问题的问题,如今似乎已成了有识之士的困惑。

曾氏被公认为中国近代最后一个集传统文化于一身的典型人物,人们对他的关注和兴趣,正好给我们以启示:处在变革时期而浮躁不安的中国人,依然渴求来自本族文化的滋润,尤其企盼从这种文化所培育出的成功人士身上获取某些启迪。这启迪,因同源同种同血脉的缘故,而显得更亲切,更实用,也更有效。

此事给我们这批从事中国文化工作的人以振奋,它使我们增加了信心,看到了未来的前途。

然而,中国文化既博大精深,又浩繁芜杂,在眼下信息爆炸竞争激烈的时代,机遇良多,一刻千金,人们再也没有往日田园般宁静的心境和经年累月足不出户闭门读书的悠闲。如何让忙于事功者领略中国文化的智慧呢？笔者认为，对于有志于此的人来说，不妨试用一法：在一段时间内将注意力集中到一个有代表性的人物身上，将他看透研深，再由此一人而去领悟全体。佛家说一叶一菩提，一花一世界，古人说一经通而百经通，说的都是这个意思。

曾国藩便是中国文化的代表人之一，无论从哪个角度来看他，都有值得借鉴之处。比如说，作为一个个体生命，他以病弱之躯在短短的六十年里，做了如许多的事情，留下如许多的思考，他的超常精力从何而来？作为一个头领，他白手起家创建一支体制外的团队，在千难万险中将这支团队带到成功的彼岸，此中的本事究竟有哪些？作为一个父兄，一生给子弟写信数以千计，即便在军情险恶、随时都有生命危险之际，仍对子弟不忘殷殷关注、谆谆教诲。他的这种非同寻常的爱心源于何处？作为一个国家的高级官员，在举世昏昏不明津渡的时候，他能提出向西方学习徐图自强的构想，并在权力所及的范围内加以实施。他的这种识见从何产生？所有这些，都是值得今人仔细琢磨的课题。

看透曾氏，最主要的方法是读他的文字，但曾氏传世文字千余万，通读亦不易，只能读其精华；其精华部分首在家书。清末民初时期，曾氏家书乃士大夫必读之书。青年毛泽东在给友人的信中说："尝见曾文正家书云：吾阅性理书时，又好作文章；作文章时又参以杂务，以致百不一成。"信中所说的，出自曾氏咸丰七年十二月十四日致沅弟的信。毛泽东信手拈来，可见他对曾氏家书很熟悉。曾氏家书，过去被当做治家圭臬来读，但现代人的家庭已大为简化，当年那种四世同堂、兄弟众多的大家庭已不复存在。今天人们的所谓治家，说到底不过是教子而已；至于"子"，也只独生一个，且学校和社会又担负了其中的主要责任。如此说来，曾氏的家书还有读的必要吗？

其实，这部家书远不这般简单。它是一个思想者对世道人心的观察体验，是一个学者对读书治学的经验之谈，是一个成功者对事业的奋斗经历，更是一个胸中有着万千沟壑的大人物心灵世界的坦露。读懂这样一部书，胜过读千百册平庸之作。

早在上个世纪初，蔡锷将军便辑录曾氏有关治兵方面的文字，并加以评说，用来作为培训新军将官的教材，在中国军界产生了很大的影响。笔者效法蔡锷，在曾氏千余封家书中选取三百多封加以评点，从曾氏的家世学养、人脉关系及时代背景等方面入手，阐发信里信外诸多令人感兴趣的话题，试图与读者一道，深入曾氏的心灵世界，破译曾氏家族崛起的密码，并借此来触摸一下中华民族文化的深层积淀。

蔡锷乃一代英杰，他的评说虽然简短，但其丰富的军事理论和不朽的军事功勋，足以使他成为评论曾氏治兵语录的权威。笔者从没想到要跟他攀比，只是凭借着二十年来对曾氏的潜心研究和自己的人生阅历，撰写一点理性思考的文字，但愿这种努力与写作初衷不至于相距太远。

壬午盛夏于长沙静远楼

曾国藩亲属

祖父　曾玉屏（星冈公 1774—1849）
父亲　曾麟书（竹亭公 1790—1857）　　　　叔父　曾骥云（1807—1860）
母亲　曾江氏（1785—1852）

妻子　欧阳氏（1816—1874，欧阳凝祉女）　妾　陈氏（1840—1863）
四弟　曾国潢（澄侯 1820—1886）
六弟　曾国华（温甫 1822—1858，过继给叔父曾骥云）
九弟　曾国荃（沅甫 1824—1890）
幼弟　曾国葆（季洪 1828—1862）
以上四、六、九均为家族排行，不是亲兄弟排行
姐　曾国兰（1808—1863），嫁王国九
妹　曾国蕙（1814—1864），嫁王待聘（王率五）
妹　曾国芝（1817—1846），嫁朱咏春

子　曾纪泽（1839—1890）　　妻　贺氏（1840—1857，贺长龄女）
　　　　　　　　　　　　　继配　刘氏（1841—1903，刘蓉女）
子　曾纪鸿（1848—1881）　　妻　郭氏（1847—1935，郭沛霖女）
女　曾纪静（1841—1870）　　婿　袁秉桢（袁芳瑛子，不长进）
女　曾纪耀（1843—1881）　　婿　陈松年（陈源兖子，有隐疾）
女　曾纪琛（1844—1912）　　婿　罗允吉（罗泽南子，婆凶悍）
女　曾纪纯（1846—1881）　　婿　郭依永（郭嵩焘子，25岁亡）
女　曾纪芬（1852—1935）　　婿　聂缉椝（聂亦峰子）

目录 —— 唐浩明点评曾国藩家书

京城做官（1840—1851）：春风得意

禀父母（破天荒翰林）/ 002
禀祖父（一个不同凡庸的乡村农民）/ 005
致诸弟（为学譬如熬肉）/ 007
致诸弟（读书之要在格物致知）/ 012
致诸弟（何绍基之字与汤鹏之文）/ 016
致诸弟（戒烟、写日记、主静）/ 020
致诸弟（同意诸弟外出求学）/ 024
禀父母（和睦兄弟为第一）/ 028
禀祖父母（升翰林院侍讲）/ 030
致温弟（感春诗慷慨悲歌）/ 032
致诸弟（绝大学问即在家庭日用之间）/ 035
禀父母（清代官员的薪俸）/ 036
致诸弟（罗泽南）/ 039
致温弟沅弟（盈虚消息之理）/ 041
致诸弟（作如火如荼之文）/ 047
禀父母（妹夫来京不能安置）/ 050
致诸弟（治学以有恒为主）/ 052
致诸弟（送妹夫王五诗）/ 054
致诸弟（诗之门径）/ 057
禀叔父（江忠源乃义侠之士）/ 059
禀父母（以杜门谢客为好）/ 061
禀父母（祖母的福分欠缺点）/ 063
致诸弟（回家有三难）/ 065
禀祖父（连升四级）/ 067
禀父母（曾府的五个千金）/ 069
致诸弟（武科考试）/ 072
禀父母（失眠药方与招运良法）/ 073
禀父母（接续家风的大功臣郭筠）/ 075
禀叔父母（道光末年的物价）/ 077
致诸弟（京师官员吃花酒）/ 079
禀父母（升授礼部侍郎）/ 081
致诸弟（不存做官发财之念）/ 083
致诸弟（官宦之家与孝友之家）/ 086
致诸弟（以"甲科鼎盛"排名）/ 088
致诸弟（不收赙仪与分送马褂）/ 090
致诸弟（广西出了大事）/ 092

致诸弟（义仓——美丽的空想）/094
致诸弟（直言上疏）/096
致诸弟（陶澍知左宗棠）/100
致诸弟（不可帮钱垫官之亏空）/102
致诸弟（诰封盖印也得行贿）/109
致诸弟（妻子凶恶，丈夫才能中进士）/111
致诸弟（因贺女庶出而暂缓亲事）/115
致诸弟（老父训斥侍郎儿）/117

湘军初建（1852—1858）：步履维艰

谕纪泽（遭遇母丧）/122
谕纪泽（再嘱应办事宜）/127
谕纪泽（孝道平衡了"三从四德"）/131
禀父（由侍郎变为湘军统帅）/133
禀父（让人快速致富的战争吸引乡民）/138
致诸弟（守耕读之家本色）/142
致诸弟（水勇逃逸，将官冒功）/144
致诸弟（百年旧档重见天日）/147
禀父（胡林翼早年是个花花公子）/149
致诸弟（湘军前途不被人看好）/151
致诸弟（前二品侍郎获赏三品顶戴）/152
致诸弟（只做了七天署理湖北巡抚）/154
致诸弟（享荣名而寸心兢兢）/157
致诸弟（无实而享大名者必有奇祸）/159
致诸弟（忍辱包羞，屈心抑志）/161
致诸弟（水师大败）/163
致诸弟（结怨江西官场）/164
致诸弟（让儿孙一无可恃）/166
致诸弟（老九得优贡）/169
致诸弟（不置私田）/171
致诸弟（纪泽新婚）/173
致温弟（蜡丸隐语报军情）/174
致澄弟（藏身匿迹，不露圭角）/176
致沅弟（赤手空拳办大事）/177
谕纪鸿（愿子孙做君子不做大官）/178
谕纪泽（不可浪掷光阴）/180
谕纪泽（先习小学及古文）/182
致沅弟（分多润寡及澄心定虑）/183
致澄弟（不妄取丝毫公款）/184
致沅弟（规模远大与综理密微）/186
致沅弟（将才四大端）/189
致沅弟（李续宾的诀窍：暇与浑）/191
致沅弟（人才第一）/193
致沅弟（在江西郁郁不得意者）/195
致沅弟（去机巧，求笃实）/197
致沅弟（脚踏实地，克勤小物）/200
致沅弟（善事的三种做法）/201
致沅弟（耐烦为第一要义）/203
致沅弟（长傲多言为凶德）/204
致沅弟（感怀往事，多有悔悟）/205
致沅弟（以"平和"养德保身）/207
致沅弟（朝廷厚胡薄曾）/209
致沅弟（人生适意之时不可多得）/211

大战赣皖（1858—1861）：百折不挠

致沅弟（由程朱到申韩到黄老）/218
致澄弟季弟（刘蓉与郭嵩焘）/222
致澄弟季弟（蔬竹鱼猪可觇兴衰气象）/225
谕纪泽（读书之法与做人之道）/227
谕纪泽（读书宜体察涵泳）/230
谕纪泽（作诗写字之法及生平之耻）/231
谕纪泽（勤做读书札记）/235
致诸弟（三河惨败，老六阵亡）/237
致诸弟（祸福由天，善恶由人）/240
致诸弟（李鸿章与王闿运）/241
致诸弟（得意之时与失意之事）/245
致诸弟（乱世居华屋非所宜）/247
致诸弟（招魂具衣冠葬老六）/249
致诸弟（历代圣哲三十二人）/250
致诸弟（曾氏家族的一大悬案）/253
致诸弟（写毛笔字握笔宜高）/254
致诸弟（尴尬的封典）/256
谕纪泽（诗文与字均宜留心摹仿）/258
致诸弟（"一门忠义"竟成谶语）/260
谕纪泽（书法的南派北派）/261
谕纪泽（读书应有所选择）/265
致诸弟（应酬周到）/267
谕纪泽（抄体面话与分类整理）/269
谕纪泽（欧阳夫人不是才女）/271
致澄弟（以身作则）/274
谕纪泽（《尚书》之今古文）/276

致沅弟（回救宝庆）/278
谕纪泽（颜柳之帖有败笔）/280
致澄弟沅弟（以"拖"来对付朝廷）/280
致诸弟（改葬父母）/282
致澄弟（樊镇一案）/283
谕纪泽（《冰鉴》不是曾国藩所著）/287
致澄弟沅弟（可怜的光禄大夫）/289
谕纪泽（分类抄记典故藻汇）/290
致澄弟沅弟（惜福）/292
谕纪泽（善读《文选》）/294
致澄弟沅弟（勤洗脚）/296
致澄弟（治家八字诀）/297
致澄弟（江南大营崩溃与湘军腾飞）/298
致沅弟（爱民与积德）/299
谕纪泽（文章当珠圆玉润）/301
致澄弟（左宗棠乘时而起）/302
致沅弟季弟（终于有了地方实权）/305
致澄弟（收存片纸只字）/307
致沅弟季弟（头发横而盘者不驯）/309
致沅弟（厘金：湘军军饷的主要来源）/310
致季弟（讲求将略品行学术）/311
致澄弟（此信当年为何不收入全集）/313
致沅弟季弟（不能以"命"教子训士）/314
致沅弟季弟（天下似无戡定之理）/315
致沅弟（与人相处疏疏落落）/316
致沅弟季弟（由高亢渐归平实）/317

致沅弟（错用李元度）/318
致沅弟季弟（李元度大节已亏）/319
致沅弟（为何发这么大的火）/321
致沅弟（庸人以惰致败，才人以傲致败）/324
致沅弟季弟（戒傲戒惰）/325
致澄弟（切莫玉成买田起屋事）/326
致沅弟季弟（深以子侄辈骄傲之气为虑）/327
谕纪泽纪鸿（戒轻易）/328
致澄弟（坦然怡然对待生死）/329
致沅弟季弟（资夷力师夷智）/330
致澄弟（不信医药僧巫地仙）/332
谕纪泽（药能活人亦能害人）/333
致沅弟（成功得名不尽关人事）/334
致澄弟（不轻非笑人不晏起）/336
谕纪泽（文章雄奇之道）/337
致澄弟（大字以间架紧为主）/338
谕纪泽（临摹柳帖以强笔力）/339
谕纪泽（《左传》解经何以与今解不同）/340
致澄弟（讥评人短即是骄傲）/342
致沅弟季弟（持以谨静专一之气应付危局）/342
致澄弟（立身处世之"八本"）/344
致诸弟（孝致祥，勤致祥，恕致祥）/346
谕纪泽纪鸿（文人的遗憾）/347
致沅弟季弟（从祁门移营东流）/349
致沅弟季弟（左宗棠之长在善于审几审势）/350
致沅弟（凡办大事，半人力半天事）/351
致沅弟（约期打仗及观人说话）/352
致沅弟季弟（莫以多杀人为悔）/353
致澄弟（情意与钱物）/354
致沅弟（暂缓奏祀方苞）/355
谕纪泽（以勤奋追补失落的光阴）/357
致澄弟（咸丰帝驾崩）/358
致沅弟（胡林翼去世）/359

决胜金陵（1861—1864）：功高盖世

谕纪泽（目录分类）/362
致沅弟（约旨卑思）/363
致澄弟（官文党类太盛）/364
致沅弟（挽胡林翼联）/365
谕纪泽（以二百金办女儿奁具）/366
致澄弟沅弟（礼之厚薄与八君子辅政）/367
致澄弟沅弟（陈氏妾与节制四省）/368
致澄弟沅弟（李鸿章招募淮军）/373
谕纪泽（须读李杜韩白等八家诗）/374
致沅弟（朝廷着意笼络老九）/375
致季弟（慰弟妇之丧）/377
致澄弟（皖南人吃人）/377
致沅弟（求助当视其力量之所能为）/378
谕纪泽（烦劳远胜困苦）/378

谕纪泽（有常是第一美德）/379
致沅弟（忌妒倾轧为官场常事）/380
致沅弟（设厘卡抽税）/382
致沅弟（驾驭悍将与密保李鸿章）/382
致沅弟（办大事者以多选替手为第一义）/384
谕纪泽纪鸿（读书可以变化气质）/385
致澄弟（纪鸿中秀才）/386
谕纪泽（以《文选》补作文之短）/387
致沅弟季弟（以廉谦劳三字自抑）/388
谕纪泽（给不上进的女婿留点脸面）/390
谕纪鸿（以四百两银贺纪鸿中秀才）/391
致沅弟季弟（天地之道刚柔互用）/392
致沅弟季弟（愧悔大负李元度）/393
致沅弟季弟（如何使用有才无德者）/396
致沅弟（面对指摘宜自修）/397
致沅弟（不要插手盐务以谋利）/398
致沅弟季弟（对购置田宅之指摘当三思）/400
谕纪泽（持身可学王陶而不可学嵇阮）/401
致澄弟（可怕的瘟疫）/403
致澄弟（对父母官宜若远若近）/403
致沅弟（制胜之道在人不在器）/404
谕纪泽（借亲情疗忧惧）/406
谕纪泽（敌军无能平之理）/407
致沅弟（用兵之道全军为上）/408
致沅弟（一两参合二十余教师的月薪）/408
谕纪泽（诗文立意须超群离俗）/409
致沅弟（老幺之死湘乡早有预测）/410

致沅弟（挽季洪联）/412
致沅弟（唐鹤九挽联甚佳）/412
致沅弟（辞职乃以退为进）/413
致沅弟（花未全开月未圆）/414
致沅弟（去忿欲以养体，存倔强以励志）/416
谕纪泽（劝女儿耐劳忍气）/417
致沅弟（凡亲临必打败仗）/418
谕纪泽（读书须记札记）/419
谕纪泽（以精确之训诂，做古茂之文章）/421
致沅弟（豁达光明之识与恬淡冲融之趣）/422
致沅弟（拼命报国，侧身修行）/424
致沅弟（以方寸为严师）/425
致澄弟（皖南人肉每斤百二十文）/426
致沅弟（担当大事，全在明强二字）/427
致澄弟（苦命的陈氏妾）/429
致沅弟（能进曾氏私室的幕僚）/430
致沅弟（为文宜专从简当二字着力）/434
致沅弟（无形之功不必说）/435
致沅弟（奏折重在主意、结构及用字）/436
致沅弟（蛮字为主，打字向前）/437
致沅弟（强字须从明字做出）/439
致沅弟（湘军中的另类将领鲍超）/440
致沅弟（识为主，才为辅；人谋半，天意半）/441
致沅弟（避挟长市恩之嫌）/443
致澄弟（富贵气不可太重）/445
致沅弟（保人亦有为难之处）/446
谕纪鸿（不可挂大帅旗，不可惊动官长）/447

致沅弟（李泰国购洋兵船事）/448
致沅弟（解银七万以抚慰）/451
致沅弟（从畏慎二字痛下功夫）/452
致澄弟（鼎盛之际宜收敛）/453
致沅弟（半是天缘凑泊，半是勉强迁就）/455
致沅弟（太平军降将古隆贤）/456
致澄弟（全家团聚安庆）/457
致沅弟（因奏留黄冕而上干谴责）/458
致澄弟（子侄辈不能坐四抬轿）/460
致澄弟（公银作私用宜少）/461
致沅弟（李鸿章杀降）/463
致澄弟（莫怕寒村悭吝，莫贪大方豪爽）/464
致澄弟（私盐只禁船载，不禁路挑）/465
致澄弟（欧阳夫人带头纺纱）/467
谕纪瑞（勿忘先世之艰难）/469
致沅弟（惟胸次浩大是真正受用）/470
致澄弟（艰苦则强，娇养则弱）/471
致澄弟（时时于俭字用功）/471
致沅弟（与沈葆桢争夺江西厘金）/472
致沅弟（无应酬馈赠则不能办事）/476
致沅弟（李鸿章贪财）/477
致澄弟（天使致祭时的礼仪）/479
致澄弟（不要管闲事）/480

致沅弟（停止赈局，送回妇幼）/481
致沅弟（病不在身而在心）/482
致沅弟（互劝互勖互恭维）/484
致沅弟（每日总须略有抽闲之时）/485
致沅弟（杨岳斌以提督授总督）/486
致沅弟（请不请李鸿章会攻江宁）/488
致沅弟（为儿子获奖语而欣喜）/489
致澄弟（有福不可享尽，有势不可使尽）/491
致沅弟（李鸿章不敢得罪老九）/492
致沅弟（男儿自立须有倔强之气）/493
致沅弟（八百里驰奏打下金陵）/494
谕纪泽（成为阶下囚的李秀成）/496
谕纪泽（验洪秀全之尸）/498
谕纪鸿（进身之始，务知自重）/498
谕纪泽（兄弟同日封侯伯）/499
致沅弟（老九遭各方攻击，郁郁不乐）/501
致沅弟（收回金陵后的三桩大事）/504
致沅弟（曾氏是否也有过狎邪游）/506
致沅弟（寿弟诗）/507
致澄弟（老九开缺回籍）/509
致沅弟（左宗棠奏报幼天王已逃）/510
致沅弟（新的使命）/511
致澄弟沅弟（甲子科江南乡试）/513

剿捻失利（1865—1867）：英雄迟暮

致澄弟沅弟（老九借病拒不应诏）/516
致沅弟（慈禧与恭王矛盾的初次暴露）/517
致澄弟沅弟（替代僧格林沁北上打捻）/519
致澄弟沅弟（不望富贵，愿代代有秀才）/521
谕纪泽（夜饭不用荤为养生之道）/522
谕纪泽纪鸿（气势、识度、情韵、趣味）/524

致澄弟沅弟（老九拒绝北上为晋抚）/526
谕纪泽纪鸿（少年文字，总贵气象峥嵘）/527
谕纪泽（炒老米粥可医脾亏）/529
谕纪泽纪鸿（二十四岁即守寡的纪纯）/530
谕纪泽（刻印船山遗书）/532
谕纪泽纪鸿（宰相府起因于欧阳夫人）/534
谕纪泽（听天命亦是养生之道）/537
谕纪泽纪鸿（借花竹山水以养身心）/538
谕纪泽纪鸿（请吴汝纶之父为西席）/539
致澄弟沅弟（沅甫出处大计：行四藏六）/540
谕纪鸿（打得通的便是好汉）/541
致沅弟（曾国荃调任湖北巡抚）/542
谕纪泽纪鸿（养生之法在顺其自然）/543
谕纪泽纪鸿（不宜过于玲珑剔透）/545
谕纪泽纪鸿（可悲的侯门长女）/546
致澄弟沅弟（用人不率冗，存心不自满）/547
谕纪泽纪鸿（一百四十年前的高考辅导书）/549
致澄弟（养生五事）/550
致沅弟（不能视文章太重）/552
谕纪泽纪鸿（贪利而成居半，激逼而成居半）/553
谕纪泽纪鸿（思路宏开为文章必发之品）/555
致澄弟（不必曲为搜求哥老会徒）/556
谕纪泽纪鸿（风流名士曾广钧）/558
致沅弟（曾老九参劾官文）/559
致沅弟（《湘军志》与《湘军记》）/562
谕纪泽纪鸿（人但有志气即可奖成之）/564
致沅弟（求强在自修处，不在胜人处）/565
致沅弟（进驻南阳略作回避）/567
谕纪泽（大家名作自有一种面貌神态）/568
致沅弟（自请开缺辞爵）/570
致沅弟（兄弟私议李鸿章）/571
致欧阳夫人（做各房及子孙的榜样）/573
致澄弟（再四辞职苦衷何在）/574
致沅弟（人心日伪，大乱方长）/577
致沅弟（好汉打脱牙和血吞）/578
致沅弟（贪色贪财又豪气的郭松林）/580
致沅弟（悔字诀助老九过难关）/581
致澄弟（虽处鼎盛不可忘寒士家风味）/583
致沅弟（波平浪静与掀天揭地）/585
致沅弟（湘淮两军、曾李两家联为一气）/586

总督南北（1867—1871）：功成身遂

致澄弟（富贵常蹈危机）/590
谕纪泽（世上几无真正的清官）/591
致沅弟（乱世处大位，乃人生之大不幸）/593
谕纪泽（二十三四聪明始小开）/594
致沅弟（咬牙励志，勿因失败而自馁）/596
致沅弟（逆来顺受面对百端拂逆）/597
致沅弟（平生四次受人讥笑）/599
谕纪泽（曾纪鸿的肺病起于十九岁）/600

谕纪泽（襟怀高淡胜过南面王）/ 601
谕纪泽（变柔为刚，化刻为厚）/ 602
致欧阳夫人（有盛必有衰）/ 604
致澄弟（做一日和尚撞一日钟）/ 605
谕纪泽（制造船炮为自强之本）/ 606
谕纪泽（散财最忌有名）/ 611
谕纪泽（小儿女愈看得娇愈难成器）/ 613
谕纪泽（备三百两银子买一妾）/ 614
谕纪泽（病因可能在心血管上）/ 616
谕纪泽纪鸿（安排后事）/ 617
谕纪泽（撤天津地方官以全大局）/ 622
谕纪泽（内疚神明，外惭清议）/ 623
谕纪泽（两江总督马新贻被刺案）/ 624
谕纪泽（治目神药空青石）/ 626
致澄弟沅弟（张文祥为何杀马新贻）/ 629
致澄弟沅弟（空青石回天无力）/ 632
致澄弟沅弟（理学家亦看杂书）/ 633
致澄弟沅弟（安置故旧，追悔往日）/ 634
致澄弟沅弟（精力太衰，不再纳妾）/ 636
谕纪泽纪鸿（与王闿运相见于徐州）/ 638
谕纪泽（视察江南机器局）/ 639
致澄弟沅弟（养生六事与为学四字）/ 641
致澄弟沅弟（曾广铨出抚伯父）/ 642
谕纪泽纪鸿（慎独、主敬、求仁、习劳四课）/ 644

京城做官（1840—1851）
春风得意

唐浩明点评曾国藩 家书

　　君子之立志也，有民胞物与之量，有内圣外王之业，而后不忝于父母之生，不愧为天地之完人。故其为忧也，以不如舜不如周公为忧也，以德不修学不讲为忧也。是故顽民梗化则忧之，蛮夷猾夏则忧之，小人在位贤才否闭则忧之，匹夫匹妇不被己泽则忧之，所谓悲天命而悯人穷。此君子之所忧也。

禀父母（破天荒翰林）

道光二十年（1840）二月初九日

男国藩跪禀父亲母亲大人膝下：

去年十二月十六日，男在汉口寄家信，付湘潭人和纸行，不知已收到否？后于二十一日在汉口开车。二人共雇二把手小车六辆，男占三辆半。行三百余里，至河南八里汊度岁。正月初二日开车，初七日至周家口，即换大车。雇三套篷车二辆，每套钱十五千文。男占四套，朱占二套。初九日开车，十二日至河南省城，拜客耽搁四天，获百余金。十六日起行，即于是日三更趁风平浪静径渡黄河。二十八日到京。一路清吉平安，天气亦好，惟过年二天微雪耳。

到京在长郡会馆卸车。二月初一日移寓南横街千佛庵。屋四间，每月赁钱四千文，与梅、陈二人居址甚近。三人联会，间日一课。每课一赋一诗誊真。初八日是汤中堂老师大课，题"智若禹之行水赋"，以"行所无事则智大矣"为韵，诗题赋得"池面鱼吹柳絮行"得"吹"字。三月尚有大课一次。

同年未到者不过一二人，梅、陈二人皆正月始到。岱云江南、山东之行无甚佳处，到京除偿债外，不过存二三百金，又有八口之家。

曾国藩（1811—1872）

男路上用去百金，刻下光景颇好。接家眷之说，郑小珊现无回信。伊若允诺，似尽妥妙；如其不可，则另图善计，或缓一二年亦可，因儿子太小故也。

家中诸事都不挂念，惟诸弟读书不知有进境否？须将所作文字诗赋寄一二首来京。丹阁叔大作亦望寄示。男在京一切谨慎，家中尽可放心。

又禀者，大行皇后于正月十一日升遐，百日以内禁剃发，期年禁燕会音乐。何仙槎年伯于二月初五日溘逝。是日男在何家早饭，并未闻其大病，不数刻而凶问至矣。殁后，加太子太保衔。其次子何子毅,已于去年十一月物故。自前年出京后,同乡相继殂逝者:夏一卿、李高衢、杨宝筠三主事,熊子谦、谢讱庵及何氏父子凡七人。光景为之一变。男现慎保身体,自奉颇厚。

季仙九师升正詹,放浙江学政,初十日出京。廖钰夫师升尚书。吴甄甫师任福建巡抚。朱师、徐师灵榇并已回南矣。

詹有乾家墨,到京竟不可用,以胶太重也。拟仍付回,或退或用随便。接家眷事,三月又有信回家中。信来,须将本房及各亲戚家附载详明,堂上各老人须一一分叙,以烦琐为贵。

谨此跪禀万福金安。

点评:破天荒翰林

这是现存曾国藩家书中年代最早的一封。

曾氏于道光十八年(1838)第三次会试中式,殿试三甲第四十二名,赐同进士出身;朝考一等第三名,后由道光帝拔置为第二名,改翰林院庶吉士。庶吉士通过三年教习后还有一次考试,谓之散馆。散馆合格者留在翰林院,不合格者或改任县令,或分发各部。教习期间可留在北京,也可不留。曾氏未留北京,请假回湖南。这次来北京,系参加散馆考试。两个月后他通过了考试,被授职翰林院检讨,从七品衔,成为京师一名小官员。在京师,曾氏微不足道,但在曾家,他可是一个了不得的大人物。因为曾氏家族五六百年来从未有人与功名打过交道,这次一下子便出了个翰林,真可谓大大地破了天荒。

这封信是曾氏刚抵北京时写给父母的平安家信。他的父亲名叫曾麟书,号竹亭。曾麟书也是个读书人,但考运不好,一连考了十七次,考到四十三岁那

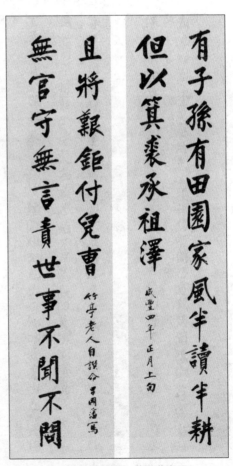

曾麟书撰联,曾国藩书写

年才录取个秀才。曾麟书一生以教蒙童为业,直到晚年才因儿子的地位而升为乡绅。曾麟书虽从未做过官,但因为是曾家第一个秀才,也算是有脸面的人。不过,这位孜孜不倦于考试的蒙师可能真的平庸。曾氏为其父母写墓表时,对于父亲的一生,几乎乏善可陈,而其祖父,居然可以在稠人广坐之中,大声呵斥已为人父的这个长子。孝顺固然是孝顺,但性格懦弱、办事才干欠缺大概也是实在的。晚年,他曾自撰一副传颂甚广的联语:有子孙有田园,家风半读半耕,但以箕裘承祖泽;无官守无言责,世事不闻不问,且将艰巨付儿曹。对联写得很洒脱,然在洒脱的背后,也透露出撰联者那种乏才又不遇的无奈和自嘲。

曾氏的母亲江氏比丈夫大五岁。她的性格与丈夫正好相反:刚烈、好强,且勤快能干。曾麟书夫妇共育有五子四女,曾氏为他们的长子。

信中所提到的儿子,即曾氏次子纪泽。曾氏结婚四年后于道光十七年十月生长子祯第,此子一岁多后与其小姑同时因染痘症而夭殇。道光十九年十一月初二,纪泽降生。就在这一天,曾氏在隆重的祭祖鞭炮声中离家北上,次年正月二十八日抵京。从湖南湘乡到北京,途中走了八十多天,由此可见当年进京赶考之艰难。

曾氏在北京,最挂念的是诸弟的学业。长兄点了翰林,诸弟脸上自然有光,巴望自己早日中式之心也便更加急迫,对大哥的指点也便抱有更高的期盼。做兄长的自然于此责无旁贷,故一到京城,便急着要诸弟把近日所作诗赋寄来,好切实指导。

信的末尾,曾氏希望家里今后给他写信"以烦琐为贵"。这几个字充分体现了一个远方游子对家人的关心思念之情,即便后来妻儿迁到京师,曾氏仍希望时常看到来自家乡的絮絮叨叨、巨细皆备的书信。此中除了曾氏个人的亲情之外,也透露了另一层消息,即中国人浓厚的"根"的观念。不管到了哪里,即便是在京师贵为朝廷大员,或是在外乡成了千万富翁,他也会将所在地视为寓所,当做客居,他的家始终是那个遥

清嘉庆十六年十月十一日
曾氏出生在这间房子里

远的世代祖居的地方,告老还乡、叶落归根总是游子最后的取向,这就是"根"的意念。"根"是中华民族的凝聚力,是联系的纽带,但"根"也大大地局限了中国人的视野、胸襟和开拓精神。

禀祖父(一个不同凡庸的乡村农民)

道光二十一年(1841)四月十七日

祖父大人万福金安:

四月十一日由折差发第六号家信,十六日折弁又到。孙男等平安如常,孙妇亦起居维慎。

曾孙数日内添吃粥一顿,因母乳日少,饭食难喂,每日两饭一粥。今年散馆,湖南三人皆留,全单内共留五十二人,仅三人改部属,三人改知县。翰林衙门现已多至百四五十人,可谓极盛。

琦善已于十四日押解到京。奉上谕派亲王三人、郡王一人、军机大臣、大学士、六部尚书会同审讯。现未定案。

梅霖生同年因去岁咳嗽未愈,日内颇患咯血。同乡各京官宅皆如故。

澄侯弟三月初四在县城发信已经收到,正月二十五信至今未接。兰姊以何时分娩?是男是女?伏望下次示知。

楚善八叔事,不知去冬是何光景。如绝无解危之处,则二伯祖母将穷迫难堪;竟希公之后人,将见笑于乡里矣。孙国藩去冬已写信求东阳叔祖兄弟,不知有补益否?此事全求祖父大人作主。如能救焚拯溺,何难嘘枯回生!伏念祖父平日积德累仁,救难济急,孙所知者,已难指数。如廖品一之孤、上莲叔之妻、彭定五之子、福益叔祖之母及小罗巷、樟树堂各庵,皆代为筹画,曲加矜恤。凡他人所束手无策、计无复之者,得祖父善为调停,旋乾转坤,无不立即解危,而况楚善八叔同胞之亲、万难之时乎?孙因念及家事,四千里外杳无消息,不知同堂诸叔目前光景。又念家中此时亦甚艰窘,辄敢冒昧饶舌,伏求祖父大人宽宥无知之罪。楚善叔事如有说法之处,望详细寄信来京。

兹逢折便,敬禀一二,即跪叩祖母大人万福金安。

点评:一个不同凡庸的乡村农民

《曾国藩全集·家书》共收有曾氏给祖父母或祖父的信十六封。曾氏的祖父名玉屏，号星冈，是一个不同凡庸的乡村农民。曾氏对祖父的崇仰之情远过父亲。从曾氏亲撰的墓表中可知，曾玉屏青少年时是个好游乐无节制的浮薄子弟，直到三十五岁时才洗心革面做一个规矩农民。曾玉屏体魄强壮，说话声如洪钟，有威仪，治家有方，一直是曾氏大家族的家长，且热心邻里之事，颇有乡党领袖的风度。曾玉屏少时不读书，壮年后深知读书的重要，对子孙课读甚严。他虽未经历过大世面，却有识见。在长孙点翰林后，他告诫家人：我们家以种田为本，虽富贵也不能丢了这个根本。国藩做翰林，只是刚开始，事业还长得很，家中的琐碎事不要去打扰他，以便他一心一意做官。因为有祖父这番叮嘱，故而曾氏做京官十余年，没有为家事操累过。祖母王氏，比丈夫整整大了七岁。直到道光二十六年（1846），祖父祖母都还健在。那时曾氏已三十六岁，官居翰林院侍讲学士，从四品衔。这种家庭，世间并不多有。

曾氏想到自己上有祖父母、父母，中有诸弟姊妹，下有妻子儿女，又做了中级京官，真个是福禄周全、门祚鼎盛。他深知月盈则缺、花盛则谢的道理，常以盈满为戒，故将书房取名"求阙斋"。阙者，空也，缺也。曾氏希望今后在别的事情上存有缺憾，以便"堂上重庆"的福气能多保留些日子。

道光二十九年（1849），曾氏官居礼部右侍郎兼兵部右侍郎，已是朝廷的高级官员了，曾玉屏才去世，享年七十六岁。按照当时礼制，他可以得到从一品荣禄大夫的封赠。一个乡间农民，能享到孙子所带来的这般好处，也可谓洪福齐天了。

在曾氏的心目中，祖父是一个有大智大才、只因生不逢时而未获大用的英雄豪杰。到了晚年，他已建立大功勋，封侯拜相，仍认为自己远不如祖父。纵观曾氏一生，我们可以看出祖父对他的影响很大，其中尤在两个方面表现得最为突出。

一在为人上。他以祖父所说"懦弱无刚乃男人最大之耻"作为终身座右铭，并将这句话一再告诫子弟。曾氏又在"刚"中注入"毅"的成分。"刚毅"二字成为曾氏性格的主要特征，也是他一生事业成就的基石之所在。

将曾氏祖孙三代对照来分析是一件很有趣的事。前面说到，曾麟书是个平庸懦弱的人，而曾玉屏却是一个强悍不羁之才。这父子俩颇有点像虎父犬子。父祖两代均在曾氏的身上打下了深刻的烙印，曾氏多次说过自己"胆气薄弱"、"禀性素弱"。从他带兵之初两次因失败而投江自杀的记录来看，可知其性格中有明显的脆弱的一面。显然，这源于其弱父的遗传，是他的先天禀赋。但他又有"打脱牙齿和血吞"、"屡败屡战"的倔强、不服输的一面，看来这是自小起所接受的强祖耳提面命的结果，属于后天性的教育和影响。由此可见，天性并非就决定了一切，一个人青少年时代所处的环境，对其一生的走向也相当重要，尤其是至亲的言传身教，更有别人不可替代的潜移默化的作用。

祖父对曾氏的另一重大影响在治家上。曾氏"早、扫、考、宝、书、蔬、鱼、猪"治家八字诀，完全是对祖父平时所作所为的概括。他反复告诫子弟："治家之道，一切以星冈公为法。"

信中所言"楚善八叔事"，系族叔楚善被债主追逼度日艰难，写信给曾氏请求帮助之事。因祖父在乡党中有威望，故曾氏将此事推给祖父，请他代为援手。

致诸弟（为学譬如熬肉）

道光二十二年（1842）九月十八日

四位老弟足下：

九弟行程，计此时可以到家。自任丘发信之后，至今未接到第二封信，不胜悬悬。不知道上不甚艰险否？四弟、六弟院试，计此时应有信，而折差久不见来，实深悬望。

予身体较九弟在京时一样，总以耳鸣为苦。问之吴竹如，云只有静养一法，非药物所能为力。而应酬日繁，予又素性浮躁，何能着实养静？拟搬进内城住，可省一半无谓之往还，现在尚未找得。予时时自悔，终未能洗涤自新。

九弟归去之后，予定刚日读经、柔日读史之法。读经常懒散不沉着。读《后汉书》，现已丹笔点过八本；虽全不记忆，而较之去年读前《汉书》，领会较深。九月十一日起同课人议每课一文一诗，即于本日申刻用白折写。予文、诗极为同课人所赞赏。然予于八股绝无实学，虽感诸君奖借之殷，实则自愧愈深也。待下次折差来，可付课文数篇回家。予居家懒做考差工夫，即借此课以摩厉考具，或亦不至临场窘迫耳。

曾国荃（1824—1890）

曾国葆（1828—1862）

吴竹如近日往来极密，来则作竟日之谈，所言皆身心国家大道理。渠言有窦兰泉者（垿，云南人），见道极精当平实。窦亦深知予者，彼此现尚未拜往。竹如必要予搬进城住，盖城内镜海先生可以师事，倭艮峰先生、窦兰泉可以友事。师友夹持，虽懦夫亦有立志。子思、朱子言为学譬如熬肉，先须用猛火煮，然后用漫火温。予生平工夫全未用猛火煮过，虽略有见识，乃是从悟境得来。偶用功，亦不过优游玩索已耳。如未沸之汤，遽用漫火温之，将愈煮愈不熟矣。以是急思搬进城内，屏除一切，从事于克己之学。镜海、艮峰两先生亦劝我急搬。而城外朋友，予亦有思常见者数人，如邵蕙西、吴子序、何子贞、陈岱云是也。

蕙西尝言："'与周公瑾交，如饮醇醪'，我两人颇有此风味。"故每见辄长谈不舍。子序之为人，予至今不能定其品。然识见最大且精，尝教我云："用功譬若掘井，与其多掘数井而皆不及泉，何若老守一井，力求及泉而用之不竭乎？"此语正与予病相合。盖予所谓掘井多而皆不及泉者也。

何子贞与予讲字极相合，谓我"真知大源，断不可暴弃"。予尝谓天下万事万理皆出于乾坤二卦。即以作字论之：纯以神行，大气鼓荡，脉络周通，潜心内转，此乾道也；结构精巧，向背有法，修短合度，此坤道也。凡乾以神气言，凡坤以形质言。礼乐不可斯须去身，即此道也。乐本于乾，礼本于坤。作字而优游自得真力弥满者，即乐之意也；<u>丝丝入扣转折合法</u>，即礼之意也。偶与子贞言及此，子贞深以为然，谓渠生平得力，尽于此矣。陈岱云与吾处处痛痒相关，此九弟所知者也。

写至此，接得家书。知四弟、六弟未得入学，怅怅然。科名有无迟早，总由前定，丝毫不能勉强。吾辈读书，只有两事：一者进德之事，讲求乎诚正修齐之道，以图无忝所生；一者修业之事，操习乎记诵词章之术，以图自卫其身。进德之事难以尽言，至于修业以卫身，吾请言之——

卫身莫大于谋食。农工商劳力以求食者也，士劳心以求食者也。故或食禄于朝，教授于乡，或为传食之客，或为入幕之宾，皆须计其所业，足以得食而无愧。科名者，食禄之阶也，亦须计吾所业，将来不至尸位素餐，而后得科名而无愧。食之得不得，穷通由天作主，予夺由人作主；业之精不精，则由我作主。然吾未见业果精，而终不得食者也。农果力耕，虽有饥馑必有丰年；商果积货，虽有壅滞必有通时；士果能精其业，安见其终不得科名哉？即终不得科名，又岂无他途可以求食者哉？然则特患业之不精耳。

求业之精，别无他法，曰专而已矣。谚曰"艺多不养身"，谓不专也。吾掘井多而无泉可饮，不专之咎也。诸弟总须力图专业。如九弟志在习字，亦不必尽废他业。但每日习字工夫，断不可不提起精神，随时随事，皆可触悟。四弟、六弟，吾不知其心有专嗜否？若志在穷经，则须专守一经；志在作制义，则须专看一家文稿；志在作古文，则须专看一家文集。作各体诗亦然，作试帖亦然，万不可以兼营并骛，兼营则必一无所能矣。切嘱切嘱，千万千万。此后写信来，诸弟各有专守之业，务须写明。且须详问极言，长篇累牍，使我读其手书，即可知其志向识见。凡专一业之人，必有心得，亦必有疑义。诸弟有心得，可以告我共赏之；有疑义，可以问我共析之。且书信既详，则四千里外之兄弟不啻晤言一室，乐何如乎？

予生平于伦常中，惟兄弟一伦抱愧尤深。盖父亲以其所知者尽以教我，而我不能以吾所知者尽教诸弟，是不孝之大者也。九弟在京年余，进益无多，每一念及，无地自容。嗣后我写诸弟信，总用此格纸，弟宜存留，每年装订成册。其中好处，万不可忽略看过。诸弟写信寄我，亦须用一色格纸，以便装订。

谢果堂先生出京后，来信并诗二首。先生年已六十余，名望甚重，与予见面，辄彼此倾心，别后又拳拳不忘，想见老辈爱才之笃。兹将诗并予送诗附阅，传播里中，使共知此老为大君子也。

予有大铜尺一方，屡寻不得，九弟已带归否？频年寄黄芽白菜子，家中种之好否？在省时已买漆否？漆匠果用何人？信来并祈详示。

点评：为学譬如熬肉

曾氏家书之精华在于与诸弟书及训子书，其为世所重的原因主要有两点：一、曾氏的这两类家书，决非世人所常见的报平安道家常的书信，作书者乃抱着极大的责任心和殷殷企盼之情，以书信为函授教材，将自己的学问识见毫无保留地传授给子弟。元好问诗："鸳鸯绣取从头看，不把金针度与人。"而曾氏恰恰是在把"金针"度与子弟。世人在阅读这些书信的同时，也便轻易地获得了"金针"。二、曾氏的子弟几乎个个成才成器，日后或成为其事业的得力助手，或成为其家族的薪火传人。他们以自己的业绩验证了曾氏所传"金针"的效用。正如良师的光彩要靠高徒来衬托一样，父兄的家教也要靠子弟的成就来增添说服力。

在这两类书信中，数量多内容丰富的部分又属与弟书。它不仅展示了曾氏望弟成才的苦心，更表现了其儒家文化忠实继承者的道德风范。

在中国的家庭伦理中，长兄是负有保护教育弟妹的重大责任的，故历来有"长兄当父"之说。但是，事实上绝大多数的长兄并非如此。他们爱子亲子，却对弟妹缺少关爱之心。因为儿女不仅是其财产事业的继承人，也是其生命的延续，亲与爱，是发自内心的，并不需要伦理的约束。而弟妹长大后，将自立门户，关系和情感只会越来越疏远。曾氏在大量的与弟书中所溢流出的兄弟之情，恰为世人所淡漠而为伦理所提倡，故在传统的家庭教育中，他的这些书信便成了极好的教材。

曾氏有四个弟弟，依祖父辈的序列排，分别为四弟国潢字澄侯、六弟国华字温甫、九弟国荃字沅甫、季弟国葆字贞干，与长兄相比，分别小十岁、十二岁、十四岁、十八岁。在后来的岁月里，除四弟在湘乡原籍经营家业外，其余三弟均投笔从戎。六弟在三河之役中战死，季弟在围南京时染瘟疫病死，九弟则成为打下南京的首功之人。从现存的照片来看，曾氏与其九弟面相极为相似，都是瘦削的长脸、鼻翼两边的法令既深又长、三角眼、扫帚眉。两兄弟同日封爵开府，又都死于南京两江总督任上。在中国近代史上，这种事实属独一无二。

这封信写在道光二十二年秋天，是曾氏全集中所收与弟书的第一封。此时曾氏依旧在翰林院供职，兼任国史馆协修，是一个地位低下的小京官。

来到京师三年半了，曾氏的官位虽没多大迁升，长进却甚大，这长进主要体现在学问和见识上，而促成这种长进的，一来自师友间的启迪切磋，二靠个人的自觉自律。

中国封建时代的读书人，在获得功名之前，读的几乎全是八股试帖等闱墨文字，与真正的学问无甚关联。考取后便去做官，依仗的是手中的权力，腹中有无真才实学并不重要。所以中国封建官员，尽管绝大部分都经历过十年寒窗，但有真本事的人却微乎其微。李鸿章曾经这样评价过他的一个下属："此人连官都不会做，可见无用。"虽说得刻薄了点，却是大实话。

曾氏中式后有幸在翰林院做官，给了他读书再学习的宝贵时间，也因为他较为明智，能够清醒地知道自己身上所存在的读书人所固有的这种弊病，从而自觉地加以深造。在朋友们的引荐下，他拜了两位老师。

一是湖南善化人唐鉴，即信中所说的镜海先生，此人当时官居太常寺卿。唐鉴给曾氏最重要的指导有两点：一为如何读书。唐鉴告诉曾氏，读经当专精一经，一经通则诸经通。又说，文章、义理、考据三门学问中，义理为首，义理精则文章精，经济之学亦在义理中。第二，唐鉴向曾氏指出，"静"字功夫最是要紧。若不静,则省身也不密,见理也不明,都是浮的。唐鉴又将所著《畿辅水利志》送给曾氏。这书属当时的所谓经济之学,即实实在在的于国计民生有用的真正学问。

曾氏服膺这位同乡前辈,虚心向他请教。据说,咸丰二年,唐鉴由金陵书院内召进京,年轻的咸丰皇帝在一个月内接连召见他十五次,咨询治国之道。此时,曾氏正在湖南老家守母丧。太平军已打到湖南,朝廷欲在湖南组建团练来对抗,苦于无合适人牵头。唐鉴向咸丰帝面荐曾氏,并特为指出:曾氏书生出身,久为京官,既不懂军旅,又疏于民政,初时可能会不顺,但要相信他今后一定会成功。可见,唐鉴对曾氏知之甚深,对其一生事业的影响也很大。

另一个是有理学大师之称的倭仁(字艮峰)。他教给曾氏一个修身要诀:研几。几乃几微之意。研几,即认真对待瞬间念头、细微小事,将它与修齐治平的大事联系起来,有点类似20世纪60年代曾经流行过的一句话:"狠斗私字一闪念。"研几,既然是自己对自己的整治,故最佳的方式是记日记,在日记中无情地解剖自己,批判自己,以求达到净化灵魂的目的。

倭仁后来官做到大学士,但在历史上却留下一个顽固守旧派的不好名声。同治六年,执政的恭王拟筹建同文馆,倭仁带头反对,说什么"立国之道,尚礼义不尚权谋;根本之图,在人心不在技艺"。在那样的时代说这种话,的确显得迂腐。

"理学"在近代是一门被批得体无完肤的旧学问,倭仁的迂腐不通又为"理学该批"增加一个极好的例子。但作为主宰中国思想界数百年之久的这门学说,也并非就一塌糊涂、一无是处,它至少在培育人的心志道德操守等方面有着难以否定的作用。曾氏在日后组建湘军之初注重其血性精神方面的教育,他本人大权在握时能清廉自守、军情危难时能适时调整心态、大功告成时能谦退自抑,等等,无疑都得力于早期的"研几"功夫。

这种以读书再学习为主课的翰苑闲官生涯,便是曾氏京师与弟书的背景。这个时期一直延续到道光二十七年出任礼部侍郎时为止,历时七八年。在这封信里,曾氏与诸弟谈自己读经史、拜师交友等情形,即为当时的真实写照。他要诸弟以"专"字法读书,便是转授唐鉴的指教。

这封信在谈到为学时有两点值得我们注意。

一是"猛火煮漫火温"法。这是子思、朱熹等人从熬肉中得到的启发:肉必须经过这样的熬,味道才会全部出来。读书亦是如此:先在短期内集中精力阅读,掌握所读之书的概貌;然后再对其中的章章节节乃至字字句句作慢慢细细的咀嚼,读熟读透,以求探到书中的精义奥赜。对于必读的经典书籍,这种"猛火煮漫火温"的方法值得借鉴。

二是谈乾坤礼乐之道。以书法为例，乾为神，坤为形，真力弥漫为乐，丝丝入扣为礼。这种将对立融为一体的思维方法，颇有点辩证统一的味道，值得把玩摩挲。

曾氏这封信中提到的京师朋友，笔者将在以后的相关评点中再说及。这次先介绍两个人。一为吴竹如。竹如名廷栋，江苏人，此时为翰林院官员，以后一直在京师做闲官，晚年回籍主讲金陵书院。而曾氏恰在此时做两江总督，彼此过从较密。曾氏死前一个月，两人还见了面。曾氏年谱记载："正月初二日，公访吴公廷栋宅，畅谈学业，语及邸抄倭文端公遗疏，交口称之，谓倘非自撰，不能抒写其心中所欲言。因语及昔年故交零落殆尽，黯然而别。"三十年前京师谈学论道的朋友，曾氏在晚年所能见到的仅此一人。曾吴之交，亦可谓全始全终。第二个是谢果堂。谢为湖南湘乡人，亦为翰苑官员。他本人无甚特别业绩，但他的父亲谢芗泉则有一个名震京师的壮举，多少年来一直为人所称道。乾隆年间，正是和珅当道、炙手可热的时候，京师上下谁也不敢得罪他。和珅家里的仆人也仗势胡作非为，人们敢怒不敢言。一次，和珅仆人坐着大员才可乘坐的大红障泥车招摇过市，遇到时为御史的谢芗泉。他怒不可遏，命人拿下和仆，亲自放火烧掉这辆车，替众人出了一口气。大家叫他为"烧车御史"，对他的正气和胆量钦佩不已。和珅恼怒至极，但又发作不得，过两年后还是借故将谢削了职，直到和珅倒台后谢才起复。

曾氏对这位同乡前辈甚是佩服，在信中所说的送别诗中他还提到了谢家这段光荣历史："一朝烧车震都市，骢马御史真人豪。"

致诸弟（读书之要在格物致知）

道光二十二年十月二十六日

四位老弟足下：

十月二十一接九弟在长沙所发信，内途中日记六叶，外药子一包。二十二接九月初二日家信，欣悉以慰。

自九弟出京后，余无日不忧虑，诚恐道路变故多端，难以臆揣。及读来书，果不出吾所料。千辛万苦，始得到家。幸哉幸哉！郑伴之不足恃，余早已知之矣。郁滋堂如此之好，余实不胜感激。在长沙时，曾未道及彭山屺，何也？又为祖母买皮袄，极好极好，可以补吾之过矣。

观四弟来信甚详，其发奋自励之志，溢于行间。然必欲找馆出外，此何意也？不过谓家塾离家太近，容易耽搁，不如出外较清净耳。然出外从师，则无甚耽搁；若出外教书，其耽搁更甚于家塾矣。且苟能发奋自立，则家塾可读书，即旷野之地、热闹之场亦可读书，负薪牧豕，皆可读书；苟不能发奋自立，则家塾不宜读书，即清净之乡、神仙之境皆不能读书。何必择地？何必择时？但自问立志之真不真耳！

六弟自怨数奇，余亦深以为然。然屈于小试辄发牢骚，吾窃笑其志之小，而所忧之不大也。君子之立志也，有民胞物与之量，有内圣外王之业，而后不忝于父母之生，不愧为天地之完人。故其为忧也，以不如舜不如周公为忧也，以德不修学不讲为忧也。是故顽民梗化则忧之，蛮夷猾夏则忧之，小人在位贤才否闭则忧之，匹夫匹妇不被己泽则忧之，所谓悲天命而悯人穷。此君子之所忧也。若夫一身之屈伸，一家之饥饱，世俗之荣辱得失、贵贱毁誉，君子固不暇忧及此也。六弟屈于小试，自称数奇，余窃笑其所忧之不大也。

盖人不读书则已，亦即自名曰读书人，则必从事于《大学》。《大学》之纲领有三：明德、新民、止至善，皆我分内事也。若读书不能体贴到身上去，谓此三项与我身了不相涉，则读书何用？虽使能文能诗，博雅自诩，亦只算得识字之牧猪奴耳！岂得谓之明理有用之人也乎？朝廷以制艺取士，亦谓其能代圣贤立言，必能明圣贤之理，行圣贤之行，可以居官莅民、整躬率物也。若以明德、新民为分外事，则虽能文能诗，而于修己治人之道实茫然不讲，朝廷用此等人作官，与用牧猪奴作官何以异哉？然则既自名为读书人，则《大学》之纲领，皆己身切要之事明矣。其条目有八，自我观之，其致功之处，则仅二者而已：曰格物，曰诚意。

格物，致知之事也；诚意，力行之事也。物者何？即所谓本末之物也。身、心、意、知、家、国、天下皆物也，天地万物皆物也，日用常行之事皆物也。格者，即物而穷其理也。如事亲定省，物也；究其所以当定省之理，即格物也。事兄随行，物也；究其所以当随行之理，即格物也。吾心，物也；究其存心之理，又博究其省察涵养以存心之理，即格物也。吾身，物也；究其敬身之理，又博究其立齐坐尸以敬身之理，即格物也。每日所看之书，句句皆物也；切己体察、穷究其理即格物也。此致知之事也。所谓诚意者，即其所知而力行之，是不欺也。知一句便行一句，此力行之事也。此二者并进，下学在此，上达亦在此。

吾友吴竹如格物工夫颇深，一事一物，皆求其理。倭艮峰先生则诚意工夫极严，每日有日课册，一日之中一念之差、一事之失、一言一默皆笔之于书。书皆楷字，三月则订一本。自乙未年起，今三十本矣。盖其慎独之严，虽妄念偶动，必即时克治，而著之于书。故所读之书，句句皆切身之要药。兹将艮峰先生日课抄三叶（同页）付归，与诸弟看。余自十月初一日起亦照艮峰样，每日一念一事，皆写之于册，以便触目克治，亦写楷书。冯树堂与余同日记起，亦有日课册。树堂极为虚心，爱我如兄，敬我如师，将来必有所成。余向来有无恒之弊，自此次写日课本子起，可保终身有恒矣。盖明师益友，重重夹持，能进不能退也。本欲抄余日课册付诸弟阅，因今日镜海先生来，要将本子带回去，故不及抄。十一月有折差，准抄几叶付回也。

　　余之益友，如倭艮峰之瑟僴，令人对之肃然。吴竹如、窦兰泉之精义，一言一事，必求至是。吴子序、邵蕙西之谈经，深思明辨。何子贞之谈字，其精妙处，无一不合，其谈诗尤最符契。子贞深喜吾诗，故吾自十月来已作诗十八首。兹抄二叶，付回与诸弟阅。冯树堂、陈岱云之立志，汲汲不遑，亦良友也。镜海先生，吾虽未尝执贽请业，而心已师之矣。

　　吾每作书与诸弟，不觉其言之长，想诸弟或厌烦难看矣。然诸弟苟有长信与我，我实乐之，如获至宝。人固各有性情也。

　　余自十月初一日起记日课，念念欲改过自新。思从前与小珊有隙，实是一朝之忿，不近人情，即欲登门谢罪。恰好初九日小珊来拜寿，是夜余即至小珊家久谈。十三日与岱云合伙，请小珊吃饭。从此欢笑如初，前隙尽释矣。

　　金竺虔报满用知县，现住小珊家，喉痛月余，现已全好。李笔峰在汤家如故。易莲舫要出门就馆，现亦甚用功，亦学倭艮峰者也。同乡李石梧已升陕西巡抚。两大将军皆锁拿解京治罪，拟斩监候。英夷之事，业已和抚。去银二千一百万两，又各处让他码头五处。现在英夷已全退矣。两江总督牛鉴，亦锁解刑部治罪。

　　近事大略如此。容再续书。

兄国藩手具

点评：读书之要在格物致知

　　这是曾氏与诸弟谈为学之道的一封极重要的信。曾氏在这封信里有一种高屋建瓴的架式，陈义颇高，说教成分也较多。当今世风日趋浮躁，人皆急功近利，恨不得一日之间便发大财、居高位、享盛名，不愿意去做长时期的累积功夫，尤其不愿意去从事道德心灵方面的修炼，认为那些都是虚的假的。其实，一百六十多年前的世风也不见得比今天淳厚得很多，这可以从当时人写的书里看得出。但是，就在那个时候，也有一些人，他们既志存高远，又脚踏实地，修身务本，储才养望，在天时未到之前，努力准备着，一旦机会降临便能很快把握住，捷足先登。曾国藩、左宗棠、罗泽南等人都是这批人的突出代表。纵观曾氏的一生，其成功之基实奠于早期这种扎实的格致修诚的训练。

今日之年轻人，若无心做大事则罢，若有心做一番实实在在的事业，则千万不要视修身为迂腐空疏，应从曾氏成功的人生过程中，看到此种功夫的实际作用。

下面，我们来具体评说这封信。

曾氏对他的几个弟弟曾用两句诗来作过评价："辰君平正午君奇，屈指老沅真白眉。"辰君为辰时出生的四弟，午君为午时出生的六弟，老沅为九弟沅甫。

尽管从字面上看都是佳评，但透过表面，可以看出曾氏对这三个弟弟的评价是有高低区别的，而且以后各人的发展，也的确验证了他的评价。常言说，知子莫如父，知弟莫如兄。其实，许多为父的并不能知其子，为兄的也并不能知其弟，因为这还要牵涉到为父为兄的眼光如何。曾氏向被誉为"衡人精当"，从对三个弟弟的评价上也可看出此说是有根据的。

平正的另一面即平庸无用。曾氏在一封给父母的信中说"四弟天分平常"，恰恰说的就是这一面。四弟国潢一辈子在家守着田产房屋，从未见他有过显眼的事迹，可知此人在曾家众兄弟中实属才干平平。此时年已二十二岁仍身为白丁的曾四爷，却不安心在家塾过一边教书一边攻读的日子，想外出找一个学馆，理由是外馆清净，家塾易为杂事耽搁。曾四爷本身就不是一个能清净的人，已届晚年了，做大哥的还在家信中告诫这个弟弟少管闲事，不要吹唢呐赶热闹，等等，可见"外馆清净"云云，不外乎一为自己功名未中找借口，二则趁此外出看看花花世界。故曾氏断然制止他的这个躁动：不必择地择时，若是真的立志苦读，再吵闹的地方也可读书，否则，即便是神仙之境也不能读好书。曾氏这番话，其实对任何一个正处求学时期的读书郎都适用。古时有凿壁偷光、挂角读书的穷苦学者，今有十五六岁便腰缠万贯不读书而去泡妞的"小皇帝"。可见读不读书，不取决于外部环境，而在于内心立志与不立志耳。

曾家的六爷被大哥称之为"奇"。奇者，或许真有奇才异能，也或许只是自命不凡、眼高手低罢了。从其一生的行径来看，曾六爷的"奇"，实无足称道。此时他考试成绩不佳，不从自身找原因，却怨天尤人，大发牢骚。曾氏这封家信，便主要是对这位缺乏自知之明的六弟而写的。

曾氏训诫六弟：小试不售便发牢骚，实为胸襟不宽、志量太小的缘故。君子之立志，不在一己之荣辱得失，而在有民胞物与之量、内圣外王之业。

"民胞物与"四字出自北宋理学家张载的《西铭》："民吾同胞，物吾与也。"意为人类万物同为天父地母所生，实与自己同出一源，故而都应该爱护。这种观念反映了理学也具有博爱和恢宏的一面。

"内圣外王",语出《庄子·天下》:"是故内圣外王之道暗而不明,郁而不发,天下之人各为其所欲焉以自为方。"这是儒学信徒的一种理想人格,意为内修圣人之德,外施王者之政。

接下来,曾氏又向六弟指出,脑子里应该思考的是自己哪些方面不如尧舜,不如周公,离天地完人的差距还有多远;心里应该忧虑的,是老百姓没有教化过来,外族在欺侮我们,小人在位、贤良未得使用,匹夫匹妇没有受到自己的恩泽,等等。

笔者想,当年曾氏的几个弟弟,尤其是心气高傲的六弟,读到这里时,必定是或窃笑或恼怒,总之,都不可能接受大哥的这番高谈阔论。平心而论,要这几个住在荒山僻岭无寸尺功名、无丝毫地位的小青年去思考忧虑这些事,真是离谱太远了。细究当时的情况,曾氏实不过借此夫子自道而已!

前面说过,曾氏此时正拜理学大师倭仁为师,这封信里曾氏又谈到自己的身边有明师益友重重挟持。明师即倭仁,益友即吴竹如、冯树堂、陈岱云等人,曾氏和他们在一起成天读朱子全书,谈修诚之事,并每日记日记,将一念之差、一事之失,皆记于当天的日记里,对自己的差失严加鞭笞,毫不留情,甚至不惜骂自己如猪狗,而且还互相传看,以达到监督的作用。曾氏还为自己定下日课。就像一个规矩的小学生、一个虔诚的宗教徒似的,他每天严守课程表,一丝不苟。

他将自己过去的一切不合圣贤规范的东西譬为昨日种种死,而将一切合于圣贤规范的东西譬为今日种种生。自号涤生,其意即在此:涤旧而生新。曾氏年谱中说,他"效法前贤澄清天下之志"便产生在这个时期。如此看来,曾氏在信中滔滔不绝要诸弟立的志,正是他自己——一个年轻翰林的法前贤清天下的大志。

诸弟能不能接受暂且不管,悬出一个极高的目标来,让他们心存敬畏,努力追求,也是好事。至于对一般读书人而言,真正的有效功夫当用在何处呢?曾氏将自己的"金针"传给诸弟,这便是《大学》、《中庸》里所说的"格物""诚意"四字。穷究事理,躬自力行,便可成为一个读书明理的君子。悲天悯人的绝大志向,曾氏在以后的家书中较少提及,至于"格物""诚意"等话题倒是常常说到。

致诸弟(何绍基之字与汤鹏之文)

道光二十二年十一月十七日

诸位贤弟足下:

十月二十七日寄弟书一封,内信四叶、抄倭艮峰先生日课三叶、抄诗二叶,已改寄萧莘五先生处，不由庄五爷公馆矣。不知已到无误否？

十一月前八日已将日课抄与弟阅，嗣后每次家信，可抄三叶付回。日课本皆楷书，一笔不苟，惜抄回不能作楷书耳。冯树堂进功最猛，余亦教之如弟，知无不言。可惜九弟不能在京与树堂日日切磋，余无日无刻不太息也。九弟在京半年，余懒散不努力。九弟去后，余乃稍能立志，盖余实负九弟矣。余尝语岱云曰："余欲尽孝道，更无他事，我能教诸弟进德业一分，则我之孝有一分；能教诸弟进十分，则我孝有十分；若全不能教弟成名，则我大不孝矣。"九弟之无所进，是我之大不孝也。惟愿诸弟发奋立志，念念有恒，以补我不孝之罪。幸甚幸甚。

岱云与易五近亦有日课册，惜其识不甚超越。余虽日日与之谈论，渠究不能悉心领会，颇疑我言太夸。然岱云近极勤奋，将来必有所成。

何子敬近待我甚好，常彼此做诗唱和。盖因其兄钦佩我诗，且谈字最相合，故子敬亦改容加礼。子贞现临隶字，每日临七八叶，今年已千叶矣。近又考订《汉书》之讹，每日手不释卷。盖子贞之学长于五事：一曰《仪礼》精，二曰《汉书》熟，三曰《说文》精，四曰各体诗好，五曰字好。此五事者，渠意皆欲有所传于后。以余观之，此三者余不甚精，不知浅深究竟何如。若字，则必传千古无疑矣。诗亦远出时手之上，而能卓然成家。近日京城诗家颇少，故余亦欲多做几首。

金竺虔在小珊家住，颇有面善心非之隙。唐诗甫亦与小珊有隙。余现仍与小珊来往，泯然无嫌，但心中不甚惬洽耳。曹西垣与邹云陔十月十六起程，现尚未到。汤海秋久与之处，其人诞言太多，十句之中仅一二句可信。今冬嫁女二次：一系杜兰溪之子，一系李石梧之子入赘。黎樾翁亦有次女招赘。其婿虽未读书，远胜于冯舅矣。李笔峰尚馆海秋处，因代考供事，得银数十，衣服焕然一新。王翰城捐知州，去大钱八千串。何子敬捐知县，去大钱七千串。皆于明年可选实缺。黄子寿处，本日去看他，工夫甚长进，古文有才华，好买书，东翻西阅，涉猎颇多，心中已有许多古董。何世兄亦甚好，沉潜之至，虽天分不高，将来必有所成。吴竹如近日未出城，余亦未去，盖每见则耽搁一天也。其世兄亦极沉潜，言动中礼，现在亦学倭艮峰先生。吾观何、吴两世兄之姿质，与诸弟相等，远不及周受珊、黄子寿。而将来成就，何、吴必更切实。此其故，诸弟能看书自知之。愿诸弟勉之而已。此数人者，皆后起不凡之人才也。安得诸弟与之联镳并驾，则余之大幸也。

季仙九先生到京服阕，待我甚好，有青眼相看之意。同年会课，近皆懒散，而十日一会如故。

余今年过年，尚须借银百五十金，以五十还杜家，以百金用。李石梧到京，交出长郡馆公费，即在公项借用，免出外开口更好。不然，则尚须张罗也。

门上陈升一言不合而去，故余作傲奴诗。现换一周升作门上，颇好。余读《易·旅卦》"丧其童仆"。象曰："以旅与下，其义丧也。"解之者曰："以旅与下者，谓视童仆如旅人，刻薄寡恩，漠然无情，则童仆亦将视主上如逆旅矣。"余待下虽不刻薄，而颇有视如逆旅之意，故人不尽忠。以后余当视之如家人手足也，分虽严明而情贵周通。贤弟待人亦宜知之。

余每闻折差到，辄望家信。不知能设法多寄几次否？若寄信，则诸弟必须详写日记数天幸甚。余写信，亦不必代诸弟多立课程，盖恐多看则生厌，故但将余近日实在光景写示而已，伏惟诸弟细察。

点评：何绍基之字与汤鹏之文

这封信提到了两个著名文人，我们先来介绍一下。

一为何绍基，字子贞，湖南道州人。此人比曾氏早进翰院两年，又年长十二岁，此时在翰林院做编修。何绍基以书法称名于近代，然在当时名气似乎还不是太大。曾氏在信中断言，何绍基的字"必传千古无疑"，看来这是说对了。中国古代字写得好的人甚多，然传名者寥寥，这是因为纯粹以字名世的很少，"书法"要靠其他的东西来衬托，如地位、诗文、绘画等。或地位高，或诗文好，或绘画精，原本只有五六分的书法可以进价为七八分、八九分；反之，原本有十分身价的书法，却因人微位卑而不受重视。故自古以来，像怀素那样的穷苦和尚以书法本身出名的少，而如王右军、苏东坡等仗显赫地位、精彩诗文而成名的书家多。

然何绍基有幸成为名书家，除了他的字确实是好、地位不低、著述较丰外，还有一个重要的原因，即与曾氏的揄扬分不开。此时的曾氏地位虽不高，但后来却名震天下，他所极力称颂的人，不愁无名。据说湘军中有一位名叫郭松林的高级将领，有附庸风雅的爱好，他五十大寿时请何绍基为他撰一副寿联。郭松林字子美，何绍基以此送他十个字：古今三子美，前后两汾阳。上联叩"子美"。唐诗人杜甫字子美，宋诗人苏舜钦字子美，与他合为三子美。下联叩"郭"，将他与汾阳王郭子仪相比。如此一来，郭松林便成为一位集杜甫、苏舜钦之文才与郭子仪之武功于一身的人了。郭松林欢喜无尽，立刻赏何绍基一千两银子。

这种出格逾等的颂词，或许是出于玩笑，也或许是存心讨好，且不去管

何绍基书法

它。但一个字值一百两白银,从市场角度来看,也的确说明了何绍基字在当时的价值。

第二人即信中所说的汤海秋。汤海秋名鹏,湖南益阳人,也是曾氏的翰苑前辈。曾有人将他与魏源、龚自珍、张际亮并称为道光四子。他的传世之作为论文集《浮邱子》(岳麓书社曾于1987年重新标点刊行)。汤鹏二十岁中进士,的确是聪明过人,功名早达。但终其一生官位不过御史,寿命也只四十四岁,算不得一个有福气的人。对汤鹏及其著述,当时许多人曾予以极高的评价,称其人"意气蹈厉",其文"震烁奇特"。但曾氏对这位同乡的看法则异于时人。

信中谈汤"诞言太多,十句之中仅一二句可信"。他送给汤的挽联也与众不同:著书成二十万言,才未尽也;得谤遍九州四海,名亦随之。

汤鹏的"诞言"和《浮邱子》的奇特,可以给我们这样的启示:古今不少颇有名气的忧时诗文,或许都出自于好"奇思怪想"者之手,这些作品可以成为文学上的佳作、学术上的杰构,但却难以将它们真的用之于经世济民。对于这中间许多自叹怀才不遇的作者,也不宜洒过多的同情之泪,因为他们很有可能就不是真正的守土牧民之才。

曾氏是一个崇尚脚踏实地的人,与汤鹏不属同类,故而不太喜欢这位有才华的同乡前辈。这封信的后半截,曾氏在叙述同乡京官的近况时,又表露了他务实的一贯作风。他不喜欢"好买书,东翻西阅"的黄子寿,却喜欢何、吴两家儿子的"沉潜",并预言,二人虽天分不高,但将来的成就"必更切实"。他希望诸弟向何、吴两世兄看齐。

不知读者注意到没有,曾氏在讲到门房换人的时候,提到两个门房的名字:

一人名陈升，另一人名周升。看来，陈、周为其人的本姓，"升"则是曾氏给他们所起的名字。可以推断，若再换一个姓李的来，必叫"李升"。这里面透露的是主人渴望升官的消息。曾氏的两个儿子的乳名，一为甲三，一为科一。他的两个外甥的乳名，一为鼎二，一为盛四。四个孩子乳名的前一字连缀起来恰为"甲科鼎盛"四字，这里也透露出曾氏希望后辈做官入仕的心情。联系到曾氏后来家书中说的"不求儿子做大官，只求做读书明理的君子"的话，不由得使人产生多种怀疑：是虚伪、表里不一？是早期渴望做官，后来在宦海中浮沉太久，深知其中艰辛，故晚年不要儿子做官？是又想做官，又不想做官，两种心情矛盾地并存？

致诸弟（戒烟、写日记、主静）

道光二十二年十二月二十日

诸位贤弟足下：

十一月十七寄第三号信，想已收到。父亲到县纳漕，诸弟何不寄一信，交县城转寄省城也？以后凡遇有便，即须寄信，切要切要。九弟到家，遍走各亲戚家，必各有一番景况，何不详以告我？

四妹小产以后生育颇难，然此事最大，断不可以人力勉强。劝渠家只须听其自然，不可过于矜持。又闻四妹起最晏，往往其姑反服事她。此反常之事，最足折福。天下未有不孝之妇而可得好处者，诸弟必须时劝导之，晓之以大义。

诸弟在家读书，不审每日如何用功？余自十月初一立志自新以来，虽懒惰如故，而每日楷书写日记，每日读史十叶，每日记茶余偶谈一则，此三事未尝一日间断。十月二十一日立誓永戒吃水烟，迨今已两月不吃烟，已习惯成自然矣。予自立课程甚多，惟记茶余偶谈、读史十叶、写日记楷本，此三事者誓终身不间断也。诸弟每人自立课程，必须有日日不断之功，虽行船走路，俱须带在身边。予除此三事外，他课程不必能有成；而此三事者，将终身以之。

前立志作曾氏家训一部，曾与九弟详细道及。后因采择经史，若非经史烂熟胸中，则割裂零碎，毫无线索；至于采择诸子各家之言，尤为浩繁，虽抄数百卷犹不能尽收。然后知古人作《大学衍义》、《衍义补》诸书，乃胸中自有条例自有议论，而随便引书以证明之，非翻书而遍抄之也。然后知著书之难，故暂且不作曾氏家训。若将来胸中道理愈多，议论愈贯串，仍当为之。

现在朋友愈多。讲躬行心得者，则有镜海先生、艮峰前辈、吴竹如、窦兰泉、冯树堂；穷经知道者，则有吴子序、邵蕙西；讲诗、文、字而艺通于道者，则有何子贞；才气奔放，则有汤海秋；英气逼人志大神静，则有黄子寿。又有王少鹤（名锡振，广西主事，年二十七岁，张筱浦之妹夫）、朱廉甫（名琦，广西乙未翰林）、吴莘畬（名尚志，广东人，吴抚台之世兄）、庞作人（名文寿，浙江人）。此四君者，皆闻予名而先来拜。虽所造有浅深，要皆有志之士，不甘居于庸碌者也。京师为人文渊薮，不求则无之，愈求则愈出。近来闻好友甚多，予不欲先去拜别人，恐徒标榜虚名。盖求友以匡己之不逮，此大益也；标榜以盗虚名，是大损也。天下有益之事，即有足损者寓乎其中，不可不辨。黄子寿近作《选将论》一篇，共六千余字，真奇才也。子寿戊戌年始作破题，而六年之中遂成大学问，此天分独绝，万不可学而至。诸弟不必震而惊之，予不愿诸弟学他，但愿诸弟学吴世兄、何世兄。吴竹如之世兄现亦学艮峰先生写日记，言有矩，动有法，其静气实实可爱。何子贞之世兄，每日自朝至夕总是温书。三百六十日，除作诗文时，无一刻不温书。真可谓有恒者矣。故予从前限功课教诸弟，近来写信寄弟，从不另开课程，但教诸弟有恒而已。盖士人读书，第一要有志，第二要有识，第三要有恒。有志则断不甘为下流；有识则知学问无尽，不敢以一得自足，如河伯之观海，如井蛙之窥天，皆无识者也；有恒则断无不成之事。此三者缺一不可。诸弟此时，惟有识不可以骤几，至于有志有恒，则诸弟勉之而已。予身体甚弱，不能苦思，苦思则头晕，不耐久坐，久坐则倦乏，时时属望惟诸弟而已。

明年正月恭逢祖大人七十大寿，京城以进十为正庆。予本拟在戏园设寿筵，窦兰泉及艮峰先生劝止之，故不复张筵。盖京城张筵唱戏，名为庆寿，实则打把戏。兰泉之劝止，正以此故。现在作寿屏两架。一架淳化笺四大幅，系何子贞撰文并书，字有茶碗口大。一架冷金笺八小幅，系吴子序撰文，予自书。淳化笺系内府用纸，纸厚如钱，光彩耀目，寻常琉璃厂无有也。昨日偶有之，因买四张。子贞字甚古雅，惜太大，万不能寄回。奈何奈何！

侄儿甲三体日胖而颇蠢，夜间小解知自报，不至于湿床褥。女儿体好，最易扶携，全不劳大人费心力。

今年冬间，贺耦庚先生寄三十金，李双圃先生寄二十金，其余尚有小进项。汤海秋又自言借百金与我用。计还清兰溪、寄云外，尚可宽裕过年。统计今年除借会馆房钱外，仅借百五十金。岱云则略多些。岱云言在京已该账九百余金，家中亦有此数，将来正不易还。寒士出身，不知何日是了也！我在京该账尚不过四百金，然苟不得差，则日见日紧矣。

书不能尽言，惟诸弟鉴察。

兄国藩手草

课程

主敬（整齐严肃，无时不惧。无事时心在腔子里，应事时专一不杂）

静坐（每日不拘何时，静坐一会，体验静极生阳来复之仁心。正位凝命，如鼎之镇）

早起（黎明即起，醒后勿沾恋）

读书不二（一书未点完断不看他书。东翻西阅，都是徇外为人）

读史（二十三史每日读十叶，虽有事不间断）

写日记（须端楷。凡日间过恶：身过、心过、口过，皆记出。终身不间断）

日知其所亡（每日记茶余偶谈一则。分德行门、学问门、经济门、艺术门）

月无忘所能（每月作诗文数首，以验积理之多寡、养气之盛否）

谨言（刻刻留心）

养气（无不可对人言之事。气藏丹田）

保身（谨遵大人手谕：节欲、节劳、节饮食）

作字（早饭后作字。凡笔墨应酬，当作自己功课）

夜不出门（旷功疲神，切戒切戒）

点评：戒烟、写日记、主静

这封信里有几点值得我们注意。一为曾氏的戒烟。据说曾氏年轻时有两大嗜好：下围棋和吸水烟。下围棋太耗时，影响读书，曾氏曾下决心要戒掉。其咸丰八年的日记里尚有"四月二十三，戒棋立誓"的记载。但我们知道，此嗜好，他不但没戒掉，反而在日后的战争年代里愈演愈烈，几乎每日一局，即便战事极不顺利，他也照下不误。围棋为何没戒掉？笔者揣摩这可能是曾氏一生中惟一的一项娱乐活动。他这一辈子实在活得太累，倘若这一项娱乐都要取消，他的生命就很有可能难以维持，故戒过一段时间后又死灰复燃。至于水烟，则的确是戒掉了。这多半缘于他的健康状态。

曾氏其实是个不健康的人，甚至可以说是个病号。他在道光二十年六月，也就是刚进京参加散馆考试的半年后，便肺病大作，几至不救。肺病在当时为不治之症，他幸而遇到了一位名医，才度过这一劫。这一病三个月，住在客栈里，家眷并未来京，全靠一位名叫欧阳兆熊的同乡好友照料。

曾氏家信中屡次提到"耳鸣"，此病源于肝和肾上。这说明曾氏的肝、肾亦有毛病。咸丰七年在家中守父丧时，他自言眼睛模糊，寸大的字都看不清。那时还不到五十，已衰老如此。这封信里也说他身体甚弱，不能苦思久坐。不久后还吐过血。所有这些，足见曾氏一生身体状况不佳。吸烟有害健康，尤其于肺不利。戒烟多半出自医生的劝告，曾氏做到了。

至于他"誓终身不间断"的三事：茶余偶谈、读史十页、写日记，后因环境大变也有变化。茶余偶谈、读史十页都没有坚持下去。现存曾氏日记中，在道光二十五年（1845）三月至咸丰七年（1857）十二月这一大段时间里只保留下来一些零散的记录。咸丰八年六月初七日，曾氏第二次出山。从这天起，他恢复写日记的习惯，直至同治十一年（1872）二月初三日，即去世的前一天。曾氏的日记虽未一贯坚持，然做到这个地步，亦不容易。

二为曾氏在谈到自己结交朋友时说，都是别人先来拜他，他不先拜别人，怕招"标榜以盗虚名"之讥。这里说的结交之道，似与我们今天所奉行的方式有所不同。或许当时京师风气如此，且不去管它，但下面的一句话值得我们重视："天下有益之事，即有足损者寓乎其中，不可不辨。"此语颇有点辩证眼光，乃曾氏的阅历所得。

第三，曾氏虽赞赏奇才，但不希望诸弟走"奇"一路。曾氏一生信奉"拙诚"，主张踏踏实实，下苦功，用笨劲。他对诸弟提出的"有志"、"有识"、"有恒"的要求，亦可以作为所有年轻人的座右铭。

这封信后，曾氏为诸弟附了一张课程表，上列十三项功课，并对这十三项功课逐一作了说明。生在今日，要像曾氏那样事事处处都如此苛刻地约束自己，恐怕是一桩绝不能做到的事，但作为研究当年理学信徒如何修身养性的资料，此课程却颇有一些价值。值得一说的是，在后来，湘军攻打江宁最关键的时候，曾氏曾以"静坐"来安定自己的心绪。

同治三年（1864）五六月间，曾国荃率领吉字营五万人马，在围攻江宁两年后已进入最后见分晓的时候。双方都豁出去了，战争打得十分残酷，吉字营能否取胜，并无把握。当时各方对曾国荃指责甚多，并波及到曾氏本人，故此事不仅仅是"公事"，更变成他曾氏家族的"私事"。曾氏的一颗心被江宁战事悬系着，烦躁不安，无法宁静。这时他想起了早期京师的"静坐"功课，于是在安庆江督衙门的三楼上，特辟一静室。每天下午四五点钟的时候，他独自一人，在静室里坐一个小时：屏去一切思念、凝神枯坐。这招果然起作用：上楼时心乱如麻，下楼时心闲气定。就这样连续静坐一个多月，直到老九的捷报传来为止。

致诸弟（同意诸弟外出求学）

道光二十三年（1843）正月十七日

诸位老弟足下：

正月十五日接到四弟、六弟、九弟十二月初五日所发家信。

四弟之信三叶，语语平实。责我待人不恕，甚为切当。谓月月书信徒以空言责弟辈，却又不能实有好消息，令堂上阅兄之书，疑弟辈粗俗庸碌，使弟辈无地可容云云。此数语，兄读之不觉汗下。

我去年曾与九弟闲谈，云为人子者，若使父母见得我好些，谓诸兄弟俱不及我，这便是不孝；若使族党称道我好些，谓诸兄弟俱不如我，这便是不弟。何也？盖使父母心中有贤愚之分，使族党口中有贤愚之分，则必其平日有讨好底意思，暗用机计，使自己得好名声，而使其兄弟得坏名声，必其后日之嫌隙由此而生也。刘大爷、刘三爷兄弟皆想做好人，卒至视如仇雠。因刘三爷得好名声于父母族党之间，而刘大爷得坏名声故也。今四弟之所责我者，正是此道理，我所以读之汗下。但愿兄弟五人，各各明白这道理，彼此互相原谅。兄以弟得坏名为忧，弟以兄得好名为快。兄不能使弟尽道得令名，是兄之罪；弟不能使兄尽道得令名，是弟之罪。若各各如此存心，则亿万年无纤芥之嫌矣。

至于家塾读书之说，我亦知其甚难，曾与九弟面谈及数十次矣。但四弟前次来书，言欲找馆出外教书。兄意教馆之荒功误事，较之家塾为尤甚。与其出而教馆，不如静坐家塾。若云一出家塾便有明师益友，则我境之所谓明师益友者，我皆知之，且已夙夜熟筹之矣。惟汪觉庵师及阳沧溟先生，是兄意中所信为可师者。然衡阳风俗，只有冬学要紧，自五月以后，师弟皆奉行故事而已。同学之人，类皆庸鄙无志者，又最好讪笑人（其笑法不一，总之不离乎轻薄而已。四弟若到衡阳去，必以翰林之弟相笑。薄俗可恶）。乡间无朋友，实是第一恨事。不惟无益，且大有损。习俗染人，所谓与鲍鱼处，亦与之俱化也。兄尝与九弟道及：谓衡阳不可以读书，涟滨不可以读书，为损友太多故也。今四弟意必从觉庵师游，则千万听兄嘱咐，但取明师之益，无受损友之损也。

接到此信，立即率厚二到觉庵师处受业。其束脩，今年谨具钱十挂。兄于八月准付回，不至累及家中。非不欲从丰，实不能耳。兄所最虑者，同学之人无志嬉游，端节以后放散不事事，恐弟与厚二效尤耳。切戒切戒。凡从师必久而后可以获益。四弟与季弟今年从觉庵师，若地方相安，则明年仍可从游；若一年换一处，是即无恒者，见异思迁也，欲求长进难矣。

此以上答四弟信之大略也。

六弟之信，乃一篇绝妙古文。排奡似昌黎，拗很似半山。予论古文，总须有倔强不驯之气，愈拗愈深之意。故于太史公外，独取昌黎、半山两家。论诗亦取傲兀不群者，论字亦然。每蓄此意，而不轻谈。近得何子贞意见极相合，偶谈一二句，两人相视而笑。不知六弟乃生成有此一枝妙笔。往时见弟文，亦无大奇特者。今观此信，然后知吾弟真不羁才也。欢喜无极，欢喜无极！凡兄所有志而力不能为者，吾弟皆可为之矣。

信中言兄与诸君子讲学，恐其渐成朋党。所见甚是。然弟尽可放心。兄最怕标榜，常存暗然尚䌹之意，断不至有所谓门户自表者也。信中言四弟浮躁不虚心，亦切中四弟之病。四弟当视为良友药石之言。

信中又有荒芜已久，甚无纪律二语。此甚不是。臣子与君亲，但当称扬善美，不可道及过错；但当谕亲于道，不可疵议细节。兄从前常犯此大恶，但尚是腹诽，未曾形之笔墨。如今思之，不孝孰大乎是？常与阳牧云并九弟言及之，以后愿与诸弟痛惩此大罪。六弟接到此信，立即至父亲前磕头，并代我磕头请罪。

信中又言弟之牢骚，非小人之热中，乃志士之惜阴。读至此，不胜惘然，恨不得生两翅忽飞到家，将老弟劝慰一番，纵谈数日乃快。然向使诸弟已入学，则谣言必谓学院做情。众口铄金，何从辨起！所谓塞翁失马，安知非福。科名迟早，实有前定，虽惜阴念切，正不必以虚名萦怀耳。

来信言看《礼记》疏一本半，浩浩茫茫，苦无所得，今已尽弃，不敢复阅，现读朱子《纲目》，日十余叶云云。说到此处，兄不胜悔恨。恨早岁不曾用功，如今虽欲教弟，譬盲者而欲导人之迷途也，求其不误难矣。然兄最好苦思，又得诸益友相质证，于读书之道，有必不可易者数端：

穷经必专一经，不可泛骛。读经以研寻义理为本，考据名物为末。读经有一耐字诀。一句不通，不看下句；今日不通，明日再读；今年不精，明年再读。此所谓耐也。读史之法，莫妙于设身处地。每看一处，如我便与当时之人酬酢笑语于其间。不必人人皆能记也，但记一人，则恍如接其人；不必事事皆能记也，但记一事，则恍如亲其事。经以穷理，史以考事。舍此二者，更别无学矣。

盖自西汉以至于今，识字之儒约有三途：曰义理之学，曰考据之学，曰词章之学。各执一途，互相诋毁。兄之私意，以为义理之学最大。义理明则躬行有要而经济有本。词章之学，亦所以发挥义理者也。考据之学，吾无取焉矣。此三途者，皆从事经史，各有门径。吾以为欲读经史，但当研究义理，则心一而不纷。是故经则专守一经，史则专熟一代，读经史则专主义理。此皆守约之道，确乎不可易者也。

若夫经史而外,诸子百家,汗牛充栋。或欲阅之,但当读一人之专集,不当东翻西阅。如读昌黎集,则目之所见,耳之所闻,无非昌黎。以为天地间,除昌黎集而外,更别无书也。此一集未读完,断断不换他集,亦专字诀也。六弟谨记之。

读经、读史、读专集、讲义理之学,此有志者万不可易者也。圣人复起,必从吾言矣。然此亦仅为有大志者言之。若夫为科名之学,则要读四书文,读试帖、律赋,头绪甚多。四弟、九弟、厚二弟天质较低,必须为科名之学。六弟既有大志,虽不科名可也,但当守一耐字诀耳。观来信言读《礼记》疏似不能耐者,勉之勉之。

兄少时天分不甚低,厥后日与庸鄙者处,全无所闻,窃被茅塞久矣。及乙未到京后,始有志学诗古文并作字之法,亦洎无良友。近年得一二良友,知有所谓经学者、经济者,有所谓躬行实践者,始知范、韩可学而至也,马迁、韩愈亦可学而至也,程、朱亦可学而至也。慨然思尽涤前日之污,以为更生之人,以为父母之肖子,以为诸弟之先导。无如体气本弱,耳鸣不止,稍稍用心,便觉劳顿。每自思念,天既限我以不能苦思,是天不欲成我之学问也。故近日以来,意颇疏散。计今年若可得一差,能还一切旧债,则将归田养亲,不复恋恋于利禄矣。粗识几字,不敢为非以蹈大戾已耳,不复有志于先哲矣。吾人第一以保身为要。我所以无大志愿者,恐用心太过,足以疲神也。诸弟亦须时时以保身为念,无忽无忽。

来信又驳我前书,谓必须博雅有才,而后可明理有用。所见极是。兄前书之意,盖以躬行为重,即子夏"贤贤易色"章之意。以为博雅者不足贵,惟明理者乃有用,特其立论过激耳。六弟信中之意,以为不博雅多闻,安能明理有用?立论极精,但弟须力行之,不可徒与兄辩驳见长耳。

来信又言四弟与季弟从游觉庵师,六弟、九弟仍来京中,或肄业城南云云。兄之欲得老弟共住京中也,其情如孤雁之求曹也。自九弟辛丑秋思归,兄百计挽留,九弟当能言之。及至去秋决计南归,兄实无可如何,只得听其自便。若九弟今年复来,则一岁之内忽去忽来,不特堂上诸大人不肯,即旁观亦且笑我兄弟轻举妄动。且两弟同来,途费须得八十金,此时实难措办。弟云能自为计,则兄窃不信。曹西垣去冬已到京,郭云仙明年始起程,目下亦无好伴。惟城南肄业之说,则甚为得计。兄于二月间准付银二十两至金竺虔家,以为六弟、九弟省城读书之用。竺虔于二月起身南旋,其银四月初可到。

弟接到此信,立即下省肄业。省城中兄相好的如郭云仙、凌笛舟、孙芝房,皆在别处坐书院。贺蔗农、俞岱青、陈尧农、陈庆覃诸先生皆官场中人,不能伏案用功矣。惟闻有丁君者(名叙忠,号秩臣,长沙廪生)学问切实,践履笃诚。兄虽未曾见面,而稔知其可师。凡与我相好者,皆极力称道丁君。两弟到省,先到城南住斋，立即去拜丁君（托陈季牧为介绍），执贽受业。凡人必有师；若无师，则严惮之心不生。即以丁君为师，此外择友则慎之又慎。昌黎曰："善不吾与，吾强与之附；不善不吾恶，吾强与之拒。"一生之成败，皆关乎朋友之贤否，不可不慎也。

来信以进京为上策，以肄业城南为次策。兄非不欲从上策，因九弟去来太速，不好写信禀堂上。不特九弟形迹矛盾，即我禀堂上亦必自相矛盾也。又目下实难办途费。六弟言能自为计，亦未历甘苦之言耳。若我今年能得一差，则两弟今冬与朱啸山同来甚好。目前且从次策。如六弟不以为然，则再写信来商议可也。此答六弟信之大略也。

九弟之信，写家事详细，惜话说太短。兄则每每太长，以后截长补短为妙。尧阶若有大事，诸弟随去一人帮他几天。牧云接我长信，何以全无回信？毋乃嫌我话太直乎？扶乩之事，全不足信。九弟总须立志读书，不必想及此等事。季弟一切皆须听诸兄话。此次折弁走甚急，不暇抄日记本。余容后告。

冯树堂闻弟将到省城，写一荐条，荐两朋友。弟留心访之可也。

兄国藩手草

点评：同意诸弟外出求学

此信长达三千余字，为曾氏家书中较长的一封，其主要部分为答四、六两弟信。

弟给大哥写了三页纸的信，详情不得而知，但从曾氏信中可知四弟对大哥不满意。不满意之处，一为待人不恕，只以空言指责，未见给弟实际好处；二为不同意大哥"在家不外出"的意见，仍坚持要外出，并携带季弟同出。

常言说："子大父难做，弟大兄难为。"此时的四弟二十出头，已有自己的独立思考，做大哥的不能勉强。故曾氏一面申叙自己责弟乃为弟好，决不是抑弟扬己，望弟理解，一面只得同意四弟携季弟外出求学，并负责两弟的学费。曾氏在信中只是告诫四弟"取明师之益，无受损友之损"，并特为指出衡阳不可读书。传说曾氏当年在衡阳求学时，因成绩优异而遭衡阳籍士子的忌妒，故在曾氏的印象中，衡阳士子多轻薄，属损友而非益友。但他对信中所言及的两位衡阳籍老师却怀着敬重之心。

一为汪觉庵。十余年前，汪曾被与湘乡比邻的衡阳金坑唐氏家塾聘为老师，曾氏闻名而投于汪门下。曾氏家境并不太好，但学习刻苦，汪赏识他，并设法为他免窘。曾氏为此感激。另一个即欧阳沧溟。欧阳先生名凝祉，沧溟为其号，廪生出身，一辈子以教书为业，是曾麟书的朋友。曾氏十四岁那年，曾麟书请好友出个题目让儿子做，借以考试。欧阳遂以"共登青云梯"为题，命曾氏做一首律诗。诗成,欧阳大加赞赏,说这诗是金华殿中人说的话,并断定曾氏今后大有出息,又将九岁的女儿许配给曾氏。此女即日后的欧阳夫人。可以说,曾氏一生中最早的赏识者就是他的这个岳父欧阳凝祉,故而终生敬重。

在答六弟的信中,值得注意的是,曾氏将读经史子集、讲义理之学看做是有大志者所为的事,而将读四书文、做试帖律赋的科名之学作为天分低的人所为之事。在曾氏的眼中,六弟天分高,无科名亦可做大事,其他三弟天分低,只能求功名。关于学问与科名,曾氏在以后的信中还将谈到,笔者将在相关的部分予以评点。

从道光二十年正月抵京到写这封信,时光已过去整整三年。这三年间,曾氏未获任何迁升,也未得任何差使,心中颇为怏抑,故而有盼望得一差获利还债而后归田养亲之念。于此我们可以看到,境遇对一个人的思想会有多大的影响。即便是曾氏这样渴望做大官的农家子弟,多年不得迁升,也"意颇疏散",何况其他人!

也许有细心的读者会问,当年无邮政,曾氏家中这些往返书信是怎么传递的?这封信的末尾给了一个答案。原来,曾氏的这些家信大部分是由折弁代递的。折弁即专为地方大员送奏折到京城的邮差。他们在办公差的时候,顺便为在京城做官的人传递家信。这种方式,既稳妥又快,应为当时京官所普遍采取。这种假公济私的行为,很可能出自于地方政府主动对本省籍京官的讨好。

此外,托进京回省的朋友熟人捎带,自然也是一条重要的途径。

禀父母(和睦兄弟为第一)

道光二十三年二月十九日

男国藩跪禀父母亲大人万福金安:

正月十七日,男发第一号家信,内呈堂上信三页,复诸弟信九页,教四弟与厚二从汪觉庵师,六弟、九弟到省从丁秩臣,谅已收到。二月十六日接到家信第一号,系新正初三交彭山屺者,敬悉一切。

去年十二月十一,祖父大人忽患肠风,赖神灵默佑,得以速痊,然游子闻之,尚觉心悸。六弟生女,自是大喜。初八日恭逢寿筵,男不克在家庆祝,心尤依依。

诸弟在家不听教训,不甚发奋。男观诸弟来信,即已知之。盖诸弟之意,总不愿在家塾读书。自己亥年男在家时,诸弟即有此意,牢不可破。六弟欲从男进京,男因散馆去留未定,故比时未许。庚子年接家眷,即请弟等送,意欲弟等来京读书也。特以祖父母、父母在上，男不敢专擅，故但写诸弟，而不指定何人。迨九弟来京，其意颇遂，而四弟、六弟之意尚未遂也。年年株守家园，时有耽搁；大人又不能常在家教之；近地又无良友，考试又不利。兼此数者，怫郁难申，故四弟、六弟不免怨男，其可以怨男者有故。丁酉在家教弟，威克厥爱，可怨一矣；己亥在家未尝教弟一字，可怨二矣；临进京不肯带六弟，可怨三矣；不为弟另择外傅，仅延丹阁叔教之，拂厥本意，可怨四矣；明知两弟不愿家居，而屡次信回，劝弟寂守家塾，可怨五矣。惟男有可怨者五端，故四弟、六弟难免内怀隐衷。前次含意不申，故从不写信与男。去腊来信甚长，则尽情吐露矣。

男接信时，又喜又惧。喜者，喜弟志气勃勃不可遏也；惧者，惧男再拂弟意，将伤和气矣。兄弟和，虽穷氓小户必兴；兄弟不和，虽世家宦族必败。男深知此理，故禀堂上各位大人俯从男等兄弟之请。男之意实以和睦兄弟为第一。

九弟前年欲归，男百般苦留，至去年则不复强留，亦恐拂弟意也。临别时，彼此恋恋，情深似海。故男自九弟去后，思之尤切，信之尤深。谓九弟纵不为科目中人，亦当为孝弟中人。兄弟人人如此，可以终身互相依倚，则虽不得禄位，亦何伤哉！

恐堂上大人接到男正月信必且惊而怪之，谓两弟到衡阳、两弟到省，何其不知艰苦，擅自专命？殊不知男为兄弟和好起见，故复缕陈一切；并恐大人未见四弟、六弟来信，故封还附呈。总愿堂上六位大人俯从男等三人之请而已。

伏读手谕，谓男教弟宜明言责之，不宜琐琐告以阅历工夫。男自忆连年教弟之信不下数万字，或明责，或婉劝，或博称，或约指，知无不言，总之尽心竭力而已。

男妇孙男女身体皆平安，伏乞放心。

男谨禀

点评：和睦兄弟为第一

前封信里，曾氏同意诸弟或去衡阳、或去长沙就读的要求。接父信，知父对诸弟颇为不满，曾氏乃申明之所以同意诸弟外出的原因：以和睦兄弟为第一。

面对诸弟的怨责，曾氏既不摆长兄的架子予以呵斥，亦不以翰林的尊贵予以轻蔑，而是当做自己应尽的责任予以理解，以设身处地之心予以宽谅。信中的"五怨"，将诸弟的怨恨之由归咎到自己的头上，颇有责己严、待人宽的胸襟。

做父亲的，总希望自己的每个儿子都成材成器。因为四个儿子的外出求学要耗费长子一笔不菲的银钱，免不了责备几句以求得长子（尤其是长媳）的心理平衡，但内心里无疑是巴望长子这样做的。曾氏善揣父意，不说为了父亲，而说是自己为了"和睦兄弟"，减轻了父亲心头上的压力。这实在是孝子的苦心。

对于诸弟的无端怨恨和不情之求，既不责弟而是责己，又曲意为之满足，也体现了长兄的大度。由此信可知，曾氏的家书之所以在过去被奉为治家圭臬，的确是有其能成"圭臬"的内涵所在。

禀祖父母（升翰林院侍讲）

道光二十三年三月二十三日

孙男国藩跪禀祖父母大人万福金安：

二月十九日，孙发第二号家信。三月十九日发第三号，交金竺虔，想必五月中始可到省。孙以下阖家皆平安。

三月初六日奉上谕，于初十日大考翰詹，在圆明园正大光明殿考试。孙初闻之心甚惊恐，盖久不作赋，字亦生疏。向来大考，大约六年一次。此次自己亥岁二月大考，到今仅满四年，万不料有此一举。故同人闻命下之时无不惶悚。孙与陈岱云等在园同寓。初十日卯刻进场，酉正出场。题目另纸敬录，诗赋亦另誊出。通共翰詹一百二十七人，告病不入场者三人（邵灿，己亥湖南主考。锡麟。江泰来，安徽人），病愈仍须补考。在殿上搜出夹带比交刑部治罪者一人，名如山（戊戌同年）。其余皆整齐完场。十一日皇上亲阅卷一日。十二日钦派阅卷大臣七人，阅毕拟定名次进呈。皇上钦定一等五名，二等五十五名，三等五十六人，四等七名。孙蒙皇上天恩，拔取二等第一名。湖南六翰林，二等四人，三等二人，另有全单。十四日引见。共升官者十一人，记名候升者五人，赏缎者十九人（升官者不赏缎）。孙蒙皇上格外天恩，升授翰林院侍讲。十七日谢恩。现在尚未补缺，有缺出即应孙补。其他升降赏责，另有全单。湖南以大考升官者，从前（雍正二年）惟陈文肃公（名大受，乾隆朝宰相）一等第一以编修升侍读，近来（道光十三年）胡云阁先生二等第四以学士升少詹，并孙三人而已。孙名次不如陈文肃之高，而升官与之同。此皇上破格之恩也。孙学问肤浅，见识庸鄙，受君父之厚恩，蒙祖宗之德荫，将来何以为报！惟当竭力尽忠而已。

金竺虔于昨二十一日回省，孙托带五品补服四付、水晶顶戴二座、阿胶一斤半、鹿胶一斤、耳环一双。外竺虔借银五十两，即以付回。昨于竺虔处寄第三号信，信面信里皆写银四十两。发信后渠又借去十两，故前后二信不符。竺虔于五月半可到省。若六弟、九弟在省，则可面交；若无人在省，则家中专人去取，或诸弟有高兴到省者亦妙。今年考差大约在五月中旬，孙拟于四月半下园用功。

孙妇现已有喜，约七月可分娩。曾孙兄弟并如常。寓中今年添用一老妈，用度较去年略多。此次升官，约多用银百两。东扯西借，尚不窘迫。不知有邯郸报来家否？若其已来，开销不可太多。孙十四引见，渠若于二十八以前报到，是真邯郸报，赏银四五十两可也。若至四月始报，是省城伪报，赏数两足矣。但家中景况不审何如，伏恳示悉为幸。

孙跪禀

点评：升翰林院侍讲

这是曾氏进京三年来所写的最富喜悦色彩的一封信。曾氏详细地向祖父母禀报三月初十在圆明园参加翰詹大考的情形。翰詹即翰林院与詹事府的简称。詹事府有左右春坊、司经局等机构，原是为太子服务的官衙。清代自康熙晚年废立太子制后，历朝无太子，但此衙门仍存在，无实职，仅备翰林院的官员迁升而已。在翰、詹两处供职的官员，通常都被称做词臣。词臣因无实绩，故迁升或放差，均以考试为定。考试常有，但皇上主持的大考不常有。曾氏所说的这次考试，便是由道光皇帝亲自主持并亲自阅卷的大考。

曾氏的日记对此次大考有较多的记载。初十这天清晨三点钟即起床，五点钟到贤良门外点名，随即进正大光明殿。试题为一赋（《如石投水赋》）一论（《烹阿封即墨论》）一五言八韵诗。午后两点钟草稿完毕，到六点钟誊正完毕。出场以后与同寅讨论，发现稿卷出了一个大错，心中后悔不已，责备自己太粗心，无颜做词臣。第二天，在圆明园吃过早饭后，八点钟离园，十二点到家，与夫人谈及此事，仍懊恼不已。两夫妇相对呆坐无语，一夜通宵无眠。第三天，出门与朋友喝酒，仍心不在焉。下午三点钟，见仍无消息，心中焦急，四处打探，坐立不安。第四天早上六点钟，得到消息：名列二等第一。一百二十余人参加大考，排在第六，确属前列，而这前列又来之于意外，曾氏心中之喜非同小可。于是这一天忙于会见前来道喜的客人，又是剃头修须，拜见老师。下午三点，即赴圆明园。第五天早上六点，排班引见，宣布结果：升翰林院侍讲。

我们可以从曾氏这几天的日记中，真实地看出他对升官是何等的渴望，患得患失之心是何等的显露！素日的"敬""静"修炼功夫，在这几天内都不曾见其发挥作用。

日夜盼望的喜事骤然降临，曾氏的心里是多么的激动不已，他赶紧给家中报喜！一向节俭的他，居然要家里打发给来自京城的报喜者五十两银子，须知他这次托人带给家中的银子亦不过五十两而已。再者，他这封二十三日写的信，即便是四百里快递到家也是十天之后。所谓"二十八以前报到，是真邯郸报，赏银四五十两"云云，家中如何能照他所说的办？这岂不是喜极了的呓语！

为他升官起了重要作用的这篇《烹阿封即墨论》收在其文集中，文章不长，让我们附录于后，供喜为文者参考。

附：烹阿封即墨论

夫人君者，不能遍知天下事，则不能不委任贤大夫。大夫之贤否，又不能遍知，则不能不信诸左右。然而左右之所誉，或未必遂为荩臣；左右之所毁，或未必遂非良吏。是则耳目不可寄于人，予夺尤须操于上也。

昔者，齐威王尝因左右之言而烹阿大夫，封即墨大夫矣。其事可略而论也。自古庸臣在位，其才莅事则不足，固宠则有余。《易》讥覆𫗧，《诗》赓鹈梁，言不称也。彼既自惭素餐，而又重以贪黩，则不得不媚事君之左右。左右亦乐其附己也，而从而誉之。誉之日久，君心亦移，而位日固，而政日非。己则自矜，人必效尤。此阿大夫之所为可烹者也。若夫贤臣在职，往往有介介之节，无赫赫之名，不立异以徇物，不违道以干时。招之而不来，麾之而不去。在君侧者，虽欲极誉之而有所不得。其或不合，则不免毁之。毁之而听，甚者削黜，轻者督责，于贤臣无损也。其不听，君之明也，社稷之福也，于贤臣无益也。然而贤臣之因毁而罢者，常也。贤臣之必不阿事左右以求取容者，又常也。此即墨大夫之所为可封者也。

夫惟圣人赏一人而天下劝，刑一人而天下惩，固不废左右之言，而昧兼听之聪，亦不尽信左右之言而失独照之明。夫是以刑赏悉归于忠厚，而用舍一本于公明也夫。

致温弟（感春诗慷慨悲歌）

道光二十三年六月初六日

温甫六弟左右：

五月二十九、六月初一连接弟三月初一、四月二十五、五月初一三次所发之信，并四书文二首，笔仗实实可爱。

信中有云"于兄弟则直达其隐，父子祖孙间不得不曲致其情"，此数语有大道理。余之行事，每自以为至诚可质天地，何妨直情径行。昨接四弟信，始知家人天亲之地，亦有时须委曲以行之者，吾过矣，吾过矣。

香海为人最好，吾虽未与久居，而相知颇深，尔以兄事之可也。丁秩臣、王衡臣两君，吾皆未见，大约可为尔之师。或师之，或友之，在弟自为审择。若果威仪可测、淳实宏通，师之可也；若仅博雅能文，友之可也。或师或友，皆宜常存敬畏之心，不宜视为等夷，渐至慢亵，则不复能受其益矣。

尔三月之信所定功课太多，多则必不能专，万万不可。后信言已向陈季牧借《史记》，此不可不熟看之书。尔既看《史记》，则断不可看他书。功课无一定呆法，但须专耳。余从前教诸弟，常限以功课。近来觉限人以课程，往往强人以所难，苟其不愿，虽日日遵照限程，亦复无益，故近来教弟但有一专字耳。专字之外，又有数语教弟，兹特将冷金笺写出。弟可贴之座右，时时省览，并抄一付寄家中三弟。

香海言时文须学《东莱博议》，甚是。尔先须过笔圈点一遍，然后自选几篇读熟，即不读亦可。无论何书，总须从首至尾通看一遍。不然，乱翻几叶，摘抄几篇，而此书之大局精处茫然不知也。

学诗从《中州集》入亦好。然吾意读总集，不如读专集。此事人人意见各殊，嗜好不同。吾之嗜好，于五古则喜读《文选》，于七古则喜读昌黎集，于五律则喜读杜集，七律亦最喜杜诗，而苦不能步趋，故兼读元遗山集。吾作诗最短于七律，他体皆有心得；惜京都无人可与畅语者。尔要学诗，先须看一家集，不要东翻西阅。先须学一体，不可各体同学。盖明一体，则皆明也。凌笛舟最善为律诗，若在省，尔可就之求教。

习字临《千字文》亦可，但须有恒。每日临帖一百字，万万无间断，则数年必成书家矣。陈季牧最喜谈字，且深思善悟。吾见其寄岱云集，实能知写字之法，可爱可畏。尔可从之切磋。此等好学之友，愈多愈好。

来信要我寄诗回南。余今年身体不甚壮健，不能用心，故作诗绝少，仅作感春诗七古五章。慷慨悲歌，自谓不让陈卧子，而语太激烈，不敢示人。余则仅作应酬诗数首，了无可观。顷作寄贤弟诗二首，弟观之以为何如？京笔现在无便可寄，总在秋间寄回。若无笔写，暂向陈季牧借一支，后日还他可也。

兄国藩手草

点评：感春诗慷慨悲歌

单独给一个弟弟写信，此为曾氏现存家书的第一封。温弟，即出抚给叔父的六弟国华，字温甫。这年温甫二十一岁，因得到大哥的资助在长沙城南书院读书。长沙城里最有名的书院，当首推岳麓山下的岳麓书院，其次则为位于南门外的城南书院。此书院即著名的湖南一师的前身，当时的主持人为湘中名学者、数学家丁秩臣。

曾氏在信里谆谆告诫六弟敬师畏友，守一"专"字读书，习字亦应有恒等等。信中着重谈到学诗，并不无自得地谈到自己于诗的擅长。言及今年的感春诗五章，有"慷慨悲歌，自谓不让陈卧子"的得意之言。现存曾氏全集的诗文集中有《感春六首》。"不让陈卧子"的七古诗无疑就是指的这组诗。

这六首诗写在升官之前，果然词气亢厉，笔锋尖刻，表达的是对身处下僚的不满和对自我期许甚高的书生意气。一会儿是"贾马杜韩无一用，岂况吾辈轻薄人"，一会儿又是"莫言儒生终龌龊，万一雄卵变蛟龙"，活脱脱的一个既自嘲又自许的诗人墨客的形象！还有诸如"如今君王亦薄恩，缺折委弃何当言"等大不敬的句子。前不久尚教训诸弟"臣子与君亲，但当称扬善美，不可道及过错"。这样的犯上诗如何可寄出？

这组《感春诗》未寄，寄出的则是专为温甫写的两首怀弟诗。让我们来说说这两首诗。第一首为："十年长隐南山雾，今日始为出岫云。事业真如移马磨，羽毛何得避鸡群。求珠采玉从吾好，秋菊春兰各自芬。嗟我蹉跎无一用，尘埃车马日纷纷。"

首联说温甫好比出岫之云，终于离开家乡来到省城，日后前途当不可限量。颔联说学业要靠一点一滴地艰苦积累，与人相处要择善而从，避平庸而就高明。颈联说兄弟爱好相同，期待弟弟将来有大成就。尾联叹息自己虽为词臣，却陷于京师人事应酬之中，虚度岁月，一事无成。

第二首为："岳麓东环湘水回，长沙风物信嘉哉！妙高峰上携谁步？爱晚亭边醉几回。夏后功名余片石，汉王钟鼓拨寒灰。知君此日沉吟地，是我当年眺览来。"

这首诗抒发的是诗人自己对长沙城的怀念。曾氏在考中秀才后进长沙岳麓书院深造，在这里仅读一年的书后便中甲午科乡试。无疑，岳麓书院的求学生涯在曾氏的心中留下了美好的记忆，相应的，长沙城也在他的心中留下了美好的记忆。曾氏念念不忘妙高峰、爱晚亭、岳麓山上的大禹碑，以及有着几分凄凉色彩的定王台。结尾两句表面看起来，是说六弟今日的吟咏之地就是大哥当年登高远望时眼中所见之处，背后的意思是希望六弟能接续大哥的足迹，凭借着长沙城里的书院得售功名，出人头地。

致诸弟（绝大学问即在家庭日用之间）

道光二十三年六月初六日

澄侯、叔淳、季洪三弟左右：

五月底连接三月一日、四月十八两次所发家信。

四弟之信，具见真性情，有困心横虑、郁积思通之象。此事断不可求速效。求速效必助长，非徒无益，而又害之。只要日积月累，如愚公之移山，终久必有豁然贯通之候；愈欲速则愈锢蔽矣。

来书往往词不达意，我能深谅其苦。今人都将学字看错了。若细读"贤贤易色"一章，则绝大学问即在家庭日用之间。于孝弟两字上尽一分便是一分学，尽十分便是十分学。今人读书皆为科名起见，于孝弟伦纪之大，反似与书不相关。殊不知书上所载的，作文时所代圣贤说的，无非要明白这个道理。若果事事做得，即笔下说不出何妨！若事事不能做，并有亏于伦纪之大，即文章说得好，亦只算个名教中之罪人。贤弟性情真挚，而短于诗文，何不日日在孝弟两字上用功？《曲礼》、《内则》所说的，句句依他做出，务使祖父母、父母、叔父母无一时不安乐，无一时不顺适；下而兄弟妻子皆蔼然有恩，秩然有序，此真大学问也。若诗文不好，此小事，不足计；即好极，亦不值一钱。不知贤弟肯听此语否？

科名之所以可贵者，谓其足以承堂上之欢也，谓禄仕可以养亲也。今吾已得之矣，即使诸弟不得，亦可以承欢，可以养亲，何必兄弟尽得哉？贤弟若细思此理，但于孝弟上用功，不于诗文上用功，则诗文不期进而自进矣。

凡作字总须得势，务使一笔可以走千里。三弟之字，笔笔无势，是以局促不能远纵。去年曾与九弟说及，想近来已忘之矣。

九弟欲看余白折。余所写折子甚少，故不付。大铜尺已经寻得。付笔回南，目前实无妙便，俟秋间定当付还。

去年所寄牧云信未寄去，但其信前半劝牧云用功，后半劝凌云莫看地，实有道理。九弟可将其信抄一遍仍交与他，但将纺棉花一段删去可也。地仙为人主葬，害人一家，丧良心不少，未有不家败人亡者，不可不力阻凌云也。至于纺棉花之说，如直隶之三河县、灵寿县，无论贫富男妇，人人纺布为生，如我境之耕田为生也。江南之妇人耕田，犹三河之男人纺布也。湖南如浏阳之夏布、祁阳之葛布、宜昌之棉布，皆无论贫富男妇，人人依以为业。此并不足为骇异也。第风俗难以遽变，必至骇人听闻，不如删去一段为妙。书不尽言。

兄国藩手草

点评：绝大学问即在家庭日用之间

在这封信里，曾氏给诸弟讲了为学中的两个问题：一、学问功夫在于日积月累，积累到一定时候，则有豁然贯通的感悟。二、不要把学问仅限于书本中，家庭日用之间便有绝大学问，比如"孝弟"二字，便值得大用功夫。曾氏能看到这一点，实在是他的高明之处。《红楼梦》里说："世事洞明皆学问，人情练达即文章。"今人说，学问有字之学，有无字之学：说的都是这层意思。古往今来，常常可见到一些饱读诗书的人，对世事却一窍不通，正如《三国演义》中诸葛亮所批评的小人之儒那样："青春作赋，皓首穷经，笔下虽有千言，胸中实无一策。"这种人大多于世无补。曾氏一贯注重文字外的学问，这可从他日后办湘军的事业中看得出。

此外，他还谈到了作字的"势"。"务使一笔可以走千里"，要的是一种纵横贯通之势、真气弥满之势。对于这种笔势，前代书家谈论颇多，如唐代书家张怀瓘说："夫人工书，须从师授，必先识势，乃可加工。"近代书家康有为说："古人论书，以势为先。"可知"势"之于"书"极为重要。

信的最后一段提到的牧云、凌云两人，分别为欧阳夫人的兄和弟。借此机会，我们将曾氏的这两个小舅子介绍一下。

欧阳凝祉先生共有二子二女。两个女儿中欧阳夫人为长，次女嫁彭治官，二子中牧云为长。牧云名秉铨，廪贡生出身，长期以塾师为业，曾经教过曾氏二子，并协助过曾氏料理家事。同治元年，在曾氏的举荐下，出任候选训导，掌管衡州府书院教育。凌云为欧阳凝祉的次子，名秉钧。咸丰末年，他与侄儿欧阳定果一道入曾氏军营，后在湖北当差，官至光禄寺署正。欧阳凌云早年跟人学过看地，想做"地仙"。民间的所谓"地仙"，多为骗子。曾氏的祖父一向讨厌"地仙"，曾氏也讨厌"地仙"，故力劝内弟不要从事这种职业。

禀父母（清代官员的薪俸）

道光二十四年（1844）正月二十五日

男国藩跪禀父母亲大人万福金安：

男在四川，于十一月二十日还京。彼时无折弁回南，至十二月十六始发家信。十二月除夕又发一信，交曾受恬处。受恬名兴仁，善化丙子举人，任江西分宜县知县。十年进京引见，正月初四出都，迁道由长沙回江西。男与心斋各借银壹百两与渠作途费。男又托渠带银三百两，系蓝布密缝三包。鹿胶二斤半、阿胶二斤共一包，高丽参半斤一包，荆七银四十两一包。又信一封，交陈宅，托其代为收下，面交六弟、九弟。大约二月下旬可到省。受恬所借之银百两，若在省能还更好。若不能还，亦不必急索。俟渠到江西必还，只订定妥交陈宅，毋寄不可靠之人耳。若六月尚未收到，则写信寄京，男作信至江西催取也。

陈岱云之贤配于正月八日仙逝。去年岱云病时，曾经割臂疗夫。十二月初二日生一子，小大平安。至除夕得气痛病，正月初三即服人参，初八长逝。岱云哀伤异常，男代为经理一切。二十三日开吊，男赗银十六两。陈宅共收赗仪三百二十余两。

二十二夜，男接家信，得悉一切，欣喜之至。蕙妹移寓竹山湾自好，但不知作何局面。待聘妹夫恐不谙耕作事，不宜写田作也。祖父大人七旬晋一大庆，不知家中开筵否？男在京仅一席，以去年庆寿故也。祖母大人小恙旋愈，甚喜。以后断不可上楼，不可理家事。叔父大人之病，不知究竟何如？下次求详书示知。

男前次信回，言付银千两至家。以六百为家中完债及零用之费，以四百为馈赠戚族之用。昨由受恬处寄回四百，即分送各戚族可也。其余六百，朱啸山处既兑钱百三十千，即除去一百两，四月间再付五百回家，与同乡公车带回，不同县者亦可。男自有斟酌也。

男自四川归后，身体发胖，精神甚好。夜间不出门。虽未畜车，而每出必以车，无一处徒步。保养之法，大人尽可放心。男妇及孙男女皆平安。陈岱云十二月所生之子，亦雇乳妈在男宅抚养。其女在郑小山家抚养。本家心斋，男待他甚好，渠亦凡事必问男。所作诗赋，男知无不言。冯树堂于正月十六来男寓住。目前渠自用功，男尽心与之讲究一切。会试后即命孙儿上学，每月脩金四两。郭筠仙进京，亦在男处住，现尚未到。四川门生已到四人。二月间即考国子监学正。今年正月初三下诏举行恩科。明年皇太后万寿，定有覃恩，可请诰封。此男所最为切望者也。去年因科场舞弊，皇上命部议定：以后新举人到京，皆于二月十五复试；倘有文理纰缪者，分别革职、停科等罚。甚可惧也。

在京一切，男自知慎。余容续陈。

男谨禀

点评：清代官员的薪俸

这是曾氏进京为官后第一次给家中付回较大一笔银子。曾氏的官俸多少？富不富裕？想来不少读者关心这个话题。

清代官员的正薪很低。一个七品县令年薪不过四十五两银子，禄米四十五斛；一品大学士年薪也不过一百八十两银子，禄米一百八十斛。按这个薪水过日子，简直清贫不堪，摆不出半点做官的架子来。实际上，除正薪外，他们还有另外一笔收入，名曰养廉费。一年下来，平平安安未出差错，县令可得四百至二千两，大学士可得一万三至二万两不等的养廉费。养廉费之所以远远超过正薪，正是为了鼓励官员廉洁自爱。加上这笔银子后，官员们便可以活得滋润、像模像样了，自爱的官员也可不再贪污受贿。但事实上，官员们还有另外的收入：地方官则从耗羡、折色中留成分肥（耗羡，即借口补损耗而加收的赋税银；折色，以银替代粮食，官府往往趁机多收银），京官则接受本籍地方官的冰敬、炭敬（夏天热，敬献冰以降温；冬天冷，敬献木炭以御寒。实际上敬献的都是银子）。这些都是合法的收入，不属贪污的性质。加上这笔额外收入后，官员们的生活便富裕了，可以住豪宅，蓄奴仆，娶小妾，锦衣玉食。当然也不是所有官员都能这样，额外那笔银子的获得多少，取决于官位的高低和实权的大小。

翰林院清闲，其间的官员正薪和禄米与同品级的其他官员一样，但养廉费却是最低的。又加之没有实权，本省的地方官也不会有冰敬和炭敬，故翰林比同品级其他官员的收入低得多。不过，翰林也有一点小外快。举人进京应试，要找本省籍的京官出具其祖宗三代清白证明，名之曰印结。或许是出于图吉利的缘故，举子们所找的多是本省籍翰林。但出具一张证明所得有限，且本省籍的翰林不止一人，这项收益列不上家庭收入的预算。

翰林的指望在迁升和放差。翰林的差使通常是做乡试主考、副主考，做学政，做会试的同考官等等。因此，翰林院里那些迁升快、放差多的被称为红翰林，反之便叫黑翰林。近代最有名的黑翰林莫过于曾做过北洋政府总统的徐世昌。他在点翰林之后，一连十五年无一级迁升，无一次差使，真是黑得透顶，后来靠了袁世凯的支持，才很快飞黄腾达起来。

曾氏获得这次迁升后，成为从五品官。从

面额五十千文的清代纸币

五品官的年薪为八十两银子,外加八十斛禄米,养廉费为五百两。当时曾氏一家五口,另有男工女仆,房屋是租赁的;老家祖父母、父母、叔父母的吃肉费以及诸弟的学费,每年都例由他供应,加上京师频繁的人事应酬,故而曾氏京寓日子过得并不宽裕。使他突然得到一笔较大的银钱,彻底改变腾挪度日境况的,就是不久前的钦点四川乡试的差使。

道光二十三年是曾氏吉星高照的一年。三月大考升官,五月考差又获好运,放四川乡试正主考。四川路远人多,朝廷发的程仪(即路费)较多。考试结束后,四川官府有一笔丰厚的回京程仪相送,考取的举人们又会凑上一笔谢师礼,为数亦不少。按通常的情况,曾氏作为正主考,四川之行,他的收入将会有二千多两。四五年京官的全部收入亦不过如此。他拿出一千两寄回老家,其中六百两为家中还债及零用之费,以四百两为馈赠戚族之费。这次先托人带回四百,余下的六百下次再托人带回。

四川回来后,曾氏身体比以前好了,发胖了,精神也昂奋了,三十四岁的翰林院侍讲迎来他仕宦生涯中的第一个发皇期。

信中所说的陈岱云,即曾氏同年陈源兖,湖南茶陵人,其夫人在生下次子一个多月后即病逝。此子名远济,字松生。曾氏怜其悲苦,接进府来由欧阳夫人抚养。一年多后,陈之妾进京,远济才回到自家。或许是出自这个原因,曾氏夫妇喜欢上了远济,将他招为二女婿。三十年后,曾纪泽奉命出使欧洲,其所带的主要随员中便有这个二妹夫陈远济。

致诸弟(罗泽南)

道光二十四年正月二十六日

四位老弟左右:

正月二十三日接到诸弟信,系腊月十六在省城发,不胜欣慰。四弟女许朱良四姻伯之孙,兰姊女许贺孝七之子,人家甚好,可贺。惟蕙妹家颇可虑,亦家运也。

六弟、九弟今年仍读书省城,罗罗山兄处附课甚好。既在此附课,则不必送诗文与他处看,以明有所专主也。凡事皆贵专。求师不专,则受益也不入;求友不专,则博爱而不亲。心有所专宗,而博观他途以扩其识,亦无不可。无所专宗，而见异思迁，此眩彼夺，则大不可。罗山兄甚为刘霞仙、欧晓岑所推服，有杨生（任光）者，亦能道其梗概，则其可为师表明矣，惜吾不得常与居游也。在省用钱，可在家中支用（银三十两则够二弟一年之用矣，亦在吾寄一千两之内），予不能别寄与弟也。

我去年十一月二十日到京，彼时无折差回南，至十二月中旬始发信，乃两弟之信骂我糊涂。何不检点至此！赵子舟与我同行，曾无一信，其糊涂更何如耶？余自去年五月底至腊月初未尝接一家信。我在蜀可写信由京寄家，岂家中信不可由京寄蜀耶？又将骂何人糊涂耶！凡动笔不可不检点。

陈尧农先生信至今未接到。黄仙垣未到京。家中付物，难于费心，以后一切布线等物，均不必付。九弟与郑、陈、冯、曹四信，写作俱佳，可喜之至。六弟与我信字太草率，此关乎一生福分，故不能不告汝也。四弟写信语太不圆，由于天分，吾不复责。余容续布，诸惟心照。

兄国藩手具

点评：罗泽南

借这封信，笔者先来介绍信中所提到的罗罗山。罗罗山名泽南，罗山为其号，湘乡人。罗泽南家境清贫，然读书用功，冬夜常映雪苦读。十年间，他家接连死了十一个亲人。这样大的不幸，也没有将他的意志摧垮。他功名不顺，三十三岁才中秀才，长期以塾师为业，在理学研究上著述甚丰，为湘中一带声名卓著的学者。咸丰二年，他奉命在湘乡兴办团练，学生王鑫、李续宾为其得力助手。第二年曾氏在长沙办湘军，罗泽南的湘乡勇为这支大团的骨干力量。罗泽南也因为战争而很快发达起来，短短三四年工夫便做到布政使衔道员。咸丰六年战殁于武昌城下。

五四时期，陈独秀撰文颂扬湖南人的精神，文中说："几十年前的曾国藩、罗泽南等一班人是何等'扎硬寨''打死仗'的书生。"可见罗在后世士人中的影响之大。

此时，罗泽南正在长沙湖南第一号乡绅贺修龄家做塾师。贺修龄之兄贺长龄正做着云贵总督，是当时湖南籍官位最高的人。曾国华、曾国荃兄弟一面在城南书院就读，一面又附课于罗泽南处。罗泽南已是名学者，故曾氏肯定两弟的这个作法。

曾氏素日给诸弟的信，从未有过严辞厉言，但这封信的第三段，却对诸弟的责备甚为恼火。是诸弟自有可恼火之处，还是因升官走运而脾气大了些呢？

致温弟沅弟（盈虚消息之理）

道光二十四年三月初十日

六弟、九弟左右：

三月八日接到两弟二月十五所发信，信面载第二号，则知第一号信未到。比去提塘追索，渠云并未到京，恐尚在省未发也。以后信宜交提塘挂号，不宜交折差手，反致差错。

来书言自去年五月至十二月，计共发信七八次。兄到京后，家人仅检出二次：一系五月二十二日发，一系十月十六日发。其余皆不见。远信难达，往往似此。

腊月信有糊涂字样，亦情之不能禁者。盖望眼欲穿之时，疑信杂生，怨怒交至。惟骨肉之情愈挚，则望之愈殷；望之愈殷，则责之愈切。度日如年，居室如圜墙，望好音如万金之获，闻谣言如风声鹤唳；又加以堂上之悬思，重以严寒之逼人。其不能不出怨言以相詈者，情之至也。然为兄者观此二字，则虽曲谅其情，亦不能不责之；非责其情，责其字句之不检点耳。何芥蒂之有哉！

至于回京时有折弁南还，则兄实不知。当到家之际，门几如市，诸务繁剧，吾弟可想而知。兄意谓家中接榜后所发一信，则万事可以放心矣，岂尚有悬挂者哉？来书辨论详明，兄今不复辨，盖彼此之心虽隔万里，而赤诚不啻目见，本无纤毫之疑，何必因二字而多费唇舌！以后来信，万万不必提起可也。

所寄银两，以四百为馈赠族戚之用。来书云："非有未经审量之处，即似稍有近名之心。"此二语推勘入微，兄不能不内省者也。又云："所识穷乏得我而为之，抑逆知家中必不为此慷慨，而姑为是言。"斯二语者，毋亦拟阿兄不伦乎？兄虽不肖，亦何至鄙且奸至于如此之甚！所以为此者，盖族戚中有断不可不一援手之人，而其余则牵连而及。

兄己亥年至外家，见大舅陶穴而居，种菜而食，为恻然者久之。通十舅送我，谓曰："外甥做外官，则阿舅来作烧火夫也。"南五舅送至长沙，握手曰："明年送外甥妇来京。"余曰："京城苦，舅勿来。"舅曰："然。然吾终寻汝任所也。"言已泣下。兄念母舅皆已年高，饥寒之况可想。而十舅且死矣，及今不一援手，则大舅、五舅者又能沾我辈之余润乎？十舅虽死，兄意犹当恤其妻子；且从俗为之延僧，如所谓道场者，以慰逝者之魂而尽吾不忍死其舅之心。我弟我弟，以为可乎？

兰姊、蕙妹家运皆舛。兄好为识微之妄谈，谓姊犹可支撑，蕙妹再过数年则不能自存活矣。同胞之爱，纵彼无觖望，吾能不视如一家一身乎？

欧阳沧溟先生夙债甚多,其家之苦况,又有非吾家可比者。故其母丧,不能稍隆厥礼。岳母送余时,亦涕泣而道。兄赠之独丰,则犹徇世俗之见也。

楚善叔为债主逼迫,抢地无门。二伯祖母尝为余泣言之。又泣告子植曰:"八儿夜来泪注地,湿围径五尺也。"而田货于我家,价既不昂,事又多磨。尝贻书于我,备陈吞声饮泣之状。此子植所亲见,兄弟尝欷歔久之。

丹阁叔与宝田表叔昔与同砚席十年,岂意今日云泥隔绝至此!知其窘迫难堪之时,必有饮恨于实命之不犹者矣。丹阁戊戌年曾以钱八千贺我。贤弟谅其景况,岂易办八千者乎?以为喜极,固可感也;以为钓饵,则亦可怜也。

任尊叔见我得官,其欢喜出于至诚,亦可思也。

竟希公一项,当甲午年抽公项三十二千为贺礼,渠两房颇不悦。祖父曰:"待藩孙得官,第一件先复竟希公项。"此语言之已熟,特各堂叔不敢反唇相稽耳。同为竟希公之嗣,而荣枯悬殊若此。设造物者一旦移其荣于彼二房,而移其枯于我房,则无论六百,即六两亦安可得耶?

六弟、九弟之岳家皆寡妇孤儿,槁饿无策。我家不拯之,则孰拯之者?我家少八两,未遂必为债户逼取;渠得八两,则举室回春。贤弟试设身处地而知其如救水火也。

彭王姑待我甚厚,晚年家贫,见我辄泣。兹王姑已没,故赠宜仁王姑丈,亦不忍以死视王姑之意也。腾七则姑之子,与我同孩提长养。各舅祖则推祖母之爱而及也。彭舅曾祖则推祖父之爱而及也。陈本七、邓升六二先生,则因觉庵师而牵连及之者也。

其余馈赠之人,非实有不忍于心者,则皆因人而及。非敢有意讨好沽名钓誉,又安敢以己之豪爽形祖父之刻啬,为此奸鄙之心之行也哉?

诸弟生我十年以后,见诸戚族家皆穷,而我家尚好,以为本分如此耳,而不知其初皆与我家同盛者也。兄悉见其盛时气象,而今日零落如此,则大难为情矣。凡盛衰在气象,气象盛则虽饥亦乐,气象衰则虽饱亦忧。今我家方全盛之时,而贤弟以区区数百金为极少,不足比数。设以贤弟处楚善、宽五之地,或处葛、熊二家之地,贤弟能一日以安乎?凡遇之丰啬顺舛,有数存焉,虽圣人不能自为主张。天可使吾今日处丰亨之境,即可使吾明日处楚善、宽五之境。君子之处顺境,兢兢焉常觉天之过厚于我,我当以所余补人之不足。君子之住啬境,亦兢兢焉常觉天之厚于我:非果厚也,以为较之尤啬者,而我固已厚矣。古人所谓境地须看不如我者,此之谓也。

来书有"区区千金"四字,其毋乃不知天之已厚于我兄弟乎?兄尝观《易》

之道，察盈虚消息之理，而知人不可无缺陷也。日中则昃，月盈则亏，天有孤虚，地阙东南，未有常全而不缺者。《剥》也者，《复》之几也，君子以为可喜也。《夬》也者，《姤》之渐也，君子以为可危也。是故既吉矣，则由吝以趋于凶；既凶矣，则由悔以趋于吉。君子但知有悔耳。悔者，所以守其缺而不敢求全也。小人则时时求全；全者既得，而吝与凶随之矣。众人常缺，而一人常全，天道屈伸之故，岂若是不公乎？今吾家椿萱重庆，兄弟无故，京师无比美者，亦可谓至万全者矣。故兄但求缺陷，名所居曰求缺斋。盖求缺于他事，而求全于堂上。此则区区之至愿也。家中旧债不能悉清，堂上衣服不能多办，诸弟所需不能一给，亦求缺陷之义也。内人不明此意，时时欲置办衣物，兄亦时时教之。今幸未全备，待其全时，则吝与凶随之矣。此最可畏者也。贤弟夫妇诉怨于房闼之间，此是缺陷，吾弟当思所以弥其缺而不可尽给其求，盖尽给则渐几于全矣。吾弟聪明绝人，将来见道有得，必且韪余之言也。

　　至于家中欠债，则兄实有不尽知者。去年二月十六接父亲正月四日手谕，中云："年事一切，银钱敷用有余。上年所借头息钱，均已完清。家中极为顺遂，故不窘迫。"父亲所言如此，兄亦不甚了了。不知所完究系何项？未完尚有何项？兄所知者，仅江孝八外祖百两、朱岚暄五十两而已。其余如耒阳本家之账，则兄由京寄还，不与家中相干。甲午冬借添梓坪钱五十千，尚不知作何还法，正拟此次禀问祖父。此外账目，兄实不知。下次信来，务望详开一单，使兄得渐次筹画。如弟所云家中欠债千余金，若兄早知之，亦断不肯以四百赠人矣。如今信去已阅三月，馈赠族戚之语，不知乡党已传播否？若已传播而实不至，则祖父受啬吝之名，我加一信，亦难免二三其德之诮。此兄读两弟来书，所为踌躇而无策者也。兹特呈堂上一禀，依九弟之言书之。谓朱啸山、曾受恬处二百落空，非初意所料。其馈赠之项，听祖父、叔父裁夺。或以二百为赠，每人减半亦可；或家中十分窘迫，即不赠亦可。戚族来者，家中即以此信示之，庶不悖于过则归己之义。贤弟观之以为何如也？

　　若祖父、叔父以前信为是，慨然赠之，则此禀不必付归，兄另有安信付去。恐堂上慷慨持赠，反因接吾书而尼沮。凡仁心之发，必一鼓作气，尽吾力之所能为。稍有转念，则疑心生，私心亦生。疑心生则计较多，而出纳吝矣；私心生则好恶偏，而轻重乖矣。使家中慷慨乐与，则慎无以吾书生堂上之转念也。使堂上无转念，则此举也，阿兄发之，堂上成之，无论其为是为非，诸弟置之不论可耳。向使去年得云贵、广西等省苦差，并无一钱寄家，家中亦不能责我也。

　　九弟来书，楷法佳妙，余爱之不忍释手。起笔收笔皆藏锋，无一笔撒手乱丢,所谓有往皆复也。想与陈季牧讲究,彼此各有心得,可喜可喜。然吾所教尔者,尚有二事焉。一曰换笔。古人每笔中间必有一换,如绳索然。第一股在上,一换则第二股在上,再换则第三股在上也。笔尖之着纸者仅少许耳。此少许者,吾当作四方铁笔用。起处东方在左,西方向右,一换则东方向右矣。笔尖无所谓方也,我心中常觉其方。一换而东,再换而北,三换而西,则笔尖四面有锋,不仅一面相向矣。二曰结字有法。结字之法无穷,但求胸有成竹耳。

六弟之信,文笔拗而劲,九弟文笔婉而达,将来皆必有成。但目下不知各看何书?万不可徒看考墨卷,汩没性灵。每日习字不必多,作百字可耳。读背诵之书不必多,十叶可耳。看涉猎之书不必多,亦十叶可耳。但一部未完,不可换他部,此万万不易之道。阿兄数千里外教尔,仅此一语耳。

罗罗山兄读书明大义,极所钦仰,惜不能会面畅谈。

余近来读书无所得,酬应之繁,日不暇给,实实可厌。惟古文各体诗,自觉有进境,将来此事当有成就,恨当世无韩愈、王安石一流人与我相质证耳。贤弟亦宜趁此时学为诗、古文,无论是否,且试拈笔为之。及今不作,将来年长,愈怕丑而不为矣。每月六课,不必其定作时文也。古文、诗、赋、四六无所不作,行之有常。将来百川分流,同归于海,则通一艺即通众艺,通于艺即通于道,初不分而二之也。此论虽太高,然不能不为诸弟言之。使知大本大原,则心有定向,而不至于摇摇无着。虽当其应试之时,全无得失之见乱其意中,即其用力举业之时,亦于正业不相妨碍。诸弟试静心领略,亦可徐徐会悟也。

外附录《五箴》一首、《养身要言》一纸、《求阙斋课程》一纸,诗文不暇录,惟谅之。

兄国藩手草

五箴(并序) 　　甲辰春作

少不自立,荏苒遂洎今兹。盖古人学成之年,而吾碌碌尚如斯也,不其戚矣!继是以往,人事日纷,德慧日损,下流之赴,抑又可知。夫疢疾所以益智,逸豫所以亡身,仆以中材而履安顺,将欲刻苦而自振拔,谅哉其难之与!作《五箴》以自创云。

立志箴

煌煌先哲,彼不犹人。藐焉小子,亦父母之身。聪明福禄,予我者厚哉!弃天而佚,是及凶灾。积悔累千,其终也已。往者不可追,请从今始。荷道以躬,舆之以言。一息尚活,永矢弗谖。

居敬箴

天地定位，二五胚胎。鼎焉作配，实曰三才。俨恪斋明，以凝女命。女之不庄，伐生戕性。谁人可慢？何事可弛？弛事者无成，慢人者反尔。纵彼不反，亦长吾骄。人则下女，天罚昭昭。

主静箴

斋宿日观，天鸡一鸣。万籁俱息，但闻钟声。后有毒蛇，前有猛虎。神定不慑，谁敢余侮？岂伊避人，日对三军。我虑则一，彼纷不纷。驰骛半生，曾不自主。今其老矣，殆扰扰以终古。

谨言箴

巧语悦人，自扰其身。闲言送日，亦搅女神。解人不夸，夸者不解。道听途说，智笑愚骇。骇者终明，谓女实欺。笑者鄙女，虽矢犹疑。尤悔既丛，铭以自攻。铭而复蹈，嗟女既耄。

有恒箴

自吾识字，百历泊兹。二十有八载，则无一知。曩之所忻，阅时而鄙。故者既抛，新者旋徙。德业之不常，曰为物牵。尔之再食，曾未闻或愆。黍黍之增，久乃盈斗。天君司命，敢告马走。

养身要言（癸卯入蜀道中作）

一阳初动处，万物始生时。不藏怒焉，不宿怨焉。右仁所以养肝也。

内有整齐思虑，外而敬慎威仪。泰而不骄，威而不猛。右礼所以养心也。

饮食有节，起居有常。作事有恒，容止有定。右信所以养脾也。

扩然而大公，物来而顺应。裁之吾心而安，揆之天理而顺。右义所以养肺也。

心欲其定，气欲其定，神欲其定，体欲其定。右智所以养肾也。

求阙斋课程（癸卯孟夏立）

读熟读书十叶。看应看书十叶。习字一百。数息百八。记过隙影（即日记）。记茶余偶谈一则。右每日课。

逢三日写回信。逢八日作诗、古文一艺。右月课。

熟读书：《易经》、《诗经》、《史记》、《明史》、《屈子》、《庄子》、杜诗、韩文。

应看书不具载。

点评：盈虚消息之理

这封给温、沅两弟的信里包含着很丰富的社会信息和文化内涵。

首先，我们可以从信中知道，曾氏家中欠债不少。曾氏自己估计需六百两来还债，但两弟来信说家中负债已过千两。当然，即便有千两债务，曾家人也决不会缺衣少食无法度日，但至少说明曾氏为官多年后家中依旧不富裕。其次，可知曾家近亲大多日子过得不宽裕："蕙妹再过数年不能自存活"；岳父凤债甚多，比曾家更苦；大舅陶穴而居；楚善叔为债主逼迫，抢地无门；丹阁叔、宝田表叔境遇窘迫难堪；六弟、九弟岳家皆槁饿无策等等。无论如何，曾家的近亲决不会是当地的最贫困者。由此可见，当时湘乡、衡阳一带穷家小户的日子过得是如何的艰难！值得我们注意的是，家书中有这样一句话："诸弟生我十年以后，见诸戚族家皆穷，而我家尚好，以为本分如此耳，而不知其初皆与我家同盛者也。"也就是说，曾家的这些亲戚都是近十年间由富而贫、由盛而衰的。这十年正是鸦片战争前后，下距太平军起事也只有五六年。这期间湘乡、衡阳的民生凋敝如此，整个湖南大概也都差不多，推而广之，南方各省大概也差不多。这正是太平军之所以起事，并能迅速形成气候的社会原因之所在。对于近代史的研究者来说，这封家书是了解当时社情民意值得重视的第一手材料。

先前家书中，我们感受的都是大哥的权威、诸弟的敬惮，但在这封信中，我们却看到了曾氏兄弟之间分歧的一面。分歧之处正是在银钱的支配上。对于大哥要将四百两银子馈赠亲族的想法，两个弟弟言辞尖刻地予以批评。一个说，此事没有先和家里商量，这样做近于哗众取宠。一个说，就你知道要接济穷乏，难道家里人都小气，不会为此慷慨之举吗？

以今天的眼光来看，这两个弟弟简直是无理取闹！寄往家里的钱不是全家的公款而是大哥独自赚的，他想怎么处置就怎么处置，你们凭什么说东道西，而且出语如此不逊！但在一百五十多年前，对于一个没有分家的家庭来说，家中每一个成员的所得都是家庭的公产，故而做弟弟的有权发表意见。当然，有许多人也并不一定把自己的所得交出，当家的也不能拿他怎样。但曾氏既要做孝子，又要做贤兄，故对两弟的如此指责并没有愤怒之态，在作了一句不至于如此鄙奸的表白后，予以谆谆开导。先谈被救济诸亲的可怜：通十舅是"言已泣下"，岳母是"涕泣而道"，伯祖母"泣言之"，其子是"夜来泪注地"，彭王姑是"见我辄泣"，而这些眼泪，无非都是为着一桩事：缺银钱！即便丹阁叔送八千钱是作"钓饵"，但穷家出此下策，亦为可怜。

叙述这些苦况后，曾氏给两弟讲了一番似虚似实、似有似无的"盈虚消息之理"。

曾氏认为：天有孤虚，地阙东南，天地都有不足，何况人？故人有所缺陷才是真实的。日中则昃，月盈则亏，日月都不能追求圆满，何况人？故人应当有所欠缺才好。

这种宇宙间的自然现象，先哲早就看到了。在《易经》这部书里，就贯穿着这种智慧的认识。《剥》卦是一个凶卦，卦中演示的多是不吉利的现象，但紧接其后便是《复》卦。《复》卦是一个吉卦。相反的，对于和乐的《夬》卦之后含有遇象的《姤》卦，有识者认为宜具危机感。《易经》将卦这样安排的用意，在于启示它的读者：人在吉顺时，常常会因此而得意忘形以至于招致灾难；反之，人在困逆时，又往往会因警惕自守而带来吉顺。所以，明白盈虚消息之理的人要将自己时时处在不完美而有所缺欠的状态中，才不至于因盈而虚，因息而消。

曾氏还认为，正因为世人都有这样或那样的缺陷，也正因为世人都追求圆满完整，从而难免存在着怨愤之心、忌妒之心。若看到身边有人什么都得到的话，便会认为天道不公平，怨愤、忌妒便会向他发泄。此人将有可能面临无妄之灾。眼下他家中祖父祖母、父亲母亲两代高堂都健在，此为人间最不易得到的椿萱重庆，大大的美事；而且兄弟姊妹俱全，又加之他官运亨通。人世间的好事，他曾家占了太多。如果还一味追求更多的好处，将会因此而损害现有的美满。故而，他有意求阙。曾氏以此开导两弟：即便家中尚有负债，先拿出四百金来赠人也是可以的。这就是"求阙"。

这种"求阙"的观念一直支配着曾氏后半生，他在面对诸如名利地位财物这些世人渴求的东西时，常会以"求阙"的态度来处置。

曾氏也知道家中父祖兄弟们不一定都理解他的这种处世态度，故将此事交给家中去办：减半亦可，不赠亦可。

信后所附的"五箴""养身要言""求阙斋课程"，既是向家里汇报他在京师修身养性的状态，也是借此诱导诸弟，但信中决不言及要诸弟照他所开示的办。

除了在家求学的诸弟不具备京师翰苑的外在条件外，或许在曾氏看来，他的弟弟们尤其是温、沅两位大概也不是"修诚"的料子。寄来的目的是让他们开开眼界，能学几分是几分，能到哪步是哪步。这种属于心性的修炼，是来不得半点强迫的。

致诸弟（作如火如荼之文）

道光二十四年五月十二日

四位老弟足下：

自三月十三日发信后，至今未寄一信。余于三月二十四日移寓前门内西边碾儿胡同，与城外消息不通。四月间到折差一次，余竟不知。迨既知，而折差已去矣。惟四月十九欧阳小岑南归，余寄衣箱银物并信一件。四月二十四梁绿庄南归，余寄书卷零物并信一件。两信皆仅数语，至今想尚未到。四月十三黄仙垣南归，余寄闱墨并无书信，想亦未到。兹将三次所寄各物另开清单付回，待三人到时，家中照单查收可也。

内城现住房共二十八间，每月房租京钱叁拾串，极为宽敞。冯树堂、郭筠仙所住房屋皆清洁。甲三于三月二十四日上学，天分不高不低，现已读四十天，读至自修齐至治平矣。因其年太小，故不加严。已读者字皆能认。两女皆平安。陈岱云之子在余家亦甚好。内人身子如常，现又有喜，大约九月可生。

余体气较去年略好，近因应酬太繁，天气渐热，又有耳鸣之病。今年应酬较往年更增数倍。第一为人写对联条幅，合四川、湖南两省求书者几日不暇给。第二公车来借钱者甚多，无论有借无借，多借少借，皆须婉言款待。第三则请酒拜客及会馆公事。第四则接见门生，颇费精神。又加以散馆，殿试则代人料理，考差则自己料理。诸事冗杂，遂无暇读书矣。

三月二十八大挑甲午科，共挑知县四人，教官十九人。其全单已于梁绿庄所带信内寄回。四月初八日发会试榜，湖南中七人，四川中八人，去年门生中二人。另有题名录附寄。十二日新进士复试，十四发一等二十一名，另有单附寄。十六日考差，余在场，二文一诗，皆妥当无弊病，写亦无错落。兹将诗稿寄回。十八日散馆，一等十九名。本家心斋取一等十二名，陈启迈取二等第三名，二人俱留馆。徐菜因诗内皴字误写皱字，改作知县，良可惜也。二十二日散馆者引见，二十六七两日考差者引见，二十八日新进士朝考，三十日发全单附回。二十一日新进士殿试，二十四日点状元，全榜附回。五月初四五两日新进士引见。初一日放云贵试差，初二日钦派大教习二人，初六日奏派小教习六人，余亦与焉。

初十日奉上谕，翰林侍读以下，詹事府洗马以下，自十六日起每日召见二员。余名次第六，大约十八日可以召见。从前无逐日分见翰詹之例，自道光十五年始一举行，足征圣上勤政求才之意。十八年亦如之，今年又如之。此次召见，则今年放差大半，奏对称旨者居其半，诗文高取者居其半也。

五月十一日接到四月十三家信，内四弟、六弟各文二首，九弟、季弟各文一首。四弟东皋课文甚洁净，诗亦稳妥。"则何以哉"一篇亦清顺有法，第词句多不圆足，笔亦平沓不超脱。平沓最为文家所忌，宜力求痛改此病。六弟笔气爽利，近亦渐就范围。然词意平庸，无才气峥嵘之处，非吾意中之温甫也。如六弟之天姿不凡，此时作文，当求议论纵横，才气奔放，作为如火如荼之文，将来庶有成就。不然一挑半剔，意浅调卑，即使获售，亦当自惭其文之浅薄不堪。若其不售，则又两失之矣。今年从罗罗山游，不知罗山意见如何？吾谓六弟今年入泮固妙，万一不入，则当尽弃前功，壹志从事于先辈大家之文。年过二十，不为少矣。若再扶墙摩壁，役役于考卷截搭小题之中，将来时过而业仍不精，必有悔恨于失计者，不可不早图也。余当日实见不到此，幸而早得科名，未受其害。向使至今未尝入泮，则数十年从事于吊渡映带之间，仍然一无所得，岂不腼颜也哉！此中误人终身多矣。温甫以世家之子弟，负过人之姿质，即使终不入泮，尚不至于饥饿，奈何亦以考卷误终身也？九弟要余改文详批，余实不善改小考文，当请曹西垣代改，下次折弁付回。季弟文气清爽异常，喜出望外，意亦层出不穷。以后务求才情横溢，气势充畅，切不可挑剔敷衍，安于庸陋。勉之勉之，初基不可不大也。书法亦有褚字笔意，尤为可喜。总之，吾所望于诸弟者，不在科名之有无，第一则孝弟为瑞，其次则文章不朽。诸弟若果能自立，当务其大者远者，毋徒汲汲于进学也。

冯树堂、郭筠仙在寓看书作文，功无间断。陈季牧日日习字，亦可畏也。四川门生留京约二十人，用功者颇多。余不尽书。

兄国藩草

点评：作如火如荼之文

从这封信里我们可以看到一个翰林在读书、做诗文等正业外的杂务：为人写对联条幅，款待前来借钱的进京应试举人，请酒拜客，接见门生。这些杂务多得使他无法办正事。翰林是闲官，无权，俸禄亦不多，闲官的应酬都这样多，那些权力在握、收入丰盈的京官们，该是如何地忙于应对四方嘉宾八面来客，他们还有功夫和精力料理国家大事吗？

信的后半部分，曾氏对诸弟谈了两件事：一为作文，二为读书。什么样的文章是好文章？在曾氏看来，诸弟"此时作文，当求议论纵横，才气奔放，作为如火如荼之文，将来庶有成就"。又言"以后务求才情横溢，气势充畅，切不可挑剔敷衍，安于庸陋"。曾氏这些议论，体现了他的审美观念。

曾氏赞赏桐城派大师姚鼐的看法，认为文章之道，分阳刚之美、阴柔之美，又仿效司空图《二十四诗品》的形式，对阳刚之美的四个主要方面——雄、直、怪、丽——作了描摹："雄：划然轩昂，尽弃故常，跌宕顿挫，扪之有芒。直：黄河千曲，其体仍直，山势如龙，转换无迹。怪：奇趣横生，人骇鬼眩，《易》、《玄》、《山经》，张、韩互见。丽：青春大泽，万卉初葩。《诗》、《骚》之韵，班、扬之华。"对阴柔之美的四个主要方面：茹、远、洁、适，他也作了描绘："茹：

众义辐凑，吞多吐少，幽独咀含，不求共晓。远：九天俯视，下界聚蚊，瘖寐周孔，落落寡群。洁：冗意陈言，类字尽芟，慎尔褒贬，神人共监。适：心境两闲，无营无待，柳记欧跋，得大自在。"

这两种不同形式的艺术美，曾氏都喜欢，但他更偏爱阳刚之美，他的诗文创作大多体现的是雄奇壮丽的风格。他认为人在青少年时尤其要为阳刚之文，因为阳刚通常表现的是一种进取的积极向上的精神。此种精神对于青少年来说至关重要。故而对于四个十多二十来岁的弟弟，曾氏鼓励他们作如火如荼之文，不必过于求稳求全，泪没了锋芒棱角。到了晚年，曾氏在欣赏刘墉的书法中悟到了一个新境界："看刘文清公《清爱堂帖》，略得其冲淡自然之趣，方悟文人技艺佳境有二：曰雄奇，曰淡远。作文然，作诗然，作字亦然，若能含雄奇于淡远之中，尤为可贵。"

"含雄奇于淡远之中"，这的确是一个极高的美学境地。曾氏的审美观念到了这一层，可谓一种质的飞跃。这不仅是他在学术上的迈进，更是他在人生修养上的迈进。当然，此刻，三十三岁的曾氏只不过是一个书斋中的勤奋词臣而已，利与害的激烈冲撞、血与火的生死搏斗等等，都还没有到来，他还不可能有《易经》中所说的"阴阳合德，刚柔有体"的切己体验。自己尚且没有领悟到的学问，当然不可能对诸弟言及了。

在谈到读书的时候，曾氏希望才气过人的六弟应当"尽弃前功，壹志从事于先辈大家之文"，再不要为应付考试而读书作文，他明确地告诉诸弟"此中误人终身多矣"！

曾氏自己是一个靠科举而出人头地的人，但他能看出科举误人的弊端，这说明他进京之后，确实在见识上和学问上大有进步。他能将自己的这个认识及时告诉诸弟，也体现了他对诸弟的真正关爱。我们可以想象得到，他的几个弟弟也大致接受了大哥的劝告，在读闱墨的同时，也读了不少"先辈大家之文"，否则，不可能在十余年后，有华字营、吉字营的统领出现。

禀父母（妹夫来京不能安置）

道光二十四年六月二十三日

男国藩跪禀父母亲大人万福金安：

五月十二日，男发第六号信，其信甚厚。内有寄欧阳小岑、黄仙垣、梁绿庄三处货物单。此刻三人想俱到省,不审已照单查收否?

男及男妇身体清吉。孙儿亦好,六月十七日《三字经》读完,十八日读《尔雅》起。二孙女皆好。冯树堂、郭筠仙皆在寓如常。王率五妹夫于五月二十三日到京,其从弟仕四同来。二人在湘潭支钱十千,在长沙搭船,四月十二日至汉口。在汉口杉牌厂内住十天。二十二在汉口起身,步行至京,道上备尝辛苦。幸天气最好,一路无雨无风,平安到京。在道上仅伤风两日,服药二帖而愈。到京又服凉药二帖,补药三帖,现在精神全好。初到京时,遍身衣裤鞋袜皆坏,件件临时新制,而率五仍不知艰苦。京城实无位置他处,只得暂留男寓,待有便即令他回家。男自调停妥当,家中不必挂心,蕙妹亦不必着急。至于仕四,目前尚在男寓吃饭。待一月既满,如有朋友回南,则荐仕四作仆人带归;如无便可荐,则亦只得麾之出门,不能长留男寓也。湖北主考仓少平系男同年相好,男托仓带仕四到湖北。仓七月初一出京,男给仕四钱约六千,即可安乐到家。本不欲优待他,然不如此,则渠必流落京城,终恐为男之累,不如早打发他回为妥。

祖父大人于四月鼻血多出,男闻不胜惶恐。闻率五说祖父近日不吃酒,不甚健步,不知究竟何如?万求一一详示。叔父病势似不轻,男尤挂心,务求将病症开示。男教习庶吉士,五月十八日上学,门生六人。二十日蒙皇上御勤政殿召见,天语垂问及男奏对,约共六七十句。

今年考差,只剩河南、山东、山西三省,大约男已无望。男今年甚怕放差,盖因去年男妇生产是踏花生,今年恐走旧路,出门难以放心;且去年途中之病,至今心悸。男日来应酬已少,读书如故。寓中用度浩繁,共二十口吃饭,实为可怕。居家保身一切,男知谨慎,大人不必挂念。

男谨禀

> **点评:妹夫来京不能安置**

这封家信谈的是妹夫到京的事。

曾氏的大妹国蕙的丈夫王待聘,乳名率五,出身于湘乡县一个耕读之家。王待聘也曾读过多年的书,但考运不好,未得半点功名,家境日渐衰颓,夫妻俩经常争吵。这次在一场大吵之后,王待聘也不告诉妻子一声,便带着从弟仕四离家出走,由湘潭到长沙,由长沙到汉口,居然从汉口步行到了北京。

王待聘从湘乡来京投靠内兄,据曾氏本年八月二十九日禀祖父母信中所说,是想在京师考一个"供事"一类的书吏,借此糊口养家。供事为翰林院的雇员,专门做些誊抄杂事,任职若干年后有转为低级官员的可能。

在王待聘看来，内兄官居从五品，比起正七品县太爷来，要高了三级。湘乡的县太爷几多威风，什么事办不了！内兄岂不比他更威风，更能办事！何况内兄做的是翰林院的侍讲，他求的又是翰林院的雇员，这还不好说！

王待聘真个是不懂京师官场。常言说：碰到盐商，方知钱少；来到京师，方知官小。一个从五品的官儿，在京师官场里，好比芥菜籽绿豆大的小官，随便在哪个胡同里，都可以遇到一两个，更何况这个从五品的官出自翰林院。倘若差运不好年岁大的翰林，简直毫无地位可言。京师有人甚至将老翰林与老太婆、老骆驼一起称为三老废物。翰林院的官员想要找别的部院人帮忙，安插个私人去做事，困难得很。要在自己官衙里安置嘛，机会又甚少，故而像招供事这样的事便被众人所盯。从五品的侍讲，在翰林院里也只是中下级的官员，他的上面还有侍读学士、侍讲学士、掌院学士等。即便在翰林院内部，侍讲也是没有什么权的。

这就注定了王待聘赴京的愿望一定要落空，只是徒然给内兄增加些负担和烦恼而已。曾氏将妹夫留在京师住了三个月，让他多处走走看看，开开眼界，然后跟他说了一些诸如宦海风波安危莫卜，卑官小吏尤多危机，每见佐杂末秩下场鲜有好者，不如安居乡间，勤俭守旧为好等话，将他打发回湖南。

曾氏原本是没有能力安置妹夫，但他不好意思明说出来，可以看出曾氏的性格不够坦率。他的翰苑后辈张之洞在这方面就比他强。张之洞也曾在翰林院里做过小官，他有一个极富才华却沉沦市井的朋友亟需他安置，但他没有这个能力。在给这个朋友的诗中，他坦率地写到："我愧退之无气力，不教东野共飞腾。"张之洞说：惭愧得很，我没有当年韩愈那样的力量，无法让你像孟郊那样声名卓著。比起曾氏"做小官不如当农民"的转弯抹角来，张之洞的话显然直截得多。

致诸弟（治学以有恒为主）

道光二十四年十一月二十一日

四位老弟足下：

前月寄信，想已接到。余蒙祖宗遗泽、祖父教训，幸得科名，内顾无所忧，外遇无不如意，一无所触矣。所望者再得诸弟强立，同心一力，何患令名之不显？何患家运之不兴？欲别立课程，多讲规条，使诸弟遵而行之，又恐诸弟习见而生厌心；欲默默而不言，又非长兄督责之道。是以往年常示诸弟以课程，近来则只教以有恒二字。所望于诸弟者，但将诸弟每月功课写明告我，则我心大慰矣。乃诸弟每次写信，从不将自己之业写明，乃好言家事及京中诸事。此时家中重庆，外事又有我料理，诸弟一概不管可也。以后写信，但将每月作诗几首，作文几首，看书几卷，详细告我，则我欢喜无量。诸弟或能为科名中人，或能为学问中人，其为父母之令子一也，我之欢喜一也。慎弗以科名稍迟，而遂谓无可自力也。如霞仙今日之身份，则比等闲之秀才高矣。若学问愈进，身份愈高，则等闲之举人、进士又不足论矣。

学问之道无穷，而总以有恒为主。兄往年极无恒，近年略好，而犹未纯熟。自七月初一起至今，则无一日间断。每日临帖百字，抄书百字，看书少亦须满二十页，多则不论。自七月起至今，已看过《王荆公文集》百卷，《归震川文集》四十卷，《诗经大全》二十卷，《后汉书》百卷，皆朱笔加圈批。虽极忙，亦须了本日功课，不以昨日耽搁而今日补做，不以明日有事而今日预做。诸弟若能有恒如此，则虽四弟中等之资，亦当有所成就，况六弟、九弟上等之资乎？

明年肄业之所，不知已有定否？或在家，或在外，无不可者。谓在家不可用功，此巧于卸责者也。吾今在京，日日事务纷冗，而犹可以不间断，况家中万万不及此间之纷冗乎？树堂、筠仙自十月起，每十日作文一首，每日看书十五页，亦极有恒。诸弟试将朱子《纲目》过笔圈点，定以有恒，不过数月即圈完矣。若看注疏，每经亦不过数月即完。切勿以家中有事而间断看书之课，又弗以考试将近而间断看书之课。虽走路之日，到店亦可看；考试之日，出场亦可看也。

兄日夜悬望，独此有恒二字告诸弟，伏愿诸弟刻刻留心。幸甚幸甚。

兄国藩手草

点评：治学以有恒为主

曾氏这封家书中着重讲了两个字：有恒。此二字乃有的放矢，它是针对诸弟尤其是温、沅二弟的毛病而来的。曾氏四个弟弟中，温甫天分最高，沅甫能力最强，然正因为此，这两个弟弟也最为心高气傲，性格浮躁。上个月给诸弟的信中，曾氏说他的朋友中有资质聪颖者，又往往恃才傲物，开口便说别人不如他，见乡墨则骂乡墨不通，见会墨则骂会墨不通，既骂房官又骂主考。平心而论，这些人自己也未见得有大过人之处，以至于潦倒一生。这种人不值得同情。此番话显然是在借别人的例子来开导诸弟，警戒诸弟的傲气。曾氏温、沅两弟的不踏实，并不亚于他的那几个京师朋友。先是不安心在湘乡读书，要进省城，结果在省城两年诗文毫无长进，后又往罗泽南处附学，不久也便杳无音信；书信中从不谈读书为文的正事，而是喜谈家事及议论数千里外京城里发生的事。在曾氏看来，这种浮躁不实的作风非去掉不可，否则将看似忙忙碌碌，实则一事无成。

医治这种浮躁毛病的药方便是"有恒"。无恒心不仅是温、沅二人的毛病，也是世人的通病。《诗》曰"靡不有初，鲜克有终"，说的便是这种世间常见的现象。

其实，世上的大工程大成就，都是靠长期不断的点点滴滴功夫累积而成。荀子在《劝学篇》里说得好："不积跬步，无以至千里；不积小流，无以成江海。"道理实在是浅白简单，关键在于难以坚持，即难以有恒。要说曾氏的过人之处，"有恒"乃是其最突出的一点。他在信中说他自七月起读《王荆公文集》百卷，《归震川文集》四十卷，《诗经大全》二十卷，《后汉书》百卷。验之于曾氏道光二十四年下半年的日记，可知他没有说假话。拿日记来说，他从道光十九年开始记日记，一直记到道光二十五年，后来的十多年里没有一以贯之地坚持下去。咸丰八年他丁父忧后复出，决心将日记恢复，再不半途而废。此后不管战事如何紧张，诸务如何繁杂，果然天天坚持，没有间断，直到临终的前一天。能做到这一步，的确非一般人所及，这靠的是超越常人的"有恒"。

实事求是地说，曾氏并非所谓的天纵之才，他能做出如此大的事业，确乎主要得力于他的"有恒"。他在这封信里所说的只要有恒，虽中等之资，亦当有所成就，实为经过无数事例验证了的至理名言。曾氏的一生，再次为这句名言提供了一个极具说服力的例子。

一切想有所成就的年轻朋友，不要去抱怨自己的天赋不高，也不要去抱怨外界的条件不够，关键在于自身的努力。"努力"中最重要的一点便是"有恒"。《列子》的"愚公移山"寓言启示我们：持之以恒地做下去，太行、王屋二山都可以搬走，世上还有别的什么事情不能办成吗？

致诸弟（送妹夫王五诗）

道光二十五年（1845）二月初一日

四位老弟足下：

去年十二月二十二日寄去书函谅已收到。顷接四弟信，谓前信小注中误写二字。其诗比即付还,今亦忘其所误谓何矣。

诸弟写信总云仓忙,六弟去年曾言城南寄信之难,每次至抚院赍奏厅打听云云。是何其蠢也!静坐书院三百六十日,日日皆可写信,何必打听折差行期而后动笔哉?或送至提塘,或送至岱云家,皆万无一失,何必问了无关涉之赍奏厅哉?若弟等仓忙,则兄之仓忙殆过十倍,将终岁无一字寄家矣!

送王五诗第二首,弟不能解,数千里致书来问。此极虚心,余得信甚喜。若事事勤思善问,何患不一日千里?兹另纸写明寄回。家塾读书,余明知非诸弟所甚愿,然近处实无名师可从,省城如陈尧农、罗罗山皆可谓明师,而六弟、九弟又不善求益;且住省二年,诗文与字皆无大长进。如今我虽欲再言,堂上大人亦必不肯听。不如安分耐烦,寂处里间,无师无友,挺然特立,作第一等人物。此则我之所期于诸弟者也。昔婺源汪双池先生一贫如洗,三十以前在窑上为人佣工画碗,三十以后读书,训蒙到老,终身不应科举。卒著书百余卷,为本朝有数名儒。彼何尝有师友哉?又何尝出里间哉?余所望于诸弟者,如是而已,然总不出乎立志有恒四字之外也。

买笔付回,刻下实无妙便,须公车归乃可带回。大约府试院试可得用,县试则赶不到也。诸弟在家作文,若能按月付至京,则余请树堂看。随到随改,不过两月,家中又可收到。书不详尽,余俟续具。

兄国藩手草

点评:送妹夫王五诗

这封信里提到诸弟来信问送王五(即王率五)诗的第二首如何理解的事,故而我们就来专门谈谈送王五的诗。

王待聘在京城住了三个月后,搭乘粮船回湖南。王来京的目的没有达到,离京时的心情肯定不会好。曾氏除送他十两银子、五千钱(船费及沿途伙食费不须付,五千钱为零用,十两银子为家用)外,再送他五首七律。

其一为:"飘然弃我即山林,野服黄冠抵万金。滚滚污尘得少辟,茫茫歧路一长吟。梁鸿旅食妻孥共,苏季贫归忧患深。东去大江芦荻老,皇天飒飒正秋霖。"

其二为:"荆楚梗楠夹道栽,于人无忤世无猜。岂知斤斧联翩至,复道牛羊烂漫来!金碧觚棱依日月,峥嵘大栋逼风雷。回头却羡曲辕栎,岁岁偷闲作弃材。"

其三为:"高峒山下草芊绵,去国蹉跎今六年。村老半闻悲薤露,人间容易即桑田。炎云凉雨有翻覆，舞榭歌台况变迁。莫讶荣枯无定态，君今犹守旧青毡。"

其四为："有齐季女吾弟行，操臼君家老孟光。曾是弋凫相劳飨，犹闻雏凤已轩昂。秦嘉上计心情薄，王霸躬耕身世忘。织屦辟纑终古事，牛衣岁月即羲皇。"

其五为："老弟三年困省门，寒山无律可回温。由来命分政须尔，久信文章不足尊。南雁乖违少书信，西风牢落对乾坤。因君传语告予季，失马亡羊莫更论。"

诸弟问的是第二首，曾氏有"另纸写明"，可惜这"另纸"已不见了，好在有诗存，我们还是可以说说的。

首联说，两湖常见的楩楠（两种高大的乔木，均为建筑良材）自个儿生长在路旁，并不妨碍别人。颔联说，谁料砍伐的刀斧接踵而来，还要加上牛队羊群的践踏破坏。颈联说，巍峨大厦上的屋脊金碧辉煌高耸云天，的确令人仰慕，但它却易遭风雷的打击。尾联说，回过头来看，真正值得羡慕的倒是那些弯弯曲曲的树木，因为被视为弃材反而安度岁月，得以全身免祸。

这首诗并不太难解，它与其他四首共同组合成一个主题：不必外出求功名富贵，在家乡安于清贫最好。一句"牛衣岁月即羲皇"，道出了五首诗的全部宗旨。

曾氏的弟弟们都是读书人，这首诗字面上的意思相信他们可以理解，千里致书京师，问的大概不是这层。那么他们问的是什么？估计可能问的是：为什么大哥要写这首诗，难道你遭遇了"斤斧""风雷"，抑或是朝中近日出了什么事？

曾氏的诸弟与其大哥一样，都是热衷功名事业的人，但是他们之间在境界上有一个很大的差距。曾氏热衷功名事业，但同时也看到了功名事业给人带来的负面；其诸弟则一门子心思追求功名利禄，只盯着它带给人生风光的一面，却不去考虑它同时而来的风险的一面。

这种差距源于学问与阅历，也源于人的禀赋。曾氏写这五首诗的时候年仅三十四岁，而且他当时官运很好，并未遭遇打击，能有这种认识，多半源于"慧根"。但是，他将这种认识写在送给妹夫的诗中，也多多少少有点矫情：妹夫求的是最低微的小吏，无非是谋一口饭吃罢了，谈不上什么楩楠、觚棱之望，也还不到遭斤斧风雷之灾的时候，何必要谈这种深层次的话题，又何必要以此来掩饰自己的位卑乏力？

曾氏处世的双重人格，在处理妹夫来京求职一事上，已见端倪。

致诸弟（诗之门径）

道光二十五年三月初五日

四位老弟足下：

二月有折差到京，余因眼蒙，故未写信。三月初三接到正月二十四所发家信，无事不详悉，忻喜之至。此次眼尚微红，不敢多作字，故未另禀堂上。一切详此书中，烦弟等代禀告焉。

去年所寄银，余有分馈亲族之意。厥后屡次信问，总未详明示悉。顷奉父亲示谕，云皆已周到，酌量减半。然以余所闻，亦有过于半者，亦有不及一半者。下次信来，务求九弟开一单告我为幸。

受恬之钱，既专使去取，余又有京信去，想必可以取回，则可以还江岷山、东海之项矣。岷山、东海之银，本有利息，余拟送他高丽参共半斤，挂屏、对联各一付，或者可少减利钱，待公车归时带回。父亲手谕要寄银百两回家，亦待公车带回。有此一项，则可以还率五之钱矣。

率五想已到家，渠是好体面之人，不必时时责备他，惟以体面待他，渠亦自然学好。兰姊买田，可喜之至。惟与人同居，小事要看松些，不可在在讨人恼。

欧阳牧云要与我重订婚姻，我非不愿，但渠与其妹是同胞所生。兄妹之子女，犹然骨肉也。古者婚姻之道，所以厚别也，故同姓不婚。中表为婚，此俗礼之大失。譬如嫁女而号泣，奠礼而三献，丧事而用乐，此皆俗礼之失，我辈不可不力辨之。四弟以此义告牧云，吾徐当作信复告也。

罗芸皋于二月十八日到京，路上备尝辛苦，为从来进京者所未有，于二十七日在圆明园正大光明殿补行复试。湖南补复试者四人。余在园送考，四人皆平安，感余之情。今年新科复试，正场取一等三十七人，二三等人数甚多。四等十三人，罚停会试二科。补复者一等十人，二三等共百六十人。四等五人，亦罚停二科。立法之初，无革职者，可谓宽大。湘乡共到十人。邓铁松因病不能进场。渠吐血是老病，或者可保无虞。

芸皋所带小菜、布匹、茶叶俱已收到，但不知付物甚多，何以并无家信？四弟去年所寄诗已圈批寄还，不知收到否？汪觉庵师寿文，大约在八月前付到。五十已纳征礼成，可贺可贺。朱家气象甚好，但劝其少学官款，我家亦然。

啸山接到咨文，上有祖母已没字样，甚为哀痛，归思极迫。余再三劝解，场后即来余寓同住。我家共住三人。郭二于二月初八到京，复试二等第八。上下合家皆清吉。余耳仍鸣，无他恙。内人及子女皆平安。树堂榜后要南归，将来择师尚未定。

六弟信中言功课在廉让之间，此语殊不可解。所需书籍，惟《子史精华》家中现有，准托公车带归。《汉魏百三家》，京城甚贵，余已托人在扬州买，尚未接到。《稗海》及《绥寇纪略》亦贵，且寄此书与人，则必帮人车价。因此书尚非吾弟所宜急务者，故不买寄。元明名古文尚无选本。近来邵蕙西已选元文，渠劝我选明文，我因无暇尚未选。古文选本，惟姚姬传先生所选本最好。吾近来圈过一遍，可于公车带回。六弟用墨笔加圈一遍可也。

九弟诗大进，读之为之距跃三百，即和四章寄回。树堂、筠仙、意诚三君，皆各有和章。诗之为道，各人门径不同，难执一己之成见以概论。吾前教四弟学袁简斋，以四弟笔情与袁相近也。今观九弟笔情，则与元遗山相近。吾教诸弟学诗无别法，但须看一家之专集，不可读选本，以汩没性灵。至要至要。吾于五七古学杜、韩，五七律学杜，此二家无一字不细看。外此则古诗学苏、黄，律诗学义山，此三家亦无一字不看。五家之外，则用功浅矣。我之门径如此，诸弟或从我行，或别寻门径，随人性之所近而为之可耳。

余近来事极繁，然无日不看书。今年已批韩诗一部，正月十八批毕。现在批《史记》已三分之二，大约四月可批完。诸弟所看书望详示。邻里有事，亦望示知。

国藩手草

点评：诗之门径

曾氏与诸弟辩论馈赠戚族银两事，此封信中已见着落，即家中最后是"酌量减半"，即拿出二百两银子来送人。从曾氏以后的家书中可知，在他再三催促下，家中才将分送名单寄到北京。看来曾氏家人是不大情愿办此事的，只是碍于赠银人的面子，略微敷衍了一下而已。

信中谈了儿女的婚事。欧阳夫人的哥哥牧云欲与妹家亲上加亲，曾氏不同意，理由是血缘太近。由此他指出俗礼中有三不妥处：一、表亲再结婚姻；二、嫁女本是喜事却要号哭；三、治丧本应悲泣，却使用鼓乐，反而显得热闹喜悦。反对中表为婚，很有科学根据。嫁女不应哭，也表现了曾氏的开明，而一味指责治丧用鼓乐，却不见得理由十分充足。殁于天年，寿终正寝，这是白喜事，动用鼓乐，亦不为失宜；即便是大不幸，生者亦不必过于悲恸，鼓乐之事可减杀伤冷气氛，用用也未尝不可。

曾氏告诉诸弟，京城买书贵，已托人去扬州买。由此可知当时扬州的书业发达，胜过京师。扬州为盐商聚集之地，有钱人多，附庸风雅的人也就多了。此事再一次证明文化事业必须附丽于经济基础的道理。

因沅甫的寄诗，引发了曾氏的诗兴，一是奉和四章寄回，二是谈自己学诗的门径。曾氏之诗，五古七古学杜甫、韩愈，五律七律学杜甫，古诗学苏轼、黄庭坚，律诗则学李商隐；至于方式，则是这五人的诗"无一字不细看"。这几年来，曾氏在翰苑做了不少诗文，引来京师文坛的瞩目。他的声名，也由此而起。这种声名又由京师传到湖南，致令"省城之闻望日隆"（曾氏致诸弟信中语）。曾氏日后的官运亨通与人脉盛旺，实仰仗于此。曾氏自己对诗文写作亦颇自负。道光二十四年三月初十日给诸弟的长信中说："惟古文各体诗，自觉有进境，将来此事当有成就，恨当世无韩愈、王安石一流人与我相质证耳。"将自己与韩、王并列，直觉举世无对手可言，曾氏的自负真有点"狂妄"的味道。这里体现了曾氏性格的另一面：自负好强，目无余子。它与谦抑退让、好学精进等一道组成曾氏丰富而真实的性格。

他的这种自视，同样表现在和沅甫的诗中，让我们抄出其中的第三首来做个证明："杜韩不作苏黄逝，今我说诗将附谁？手似五丁开石壁，心如六合一游丝。神斤事业无凡赏，春草池塘有梦思。何日联床对灯火，为君烂舞醉仙僛。"

禀叔父（江忠源乃义侠之士）

道光二十五年九月十七日

侄国藩谨启叔父大人座下：

八月二十二日发十二号家信，想已收到。九月十五、十七连到两折差，又无来信，想四弟、六弟已经来京矣。若使未来，则在省，还家时，将必书信寄京。

侄身上热毒，近日头面大减。请一陈姓医生，每早吃丸药一钱，又小有法术。已请来三次，每次给车马大钱一千二百文。自今年四月得此病，请医甚多，服药亦五十余剂，皆无效验。惟此人来，乃将面上治好，头上已好十分之六，身上尚未好。渠云不过一月即可全愈。侄起居如常，应酬如故，读书亦如故。惟不做诗文，少写楷书而已。侄妇及侄孙儿女皆平安。

陈岱云现又有病，虽不似前年之甚，而其气甚馁，亦难骤然复元。湘乡邓铁松孝廉于八月初五出京，竟于十一月卒于献县道中。幸有江岷樵（忠源）同行，一切附身附棺，必诚必信。此人义侠之士，与侄极好。今年新化孝廉邹柳溪在京久病而死，一切皆江君料理，送其灵榇回南。今又扶铁松之病而送其死，真侠士也。扶两友之枢行数千里，亦极难矣。侄曾作邹君墓志铭，兹付两张回家。今年七月忘付黄芽白菜子，八月底记出，已无及矣。

请封之典，要十月十五始可颁恩诏，大约明年秋间始可寄回。

闻彭庆三爷令郎入学，此是我境后来之秀，不可不加意培植。望于家中贺礼之外，另封贺仪大钱一千，上书侄名，以示奖劝。余不具。

侄谨启

点评：江忠源乃义侠之士

曾氏现存家书中，给叔父的有七封。曾氏有两个亲叔：大叔早卒，小叔名骥云。曾氏给叔父的七封信，均是写给小叔骥云的。骥云没有亲生儿女，以国华即温甫为抚子。从现有史料看来，骥云也是个只见读书不见功名的人。因为父母高寿，而自己又靠兄子传香火，大约终其一生，未与兄长分过家。

这一个时期，曾氏的家信中均谈到"热毒"事，给叔父的信也谈到此事。曾氏在本年五月得了一种皮肤病，换了几个医生，都将它当做热毒治，但都没有治好。此病日后几乎伴随着曾氏的后半生。从各种症状来看，他所患的应是牛皮癣。此病最是顽固难医，又随着情绪的变化而变化。在以后的战争时期，每当军事不利，曾氏身上便奇痒难熬，以至于搔得浑身出血而仍不止痒，令他痛苦万分，直觉"无生人之乐"。直到晚年，此病大概也没有彻底痊愈。

信中说到一个名叫邓铁松的举人，在京患肺病，回湘途中死在河北献县，死后由朋友江忠源料理后事，并护送灵柩回家。献县到湘乡三千多里路，一路上靠着舟车运行，其间的艰难辛苦，可想而知。江忠源能为如此之事，实不容易，故曾氏称他为"真侠士"。

江忠源亦是曾氏的朋友，并对曾氏日后的事业大有影响。我们借评点此信的机会来说说这个人。

江忠源字岷樵，湖南新宁人，道光二十四年以举人身份入京会试，未第，留居京师，由郭嵩焘介绍，拜访曾氏。黎庶昌编的曾氏《年谱》中有这样一段话："江公素以任侠自喜，不事绳检。公与语市井琐事，酣笑移时。江公出，公目送之，回顾嵩焘曰：'京师求如此人才不可得。'既而曰：'是人必立功名于天下，然当以节义死。'时承平日久，闻者或骇之。"

江忠源喜任侠，不拘小节。曾氏与他初次相见，即谈笑甚欢，并认定他是一个不可多得的人才，且预见他今后当建立功名，又将死于节义。那时大家都在过太平日子，谁也没料到不久之后会有战事发生，故对曾氏这几句预言大为惊骇。后来，这些话都一一应验。曾氏被誉为善识人，尤善识士。对江忠源的识别，是一个极有说服力的例子。

在送邓铁松灵柩之前,江忠源也曾护送过新化籍举人邹柳溪的灵柩由京回湘。江之侠名因而大播京城。曾氏也很热心公益事,遇有乡亲友朋的喜丧集会,他都积极张罗参与。他诗文好,联语更做得好,不仅自制,还代人制,故而当时京城流传两句颇有点调侃味道的话,道是:包送灵柩江岷樵,包做挽联曾涤生。

道光二十八年,江忠源在家乡新宁办起团练,并率团镇压了本籍瑶民雷再浩的起义,因此擢升浙江秀水知县。太平军起事后,他回到新宁招募乡兵,号"楚勇",开赴广西与太平军作战。因军功显著而连连升官,咸丰四年便做了安徽巡抚,是湖南最先办团练并由军功之路迅速擢升高位的士人,成为渴望建功立业、升官发财的湖湘子弟的第一个榜样人物。不久,江忠源在安徽兵败投水自杀,应了曾氏十年前的"以节义死"的话。

禀父母(以杜门谢客为好)

道光二十六年(1846)正月初三日

男国藩跪禀父母亲大人万福金安:

乙巳十二月二十二日发家信十七号。其日同乡彭棣楼放广西思恩府知府。二十四日,陈岱云放江西吉安府知府。岱云年仅三十二岁,而以翰林出为太守,亦近来所仅见者。人皆代渠庆幸,而渠深以未得主考、学政为恨。且近日外官情形,动多掣肘,不如京官清贵安稳,能多外差,固为幸事,即不得差,亦可读书养望,不染尘埃。岱云虽以得郡为荣,仍以失去玉堂为悔。自放官后,捱挡月余,已于十二月二十八出京。是夕渠有家书到京,男折开。

接大人十一月二十四所示手谕,内叔父及九弟季弟各一信、彭莘庵表叔一信,具悉家中一切事。前信言莫管闲事,非恐大人出入衙门,盖以我邑书吏欺人肥己,党邪嫉正,设有公正之乡绅,取彼所鱼肉之善良而扶植之,取彼所朋比之狐鼠而锄抑之,则于彼大有不便,必且造作谣言,加我以不美之名,进谗于官,代我构不解之怨。而官亦阴庇彼辈,外虽以好言待我,实则暗笑之而深斥之,甚且当面嘲讽。且此门一开,则求者踵至,必将日不暇给,不如一切谢绝。今大人手示,亦云杜门谢客。此男所深为庆幸者也。

男身体平安。热毒至今未好,涂药则稍愈,总不能断根。十二月十二,蒙恩充补日讲起居注官。二十二日，又得充文渊阁直阁事。两次恭谢天恩，兹并将原折付回。讲官共十八人，满八缺，汉十缺。其职司则皇上所到之处，须轮四人侍立。直阁事四缺，不分满汉，其职司则皇上临御经筵之日，四人皆侍立而已。

四弟、六弟皆有进境。孙男读书已至《陈风》。男妇及孙女等皆好。

欧阳牧云有信来京，与男商请封及荐馆事。二事男俱不能应允，故作书宛转告之。外办江绸套料一件、丽参二两、鹿胶一斤、对联一付，为岳父庆祝之仪。恐省城寄家无便，故托彭棣楼带至衡阳学署。

朱尧阶每年赠谷四十石，受惠太多，恐难为报，今年必当辞却。小斗四十石不过值钱四十千，男每年可付此数到家，不可再受他谷，望家中力辞之。毅然家之银想已送矣；若未送，须秤元银三十二两，以渠来系纹银也。

男有挽联，托岱云交萧辛五转寄毅然家，想可无误。岱云归，男寄有冬菜十斤、阿胶二斤、笔四枝、墨四条、同门录十本。彭棣楼归，男寄有蓝顶二个、四品补服四付，俱交萧辛五家转寄。伏乞查收。

男谨禀

点评：以杜门谢客为好

陈岱云为曾氏的同乡同年兼儿女亲家，但他进京后运气并不好。一是欠账颇多：京中欠九百，家中亦欠九百，数目不小，难以还清。二是儿子刚满月，夫人便病逝。三是升官迟缓。现在突然外放江西去任从四品的知府，是少见的超擢。但此人真的是命薄。六七年后，太平军攻打安徽庐州府。此时陈正做庐州府的知府，府城被攻破，陈与知县等人都死于刀兵之中，时年不到四十。

此刻，曾氏已进入仕途上的顺境。先年九月，升为翰林院侍讲学士，为从四品，距五月份的升詹事府右春坊右庶子不过四个月。迁升之频，令同侪羡慕。

朝廷有封赠制度，凡九品以上文武官员，都可以得到相应的封阶，也鼓励官员将本身的封赠送给父母、祖父母。曾氏一向崇仰祖父，升官后即向朝廷请封，虽尚未用玺，但这是定制，一定可以得到准许的，于是趁着同乡南归之便托带回四品官的蓝顶子两个、补服四付。他的祖父星冈公也便俨然是个四品衔大夫了。这种大夫虽无印无权，但有脸面有地位，在邻里街坊之间是相当荣耀的。中国的传统是一人得道鸡犬升天，家中出了一个大官，家人个个都能得其好处；即便本人远在京师或外省，地方官员仍会对其家属优礼有加，更不要说附近的小老百姓对其府上的诚惶诚恐了。

于是便有许多这样的官亲，仗势胡作非为，勾结官府，称霸乡里，令百姓敢怒而不敢言。有的略微好一点，只为自己及家人谋非分之利，尚不至于武断乡曲，鱼肉小民，然世人对此亦多不满。只有极少数人能自守本分，不插手地方事务。曾氏希望他的家人做这种人。在上年十月间给叔父的信中，他要叔父劝说父亲不要去省城县上干预公事，"无论有理无理，苟非己事，皆不宜与闻"。父亲接受儿子的规谏，来信说"杜门谢客"，故曾氏深为庆幸父亲的这一决定。

身为官亲，不与闻地方事务，实乃最明智的举措。人之常情都鄙薄仗势行为。仗势而作歹，固然极坏，即便不做歹事，但干扰了地方当局，也易招致是非。须知人人都不喜欢别人的干扰，你手中并无钳制的实权，遇到不买账的地方官员，不理睬你那一套，岂不自招其辱？

曾氏洞悉人情世故，目光深远。他在京中做官，巴望的是家中清吉平安，不想看到家人仗他的官势而招来舆情腾怨。倘若湘中对他家人的口碑不好，自然也会给他的仕途带来不利的影响。此时的曾氏，不过一清散闲官而已，并没有实力可言，若遇到参劾，他是无力抗拒的。

禀父母（祖母的福分欠缺点）

道光二十六年十月十五日

男国藩跪禀父母亲大人万福金安：

九月十九日发第十七号信，十月初五发十八号信，谅已收到。十二三四日内诰轴用宝，大约十八日可领到。同乡夏阶平吏部（家泰）丁内艰，二十日起程回南。男因渠是素服，不便托带诰轴，又恐其在道上拜客，或有耽搁。祖母大人于出月二十九大寿，若赶紧送回，尚可于寿辰迎接诰轴。是以特命四弟束装出京，专送诰轴回家，与夏阶平同伴，计十一月十七八可到汉口。汉口到岳州不过三四天。岳州风顺则坐船，风不顺则雇轿，五天可到家。四弟到省即专人回家，以便家中办事，迎接诰命。

第凡事难以逆料，恐四弟道上或有风水阻隔，不能赶上祖母寿辰亦未可知。家中做生日酒，且不必办接诰封事。若四弟能到，二十七日有信，二十八办鼓手香亭，二十九接封可也。若二十七无四弟到省之信，则二十九但办寿筵，明年正月初八接封可也。倘四弟不归而托别人，不特二十九赶不上，恐初八亦接不到。此男所以特命四弟送归之意耳。

四弟数千里来京，伊意不愿遽归。男与国子监祭酒车意园先生商议，令四弟在国子监报名，先交银数十两，即可给予顶戴。男因具呈为四弟报名，先缴银三十两，其余俟明年陆续缴纳。缴完之日，即可领照。男以此打发四弟，四弟亦欣然感谢，且言愿在家中帮堂上大人照料家事，不愿再应小考。男亦颇以为然。

男等在京身体平安，男妇生女后亦平善。六弟决计留京。九弟在江西有信来，甚好。陈岱云待之如胞弟，饮食教诲，极为可感，书法亦大有长进。然无故而依人，究似非宜。男写书与九弟，嘱其今年偕郭筠仙同伴回家，大约年底可到家。男在京一切用度自有调停，家中不必挂心。

男谨禀

点评：祖母的福分欠缺点

上年九月，四弟国潢、六弟国华从湖南来到北京，住在大哥家读书习字。就四、六两弟而言，六弟聪明些，且又出抚叔叔，估计叔叔亦出了一部分银钱，故六弟先纳资入监。

国子监是全国最高学府，国子监的学生可以参加顺天考试。正常的国子监生来源于各省学政的选拔推荐，他们大都具有秀才身份，也可以用钱买监生的资格，这就叫做纳资入监。国华不是秀才，但他又急于通过科举入仕，于是就走纳监一路。但此路亦未走通：顺天乡试告罢。曾氏已为祖父母请来四品诰封，十一月二十九是祖母八十大寿，为了让祖母的寿庆更风光体面，曾氏在七月初的家书中便开始和家人商议此事。

他原以为八月就可以领到诰封，拟请新放湖南的学政带到长沙，然后让父亲去长沙接，带到县城后，再叫九弟去县城接，赶到二十九日寿辰这天捧回家里。因为乡下人从未经历过等事，故接诰封的种种细节安排，曾氏都在信里说得清清楚楚。

但八月没有领到诰封，要在十月中旬才可发下。本拟托丁艰的同乡官员带回，考虑到一是悲，一是喜，二者不宜混合，所以决定由四弟出京，专送诰封回家，而四弟并不情愿离京。为了让他心态平衡，也给他来一个纳资入监：用数十两银子买一颗监生顶子。于是四弟同意领命。

谁知，曾氏的祖母王老太太命中没有这个福分，早在九月，她便在湘乡老家寿终正寝了，不能亲眼看到孙子为她挣来的这份天大荣耀。那时通讯不发达，远在京城的曾氏兄弟此时都还不知道。国潢接到诰封即启程，十二月二十三赶到岳州，又恰遇洞庭湖刮大风，直到正月初才回到家，而老祖母此时已安葬入土近一月了。

致诸弟（回家有三难）

道光二十七年（1847）二月十二日

澄侯、子植、季洪三弟左右：

二月二十一日接到三弟正月初旬手书，具悉一切。澄侯以腊月二十三至岳州，余见罗芸皋已知之。后过湖又阻风，竟走七十余天始到。人事之难测如此！吾弟此后又添了阅历工夫矣。黎樾乔托带之件，当装车时，吾语弟曰："此物在大箱旁边恐不妥，弟明日到店，须另安置善地。"不知弟犹记得我言否？出门人事事皆须细心。今既已弄坏，则亦不必过于着急。盖此事黎樾翁与弟当分任其咎。两人皆粗心，不得专责弟一人也。

祖大人之病久不见效，兄细思之，恐有火，不宜服热药，盖祖父体赋素强，丁酉之春以服补药之故，竟成大病。后泽六爷以凉药治好。此次每日能吃三中碗饭，则火未甚衰，恐医者不察，彼见小便太数，则以为火衰所致，概以热药投之，亦足误事。兄不明医理，又难遥度，而回忆丁酉年之往事，又闻陶云汀先生为补药所误之说，特书告家中。望与名医细商，不知有可服凉药之理否？兄自去年接祖母讣后，即日日思抽身南归。无如欲为归计，有三难焉：现在京寓欠账五百多金，欲归则无钱还账，而来往途费亦须四百金，甚难措办。一难也。不带家眷而归，则恐我在家或有事留住，不能遽还京师，是两头牵扯；如带家眷，则途费更多，家中又无房屋。二难也。我一人回家，轻身快马，不过半年可以还京。第开缺之后，明年恐尚不能补缺，又须在京闲住一年。三难也。

有此三难，是以踌躇不决。而梦寐之中，时时想念堂上老人，望诸弟将兄意详告祖父及父母。如堂上有望我回家之意，则弟书信与我，我概将家眷留在京师，我立即回家。如堂上老人全无望我归省之意，则我亦不敢轻举妄动。下次写信，务必详细书堂上各位老人之意。

祖母之葬事既已办得坚固，则不必说及他事。日前所开山向吉凶之说，亦未可尽信。山向之说，地理也；祖父有命而子孙从之，天理也。祖父之意已坚，而为子孙者乃拂违其意，而改卜他处，则祖父一怒，肝气必郁，病势必加，是已大逆天理；虽得吉地，犹将变凶，而况未必吉乎？自今以后不必再提改葬之说。或吉或凶，听天由命；即朱尧阶、易敬臣亦不必请他寻地（尧阶二人如看得有妥地，亦不妨买）。四弟则在家帮父亲、叔父管家事，时时不离祖父左右。九弟、季弟则专心读书。只要事事不违天理，则地理之说，可置之不论不议矣。

吾身之癣，春间又发，特不如去岁之甚。面上颈上则与弟出京时一样，未再发也。六弟近日颇发愤,早间亦能早起。纪泽《诗经》尚未读完,现系竹屋教,总多间断,将来必要请一最能专馆之人。

黎樾乔御史报满引见,回原衙门行走。黄正斋之长子于正月初间失去,至今尚未归来。邓星阶就正斋之馆,李希庵就杜兰溪之馆,系我所荐。同县刘九爷、罗邹二人及新科三人皆已到京,住新馆。江岷樵住张相公庙,去我家甚近。郭筠仙尚未到。袁漱六于正月二十四到京,现在家眷住北半截胡同。周荇农尚未到。杨春皆于正月二日生一子。刘药云移寓虎坊桥,其病已全好。赵崧原之妻于正月仙逝。舒伯鲁二月出都。我家碾儿胡同房东将归,三四月必须搬家。黄秋农之银已付来,加利息十两,兄意欲退还他。

九弟、季弟读书,开口便有自画之意。见得年纪已大,功名无成,遂有懒惰之意。此万万不可。兄之乡试座师徐晓邨、许吉斋两先生,会试房师季仙九先生,皆系二十六七入泮,三十余岁中举,四十余岁入词林。诸弟但须日日用功,万不能作叹老嗟卑之想。譬如人欲之京师,一步不动而长吁短叹,但曰京师之远,岂我所能到乎?则旁观者必笑之矣。吾愿吾弟步步前行,日日不止,自有到期,不必计算远近而徒长吁短叹也。望澄侯时时将此譬喻说与子植、季洪听之,千万千万!无怠无忽!

九弟信言诸姒娌不甚相能,尤望诸弟修身型妻,力变此风。若非诸弟痛责己躬,则内之气象必不改,而乖戾之致咎不远矣。望诸弟熟读《训俗遗规》、《教女遗规》,以责己躬,以教妻子。此事全赖澄弟为之表率,关系至大,千万千万!不胜嘱切之至!伏惟留心自反为幸。

兄国藩手草

点评:回家有三难

曾氏自道光二十年进京做官,至今已整整七年,这封信里他第一次流露出想回家看看的心情。但有三个为难之处:一是缺路费;二是若带家眷,则既缺路费又无房屋住;三是担心开缺后难以很快补缺,故而犹豫不决,想听听家里的意见。

曾氏此刻很想回家,除了信中所说的因祖母去世,更添思亲之情外,还有别的原因吗?

曾氏诗集中有一组写于这个时候的题名《失题四首》的七律。细读这组诗,约略可窥些许消息。"失题"即"无题",诗本是有题目的,但碍于种种原因,不便标出,李商隐的无题诗,便是这类诗的代表作。曾氏的这四首"失题",也有深意含焉。含的什么深意呢?我们且来读读诗中的个别句子:"往日心情随毂转,今来身世似舟虚。""海滨膏血深无极,帐下笙歌自莫哀。""投章欲问茫茫意,何处通天尚有台。""自古尘沙同浩劫,斯民涂炭岂前缘。""大厦正须梁栋拄,先生何事赋归田。""好栽修竹一千亩,更抵人间万户侯。"

这些句子里透露的是诗人对官场的心灰意冷,渴望远遁归隐的复杂心绪。按说曾氏的仕途正顺,是什么缘故让他心情颓唐如此呢?看来这不是因为个人的问题,而是对政局的忧虑。

禀祖父（连升四级）

道光二十七年六月十七日

孙国藩跪禀祖父大人万福金安:

六月十五日接家中第九号信,系四月初三日四弟在县城发者。知祖父身体康强,服刘三爷之药,旧恙已经全愈,孙等不胜欣喜。前五月底,孙发第五号信,言大考蒙恩记名赏缎事,想家中已收到。

六月初二,孙荷蒙皇上破格天恩,升授内阁学士兼礼部侍郎衔。由从四品骤升二品,超越四级,迁擢不次,惶悚实深。初六日考试教习,孙又蒙天恩派为阅卷大臣。初六日入闱,初七日王大臣点名。士子入闱者,进士、举人共三百八十余名,贡生入闱者一百七十余名。初八早发题纸,十一日发榜,十三日复试,十四日复命。初三日谢恩及十四复命,两次召见,奏对尚无愆误,教习取中额数共一百二十一名,湖南得取十一人,另有全单。

十七日冯树堂回南,孙寄回红顶二个、二品补服三付及他物,另有单。大约八月初旬可到省,存陈季牧家中。望大人于中秋前后专人至省来接,命九弟写信与季牧可也。

孙等身体平安,癣疾已将全好,头上竟看不见。孙妇及曾孙男女皆好。余俟续具。

孙谨禀

点评：连升四级

这大概是曾氏进京来怀着最大喜悦之情所写的一封家书。

半个月前,曾氏由从四品的翰林院侍讲学士一连跳跃四级,升为从二品的内阁学士兼礼部侍郎衔。人们看舞台上的戏剧，对于连升三级已是艳羡不已，认为那是十分难逢难遇的好运气。不料，我们所评点的这位主人公，居然在一百五十年前，以入仕不过十年的三十七岁年纪便获得了这份殊遇，岂不令读者羡慕得眼热！

笔者的第一个感觉是，此公真正的运气好！须知就在所评点的上封信里，即升官前的三个多月，他还在与家人商议开缺回籍侍亲的事！假若那时他银钱充足，无后顾之忧，此刻说不定正携妇将雏行走在湖广官马大道上；倘若那时家中思儿孙情切，要他立即回家，此刻说不定正在禾坪上与父祖絮谈往事旧情。总之，都不可能有这等罕见的圣眷降临。对于京官而言，从二品是一个大槛，过了这道槛才算高级官员，即大臣。许许多多的京官一辈子都过不了这道槛。像曾氏这种出身农家、无任何依傍的人，即便到了花甲之年，能靠着小心谨慎、勤勉尽职而升到从二品，也算是祖宗保佑官运亨通了。那么，此公究竟是靠着什么才能有如此洪福呢？除了运气外，还有别的缘故吗？若能细细地考查清楚，是一件很有趣的事，这并非是为渴望升官的人提供诀窍，实在地说，是对中国传统官场文化的探索。

可惜的是，现存的史料无法让我们过细考查，留在野史上的一则轶闻，更类似小说家的想象。

野史说，有一天，朝廷降旨，命曾氏次日中午在养性殿等候召见。第二天上午，曾氏在养性殿端坐一个多时辰，不见有人来招呼。正在纳闷时，走来一个内官告诉他，明天上午在养心殿召见。曾氏对此事颇觉奇怪，左思右想，不得其解，便去请教他的座师、大学士穆彰阿。穆彰阿说，这种事过去从未有过，或许有别的用意在其间。穆彰阿思索良久后，终于明白了皇上的用意，当即封了三百两银子，叫人立刻送到养性殿管殿太监的手里，请这个太监将殿内四壁所悬挂的字画全部抄录下来，并赶紧送到穆府。傍晚时分，抄录件送到。穆彰阿对一直待在府中的门生说：养性殿是收藏字画的宫殿，从来不是皇上召见臣工之处。皇上叫你在那里等候，很可能是在考你的观察力和记忆力。你连夜把这些东西背熟，或许明天会起作用。第二天皇上召见曾氏时，果然问起昨日在养性殿里见到的字画情况。曾氏因已背熟，故应答如流。皇上对他的观察力、记忆力甚为满意，决定越级提拔，予以重用。

曾氏这次大考，名列二等第四名，并不优异，却能得此不次之擢，人们相信必定背后有非常缘故，因而野史上的这则轶闻广为流传，但可信度似乎不大。依笔者浅见，穆彰阿、倭仁、唐鉴等人的推毂、严格修身带来的清望、诗文创作上的成就以及因热心公益而酿造的好口碑等等，种种有形无形的汇合，造成了一个德才兼备的年轻词臣的形象，终于引起了中枢的注意而入选高层。曾氏第二天给诸弟的信里说，湖南三十七岁便官至二品者，本朝尚无一人。我们知道，在以后的五十多年里，也再未有过第二人。因此，曾氏便成了有清一代湘省空前绝后的连升四级者。从全国来看，近年来中进士十年而得内阁学士者，连曾氏在内，也仅只三人。可见曾氏官运之好，的确非比一般。

俗说话："马无夜草不肥，人无横财不富。"其实做官也是这样。按照当时的规矩，一个士人经过府试、乡试、会试后中进士点翰林，通常都是二十好几、接近三十岁的人了。若一个品级一个品级地爬，九品十八级，即便一辈子不折腾、顺顺溜溜地往上升，也得三十多年。待做到二品以上的大员时，早已是两鬓如雪、步履龙钟、反应迟钝了，他还能够办大事吗？古往今来，凡在官场上有所作为者，都一定有过一两次跳跃腾升的经历，即"夜草""横财"，才使得他在年富力强的中年时期便能居高位握重权，以获从容展布之机。试想，曾氏若没有这次的连升四级，待到五年后的时机到来之时，他一个小小的中级官员，能有号召三湘官商士绅的能力吗？又何来日后的盛大局面？

禀父母（曾府的五个千金）

道光二十七年六月二十七日

男国藩跪禀父母亲大人礼次：

十八日发第八号信，言升官事，欲萧辛五先生专人送回，计七月中旬可以到家。昨又接四弟六月初一日所发之信，借悉一切。于祖父大人之病略不言及，惟言至刘家更补药方，可以长服者，则病已尽除矣。游子闻之，不胜欣幸之至。

男升官后，应酬较繁，用费较广，而俸入亦较多，可以应用，不至窘迫。昨派教习总裁，门生来见者多，共收贽敬二百余金，而南省同乡均未受，不在此数。

前陈岱云托郭筠仙说媒，欲男以二女儿配伊次子。男比写信告禀，求堂上决可否。昨四弟信来，言堂上皆许可。男将于秋间择期订盟。前信又言以大女儿许袁漱六之长子，是男等先与袁家说及。漱六尚有品学，其子亦聪明伶俐。与之结姻，谅无不可，亦求堂上大人示知。

藩男癣疾将近全愈，尚略有形影，而日见日好。华男身体甚壮健，余大小男女俱平安，堂上不必挂念。余俟另禀。

男百拜呈

点评：曾府的五个千金

这封信里谈到两个女儿字人的事。我们趁着评点此信的机会，来说说曾氏的女儿们。曾氏以知人著称。的确，他从市井细微中识拔了数以千百计的人才，他的幕府在当时有天下人才渊薮之誉。然而遗憾的是，他在择婿一事上失误不少。或许这正应了他一贯信奉的盈虚消息之理：有所得，必有所失；有所强，必有所弱。

曾氏有五个女儿，长女纪静，许配的是湖南湘潭籍翰林袁芳瑛（号漱六）的儿子袁秉桢。不料此子是个典型的纨绔子弟、花花公子。读书不成尚在其次，他居然敢于娶妻之前先买妾，置曾府的脸面于不顾。懦弱的纪静竟然在夫家备受冷落，多次回娘家诉苦，并表示不愿回夫家。为了劝说女婿，曾氏后来接袁秉桢来江宁城住督署。袁秉桢恶习并不改，他经常在外宿娼嫖妓，半夜三更醉醺醺地回衙门。又私取公款，不敬岳父。曾氏终于对这个女婿完全失望了，将他赶出衙门，从此不再认他。

曾氏不认女婿，却一定要女儿认丈夫、守妇道，不让纪静住娘家，要她跟着丈夫回湘潭。同治九年，纪静在痛苦中去世，年仅二十九岁。侯门之女的如此下场，令人可悲可叹。

二女纪耀的夫婿就是陈岱云的次子陈远济，前面的评点中已提到过。陈家祖籍湖南茶陵，寓居长沙，其兄陈季云与曾氏一家很熟，他们家几乎成为北京与湘乡之间的中转站。曾氏从北京托人带钱物、信件等，常常先带到陈家，然后曾家人再到长沙陈宅取。湘乡的东西进京，也常走这条路线。陈岱云死时，陈远济不到十岁。远济满月丧母，童年丧父，身世可谓不幸，但或许正因为这层缘故，他反倒没有官家子弟的坏习气。不过，陈性格亦不好。据曾氏小女所著《崇德老人自订年谱》上说："仲姊之嫁后生涯，有非人所堪者，而委曲顺从卒无怨色。"三十多岁时，两夫妻由哥哥曾纪泽带着出洋，远赴西欧。谁料三年后纪耀竟然病逝法国，年仅三十九岁，终生未育。

三女纪琛，嫁的是罗泽南的次子罗兆升。罗泽南死时，罗兆升也还只是一个小孩子。他系妾所出，其生母视之如命，娇生惯养，养成了一个无任何才能只会吃喝玩乐的少爷。据《崇德老人自订年谱》中所载，纪琛的这个婆母性格悍厉，媳妇畏惮她。同治四年，纪琛夫妻同住江宁督署，因曾氏将北上与捻军作战，衙门亦腾出来让新任江督住，故眷属都得回湖南。临分别时，纪琛悲恋不已，舍不得离开母亲和妹妹，因为她不得不和恶婆母相处了。真是祸不单行，她的刚出生一个多月的儿子又被炮声惊吓而死，从此婆媳关系更差。她后来只生过一女，再

曾纪耀家书手迹

未生子。罗兆升接连讨了两个小老婆,夫妻关系亦不和谐。光绪十四年罗兆升病逝时,纪琛仅只四十四岁,晚境冷落。

四女纪纯的丈夫是郭嵩焘的长子依永。郭依永聪慧能文,但身体差,二十一岁便去世,留下纪纯母子孤儿寡母的,又与郭嵩焘的继室不相融洽。《崇德老人自订年谱》中说:"纪纯日食至粗之米,惟以菜蔬为肴,月费一缗亦吝而不与。其境遇艰苦可知矣。"纪纯死于光绪七年,年仅三十五岁。

曾氏的第五女,幼殇。第六女名纪芬,晚年号崇德老人。曾氏六个女儿,惟此女命好。她的丈夫聂缉椝,为湖南衡山人,其父以翰林分发广西做知县,官运不太好,止于知府。聂缉椝则做过江苏、安徽、浙江巡抚。晚年又在上海开办恒丰纱厂,为中国近代一著名实业家。纪芬二十四岁出嫁,生七子五女(其中一子三女早夭),寿过九十,五世同堂。

曾氏五个成年的女儿,有四个出嫁后都不幸福,不幸福的主要原因是丈夫不理想:两个花花公子,一个脾气不好,一个身体孱弱早逝。一向善于识人的曾氏反而不善识婿,这是什么原因?原因主要在三个方面:

一、曾氏选的是亲家,而不是女婿。曾氏女儿的婚事,都是父母或祖父母定的。那时女婿本人很小,无法识别,识别的对象便只有其父了。说起五个亲家来,个个都不错:四个翰林,一个名学者,且都是湖南人,知根知底。曾氏相信遗传和家教的力量，以为儿子肖父，长大后一定会不错。殊不知，遗传只是相对的，变异才是绝对的；父亲尽管不错，但家教和家风却不一定都好，况且家庭的影响力也不如社会的影响力大，故而失误。

其二，一旦定亲，便不能改悔。这种传统的习俗害了曾氏及其女儿。比如袁秉桢，未娶妻先买妾，如此荒唐之人，岂能再将女儿给他？以现在的观念来看，此事很好处理，断了就是；但在当时，却不能这样处置。又如郭依永，二十一岁便死了，估计是结婚时便已重病在身，本应推迟婚期，或干脆废除婚约，但当时也不能这样做。

第三点是不能改嫁。纪纯当丈夫死时才二十四岁，完全可以再嫁人，重新规划一生。纪琛当丈夫死时只四十四岁，也可再婚。但当时因婆家和娘家的声望，她们都不能这样做。

所以，客观地说，是"父母之命"、"幼小定亲"及"从一而终"的旧习俗害了曾氏和他的几个女儿，倒不是曾氏本人的眼光出了问题。

致诸弟（武科考试）

道光二十七年十月十五日

澄侯、沅甫、季洪三弟足下：

十月十二日接到九月初六澄弟在县学宪行台所发信，十五日又接二十三日在省城曾子庙所发信。其八月在省各信，已于前月收到，前次信已提及矣。惟九月一日托树堂代寄一信，今尚未到。京寓大小平安。余之癣疾近日已全好，百分中不过一二分未复元，皆生首乌之功也。六弟近日体亦好。内人怀喜，大约明年正月分娩。甲三兄妹皆好。甲三读至《滕文公上》，大女读至《颜渊第十二》。

余蒙皇上天恩，得派武会试正总裁，又派武殿试读卷大臣。会试于十三日入闱，十七发榜，复命后始归。殿试三十日入内阁，初四发榜始归，共中额六十四人。殿试读卷，不过阅其默写武经。其弓矢技勇，皆皇上亲自阅看。初二日，皇上在紫光阁阅马步箭。初三日，皇上在景运门外箭亭内看弓刀石，读卷大臣及兵部堂官两日皆在御前侍班。湖南新进士谌琼林以石力不符，罚停殿试一科。今年但有状元、榜眼而无探花，仰见皇上慎重科名之意。

同乡诸公并皆如常。黄恕皆喉痛，病势甚重。郑小山随大钦差至河南办赈济。近日河南大旱,山东盗贼蜂起,行旅为之不安。

十月九日父亲大人寿辰,余因家中有祖母之制,故未宴客,早晚皆仅一席。凌荻舟现就园子一馆,其回城内则寓余处。宋芗宾在余家教书,亦甚相得。余不尽书。

兄国藩手草

点评:武科考试

做了二品大员的曾氏,受朝廷派遣做的第一桩大事,便是十月间的充任武会试正总裁,兼殿试读卷大臣。趁着这个机会,让我们来说说清代的武科考试。

武科亦有三个阶梯,即县、省、中央。与文科不同的是,武科有内场、外场两种考试。内场在屋子里考文化,系默写武经。武经为《孙子》、《吴子》、《司马法》、《尉缭子》、《李靖问对》、《黄石公三略》、《姜太公六韬》七书。外场有二场:头场马射,二场步射,加刀石。一样的也是三年一次考试。乡试中举后,进京参加中央的会试。会试落第者,可赴兵部拣选:一二等以营千总用,三等以卫千总用;也可到本省各军营效力。

会试之后再复试,复试之后再殿试,殿试之后定三甲。一甲三名,即状元、榜眼、探花,赐武进士及第;二甲若干名,赐武进士出身;三甲若干名,赐同武进士出身。这些都与文科同。武进士一部分充当侍卫,一部分充当营守备、兵部提塘及差官等。

武殿试以外试为主,皇上亲临考场,观看骑射刀石等。内试不过从武经七书中任选一书,默写百余字而已。

曾氏办事一向认真,对钦派的武会试正总裁和读卷大臣十分看重,认为这同样是在为国抡材。现存曾氏诗集中有一首《武会试闱中作》可资证明:

禁闱莲漏已宵深,凉月窥人肯一临。此地频来从案牍,吾生何日得山林?

貔貅雾隐三更肃,河汉天高万籁沉。火冷灯青无个事,可怜闲杀爱才心。

禀父母(失眠药方与招运良法)

道光二十七年十二月初六日

男国藩跪禀父母亲大人万福金安:

十二月初五接到家中十一月初旬所发家信,具悉一切。男等在京身体平安。

男癣疾已全愈，六弟体气如常。纪泽兄妹五人皆好。男妇怀喜平安，不服药。

同乡各家亦皆无恙。陈本七先生来京，男自有处置之法，大人尽可放心，大约款待从厚，而打发从薄。男光景颇窘，渠来亦必自悔。

九弟信言母亲常睡不着。男妇亦患此病，用熟地、当归蒸母鸡食之，大有效验。九弟可常办与母亲吃。乡间鸡肉、猪肉最为养人，若常用黄芪、当归等类蒸之，略带药性而无药气，堂上五位大人食之，甚有益也，望诸弟时时留心办之。

老秧田背后三角丘是竹山湾至我家大路，男曾对四弟言及，要将路改于塥下，在檀山嘴那边架一小桥，由豆土排上横穿过来。其三角丘则多栽竹树，上接新塘塥大枫树，下接檀山嘴大藤包里，甚为完紧，我家之气更聚。望堂上大人细思。如以为可，求叔父于明春栽竹种树；如不可，叔父写信示知为幸。

男等于二十日期服已满，敬谨祭告。二十九日又祭告一次。余俟续具。

点评：失眠药方与招运良法

在这封信里曾氏介绍了一个治失眠症的药方：熟地、当归蒸母鸡。曾氏说他的夫人食用后大有效验，并要其弟常办与母亲吃。读者中若有失眠者，不妨试试。从信中看来，此药方大约对女性更合适。

他还介绍了一种可以为家中招来运气的方法，即多栽竹种树。曾氏求叔父明年春天多栽种，家中气运将更加集聚。曾氏爱树尤爱竹，忠实继承了中国文人的传统。当时朝廷有个兵部侍郎名叫戴熙（号醇士），浙江杭州人。此人是个有名的业余画家，尤擅长画竹。因为此，曾氏与他过从甚密，诗集中多次出现此人的名字。从这些诗作中可知戴侍郎曾为曾氏画过竹，又应曾氏之请为冯树堂画过竹。曾氏还为戴侍郎的竹画题过诗，其中有一首《题筠谷图》，题的便是戴熙的竹画。笔者以为这首古风，是曾氏诗集中的上品，不妨全录于此，与读者诸君共赏：

我家湘上高嵋山，茅屋修竹一万竿。春雨晨锄剧玉版，秋风夜馆鸣琅玕。
自来京华昵车马，满腔俗恶不可删。洞庭天地一大物，一从北渡遂不还。
苦忆故乡好林壑，梦想此君无由攀。嗟君与我同里社，误脱野服充朝班。
一别筠谷谢猿鹤，十年台省翔鹓鸾。鱼须文笏岂不好，却思乡井长三叹。
钱塘画师天所纵，手割湘云落此间。风枝雨叶战寒碧，明窗大几生虚澜。
簿书尘埃不称意，得此亦足镌疏顽。还君此画与君约，一月更借十回看。

禀父母（接续家风的大功臣郭筠）

道光二十八年（1848）四月十四日

男国藩跪禀父母亲大人礼安：

三月二十日，男发第五号家信。内言及长孙纪泽与桂阳州李家定亲之事，不审已收到否？男等身体平安。次孙于二十四日满月，送礼者共十余家。是日未请客，陆续请酒酬谢。男妇生产之后，体气甚好，所雇乳母最为壮健。华男在黄正斋家馆，诸凡如恒。

祖大人之病未知近日如何？两次折弁皆无来信，心甚焦急。兹寄回辽东人参五枝，重一两五钱。在京每两价银二十四两，至南中则大贵矣。大约高丽参宜用三钱者，用辽参则减为一钱；若用之太少，则亦不能见功。祖父年高气衰，服之想必有效。男前有信托江岷樵买全虎骨，不知已办到

曾纪鸿（1848—1881）

否？闻之医云，老年偏瘫之症，病右者，以虎骨之右半体熬胶医之；病左者，以虎骨之左半体熬胶医之，可奏奇效。此方虽好，不知祖大人体气相宜否？当与刘三爷商之。若辽参则醇正温和，万无流弊。

次孙体气甚壮，郭雨三（沛霖）欲妻之以女。雨三戊戌同年，癸卯大考二等第三，升右赞善。其兄用宾，壬辰翰林，现任山西蒲州府知府。其家教勤俭可风。其次女去年所生，长次孙一岁。与之结婚，男甚愿之，不审堂上大人以为何如？下次信来，伏祈示知。

又寄回再造丸二颗，系山东杜家所制者。杜家为天下第一有福之家，广积阴德。此药最为贵重，有人参、鹿茸、蕲蛇等药在内，服之一无流弊，杜氏原单附呈，求照方用之。

欧阳沧溟先生谋衡阳书院一席，男求季仙九先生写信与伍府尊，求家中即遣人送至岳家为要。同乡周华甫（扬之）、李梅生（杭）皆于三月仙逝，余俱如故。男等在京，一切自知谨慎，伏乞堂上大人放心。

男谨禀

点评：接续家风的大功臣郭筠

欧阳夫人在本年二月二十四日为曾氏生下次子，取名纪鸿，字栗诚。曾氏长子早夭，次子纪泽此时已十岁。十年之间，欧阳夫人连生四女，他们无疑在盼望再生一个儿子。这次如愿以偿，自然欣喜异常。信中说"次孙于二十四日满月，送礼者共十余家"，"所雇乳母最为壮健"。在过去的四个女儿出生后的家书中，我们未见过这样的句子，可知曾氏夫妇及亲戚朋友对纪鸿的降生看得很重。

纪鸿的确于曾家功劳甚大。现在我们知道，曾氏一脉之所以能传到今天，子孙不断，靠的便是他。纪泽虽生了三个儿子，但其中两个早夭，只有广銮长大成人，后来继承了祖父传下的侯爵。但广銮并无儿子，过继纪鸿第四子广铨的儿子昭揆为嗣。可见，现今凡曾氏后裔者，全出自纪鸿一房。

曾纪鸿生有四子一女，其后代多有人才，但他本人三十三岁便去世了。将家庭支撑起来，并给予子孙以良好教育的，则是他的夫人郭氏。

郭氏名筠字诵芬。其父即信中所说的郭沛霖，字雨三，乃曾氏的同年，湖北蕲水人，后来在江苏淮扬道上死于兵乱，时郭氏尚未出嫁。郭氏同治四年（1865）与纪鸿成亲，在公公的指导下，读完了《十三经注疏》《御批通鉴》，因此而培植了较好的文化素养。

曾纪鸿去世时，郭氏才三十四岁，长子广钧十五岁，其他子女都在幼年，全赖她一手培养成人。关于郭氏的点滴记载，见于她的孙女曾宝荪写的回忆录中。我们从这本书上摘抄几段让大家看看：

"关于我的祖母，我要多说明些，因为没有祖母，我们孙辈的教育便会毫无成就。"

"宅北的书楼叫芳记书楼，此乃祖父母的藏书楼。我祖父喜研天文、算学、英文、星卜等书，我祖母却喜欢看医相等书，另外小说也不少。"

"我祖母是一个最公平的老人，她带了她每个儿子的最长的孩子，不论男女，都归她教养。我是大房的长女，大姐是二房的长女，二弟是五房的长子，三弟是七房的长子，恰好两个孙男两个孙女。我祖母的教育宗旨也很特别，她不赞成八股文章，也不愿两孙去考秀才，但她要我们学外国文学……每日亦要看报、点报——那时报上文章都是文言，也都不断句的，要小孩用朱笔点报，可以晓得他们看得通或看不通。我和大姐并未习女红烹饪，却要画画、读诗、学做诗。"

这本书里还说了这样一件事：戊戌变法那一年（1898），郭氏与儿孙们住在北京。谭嗣同等人被杀的当天,郭氏立即打发她的一个儿子去湖广会馆,将门房的来客登记簿烧掉。几天后,曾国荃的一个孙子服毒自杀。原来,郭氏早就知道曾家有人与维新派联系密切,烧去登记簿乃是为了防止官府日后凭此株连。

禀叔父母（道光末年的物价）

道光二十八年（1848）七月二十日

侄国藩谨禀叔父母大人礼安：

六月十七发第九号信,七月初三发第十号信,想次第收到。十七日接家信二件,内父亲一谕、四弟一书、九弟、季弟在省各一书、欧阳牧云一书,得悉一切。

祖大人之病不得少减,日夜劳父亲、叔父辛苦服事,而侄远离膝下,竟不得效丝毫之力,中夜思维,刻不能安。江岷樵有信来,言渠已买得虎骨,七月当亲送我家,以之熬膏,可医痿痹云云。不知果送来否？闻叔父去年起公屋,劳心劳力,备极经营。外面极堂皇,工作极坚固,费钱不过百千,而见者拟为三百千规模。焦劳太过,后至吐血。旋又以祖父复病,勤劬弥甚。而父亲亦于奉事祖父之余操理家政,刻不少休。

侄窃伏思父亲、叔父二大人年寿日高,精力日迈,正宜保养神气,稍稍休息,家中琐细事务,可命四弟管理。至服事祖父,凡劳心细察之事,则父亲、叔父躬任之；凡劳力粗重之事,则另添一雇工,一人不够则雇二人（雇工不要做他事,专在祖大人身边,其人要小心秀气）。

侄近年以来精力日差,偶用心略甚,癣疾即发,夜坐略久,次日即昏倦。是以力加保养,不甚用功。以求无病无痛,上慰堂上之远怀。外间求做文、求写字者,求批改诗文者,往往历久而莫偿宿诺,是以时时抱歉,日日无心安神恬之时。前四弟在京能为我料理一切琐事,六弟则毫不能管。故四弟归去之后,侄于外间之回信、家乡应留心之事,不免疏忽废弛。侄等近日身体平安,合室大小皆顺。六弟在京,侄苦劝其南归。一则免告回避；二则尽仰事俯畜之职；三则六弟两年未作文,必在家中父亲、叔父严责方可用功。乡试渠不肯归,侄亦无如之何。

叔父去年四十晋一,侄谨备袍套一付。叔母今年四十大寿,侄谨备棉外套一件。皆交曹西垣带回,服阕后即可着。母亲外褂并汉绿布夹袄亦一同付回。

闻母亲近思用一丫环,此亦易办,在省城买不过三四十千；若有湖北逃荒者来乡（今年湖北大水奇灾），则更为便益。望叔父命四弟留心速买，以供母亲、叔母之使令。其价，侄即寄回。侄今年光景之窘较甚于往年，然东支西扯尚可敷演。若明年能得外差或升侍郎，便可弥缝家中。今年季弟喜事不知不窘迫否？侄于八月接到俸银，即当寄五十金回，即去年每岁百金之说也。在京一切张罗，侄自有调停，毫不费力，堂上大人不必挂念。

侄谨禀

点评：道光末年的物价

读这封信，给笔者一个很强的感觉是，曾氏属于身体病弱者一类。此时曾氏尚只三十八岁，从今天的眼光看，刚刚告别青年进入中年，正是血气旺盛、精力充沛的时候，但他却"精力日差"，"夜坐略久，次日即昏倦"。曾氏三十岁时生肺病，几于不救。三十六岁那年，肺病又发了一次，为养病，他在城南报国寺住了两个多月。在此之前，又患癣疾。看来，曾氏在信中所说的是实话，并非无病呻吟。但就是这样一个病号，四五年后居然干起了一番绝大事业，除文治武功外，身后还为世人留下一部千余万字的文集。此事令人深思。至少笔者从中想到如下几点：第一，事业可以振奋人的精神，调动人的潜力，激励人的各种才干超常发挥。第二，即便身体虚弱，也不应颓丧失志。曾氏这种人固然少有，但他做的事业也少有，世人若能做得到他的十分之一，亦了不起。他一个病弱之躯能做到十，我们做到一，总是可以的吧！

这封信说到在省城长沙买一个丫环价为三四十千，若买逃荒女更便宜。我们便来顺便谈点当时的物价情况。当时钱与银的兑换比例是大约一千三百文钱换一两银子（见前选家书）。由此知三十两银子可买一个丫环。曾氏年谱中记载，曾氏借钱三十二千，作为进京的路费，抵京时仅剩三千，可知二十二两多银子能供一举人近两个月的食宿车马费。

另京中官员看病，每次需给医生的车马费一千二百文（见前选家书）。湖南乡下每石谷值钱一千文（见前选家书）。一石为一百二十斤，医生出诊一次光车马费便可买一百四十多斤谷，可见医生收入不低。曾氏六弟在京城做塾师，月薪银五两，约合六千五百文，相当于一个医生的五次车马费，看来塾师不如医生，但每个月可买六石半谷，养活一家人绰绰有余。

又，道光二十四年家信中说"男自七月起，寓中已养车马，每年须费百金"。包括车夫及骡马在内，一年需要一百两银子，可知养车马，是一项奢侈开支，类似于今天的私人轿车。

曾氏升二品后，年俸银三百，饭银一百，共四百（见《曾国藩全集》道光二十七年六月家书），平均每月三十三两多银子，约为六个半塾师的收入。他决定每年寄一百两银子给家里。用这笔银子家中可买谷一百三十石，若光吃饭的话，一个人一年约需三石谷，一百两银子可养活四十多人；若买丫环，可买三个多。这样算起来，可知当时谷不值钱，农人苦；丫环更不值钱，穷人家的女孩子尤其苦。

致诸弟（京师官员吃花酒）

道光二十八年十二月初十日

澄侯、温甫、子植、季洪四弟左右：

十一月十四发第十四号家信，不知收到否？十二月初九接到家中十月十二一信（内有酒药）、十一月初一日一信、初十日一信，具悉一切。

家中改屋，有与我意见相同之处。我于前次信内曾将全屋画图寄归，想已收到。家中既已改妥，则不必依我之图矣。但三角丘之路必须改于檀山嘴下，而于三角丘密种竹木。此我画图之要嘱，望诸弟禀告堂上，急急行之。家中改房，亦有不与我合意者，已成则不必再改。但六弟房改在炉子内，此系内外往来之屋，欲其通气，不欲其闷塞，余意以为必不可，不若以长横屋上半节间断作房为妥（连间两隔。下半节作横屋客坐，中间一节作过道，上半节作房）。内茅房在石柱屋后，亦嫌太远，不如于季洪房外高磡打进去七八尺（即旧茅房沟对过之磡，若打进丈余，则与上首栗树处同宽），既可起茅房、澡堂，而后边地面宽宏，家有喜事，碗盏、菜货亦有地安置，不至局促，不知可否？

家中丽参已完，明春得便即寄。彭十九之寿屏，亦准明春寄到。此间事务甚多，我又多病，是以迟迟。

澄弟办贼，甚快人心。然必使其亲房人等知我家是图地方安静，不是为一家逞势张威，庶人人畏我之威，而不恨我之太恶。贼既办后，不特面上不可露得意之声色，即心中亦必存一番哀矜的意思。诸弟人人当留心也。

罗芸皋坐东皋，求我援引，此刻想已无及矣（我想写一信与师令及伍府尊，此次又赶不及）。且如何援引之法，须写信告我。渠前年存银二十二两在我处，昨托张楠皆带交还渠。张言途中要借用，我已答应，嘱渠到家即办交邵阳彭筱房转寄芸皋,并作书告筱房矣,明春可问芸皋看收到否?征一表叔在我家教读甚好,此次未写信请安,诸弟为我转达。张豆付(和尚之称如此)写信寄南,殊为可恶!我付之不理,若并未接到此信者然,渠亦无如之何。

同乡周荇农家之鲍石卿前与六弟交游,近因在妓家饮酒(十一月初六日荇农之母生日,席散鲍即出游),提督府捉去交刑部革去供事。而荇农、荻舟尚游荡不畏法,真可怪也!

余近日常有目疾,余俱康泰。内人及二儿四女皆平安,小儿甚胖大。西席庞公拟十一回家,正月半来,将请李笔峰代馆。宋芎宾在道上仆跌断腿(宋有与六弟信),五十余天始抵樊城,大可悯也。余不一一。

国藩手草

点评:京师官员吃花酒

家中改屋,远在京城做官的曾氏很重视:既在事前寄改屋图纸至家,又在此信中一再提到种竹及对六弟房的意见,连茅房起在何处,都指出了具体的地方。想必今天任何一个在外地做事的兄长,都不可能对自己的农家老屋的改造,投入如此大的关注。这是不是说现在普天之下,再也找不出一个像曾氏这样细心负责的兄长了?不是的。此中的关键在于,人们的习俗和观念有了大的变化。那个时候,老家就是人的根,不管你在外面做多久多大的官,到老了,都得回到老家来,这就叫做叶落归根。此外,宦海多险,说不定哪天被人一纸弹劾,削职回籍,也得回老家。还有,父母死了,要守制三年,那是一定要回老家的。回老家得住屋,故家中改屋,四千里外的朝廷大员予以真切的关注,便不奇怪。

所谓办贼,便是维护乡里四邻的社会治安,打击的主要对象为抢劫偷盗之人。在前选家书评点中,我们曾经分析过曾氏的戚族十年来衰败不少。这说明一个很严重的社会问题,即十年来由于各种原因的综合,中国南方农村经济凋敝,造成的结果是小康之家破落,原本贫穷之家更难以度日。他们如何生存呢?通常是弱者外出乞讨,强者铤而走险。"贼"之多,其源在此。

维护邻里的事,常常由当地的富户绅家出面组织。在曾氏的家乡荷叶一带,无疑曾家是首户,曾家的实际当家人是四爷澄侯。这位四爷是个读书不成、却热心出风头的人,做办贼的头领自然合他的心意。熟谙乡村情形的曾氏知道,这"办贼"一事中间名堂甚多,故曾氏告诫他:"不特面上不可露得意之声色,即心中亦必存一番哀矜的意思。"严格地说起来,这实在有点虚伪:既然"哀矜",又何必去"办"?这中间有很复杂的因素在内,一两句话是说不明白的。大约曾氏深知其弟，要制止他完全不参与也做不到，故姑且劝他减杀一点表面上的得色，以求不太招人嫉恨。六月份的家信中劝四弟"不贪财，不失信，不自是"三条，也是有意敲敲他近来有点热昏的头。

关于京官在妓院吃花酒被抓的事，曾氏在本年十一月家书中也提到过，说近日一刑部主事、一户部主事、一广西提塘，因此被提督府锁拿交刑部治罪。这次又提到一个名叫鲍石卿的供事被捉去。于此可知，尽管京师妓院林立，八大胡同更是艳帜高张，但在表面上，朝廷的官员是不能与妓院打交道的，犯禁则要被捉拿法办。不过，京官逛窑子，在当时普遍得很，这次之所以接连捉人，大概正是"严打"时期。但即便如此，"荇农、荻舟尚游荡不畏法"。这说明还有不少人并不在意，他们自有逃避的办法。

黄濬《花随人圣庵摭忆》里就记载了一个这方面的故事。故事中的主人公，一位就是这封信中所说的荇农，另一位更为有名，即所谓"中兴四大名臣"之一的胡林翼。这两个人都是湖南人，一个籍贯善化，一个籍贯益阳，那时都同在翰林院做翰林，又都爱好冶游，于是常常结伴去逛妓院。一次，二人同在一个妓院里，正在兴头时，忽闻步军衙门的人进来抓嫖客中的官员。荇农机灵，见情形危急，便扔掉胡林翼逃到厨房里，穿上厨子的衣服，从后门逃走了。胡林翼则被当场抓住，押到步军衙门后，他为自己编造了假姓名假职业，又掏出五十两银子来做贿赂，才免去革职之祸。但胡林翼恨荇农临危弃友，不够哥们，从此与他绝交，甚至后来做了带兵统领，也不招纳善化籍的兵勇。荇农因自己的一次逃跑，给胡林翼终生造成凡善化人皆临危弃友的成见。

禀父母（升授礼部侍郎）

道光二十九年（1849）二月初六日

男国藩跪禀父母亲大人万福金安：

正月十一日，男发第一号家信，并寄呈京报，想已收到。

二十二日男蒙皇上天恩，升授礼部侍郎。次日具折谢恩，蒙召对，诲谕谆切。二十五日午刻上任，属员共百余人，同县黄正斋亦在内。从前阁学虽兼部堂衔，实与部务毫不相干。今既为部堂，则事务较繁，每日须至署办事。八日一至圆明园奏事，谓之该班。间有急事，不待八日而即陈奏者，谓之加班。除衙门官事之外，又有应酬私事，日内甚忙冗，几于刻无暇晷，幸身体平安，合家大小如常。

纪泽读书已至《酒诰》，每日讲《纲鉴》一页，颇能记忆。次孙体甚肥胖。同乡诸人并皆如旧。余详与诸弟信中。

男谨禀

点评：升授礼部侍郎

道光二十九年正月，曾氏升授礼部侍郎。道光二十七年六月，曾氏升的官职为内阁学士，兼礼部侍郎衔。套用我们今天的话来说，他是侍郎级内阁学士。此刻授礼部侍郎，便是真正的侍郎了。两者是大不相同的。对于曾氏个人来说，意味着闲官时代已经结束，开始进入握有实权的大臣时代了。清朝办实事的中央机构乃六部，即吏、户、礼、兵、刑、工部。部的最高长官为尚书，满、汉各一，次为侍郎，满、汉各二。就其职分来说，曾氏的官位只相当于今天的副部长，但就其社会地位来说，要比今天的副部长高得多。侍郎的品衔为正二品，比巡抚（即今天的省长）高一级，与总督（类似于三四十年前的大区书记）同级。

吏部掌全国文官品秩、诠叙、课考、黜陟和封授，类似现在的组织部。户部掌管全国财政，即今天的财政部。礼部掌祭礼、典礼及科举、学校等事，有着现在教育部的大部分职能，但又不与教育部同。兵部掌管武官的除授、封荫、考绩、军资、军籍及邮驿等事，类似国防部。刑部掌天下刑罚之政令，类似司法部。工部负责土木兴建等事，与今天的建设部职能相近。

在六部中，礼部属于清高而油水较少的一个部。但即便如此，也得天天上班，并八日一次地到圆明园（道光帝晚年常住圆明园，最后死在园子里）汇报部务，若有事，还得随时加班。从此之后，曾氏以读书作文为主业的清闲岁月一去不复返了。

这个喜事给他远在湘乡老家的亲人带来怎样的反应，且看老四的信："前十八日酉正，邯郸报到，知兄于正月二十二日补本部右侍郎，举家为之狂喜。盖国朝二百年来，我县所仅有者也。时祖父大人正当生病，得此喜信，过一二日即全愈。从前家中之人千方百计请医下药，打点伺候，皆徒劳矣。肖子贤孙，我兄尚何愧哉！"

怪不得中国士人都渴望做官升官，因为它给本人及其家庭所带来的好处实在是太大了。

致诸弟（不存做官发财之念）

道光二十九年三月二十一日

澄侯、温甫、子植、季洪足下：

正月初十日发第一号家信，二月初八日发第二号家信，报升任礼部侍郎之喜，二十六日发第三号信，皆由折差带寄。三月初一日由常德太守乔心农处寄第四号信，计托带银七十两、高丽参十余两、鹿胶二斤、一品顶带三枚、补服五付等件。渠由山西迤道转至湖南，大约须五月端午前后乃可到长沙。

予尚有寄兰姊、蕙妹及四位弟妇江绸棉外褂各一件，仿照去年寄呈母亲、叔母之样。前乔心农太守行时不能多带，兹因陈竹伯新放广西左江道，可于四月出京，拟即托渠带回。

澄弟《岳阳楼记》，亦即托竹伯带回家中。二月初四澄弟所发之信，三月十八接到。正月十六七之信，则至今未收到。据二月四日书云，前信着刘一送至省城，共二封，因欧阳家、邓星阶、曾厨子各有信云云。不知两次折弁何以未见带到？温弟在省时，曾发一书与我，到家后未见一书，想亦在正月一封之中。此书遗失，我心终耿耿也。

温弟在省所发书，因闻澄弟之计，而我不为揭破，一时气忿，故语多激切不平之词。予正月复温弟一书，将前后所闻温弟之行，不得已禀告堂上，及澄弟、植弟不敢禀告而误用诡计之故一概揭破。温弟骤看此书，未免恨我，然兄弟之间，一言欺诈，终不可久。尽行揭破，虽目前嫌其太直，而日久终能相谅。

现在澄弟书来，言温弟鼎力办事，甚至一夜不寐，又不辞劳，又耐得烦云云。我闻之欢喜之至，感激之至。温弟天分本高，若能改去荡佚一路，归入勤俭一边，则兄弟之幸也，合家之福也。

我待温弟似乎近于严刻，然我自问此心，尚觉无愧于兄弟者，盖有说焉。大凡做官的人，往往厚于妻子而薄于兄弟，私肥于一家而刻薄于亲戚族党。予自三十岁以来，即以做官发财为可耻，以宦囊积金遗子孙为可羞可恨，故私心立誓，总不靠做官发财以遗后人。神明鉴临，予不食言。此时侍奉高堂，每年仅寄些须，以为甘旨之佐。族戚中之穷者，亦即每年各分少许，以尽吾区区之意。盖即多寄家中，而堂上所食所衣亦不能因而加丰，与其独肥一家，使戚族因怨我而并恨堂上，何如分润戚族，使戚族戴我堂上之德而更加一番钦敬乎？将来若作外官，禄入较丰，自誓除廉俸之外，不取一钱。廉俸若日多，则周济亲戚族党者日广，断不畜积银钱为儿子衣食之需。盖儿子若贤，则不靠宦囊，亦能自觅衣饭；

儿子若不肖，则多积一钱，渠将多造一孽，后来淫佚作恶，必且大玷家声。故立定此志，决不肯以做官发财，决不肯留银钱与后人。若禄入较丰，除堂上甘旨之外，尽以周济亲戚族党之穷者。此我之素志也。

至于兄弟之际，吾亦惟爱之以德，不欲爱之以姑息。教之以勤俭，劝之以习劳守朴，爱兄弟以德也；丰衣美食，俯仰如意，爱兄弟以姑息也。姑息之爱，使兄弟惰肢体，长骄气，将来丧德亏行。是即我率兄弟以不孝也，吾不敢也。我仕宦十余年，现在京寓所有惟书籍、衣服二者。衣服则当差者必不可少，书籍则我生平嗜好在此，是以二物略多。将来我罢官归家，我夫妇所有之衣服，则与五兄弟拈阄均分。我所办之书籍，则存贮利见斋中，兄弟及后辈皆不得私取一本。除此二者，予断不别存一物以为宦囊，一丝一粟不以自私。此又我待兄弟之素志也。恐温弟不能深谅我之心，故将我终身大规模告与诸弟，惟诸弟体察而深思焉。

去年所寄亲戚各项，不知果照单分送否？杜兰溪为我买《皇清经解》，不知植弟已由省城搬至家中否？

京寓一切平安。纪泽《书经》读至《冏命》。二儿甚肥大。易南毂开复原官，来京引见。闻左青士亦开复矣。同乡官京中者，诸皆如常。余不一一。

兄国藩手草

再者，九弟生子大喜，敬贺敬贺。自丙午冬葬祖妣大人于木兜冲之后，我家已添三男丁，我则升阁学，升侍郎，九弟则进学补廪。其地之吉，已有明效可验。我平日最不信风水，而于朱子所云"山环水抱""藏风聚气"二语，则笃信之。木兜冲之地，予平日不以为然，而葬后乃吉祥如此，可见福人自葬福地，绝非可以人力参预其间。家中买地，若出重价，则断断可以不必；若数十千，则买一二处无碍。

宋湘宾去年回家，腊月始到。山西之馆既失，而湖北一带又一无所得。今年因常南陔之约重来湖北，而南陔已迁官陕西矣。命运之穷如此！去年曾有书寄温弟，兹亦付去，上二次忘付也。

李笔峰代馆一月，又在寓抄书一月，现在已搬出矣。毫无道理之人，究竟难与相处。庞省三在我家教书，光景甚好。邹墨林来京捐复教官，在元通观住，日日来我家闲谈。长沙老馆，我今年大加修整，人人皆以为好。琐事兼述，诸惟心照。

点评：不存做官发财之念

曾氏对诸弟谈到他的终身大规模，即立身的大宗旨：不存做官发财之念。信上说他三十岁,即刚进京为官时,便认识到以做官发财为可耻,以宦囊积金遗子孙为可羞可恨。三十岁时就已立下此志,但为何过去从未说过呢?估计是因为那时官小禄薄,尚不够说这些话的资格,现在位居侍郎,已到向诸弟交底的时候了。

从政治学的观点来看,各级官员本是社会有序存在的管理者及保护者,与"发财"是不相干的,想发财者应去经商做买卖。但是,既是管理者便有权力,权力则有可能为自己及他人谋私利,于是"做官"与"发财"便这样联在一起了,以至于不可分割。据专家考证,中国两千年封建官场,真正的一丝分外之财不要的清官,不过四五十人而已,其他无法数计的官员都说不上严格意义上的清廉,差别之处只在程度上而已。曾氏也不在这四五十人之列。当然,综其一生来看,他还是较为廉洁的。

且放下人性中的贪欲一面不说,在中国,要做一个清官,其实是很难的。难就难在这个官员身上所要承担的家庭责任太多太重,尤其是清寒家庭出身的官员。当初是整个家庭(甚至还包括族戚)为你付出,现在你出头了,理所当然地要回馈。如果家庭成员们期望过高,非他的俸禄所能满足,于是利用手中的权力去谋取分外的金钱,几乎便不可避免了,贪污、中饱等等也便由此而生。所以,一个人要想做清官,必须要得到家庭的支持和配合。现在的家庭都只是小家庭,曾氏那个时代,富贵之家多是大家庭,尤其是曾氏这种四世同堂之家,自然是不能分开的大家庭。这个大家庭眼下及今后年代里,扮演重要角色的显然是他的四个弟弟。所以,这封家信,与其说是曾氏在向诸弟说明自己做清官的志向,不如说是曾氏希望诸弟断绝非分的期待,请他们予以支持和配合。

他从两个方面来表明自己的公心:一、自己小家的主要财产即衣服、书籍,卸任回籍后便交与大家处理;二、不留财富给儿孙。

笔者以为,曾氏此信所说的"儿子若贤,则不靠宦囊,亦能自觅衣饭;儿子若不肖,则多积一钱,渠将多造一孽,后来淫佚作恶,必且大玷家声"这番话,凡做父母者,都可书之于绅。

疼爱子女,乃天下父母之心,而中国父母由于深受传宗接代思想的影响,于此更甚。自己可以省吃俭用,却要让子女吃好穿好,还得为他们留下丰厚财产,不少父母甚至一辈子做牛做马地为子女服务。冷静地想一想,这样做其实是大可不必的,"做牛做马",则更是可悲。

自古奋斗出英雄,从来纨绔少伟男。清贫,常能激励人去追求向上;过多的金钱,反而诱惑人走向堕落。这几乎是颠扑不破的真理,但世间许许多多的痴心父母就是看不到这一层。曾氏家教严格,亦不留财产给子孙,其家人才辈出,余庆绵绵。而另外许多"中兴将帅"的子孙们，由于勋爵和财富的坑害，重蹈八旗子弟的覆辙，结果抽大烟、进赌场、逛窑子，很快便把父祖辈的家业败落得一干二净。今天，当我们重温曾氏不蓄银钱给儿孙的话时，不仅仅感悟到一种深远的历史智慧，更从中感受到一个长者对后辈的真爱大爱。

致诸弟（官宦之家与孝友之家）

道光二十九年四月十六日

澄侯、温甫、子植、季洪足下：

四月十四日接到己酉三月初九所发第四号来信，次日又接到二月二十三所发第三号来信，其二月初四所发第二号信则已于前次三月十八接到矣，惟正月十六七所发第一号信则至今未接到。京寓今年寄回之家书：正月初十发第一号（折弁），二月初八发第二号（折弁），二十六发第三号（折弁），三月初一发第四号（乔心农太守），大约五月初可到省；十九发第五号（折弁），四月十四发第六号（由陈竹伯观察），大约五月底可到省。《岳阳楼记》，竹伯走时尚未到手，是以未交渠。然一两月内，不少妥便，亦必可寄到家也。

祖父大人之病，日见日甚如此，为子孙者远隔数千里外，此心何能稍置！温弟去年若未归，此时在京，亦刻不能安矣。诸弟仰观父、叔纯孝之行，能人人竭力尽劳，服事堂上，此我家第一吉祥事。我在京寓，食膏粱而衣锦绣，竟不能效半点孙子之职；妻子皆安坐享用，不能分母亲之劳。每一念及，不觉汗下。

吾细思凡天下官宦之家，多只一代享用便尽。其子孙始而骄佚，继而流荡，终而沟壑，能庆延一二代者鲜矣。商贾之家，勤俭者能延三四代；耕读之家，谨朴者能延五六代；孝友之家，则可以绵延十代八代。我今赖祖宗之积累，少年早达，深恐其以一身享用殆尽，故教诸弟及儿辈，但愿其为耕读孝友之家，不愿其为仕宦之家。诸弟读书不可不多，用功不可不勤，切不可时时为科第仕宦起见。若不能看透此层道理，则虽巍科显宦，终算不得祖父之贤肖，我家之功臣。若能看透此道理，则我钦佩之至。澄弟每以我升官得差，便谓我是肖子贤孙，殊不知此非贤肖也。如以此为贤肖，则李林甫、卢怀慎辈，何尝不位极人臣，烜奕一时，讵得谓之贤肖哉？予自问学浅识薄，谬膺高位，然所刻刻留心者，此时虽在宦海之中，却时作上岸之计。要令罢官家居之日，己身可以淡泊，妻子可以服劳，可以对祖父兄弟，可以对宗族乡党。如是而已。诸弟见我之立心制行与我所言有不符处，望时时切实箴规。至要至要。

鹿茸一药，我去腊甚想买就寄家，曾请漱六、岷樵两人买五六天，最后买得一架，定银九十两。而请人细看，尚云无力。其有力者，必须百余金，到南中则直二百余金矣，然至少亦须四五两乃可奏效。今澄弟来书，言谭君送四五钱便有小效，则去年之不买就急寄，余之罪可胜悔哉！近日拟赶买一架付归。以父、叔之孝行推之，祖大人应可收药力之效。叔母之病，不知宜用何药？若南中难得者，望书信来京购买。

安良会极好。地方有盗贼，我家出力除之，正是我家此时应行之事。细毛虫之事，尚不过分，然必须到这田地方可动手。不然，则难免恃势欺压之名。既已惊动官长，故我特作书谢施梧冈，到家即封口送县可也。去年欧阳家之事，今亦作书谢伍仲常，送阳凌云，属其封口寄去可也。

澄弟寄俪裳书，无一字不合。蒋祝三信已交渠。兹有回信，家中可专人送至渠家，亦免得他父母悬望。予因身体不旺，生怕得病，万事废弛，抱疚之事甚多。本想诸弟一人来京帮我，因温、沅乡试在迩，澄又为家中必不可少之人，洪则年轻，一人不能来京；且祖大人未好，岂可一人再离膝下？只得俟明年再说。

希六之事，余必为之捐从九品。但恐秋间乃能上兑，乡试后南旋者乃可带照归耳。书不能详，余俟续寄。

国藩手草

点评：官宦之家与孝友之家

曾氏信中所谈到的四种家庭中的子孙情况，仍可作为今日的借鉴。官宦之家的荣耀和富贵，大多一代就享用尽了，甚至有后人死无葬身之地的。商贾之家的家产，若后人勤俭，则可以延续到三四代。耕读之家的清吉，若后人谨慎朴实，可延续到五六代。至于孝友之家的发达，则可以绵延十代八代。当然，几代几代的具体数字，不可能如曾氏所说的这样精确，但大体上差不多：对于后代子孙来说，商贾之家优于官宦之家，耕读之家优于商贾之家，而孝友之家则是造福后代子孙的最好家庭。

依常人之观念，官宦之家有权有钱是一等，商贾之家有钱无权是二等，耕读之家无权无钱是三等。但在曾氏眼里，其次序的排列恰好相反。这是因为，在他看来，权和钱都对子孙的成长不利，二者都有，则更不好；耕读之家虽无权无钱，但知书识礼，正是造就人才的好环境。孝友，即孝顺父母、友爱兄弟，这是一种良好的家风。这种家风既可存于耕读之家，也可存于官宦、商贾之家。有了这种好家风，家中的好运气便可长久地维持下去。

曾氏这里说的是家庭，其实对于个体的人来说也是如此。权力和金钱，通常为世人所追求，而精神和品格，则易被忽视，实则后者对人更重要。因为后者属于人的自身，前者却是身外之物。可惜，世人常常看不到这一点。

基于此，曾氏开导诸弟，不必把做官发财看得太重要，保守目前的耕读局面，增植孝友的家风，才是头等重要的事情。至于他本人，虽处巍科显官之地位，却随时做罢官家居之想，不让自己利令智昏，也不让儿女有衙内之念。

但愿当今所有为官者，都能有一百五十余年前的这位礼部侍郎的清醒。

致诸弟（以"甲科鼎盛"排名）

道光二十九年六月初一日

澄侯、温甫、子植、季洪四位老弟足下：

五月十五日发家信第八号并京报一厚包，二十四日由广西主考孙蔪田太史（锵鸣）处发第九号信，并澄弟监照、户部照二纸，又今年主考车顺轨乡试文一篇、徐元勋会试文三篇共为一包，不审何日可到？孙太史于五月二十八在京起程，大约七月中旬可过长沙。待渠过去后，家中可至岱云处接监照也。

京寓近日平安。癣疾服邹墨林丸药方最为有效。内人腹泄七八天，亦服邹所开方而效。

昨日折弁到，又未接信。澄弟近日写信极勤且详，而京中犹时有望眼欲穿之时。盖不住省城，则折弁之或迟或早无由查问。正月十六第一号家信，至今尚未接到。予屡次以书告诸弟，又书告岱云，托其向提塘并萧辛五处确查。昨岱云回信内夹有萧辛五回片，写明正月十六之信已于二十一日交提塘王二手收。又言四月十四周副爷（维新）到京，此信已交京提塘云云。予接辛五来片，比遣人去京提塘问明。据答云周维新到京，并无此信；若有，万无不送之理。且既系正月二十一交省提塘，则二月二十三有韩折弁到京，三月十八有张折弁到京，何以两人俱未带而必待四月十四之周维新哉？今仍将辛五原片付回家中，望诸弟再到提塘细查：正月二十一辛五送到时，提塘曾挂收信号簿否？并问辛五兄，何以知二月之韩弁、三月之张弁俱未带此信而直待周维新始带？且辛五片称四月十四信交京提塘门上收,系闻何人所言?何以至今杳然?——查得水落石出,复示为要。予因正月十六之信至为详细,且分为两封,故十分认真。若实查不出,则求澄弟再细写一遍,并告邓星阶家、曾厨子家,道前信已失落也。

纪泽儿读书如常。兹又付呈论数首,皆先生未改一字者。纪鸿儿体甚肥胖。前闻排行已列丙一,不知乙字一排十人何以遽满?乞下次示知。得毋以乙字不佳,遂越而排丙乎?予意不必用甲乙丙丁为排,可另取四字,曰甲科鼎盛,则音节响亮,便于呼唤。诸弟如以为然,即可遍告诸再从兄弟。

山西巡抚王兆琛,钦差审明各款,现奉旨革职拿问,将来不知作何究竟。此公名声狼籍,得此番镌示,亦足寒贪吏之胆。

袁漱六病尚未全好。同乡各家如常。季仙九先生放山西巡抚,送我绿呢车。现尚未乘,拟待一二年后再换。凌荻舟、徐芸渠并考取军机,引见记名,黄正甫、张润农未记。余不悉具。

兄国藩手草

点评:以"甲科鼎盛"排名

上封信里刚说过"诸弟及儿辈,但愿其为耕读孝友之家,不愿其为仕宦之家",这封信里便将子侄辈的排名由甲、乙、丙、丁改为甲、科、鼎、盛。甲科即进士科。以此四字排名,显然是希望子侄辈中多出进士、翰林,曾家多出几房仕宦之家(前面的"评点"中说他两个外甥的乳名为鼎二、盛四,看来是此信之后改的)。前后两封信不过相隔一个半月,便矛盾如此,岂不太悖情理?此公到底是希望为耕读孝友之家,还是为仕宦之家呢?后世也有人据此指责曾氏"虚伪"的。

硬要较起真来,说曾氏"虚伪",也不是没有道理的。在封建时代,也确有人一辈子只读书而不应科考,实实在在地做耕读之人,传耕读家风。曾氏的的确确不是这种人。

他一向将功名官位看得很重。会试考了三次才中,他仍以自己的功名顺遂而欣慰。每遇升官,则急忙向家中报喜。上次连升四级,他更是惊喜莫名,赶紧寄红顶子、一品补服回家,以代替先前寄家的蓝顶子、三品补服。这一切都表明,曾氏是个官位热衷者。若我们以他的这些行动来对照他的"不愿其为仕宦之家"的话,说他是个言行不一的虚伪者,并不过分。

不过,若放宽一步的话,也还是可以说一说的。

是不是可以这样说,曾氏及其家人与当时千千万万的农家子弟一样,渴望通过科举考试而摆脱困境,走上仕宦之途,以便出人头地,显亲扬名,光宗耀祖。

其区别只在于，曾氏不仅看到仕宦的好处，也看到仕宦所带来的不利的一面，同时也由此看出耕读之家亦有它的佳处。这是第一层。

其次，他衷心希望诸弟及子侄们能够功名顺利，但又不要吊死在一棵树上，眼光宽一点，胸襟大一点。进固然好；退一步，能守住眼下的耕读之家也不错。

第三，曾氏深服"盈虚消息"之理，认为一人不能好处尽得，一家不能气运太旺。他本人现在是一帆风顺，节节上升，家中诸弟略受点压抑，也未必不是好事。否则，按"盈虚消息"之理来说，就必然会有另外的不如意的事发生。

笔者这样揣摩，也不知探到这位老夫子胸中沟壑的一点边际没有。

致诸弟（不收赙仪与分送马褂）

道光二十九年十二月初三日

澄侯、温甫、子植、季洪四弟左右：

十一月十五日接到祖父大人讣音，中肠惨痛。自以游子在外，不克佐父母襄办大事，负罪婴疚，无可赎挽。比于十八日折差之便，先寄银百零五两，计元宝二锭，由陈岱云宅专足送至家中，不知刻已收到否？

国藩于十六日成服，十七日托军机大臣署礼部侍郎何大人（汝霖）代为面奏，请假两月，在家穿孝。自十七以后，每日吊客甚多。二十九日开吊，是早祭奠，因系祖妣冥寿之期，一并为文祭告。开吊之日，不收赙仪。讣帖刻"谨遵遗命，赙仪概不敢领"二语，共发讣帖五百余份。凡来者不送银钱，皆送祭幛、挽联之类，甚为体面。共收祭文八篇、祭幛七十五张、挽联二十七对、祭席十二桌、猪羊二付。其余香烛纸钱之类，不计其数。送礼物来者，用领谢帖；间有送银钱来者，用"奉遗命璧谢"帖。其原封上粘贴红签璧去，签上刻"旋吉"二字。兹将讣帖等印发者，付回样子与家中一看。纪梁侄名一时偶忘，遂刻作纪沅。

各处送祭幛来者，哈喇大呢甚多，亦有缎布江绸者。余意欲将哈喇作马褂数十件，分寄家中族戚之尤亲者（另开一单于后，乞诸弟斟酌，或添或减，以书复我）。盖南中老人考终，往往有分遗念之说。或分衣，或分银钱。重五伯祖曾以獾皮马褂一件与王高七作遗念衣，即其证也。

既多且精，各处寄布，令我歉然难安。诸弟先代我趋谢，并言往后万不可如此。盖京中买布甚易，而家中纺纱织布，则难于登天，我受之甚抱愧也。

澄弟之信，劝我不可告假回家。所言非不是，余亦再四思维，恐难轻动。惟离家十年，想见堂上之心，实为迫切。今祖父大事既已办过，则二亲似可迎养。然六旬以上之老人，四千有余之远道，宿餐之资既已不易，舟车之险尤为可畏，更不敢轻举妄动。烦诸弟细细商酌，禀知父母亲及叔父母，或告假归省，或迎养堂上，二者必居其一，国藩之心乃可少安。父母亲近来欲见国藩之意，与不愿国藩假归之意，孰缓孰急？望诸弟细细体察，详以告我。祷切望切。

国藩草

点评：不收赙仪与分送马褂

曾氏的祖父是他心目中的英雄。他一向认为，祖父可成就大事业，只是时运未予以配合而已。的确，大事业的成就，是多种因素的综合，不是一个人凭聪明能干就可以办得成的，更不是想办就能办得了的。中国古代的智者，将这些因素归纳为天时、地利、人和，是很有见地的；也有归纳为时、运、命的，虽略带点神秘色彩，但从大体上说来也是有道理的。

当然，是不是英雄，还得用有没有一番大事业来做证明。古往今来，许多人（尤其是文人）常有怀才不遇的感叹，总认为自己的绝大才能被掩埋被压抑了。殊不知，没有实实在在地经历过一番，是不能随随便便就怨天尤人的。

纵然聪明绝顶、才华过人，说不定尚缺乏一些必备的其他能力，如心理承受力、意志力、亲和团结力等等。没有这些，事到临头，仍然会与成就擦肩而过。这几句话似乎有点走题了，还是回到正题来。

曾氏的祖父虽没有做成事实上的英雄，但他亲眼看到孙子做到礼部侍郎的高官，死后能得到一品荣禄大夫的封典。作为一个穷乡僻壤的农民，也实在是洪福齐天了。

曾氏开始兑现上封信里给家里的承诺：一不存敛财之念，二不私爱自己的小家庭。具体的作法是：京中的祭奠活动，只收祭幛、挽联，不收赙仪。凡有送银钱来者，一律璧谢。晚清官场腐败厉害，"贿赂公行"、"政由贿成"这样的字眼，打开晚清笔记野史常觉有扑面而来之感。官员家中的红白喜事，对于主家来说，正是收钱接礼的大好时候，对于存心巴结的人来说也是难逢的良机，于是送钱者合情，受钱者坦然。实际上，这一送一收之间，便埋下了"权钱交易"的伏笔。曾氏办祖父的丧事，只收情不收钱，自然为当时官场中所不多见，也是他"做官不存发财之念"宗旨的一种表现。曾氏日后遍任五部，朝廷内外的口碑较好，与此种作风是有关系的。

我们看世间的家庭，尤其是兄弟姊妹都已长大成人自有室家的大家庭，其家人不和、兄弟反目的原因十有八九出自"钱财"二字。客观地说，京中所送的祭幛，都是冲着曾氏的面子来的，曾氏留在家中自用完全说得过去，但他决定要为诸弟"不为小家谋私利"做个榜样，故将所收到的哈喇呢做成数十件马褂，分寄家中族戚之尤亲者，作为对祖父的纪念。

曾氏为家中的长兄，既为家中挣来光彩，又有这种"公心"，所以赢得了诸弟及子侄辈的敬重。在日后大动荡的岁月里，兄弟们之所以能团结一心共襄大业，身为大哥的这种榜样作用是不可低估的。

致诸弟（广西出了大事）

咸丰元年（1851）三月十二日

澄、温、植、洪四弟左右：

三月初四发第三号家信。其后初九日，予上一折，言兵饷事。适于是日皇上以粤西事棘，恐现在彼中者不堪寄此重托，特放赛中堂前往。以予折所言甚是，但目前难以遽行，命将折封存军机处，待粤西事定后再行办理。赛中堂清廉公正，名望素著，此行应可迅奏肤功。但湖南逼迫粤西，兵差过境，恐州县不免借此生端，不无一番蹂躏耳。

魏亚农以三月十三日出都，向予借银二十两。既系姻亲，又系黄生之侄，不能不借与渠。渠言到家后即行送交予家，未知果然否也。叔父前信要鹅毛管眼药并硇砂膏药。兹付回眼药百筒、膏药千张，交魏亚农带回，呈叔父收存，为时行方便之用。其折底亦付回查收。

澄弟在保定想有信交刘午峰处。昨刘有书寄子彦，而澄弟书未到，不解何故。已有信往保定去查矣。澄弟去后，吾极思念。偶自外归，辄至其房。早起辄寻其室，夜或遣人往呼。想弟在途路弥思我也。书不十一，余俟续具。

兄国藩手草

点评：广西出了大事

前年十一月中旬得知祖父去世之后，曾氏便与家中商议迎养父母及叔父母的事，后达成一个共识：咸丰元年二月由四弟护送父母进京。但此事最终未果。为什么？原来，这一年多里国家出了两桩大事。

道光三十年正月，七十岁的道光帝旻宁病逝圆明园。在清王朝十一个皇帝中，道光只能算作一个平庸的人。他在位三十年，国家不是一年年好，而是一年年坏，内忧外患愈演愈烈。道光二十年发生的第一次鸦片战争，将大清王朝的腐败无能彻底暴露于世。这一年是一个分界，以"中西碰撞"作为主要内容的中国近代史从此开始了。

老皇帝驾崩，新皇帝登基，朝廷该有多少事要办！而操办这种事又正是礼部的本职，身为礼部侍郎的曾氏自然忙碌异常。忠孝不能两全，"迎养父母"只得往后推。

就在这新旧交替的时候，又一桩大事出来了，这就是1851年1月11日广西金田村的太平军起义。太平军声势浩大，广西各级官府及其军队在它的面前犹如枯朽般地被摧垮，朝野震惊。刚登基的二十岁咸丰帝奕詝火急任命林则徐为钦差大臣，前往广西平乱。

但这时在福州原籍养病的林则徐已病势沉重，他还是奉旨即行，不料在途中与世长辞。林则徐真是一个幸运的人。他这一死，既履践了自己"苟利国家生死以，岂因祸福避趋之"的诺言，作为一个忠臣典范被载入大清王朝的史册；又因为最终未到前线与太平军交锋，"镇压农民起义刽子手"的大帽子也可以不戴在他的头上，从而成为后世史学家笔下的完美爱国者。其实，在鞠躬尽瘁的林则徐面前，许许多多"镇压农民起义的刽子手"都是相形见绌的。

林则徐死后，朝廷改派前两江总督李星沅为钦差大臣。但李星沅无威望，前方将士不用命。太平军的势力越来越大，李星沅束手无策，不久便病死军中。朝廷又派大学士蒙古人赛尚阿为钦差大臣，特赐他遏必隆刀，必要时可代皇帝行斩杀大权。但遏必隆刀也没有遏住太平军，他们反而冲出广西杀进湖南，大有燎原之势。咸丰帝大为震怒，将赛尚阿逮捕进京。按律，赛尚阿应大辟，但最后并没有砍他的头，坐了一会儿牢又被放出来，谪戍边塞。到了边塞，他也没有真正做苦力。过了几年，又做起侍郎、副都统的大官来。晚清吏治松垮，此又是一例。这些都是后话，曾氏当时自然不可能料到，说什么"可迅奏肤功"云云，不过是一厢情愿而已。

广西闹事，朝廷派员统兵，于是军事便成了热门话题，信中所说的"言兵饷事"的折子即出于此种背景。

当时的制度，二品以上的官员方可直接向皇帝上折子；二品以下的官员，若遇要事上折，就只得托二品以上的官员代为奏递。曾氏全集中的奏折部分，除道光二十三年放四川乡试正考官请人代奏的一封谢恩折外，其余全部奏折，都是在道光三十年之后。这道言兵饷事的折子收在全集中,题为《议汰兵疏》。此疏一开篇便指出当今国家的两个重大的忧患:一为国用不足,一为兵伍不精。兵伍不精的状况,主要表现在械斗、勾结盗贼、吸食鸦片、聚开赌场、无事则游手恣睢、有事则雇无赖之人代替、见贼则望风奔溃、贼去则杀民以邀功等等。至于国用之不足,则更是人人都已看到,但又不能以搜括民财来补充。曾氏建议裁汰五万冗兵,恢复乾隆四十六年的军营数目,可节省部分兵饷,以作他用。但此刻正是用兵之际,"汰兵"之议虽好,却不能采用。所谓"封存军机处",用当时的口语说来,便是"淹了"。

致诸弟(义仓——美丽的空想)

咸丰元年四月初三日

澄侯、温甫、子植、季洪四位老弟左右:

三月初四日,此间发第三号家信交折弁,十二日发第四号信交魏亚农,又寄眼药鹅毛筒及硇砂膏药共一包,计可于五月收到。季洪三月初六所发第三号信,于四月初一日收到。

邓升六爷竟尔仙逝,可胜伤悼!如有可助恤之处,诸弟时时留心。此不特戚谊,亦父大人多年好友也。

乡里凶年赈助之说,予曾与澄弟言之。若逢荒歉之年,为我办二十石谷,专周济本境数庙贫乏之人。自澄弟出京之后,予又思得一法,如朱子社仓之制,若能仿而行之,则更为可久。朱子之制,先捐谷数十石或数百石贮一公仓内,青黄不接之月借贷与饥民,冬月取息二分收还(每石加二斗),若遇小歉则蠲其息之半(每石加一斗),大凶年则全蠲之(借一石还一石),但取耗谷三升而已。朱子此法行之福建,其后天下法之,后世效之,今各县所谓社仓谷者是也,其实名存实亡。每遇凶年,小民曾不得借贷颗粒,且并社仓而无之。仅有常平仓谷,前后任尚算交代,小民亦不得过而问焉。盖事经官吏,则良法美政,后皆归于子虚乌有。

国藩今欲取社仓之法而私行之我境。我家先捐谷二十石,附近各富家亦劝其量为捐谷。于夏月借与贫户,秋冬月取一分息收还(每石加一斗)。丰年不增,凶年不减。凡贫户来借者,须于四月初间告知经管社仓之人。经管量谷之多少,分布于各借户,令每人书券一纸,冬月还谷销券。若有不还者,同社皆理斥,议罚加倍。以后每年我家量力添捐几石。或有地方争讼，理曲者，罚令量捐社谷少许。每年增加，不过十年，可积至数百石，则我境可无饥民矣。盖夏月谷价昂贵，秋冬价渐平落，数月之内，一转移之间，而贫民已大占便宜，受惠无量矣。吾乡昔年有食双谷者，此风近想未息。若行此法，则双谷之风可息。

前与澄弟面商之，说我家每年备谷救地方贫户。细细思之，施之既不能及远，行之又不可以久；且其法止能济下贫乞食之家，而不能济中贫体面之家。不若社仓之法，既可以及于远，又可以贞于久；施者不甚伤惠，取者又不伤廉，即中贫体面之家亦可以大享其利。本家如任尊、楚善叔、宽五、厚一各家，亲戚如宝田、腾七、宫九、荆四各家，每年得借社仓之谷，或亦不无小补。澄弟务细细告之父大人、叔父大人，将此事于一二年内办成，实吾乡莫大之福也。

我家捐谷，即写曾呈祥、曾呈材双名。头一年捐二十石，以后每年或三石，或五石，或数十石。地方每年有乐捐者，或多或少不拘，但至少亦须从一石起。吾思此事甚熟，澄弟试与叔大人细思之，并禀父亲大人，果可急于施行否？近日即以回信告我。

京寓大小平安。保定所发家信，三月末始到。赛中堂于初九日出京赴广西。考差在四月十四。同乡林昆圃于三月中旬作古。予为之写知单，大约可得百金。熊秋佩丁外艰。余无他事。予前所寄折稿，澄弟可抄一分交彭筱房，并托转寄江岷樵。抄一分交刘霞仙，并托转寄郭筠仙。

赛中堂视师广西，带小钦差七十五人，京兵二百四十名，京炮八十八尊，抬枪四十杆，铅子万余斤，火药数千斤。沿途办差，实为不易。粤西之事，日以猖獗。李石梧与周天爵、向荣皆甚不和，未知何日始得廓清。圣主宵旰焦灼，廷臣亦多献策，而军事非亲临其地，难以遥度。故予屡欲上折，而终不敢率尔也。余不一一。

兄国藩手草

点评：义仓——美丽的空想

中国古时有一种专用来救济穷苦人的谷仓，因为其中的谷米为富户所捐赠，故称之为义仓。但多数义仓被掌管人所把持，并没有真正起到其"仗义扶贫"的作用。其中一个重要的原因是义仓设在州县，将捐谷者与受谷者隔开了，故造成管理上的大弊端。朱熹建议将义仓改设在乡村里社，由"乡人士君子"来管理，并在福建崇安县具体实施，效果较好，后来推广到其他一些地区。因仓在里社，故称社仓。

做了礼部侍郎的曾氏自以为地位、声望和实力都已达到相当程度，遂决定仿照朱熹当年所办的社仓形式在老家创办社仓。他要家里带头先捐二十石谷,再劝别的富家学样,把社仓办起来,让境内贫户能得到实惠。但此事没能付诸实行,三个月后在曾氏一封家信中有这样几句话:"社仓之法,有借无还,今日风俗诚然如此。澄弟所见,良为洞悉时变之言,此事竟不可议举行矣。"

原来是国潢出面表示反对,理由是"有借无还"。这自然是社仓不能举办的一个重要原因,除此以外,笔者以为还有一个重要原因,即曾氏父、叔及诸弟的精神境界,都还没有进入到办理此事的地步。前些年,为馈赠族戚的四百两银子事,曾氏与家中很长时期不能达成共识,家中将这笔银子压着不办,在曾氏一而再、再而三地催促下才勉勉强强减半散发,但后来曾氏得知不少族戚实际上连一半也未得到,远在京师的他也无法可施。读者诸君想想看,曾氏老家中的这样一批爷们,能成为义仓的带头者吗?

致诸弟(直言上疏)

咸丰元年五月十四日

澄侯、温甫、子植、季洪四位老弟足下:

四月初三日发第五号家信。厥后折差久不来,是以月余无家书。五月十二折弁来,接到家中四号信,乃四月一日所发者。具悉一切。植弟大愈,此最可喜。

京寓一切平安。癣疾又大愈矣,比去年六月更无形迹。去年六月之愈,已为五年来所未有,今又过之。或者从此日退,不复能为恶矣。皮毛之疾,究不甚足虑,久而弥可信也。

四月十四日考差题"乐民之乐者,民亦乐其乐",经文题"必有忍,其乃有济;有容,德乃大",赋得"濂溪乐处"得"焉"字。

二十六日,余又进一谏疏,敬陈圣德三端,预防流弊。其言颇过激切,而圣量如海,尚能容纳,岂汉唐以下之英主所可及哉!余之意,盖以受恩深重,官至二品,不为不尊;堂上则诰封三代,儿子则荫任六品,不为不荣。若于此时再不尽忠直言,更待何时乃可建言?而皇上圣德之美出于天亶自然,满廷臣工,遂不敢以片言逆耳,将来恐一念骄矜,遂至恶直而好谀,则此日臣工不得辞其咎。是以趁此元年新政,即将此骄矜之机关说破,使圣心日就兢业而绝自是之萌。此余区区之本意也。现在人才不振,皆谨小而忽于大,人人皆习脂韦唯阿之风。欲以此疏稍挽风气，冀在廷皆趋于骨鲠，而遇事不敢退缩。此余区区之余意也。

折子初上之时，余意恐犯不测之威，业将得失祸福置之度外矣。不意圣慈含容，曲赐矜全。自是以后，余益当尽忠报国，不得复顾身家之私矣。然此后折奏虽多，亦断无有似此折之激直者。此折尚蒙优容，则以后奏折，必不致或触圣怒可知矣。诸弟可将吾意细告堂上大人，毋以余奏折不慎，或以戆直干天威为虑也。

父亲每次家书，皆教我尽忠图报，不必系念家事。余敬体吾父之教训，是以公尔忘私，国尔忘家。计此后但略寄数百金偿家中旧债，即一心以国事为主，一切升官得差之念，毫不挂于意中。故昨五月初七大京堂考差，余即未往赴考。侍郎之得差不得差，原不关乎与考不与考。上年己酉科，侍郎考差而得者三人：瑞常、花沙纳、张芾是也。未考而得者亦三人，灵桂、福济、王广荫是也。今年侍郎考差者五人，不考者三人。是日题"以义制事以礼制心论"，诗题"楼观沧海日"得"涛"字。五月初一放云贵差，十二放两广、福建三省，名见京报内，兹不另录。袁漱六考差颇为得意，诗亦工妥，应可一得，以救积困。

朱石翘明府初政甚好，自是我邑之福。余下次当写信与之。霞仙得县首，亦见其犹能拔取真士。

刘继振既系水口近邻，又送钱至我家求请封典，义不可辞。但渠三十年四月选授训导，已在正月二十六恩诏之后，不知尚可办否。当再向吏部查明。如不可办，则当俟明年四月升袝恩诏，乃可呈请。若并升袝之时推恩不能及于外官，则当以钱退还。家中须于近日详告刘家，言目前不克呈请，须待明年六月乃有的信耳。

澄弟河南、汉口之信皆已接到。行路之难，乃至于此！自汉口以后，想一路载福星矣。刘午峰、张星垣、陈谷堂之银皆可收，刘、陈尤宜受之，不受反似拘泥。然交际之道，与其失之滥，不若失之隘。吾弟能如此，乃吾之所以欣慰者也。西垣四月二十九到京，住余宅内，大约八月可出都。

此次所寄折底，如欧阳家、汪家及诸亲族不妨抄送共阅。见余忝窃高位，亦欲忠直图报，不敢唯阿取容，惧其玷辱宗族，辜负期望也。余不一一。

兄国藩手草

点评：直言上疏

自咸丰皇帝登基（道光三十年——1850二月）至咸丰二年六月出京，两年多时间里，曾氏上了十四道奏折，其中谢折三道、例行公事五道、保折一道、进言奏疏五道。进言疏五道分别为：《应诏陈言疏》、《议汰兵疏》、《敬呈圣德三端预防流弊疏》、《备陈民间疾苦疏》、《平银价疏》。

奏疏，是大臣与皇帝沟通的最主要的渠道。奏疏的内容五花八门，其中最重要的有两个方面：一为禀报分内的工作，二为建言。建言折最见一个大臣的本色。或出于明哲保身，或因懒惰乏才，许多大臣虽身处高位，肩负重责，一年到头很少甚至根本不建言，实在推脱不了，则不痛不痒地应付一下。乾、嘉、道三朝元老大学士曹振镛有句名言："多磕头，少说话。"这六个字，的确是宦海戏水者的防身秘诀。

然而，曾氏却不是这样的人。

咸丰即位时年方二十，正在血气方刚的时候。鉴于道光晚年朝政疲沓、国力衰弱的状况，他颇有一番振衰起敝的志向，登极之初便诏令内外臣工对国事多发表意见，以便择善而从，重振朝纲。做了十多年京官的曾氏一向关注国计民生，早就藏了一肚子话，借着这个机会，一年内，他连上了上面所列的五道建言疏。

在《应诏陈言疏》里，他着重谈的是人才之事，提出作育人才的三个主要方面：转移之道，培养之方，考察之法。

所谓"转移"，即皇上以身作则，臣工群相仿效，造成一股巨大力量，以便扭转世风。至于培养之道，曾氏提出了四条途径，即教诲、甄别、保举、超擢。考察之法，即应改变现在的京官仅凭召见及三年一次的京察、外官司道仅凭督抚考语的成习，建议加强监督，常年考核，鼓励人人建言，相互质证。

这道奏疏对时局的批评尖锐而准确，如："以臣观之，京官之办事通病有二，曰退缩，曰琐屑；外官之办事通病有二，曰敷衍，曰颟顸。""十余年间，九卿无一人陈时政之得失，司道无一折言地方之利病，相率缄默，一时之风气，有不解其所以然者。"这些话因切中时弊而痛快淋漓，很快便在朝野上下、京师内外不胫而走。至于"习俗相沿，但求苟安无过，不求振作有为，将来一有艰巨，国家必有乏才之患"这句话，不幸很快便得到了验证。对付太平军的人才，政府体制中果然没有几个，成千上万的乱世之才，还得靠这位侍郎从体制外去发现培养。

关于《议汰兵疏》，前信评点中已说过。至于《备陈民间疾苦疏》，则是向这位养在深宫之中、长于妇人之手的年轻皇帝，叙说了民间三大疾苦：一、银价太昂，钱粮难纳。二、盗贼太众，良民难安。三、冤狱太多，民气难伸。在"冤狱"一节中，曾氏沉痛地写道："臣自署理刑部以来，见京控、上控之件，奏结者数十案，咨结者数百案，惟河南知府黄庆安一案、密云防御阿祥一案，皆审系原告得失，水落石出，此外各件大率皆坐原告以虚诬之罪，而被告者反得脱然无事。""臣考定例所载，民人京控，有提取该省案卷来京核对者，有交督抚审办者，有钦差大臣前往者。近来概交督抚审办，督抚发委首府，从无亲提之事；首府为同寅弥缝，不问事之轻重，一概磨折恫喝，必使原告认诬而已。风气所趋，各省皆然。一家久讼，十家破产，一人沉冤，百人含痛，往往有纤小之案，累年不结，颠倒黑白，老死囹圄，令人闻之发指者。"司法上的黑暗腐败，对人心的动摇最为重大。看了这段话，便可知江南百姓为何背弃朝廷影从太平军了。

在《平银价疏》中，曾氏针对当时银贵钱贱之现状，提出几条纠正的措施。用今天的话来说，颇类似于对规范货币体制一事献策。

五疏中最为大胆也最为冒风险的便是此信中所提到的《敬呈圣德三端预防流弊疏》。

曾氏针对这个年轻皇帝三种所谓的"美德"，毫不客气地指出其背后可能出现的流弊。一为"谨慎"，将有可能导致琐碎。在指出近日几处失误实例后，曾氏劝皇上宜效法汉高祖、唐太宗，"豁达远观，罔苛细节"。一为"好古"，将有可能导致徒尚文饰。曾氏列举了咸丰帝的几桩徒尚文饰的事例，尤其有一件事，想必皇上读来心中甚为不快。现照录如下："前者，臣工奏请刊布《御制诗文集》，业蒙允许。臣考高祖文集刊布之年，圣寿已二十有六；列圣文集刊布之年，皆至三十四十以后。皇上春秋鼎盛，若稍迟数年再行刊刻，亦足以昭圣度之谦冲，且明示天下以敦崇实效，不尚虚文之意。风声所被，必有朴学兴起，为国家任栋梁之重。"文人好名，皇帝也好名。曾氏此谏，无疑给二十岁的好名皇帝当头泼了一盆冷水，他岂不恼火？

第三个所谓美德为"广大"，但若把握不了分寸，则有可能"厌薄恒俗而长骄矜之气，尤不可不防"。曾氏规劝皇上，用人行政之大权，不可自专，宜付军机处、六部九卿、科道百僚共商。且提醒皇上，当重用有风骨的直臣，不要听信阿谀拍马者的媚柔之言。

曾氏亦知此疏言辞过于质直，故在折末特为写上："此三者辨之于早，只在几微之间；若待其弊既成而后挽之，则难为力矣。臣谬玷卿陪，幸逢圣明在上，何忍不竭愚忱，以抑裨万一。虽言之无当，然不敢激切以沽直声，亦不敢唯阿以取容悦。"

据野史上载，曾氏此疏果然引得龙颜大怒，恨不得杀掉这个大胆的乡巴佬以惩效尤。后来多亏大学士祁寯藻、左都御史季芝昌等人以"君圣臣直"的话来为曾氏开脱，才得以免去了这次无妄之灾。从此曾氏的建言疏再也不敢放肆直言了。

当老家的亲人们看到曾氏这道奏疏抄件时，也都为之紧张。其叔信中说："所付回奏稿，再四细阅，未免憨直太过。"其父后来为此事告诫儿子："卿贰之职，不以直言显，以善辅君德为要。"

然而，曾氏的这五道奏疏，很快便传遍天下，广播人口，为他赢得了"关心民瘼"、"忠直敢言"等美誉，奠定了他日后办大事所十分需要的基础——海内人望。他的好友刘蓉用这样的诗句来赞美:"曾公当世一凤凰,五疏直上唱朝阳。"这两句诗代表了当时知识界的声音。

致诸弟（陶澍知左宗棠）

咸丰元年六月初一日

澄侯、温甫、子植、季洪四位老弟足下:

五月十四日发第六号家信,内有四月二十六日具奏一疏稿。余虽不能法古人之忠直,而皇上圣度优容,则实有非汉唐以下之君所能及者,已将感激图报之意于前书内详告诸弟矣。五月二十六日,又蒙皇上天恩,兼署刑部右侍郎。次日具折谢恩,即将余感戴之忱写出。兹将原折付归。

日内京寓大小平安。癣疾大好,较去年澄弟在此时更好三倍,头面则毫无踪影,两腿虽未净尽,不复足为患也。同乡周子佩之母病体不轻,下身不仁,恐成偏枯。徐寿蘅放四川主考。湖南放四川者向极吉利,嘉庆辛酉之杨刚亭先生、庚午之陶文毅、道光甲午之李文恭、乙未之罗苏溪,有成例矣。邝炉青、陈俊臣两人皆已来京。陈挈眷而邝则否,邝富而陈寒,所为似相反。然究以挈眷为是,邝一二年亦必悔之耳。林昆圃事,余为写知单,得百余金,合之开吊,共二百金,将来可以赡其七十四岁之老母也。漱六望差甚切,未知能如愿否。现在已放一半,而实录馆当差人员尚未放一人也。唐镜海于十八日到京,二十三日召见,垂询一切。天颜有喜,极耆儒晚遇之荣。现已召见五次,将来尚可入对十余次也。

罗山前有信来,词气温纯,似有道者之言。余已回信一次。顷又有信来,言纪泽未定婚,欲为贺耦庚先生之女作伐,年十二矣。余嫌其小一岁,且耦庚先生究系长辈。从前左季高与陶文毅为婚,余即讥其辈行不伦。余今不欲仍蹈其辙,拟敬为辞谢。现尚未作书复罗山,诸弟若在省见罗山兄,可将余两层意思先为道破,余它日仍当回书告知一切耳。余近思为纪泽定婚,其意颇急切。夏阶平处一说,本可相安,因其与黄子寿为亲家,余亦嫌辈行少屈,是以未就。黄莘卿有女年十三矣,近托袁漱六往求婚。莘卿言恐余升任总宪,渠须回避(例给事回避改郎中,御史回避改员外,最为吃亏)。不知渠是实意,抑系不愿成婚而托辞以谢也,故现未说定。弟可一一禀告堂上大人。又余意乡间若有孝友书香之家,不必问其贫富,亦可开亲,澄弟盍为我细细物色一遍?然余将同邑各家一想,亦未闻有真孝友人家也。

余至刑部,日日忙冗异常,迥不与礼部、工部、兵部相同。若长在此部,则不复能看书矣。湖南副主考乔崔侪水部,颇称博雅。今年经策必须讲究古茂。曹西垣办发,本月可引见,七月可出京。朱石翘明府昨有信来,言澄弟四月底到县。此次折弁到京,石翘有信,而澄弟无信,殊不可解。兹有书复朱,家中封好送去。诸惟心照,余俟续布。

国藩手草

点评:陶澍知左宗棠

这封信里曾氏谈到为儿子订婚的事。眼下有两家可以考虑,一为贺家,一为黄家,此外乡间若有孝友书香之家亦可考虑。信中说到的"左季高与陶文毅为婚"一事,则是近世湖南士人中的一段佳话,借评点此信的机会,与读者诸君说一说。

左宗棠,字季高,不久将出山为湖南巡抚衙门中的一个地位特殊的师爷。曾氏写此信的时候,他正隐居湘阴柳庄。左宗棠二十岁即中举,但接下来的会试却不顺。第一次落第,第二次本已合格但因湖南的名额已满,他被取为誊录。左志大才高,不肯低就,乃愤而返乡。道光十七年春天,左正在醴陵主讲渌江书院,恰逢两江总督、湖南安化人陶澍巡阅江西。陶借此回籍省墓,路过醴陵。应知县所请,左为陶的行馆撰写了一副楹联:

左宗棠(1812—1885)

春殿语从容,廿载家山印心石在;大江流日夜,八州子弟翘首公归。陶极为欣赏这副楹联,召左见面,两人晤谈甚欢,陶视左为奇才。又有野史记载,左与陶见面行礼时,不小心将陶胸前的朝珠线扯断,朝珠散落在地。这在当时是一桩十分失礼的事,若发生在别人身上,则会诚惶诚恐,不知所措。但左则如无事一般,一边弯腰拾朝珠,一边面不改色地与陶谈话。左的这种胆量,令陶吃惊,也让陶钦佩。第二年,左第三次会试落第,绕道江宁看望陶。陶时患重病,担心不久于人世,遂与左结儿女亲家,将年仅六岁的独子陶桄托付给左。当时,陶为六十岁的总督,左为二十六岁的布衣,无论辈分还是门第,两家相隔甚远,世人闻之莫不惊骇。故而曾氏此信中有"余即讥其辈行不伦"的话。

次年,陶澍病逝,左以亲家身份赴江宁料理后事,将陶桄带回安化。从此,左绝意科举，以课读陶桄作为自己的头号大事。课婿之余，他利用陶宅所藏的丰富图册，悉心钻研兵学、舆地、荒政等实学，为日后的宏大事业奠定了坚实的基础。左在小淹一住八年，直至女儿孝瑜与陶桄完婚后，才离开家乡回到原籍湘阴。

曾氏虽不愿像左那样不讲辈分地结儿女亲，但最终还是与贺家联了姻。此事且留待后面再说。

致诸弟（不可帮钱垫官之亏空）

咸丰元年八月十九日

澄侯、温甫、子植、季洪四位老弟足下：

八月十四日发第九号信，至十七日接到家信第七、第八二号，欣悉一切。

左光八为吾乡巨盗，能除其根株，扫其巢穴，则我境长享其利，自是莫大阴功。第湖南会匪所在勾结，往往牵一发而全神皆动。现在制军程公特至湖南，即是奉旨查办此事。盖恐粤西匪徒穷窜，一入湖南境内，则楚之会匪因而窃发也。左光八一起，想尚非巨伙入会者流。然我境办之，亦不可过激而生变。现闻其请正绅保举，改行为良，且可捉贼自效，此自一好机会。万一不然，亦须相机图之，不可用力太猛，易发难收也。

公议粮饷一事，果出通邑之愿，则造福无量。至于帮钱垫官之亏空，则我家万不可出力。盖亏空万六千两，须大钱三万余千，每都几须派千串。现在为此说者，不过数大绅士一时豪气，为此急公好义之言。将来各处分派，仍是巧者强者少出而讨好于官之前，拙者弱者多出而不免受人之勒。穷乡殷实小户，必有怨声载道者矣。且此风一开，则下次他官来此，既引师令之借钱办公为证，又引朱令之民帮垫亏为证，或亦分派民间出钱帮他，反觉无辞以谢。若相援为例，来一官帮一官，吾邑自此无安息之日矣。

凡行公事，须深谋远虑。此事若各绅有意，吾家不必拦阻；若吾家倡议，则万万不可。且官之补缺皆有呆法，何缺出轮何班补，虽抚藩不能稍为变动。澄弟在外多年，岂此等亦未知耶？朱公若不轮到班，则虽帮垫亏空，通邑挽留，而格于成例，亦不可行。若已轮到班，则虽不垫亏空，亦自不能不补此缺。间有特为变通者，督抚专折奏请，亦不敢大违成例。季弟来书，若以朱公之实授与否，全视乎亏空之能垫与否，恐亦不尽然也。曾仪斋若系革职，则不复能穿补子；若系大计休致，则尚可穿。

季弟有志于道义身心之学，余阅其书，不胜欣喜。凡人无不可为圣贤，绝不系乎读书之多寡。吾弟诚有志于此，须熟读《小学》及《五种遗规》二书。此外各书能读固佳，不读亦初无所损。可以为天地之完人，可以为父母之肖子，不必因读书而后有所加于毫末也。匪但四六古诗可以不看，即古文为吾弟所愿学者，而不看亦自无妨。但守《小学》、《遗规》二书，行一句算一句，行十句算十句，贤于记诵词章之学万万矣。季弟又言愿尽孝道，惟亲命是听。此尤足补我之缺憾。我在京十余年，定省有阙，色笑远违，寸心之疚，无刻或释。若诸弟在家能婉愉孝养，视无形，听无声，则余能尽忠，弟能尽孝，岂非一门之祥瑞哉？愿诸弟坚持此志，日日勿忘，则兄之疚可以稍释。幸甚幸甚。书不十一，余俟续具。

兄国藩手草

点评：不可帮钱垫官之亏空

从表面上看，清王朝对官员银钱上的事管得很严，康熙为追查欠款，不惜得罪元老重臣，雍正更是对此铁面无情。朝廷不仅对欠款归还要求甚严，即便是公务上的亏空之款，也要主管官员负责弥补，哪怕该员为此变卖家产，朝廷也不管。曾氏在道光二十三年四月间曾有一封家信谈到，近日朝廷盘查国库，其间有九百二十五万两银子的亏空，历任库官及查库御史因此而全部革职，革职后尚且要分摊赔偿。湖南有三个官员被摊上了。著名书法家何绍基的父亲何凌汉曾做过查库大臣，三年前已过世，其子孙亦不能逃过此劫，需得赔银三千两。

这封家信里说的是湘乡县政府公款的亏空事。湘乡县令朱石樵在士绅中的口碑较好，而对着一万六千两银子的巨额亏空，有乡绅表示愿意采取分派方式为其筹款弥缝。

以曾氏此时湘乡籍第一京官的地位，曾府自然是乡绅之首。若办此事，必得请曾府的老太爷竹亭公或家政的实际主持人四爷出面不可。这是一桩大事，家里写信到北京，与曾氏商量，曾氏以"万不可出力"的话予以断然否定。

依笔者推断，湘乡曾府的几个爷们心里是很想为头来操办此事的。因为这中间大有好处。一则大大地讨好了县令。一县之令乃百姓的父母官，全境都在他的掌管中，与县令结下这等深厚的情谊，今后什么事不好办？二是通过此事的办理，真正奠定湘乡士绅首领的地位。眼下的"乡绅之首"，毕竟只是靠大爷的官位定的，实实在在的首领地位，还要依仗经办实事来确立。曾府在家的四条汉子，年长的三十一岁，最年轻的也有二十三岁了，都在热血躁动的青春期，一个个不安本分，摩拳擦掌跃跃欲试地，都想露一手。办此事，正是满足他们表现欲望的一个极好机会。第三，这分派筹银的事，打交道的是现银现钱，内中的绝大油水是明摆着的，只需略施小计，白花花的银子就会打下曾家的印号。但是，远离此事的大爷则头脑清醒，他以"深谋远虑"来开导诸弟：一、此举将得罪一大片人。二、开了一个极不好的头，以后湘乡的县官们都将援引为例。三、于朱县令未必有实际作用。但大爷的信并未能止住家中诸爷的好名好利之心，容稍后再评。

这封信的末段是曾氏专为其季弟而写的。季弟比大哥小了十八岁，简直有一代人之差。因为此，曾氏在对季弟说话时，语气格外的温和，而季弟对大哥则更是无保留的崇拜，真拿这个长兄当父一样的看待。接到大哥的这封信后，季弟有一封回信。所幸这封回信至今尚保存着。此信之长，为曾氏父子兄弟往来家书之冠，其涉及的家事之琐屑丰富，亦为他人书信之远不及；至于作书者的率直葆真，则更不是他人所可能比的。为方便读者更多地了解曾氏的大家庭，笔者特地将这封信全文抄录，附之于后。

附：曾国葆原信

弟国葆敬呈长兄大人座右：

前日发家信，弟仅潦草数语，以为即日写长信奉上。今日澄兄以办左光八贼事上永丰去，初八日父亲以南漕下忙开征事往县去。澄兄在永丰往县，接书院经管事，其中细微曲折，澄兄必详书以告。父亲大约在县城着人往省，为纪泽定婚约订盟之期。弟辄因此足之便，特书一纸，告知一二。

父大人今年为粮饷费劳甚大，所幸精神强健，虽说话太多，却事事照管得到。其事虽大，而父大人到处用人得当，而又以至诚感人，又无私意，又能谦和，又耐烦，而于事之利害极明，故不为群言所惑，此事之所以底于成也。现在捐项虽未甚齐，据父亲云，亦易为力，此亦其可幸者也。予细思此事，实有莫之为而为者，特假人力以成之也。向使今年湘乡若不办就此事，则安静之日不久；若不是这个好官，谁肯力为整顿；若不是父大人入场，即官亦掣肘；若非父大人一片公心，何能人人悦服？今事已成矣，岂非湘乡长治久安之势乎？而其说更有未书者：向使今年不下豁免之诏，即父大人亦不能办此事；然向非兄在京做官，彼穷乡僻壤，又谁知有豁免之诏乎？弟常对父亲云，今年不特湘乡沾大兄之光，即湖南一省，沾光者尚多多焉。即此一事，可以知天之生兄，良非偶然者矣。父亲大人在家，总之身教极勤极俭，而又无戏言，无独行，处外事则无偏私之意，惟准情酌理，不失之刻，亦不失之宽。观于此，而其处兄弟父子之得当，亦可想而知矣。

母大人身体强健，而于内政处处筹画，亦极勤极俭，又识大义，提头即知尾。近来与父大人并不伤一点和气，于媳妇全无一点偏爱，即有小事，谏无不听。父母二大人如此康强，如此为人之好，此为子者所欢喜无既者也。叔父性本和柔，迩年来渐生一点刚气，幸不轻易发露。间有不得意之事，澄兄即从中和解之，而叔父之气亦化。弟等事叔父，视于父大人更恭敬一点，叔父亦从未尝加以词色，此所以相安也。叔母实在可怜，不轻易说话，不理闲事。起得晚，睡亦晚，虽前次所患诸病已好，到底是孱弱之躯，没有过得快活日子。弟辈叫声她，彼惟应之，弟辈有所问，彼亦惟答之。其余饮食起居如常，近状如斯而已。

澄兄自京归后，阅历行事，大有进境。每遇一事，必再四思维，孰利孰害，辨之甚明，而又顾名思义，不要非义之财，亦无偏私之爱，而又善于圆转成就。其余家事亦然。其为人也，不辞劳，不好华饰，立言有本有末，待人极恭敬，且无半点欺假，此固大有分量者矣。而其人甚豪兴，间有诙谐语。弟以不足为后人训戒之，澄兄亦深以为然。

温兄不中举，心中总郁结不开，日夜思维，惟欲讨小而已。自己不便向父大人说，总欲澄兄向父大人说，又欲葛氏向父大人说。前日他自己向父大人说，父大人并不骂他，要他细思审量，不可轻举妄动，即欲行事，必待明年冬。温兄心中无主，仔细问他，答曰无可无不可。观其形象，又似欲今冬成事者。现在葛氏畏他，不能不顺他，将来若是讨进屋，必不相安，弟已讨得葛氏口风矣。而温兄全不思前顾后，并非为嗣续起见，只欲讨小以消积年之遗。弟窃为温兄虑也，然却不能苦劝他不讨，盖他之意已坚，即劝亦不化，又恐他疑弟等为爱惜银钱起见。且叔父有畏于他，亦不能阻他不讨，且有意为他讨，但欲明春耳。父大人知

曾国葆家书手迹

叔父之意，恐阻之与叔父不和，故特松口，要叔父与温兄自己作主。弟等又何必参末议也。叔父与澄兄商量，澄兄答应帮办钱项。弟与沅兄则在局外观望而已，盖恐将来万一讨得不好，免招怨尤也。弟看大势，今冬不能成事，即欲速成，亦要到明春耳。温兄目下在家，如愚人然，颇安静，将来出门，或仍蹈覆辙，或改弦易辙，弟不得而知也，然甚惜其误用其聪明矣。

沅兄识解颇高，而行事或不尽及，责人甚明，责己或不尽明。惟天性甚厚，于父母之前，每有曲加体贴处。此则弟之所不及者矣。常喜学人声音，多为戏谈。弟间以讲话费精神戒之，比时虽以为然，却不能常常留心戒止。

澄兄嫂性甚躁急，观其气象，似肯听澄兄教训者。近亦深服于弟，而无猜疑之心矣。温兄嫂颇识大体，温兄欲讨小，她只心里着急，外面不敢作声，亦甚可怜。沅兄嫂现有梦熊之喜，而日事茶酒如常。内人自又八月初四回家，较前略大方一点，性情颇和柔，来了三年，尚未与各兄嫂相争，而眼皮子浅则有一点，尽管教她勤俭，却不悉遵行之，大抵弟有自己未尽者欤？其体甚好，现虽未见生育，弟亦不能无过，一则弟有一点暗病，二则色欲过度，将来保精全神，或者可以得生子以副堂上之望乎？

弟自八月归后，纷纷逐逐，至又八月十七，始定功课，写日记簿。功课则不能常遵，日记则愿不间断也。而娶妻三年，未得生子，上无以慰堂上之心，下无以遂妻之愿，此心亦不能常常专注于书。色欲本重，而又常存生子之心，则此情更重矣。以欲竭其精，以耗散其真，所以看书不能十分用心。弟每仔细思之：天之生弟，必非无用，若徒以嗣息为虑，以色欲自娱，则此一生休矣，安能做得一个好人出来？现在总思不敢忝于生，故于嗣息则委之于命，听其自然，不复沾沾虑及矣。至于色欲一事，除之实难，不难于知，而难于行。现在将前人节欲格言，略录数条，俾日夜诵思。此心实知其害，将来必处之淡然。此事既节，则精神愈用愈出矣。此弟所以急急于节欲也。

今年家中事情颇多，父大人与澄兄在家颇少。弟亦不能常常读书，必欲处处调停，方是道理。弟常思人自二十岁以前，必从师专意读书，二十岁以后，书也要读，事也要做，庶不辜负。不然读书万卷，亦何用耶？故弟愿自今以后，凡弟所当做之事，必不可以我之读书功课不可延搁，诿而不为。盖诿而不为，就不是道理。然有暇时，又必亲书册，以充其识，以固其行，却不可以家中有事，而懒读书，以长其浮躁之气也。现在弟写日记，非专记读书功课，但记每日自起至睡为何事，看书之多寡有得否，与人说话有失否，无事时爱惜光阴否，有事时轻举妄动否？虽至男女之私情，有不当理，亦必直书不讳。总之意欲常闲其身，不敢卒于非为，一一著之于册，或者可以养其羞恶之心乎。

《小学》一书，未接兄信，弟已有志用功于此。今兄既如此说，则更不必迟疑矣。《遗规》一书，极为切实，弟此后当守而行之。然弟有一大毛病，不敢不直陈于兄，俾兄知之，或者可以设良法以药之乎？盖记心不好，每看书，节节段段，必须看二遍注解。盖不看二遍，却放心不下，看二遍，则页子必不多。每日或十页，纵多二十页。所看既不多，而贪多之病生，因而厌常喜新之病生焉。如看这一册书，却不思将这一册立即看完，又思那一册，亦所宜急看者，临到看那一册，却又不认真，卒之一无所看。此贪多务广、患得患失之心所致也。又有一大毛病，更不好，每逢看时，不与书餍饫，而且左思右想，甚至不知是看何书，是以看如未看，看完又悔不专心，此时却不能力为禁止莫乱想。弟细思之，总是从前常常念及嗣息，以致生此毛病也。此后当力戒之。

弟又有一嗜好，亦直告之于兄，以待教训。盖因身上有一暗病，思看医书，从前未得门径，不好从何处看起。昨日于友朋谈及，自有简要之法，已觅《内经》一部。此书为医书之祖，无论是黄帝、岐伯所作与否，实在有道理，却与《易经》相表里。弟现止看得十篇，亦有不能解者。然将来必用功于此书，以自为计也。然也不过以余力及之，万不得舍《小学》、《遗规》以及《四书》、《五经》而专事此道，万不得为他人作嫁衣裳，兄可放心。当日此书，不尽为医而设，真读书人不可不看此书，实于保身有大益，故程子教人看此书。但此书注家颇多，惟张隐庵以经注经，极简极明。兄若看此书，必详看张君注，方有大益。其书《灵枢》九卷，《素问》九卷。先看《素问》，后看《灵枢》，方有门路。此皆弟之所闻于友朋者也。

澄兄欲弟明年教甲五读书，一则为省钱计，二则他人教，也无十分尽心者。弟始以自己读书不多，不可教人，再三力辞，而澄兄不允。弟继思之，甲五现在只要解书，弟若详看注释，亦有略解得些者，而甲五听得，亦能略记字义，则于甲五有益；弟欲解书与甲五听，则弟自己不得不详细看明，是弟更有大益。且常听甲五背书，或可以听熟一二经，尤弟所心愿。既为甲五师，则一言一动，更有不敢一毫苟且者。有甲五以闲其身，则弟不能常常归家，家中虽有事，亦不便常常呼弟归去，则每日或可多看几页书，岂不甚幸？澄兄夫妇子女往腰里住，则母大人未必全无儿女情，弟已决志不带内人上去。母大人前已欲弟带上去，澄兄亦欲弟带上去，弟觉得不是道理，故决志不带。使他常跟母大人，一则母大人多一媳妇承欢，二则内人可常观法，三则父大人若出外，母大人有人侍宿，四则内人有母大人照管，弟也可以放心。母大人亦愿带内人，内人亦愿跟母大人。弟则十日内带甲五归，省亲一次，或延搁一日，一则可以流荡血脉，二则舒畅一日，亦是快活。至若弟教甲五读书,必殷勤耐烦,不求速效,只求有常;不求多读文诗,只求书熟,能解字义;不求其佻侻,只求其循谨;不使之以读书为苦,而使之乐于从弟。弟身教之不足,以言教之;言之不足,且长言之。此弟之鄙志,未敢将来自信其能践也,然而愿自勉焉。至于兄弟叔嫂之间,断不至有猜疑之心,遂成嫌隙,兄可放心。

五十侄女已长大成人,女工事事可做矣,凡大人所吩咐者,亦愿听话。六十侄女已学纺棉花。三侄定朱尧阶先生女为室,请弟为媒,大约明年正月,尧师上门订盟。七十侄女脚已细,亦能纺绩。九侄女体颇清,肯呼人。八侄女体颇肥,甚安静。四侄较三侄沉静多多,已定江行九十三舅爷孙女为室,约明日订盟,是温兄说媒。先本是江家请叔父,叔父请温兄也。

兰姊去年与温兄大伤和气,其事是兰姊不是,弟亦不能缕述。温兄性太躁,不善从中调停,遂至两两不是。现在他两人,外面亦不甚亲洽,内里颇恨如仇人。兰姊为人,处处见小,吃不得一点亏。从前自死其四子后,未免着急太过,遂至心中不明,开口怪人,事事怪人。现在想转来了,不甚着急,不多言,不轻易怪人。父亲、澄兄为她打主意,因她自己要作田,遂教她自己作田。现在一心努力作田,甚勤俭,亦颇有一点小算盘,体亦颇好。只在今冬必搬去她所买之吊嘴塘屋住居。其夫呼颇知应,饭颇知吃,总不管事,不简洁。其大子不甚聪明,亦不甚十分愚蠢,兰姊有意送他读书,近边无好先生,又无妙便处。其二子又不肯用心读书,限于不知,亦难怪他也。此弟所以不敢打破,却又不敢怂恿。

蕙姊亦甚勤俭,然待聘今年实在不安分,东借西拨,已欠账数十千,已数月未至我家,尽可弃之,不必理会。弟因父母之所不忍弃,不得已呼他来前,痛为惩责。他幸受过,对弟云,将来必痛改前非,对父大人亦如是云。父大人因他受过,正色告他一层,又肯提起他,将来他所欠账,明年后年即可完清。他今年被讨账者逼得要死,他自己亦云吃了亏。看他似有一点悔心,或者从此以后,变为好人,亦弟等之所欣幸。然弟此时,不能为他画押也,再过几个月,有的信与兄。其二子读书,弟未去查功课,将来能读书成器与否,弟不敢断。观其大势,恐不免为浮躁一路人。

兰、蕙二人今年争水,大伤和气,其所出之言,弟虽未查其详,闻他人言,实有不堪听者。父大人各痛骂一会矣。将来同居,必不安然。弟已与父大人商量,将来必有善为处置之法,兄可放心。她俩人现在外面亦通言,心中我就生怕你好,你就生怕我好,到底是丈夫不贤之过。甚矣,择婿之难也!

楚善八叔,其病甚重。一身遍肿,时时刻刻要遗矢,却又不成矢,面上之肿,几于眼睛不能视,且无血色。现在已在床上睡月余,未在地下坐矣。一切钱项,尽已用空,却总不好。所幸一身无一点痛处,眼睛神光颇好,声音好,心中一切甚明白。口味好,每餐可吃大碗饭,然而欲救出命来,则甚难矣。其二子则不事奉,惟一女已许人未嫁伺候。二伯祖母虽着急,身体尚健。其各侄不过间数日来问一会,观此情形,亦甚可怜。添子坪兄弟不和,弟揣大意,德七爹因其妻有癫病,不理儿女事,欲讨小,又不好遽形之言,又恐各兄弟不肯,故日日寻老兄相角。其兄弟或为爱惜钱财起见,亦不因而成之。其母因其吵事太甚,亦无如他何,将欲请族人分家。丹阁十叔利心甚重,从无思义之意,太不以血性待人,将来必走不起。勤七叔吃人总不留皮,将来亦必无好处。彭莘安先生现未找得馆所,此人甚勤,亦颇俗,教书不甚尽心。他待我家,处处颇恭敬,我家待他亦如之。声一叔明年大约不得在添子坪教书。欧阳牧云已补廪。其余各亲戚家皆如常,弟亦不能缕述也。

纪泽侄配贺耦翁女。贺氏家教甚好,据罗山、霞仙云,此女子必载大福。父大人以兄之信如是,又以女子之好,家教之好,故特力为之玉成,敬贺,敬贺!

兄前信言办左光八事及粮饷事,其于利害之际,见之甚明,思之甚远,佩服之至。又言官填实授,抚、藩亦不能作主,弟实不知。然而官既如此之好,又章程初定,总以久任为妙,尚祈兄助一臂之力为幸。

弟迩来将兄往年家信翻看,见兄于堂上大人实在恭敬,赠族戚之信实在有道理,教诸弟读书实在殷勤,深堪佩服。弟欲兄此后写信,弗用信笺,无论行楷,总以页子写,以便装钉,庶后人知所取则。兄以为可否?

梁绿庄系兄同年,曾托兄请封,兄已应允,尚祈留心办就寄渠为感。此会写信甚长,而未言及银钱用数,盖以澄兄必详书一切,故不赘。此信语虽无伦次,而事颇真,而情颇挚,伏乞详览。即请升安,并请长嫂夫人坤安,侄儿女均吉,恭道纪泽贤侄大喜!

九月初六日申刻写,初七日申刻毕,国藩弟叩上

致诸弟(诰封盖印也得行贿)

咸丰元年闰八月十二日

澄侯、温甫、子植、季洪四位老弟左右:

八月二十日发家信第十号,想已收到。顷闻月初十日折弁来京,计其在省起

行当在前月二十外，乃竟未接到家信。诸弟出闱后不惟不付文章，亦并不抄一题寄一信，何耶？或者已发而折弁未带，未可知也。

近来京寓平安，癣疾又微发。以兼署刑部，较为繁劳。儿女辈皆如常，足慰堂上老人之垂念。惟近来有两件事大不快意。一件国事。系黄河于丰县北岸决口，数十万生灵罹此凶灾。目前抚恤固非易事，将来堵筑，非帑金数百万不可。且漕船尚未回空，水道中梗，恐致贻误。一件家事。诰封已于八月用宝，我家各轴竟尚未用。吾意思急急寄回，以博父母大人、叔父母大人之一欢。乃竟未领得，心焉负疚。去年请封时，系由礼部行文吏部，彼时曾与澄弟谈及。以为六部毕竟声势相通，办事较易。岂知不另托人不另给钱，则书办置之不议不论，遂将第一次用宝之期已误过矣。现在已另托夏阶平妥办，不知今夕尚用宝否？然父亲、叔父顶戴补服皆于服阕后即穿用一品服色，盖此以去年颁诏之日为定，不以接轴之日为定也。

顺天于初十日发榜，湖南中十一人。镜云中而子彦黜，一喜一惋。然子彦九月就婚蔚州，亦是大喜，小挫正无伤也。曹冶山（熔）于闰月初殁于老馆，实为可怜。近来此等事，棺木之费皆我任之，颇觉拮据不给。然使无人任之，又岂可听其客死无归？

耦庚先生之女，其德容言功，诸弟曾打听分明否？茶叶将近吃完，望即觅便再寄。做饼药巴巴之法，此间为之不善。澄弟可问明做法，写信来告知。江氏三家近况亦望详示。兰姊、蕙妹二家不睦，将来不宜在一屋居住。即田地毗连，亦非所宜。予署刑部，大约十月可卸事，现在审办琦善一案，正为吃紧之时。予保养身体，自知慎重。诸弟禀知堂上大人，敬求放心。余俟续布。

兄国藩手草

点评：诰封盖印也得行贿

曾氏身为正二品侍郎，按制度，可以为父母请得从一品大夫、夫人的诰封，还可以将本身的封典貤转给至亲。他惟一健在的叔父无子，以温甫为嗣，因此又比寻常叔父更亲一层，于是这份荣誉便轮到其叔的身上。这本是照章办事的例行公事，何况他本人乃现任的礼部侍郎兼署刑部侍郎，诰封按时盖上玉玺应该是毫无问题的，可以高枕无忧。不料，事情就出在这个疏忽中：别人都盖了印，独独他曾侍郎家的诰封未盖印。他心中不大快意，无奈，只得托人打点，以求年底若再有机会的话不要错过。堂堂的中央吏部，面对着的又是堂堂的侍郎，居然不行贿就连例行公事都不能办。大清王朝的管理体制混乱到了何等地步！大清政府中的官员腐败贪婪到了何等地步！

信中说"现在审办琦善一案",琦善可是中国近代史上的一位名人,我们借此来说说他。

琦善是个满人,世袭一等侯爵,以荫生入仕,早期官做得很顺利,三十岁时便做了河南巡抚。后来因为黄河工程的失误,连降八级。到了道光登基的时候,他又官复原职,过几年升两江总督,不料又因河工倒霉,但很快又复了官。道光十八年,他官拜大学士、直隶总督。琦善成为历史名人是从这时候开始的。

两年后鸦片战争爆发,琦善接替了遭贬的林则徐做两广总督。他一改林则徐的强硬态度,向英国鸦片贩子献媚求和,但并没有平息战火,反而助长了侵略者的嚣张气焰。最后终以私许香港岛事发,被革职抄家。论罪应当大辟,但他因素受道光器重而免去一死,被发还浙江军营效力。过两年又升为叶尔羌帮办大臣,以后又充驻藏大臣,授四川总督,擢协办大学士,再调陕甘总督,兼署青海办事大臣。不久,琦善又遭厄运,他以"妄杀无辜"之罪被革职,押往京师问罪。曾氏信中说的便是这位少年得志而又仕途坎坷的满洲侯爷的第四次走背运。第二年,刑部对琦善作了判决:发往吉林效力赎罪。但不久,他又时来运转,这次是太平军帮了他的忙。详情且容后述。

致诸弟(妻子凶恶,丈夫才能中进士)

咸丰元年九月初五日

澄侯、温甫、子植、季洪四弟足下:

日来京寓大小平安。癣疾又已微发,幸不为害,听之而已。湖南榜发,吾邑竟不中一人。沅弟书中言温弟之文典丽矞皇,亦尔被抑。不知我诸弟中将来科名究竟何如?以祖宗之积累及父亲、叔父之居心立行,则诸弟应可多食厥报。以诸弟之年华正盛,即稍迟一科,亦未遽为过时。特兄自近年以来事务日多,精神日耗,常常望诸弟有继起者,长住京城,为我助一臂之力。且望诸弟分此重任,余亦欲稍稍息肩。乃不得一售,使我中心无倚!

盖植弟今年一病,百事荒废;场中又患眼疾,自难见长。温弟天分本甲于诸弟,惟牢骚太多,性情太懒。前在京华不好看书,又不作文,余心即甚忧之。近闻还家以后,亦复牢骚如常,或数月不搦管为文。吾家之无人继起,诸弟犹可稍宽其责,温弟则实自弃,不得尽诿其咎于命运。吾尝见友朋中牢骚太甚者,其后必多抑塞，如吴檀台、凌荻舟之流，指不胜屈。盖无故而怨天，则天必不许；无故而尤人，则人必不服。感应之理，自然随之。温弟所处，乃读书人中最顺之境，乃动则怨尤满腹，百不如意，实我之所不解。以后务宜力除此病，以吴檀台、凌荻舟为眼前之大戒。凡遇牢骚欲发之时，则反躬自思：吾果有何不足而蓄此不平之气？猛然内省，决然去之。不惟平心谦抑，可以早得科名，亦且养此和气，可以消减病患。万望温弟再三细想，勿以吾言为老生常谈，不值一哂也。

王晓林先生（稙）在江西为钦差，昨有旨命其署江西巡抚。余署刑部，恐须至明年乃能交卸。袁漱六昨又生一女。凡四女，已殇其二。又丧其兄，又丧其弟，又一差不得。甚矣，穷翰林之难当也！黄麓西由江苏引见入京，迥非昔日初中进士时气象，居然有经济才。王衡臣于闰月初九引见，以知县用。后于月底搬寓下洼一庙中，竟于九月初二夜无故遽卒。先夕与同寓文任吾谈至二更，次早饭时，讶其不起，开门视之，则已死矣。死生之理，善人之报，竟不可解。

邑中劝捐弥补亏空之事，余前已有信言之，万不可勉强勒派。我县之亏，亏于官者半，亏于书吏者半，而民则无辜也。向来书吏之中饱，上则吃官，下则吃民。名为包征包解，其实当征之时，则以百姓为鱼肉而吞噬之；当解之时，则以官为雌媒而播弄之。官索钱粮于书吏之手，犹索食于虎狼之口。再四求之，而终不肯吐。所以积成巨亏，并非实欠在民，亦非官之侵蚀入己也。今年父亲大人议定粮饷之事，一破从前包征包解之陋风，实为官民两利，所不利者仅书吏耳。即见制台留朱公，亦造福一邑不小。诸弟皆宜极力助父大人办成此事。惟捐银弥亏则不宜操之太急，须人人愿捐乃可。若稍有勒派，则好义之事反为厉民之举。将来或翻为书吏所借口，必且串通劣绅，仍还包征包解之故智，万不可不预防也。

梁侍御处银二百，月内必送去。凌宅之二百亦已兑去。公车来兑五七十金，为送亲族之用，亦必不可缓。但京寓近极艰窘，此外不可再兑也。邑令既与我家商办公事，自不能不往还，然诸弟苟可得已，即不宜常常入署。陶、李二处，容当为书。本邑亦难保无假名请托者，澄弟宜预告之。书不详尽，余俟续具。

兄国藩手草

> **点评：妻子凶恶，丈夫才能中进士**

近期信件中，曾氏谈到癣疾复发的事。曾氏所患的牛皮癣是个最顽固难治的皮肤病，看起来似乎痊愈了，但一遇到身体状况欠佳或事多心烦的时候，立即复发。这个病后来伴其下半生，始终未能根治。据说，现在也没有彻底治好牛皮癣的良药。莫谓癣疥之疾不足惧，惹上了牛皮癣这种"癣疥"，足可以缠绕一辈子，

曾国华家书手迹。他的"妙论"就写在此信中

也真是讨厌之极。

乡试都在秋天举行，所以又叫秋闱，与春天举行的会试——春闱恰成一个对照。乡试三年一科，遇子、午、卯、酉年举办，称为正科。咸丰元年岁在辛亥，不属此列，为什么有乡试呢？原来，在正科之外，还有恩科，即蒙恩加开一科。恩科多在皇帝过大生、新皇登极以及国家别的重大庆典时举办。咸丰元年的这次恩科，无疑是为咸丰帝登极而增加的。

这一科乡试，湘乡县居然一个也没考中，曾府中的老六老九虽进了贡院，也只是陪考而已。老九因病荒废了功课，大概事先已有心理准备，故能平静对待；老六却自以为文章"典丽矞皇"，寄与极大希望，面对着名落孙山的结局则牢骚满腹。大哥便借此来教导诸弟。

在老大看来，老六的牢骚乃无故而发。家中既不愁吃穿，本人又无他事干扰，目前所处，"乃读书人中最顺之境"，为何而怨天尤人？未中举只能怪自己，不能怪别人。老大端颜正色地告诫诸弟："无故而怨天，则天必不许；无故而尤人，则人必不服。"接下来，以几个熟人为例，说明怨天尤人者其后必多抑塞。又恳切指出，此种心态，亦于养生不利，务必"决然去之"。

曾氏的这个六弟，是个功利欲望极烈、心气极傲的人。此种人自视甚高，所求甚多，故而牢骚也最多。道光二十五年九月，他与老四一同进京，原本是以纳监来求取顺天乡试举人的，结果如意算盘落空。第二年，老四回湘，他留在京师不愿回。再住两年，依旧一事无成，家中以老四病危骗他返籍。他在途中给大哥写信，信上说："留京三年，所得果安在？出门时，父母属望，私心期许，岂如此耶？至鲇鱼坝肉店，必须买一猪肚蒙面，然后可进里门也。"

老四、老九都在京师住过，也都是无功而返，他们都没有想到要用猪肚蒙面进屋，惟独他有这种想法，这只能以"期望愈高失望愈大"来解释。

回家后依然不安分，既嫖娼，又想用钱买通老师将考试名次列前。咸丰元年正月，他给大哥写信，说："盖弟之与兄，学问则一醇而一陋，地位则一贵而一贱，人品则一薰而一莸，虽日置千万字于兄侧，无益于兄，只是增弟之惭辱耳。音问之疏，职是之由。伏惟原宥。"这种自贬自嘲，不仅体现其胸襟之狭窄，也显露出其心性之刻薄。接下来的话更是令人匪夷所思："本朝定鼎带砺之誓，士人必闻威如虎，然后可得甲科。内子柔懦，无威可畏，弟坐是沉沦二十年。今拟增置一妾，秋风桂子，庶其有望乎！"

他读历史，却读出一个必须妻子凶恶丈夫才能中进士的领悟来，真个是让人喷饭。试想想，当年曾氏读信到此，当作何感！依笔者猜测，曾氏联想到老四的信中曾说过老六对他"总不见得佩服"的话，可能认为老六在讥笑他无真本事，中进士点翰林不过是仗着老婆厉害而已。接着他可能会想到老六在指责大嫂不贤。曾国华在京三年，后来又不听大哥的劝说，执意上门去别人家做塾师，或许真的他是对大嫂有所不满。

欧阳夫人十分节俭，过于节俭的人易于吝啬，对于一个年纪轻轻却长期在她家吃白饭的小叔子难免会不高兴。叔嫂不和可能是事实。

但老六也并非只是说说玩玩而已，他是真的要置妾。尽管家中都反对，他仍一意孤行，最后拗不过他，只得给他娶了一个姓欧阳的小妾。

此信又谈了劝捐弥补亏空之事，看来家中人仍想为头办劝捐。曾氏对县衙门亏款原因作了分析："亏于官者半，亏于书吏者半，而民则无辜也。"曾氏此语，揭示了当时腐败官场中的另一个普遍存在的实质性问题。人们通常认为官场黑暗，责任都在主管官员身上。其实，还有一种人也负有同等的责任，此种人即书吏，即衙门中的各级办事人员，用现在的语言来表示，即"实权派"。有时，他们甚至比"当权派"还可怕。这些人既是实际经办者，又人数众多，彼此勾结，要玩起弄虚作假、欺上瞒下的手腕来，可以做到了无痕迹。曾氏对此看得很明白,他的话也一针见血:"向来书吏之中饱,上则吃官,下则吃民。"就是这批人上下联手,把各级衙门弄得乌烟瘴气,暗无天日,不少想有所作为的清官,处在这批人的包围之中,也会无能为力,渐渐地也便听任他们摆布,由清变浊了。

曾氏对当时官场的这种风气了如指掌,故他后来办湘军时,坚决不用这种人,而从乡绅、学子中起用一批有血性有操守的人来经办钱粮军饷。

造成亏空的原因,既然不是百姓不完粮税,而是一半出于官府的挥霍,一半出于书吏的中饱,那百姓凭什么再出一笔钱来为他们弥补?办捐一事,岂不招至百口腾怨!若一旦劝捐变为勒派,则反授书吏以口实,贻患无穷。曾氏再次提醒诸弟:此事不能为。

一百多年后的今日,我们平心而论当时曾家兄弟的分歧,不能不佩服这位大哥的见事之明、处事之公!

致诸弟(因贺女庶出而暂缓亲事)

咸丰元年十月十二日

澄侯、温甫、子植、季洪四弟足下:

九月二十六日发家信第十三号,想已收到。十月初十日,接到家中闰月二十八所发信及九月初二、九月十四所发各件。十二夜又于陈伯符处接到父亲大人闰八月初七所发之信,系交罗罗山手转寄者。陈伯符者,贺耦庚先生之妻舅也。故罗山托其亲带来京。得此家书四件,一切皆详知矣。

纪泽聘贺家姻事,观闰八月父亲及澄弟信,已定于十月订盟;观九月十四澄弟一信,则又改于正月订盟。而此间却有一点挂碍,不得不详告家中者。京师女流之辈,凡儿女定亲,最讲究嫡出庶出之分。内人闻贺家姻事,即托打听是否庶出,余以其无从细询,亦遂置之。昨初十日接家中正月订盟之音,十一日即内人亲至徐家打听,知贺女实系庶出,内人即甚不愿。余比晓以大义,以为嫡出庶出何必区别,且父亲大人业已喜而应允,岂可有他议?内人之意,以为为夫者先有嫌妻庶出之意,则为妻者更有局蹐难安之情,日后曲折情事亦不可不早为虑及。求诸弟宛转禀明父母,尚须斟酌,暂缓订盟为要。陈伯符于十月十日到京,余因内人俗意甚坚,即于十二日夜请贺礼庚、陈伯符二人至寓中,告以实情,求伯符先以书告贺家，将女庚不必遽送，俟再商定。伯符已应允，明日即发书，十月底可到贺家。但兄前有书回家，言亲事求父亲大人作主。今父亲欢喜应允，而我乃以妇女俗见从而扰惑，甚为非礼。惟婚姻百年之事，必先求姑媳夫妇相安，故不能不以此层上渎。即罗山处，亦可将我此信抄送一阅，我初无别见也。夏阶平之女，内人见其容貌端庄，女工极精，甚思对之。又同乡陈奉曾一女，相貌极为富厚福泽，内人亦思对之。若贺家果不成，则此二处必有一成，明春亦可订盟；余注意尤在夏家也。京城及省城订盟，男家必办金簪、金环、玉镯之类，至少亦须花五十金。若父亲大人决意欲与贺家成亲，则此数者亦不可少。家中现无钱可办，须我在京中明年交公车带回。七月间诸弟乡试晋省之便再行订盟，亦不为晚。望澄弟下次信详以告我。

祖父佛会既于十月初办过，则父母叔父母四位大人现已即吉，余恐尚未除服，故昨父亲生日，外未宴客，仅内有女客二席。十一，我四十晋一，则并女客而无之。

朱石樵为官竟如此之好，实可佩服！至于铳沙伤其面尚勇往前进，真不愧为民父母。父亲大人竭力帮助，洵大有造于一邑。诸弟苟可出力，亦必尽心相扶。现在粤西未靖，万一吾楚盗贼有乘间窃发者，得此好官粗定章程，以后吾邑各乡自为团练，虽各县盗贼四起，而吾邑自可安然无恙，如秦之桃花源，岂不安乐？须将此意告邑之正经绅耆，自为守助。

牧云补廪，烦弟为我致意道喜。季弟往凹里教书，不带家眷最好，必须多有人在母亲前，乃为承欢之道。季洪十日一归省，亦尽孝之要也。而来书所云寡欲多男之理，亦未始不寓乎其中。甲五读书，总以背熟经书、常讲史鉴为要（每夜讲一刻足矣）。季弟看书不必求多，亦不必求记，但每日有常，自有进境，万不可厌常喜新，此书未完，忽换彼书耳。

兄国藩手草

点评：因贺女庶出而暂缓亲事

曾氏长子纪泽生于道光十九年（1839），此时虚岁十三岁。他是曾府的长房长孙，按中国封建宗法制度来说是大宗，故无论是北京的父母，还是湘乡的祖父母及诸叔等，都早早地为他的婚姻而操心了。这两年来，京湘两地的家书中常谈及纪泽的婚事。先是，曾氏本人不太愿意跟住在长沙城里的大官贺长龄家结亲，理由是辈分不合。按年龄和资历，贺长龄都是曾氏的长辈，一旦结为亲家，便是同辈了。因曾氏之父很愿意，后来曾氏也同意了。此事已进入商讨日期订立盟约的时候。现在京师这边又变了卦，问题是贺家女不是嫡出而是庶出，即非夫人所生而是妾姨所生。

妾，立女也，界于夫人与婢女之间，虽为丈夫生了儿女，其地位依旧是低的。妾的儿女称之为庶出，因母亲的地位低，她的儿女地位也便低。袁世凯为庶出，他的夫人于氏乃嫡出。在于氏过门不久的一次夫妻口角中，于氏说了一句袁为庶出的话，引起袁的勃然大怒，从此袁不跟于氏同房，以后又一个接一个地讨进小老婆，让于氏守了一世活寡。在袁的河南老家，袁的两个异母兄长，也并不因袁的高官显位而让他坏嫡庶之别。无论袁如何请求，袁的生母在死后也不能得到与丈夫合墓的待遇。袁因此气得断绝与项城老家的联系。

发生在袁世凯本人和他家庭中的这些事，足以说明嫡与庶在封建礼制中的地位差别之大。

但是，也有许多人能跳出这个世俗的陋习，不以是否嫡出来待人，尤其是对于女性，因其职责只在家内而不参与社会活动，故更予以放宽。但这位欧阳夫人却把此事看得很重，得知贺家女为庶出后便不同意这门亲事了。曾氏虑及媳妇未过门，婆婆便先存这种偏见，日后婆媳关系肯定不好相处，便也寄信给诸弟，要家中暂缓订盟。

信中讲他自己并不在意嫡出庶出，还以此对夫人"晓以大义"。不过，在笔者看来，这可能不是曾氏内心的实话。曾氏是个恪遵礼制的拘谨人，他的心中一定是存嫡庶之别的。倘若他的态度十分坚决，想必夫人的话不会起决定乾坤的作用。笔者揣测，曾氏既知大义，又知世俗，故并不断然否定夫人的意见，又加之有"辈分不合"这一层挂碍在内，心里较为倾向于不与贺家结亲，故而郑重推出夫人的话来作理由。一句"余注意尤在夏家"，透露了此中消息。

致诸弟（老父训斥侍郎儿）

咸丰元年十二月二十二日

澄侯、温甫、子植、季洪四位老弟足下：

十二月十一日发家书十六号，中言纪泽儿姻事，求家中即行与贺家订盟，其应办各物，已于书中载明，并悔前此嫌是庶出之咎云云，想已接到。如尚未到，接得此信，即赶紧与贺家订盟可也。

诰封各轴已于今日领到，正月二十六恩诏四轴（曾祖父母、祖母父、父母、叔父母），四月十三恩诏亦四轴，三月初三恩诏一轴（本身妻室），凡九轴。八月初六用宝一次，我家诸轴因未曾托人，是以未办。曾于闰八月写信告知，深愧我办事之疏忽。后虽托夏阶平，犹未放心，又托江苏友人徐宗勉，渠系中书科中书，专办诰敕事宜。今日承徐君亲送来宅，极为妥当，一切写法行款俱极斟酌，比二十六年所领者不啻天渊之别，颇为欣慰。虽比八月用宝者迟五个月，而办法较精，且同年同乡中有八月领到者，或只一次，未能三次同领，或此番尚未用宝者亦颇有之。诸弟为我敬告父母大人、叔父母大人，恭贺大喜也。惟目前无出京之人，恐须明年会试后乃交公车带归。重大之件，不敢轻率。向使八月领到，亦止十二月陈泰阶一处可付（与雨苍同行），此外无便。

余于十八日陈奏民间疾苦一疏，十九日奏银钱并用章程一疏，奉朱批交户部议奏，兹将两折付回。文任吾于十三日搬至我家，庞省三于二十四日放学。寓中一切如常，内外大小平安。今年腊底颇窘，须借二百金乃可过年，不然，恐被留住也。袁漱六亦被年留住。刘佩泉断弦，其苦不可名状，儿女大小五六人无人看视。黎越翁尚未到京，闻明年二月始能到，未带家眷。涂心畬已到京，尚未来见我。公车中惟龙皞臣及澧州馆到二人而已。粤西事用银已及千万两而尚无确耗，户部日见支绌，内库亦仅余六百万。时事多艰，无策以补救万一，实为可愧！明年拟告归，以避尸位素餐之咎，诸弟为我先告堂上可也。余不一一。

国藩手草

点评：老父训斥侍郎儿

前后不过两个月的时间，曾氏在与贺家联姻一事上便出现了一百八十度的大转弯。其间的关键原因是老爷子的一封信。

老爷子对儿子的出尔反尔极为恼火，在接到儿子的信后立即去长信一封，以从未有过的峻厉言辞，将朝廷这位侍郎大人训斥了一通。我们且来看这位乡村塾师是如何说的：

"娶媳求淑女，佳儿佳妇，父母之心，所以儿女择配，父母主之，祖父母不敢与闻。尔曾寄信要予在乡为纪泽求淑女，予未应允，不敢专其事也。耦庚先生之女，系罗山作媒，尔从前寄信回，言一定对贺氏女……今尔又言是庶出，异日其姑必嫌之，纪泽亦必嫌之，尔不能禁止。此尔饰非之词也。尔幼年，作媒者不下十余人，尔不愿对，皆祖父大人所不愿者。尔岳父沧溟先生以其女来对，祖父大人欣然，尔母不喜：一则嫌其年小，一则嫌其体小，厚奁之说，更不必言。予承祖父之欢，毅然对之。冢妇在家六年，朝夕随尔母而无介蒂之嫌者，予型于之化，尚可以自问。

"若纪泽来京，年只一岁，予送之四千里之遥，一路平安，谁之力也？予为之定一淑女，岂可以庶出为嫌乎？昔卫青无外家，其母更不能上比于庶。卫青为名将，良家淑女，岂不肯与为婿乎？目前陶文毅公与胡云阁先生结姻，陶女庶出也，胡润滋为太守，初不闻嫌其妇。润滋官声甚好，官阶不可限量，异日其妇以夫荣，诰授夫人，庶出之女，又何如尊贵也。尔宜以此告知尔妇尔子。夫者，扶也，扶人伦也。尔妇宜听尔教训，明大义，勿入纤巧一流。至父为子纲，纪泽尤当细细告之，勿长骄矜之气习。

"我家世泽本好，尔宜谨慎守之。况尔前信内念及耦耕先生，始与婚姻，人人咸知，今又以庶出不对其女，更有何人来对？贺氏固难为情，即尔此心何以对耦耕先生于地下？尔寄信于予，要对此女为媳，予又为之细察，始择期订盟，今忽然不对，尔又何以对予于堂上……予以尔列卿位，国家大事得与闻者，独贵明断，况为男儿定婚，尔宜自主之，予亦不必多出议论也。此嘱。"

别看老爷子平时温温和和的，真要发起火来，也确乎有些威棱。这封信可谓义正辞严，将贵为列卿的儿子问得无话可对。这事的每一条上，曾氏都站不住脚，而最让曾氏感到惶恐的，是他将很有可能因此而失信于天下。曾氏一向以"诚信"自励，若因此而失去了社会的相信，那所失将太大。曾氏明白了此中的利害关系后，欣然接受老父的教训，承认错误，并以赶紧订盟的实际行动来弥补过失。

公允地说，曾氏以庶出为由毁约，此举的确不明智。本来，即便在当时，嫡庶之别也只重在男性，而对女性则采取较为宽松的态度。曾氏娶的是媳妇，而不是嫁女，媳妇的贤惠不贤惠、漂亮不漂亮，才是所考虑的重要方面，至于是嫡出还是庶出，并不重要。京师的这种风俗，应是腐陋的。曾氏在此事上听从妇人之见，正好说明他是一个普通人，并非圣贤。

老爷子的信讲的是大义，还有一些实际利益，他大概不便在信上明说。若从对湘乡老家的实益来看，与省城贺家联姻显然要大大强过与京师夏家或陈家的联姻。

贺家是长沙大族名宦，掌门人贺长龄虽已去世，但他为官几十年，位居督抚，门生故吏遍天下。他在江苏布政使任上聘请魏源所编的《皇朝经世文编》，一直在士林中享有盛誉。其弟贺熙龄、贺修龄仍健在，在官、绅两界都有很大的影响。

曾氏的几个弟弟功名都不顺利，这种不顺就意味着今后要跳出湖南是非常困难的。要在湖南讨生活，必须在湖南这块土地上建筑广泛而厚实的基础。曾家在湖南，其实是没有根基的。曾氏自己说，"五六百年间，曾家无与科目功名之列"，也就是说，曾家世世代代没有人做官，缺乏有力的社会奥援。即便在曾氏兄弟姊妹这一代，无论是娶进来的媳妇的娘家，还是嫁出去的闺女的婆家，没有一家是有头有脸的大家显族，全都是平民百姓。现在好不容易出了一个朝廷大员，具备攀结阔亲家的条件，而长沙城里的贺府正是因为此才愿意将千金下嫁湘乡白杨坪的乡民。千盼万盼才盼到省城里将有一个大宅门可作为依傍，拒绝日后将会给老家带来诸多实际好处的这门亲事，该是多么的"自私"而不顾及整个家族的错误决策？

曾氏在这封信中再次流露出回家之念，并决定"明年拟告归"。若说先前数次的想回家，主要出于思亲情切的话，这次却明说是因为国事的缘故。

曾氏自从道光二十九年升授礼部侍郎以来，三四年间，曾先后兼任过刑部、兵部、吏部、工部侍郎。朝廷六部，他做过五个部的堂官，对大清王朝这座"外面的架子虽未甚倒，内囊却也尽上来了"的百年贾府的种种弊端，自然比旁人知道得更多更深。广西太平军发难一事对朝廷的震撼之大，以及朝廷应对此事的力量之弱，曾氏也自然比旁人知道得更多更深。他在家信中只略略提到财政枯绌一项，至于比财政更为重要的政治、军事方面的严峻局面，他还没有说到。当然，他心里是清楚的，只是不便说罢了。他明白，无论是他近日所上的陈奏民间疾苦疏、银钱并用疏，还是这以前所上的其他几道奏疏，都不会起什么实际作用，国势的颓坏是无力逆转的。他可能已经隐隐看到了不久就要来临的惨痛剧变，与其说是回籍省亲，不如说是取历代有识之士的传统做法：远离政治漩涡中心，以求全身避祸。

如同道光二十七年那样，曾氏告归的想法，遭到家中的一致反对。父亲急忙去信阻止："尔年四十一岁，正是做官之时，为朝廷出力以尽己职，以答皇恩，扬名显亲，即不啻日侍吾夫妇之侧，何必更念南旋，孜孜焉以欲省亲也？"二十多天后再次去信重申这一观点。诸弟的家信中也明确表示不同意大哥之举。

老百姓看当官的，只看到其风光的一面，至于其内心的种种忧虑与分裂，一般是不会去想的。

湘军初建（1852—1858）

步履维艰

——唐浩明点评曾国藩家书

大抵世之乱也，必先由于是非不明、白黑不分。

仕宦之家，不蓄积银钱，使子弟自觉一无可恃，一日不勤，则将有饥寒之患，则子弟渐渐勤劳，知谋所以自立矣。

乱极时站得定，才是有用之学。

凡人作一事，便须全副精神注在此一事，首尾不懈，不可见异思迁，做这样想那样，坐这山望那山。人而无恒，终身一无所成。

谕纪泽（遭遇母丧）

咸丰二年（1852）七月二十五夜

字谕纪泽儿：

七月二十五日丑正二刻，余行抵安徽太湖县之小池驿，惨闻吾母大故。余德不修，无实学而有虚名，自知当有祸变，惧之久矣。不谓天不陨灭我身，而反灾及我母。回思吾平日隐慝大罪不可胜数，一闻此信，真无地自容矣。小池驿去大江之滨尚有二百里，此两日内雇一小轿，仍走旱路，至湖北黄梅县临江之处即行雇船。计由黄梅至武昌不过六七百里，由武昌至长沙不过千里，大约八月中秋后可望到家。一出家辄十四年，吾母音容不可再见，痛极痛极！不孝之罪，岂有稍减之处！兹念京寓眷口尚多，还家甚难。特寄信到京，料理一切，开列于后：

一、我出京时将一切家事面托毛寄云年伯，均蒙慨允。此时遭此大变，尔往叩求寄云年伯筹划一切，必能俯允。现在京寓并无银钱，分毫无出，不得不开吊收赗仪，以作家眷回南之路费。开吊所得，大抵不过三百金。路费以人口太多之故，计须四五百金。其不足者，可求寄云年伯张罗。此外同乡如黎樾乔、黄恕皆老伯，同年如王静庵、袁午桥年伯，平日皆有肝胆，待我甚厚，或可求其凑办旅费。受人恩情，当为将来报答之地，不可多求人也。袁漱六姻伯处，只可求其出力帮办一切，不可令其张罗银钱，渠甚苦也。

二、京寓所欠之账，惟西顺兴最多，此外如杨临川、王静安、李玉泉、王吉云、陈仲鸾诸兄皆多年未偿。可求寄云年伯及黎、黄、王、袁诸君内择其

曾纪泽（1839—1890）

尤相熟者，前往为我展缓，我再有信致各处。外间若有奠金来者，我当概存寄云、午桥两处。有一两即以一两还债，有一钱即以一钱还债。若并无分文，只得待我起复后再还。

三、家眷出京，行路最不易。樊城旱路既难，水路尤险，此外更无好路，不如仍走王家营为妥，只有十八日旱路。到清江（即王家营也）时有郭雨三亲家在彼，到池州江边有陈岱云亲家及树堂在彼，到汉口时，吾当托人照料。江路虽险，沿途有人照顾，或略好些。闻扬州有红船最稳，虽略贵亦可雇。尔母最怕坐车，或雇一驮轿亦可（又闻驴子驮轿比骡子较好）。然驮轿最不好坐，尔母可先试之。如不能坐，则仍坐三套大车为妥（于驮轿大车之外另雇一空轿车备用，不可装行李）。

四、开吊散讣不可太滥，除同年同乡门生外，惟门簿上有来往者散之，此外不可散一分。其单请庞省三先生定。此系无途费，不得已而为之，不可滥也；即不滥，我已愧恨极矣！

五、外间亲友，不能不讣告寄信，然尤不可滥。大约不过二三十封，我到武昌时当寄一单来，并寄信稿，此刻不可遽发信。

六、铺店账目宜一一清楚，今年端节已全楚矣。此外只有松竹斋新账，可请省三先生往清，只可少给他，不可欠他的出京。又有天元德皮货店，请寄云年伯往清。其新猞猁狲皮褂即退还他，若已做成，即并缎面送赠寄云可也。万一无钱，皮局账亦暂展限，但累寄云年伯多矣。

七、西顺兴账，自丁未年夏起至辛亥年夏止皆有折子，可将折子找出，请一明白人细算一遍（如省三先生、湘宾先生及子彦皆可）。究竟用他多少钱，专算本钱，不必兼算利钱。待本钱还清，然后再还利钱。我到武昌时，当写一信与萧沛之三兄。待我信到后，然后请寄云年伯去讲明可也。总须将本钱、利钱划为两段，乃不至辘轳不清。六月所借之捐贡银壹百二十余金，须设法还他，乃足以服人。此事须与寄云年伯熟计（其折子即交与毛，另誊一个带回）。

八、高松年有银百五十金，我经手借与曹西垣，每月利息京钱十千（立有折子）。今我家出京，高之利钱已无着落。渠系苦人，我当写信与西垣，嘱其赶紧寄京。目前求黎樾乔老伯代西垣清几个月利钱，至恳至恳。并请高与黎见面一次。

九、木器等类，我出京时已面许全交与寄云，兹即一一交去，不可分散于人。虽炕垫炕枕及我坐蓝缎垫之类、玻璃灯及镜屏之类，亦一概交寄云年伯。盖器本少，分则更少矣。送渠一人，犹成人情耳，锡器、磁器亦交与他。锡器带一木箱回家亦可。其九碗合大圆席者不必带。

十、书籍我出京时一一点明，与尔舅父看过。其要紧者皆可带回；《读礼通考》四套不在要紧之列，此时亦须带回。此外我所不要带之书，惟《皇清经解》六十函算一大部，我出京时已与尔舅说明，即赠送与寄云年伯（我带两函出京，将来仍寄京）。又《会典》五十函算一大部，可借与寄云用。自此二部外，并无大部，亦无好板。可买打磨厂油箱，一一请书店伙计装好，上贯铁钉封皮，交寄云转寄存一庙内，每月出赁钱可也。边袖石借《通典》一函，田敬堂借地图八幅，吴南屏借梅伯言诗册，俱往取出带回。

十一、大厅书架之后有油木箱三个，内皆法帖之类。其已裱好者可全带回，其未裱者带回亦可送人。家信及外来信，粘在本子上者皆宜带回。地舆图三付（并田敬堂借一分则四分矣），皆宜带回，又有十八省散图亦带回。字画、对联之类，择好者带回；上下木轴均撤去，以便卷成一捆。其不好者太宽者不必带，如《画象赞》、《玄秘塔》之类。做一宽箱封锁，与书籍同寄一庙内。凡收拾书籍、字画之类，均请省三先生及子彦帮办，而牧云一一过目。其不带者，均用箱寄庙，带一点单回。

十二、我本思在江西归家，凡本家亲友皆以银钱赠送，今既毫无可赠矣。尔母归来，须略备接仪，但须轻巧不累赘者，如毡帽、挽袖之类，亦不可多费钱。捞沙膏、眼药之属亦宜带些，高丽参带半斤。

十三、纪泽宜做棉袍褂一付、靴帽各一，以便向祖父前叩头承欢。

十四、王雁汀先生寄书，有一单，我已点与子彦看。记得乾隆二集系王世兄取去，五集系王太史（敦敏）向刘世兄借去，余刘世兄取去者有一片。此外皆在架上，可送还他。

十五、苗仙鹿寄卖之书：《声订》、《声读表》共一种、《毛诗韵订》一种、《建首字读本》，想到江西销售几部。今既不能，可将书架顶上三种各四十余部还他，交黎樾乔老伯转交。

十六、送家眷出京，求牧云总其事。如牧云已中举，亦求于复试后。九月二十外起行，由王家营水路至汉口，或不还家，仍由汉口至京会试可也。下人中必须罗福、盛贵，若沈祥能来更好，否则李长子亦可。大约男仆须四人，女仆须三人。九月二十前后必须起程，不可再迟。一定由王家营走，我当写信托沿途亲友照料。

十七、水陆途费约计三百余金，买东西捆装行李之物及略备接仪约须数十金，男女仆婢支用安家约须数十金（罗福、盛贵、鲁厨子多给几许钱亦可），共须五百金也。开吊之所入不足,则求毛年伯及诸位老伯张罗,总以早出京到家为妥。其京中各账,我再写信去料理。

以上十七条细心看明照办,并请袁姻伯、庞先生、毛寄云年伯、黎樾乔老伯、黄恕皆老伯、王静庵年伯、袁午桥年伯同看,不可送出外去看。

点评:遭遇母丧

咸丰二年,本应是曾氏一个幸运而喜悦的年份,却不料风云难测,大喜变成了大悲!

当年岁次壬子,属乡试正科之年,曾氏被钦点为正主考,而且放的是江西省。清朝回避制度严格,官员决不能在本省任职,乡试考官也决不能主持本省的考试。湘赣相邻,从南昌回湘乡,不过十天左右的路程,这对于离家已达十四年、时时巴望省亲的曾府大爷来说,无异是天遂人愿!他得知放江西主考后即刻上一道奏折,请求乡试完毕就近回湖南老家看望父母,皇上恩准他一个月的假期,于是他高高兴兴地南下。江西的人口虽不及四川,但从两宋以来,人文发达,人才辈出。唐宋八大家,其中王安石、欧阳修、曾巩三大家便出自江西,曾氏所喜爱的诗人陶潜、黄庭坚也是江西人。这种文风熏陶下的两赣大地必定子弟清秀、文章俊美。此番乡试,将会选拔一批前途无量的门生,又可以得到一笔不菲程仪。家里还欠着数百两银子哩,正好用它来偿还宿债!

就这样,曾氏一路喜孜孜地走到安徽太湖县小池驿,在这里遇到了从湘乡老家赶来报丧的乡邻,将他母亲已于六月十二日病逝的消息告诉了他。这可真是大晴天一声炸雷,把他的所有美好设想都给炸掉了。他的母亲才六十八岁,祖母去世时年已八十,祖父也活了七十六岁才去世。对于母亲的死,他是没有心理准备的。令他更为痛苦的是,母亲去世的这一天,正是他出京的那一天,这一个多月来他天天想着要再见的母亲,其实早已天人永隔了。

就在闻讣的这一天夜里,曾氏以极其悲痛的心情给儿子纪泽写了第一封家信。

虽然这两年纪泽在热火朝天地张罗娶媳妇的事,但其实他还不满十三周岁,论虚岁,也不过十四岁。从现在的眼光来看,十三四岁的孩子尚不懂事,这样重要的信应该写给夫人才是,但一百多年前的情形不是这样的。京师里的曾府,在老爷外出的时候,名义上的主人是大公子纪泽,何况这位大公子已读完"五经",又对了亲,应该与闻家中大事了。

曾氏写信给儿子,除了给家中的少主人以礼仪上的承认外,也包含着借此锻炼儿子办事能力的一层内容。

按照礼制，父母去世，现任官员要离职回籍守丧三年（实际上只有二十七个月），守丧期满再候朝廷安排，其妻子儿女也都应回籍。因此对于京师曾家来说，接下来的便是全家作四千里的长途大迁徙，故而要办的事很多。曾氏一口气罗列了十七条，隔两天，又补充三条，共二十条。曾氏在心情极度忧伤烦乱的情况下能够从容思索考虑周到，这一则出于天赋，天赋其虑事周密、临危不乱的性格。我们常能在自己的周围看到这样的人：他们在平时也聪明能干，说话有条理，办事有章法，但遇到重大场合或是遭到突然变故，则方寸紊乱，举止失措。这种现象的出现，多半源于天生的心理素质不坚强。这种人可以做承平时代的人才，却不能做乱世头领，更不能充当军营将官。二则出于多年堂官的磨炼。六部不比翰林院、詹事府等闲冷衙门，而是办实事的机构，身为侍郎，更负处理繁杂事务的重任。三四年间的打磨，也练就了他驾繁驭乱的实际能力。他这样一条一条地写出来，既是交代儿子去一一办理，又是让儿子增加一份阅历。

让我们来细细梳理下，看这份办事单将会给少主人增加哪些见识。

曾氏所罗列的二十条，大致可分为四类，即：

一、收赙仪，二、清理账目债务，三、仆人及物资处置，四、归途安排。

道光二十九年曾氏祖父去世时，曾氏在京师寓所里开吊祭奠，发了五百多份讣帖，帖子上写着"谨遵遗命，赙仪概不敢领"两句话，表示只为报丧而已，并非借机收钱，但这次却希望能以此收到一笔银钱。这原因是举家南迁，耗用庞大，不得不出此下策。曾氏估计大约可收赙仪三百两银子。前些年陈岱云家办丧事，曾氏送银三十两。陈与曾是同年好友又系亲家，曾氏自称三十两为重礼。同年，他的一位族叔去世，曾氏送的奠仪为"大钱八千"。按当时的银钱兑换率，八千钱约合六两银子，六两银子可买六担谷，即两口人的一年口粮，可见这份奠银也不轻。若以五百份讣告计算，能送三十两银子的人不过三四人而已，大部分人可能只送挽联、祭幛之类而不送现金。于此可考证当时京师的丧事风俗。曾氏所需途费很多，故三百两银子不够开销。倘若不计这笔费用，三百两银子恰为曾氏一年的薪俸，也不能算少。

曾氏告诉儿子，不足部分可找几位平素关系密切又有肝胆的长辈请求凑集。这种接受人家所施恩德的事，一定要牢牢记住，将来要报答，故不可多求人。对于那些虽为至戚但自家窘迫的人，则不可提银钱的事，只可求其出力。至于讣帖的发散，要注意切不可滥。我们从曾氏的信中可以看出，当时京官朋友重在"同年、同乡、门生"三类，其他则相关者不多。尤可注意的是两天后补充信中最后一段里的这样几句话:"六部九卿汉堂官皆甚熟,全散讣亦可。满堂官必须有来往者。同官非年谊乡谊不发。"此中透露了这样几个信息:一、六部九卿中的高级官员之间大多互有往来;二、满汉官员之间有较大的隔阂;三、同在一个衙门供职的官员,也只有同年同乡间关系较为亲密。

离家时间较久,所有账目债务"宜一一清楚",尤其对于银钱拮据的人,要体谅别人的难处,不让他有"人走茶凉"的感觉。借公家和私人的东西,都要还清。答应了别人的事因故不能办了,也要有个交代。送人的东西不要分散,因为少,分散了则更少,不如送一家,还可以作为一项人情。家中的男仆女婢都要妥善安置,对于出力大者宜多打发点钱。所有这些,对于少不更事的纪泽而言,都是知识与学问。经历了这一番锻炼,自然于处事做人上有一个大的长进。

谕纪泽（再嘱应办事宜）

咸丰二年八月初八日

字谕纪泽儿:

吾于七月二十五日在太湖县途次痛闻吾母大故,是日仍雇小轿行六十里。是夜未睡,写京中家信料理一切,命尔等眷口于开吊后赶紧出京。二十六夜发信,交湖北抚台寄京。二十七发信,交江西抚台寄京。两信是一样说话,而江西信更详。恐到得迟,故由两处发耳。惟仓卒哀痛之中有未尽想到者,兹又想出数条,开示于后:

一、他人欠我账目,算来亦将近千金。惟同年鄢勖斋（敏学）,当时听其肤受之愬而借与百金,其实此人并不足惜（寄云兄深知此事）。今渠已参官,不复论已。此外凡有借我钱者,皆光景甚窘之人。此时我虽窘迫,亦不必向人索取。如袁亲家、黎樾翁、汤世兄、周荇农、邹云阶,此时皆甚不宽裕。至留京公车,如复生同年、吴镜云、李子彦、刘裕轩、曾爱堂诸人,尤为清苦异常,皆万不可向其索取,即送来亦可退还。盖我欠人之账,既不能还清出京,人欠我之账而欲其还,是不恕也。从前黎樾翁出京时亦极窘,而不肯索穷友之债,是可为法。至于胡光伯之八十两、刘仙石之二百千钱,渠差旋时自必还交袁亲家处,此时亦不必告知渠家也。外间有借我者,亦极窘,我亦不写信去问他。

二、我于二十八、二十九在九江耽搁两日,雇船及办青衣等事,三十早即开船。二十九日江西省城公送来奠分银壹千两，余以三百两寄京还债，以西顺兴今年之代捐贡银及寄云兄代买皮货银之类皆极紧急。其银交湖北主考带进京。想到京时家眷已出京矣，即交寄云兄择其急者而还之。下剩七百金，以二百余金在省城还账（即左景乔之百金及凌、王、曹、曾四家之奠金），带四百余金至家办葬事。

三、驮轿要雇即须二乘，尔母带纪鸿坐一乘，乳妈带六小姐、五小姐坐一乘。若止一乘，则道上与众车不同队，极孤冷也。此外雇空太平车一乘，备尔母道上换用。又雇空轿车一乘，备尔与诸妹弱小者坐。其余概用三套头大车。我之主见，大略如此。若不妥当，仍请袁姻伯及毛、黎各老伯斟酌，不必以我言为定准。

四、李子彦无论中否皆须出京，可请其与我家眷同行几天。行至雄县，渠分路至保定去，亦不甚绕也。到清江浦写船，可请郭雨三姻伯雇，或雇湖广划子二只亦可。或至扬州换雇红船，或雇湘乡钓钩子亦可。沿途须发家信。至清江浦托郭姻伯寄信，至扬州托刘星房老伯寄信，至池州托陈姻伯，至九江亦可求九江知府寄，至湖北托常太姻伯寄，以慰家中悬望。信面写法另附一条。

五、小儿女等须多做几件棉衣，道上十月固冷，船上尤寒也。

六、我托夏阶平老伯请各家诰封：一梁献廷、一邓廷楠、一刘继振三教官。我另有信与阶平兄，尔须送银十二两至夏家去。至家中请封之事，暂不交银，俟后再寄可也。

七、御书诗匾及戴醇士、刘芗云所写匾，俱可请裱匠启下，卷起带回。王孝凤借去天图，其底本系郭筠仙送我的，暂存孝凤处，将来请交筠仙。

八、我船一路阻风，行十一日，尚止走得三百余里，极为焦灼。幸冯树堂由池州回家，来至船上与我作伴，可一同到省，堪慰孤寂，京中可以放心。

九、江西送奠仪千金，外有门包百金。丁贵、孙福等七人已分去六十金，尚存四十金。将来罗福、盛贵、沈祥等到家，每人可分八九两。渠等在京要支钱，亦可支与他。渠等皆极苦也。

十、松竹斋军机信封五寸长者、六寸长者、七寸长者三等，各为我买百封并签子。

十一、我写信十余封至京，各处有回我信者，先交折差寄回。

十二、我在九江时，知府陈景曾、知县李福（甲午同年）皆待我极好。家眷过九江时，我已托他照应，但讨快不讨关（讨关免关钱也，讨快但求快快放行，不免关税也）。尔等过时，渠若照应，但可讨快，不可代船户讨免关。

十三、船上最怕盗贼。我在九江时，德化县派一差人护送，每夜安船后，差人唤塘兵打更，究竟好些。家眷过池州时，可求陈姻伯饬县派一差人护送。沿途写一溜信（上县传知下县，谓之溜信），一径护送到湖南，或略好些。若陈姻伯因系亲戚避嫌不肯，则仍至九江求德化县派差护送。每过一县换一差，不过赏大钱贰百文。

十四、各处发讣信，现在病不知日，没不知时，不能写信稿，只好到家后再说。（八月初八日蕲水舟中书）

沿途寄家信封面写式：

内家信，敬求加封妥寄至湖北巡抚部院常署内转，求速递至湘乡县前任礼部右堂曾宅开拆为感。某月某日自某处发。（家眷不出京，此式不用了。此后写信，但交顺天府马递至湖北抚署转交我手便是。十二夜批。）

（此信写后，余于十二日至湖北省城晤常世兄，备闻湖南消息，此后家眷不出京，我另写一信，此信全用不着了。十二夜批。）

余于初八日在舟中写就家信，十一早始到黄州。因阻风太久，遂雇一小轿起旱。十二日未刻到湖北省城。晤常南陔先生之世兄，始知湖南消息。长沙被围危急，道路梗阻，行旅不通，不胜悲痛焦灼之至。现余在武昌小住，家眷此时万不可出京，且待明年春间再说。开吊之后，另搬一小房子住，余陆续设法寄银进京用。匆匆草此，俟一二日内续寄。

涤生字（十二日夜在武昌城内）

点评：再嘱应办事宜

十天后，曾氏在湖北蕲水船上，又想起了一些赶紧应办的事。再过几天，他上岸进了武昌城，因时局有了变化，原来的某些想法不得不改变，于是又有了这封发自湖北武昌的家信。

正在曾氏为银钱一事而焦虑的时候，一笔意外的大收入让他大大地舒了一口气。本来，曾氏将江西的乡试主持完毕，他可以得到包括程仪和谢师银在内的大约二千两银子的进款，这对于一直处在扯东补西过日子的礼部侍郎来说，是巴望已久的事。但因为母亲的去世，主考做不成了，这二千两银子也就得不到了。不料，走到江西九江的时候，遇到了及时雨：省城公送来奠分银一千两。可以想见曾氏当时接到这笔银子时，心里是如何充满感激之情的。由"公送"二字可知，这笔钱很可能出自于江西省筹办壬子科乡试的公款。这自然是笔额外的开支，因为曾氏的正主考的缺得另有人来补,此人该得的钱还得给他,但从一个省的闱款中挤出一千两来,还是有办法的。显然,这是官场中惯有的慷慨——借百姓的血汗钱来结私人的情——的一种表现方式,只是此次实属雪中送炭,比起别的一些官场交易来,似乎略可原谅几分。

在信中所交代的十余件事里,我们除再次看到曾氏虑事的细密周到的个性和对妻儿的关爱深情外,还可以感受到他的怜贫恤苦的品性。他首先嘱咐儿子的是,尽管家中此刻亟需钱用,但对那些借钱的朋友万不可索取,因为他们都是光景甚窘之人。至于那些留京候下科会试的欠钱举人们,更是清苦异常,他们即便送钱来也要退还。他对儿子说,既然自己不能还清别人的债务,反过来又逼穷友还债,这种做法是不恕。

此处所传达的,不仅是曾氏在叫儿子办事,更是在向儿子传授做人的准则。儒家学说的核心,一为忠,一为恕,即曾子所说"夫子之道,忠恕而已"。朱熹解释为:尽己之为忠,推己之谓恕。在孔子看来,忠恕是达到仁的最重要的途径。曾氏抓住这个机会,以自己处理债务的做法为例子,告诉儿子什么是"己所不欲,勿施于人"的恕道。

世上许许多多的家长在教育儿女的时候,也是可以说出成套大道理的,但在处理与个人利害攸关的事情时,却又不能以大道理来约束自己。这样的家教显然缺乏力量。常言道身教重于言教。既以己身行为为实例,又从中抉出普遍的大道理来,将会使儿女感受更深,获益更大。这或许是曾氏家教能取得成功的一个重要原因。

曾氏原来叫家眷在开吊后尽早出京,到了武昌见到常南陔的儿子,方知湖南已处于兵凶战危之地,于是改变了主意,叫"家眷此时万不可出京,且待明年春间再说"。

常南陔是谁?他原来就是湖北省的最高行政长官巡抚大人,名大淳号南陔,湖南衡阳人。因为同是湖南老乡,故曾氏路过武昌时就住在他的节署里。不料四个月后,太平军攻克武昌,这位常抚台便投井自杀了。

湖南这时的情形究竟如何呢?

太平军在道光三十年十二月初十于广西桂平县金田村宣布起义。两个月后,太平军首领洪秀全自封天王,定国号为太平天国。再过半年,太平军打下永安,洪秀全在此正式建立国家政权,封杨秀清为东王,萧朝贵为西王,冯云山为南王,韦昌辉为北王,石达开为翼王,又制定了一套较为严格的组织制度。太平军得到广西民众的拥护,很快壮大起来,广西的政府军队不是它的对手,朝廷派下的钦差大臣也无济于事。虽在攻打全州时,遇到挫折(南王冯云山死于此役），但还是顺利地冲出广西，进入湖南，一路势如破竹般地打下道州、永明、江华、郴州，咸丰二年七月二十八日兵临省垣长沙城下，司令部驻扎在南门外妙高峰上。太平军与守城清军在南门一带多次展开激烈的战斗，西王萧朝贵便在此中炮，不久伤重而亡。洪秀全亲督部队奋力猛攻，然围城八十余天，终不能下长沙。太平军从广西打到湖南，一路顺利，节节得手，却没有想到长沙城如此顽固，于是放弃长沙，沿湘江北上，果然又恢复了势如破竹的局面，相继拿下岳州、武昌、九江、安庆，于咸丰三年二月进入南京城。于是改南京为天京，将太平天国的首都定于此。当然，这是后话了。曾氏来到武昌的时候，正当太平军围攻长沙城之际，湖南全省到处布满了太平军，往日宁静的三湘四水，眼下正是一片刀枪厮杀的战场。

手无缚鸡之力的曾氏，面对着凶危的旅途，不免胆怯起来。他决定在武昌小住一个时期，暂时避一避。

谕纪泽（孝道平衡了"三从四德"）

咸丰二年九月十八日

字谕纪泽儿：

予自在太湖县闻讣后，于二十六日书家信一号，托陈岱云交安徽提塘寄京；二十七日写二号家信，托常南陔交湖北提塘寄京；二十八日发三号，交丁松亭转交江西提塘寄京。此三次信皆命家眷赶紧出京之说也。八月十三日在湖北发家信第四号，十四日发第五号，二十六日到家后发家信第六号。此三次信皆言长沙被围，家眷不必出京之说也。不知皆已收到否？

余于二十三日到家，家中一切皆清吉，父亲大人及叔父母以下皆平安。余癣疾自到家后日见痊愈。地方团练，我曾家人人皆习武艺，外姓亦多善打者，土匪决可无虞。粤匪之氛虽恶，我境僻处万山之中，不当孔道，亦断不受其蹂躏。现奉父亲大人之命，于九月十三日权厝先妣于下腰里屋后山内，俟明年寻有吉地再行改葬。所有出殡之事，一切皆从俭约，惟新做大杠，六十四人舁请，约费钱十余千，盖乡间木料甚贱也。请客约百余席，不用海菜，县城各官一概不请。神主即请父亲大人自点。

丁贵自二十七日已打发他去了，我在家并未带一仆人，盖居乡即全守乡间旧样子，不参半点官宦气习。丁贵自回益阳，至渠家住数日，仍回湖北为我搬取行李回家，与荆七二人同归。孙福系山东人，至湖南声音不通，即命渠由湖北回京，给渠盘缠十六两，想渠今冬可到京也。

尔奉尔母及诸弟妹在京，一切皆宜谨慎。目前不必出京，待长沙贼退后余有信来，再行收拾出京。兹寄去信稿一件，各省应发信单一件，尔可将信稿求袁姻伯或庞师照写一纸发刻。其各省应发信，仍求袁、毛、黎、黄、王、袁诸老伯妥为寄去。余到家后，诸务丛集，各处不及再写信，前在湖北所发各处信，想已到矣。

十三日申刻，母亲大人发引，戌刻下窆。十二日早响鼓，巳刻开祭，共祭百余堂。十三日正酒一百九十席，前后客席甚多。十四日开口（评点者注：原件此字不清），客八人一席，共二百六十余席。诸事办得整齐。母亲即权厝于凹里屋后山内，十九日筑坟可毕。现在地方安静。闻长沙屡获胜仗，想近日即可解围。尔等回家，为期亦近矣。

罗劭农（芸皋之弟）至我家，求我家在京中略为分润渠兄。我家若有钱，或十两，或八两，可略分与芸皋用。不然，恐同县留京诸人有断炊之患也。书不能尽，余俟续示。

涤生手示

点评：孝道平衡了"三从四德"

这是曾氏身份改变之前所留存的最后一封家信。信不长，办丧事的过程说得也很简单，但我们从这几句简单的话里却可以感受到当年曾府丧事的热闹风光。

我们都知道，中国封建时代的女人地位低下，"三从四德"将女人自身的人格和尊严都给剥夺了。女人是人类世界的另一半。倘若人类世界的文化仅仅只是这样一条直线形的话，那么女人绝对是压抑的、委顿的、没有生命力的。人类世界的一半失去了生命力，那么整个的人类又怎么可能具有勃勃生机呢？

原来，人类世界的文化并不是简单的直线形的，而是复杂交错的。中国礼教中的"孝顺"又将"三从四德"拉了回来：儿女要孝顺父母。"百善孝为先"，"孝"为全社会所提倡所公认的美德。在"孝"的面前，父与母处于同等地位。结婚仪式的拜高堂，拜的是并坐的父母。做官的儿子为父母请封，父亲请的是某某大夫，母亲请的是几品夫人，这时的地位也是一样的。父亲死了，叫做丁外忧，母亲死了叫做丁内忧。对于做官的儿子而言，外忧与内忧一个样，都要离职守丧三年。中国的女人便在这些时候为自己争得了体面和荣耀。女人也不是绝对地都低于男人的：在做儿孙的男人面前，女人一样地受到尊敬；培育了优秀男人的女人，一样地赢得社会的敬重。于是，女人活着也便有了奔头，女人的胸腔里也便充满着生命力，人类世界也就因此而具有勃勃生机。

曾江氏便是这样一位受到社会广泛敬重的女人。她生了五个儿子，五个儿子个个精明能干，不甘人下，尤其是她的长子不仅为曾家，也为整个湘乡县、整个湖南省（当时湖南没有品级比曾氏再高的官员）赢得了荣耀。这样的女人，是中国封建文化中具有典型性的为社会作出重大贡献的女人，理应得到这种文化所带给她的一切荣誉、地位和尊严。你看她的出殡由六十四人抬棺木、三次请客达五百五十余席，此外的流水席当不下百席。以八人一席计算，来宾及办事人员多达五千余人次。对于小小的湘乡县二十四都，这无疑是千百年不遇的重大庆典活动。气氛之热烈、乡民之踊跃，当可想而知。而这些，都还是在一种节制的状态下进行的（"不用海菜，县城各官一概不请。神主即请父亲大人自点"）；倘若主家有意讲排场的话，丧事的热闹程度，必定可扩大数倍。

曾江氏不仅为她本人，也为中国女人挣来了体面。可以想象得出，当时二十四都的四面八方会有多少女人从曾江氏这里获得启发，得到鼓舞！这个本身低微柔弱的女人，依仗儿子的成就，将男尊女卑的两性格局作了一次短暂的扭转。

当然，在世俗社会里，人们的一切活动莫不与功利紧密相联。这么多人来参加曾府的丧仪，其源盖因为曾府出了一位现任的朝廷卿贰大臣。那时有两句俚话，道是："太太死了压断街，老爷死了无人埋。"太太死了，为什么吊丧、送殡的人多到把街压断，而老爷死了居然连掩埋的人都没有呢？这两句颇为夸张的话的背后，藏着的是赤裸裸的利益交易：对于死者的吊唁其实就是对生者的巴结。太太虽死，老爷还在，送出的可得到相应或更大的回报。老爷一死，前途断绝了，也就没有巴结的必要了。读者诸君看看这封信中最后讲的一桩事，便可以明白了。

禀父（由侍郎变为湘军统帅）

咸丰三年（1853）十月初四日

男国藩跪禀父亲大人万福金安：

屡次接到二十三日、二十八日、二十九日、初二日手谕，敬悉一切。

男前所以招勇往江南杀贼者，以江岷樵麾下人少，必须万人一气诸将一心，而后渠可以指挥如意所向无前。故八月三十日寄书与岷樵，言陆续训练，交渠统带。此男练勇往江南之说也。王璞山因闻七月二十四日江西之役谢、易四人殉难、乡勇八十人阵亡，因大发义愤，欲招湘勇二千前往两江杀贼，为易、谢诸人报仇。此璞山之意也。男系为大局起见，璞山系为复仇起见；男兼招宝庆、湘乡及各州县之勇，璞山则专招湘乡一县之勇；男系添六千人合在江西之宝勇、湘勇足成万人，概归岷樵统带；璞山则招二千人由渠统带。男与璞山大指虽同，中间亦有参差不合之处。恐家书及传言但云招勇往江南，而其中细微分合之故，未能尽陈于大人之前也。

自九月以来，闻岷樵本县之勇皆溃散回楚，而男之初计为之一变。闻贼匪退出江西，回窜上游，攻破田家镇，逼近湖北，而男之计又一变。而璞山则自前次招勇报仇之说通禀抚藩各宪，上宪皆嘉其志而壮其才。昨璞山往省，抚藩命其急招勇三千赴省救援。闻近日在涟滨开局，大招壮勇，即日晋省。器械未齐，训练未精，此则不特非男之意，亦并非璞山之初志也。事势之推移有不自知而出于此，若非人力所能自主耳。

季弟之归，乃弟之意，男不敢强留。昨奉大人手示，严切责以大义，不特弟不敢言归，男亦何敢稍存私见，使胞弟迹近规避，导诸勇以退缩之路？现令季弟仍认〔评点者按：此处原件缺数行字〕之不可为，且见专用本地人之有时而不可恃也。男现在专思办水战之法，拟簰与船并用。湘潭驻扎，男与树堂亦尝熟思之。办船等事，宜离贼踪略远，恐未曾办成之际，遽尔蜂拥而来，则前功尽弃。

朱石翁已至湖北，刻难遽回。余湘勇留江西吴城者，男已专人去调矣。江岷樵闻亦已到湖北省城。谨此奉闻。男办理一切，自知谨慎，求大人不必挂心。

男谨禀

点评：由侍郎变为湘军统帅

此时的曾氏已不再是一个在籍守制的前礼部侍郎，而是驻扎在湖南省城的团练大臣了。由文而武，由政事而军事，曾氏的身份，几乎有了一百八十度的大转变。因此，很有必要将这个转变的过程说一说。

咸丰二年十月底，太平军在围攻长沙八十余天不能下之后，半夜渡湘江，取道宁乡、岳州北去。湖南巡抚张亮基担心太平军随时杀回马枪，遂留下江忠源的楚勇二千人驻扎长沙，又命罗泽南与他的弟子王鑫在湘乡招募湘勇千人进入省垣防守。

江忠源三次会试未中后，被大挑至浙江秀水县去做知县。咸丰元年，丁内忧回新宁原籍，恰遇太平军由广西进军湖南。江忠源带着他所招募的楚勇在湘桂交界处的全州蓑衣渡打了一场胜仗，南王冯云山便死于此役。这是太平军起事来遇到的一个大挫折，也是清朝廷军队对太平军所取得的第一场胜仗，虽然没能阻止住太平军的进入湖南，但江忠源及其楚军却因此仗获得了"善战"的称誉，并因此受到朝廷的重视。

勇，是清代对地方上临时招募的兵卒的称呼。它的主要职责是维护地方秩序，故又称为乡勇。乡勇平日皆为农民，遇到紧急事态才拿起刀枪出来组团成军，事态平息后又回家种田。嘉庆初，傅鼐在湘西做同知时便利用这种乡勇平定苗民起义。傅鼐的做法得到朝廷嘉奖，并将它推行到全国各地。同时，湖南也因此而在民间培植了一股尚武的风气，此风代代相传，造成了湖南乡勇的广泛群众基础。在上封信里，曾氏说"曾家人人皆习武艺，外姓亦多善打"，说的正是这种风尚。为什么后来惟独湖南湘军能够成事而别的省的勇丁大多没有战斗力，其原因就在于此。

江忠源在新宁招募的勇丁号为楚勇，在其他县，也有地方上的头面人物出面做这种事的。在湘乡县，由学界名流罗泽南牵头，也拉起了一支队伍。这些勇丁都是湘乡人，故社会上称之为湘勇。罗泽南手下有两个能干的学生，一个名叫李续宾，另一个就是信中所说的王鑫，字璞山。湖南招募湘勇防守地方对抗太平军的做法，引起朝廷的重视，朝廷决定在江南各省立即予以推广。从咸丰二年十一月起，短短的两三个月内，朝廷在这些省内委派了四十三个帮办团练大臣，命令他们协助所在省的行政官员组织乡勇，维持社会治安。钦命团练大臣的第一道谕旨，便是发到湖南巡抚衙门，钦命的对象便是在籍礼部侍郎曾国藩，命曾国藩"帮助办理

操练中的湘军

本省团练乡民搜查土匪诸事务"。

这年十二月十三日，曾国藩在老家收到巡抚张亮基转来的上谕。但曾氏未奉旨，他拟了一道《恳请在家终制折》，请张代为奏报。前面已说过，只有二品以上的大员才有向皇帝上折子的权力，在地方上，文职只有总督、巡抚、布政使才属于此列。曾国藩在籍守制，就不再是二品官了，他已没有上折的资格，他的折子只能请督、抚、藩代递。

曾国藩不奉旨，除了他所打出的公开理由——在籍终制外，也还有其他的一些缘故。据笔者猜测，不外乎这样几条：身为文人，不习军旅；太平军势力强大，省内土匪强盗众多，难以对付；社会秩序业已混乱，维持起来很困难。除了这些原因外，湖南官场风气败坏，在这种环境中难以成就大事，可能也是曾氏不愿出山的一个重要原因。咸丰帝登基这一两年来，多次严厉批评湖南的吏治恶劣，贪污营私舞弊等等都比其他省严重，巡抚、布政使等一批高官都因此撤职查办。人虽换了几个，但风气已成，扭转就难了。

曾国藩拟出奏稿，反复修改，又将它以小楷誊正。正欲派专人送到长沙时，恰好张亮基又打发人送到亲笔函。张亮基信上说，近日武汉三镇失守，巡抚常大淳殉难，省城人心惶惶，请早日奉旨来长商办大事。次日，好友郭嵩焘又特地从湘阴老家赶来。郭嵩焘道光二十七年中翰林，与他同科的还有曾氏的及门弟子李鸿章。在京时，郭就住在曾家附近，每日三餐在曾家吃饭，与曾氏关系甚是密切。郭嵩焘劝曾氏以桑梓安全为重，丢开一切顾虑，又说古往今来墨绖办公事的人多得很，不必过于拘泥。郭又说动了曾氏的父亲。曾父也以大义规劝儿子，要儿子移孝作忠。于是，在咸丰二年十二月十七日这天，曾氏在母亲的墓前焚烧已誊好的奏折，带着最小的弟弟国葆离开湘乡富坨老家；二十一日抵达长沙城，将行辕设在巡抚衙门旁边的一个名叫鱼塘口的街上，正式做起湖南省帮办团练大臣来。

第二天，曾氏就上奏，请求批准在长沙立一大团，将各县曾经训练之乡勇招募来省，扎实训练，一可防守省城，二可随时派遣到各县剿捕土匪。朝廷即刻批准。这时罗泽南所招的三营共一千人的湘乡勇丁已到长沙，于是曾氏以此为基础建立大团，以明代名将戚继光的束伍成法编练，又亲手制定训练章程。这三营人马便是湘军的基本队伍。

不久，张亮基赴武昌署理湖广总督，江忠源升湖北按察使，其留在长沙的楚勇交其弟江忠济及刘长佑统领。楚勇、湘勇及由辰州来省的辰勇等，均归曾氏节制。时各地土匪活动频繁，曾氏常调遣这批勇丁分赴出事地点予以弹压。

咸丰三年三月，江忠源将留在湖南的楚勇全部带赴江南，又奏请再招练楚勇三千，朝廷允准。这时湖南巡抚一职由骆秉章担任。骆秉章老于仕宦，既支持曾氏以重典治匪，从严治军，又对湖南官场及绿营采取姑息容忍态度。曾氏参劾玩忽职守的长沙协副将德清，又破格保举参将塔齐布等人，因此而埋下了与湖南绿营的仇隙。绿营兵常常伺机欺负湘勇，塔齐布险些被绿营兵戕杀。为避免内讧，曾氏不得不退让，八月下旬由长沙移防衡州府。

上个月，支援江西的一支湘勇在南昌与太平军作战大败，营官谢邦翰、易良干等四人及勇丁八十余人死于战场。王鑫欲借此机会扩

彭玉麟（1816—1890）

大自己的实力，乃以报仇为名回湘乡招募三千人。曾氏训练湘勇，是为了给江忠源提供兵源，与王鑫自招自将的做法不同。两人因此有了分歧。王鑫虽是书生出身，却善于用兵，打仗勇猛直前，有"老虎"之称，但私心较重，急于自立山头，与曾氏不协。曾氏一直不重用王鑫。第二年，王鑫自率一军赴广西单独发展；咸丰七年率部援江西，不久死在江西战场上。

曾氏与王鑫不和的消息传到湘乡，曾麟书去信询问儿子。曾氏此信讲的即是这桩事。曾氏的话虽说得委婉，但对王鑫的不满情绪仍可看得出来。他说王鑫招募的人马"器械未齐，训练未精"，背后的隐语显然是：如此急欲出兵，必不可奏效。

信里说"现在专思办水战之法"，讲的是他到衡州府所办的另一件大事：筹建湘勇水师。

太平军在攻下岳州后，俘获大批船只及船民，由此组建了太平军的水师。仗着这支水师，太平军顺利渡过洞庭湖，打下武汉三镇。在武汉又将这支水师扩大，然后百万雄师尽皆乘船，浮江东下，畅通无阻，以至顺利夺取江宁城。曾氏

敏锐地看到了这一点,知道今后要与太平军角逐,水师是决不可少的。

衡州府地处蒸水与湘水交汇处,历来水运发达,更有为数不少的船民。他们世代以此为业,积累了丰富的水上技艺。水师招兵旗一树,便有数千人从东南西北四乡奔来,这支队伍很快便聚集起来了。曾氏慧眼识人,为水师选拔了两位营官。一个是杨载福。杨为善化人,排工出身,此时只是湘勇中的低级军官。一个是彭玉麟。彭为衡阳秀才,此时正潦倒家居。曾氏从微末中将他们识拔,委以营官重任。杨、彭二人感激曾氏的知遇之恩,以后一直对他忠心耿耿。水师在杨、彭的统率下,日渐壮大,为湘军的成功立下了汗马功劳。关于这些,以后在相关书信中再来评说。

禀父（让人快速致富的战争吸引乡民）

咸丰四年（1854）三月二十五日

男国藩跪禀父亲大人万福金安：

二十二日接到十九日慈谕,训戒军中要务数条,谨一一禀复：

一、营中吃饭宜早,此一定不易之理。本朝圣圣相承,神明寿考,即系早起能振刷精神之故。即现在粤匪暴乱,为神人所共怒,而其行军,亦系四更吃饭,五更起行。男营中起太晏、吃饭太晏,是一大坏事。营规振刷不起,即是此咎。自接慈谕后,男每日于放明炮时起来,黎明看各营操演。而吃饭仍晏,实难骤改,当徐徐改作天明吃饭,未知能做得到否。

二、扎营一事,男每苦口教各营官,又下札教之。言筑墙须八尺高,三尺厚；壕沟须八尺宽,六尺深；墙内有内濠一道,墙外有外濠二道或三道；壕内须密钉竹签云云。各营官总不能遵行。季弟于此等事尤不肯认真,男亦太宽,故各营不甚听话。岳州之溃败,即系因未能扎营之故。嗣后当严戒各营也。

三、调军出战,不可太散。慈谕所戒,极为详明。昨在岳州,胡林翼已先至平江,通城屡禀来岳请兵救援,是以于初五日遣塔、周继往。其岳州城内王璞山有勇二千四百,朱石樵有六百,男三营有一千七百。以为可保无虞矣,不谓璞山至羊楼司一败,而初十开仗,仅男三营与朱石樵之六百人,合共不满二千人,而贼至三万之多,是以致败。此后不敢分散。然即合为一气,而我军仅五千人,贼尚多至六七倍,拟添募陆勇万人,乃足以供分布耳。

四、破贼阵法，平日男训戒极多，兼画图训诸营官。二月十三日，男亲画贼之莲花抄尾阵。寄交璞山，璞山并不回信；寄交季弟，季弟回信言贼了无伎俩，并无所谓抄尾阵；寄交杨名声、邹寿璋等，回信言当留心。慈训言当用常山蛇阵法，必须极熟极精之兵勇乃能如此。昨日岳州之败，贼并未用抄尾法，交手不过一个时辰，即纷纷奔退。若使贼用抄尾法，则我兵更胆怯矣。若兵勇无胆无艺，任凭好阵法，他也不管，临阵总是奔回，实可痛恨。

五、拿获形迹可疑之人，以后必严办之，断不姑息。

以上各条，谨一一禀复，再求慈训。

男谨禀

点评：让人快速致富的战争吸引乡民

此信距上信五个多月，这期间军事形势有很大的变化。先年十月，江忠源擢升安徽巡抚。咸丰元年六月，江忠源还是一个丁忧在籍的署理县令，七品小官而已。他应诏来到广西，受到帮办军务、广西副都统乌兰泰的器重，于是回新宁招募楚勇五百来广西前线。这是与太平军交战的第一批乡勇。从那以后，江忠源因战功频频迁升，仅仅只有一年零四个月的功夫，便升到从二品的巡抚高位。这种火箭般的直升，在承平年代简直是不可思议的神话，但神话变为了现实。造成此种现实的背景只有一个：战争。战争这个东西，历来为老百姓所憎恶反对。它对生灵的摧残，对文明的破坏，真个是罄竹难书，理应彻底铲除，永远不可发生。但事实上，自有人类以来，战争便伴随着人类而从未止息过。这是为什么？其间一个主要的原因，就是战争能够让一小部分人很快地改变自己的处境，迅速地获得财富、地位和权力等等。因为战争爆发，因为带兵打仗，江忠源火速地从一个小县令变为一方诸侯；跟随他的一批小头目也个个升官晋级；所有的勇丁，只要不战死，即便不升官，也会从中捞取大批战利品而发财致富。

江忠源及其楚勇的暴发，吸引了千千万万盼望升官发财之徒的火热目光，他们纷纷投下笔杆，放下锄头，走出书斋，离开田垅，怀着"朝为寒士，暮穿蟒袍"、"昨日种田汉，今朝员外郎"的憧憬，奔赴军营，杀向战场。

五十年后，一个名叫杨度的湘军后裔曾用这样的诗句来叙述其父祖辈当年投军的狂热："城中一下招兵令，乡间共道从军乐。万幕连屯数日齐，一村传唤千夫诺。农夫释耒只操戈，独子辞亲去流血。父死无尸儿更往，弟魂未返兄愈烈。但闻嫁女向母啼，不见当兵与妻诀。"

当兵既可快速致贵致富，又可立时致死致残。江忠源只做了两个月的巡抚，便在太平军攻克庐州府之后投水自杀。当然，这是有志玩刀兵者早就估计到的，他们大多相信命运，命里注定死于何时何地是逃不脱的，所以，庐州府军事的失利和江忠源的死并不能阻止那些急于获取富贵者的步伐。

曾国藩的湘军水师在衡州府组建成功，陆师在这里大为扩展。此时，黄州失守，曾氏会试座师、湖广总督吴文镕战死，湖北形势严峻，朝廷急命曾氏出兵援鄂。咸丰四年正月，曾氏统率水师二十营、陆师十营，连夫役在内一万七千余人，在衡州府誓师出兵。出兵前夕，曾氏还亲自写了一篇名曰《讨粤匪檄》的布告，向全社会公布太平军的"罪行"和湘军的用兵目的。

曾氏写了不少文章名篇，他有四个幕僚——张裕钊、薛福成、黎庶昌、吴汝纶，模仿他的文风，也写出不少传诵一时的文章，时人称他们为"曾门四子"。曾氏与他的弟子们创立了一种文派，文学史上称之为"湘乡文派"。湘乡文派将已处式微的桐城古文再度振起，对当时及后世都有相当大的影响。这篇《讨粤匪檄》可以算作湘乡文派的代表作。该文所具备的音韵铿锵、气势雄壮的典型湘乡文风暂且不说，我们先来谈谈它的立论。

大家都知道，太平军起义，有着鲜明的民族斗争的色彩在内，揭竿之初以东王杨秀清、西王萧朝贵的名义发布的《奉天讨胡檄》，便口口声声指斥满人为"胡虏"，将"胡虏"与中国对立起来："予兴义兵，上为上帝报瞒天之仇，下为中国解下首之苦，务期肃清胡氛，同享太平之乐。"

面对着《奉天讨胡檄》，这篇《讨粤匪檄》的文章十分难做。从传统的华夷之辨来看，太平军的立论堂堂正正，无懈可击。而身为朝廷大臣的曾氏又怎能守"华夷之辨"的古训呢？若说"满洲"不是"胡虏"嘛，在那个时代，此种说法也不能成立。这位文章射雕手毕竟高明，他绕开这个难点，另辟蹊径，抓住太平军反中华文化而崇仰耶稣基督的做法大发议论，把自己及其所统率的湘军当做名教维护者、孔孟捍卫人，从而将这篇文章做得大义凛然慷慨激昂。诸如："举中国数千年礼义人伦，诗书典则，一旦扫地荡尽。此岂独我大清之变，乃开辟以来名教之奇变。我孔子、孟子之所痛哭于九原，凡读书识字者，又乌可袖手安坐，不思一为之所也！""不特纾君父宵旰之勤劳，而且慰孔孟人伦之隐痛；不特为百万生灵报枉杀之仇，而且为上下神祇雪被辱之憾。"这些句子，被视为檄文中的名句而远近传播，为那些求富求贵的投军者罩上了神圣的光环。

这篇檄文就文章而言，的确做得巧妙，但执政者向来看重的是自身的利益而不是为文的技巧。檄文所回避的要害,恰恰是朝廷需要它的臣工明确表态的问题。曾氏为文章找到了立于不败之地的论点,却因此而得罪了满洲权贵和它的铁杆保皇派。他们认为,湘军只是一支卫道之师,而不是勤王之师。卫道与勤王并不是一回事。以卫道起家的军队,到了它强大的时候,它也可能不勤王了,甚至还可能以推翻异族政权恢复汉室江山来更好地卫道。曾氏在后来的带兵生涯中,遭受到许多别的汉人所不曾遇到的来自政治方面的压力,其隐蔽的原因或许正是源于这篇檄文。可悲的是曾氏本人终其一生都没有想到这一层。玩政治的人喜舞文弄墨实在不是一桩好事,曾氏此事可以作为一个例子。关于曾氏所承受的政治压力,我们将在以后的相关之处再来慢慢细说。

三月上旬,曾国藩率部抵达岳州,然后在岳州与长沙之间和太平军周旋,这封信就写在这个时候。

曾府的老太爷现已六十有五,他本是一个乡村塾师,因科举不顺兼禀赋较弱,故而即便在年轻力壮之时,亦未见其有多大的抱负,为何到了衰暮之年,反而对军戎之事如此热心,且也能说出些道道来呢?

原来,早在曾氏奔丧回籍之前,因太平军的进入湖南,湘乡县四十三都,几乎都招募乡勇,结团自保。由于儿子的地位,曾府老太爷被公推为湘乡县团练总领。这个"总领"当然是没有实权的挂名,犹如今天各团体各协会的名誉会长似的。这样一来,曾老太爷多多少少地便与闻了军事,再加之他的几个在家的儿子于此事都十分积极,于是"军事"与"塾师"便愈加联系得密切了。

老太爷写信给儿子,指出吃饭宜早、扎营要实、出战戒散、讲求阵法、严防奸细等,作为军中要务提醒儿子注意。

这几条要务,粗看起来,没有一条是秘诀,都可以从前朝兵书或《三国演义》一类的小说中剽窃。然而众人所知晓的正确东西,并不意味着众人都会去遵循办理。这几条军中常识,真正要严格做到,其战斗力也便不可小觑。曾氏对父亲的这几条常识性的"要务"没有淡看,他一一认真地予以禀复,并在湘军中切实执行。这里多说几句关于扎营的事。

曾氏对安营下寨之事十分重视。湘军在遭到几次敌方的偷营袭寨之后,于此更是小心在意。湘军的营寨不仅围墙又高又厚,且壕沟又宽又深。壕沟多至三道四道,沟里插满了竹签:人掉进去,会被竹签刺死刺伤;马陷进去,亦不能再跳出来。曾氏将湘军的这种打仗方式用六个字归纳,叫做"扎硬寨,打死仗"。这种方式虽被讥为"迂拙",但它确实很起作用。湘军的最后成功,与这种"死硬"的蛮倔作风很有关系。

致诸弟（守耕读之家本色）

咸丰四年四月十四日

澄侯、温甫、子植、季洪四位老弟左右：

十四日刘一、名四来，安五来，先后接到父大人手谕及洪弟信，具悉一切。

靖江之贼现已全数开去，窜奔下游，湘阴及洞庭皆已无贼，直至岳州以下矣。新墙一带土匪皆已扑灭，惟通城、崇阳之贼尚未剿净，时时有窥伺平江之意。湘潭之贼，在一宿河以上被烧上岸者，窜至醴陵、萍乡、万载一带。闻又新裹胁多人，不知其尽窜江西，抑仍回湖南浏、平一带。如其回来，亦易剿也。安化土匪现尚未剿尽，想日内可平定。

吾于三月十八发岳州战败请交部治罪一折，于四月初十日奉到朱批"另有旨"。又夹片奏初五邹彪被火烧伤、初七大风坏船一案，奉朱批"何事机不顺若是，另有旨"。又夹片奏探听贼情各条，奉朱批"览。其片已存留军机处矣"。又有廷寄一道、谕旨一道，兹抄录付回。十二日会同抚台、提台奏湘潭、宁乡、靖江各处胜仗败仗一折，兹抄付回。其折系左季高所为。又单衔奏靖江战败请交部从重治罪一折。又奏调各员一片。均于十二日发，六百里递去，兹抄录寄家呈父、叔大人一阅。兄不善用兵，屡失事机，实无以对圣主。幸湘潭大胜，保全桑梓，此心犹觉稍安。现拟修整船只，添招练勇，待广西勇到、广东兵到再作出师之计。而饷项已空，无从设法。艰难之状，不知所终！人心之坏，又处处使人寒心。吾惟尽一分心作一日事，至于成败，则不能复计较矣。

魏荫亭近回馆否？澄弟须力求其来。吾家子侄半耕半读，以守先人之旧，慎无存半点官气。不许坐轿，不许唤人取水添茶等事。其拾柴收粪等事，须一一为之；插田莳禾等事，亦时时学之。庶渐渐务本而不习于淫佚矣。至要至要，千嘱万嘱。

兄国藩草

点评：守耕读之家本色

四月初二日，曾氏亲率陆勇八百、战船四十号，在靖港与太平军打了一场大仗。靖港是湘江边的一个码头集市，南距长沙城约一百里。一个多月前，一部分太平军由林绍璋带领，从湖北返回湖南，扎老营于靖港，然后分支攻下宁乡、湘潭城。四月初一日，塔齐布、彭玉麟率水陆两军打湘潭，大获全胜，一举收复湘潭城，但曾氏自任统领的这场靖港之战，却以全军溃败而结束。交战不过一顿饭功夫，先是陆师溃逃，紧接着水师弃船上岸奔逃。二千水陆湘勇，几乎无人坚守阵地，曾氏气愤得亲自执剑拦阻，也丝毫不起作用。曾氏自出师来战事一直不顺利，在岳州附近屡遭太平军的打击，战将阵亡多员，船沉没数十号，不得已从岳州退到长沙城外。湘军的出师不利，备受与之有隙的绿营官兵的耻笑。靖港之败，不仅败得一塌糊涂，而且前线司令就是他本人，连分担责任的人都没有。曾氏自觉辜负朝廷的信任，也愧对家乡父老，遂投水自杀，幸而被部属救起。这时，塔、彭湘潭大捷的喜讯传到靖港，曾氏的心才安定下来。战事结束后，他向朝廷上请罪折。湘潭的胜仗抵消了他的失败，朝廷因此并未治他的罪。他打叠精神，重起炉灶。

先年五月，欧阳夫人在其兄欧阳秉铨的护送下，带着二子四女，从京师一路辗转回到湘乡老家。幼女曾纪芬在其耄耋之年回忆当时的情景时说："沿途风鹤多警，幼弱牵随，太夫人劳瘁甚至。惠敏在舟次几失足溺于水，幸母舅见而拯之出险。"

这里所说的惠敏即曾纪泽，他死后谥惠敏。道光二十年他随母亲进京时才一岁，而今已是十三四岁的翩翩少年郎了，他的四个妹妹分别为十岁、九岁、七岁、二岁，弟弟纪鸿五岁。白杨坪曾氏祖宅，顿时人口大添，连同曾氏诸弟的儿女在内，估计当在二十人左右。对这一群小儿女的教育，遂成为家族中的大事。

曾府在家中开馆延师，信中提到的魏荫亭即为曾府塾师。据曾纪芬回忆，曾家的女孩子也和男孩子一样地读书，她在十一岁的时候就读过《幼学》、《论语》。除这种智育外，曾氏似乎更注重德育。他在这封信的最末一段中所说的，守先人耕读家风，不要有半点官气，不许坐轿，不许唤人添茶，要拾柴收粪，学习插田莳禾等等，都属于德育的范围。

让子孙保持耕读之家本色，过常人俭朴勤奋日子，不染官宦子弟的纨绔习气，这是曾氏教诫子侄辈的一个重要话题。他常将这些话挂在嘴边，不停地唠叨着。曾氏的如此家教既体现了他远过庸常的眼光，也体现了他对子孙的深厚永久的关爱。

早在战国时代，有识见的人就已经看到了"君子之泽五世而斩"的普遍社会现象，规劝做父母的不要给子孙过多的金帛、重器，过于疼爱的结果是反而害了他。可惜，天下做父母的大多不能深谙其间的道理，或者是虽知道也不愿那样做。所以，"一代苦二代富，三代吃花酒，四代穿破裤"的现象屡见不鲜。笔者在写作《曾国藩》一书时，曾有意识地去认识一些当年所谓"中兴将帅"的后裔，从他们那里打听其祖上的情况。令人遗憾的是，大多数"中兴将帅"家庭从儿女那一辈起便不努力，到了孙辈曾孙辈，嫖赌抽大烟、游手好闲几乎成为通病，到最后潦倒沦落，将祖宗的脸面丢光。儿孙贤肖的家庭则不多。至于代代都有才俊的家庭，则仅只曾氏一门。历史是最无情的阅卷官，这个阅卷官给曾氏的家教打了高分。

致诸弟（水勇逃逸，将官冒功）

咸丰四年四月二十日

澄、温、植、洪老弟左右：

十七、十九接父大人十三、十五手谕及澄弟两函，具悉一切。兹分列各条于后，祈诸弟禀知父大人，兼禀叔父大人：

一、水勇自二十四五日成章诏营内逃去百余人，胡维峰营内逃去数十人。二十七日，何南青营内逃去一哨，将战船炮位弃之东阳港，尽抢船中之钱米帆布等件以行。二十八日，各营逃至三四百人之多。不待初二靖江战败，而后有此一溃也。其在湘潭打胜仗之五营，亦但知抢分贼赃，全不回省，即行逃回县城。甚至将战船送入湘乡河内，各勇登岸逃归，听战船飘流河中，丢失货物。彭雪琴发功牌与水手，水手见忽有顶戴，遂自言并册上姓名全是假的，应募之时乱捏姓名，以备将来稍不整齐，不能执册以相索云云。鄙意欲预为逃走之地，先设捏名之计。湘勇之丧心昧良，已可概见。若将已散者复行招回，则断难得力。衡、永之水勇不过五月可到，亦不甚迟迟也。

二、广东水师总兵陈大人带广东兵一百、洋炮一百，已于四月初六日到郴，月内可到省。广西水勇亦五月可到。衡州造新船，省城整旧船，皆五月可齐，不至延到七月始行也。

三、澄弟自到省帮办以来，千辛万苦，巨细必亲。在衡数月，尤为竭力尽心。衡郡诸绅佩服，以为从来所未有。昨日有郑桂森上条陈，言见澄侯先生在湘阴时景象，渠在船上，不觉感激泣下云云。澄弟之才力诚心，实为人所难学。惟近日公道不明，外间悠悠之口，亦有好造谣言讥澄弟之短者。而澄弟见我诸事不顺，为人欺侮，愈加愤激，肝火上炎，不免时时恼怒，盛气向人。人但见澄弟之盛气，而不知实有激之逼之使然者也。人以盛气凌物诮澄，澄以盛气伤肝致病。余恐其因抑郁而成内伤，又恐其因气盛而招怨声。故澄归之后，即听其在家养息，不催其仍来营中。盖亦见家中之事，非澄不能提新宅之纲；乡间之事，非澄不能代大人之劳也。并无纤介有不足于澄弟之处，澄弟当深知之，必须向大人膝下详禀之。

四、王璞山之骄蹇致败，贻误大局，凡有识者皆知之。昨在家招数百乡勇，在石潭杀残贼三十人，遂报假胜仗，言杀贼数百人。余深恶之。余与中丞、提军三人会衔具奏一折，系左季高所作。余先本将折稿看过，后渠又添出几段，竟将璞山之假胜仗添入。发折后，始送稿来画，已无可如何，只得隐忍画之。朱石樵在岳州战败逃回，在宁乡战败，逃奔数次。昨到省城，仍令其署宝庆府事，已于十八日去上任矣。是非之颠倒如此，余在省日日恼郁，诸事皆不顺手，只得委曲徐图。昨当面将朱石樵责备，渠亦无辞以对，然官场中多不以我为然。将来事无一成，辜负皇上委任之意，惟有自愧自恨而已，岂能怨人乎？怨人又岂有益乎？大抵世之乱也，必先由于是非不明、白黑不分。诸弟必欲一一强为区别，则愈求分明，愈致混淆，必将呕气到底。愿诸弟学为和平，学为糊涂。璞山之事，从今以后不特不可出诸口，而且不可存诸心。

五、我二十四都之长夫不耐劳苦，好穿长衣鞋袜，不敢远行，时刻思归。余拟在此另雇长夫。其本境长夫止留三四人在此，以便送信归家。

六、率五病故，我绝不知信息。季弟何以并不告我？前澄弟信中有半句，我始骇然。昨葛十一来，乃实知之。刻下已搬柩还乡否？若尚在省，急须写信来，我当设法送归也。其如何病，如何没，季弟当详告我知。

以上数条，望诸弟细心体贴，缕禀堂上大人为要。

国藩字

点评：水勇逃逸，将官冒功

这封信给我们描绘了一幅早期湘军的真实图画。

早在靖港败仗之前，湘军水师便已逃逸成风：他们将船上的钱米帆布等物资盗走，然后弃船上岸。即便是打了胜仗的水勇，也在分完赃物后，离开军营远走高飞。而那些水勇的姓名，又大都是假冒的，一旦走了，再也找不到。

东西到了手，便脱下军装逃之夭夭。勇丁投军的目的，在这里给一览无余地暴露了。尽管曾氏口口声声地称他的湘军是捍卫名教的仁义忠信之师，但旗下的大部分勇丁却只是为了"吃粮"发财而已。他们将不光彩的偷窃变为堂堂皇皇的抢夺——将敌方手中的财富拿来归于己有。

至于将官，将小胜夸为大胜，将败仗说成胜仗，甚至杀良邀功，也是很普遍的现象，王鑫（璞山）不过是其中一例罢了。王鑫一直与曾氏格格不入。其原因是王鑫志大才高，不愿居人下，他要自立一个山头，正如曾氏年谱中所说的："王鑫所招湘勇在长沙者，不用公（笔者注：即曾氏）所定营制，有自树一帜之意。"曾氏很不满王鑫，故在信中特地点了他的名。

王鑫会打仗，他想自立一个山头，其心情也不是不可理解。但对作为湖南团练大臣的曾氏来说，要求全体湘军服从他一人，也是自有道理的。一山不容二虎，所以没有多久，王鑫便率部离开湘省自谋出路了。

逃跑的勇丁无法追究，冒功邀赏的将官得到巡抚、提督的支持，打败仗的知府不加处罚依旧官居原职，主持正义而得不到湖南官场的认同，曾氏心情之烦恼抑郁可想而知。但曾氏既是临时办事的客员（无管辖地方的权力），又屡打败仗（无统领军队的威望），面对着这种局面，他无力改变，只有"呕气"而已。

曾氏毕竟不是弱者。不能管辖地方，但可以管辖湘军，而湘军的惟一出路只在打胜仗，打胜仗的基础又在湘军自身。

靖港之役后，曾氏下决心整顿湘军。他在给朝廷的奏折中写道："臣现将水陆各军严汰另募，重整规模。一候料理完毕，即星夜遄征，誓灭此贼，以雪挫败之耻，赎迟延之罪。"

曾氏将在战斗中表现恶劣的军营全部裁撤，重新募集。他吸取教训，一不收溃逃返回的勇丁，二不收从绿营中走出的老兵油子，三不收游手好闲的无赖流氓，而是着重招收老实朴拙的种田人。他要求各营营官要验看投军者的手掌，凡手上长满老茧的便是长期务农的人，可以留下；凡举止油滑目光游移者，多半为走江湖的老手，决不能收。

对于营、哨各级将官，曾氏主张多从士人中选拔。因为士人好比是在山之泉水，未受社会污染，"血性"保存较多，饱读诗书，懂得捍卫名教的重要性，对"礼义廉耻"看得较重。因为曾氏的提倡，一时间书生带兵成为风气。后来，由于湘军的成功，这种风气遂弥漫全国。它大为增强了读书人从军的自信心，也使国人一扫"秀才造反，三年不成"的陈旧观念。其后一批批知识分子崛起于政坛军界，正是此风的延续。当然，在湘军的发祥地湖南，此风尤为炽烈，湖南知识分子对改变中国命运所作出的贡献，更为举世公认。

什么样的士人可以做营、哨官呢。曾氏认为："带勇之人，第一要才堪治民，第二要不怕死，第三要不急急名利，第四要耐受辛苦。"对于"才"，曾氏又特别剔出为将之才的主要几点来："一曰知人善任，二曰善觇敌情，三曰临阵胆识，四曰营务整齐。"

除了这些外，曾氏选将官还有一个较为独特的标准：看说话多寡。

曾氏不喜欢言辞过多、夸夸其谈的人。凡言辞过于擅长者，曾氏都不寄大任于他；对那些言语木讷而有实际办事能力的人，则很相信。曾氏的此种择将标准，是有其道理的：仗不是说出来的，而是打出来的。说得再好也无济于事，战场上输赢之际才见高低。何况，华辞巧言，往往易于干扰、误导统帅的决策，能言者又常常自视甚高，听不进下属的建言。这些，都可把原本能做好的事情办坏办砸。比起木讷者而言，只有"不好"而没有"好"。

致诸弟（百年旧档重见天日）

咸丰四年五月初九日

澄、温、沅、季老弟左右：

初九日芝三到省，接奉父大人手谕及澄、季、芝生各信，具悉一切。

余于初八日具折谢恩，并夹片三件，兹一并抄录付回。凡谕旨、章奏等件付至家中者，务宜好为藏弆。我兄弟五人，无一人肯整齐好收拾者，亦不是勤俭人家气象。以后宜收拾完整，可珍之物固应爱惜，即寻常器件亦当汇集品分，有条有理。竹头木屑，皆为有用，则随处皆取携不穷也。温弟在此住旬余，心平气和，论事有识，以后可保家中兄弟无纷争之事，余在外大可放心。

李筱泉之家眷意欲寄居湘乡。一则省城虽防守甚严，而时时有寇至之虑；一则寓公馆比之居乡，其奢俭相去甚远。渠托江采五在中沙等处，又托余在二十三四都等处寻觅住居（渠遣一人来乡同觅，先至江采五处，后至我家）。澄弟等为之留心。或在离我家二三十里之区择一善地，以省俭为主，渠光景甚窘也。余再三辞之，言我家尚难自保，且迁徙而远避，又焉能庇及他人？渠意总欲居乡，缓急尚可藏匿山穴；至土匪抢劫，渠本无可抢云云。余不能再辞，澄弟可一为照拂之。

鲍提军于初八日出省至辰州住，塔智亭初十拟至岳州。余不一一。即请近佳。

兄国藩手草

点评：百年旧档重见天日

曾氏是个极看重文书档案且善于收藏此类物件的人。带勇打仗，千头万绪，然就在从戎之初，他便开始注重文书的保存了。此信说到要家中诸弟好好收藏他从前线付回来的谕旨、奏章等件。就着这个机会，我们来谈一下曾氏私家档案的事。

曾氏从咸丰三年开始办湘军，到同治十一年（1872）病逝于江宁，这期间做统帅、疆吏近二十年，除了晚年的几年较为安宁外，其他岁月都在流离与战火中度过。为了不让身边的重要文书散失烧毁，他曾经专门安派两个善走的人，定期将它们背送至湘乡老家。他十分注重文书的完整性。在他的幕府中，有好几个抄手专门做誊抄之事。不仅朝廷下发的谕旨要誊抄，奏章及给官场士林的信件要誊抄，即便家信和日记也都要誊抄一份。这些抄件都让信差从所在地一一运回湘乡，妥为收藏起来。同治十一年，随同灵柩运回湖南的，大部分是保存在衙署里的档案材料和书籍。这些东西，连同先前陆续运回的文书，其后人将它们珍藏于

曾府世代典藏的家信簿

富厚堂里,并遵照曾氏遗嘱,只供子孙浏览,不向外人开放。

1950年土改时,曾家的田地分给农民,富厚堂、大夫第、万宜堂等曾氏兄弟住宅被没收归于政府。面对着富厚堂里所收藏的这批档案,有人主张付之一炬,幸而也有人识其价值,主张保存下来。在得到省政府有识负责人士的同意后,湘乡的这批旧物便用船运到省城长沙,堆放在省图书馆一间很不起眼的旧屋子里,然后加上一把锁,再无人过问了。久而久之,这间小屋及屋内的所藏便被省图书馆的人给忘记了。世上的事情,真是奇妙得很。有的事,因记住而得以走运;有的事,因忘记而得以避祸。到了史无前例的"文化大革命",省图书馆成了"破四旧"的重点,那时,千万册珍贵的图书瞬间毁于熊熊烈火。倘若当时有人知道这间小屋的秘密,那批被视为"十恶不赦的反革命"材料,立时便会引起群情激愤,一把火将它们烧得干干净净,连灰尘都不可能保留。幸而被忘记了。于是,这批私家档案得以安全无恙地度过那场劫难。

到了20世纪80年代初期,神州大地重入正道,"整理地方文献"一事为当局所重视,便有湘中耆宿重提富厚堂的材料事。于是,这批历经百年沧桑的曾氏私家档案重见天日。后来由岳麓书社加以整理出版,学术界便有了被洋人称之为不亚于发射一颗导弹或卫星的新版《曾国藩全集》:浩浩三十大册,洋洋一千五百万字。

曾氏在信中将收藏文书与收拾寻常物件一样看待,作为是否勤俭人家气象的一个衡量标准来告诫诸弟,确有它的道理所在。但事实上,这种收藏与什物收拾是两码事。它充分地体现曾氏在政治上的成熟与老到。当然,也靠着他的虑事周到的性格和办事认真的作风,才有了今日的这套具有极高研究价值的第一手史料《曾国藩全集》。

信中提到的李筱泉即李瀚章,此人为李鸿章的哥哥。李氏六兄弟:瀚章、鸿章、鹤章、蕴章、凤章、昭庆,个个强悍能干,尤以瀚章、鸿章出类拔萃。李瀚章的科名远远比不上李鸿章,他仅止一拔贡而已,因朝考名列一等而分发湖南任知县。曾、李两家关系不比一般,李瀚章因此得到曾氏的信任。时李任善化知县,曾氏调他办理湘军粮台。李也由此而发达,步步高升,十年后便做了湖南巡抚。这个时候的李鸿章,正以翰林院编修的身份回安徽原籍,协助皖省团练大臣吕贤基办团练。李鸿章也因此而走上军功之路。近代官场中,李氏家族之富号称冠天下,但此时李家尚未大发。若要写一部研究合肥李氏发家史的书,此信为其早期状况提供了一个证据:"以省俭为主,渠光景甚窘也。""至土匪抢劫,渠本无可抢云云。"

禀父(胡林翼早年是个花花公子)

咸丰四年五月二十夜

男国藩跪禀父亲大人万福金安:

二十日申刻唐四到,奉到手谕,敬悉一切。家中大小平安,乡间田禾畅茂,甚为忻慰。

贼匪于初六日复窜入岳州城内,约有二三千人,岳阳城下及南津港船约有数百号。初八九分船窜至西湖,扰安乡县。十三日龙阳失守。东而益阳,西而常德,并皆戒严。此间调李相堂都司带楚勇一千、胡咏芝带黔勇六百前往,又调周凤山带道州勇一千一百,想二十三四可先后到常。又赵璞山带新宁勇一千由宝庆往常德,又有贵州兵一千亦至常德,想可保全。塔智亭于十二日起程至岳,现尚未到。

男在省修理战船,已有八分工程。衡州新船及广西水勇均于本月可到,出月初即可令水师至西湖剿贼。十八日,城墙上之兵一二千人闹至中丞署内,因每银一两折放钱二千文,系奉户部咨而兵不肯从。斫柱毁轿,闹至三堂,实属可虑。二十日,吴坤修之火器所起火。火药烧去数千斤,其余火器全烧,伤人数十,现尚未查清。此事关系最要紧,男之心绪不能顺适。然必认真办理,断不因此而稍形懈弛。

大人此次下县，系因公事绅士之请，以后总求不履县城，男心尤安。尤望不必来省，军务倥偬之际，免使省中大府多出一番应酬。男亦惟尽心办理一切，不以牵裾依恋转增大人慈爱感喟之怀，伏乞大人垂鉴。余容续禀。

男跪禀

点评：胡林翼早年是个花花公子

信中提到的"胡咏芝"即胡林翼，此人是湘军中的一个很重要的人物，与曾、左（宗棠）、彭（玉麟）并称为中兴四大名臣。我们来说说这个人。

胡林翼号润芝，又写作咏芝，湖南益阳人，比曾氏小一岁。在他八岁时，四十三岁的父亲胡达源得以高中探花。胡林翼为独子，又自小聪明，故父母宠爱有加，由此而养成了纨绔子弟的习气：好嬉玩嫖赌而不爱读书。十九岁那年与时任两江总督的陶澍之女结婚。有野史记载，洞房之夜，此公居然与人在酒肆饮酒，烂醉不归。陶夫人伤心女儿嫁错了人。陶澍则劝告夫人，说此子乃瑚琏之器，现在年轻贪玩，过几年后就会懂事的。不料，胡林翼婚后依旧不改积习。胡达源深恶儿子不争气，关起门来痛打了一顿，并令其在家苦读，不许出门。这一顿痛打居然大有作用。胡在家用功一年，二十四岁时考中举人，第二年又考中进士入翰苑。做了翰苑编修的胡林翼积习不改，陶醉于灯红酒绿的花花世界。多种私乘都记载了他的一些不光彩的事。

胡林翼真正洗心革面地告别纨绔习气，是在父亲去世之后守制反省的日子里。丧期满后，他用一万五千两银子捐了个贵州候补知府。他之所以愿到偏远的贵州，是因为当时那里时局不安宁，常有人闹事，胡认为恰是这种地方最能显出一个人的本事。他带领士兵出没于荒山野岭，与闹事人周旋。在这个过程中，他学会了用兵打仗，也懂得了吃苦耐劳的重要。胡林翼终于在贵州建立了他"知兵"的名声。到了太平军起事，兵火在南方数省蔓延开来的时候，他的这种本事更受到地方长官的重视。太平

胡林翼（1812—1861）

军打进湖南后，湖南巡抚张亮基奏请朝廷调胡襄办湖南军务，贵州巡抚则不肯放。咸丰三年十一月，湖广总督吴文镕奏请调胡援湖北，得到朝廷同意。第二年正月，胡林翼带领六百黔勇行至湖北金口，得知吴文镕战死。就在胡进退两难之时，率师出衡州府的曾氏建议湖南巡抚骆秉章供应黔勇的饷需。曾氏又上奏朝廷，称胡林翼之才胜他十倍，请朝廷同意将胡及六百黔勇留在湖南，朝廷允准。就这样，胡林翼开始与曾氏的合作，一步步建筑了他晚年的不凡事功。

胡林翼妻妾众多，而从未有过子女，显然是性病毁了他的生育能力，由此可见野史笔记中的记载不诬。胡林翼年轻时的确是个浪荡公子，但三十岁以后又的确改邪归正，以至成为一代名臣。胡林翼的经历，成为"浪子回头金不换"的一个典型例子，足以从多方面给今天的教育界、做家长和做子女的以启迪。

致诸弟（湘军前途不被人看好）

咸丰四年七月二十七日

澄侯、温甫、子植、季洪四弟足下：

安五至，接到家书，具悉一切。

自十八日一战后，二十一日陆路开仗，小有挫衄。诸殿元阵亡，千总刘士宜阵亡，余兵勇伤亡二十余人，贼亦歼毙数十人。二十六日，贼从湖北颁集悍贼二万人，由临湘陆路前来，意欲扑塔、周、罗山等之营盘。陆路既得，水军自然失势，拼死攻扑，满山满坑无非黄旗红巾，比三月初十人数更多。幸罗山之湘勇得力，将头起杀退。以后如周凤山之营、杨名声之营亦俱奋勇，杀贼共七八百名。此股贼来甚多，必有屡次血战。东南大局，在此数日内可定。如天之福，陆路得获大胜，水路亦可渐次壮盛也。带水师者，有战阵之险，有风波之苦，又有偷营放火之虑，时时提防，殊不放心。幸精神尚好，照料能周耳。

霞仙定于本月内还家。渠在省实不肯来，兄强之使来。兵凶战危之地，无人不趋而避之。平日至交如冯树堂、郭云仙等尚不肯来，则其他更何论焉！现除李次青外，诸事皆兄一人经手，无人肯相助者，想诸弟亦深知之也。甄甫先生去年在湖北时，身旁仅一旧仆，官亲、幕友、家丁、书差、戈什哈一概走尽，此亦无足怪之事。兄现在局势犹是有为之秋，不致如甄师处之萧条已甚。然以此为乐地，而谓人人肯欣然相从，则大不然也。

兄身体如常，癣疾不作，乞告禀父、叔大人千万放心。

兄国藩顿首

好茶叶望寄数斤来。

> **点评：湘军前途不被人看好**

这个时期，曾氏及其水陆之师一直在湘北地带与太平军纠缠不清，战事有时利，有时不利，湘军并没有取得一场能够赢得声望的大仗。不要说在全国范围内的影响，就在湖南省内，这支体制外的临时团队能否成事，官场士绅普遍存有怀疑。这封信的后段是当时这种状况的真实记录。

刘蓉（霞仙）在曾氏身边工作一段时间后，还是要回家。过去在京时，冯作怀（树堂）总在曾家搭伙吃饭，此时却不愿来。郭嵩焘（云仙）本是极力怂恿曾氏出山的人，但他自己却不愿呆在军中。不久前战死的湖督吴文镕的处境更差：身边的人都走光了，仅一旧仆跟随。为什么会这样？"兵凶战危之地，无人不趋而避之"，这自然是一个重要原因，但还不是最主要的。因为像刘、郭、冯这些人，都不会上前线亲冒矢石，而是坐在屋子里做参谋、文书一类的事，纵然打了败仗，他们也不至于送命。关键的原因，还是对湘军的前途没有看好，不愿意将自己的命运与湘军绑在一起。此时只有一个先知先觉者，即信中所说的李次青。

次青名元度，乃湖南平江举人。此人从小就特别聪明，书读得好，诗文也做得好，尤善对对子，在平江一带有"神对"之称。李元度瘦瘦的，戴一副深度近视眼镜，是一个弱不禁风的文人。但他偏偏要走军功之路，在众人都不情愿的时候，他一人襄助曾氏。按理说，李元度是曾氏的患难之交，曾氏对他应特别照顾才是，但事情往往有出于常理者。曾氏后来格外恼恨李元度，不但将李逐出湘军，甚至连别人重用李，他也要上疏参劾。为什么会弄成这种局面？笔者在后面再来慢慢细说。

致诸弟（前二品侍郎获赏三品顶戴）

咸丰四年八月十一日

澄侯、温甫、子植、季洪四弟足下：

久未遣人回家，家中自唐二、维五等到后亦无信来，想平安也。

余于二十九日自新堤移营，八月初一日至嘉鱼县。初五日自坐小舟至牌洲看阅地势，初七日即将大营移驻牌洲。水师前营、左营、中营自又七月二十三日驻扎金口。二十七日贼匪水陆上犯，我陆军未到，水军两路堵之。抢贼船二只，杀贼数十人，得一胜仗。罗山于十八、二十三、二十四、二十六等日得四胜仗。初四发折俱详叙之，兹付回。

初三日接上谕廷寄，余得赏三品顶戴，现具折谢恩。寄谕并折寄回。余居母丧，并未在家守制，清夜自思，局蹐不安。若仗皇上天威，江面渐次肃清，即当奏明回籍，事父祭母，稍尽人子之心。诸弟及儿侄辈务宜体我寸心，于父亲饮食起居十分检点，无稍疏忽，于母亲祭品礼仪必洁必诚，于叔父处敬爱兼至，无稍隔阂。兄弟妯娌总不可有半点不和之气。凡一家之中，勤敬二字能守得几分，未有不兴；若全无一分，未有不败。和字能守得几分，未有不兴；不和未有不败者。诸弟试在乡间将此三字于族戚人家历历验之，必以吾言为不谬也。诸弟不好收拾洁净，比我尤甚。此是败家气象。嗣后务宜细心收拾，即一纸一缕、竹头木屑，皆宜捡拾伶俐，以为儿侄之榜样。一代疏懒，二代淫泆，则必有昼睡夜坐、吸食鸦片之渐矣。四弟、九弟较勤，六弟、季弟较懒。以后勤者愈勤，懒者痛改，莫使子侄学得怠惰样子。至要至要。子侄除读书外，教之扫屋、抹桌凳、收粪、锄草，是极好之事，切不可以为有损架子而不为也。

前寄来报笋殊不佳，大约以盐菜蒸几次，又咸又苦，将笋味全夺去矣。往年寄京有报竹，今年寄营有报盐菜。此虽小事，亦足见我家妇职之不如老辈也，因便付及，一笑。烦禀堂上大人。余不一一。

兄国藩手草

坐小舟至京口看营，船太动摇，故不成字。

点评：前二品侍郎获赏三品顶戴

曾氏此时随水师中营驻扎在湖北金口镇，下距湖北省垣仅六十来里。一场大仗在即，而曾氏的家信却以很大的篇幅来谈"奏明回籍，事父祭母，稍尽人子之心"，及"勤""敬""和"三字，并谆谆叮嘱家中子侄除读书外，还要扫屋、抹桌凳、收粪、锄草，不可摆官宦人家的架子。

谨遵礼法，严格家教，这无疑是曾氏的一贯作风，于这一层表象之外，我们还可以再看出点什么吗？笔者以为，此信还透露出这样一个消息：截至八月中旬，亦即武昌之役打响之前，曾氏本人尚未有"收复江宁，荡平妖氛"的远大抱负，他只想在取得阶段性成果后，见好就收，回籍守制，静候明年服阕复官。

曾氏当时已经四十四岁，且身体并不强壮，出自书斋，对军旅并不内行，这些原因都使得曾氏不可能将自己列入"平乱"之才中。湘军毕竟是临时性的团练，且出省之前战事败多胜少，也很难将它看做一支能收复江南的劲旅。曾氏见好就收的想法，在当时来说，应属明智之举。除此外，可能还有一个隐蔽于心中的原因。

笔者猜想，这问题出在打下岳州后，朝廷的赏赉上。

曾氏在多次败仗后，终于在七月下旬打下岳州府，并肃清岳州城周边地区，这是湘军水陆二师自组建以来所取得的最大一次胜利。这次战役过程中，他曾两次驰奏捷报，喜悦之情难以自抑。而朝廷对他的奖励，只是"着赏给三品顶戴"。曾氏在京时已是礼部侍郎，正二品，"三品顶戴"的赏赐对他来说，已不是奖励。是不是那时朝廷就已经因对《讨粤匪檄》的不快而对他怀有猜忌，有意压抑他呢？应该说也还为时早了点。打下岳州是曾氏和湘军的大胜，但在朝廷看来，还算不了什么。此刻朝廷盼望的是有更多人为它卖命，为它收复失地。奖赏曾氏以激励他人，是朝廷思考问题的主要出发点。既如此，为什么不给曾氏更大的奖赏呢？笔者以为，这主要是限于制度的原因。曾氏已是在籍守制之人，原先的职务与品级都已不存在，他已是无品无级的布衣，所以不必考虑他原先的品衔，而给以三品顶戴，从一般情理而言，也可以说得过去。但此刻是什么时候，怎么能循常情常理？曾氏若从这个角度来想，心里便会很不愉快：这个湘军的统领还有什么当头？千辛万苦，置生死于度外地带兵打仗，即便再打胜仗，朝廷也将你当一个布衣身份看待，下一步的奖励也不过二品而已；回家舒舒服服地呆着，再过一年释服后不也是一个正二品侍郎吗？曾氏尽管追慕圣人，但他不是圣人，他一定会有这种常人之虑的。

致诸弟（只做了七天署理湖北巡抚）

咸丰四年九月十三日

澄、温、沅、季四位老弟左右：

二十五日着胡二等送家信，报收复武汉之喜。二十七日具折奏捷。初一日，制台杨慰农（霈）到鄂相会。是日又奏二十四夜焚襄河贼舟之捷。初七日奏三路进兵之折。其日酉刻，杨载福、彭玉麟等率水师六十余船前往下游剿贼。初九日，前次谢恩折奉朱批回鄂。初十日，彭四、刘四等来营。进攻武汉三路进剿之折，奉朱批到鄂。十一日，武汉克复之折奉朱批、廷寄、谕旨等件。兄署湖北巡抚，并赏戴花翎。兄意母丧未除，断不敢受官职。若一经受职，则二年来之苦心孤诣，似全为博取高官美职，何以对吾母于地下？何以对宗族乡党？方寸之地，何以自安？是以决计具折辞谢，想诸弟亦必以为然也。

功名之地，自古难居。兄以在籍之官，募勇造船，成此一番事业。其名震一时，自不待言。人之好名，谁不如我？我有美名，则人必有受不美之名与虽美而远不能及之名者。相形之际，盖难为情。兄惟谨慎谦虚，时时省惕而已。若仗圣主之威福，能速将江面肃清，荡平此贼，兄决意奏请回籍，事奉吾父，改葬吾母，久或三年，暂或一年，亦足稍慰区区之心，但未知圣意果能俯从否？

诸弟在家，总宜教子侄守勤敬。吾在外既有权势，则家中子弟最易流于骄，流于佚，二字皆败家之道也。万望诸弟刻刻留心，勿使后辈近于此二字。至要至要。

罗罗山于十二日拔营，智亭于十三日拔营，余十五六亦拔营东下也。余不一一。乞禀告父亲大人、叔父大人万福金安。

兄国藩手草

猞猁马褂亦宜付来，皮边冬帽亦可付来。泽儿写信太短，以后宜长些。

点评：只做了七天署理湖北巡抚

八月二十七日，湘军水陆两军联合作战，一并收复武昌、汉阳两城。作为省垣，武昌的地位远不是其他省城所可以比拟的。它素来有九省通衢之称，向为华中重镇，其军事地位更是重要。一年多前，正是因为太平军打下了武昌，才使得他们得地利之便，顺流东下，势如破竹。现在武昌、汉阳两城居然同日而下，对于整个战局来说，无疑是一个有着决定意义的重大胜利。对于曾氏本人和湘军来说，更是一个形象和命运彻底改变的转机。一时间，各种赞扬纷至沓来，湘军一洗过去备受歧视的委屈，又加之有岳州之胜作为铺垫，"善战"之名鹊起，各省对它另眼相看，朝廷也开始将重望寄托在它的身上了。这次的赏赐大为超过上次：二品顶戴，署理湖北巡抚，赏戴花翎。

相对于京师的官职而言，曾氏的品级并未提高，从侍郎到巡抚，当时的官话叫做改调，用现在的术语叫做平调，但这里有一个权力大小的问题。巡抚乃一方诸侯，在他所管辖的省内，手握民政实权，呼风唤雨，比起京师六部的侍郎来，要神气得多，何况此刻曾氏身为湘军统领，最重要的是军需粮饷的保障。湘军因不是朝廷的经制之师，没有固定的经费开支，一切靠省内各方的支持，筹饷如同化缘，曾氏常有叫花子般的苦恼，官绅亦常有被敲勒之怨恨。曾氏的诸多不舒心,湘军与绿营的诸多冲突,多半出于此。现在做了署理湖北巡抚,这些问题便都好办了。无论从哪方面来说,鄂抚一职对曾氏都是重要而及时的。但是曾氏不便立马接受,他还有顾虑。这顾虑缘于礼制。

曾氏现在是丧服在身的人。办团带勇乃出于捍卫桑梓,保一境平安,这属于事急从权,自古以来就有的,叫做"墨绖从戎",官绅各界都可理解。但若正式做朝廷命官,说闲话的人就会多了。有的的确是出于严守礼制,有的则是出于嫉妒,有的是因为有仇隙,但他们都会打着维护礼教的旗帜,令违背者处于完全被动的境地。但如果一辞再辞依然不获允准,不得已而接受的话,则各界指责之声便可大大减少,日后办事所遇到的阻力便会大为消减。于是,曾氏在九月十三日给朝廷的谢恩折中表示自己"私心万难自安"的心情,请求免掉署理湖北巡抚的职务。

其实,他根本不必多此一举。就在九月十二日,也就是他接到上谕的那一天,咸丰帝便改变了主意,又火速草拟了另一道圣旨:"曾国藩着赏给兵部侍郎衔,办理军务,毋庸署理湖北巡抚。"不久,十三日的谢恩折奉到朱批返回。朱批为这样几句话:"览。朕料汝必辞,又念及整师东下,署抚空有其名,故已降旨令汝毋庸署湖北巡抚,赏给兵部侍郎衔。汝此奏虽不尽属固执,然官衔竟不书署抚,好名之过尚小,违旨之罪甚大,着严行申饬。"

前道圣旨是九月五日下发的,距九月十二日仅仅七天。这就意味着咸丰帝只给了曾氏七天的署理湖北巡抚。倘若这道免职的命令是在看到曾氏的请辞书后,尚可以说得过去,曾氏也能保全面子,事实上不是如此。想想看,一百四十七年前的曾氏在武昌鄂抚衙门拜领到这道钦旨时,心里是怎样的一个滋味!更令他难以忍受的是接下来的"严行申饬",竟然将他的一番"孝亲苦心"毫不留情面地予以揭穿,直斥为"好名",并上升到"违旨"的高度。对于一个刚刚建立殊功的大臣,即便知道他是在玩弄假意推辞的把戏,也不宜这样上纲上线地撕破脸皮予以训斥。笔者读史至此,深感为人之奴的卑贱,并为这种主奴之间的人格不平等而悲叹!再大的官,在皇帝的眼里,你也是他的奴才,你再拼死拼活为他卖命都是应该的,你若稍有疏忽,他就可以翻脸不认人。

读者会问,咸丰皇帝为什么在短短的七天之间便突然改变了主意,这背后有什么内幕吗?正史自然对这种事讳莫如深,野史却不讲客气地抖了出来。

原来,曾氏署理湖北巡抚的消息传出后,大学士祁寯藻悄悄地向咸丰帝进言:曾国藩现为在籍侍郎,在籍侍郎不过一布衣而已。布衣登台一呼应者云集,可不是好事。这几句话使得咸丰帝猛然醒悟过来:曾国藩是一个有着相当号召力和组织力的人,他此时可以招募数万勇丁,帮助朝廷打太平军;打败太平军后,他也可以掉转矛头，直指朝廷，进而黄袍加身，自己做起皇帝来。这一点，历朝历代的皇帝都会悟得到的。除此之外，清王朝的皇帝还会有另一种警觉，那就是民族之防。自从顺治皇帝入关进京做起整个中国的主宰者以来，满洲皇室便把"非我族类，其心必异"的古训代代相传，并且有一套严密的制度加以防患，比如在全国各军事重镇安置将军、都统，这些将军、都统都是清一色的满洲人和与之有血缘相联的蒙古人。这些军事重镇中还设有满营，满营中的官兵也全是满蒙两族的。他们除镇守地方外，还兼有监视本地区绿营的重任。

曾氏是汉人，湘军是朝廷编制之外的汉人武装团体，加之《讨粤匪檄》出来以后，又有人指责曾氏是"卫道"而不是"勤王"。所有这些，对年轻的满洲皇帝来说，都是应该高度警惕的事。祁雋藻这几句话颇有些"点破英雄"的味道，于是顾不得圣谕的尊严，立即改变主意，并且小题大做，加以严饬，无非是给点颜色给曾氏看看：你只能规规矩矩勤王保朝廷，不许有半点出格犯规的行为；倘若不逊，自有至高无上的权威来制裁你！

这件事无疑深深刺激了曾氏，所以在日后不管什么时候，他都有一种如临深渊如履薄冰之恐惧感，并时时都有抽身上岸的想法。

致诸弟（享荣名而寸心兢兢）

咸丰四年十一月初七日

澄侯、温甫、子植、季洪四位老弟足下：

二十五日遣春二、维五归家，曾寄一函并谕旨奏折二册。

二十六日，水师在九江开仗获胜。陆路塔、罗之军在江北蕲州之莲花桥大获胜仗，杀贼千余人。二十八日克复广济县城。初一日在大河埔大获胜仗。初四日在黄梅城外大获胜仗。初五日克复黄梅县城。该匪数万现屯踞江岸之小池口，与九江府城相对。塔、罗之军即日追至江岸，即可水陆夹击，能将北岸扫除，然后可渡江以剿九江府城之贼。自至九江后，即可专夫由武宁以达平江、长沙。

兹因魏荫亭亲家还乡之便，付去银一百两，为家中卒岁之资。以三分计之。新屋人多，取其二以供用；老屋人少，取其一以供用。外五十两一封，以送亲族各家，即往年在京寄回之旧例也。以后我家光景略好，此项断不可缺。家中却不可过于宽裕。处此乱世，愈穷愈好。我现在军中，声名极好。所过之处，百姓爆竹焚香跪迎，送钱米猪羊来犒军者络绎不绝。以祖宗累世之厚德，使我一人食此隆报，享此荣名，寸心兢兢，且愧且慎。现在但愿官阶不再进，虚名不再张，常葆此以无咎，即是持身守家之道。至军事之成败利钝，此关乎国家之福，吾惟力尽人事，不敢存丝毫侥幸之心。诸弟禀告堂上大人，不必悬念。

冯树堂前有信来，要功牌一百张，兹亦交荫亭带归。望澄弟专差送至宝庆，妥交树堂为要。衡州所捐之部照，已交朱峻明带去。外带照千张，交郭云仙，从原奏之所指也。朱于初二日起行，江隆三亦同归。给渠钱已四十千，今年送亲族者，不必送隆三可也。余不一一。

兄国藩（书于武穴舟中）

点评：享荣名而寸心兢兢

曾氏虽失去了署理湖北巡抚，却也得到了一个兵部侍郎衔。这当然也是一个虚的，既不可能在兵部拥有现任侍郎的权力，更不可能凭着这个头衔去号令地方，只是相对于前面的"三品顶戴"而言，算是提高了一步。曾氏尽管心中不甚快慰，但毕竟朝廷还是奖赏了，更重要的是，武昌、汉阳两城的攻下，使湘军士气大涨，军心大固，从上到下跃跃欲试要夺取更大的胜利。对于军事统领来说，这份成就感是不需要什么奖赏来评估的，何况这个时候的曾氏也通过此仗而对自己能力的认识大大提高。拿下江宁，收复江南半壁河山建不世之功的信心很可能就萌生在此时。对这个前景的憧憬，一定会远远超过暂失巡抚的不快。这可以从他积极部署三路人马，水陆同时进军下游的行动中看出来。他命湖南提督塔齐布统率湘军陆师进攻兴国、大冶，此为南路；命湖北提督桂明统领鄂省绿营进攻蕲州、广济，此为北路；他自率湘军水师浮江南下，此为中路。

南路、中路进展均极顺利，兴国、大冶相继克复，水师夺取了长江要隘田家镇。乘此兵威，湘军收复广济、黄梅等县，并在长江南岸重镇九江城外摆开了战场。这段时期是曾氏军兴以来，战事最为顺畅的时候。但我们在这封信中读到的不是惯常的所谓意气发舒、得意洋洋，更没有半点趾高气扬、不可一世的味道，给人的印象是谨慎、收敛、退缩等等。你看："家中却不可过于宽裕，处此乱世，愈穷愈好。""享此荣名，寸心兢兢，且愧且慎。现在但愿官阶不再进，虚名不再张，常葆此以无咎，即是持身守家之道。""吾惟力尽人事，不敢存丝毫侥幸之心。"这些话给人的感觉都是"收"，而不是"张"。

曾氏为什么如此小心警惕，甚至给人以不近常情之感，我们且看下封信，他自己在信中作了回答。

致诸弟（无实而享大名者必有奇祸）

咸丰四年十一月二十三夜

澄侯、温甫、子植、季洪四位老弟足下：

十月二十五专人送信回家。魏荫亭归，又送一函。想先后收到。十一月二十一日，范知宝来九江，接澄弟信，具悉一切。

部监各照已交朱峻明带归矣。树堂要功牌百张，又交荫亭带归。余送朱峻明途费二十金，渠本解船来，故受之。送荫亭二十金，渠竟不受，俟有便当再寄渠。江隆三表弟来营，余念母亲之侄仅渠有子，送钱四十千。渠买盐花带归，不知已到家否？荫亭归，余寄百五十金还家，以五十周济亲族，此百金恐尚不敷家用。军中银钱，余不敢妄取丝毫也。名者，造物所珍重爱惜，不轻以予人者。余德薄能鲜，而享天下之大名，虽由高曾祖父累世积德所致，而自问总觉不称，故不敢稍涉骄奢。家中自父亲、叔父奉养宜隆外，凡诸弟及吾妻吾子吾侄吾诸女侄女辈，概愿俭于自奉，不可倚势骄人。古人谓无实而享大名者，必有奇祸。吾常常以此儆惧，故不能不详告贤弟，尤望贤弟时时教戒吾子吾侄也。

塔、罗自田家镇渡至江北后五获胜仗，九江对岸之贼遂下窜安徽境。余现泊九江河下，塔、罗渡江攻城。罗于二十一日与贼接仗，杀贼二三百，而我军亦伤亡四十余人。此在近数月内即是小有挫失，而气则未稍损也。

水师已下泊湖口，去我舟已隔六十里。二十夜，贼自江西小河内放火船百余号，实以干柴、桐油、松脂、火药，自上游乘风放下，惊我水营。两岸各千余人呐喊，放火箭、火球。其战船放炮，即随火船冲出，欲乱我阵。幸我军镇守，毫不忙乱，反用小船梭穿于火船之中，攻入贼营，烧贼船十余号，抢贼划数十号。摇撼不动，是亦可喜之事。

余身体平安，癣疾近又大愈。胡须日长且多。军中将士俱平安。余不一一，即候近佳。并恳禀告父亲大人、叔父大人福安。

兄国藩手草（书于九江舟次）

点评：无实而享大名者必有奇祸

湘军这两三个月来连克数城，一路凯歌，不仅为湘军有史以来所未有，也是朝廷自与太平军作战以来所未有。朝廷花千万银子供养、一年到头操练的八旗绿营，临到用时却不及自筹粮饷、仓促成军的团勇；以布阵扎营行军打仗为本职的将军提督等，却不及从不谙军旅之事的文员书生。京师内外朝野上下，对曾氏及湘军的赞美之声一定是洋洋盈耳不绝如缕。面对着这骤然而起的大名，曾氏的头脑异常冷静清醒。他认为自己道德浅薄才能欠缺，与眼下所享的大名比起来是名不副实。

古人曰：名满天下者，其实难副。又曰：暴得大名者不祥。真正地足以能承受满天下之名的实，是很难得到的。倘若名实之间不能平衡，难测之祸就有可能生发。故曾氏说："古人谓无实而享大名者，必有奇祸。"这样的例子史册上很多，笔者给大家说一个。

就在曾氏写这封信的时候，有一个六七岁的小男孩此刻正在跟着塾师念书。这孩子有着异于常人的聪明，书读得好，文章做得好，更兼胆大志高，真乃万里挑一的人才。他二十三岁便中进士点翰林，三十四岁便任都察院左副都御史。此人是谁，他就是著名女作家张爱玲的祖父张佩纶。张佩纶的奏疏写得特别好，尤以议兵疏格外出色，分析形势，提出对策，把握时机，调兵遣将，方方面面都说得头头是道，连元戎宿将都在他的滔滔议论面前自愧不如。张佩纶遂得"知兵"美名，天下传播，连慈禧都认为他是一个军事奇才。恰好中法战争在越南打响，慈禧便任命张佩纶为会办福建海疆事务署理船政大臣。他到任不久，法国舰队便攻打马尾港。不料这位善谈兵略的会办大臣，在真正的战火面前惊慌失措一筹莫展。他不仅不能指挥战斗，反而临阵弃逃，致使福建水师全军覆没，马尾船厂被炸，官兵伤亡七百余人。张佩纶也因此被革职戍边，遭千万人唾骂。

倘若张佩纶没有"知兵"之大名，以他一个副都御史的身份也不至于被委派到前线去做司令官，当然也就没有后来的惨相。

曾氏说："名者，造物所珍重爱惜，不轻以予人者。"这的确是饱读史鉴的明识。

湖南乡间有句俚语，说是运气来时门板都挡不住。意谓好事降临到你的头上时，你想推掉都是不行的。那么，该怎么办呢？曾氏教我们一个好办法，即自我收敛，尽量淡化矮化自己的形象，将"靶的"面积缩小，以求少中矢。他于信中要家人"俭于自奉"，"不可倚势骄人"，便是淡化矮化形象的两条具体措施。

我们还要记住他在这封信里说的另一句重要的话："军中银钱，余不敢妄取丝毫。"这种作风通常都视之为廉洁。在读此信的时候，笔者的感觉除道德层面的廉洁外，还带有被迫的"儆惧"色彩。儆惧什么？儆惧"奇祸"！孔子曰："君子有三畏，畏天命，畏大人，畏圣人之言。"过去总是批判孔夫子的这句话，说此话荒谬不经，是限制人的三道枷锁。当然，孔子"三畏"中的内容可以分析批判，但人的畏惧之心还是不能没有的。人应当畏惧道德良知，畏惧法律法规，畏惧舆情，畏惧生命。倘若什么都不畏惧，人人都无法无天，这个社会还能安宁吗？还能存在吗？

致诸弟（忍辱包羞，屈心抑志）

咸丰四年十一月二十七日

前信〔评点者按：指十一月二十三夜之信〕已封，而春二、维五于二十五日到营，接奉父大人手谕及诸弟信件，敬悉一切。

曾祖生以本境练团派费之事，而必求救于百里之外，以图免出费资，其居心不甚良善。刘东屏先生接得父大人手书，此等小事，何难一笑释之，而必展转辨论，拂大人之意？在寻常人尚不能无介介于中，况大人兼三达尊而又重以世交？言不见信，焉能不介怀耶？望诸弟曲慰父大人之意，大度含容，以颐天和，庶使游子在外得以安心治事。所有来往信件，谨遵父大人谕，即行寄还。

吾自服官及近年办理军务，中心常多郁屈不平之端，每效母亲大人指腹示儿女曰"此中蓄积多少闲气，无处发泄"。其往年诸事不及尽知，今年二月在省城河下，凡我所带之兵勇仆从人等，每次上城，必遭毒骂痛打，此四弟、季弟所亲见者。谤怨沸腾、万口嘲讥，此四弟、季弟所亲闻者。自四月以后两弟不在此，景况更有令人难堪者。吾惟忍辱包羞，屈心抑志，以求军事之万有一济。现虽屡获大胜，而愈办愈难，动辄招尤。倘赖圣主如天之福，歼灭此贼，吾实不愿久居宦场，自取烦恼。四弟自去冬以来，亦屡遭求全之毁、蜚来之谤，几于身无完肤。想宦途风味，亦深知之而深畏之矣。而温弟、季弟来书，常以保举一事疑我之有吝于四弟者，是亦不谅兄之苦衷也。

甲三从师一事，吾接九弟信，辞气甚坚，即请研生兄，以书聘之。今尚未接回信，然业令其世兄两次以家信催之，断不可更有变局。学堂以古老坪为妥。研兄居马坨铺乡中，亦山林寒苦之士，决无官场习气，尽可放心。至甲三读书，天分本低，若再以全力学八股、试帖，则他项学业必全荒废。吾决计不令其学作八股也。

曾兆安、欧阳钰皆已保举教官，日内想可奉旨。曾子庙税钱用空二百四十千之多，可由营寄省还之。应交何店，付何人手收存，下次信来，望详明示知，以便妥寄。范知宝来，言尚欠途费一千五百，比即给之。又给三千为两月工价，又给四千为归去途费。上次春二、维五归，给银四两。下次唐四、在十归，给钱八千。渠辈到营，往往言不够使用，不可信也。余不一一，统候续布。再颂澄、温、沅、季四弟近佳。

国藩再行

冯树堂一信，托速寄去。

点评：忍辱包羞，屈心抑志

曾氏在遭受屈辱挫折时，从不对人言及自己心中的苦痛，今日节节胜利的时候，反而向弟弟们大谈先前的委屈。这是为什么？不诉苦，是曾氏反复说的"好汉打脱牙和血吞"。这是一种不示人以弱不求人怜恤的强者精神，是一种化悲痛为力量跌倒后爬起来再干的倔强性格。这种血性，后来被代代有志有为的湘人所吸纳，成为一种湖湘品格而得到海内赞许。

此刻对诸弟诉衷肠，实在地说，颇带有几分胜利者扬眉吐气的成分在内，其潜台词显然为：世人看看，到底是谁行，谁不行？笔者的这个分析是有根据的。十多年后，曾氏在江宁城的两江总督衙门里，曾经和一个名叫赵烈文的幕僚有过一段坦诚的对话。这段对话记载在赵烈文的《能静居日记》中。曾氏并不隐讳地对赵烈文说，起兵之初心中的确有一股与人争高下的气蓄在胸臆间。这与之争高下的人主要的还不是洪秀全、杨秀清等人，而是湖南的官场与绿营。湘军的成功，也是被激出来的。并承认自己这种好胜之心在年轻时就有了：早年在京师做翰林时，见人人都称赞梅伯言的文章、何绍基的字，心里总有点不服气，不愿居梅、何之下，便发愤作文练字，要超过他们。文章书法都果然因此而大有长进。

这里记载的无疑是一个真实的曾氏形象。他曾多次对人说过：世上之事，有所逼有所激而成者居其半。这其实就是他自己的亲身体会。

曾氏决定请罗汝怀（字研生，湘潭人，贡生出身）做子侄辈的塾师。罗学问博洽，著述甚丰，是一个良师，但曾氏却不要其子甲三（即纪泽的乳名）跟他学作八股。八股乃应试的法定文体，曾氏如此安排，岂不存心不让儿子做官有出息？

原来，这里还有个背景。

清制，二品以上的官员，其儿子可以享受到一种待遇，即不须考试便可取得国子监资格，然后再通过朝廷的一次专门测试，便可分发部曹或地方衙门做官。

曾氏认为甲三读书天分不高，八股试帖与他项学业不可同时学好，与其花大力气去学八股试帖取得举人、进士的功名，不如一心一意去读那些于身心性命、邦国经济有实用的好书。八股误人，曾氏深知，世上也有许多人深知，但又都沉溺于其间，不是为了别的，而是为了求得一官。既然朝廷有此优待，又何必叫儿子再去将岁月荒废于其中呢？当然，以八股博得一个进士、翰林的头衔，其出身自然光彩，今后在迁升上亦顺畅些。但以丢掉实学来换取，曾氏认为不值得。后来，曾氏在战争中逐渐认识到西学西技的重要，又特为聘请两名英国教师在家教纪泽、纪鸿学英文，读洋书。那时纪泽已经三十出头，纪鸿也过了学外语的最佳年龄。两兄弟遵父命，刻苦学习两三年后便能够识英文、操英语，纪泽后来因此被朝廷选为出使英法大臣，为国家的外交事务作了许多贡献。同时代的大官子弟中，找不出第二个曾纪泽这样的人物。这自然是后话，但可以让我们知道曾氏这种重实学而不重虚名的家教，对儿子成才所起的重大作用。

致诸弟（水师大败）

咸丰五年（1855）正月初二日

澄侯、温甫、子植、季洪四位老弟足下：

久未专使回家，想家中极为悬念。王芝三等到营，得悉家中大人安福，合室平善。甚慰甚慰。

此军自破田镇后，满拟九江不日可下，不料逆贼坚守，屡攻不克。分罗山湘营至湖口，先攻梅家洲坚垒，亦不能克，而士卒力战于枪炮雨下之中，死伤甚众。盖陆路锐师，倏变为钝兵矣。水师自至湖口屡获大胜，苦战经月，伤亡亦复不少。腊月十二日，水师一百余号轻便之船、精锐之卒冲入湖口小河内。该逆顿将水卡堵塞，在内河者不能复出，在外江之老营船只多笨重难行。该逆遂将小划乘夜放火，烧去战船、民船四五十号之多。二十五日又被小划偷袭，烧去抢去各船至二三十号之多。以极盛之水师，一旦以百余号好船陷入内河，而外江水师遂觉无以自立，两次大挫；而兄之座船被失，一军耳目所在，遂觉人人惶愕，各船纷纷上驶。自九江以上之隆坪、武穴、田家镇直至蕲州，处处皆有战船，且有弃船而逃者，粮台各所之船水手尽行逃窜。此等情景，殊难为怀。现率残败之水师驻扎九江城外官牌夹，兄住罗山陆营之内，不知果能力与此贼相持否？

兄于二十五日蒙恩赏穿黄马褂，并颁赐狐皮黄马褂一件、四喜班指一个、白玉巴图鲁翎管一个、小刀一把、火镰一个，二十六夜蒙恩赏福字一幅、大小荷包三对，又有奶饼果食等件颁到军营。二十五夜之变，将班指、翎管、小刀、火镰失去。兹遣人送回黄马褂一件、福字一幅、荷包三对。兄船上所失书籍、地图、上谕、奏章及家书等件，甚为可悚；而二年以来文案信件如山，部照、实收、功牌、账目一并失去，尤为可惜。莘田叔解战船来，离大营止少一二日，竟不能到。军家胜败本属无常，而年余辛苦难补涓埃，未免心结。二十九日，罗山率湘勇渡江，剿小池口之贼，又见挫败，士气愈损。现惟力加整顿，挽回元气，不审能如意否？兹遣长夫自江西送信回家，当无梗阻。书不千一，诸惟心照。即祈代禀堂上大人，不必挂念。

兄国藩手泐

点评：水师大败

　　曾氏进入江西之后，遇到了一个对手，此人即太平天国翼王石达开。石达开文武兼资，是太平军中少有的杰出高级将领。他统率所部与湘军在江西角逐多年，使得曾氏东下江宁的军事计划严重受阻。

　　咸丰四年十二月底，湘军水师在湖口一带遭到惨败，数十号战船被太平军焚烧，连曾氏本人乘坐的帅船也被拖走，船上的一切都落入敌手。曾氏在部属的保护下，乘坐另一只小船才得以保全性命，情形至为狼狈。不仅如此，更为严重的是，进入鄱阳湖内的一部分水师被太平军截断归路，封锁在湖内，无法出来，本来一体的水师被分割为两部分，战斗力大为减弱。无奈之下，干脆将水师分为两个独立部分：长江上的部分称为外江水师，由杨载福统领；鄱阳湖内的部分称为内湖水师，由彭玉麟统领。这种局面一直维持到咸丰七年九月，内湖水师强行冲出封锁，与外江水师会合后才得以改变。

　　水师的被分割是湘军的一次重创，曾氏的事业开始从高峰上滑落，一步步向低谷走去。

致诸弟（结怨江西官场）

咸丰五年六月十六日

澄侯、温甫、子植、季洪四位老弟足下：

　　春二、维五来营，接奉父亲大人手谕并诸弟信函，敬悉一切。

　　此间自五月十三日水战获胜后，三十日，该逆七十余舟上犯至青山一带，我军出队迎敌，又获胜仗。夺回余去年所坐之拖罟船外，又夺贼战船五只，军心为之一振。六月初七日、初九夜两次风暴，营中坏船十余号，应修整者二十余号。

　　十三日派人至南康对岸之徐家埠，水陆搜剿。其地去湖口县七十里，贼匪督率土匪在该处收粮，诛求无度，民不聊生，因派水陆六百人前往搜剿。真贼十余率土匪三百人与我军接仗，仅放两排枪，该匪即败窜。追奔十余里，焚贼馆十余所，焚辎重船百余只，击毙十余人，生擒七人。十四日收队回南康。十五日，水师至湖口探看贼营情形。该匪坚匿不出，迨我军疲乏将归，逆船突出大战，我军未约定开仗，人心忙乱，遂致挫败，被该匪围去长龙船一号、舢板船二号，三船共阵亡五十余人，受伤二十余人，军士之气为之一减。

今年内湖水师共开四仗，两胜两败。湖口一关，竟难遽行打出，不胜焦灼！塔军门在九江十三日打一胜仗，杀贼三百余人，亦无益于大局也。

自义宁州失守，不特江西省城戒严，而湖南亦有东顾之忧。盖义宁与平江、浏阳接壤，贼思由此路窥伺长沙。罗山现回江西省，拟即日进攻义宁，以绝两省腹心之患。若能急急克复，则桑梓有安枕之日，否则三面受敌，湖南亦万难支持。大乱之弭，岂尽由人力，亦苍苍者有以主之耳！

余癣疾未愈，用心尤甚，夜不成寐，常恐耿耿微忱，终无补于国事，然办一日事，尽一日心，不敢片刻疏懈也。陈竹伯中丞办理军务，不惬人心，与余诸事亦多龃龉。凡共事和衷，最不易易也。澄弟近日尚在外办公事否？宜以余为戒，步门不出，谢绝一切。余食禄已久，不能不以国家之忧为忧，诸弟则尽可理乱不闻也。子侄辈总宜教之以勤，勤则百弊皆除，望贤弟留心。即问四位老弟近好。

兄国藩手草

并请四弟将此呈父亲大人前跽请福安，叔父大人均此问安。

点评：结怨江西官场

进入咸丰五年来，曾氏诸事不顺，不仅水师受挫惨重，陆战也胜少败多。除军事外，人事上也不和谐。他与江西官场不睦，彼此关系紧张。这段时期他的心绪不好，故家书中多见消极之语。他一再叮嘱诸弟不可与闻地方公事，也不要过问军营之事，甚至用很峻厉的语言指责四弟好动好表现。他教给诸弟的处世原则是理乱不闻、谢绝一切。四月初给诸弟的信上说："吾近来在外，于忍气二字加倍用功。若仗皇上天威，此事稍有了息之期，吾必杜门养疾，不愿闻官事也。"四月下旬的信上又说："军事愈办愈难，有非一言所能尽者。"可知这几个月里曾氏肚子里窝了许多愤气怨气。此气积压过多，必定要发泄出来。江西官场的总头目便成了他发泄的对象。

六月十二日，他上了一道参劾折，用严厉的措词将江西巡抚陈启迈的劣迹给一一揭露出来。对这件事，他在家信里只轻描淡写地提了两句："陈竹伯中丞办理军务不惬人心，与余诸事亦多龃龉。"

曾氏对陈启迈（字竹伯）痛恨已极，他的参折写得既详尽又尖刻，令这个赣抚几乎无地自容。

他列举了陈启迈如下几条劣迹：

一、袒护已革总兵赵如胜，将他的败仗予以掩饰，欺蒙朝廷。

二、奏保扰民凶残的已革守备吴锡光，为他掩盖罪行谎报胜仗。

三、颠倒是非。办团练抗敌者受诬，弃城馈敌者无罪。

四、在饷需及建立江西水师等事上多方刁难掣肘。

为了加重此折的分量，曾氏还特地申明自己与陈启迈系同乡同年同官翰林，一向并无嫌隙，实从江西战事考虑，恐误全局，而不得不如此。此折一上，陈启迈便丢掉了乌纱帽，连折内附带一提的臬司恽克宸也被停职反省。

表面上看，曾氏在与江西官场的斗争中取得了胜利，他肚子里的怨愤之气得到了发泄。其实，曾氏因此与江西官场的嫌隙更深了。官场上的事都是盘根错节彼此牵连的，伤了巡抚臬司，也同时就伤了不少人的切身利益。说句公允话，在当时，类似陈启迈的这些劣迹，哪个省不存在？哪个巡抚没有？差别只在程度上而已。饷需和军备上的掣肘，才是导致曾氏参劾的最主要原因。正因为这样，以后江西官场明里不跟曾氏斗，暗地里却抱成一团，与他这个"客寄虚悬"的湘军头目较劲。曾氏在江西的处境，并没有因倒了陈启迈换来文俊而得到改善。

致诸弟（让儿孙一无可恃）

咸丰五年八月二十七早

澄侯、温甫、子植、季洪老弟足下：

十四日良五、彭四回家，寄去一信，谅已收到。

嗣罗山于十六日回剿武汉，霞仙亦即同去。近接武昌信息，知李鹤人于八月初二日败挫，金口陆营被贼踏毁。胡润芝中丞于初八日被贼踏破夆山陆营，南北两岸陆军皆溃，势已万不可支。幸水师尚足自立，杨、彭屯扎沌口。计罗山一军可于九月初旬抵鄂，或者尚有转机。即鄂事难遽旋转，而罗与杨、彭水陆依护，防御于岳鄂之间，亦必可固湘省北路之藩篱也。内湖水师，自初八日以后迄未开仗，日日操演。次青尚扎湖口，周凤山尚扎九江，俱属安谧。

葛十一于初八日在湖口阵亡，现在寻购尸首，尚未觅得，已奏请照千总例赐恤。将来若购得尸骸，当为之送柩回里。如不可觅，亦必醵金寄恤其家。此君今年大病数月，甫经痊愈，尚未复元，即行出队开仗。人劝之勿出，坚不肯听，卒以力战捐躯，良可伤悯。可先告知其家也。去年腊月二十五夜之役，监印官潘兆奎与文生葛荣册（即元五）同坐一船，均报阵亡，已入奏请恤矣。顷潘兆奎竟回至江西，云是夜遇渔舟捞救得生，则葛元五或尚未死，亦不可知，不知其家人中有音耗否？

余癣疾稍愈，今年七、八两月最甚，为数年之第一次，连子字都对了。近日诸事废弛，故得略痊。余俟续布，顺问近好。

兄国藩（草于南康军中）

父亲大人前跪禀万福金安，叔父大人前敬请福安。

甲三、甲五等兄弟，总以习劳苦为第一要义。生当乱世，居家之道，不可有余财，多财则终为患害。又不可过于安逸偷惰。如由新宅至老宅，必宜常常走路，不可坐轿骑马。又常常登山，亦可以练习筋骸。仕宦之家，不蓄积银钱，使子弟自觉一无可恃，一日不勤，则将有饥寒之患，则子弟渐渐勤劳，知谋所以自立矣。

再，父亲大人于初九日大寿，此信到日，恐已在十二以后。余二十年来，仅在家拜寿一次。游子远离，日月如梭，喜惧之怀，寸心惴惴。又十一月初三日为母亲大人七旬一冥寿，欲设为道场，殊非儒者事亲之道；欲开筵觞客，又乏哀痛未忘之意。兹幸沅弟得进一阶，母亲必含笑于九京。优贡匾额，可于初三日悬挂。祭礼须极丰腆，即以祭余宴客可也。

我家挂匾，俱不讲究。如举人即用横匾"文魁"二字，进士即用横匾"进士"二字，翰林即用直匾"翰林第"（或用院字）三字，诰封用直匾"诰封光禄大夫"等字，优贡即用横匾"优贡"二字。如礼部侍郎不可用匾，盖官职所历无定也。前此用"进士及第"直匾亦属未妥。

昨接上谕，补兵部右侍郎缺。此缺二十九年八月曾署理一次，日内当具折谢恩。

澄侯弟在县何日归家？办理外事，实不易易，徒讨烦恼。诸弟在家，吾意以不干预县府公事为妥，望细心察之。即问近好。

国藩再具

点评：让儿孙一无可恃

曾氏在此信中对官宦之家提出一个治家之方，即不积蓄银钱，迫使子弟谋求自立。这的确是一剂良方，但古往今来，多数官宦之家都不这样做。其原因皆出于那种"父母心"。普天下的父母都疼爱儿女，有的父母爱儿女甚至超过爱自己，甘愿为儿女做牛做马而无怨无悔。倘若父母做牛马而能使儿女成龙凤，倒也还值得，但事实上恰恰是得到父母照顾太多的儿女往往成不了龙凤，不少人反而适得其反。这原因在哪里？就在于曾氏信上所说的"可恃"。恃者，依赖也，最让他们依赖的是家中那些钱财。人的本质上有好逸恶劳的一面。有足够的钱财让他花销，他还要吃苦做什么呢？结果，终至坐吃山空。若"一无可恃"，则逼得他们自己去奋斗。奋斗的结果，不仅让自己有了真本事，说不定还可以成就一番事业出来。

此外，打消了为儿女积蓄银钱的想法，也有利于为人父母者更好地保养自己。普通百姓可因此省掉许多劳累，至于为官宦者，则可以因此而截断一部分贪婪之念。须知世上不少贪官，其贪污聚敛的一部分原因是为了留下一笔丰厚的钱财给儿女。看清了这一点，许多贪污受贿的情事也可免于发生。

曾氏在信中不厌其烦地告诉家中各种匾额的制作形式，又特别指出官职不能用于匾上，因为官职时常在变动，而匾额宜永久悬挂。过去的秀才、举人、进士、翰林等均为出身，一旦获得，通常是不会被取消的，犹如今日的学士、硕士、博士等学位一样。请读者诸君注意信中的这样一句话："前此用'进士及第'直匾亦属未妥。"为什么"未妥"？曾氏未讲明原因，让笔者来为大家释这个疑。

原来，进士有三个等级，即一甲、二甲、三甲。一甲三名，通常叫做状元、榜眼、探花，赐进士及第。一甲三人不用朝考，直接进翰林院，状元授职修撰，榜眼、探花授职编修。二甲若干名，赐进士出身。三甲若干名，赐同进士出身。二甲、三甲参加朝考，优秀者选进翰林院充当庶吉士，其余的分别授予主事、中书、知县等职。庶吉士要在翰林院再学习三年，三年满后分别授予编修、检讨等职。

曾氏当年中的是三甲，按制度应为同进士出身。同者，等同也，有点类似后来的"相当于"的意思，比如相当于大学毕业，相当于副厅级等等。若从字面上严究起来，"同进士"实际上不是"进士"，所以当时列入三甲的人是颇为忌讳别人称他为"同进士"的。有一个传说，也不知是真是假。

曾氏幕府中有两个后进来的年轻幕僚，有一天闲聊时以对对联来互相炫耀才学。甲说"如夫人"，乙对"同进士"。甲再说"如夫人洗脚"，乙再对"同进士出身"。甲又说"看如夫人洗脚"，乙又对"赐同进士出身"。两人正对得起劲的时候，突然隔壁房间有人怒吼："胡说八道！"两个幕僚过去一看，原来是总督大人。只见总督黑着脸瞪了他们一眼，两人吓得赶紧溜出。在门外遇到一个资格老的幕僚，两个年轻人把刚才的事情告诉了他。这个老幕僚听后顿足道："你们赶快卷铺盖走吧！"年轻幕僚惊问："为什么？"老幕僚说："你们闯大祸了，总督大人正是赐同进士出身！"这两个年轻幕僚立时脸都白了，急忙收拾行李一走了之。

曾府里的老少爷们显然缺乏朝廷科举制度方面的知识，将大爷的"同进士出身"制成"进士及第"的匾，一向拘于制度的大爷当然认为不妥了。

曾氏的母亲死于咸丰二年六月，到咸丰四年九月，他的三年（实为二十七个月）的丧期已守满，按规定可以起复候补官职。信中说的"补兵部右侍郎缺"，即朝廷正式给了他一个兵部侍郎的官。曾氏道光二十九年便做了礼部侍郎，六年过后依旧只是一个侍郎，并未迁升。

致诸弟（老九得优贡）

咸丰五年九月三十日

澄侯、温甫、子植、季洪四位老弟足下：

二十六日王如一、朱梁七至营，接九月初二日家书，二十九日刘一、彭四至营，又接十六日家书，具悉一切。

沅弟优贡喜信，此间二十三日彭山屺接家信，即已闻之。二十七日得左季高书，始知其实。二十九日得家书乃详也。沅弟在省，寄书来江西大营甚便，何以未以一字报平安耶（宽十来，有一信）？在省城刊刻朱卷，应酬亲友，计非一月不能了办，十月初当可回家，为父亲叩祝大寿。各省优贡朝考，向例在明年五月，沅弟可于明年春间进京。若由浙江一途，可便道由江西至大营，兄弟聚会。吾有书数十箱在京，无人照管，沅弟此去可经理一番也。

自七月以来，吾得闻家中事有数件可为欣慰者：温弟妻妾皆有梦熊之兆，足慰祖父母于九原，一也；家中妇女大小皆纺纱织布，闻已成六七机，诸子侄读书尚不懒惰，内外各有职业，二也；阖境丰收，远近无警，此间兵事平顺，足安堂上老人之心，三也。今又闻沅弟喜音，意吾家高曾以来，积泽甚长，后人食报，更当绵绵不尽。吾兄弟年富力强，尤宜时时内省，处处反躬自责，勤俭忠厚，以承先而启后，互相勉励可也。

内湖水师久未开仗，日日操练，夜夜防守，颇为认真。周凤山统领九江陆军亦尚平安。李次青带平江勇三千在苏官渡，去湖口县十里，颇得该处士民之欢心。茶陵州土匪，间窜扰江西之莲花厅永新县境内，吉安人心震动。顷已调平江勇六百五十人前往剿办，又派水师千人往吉防堵河道，或可保全。

余癣疾迄未大愈，幸精神尚可支持。王如一等来，二十四日始到。余怒其太迟，令其即归，发途费九百六十文，家中不必加补，以为懒漫者戒。宽十在营住一个月，打发银六两，途费四千。

罗山于十四日克复崇阳后，尚无信来。罗研生兄于今日到营。纪泽、纪梁登九峰山诗，文气俱顺，且无猥琐之气，将来或皆可冀有成立也。余不一一。

兄国藩手草（书于屏风水营）

点评：老九得优贡

咸丰五年九月，曾氏的九弟沅甫（即国荃）在省城考试中考取优贡。从各省选拔生员进京师国子监读书，意味着将地方人才贡献给国家，故这些被选拔的生员称为贡生。此种制度明代就有了。清代有五种贡生，即岁贡、恩贡、拔贡、优贡、副贡，合称为五贡，均属正途出身。贡生在国子监学习期满，通过考试，再分发各地任县级官员或州县学官。

曾国荃此时三十二岁，秀才已做了八年，得一个这样的功名，并不算什么大成绩，但对曾家来说，仍是一件值得庆贺的有脸面的事。曾家五六百年无人与闻功名科目之列，到了曾氏这一代，突然石破天惊中进士点翰林，功名到了顶峰。原指望四个弟弟能接踵而来，却不料功名对曾家依旧吝啬：老四、老六苦读十多年，连个秀才也考不上，最后死了心，不再考了；老九在道光二十七年考中秀才后，又连连受阻于乡试；老幺在道光三十年中秀才后也停止不前了。也就是说，除了老大外，四个弟弟再也无人得到过举人功名，所以老九这时的优贡也可算是曾家的一桩大喜事。优贡三年一选，每次每省也不过数名，能被选中亦不容易。但此刻曾家老大正肩负着朝廷交给他的重任，老四、老六也都在湘乡办理团练，曾家在湖南的地位已是不言而喻了。身为湖南学政的刘昆是个极会做官的人（几年后便来到湖南做巡抚），是不是为了巴结曾府预备后路而对老九格外照顾？这也是很可能的事。

按惯例，老九于明年春天进京参加朝考，所以曾氏叫他走浙江一路，以便经江西时兄弟聚会。第二年春天，老九从湘乡到长沙，因战争而道路梗阻，遂放弃进京的打算，拿银子捐了个同知衔。到了这年九月，他在湖南自募一军，正式投笔从戎。

致诸弟（不置私田）

咸丰五年十二月初一夜

澄侯、温甫、子植、季洪四位老弟左右：

安五、蒋一来，接到父亲大人手谕及各书函，欣悉温弟生子之喜。至慰至慰。我祖父母生平无一缺憾之事，惟叔父一房后嗣未盛，九泉尚未满意。今叔父得抱长孙，我祖父母必含笑于地下，此实一门之庆。而叔父近年于吉公祠造屋办祭极勤极敬，今年又新造两头横屋，刚值落成之际，得此大喜，又足见我元吉太高祖庇佑后嗣，呼吸可通，洋洋如在也。

安五等途次遇贼，迂折数日始归正道。彭雪琴亦于袁州遇警，抛弃行李，与安五等同步行数百里，千辛万苦，现尚未到大营。

江省于十一月初十日临江失守，十一日瑞州失守。两府同陷，人心皇恐，不得已调九江周凤山全军前往剿办，暂解浔城之围。吾率水军及湖口、青山两处陆军尚驻南康，安稳如常。

吾今年本拟付银百两回家，以三十两奉父亲大人甘旨之需，以二十两为叔父大人含饴之需，以五十两供往年资送亲族之旧例。此时瑞、临有贼，道途阻梗，不能令长夫带银还家。昨接冯树堂信，言渠将宝庆捐功牌之银送二百两与子植，为进京之川资，不审已收到否？如已收到，即请子植先代出百金，明年来大营如数给还，或有所增加亦未可知。如未收到，即请澄侯代为挪借百金，即付还归款也。资送亲族之项，比往年略有增改，兹另开一单，祈酌之。

闻屡次长夫言及我家去年在衡阳五马冲买田一所，系国藩私分等语。并云系澄侯弟玉成其事。国藩出仕二十年，官至二品，封妻荫子，且督师于外，薄有时名。今父亲与叔父尚未分析，两世兄弟怡怡一堂，国藩无自置私田之理。况田与蒋家坳相近，尤为鄙陋。此风一开，将来澄弟必置私产于暮下，温弟必置私产于大步桥，植弟、季弟必各置私产于中沙、紫甸等处，将来子孙必有轻弃祖居而移徙外家者。昔祖父在时，每讥人家好积私财者为将败之征，又常讥驼五爹开口便言水口，达六爹开口便言桂花树，想诸弟亦熟闻之矣。内子女流不明大义，纪泽儿年幼无知，全仗诸弟教训，引入正大一路。若引之入于鄙私一路，则将来计较锱铢，局量日窄，难可挽回。子孙之贫富，各有命定。命果应富，虽无私产亦必自有饭吃；命果应贫，虽有私产多于五马冲倍蓰什佰，亦仍归于无饭可吃。兄阅历数十年，于人世之穷通得失思之烂熟。兹特备陈大略，求澄侯弟将五马冲田产为我设法出脱。或捐作元吉公祭田，或议作星冈公祭田，或转售他人，以钱项备家中日用之需。但使不为我私分之田，并不为父亲私分之田，则我之神魂为之少安，心志为之少畅。温、植、季三弟亦必力赞成吾意，至幸至慰。诸弟禀明父亲、叔父后，如何定计，望详明告我。

余身体如常，癣疾迄未大愈。营中之事尚能料理，无所疏失耳。余不一一，即问近好。

兄国藩（书于南康舟中）

□（评点者注：此处原件缺一字）冲三家、犁头三家向例各三串，今年拟添厚一、宽五各二串。

添梓坪满太婆向例三串，用银块封上写岁仪。

大舅、五舅、龙三表弟向例各三串，今年大舅八十，拟添一串。

定二、定三舅祖，荆四、荆八表叔向例各一串，今年拟添舅祖二人各一串。

兰姊、蕙妹向例各三串，今年拟添震四外甥三串。

商七、徽一表叔向例各一串，腾七表弟二串，宫九姑娘一串。

欧阳家向例六串，汪家、葛家、熊家、邓家向例各二串。

族内乞丐者共十串。

以上共用钱七十九串。如有至亲应酌添者，诸弟裁度行之。

点评：不置私田

在衡阳买私分田之事，信中虽未点明是谁买的，但从"内子女流不明大义，纪泽儿年幼无知"二句中可知这是欧阳夫人母子商议后瞒着曾氏办的事。欧阳夫人为衡阳人，在娘家买田作为本房的私产，是可以理解的。这种事在今天看来无可厚非，但在当时，却是要受指责的。其原因是黄金堂曾家是一家人，不仅曾氏五兄弟未分家，连上一辈的父、叔之间也没有分家；既未分家，所有的财产便都是一个大家庭所公有，欧阳夫人瞒着家中其他人在娘家买田置私产便是不对的。正如曾氏信中所说的，大房可以这样，其他各房都可以在其岳家置私产，那么这个家不是明未分而实已分了吗？

除了这一层思考外，曾氏还认为置田一事本就是不应该的，意即哪怕是分了家，也不应买田。这也是曾氏一贯的"不蓄积银钱给子孙"的治家思想，所以曾氏要弟弟将衡阳的田产出手，或将它捐作祭祀祖先的公田。

信后所附的为本年度的资送亲族银钱开销表。所资送的亲戚约三十家，还考虑到了族内的乞丐。七十九串钱折合银六十两，撒得这样宽，每人所得并不多。这也只是一点意思罢了，并不能改善他们的处境。

致诸弟（纪泽新婚）

咸丰六年（1856）二月初八日

澄侯、温甫、子植、季洪四位老弟左右：

正月十九日发去家信，交王发六、刘照一送回，又派戈什哈萧玉振同送，想日内可到。正月三十日、二月一日连接澄侯在长沙所发四信，具悉一切。唐四、景三等正月所送之信，至今尚未到营。

江西军事，日败坏而不可收拾。周凤山腊月四日攻克樟树，不能乘势进取临江，失此机会。后在新淦迁延十余日，正月五日复回樟镇。因浮桥难成，未遽渡剿临江，而吉安府城已于二十五日失守矣。周臬司、陈太守等坚守六十余日，而外援不至，城破之日，杀戮甚惨。伪翼王石达开，自临江至吉安督战。既破吉郡，自回临江，而遣他贼分攻赣州，以通粤东之路。如使赣郡有失，则江西之西南五府尽为贼有。北路之九、南、饶本系屡经残破之区，九江早为贼据，仅存东路数府耳。

罗山观察久攻武昌，亦不得手。现经飞函调其回江救援。但道途多梗，不知文报可达否。刘印渠一军，闻湘省将筹两月口粮，计二月初启行，不知袁州等处果能得手否。

余在南康，身体平安，癣疾已好十之七。青山陆军，正月十八日攻九江城一次，杀贼百余人。水师于二十九打败仗一次，失去战舟六号。湖口陆军于初一日打胜仗一次，杀贼七八十人。省城官绅请余晋省，就近调度。余以南康水陆不放心，尚未定也。陈锟捐官，例须专折具奏，黄、曹处之部照不可用，即日当行入奏。

纪泽儿定三月二十一日成婚。招赘之后，七日即回湘乡，尚不为久。诸事总须节省，新妇入门之日，请客亦不宜多。何者宜丰，何者宜俭，总求父大人定酌之。

纪泽儿授室太早，经书尚未读毕。上溯江太夫人来嫔之年，吾父亦系十八岁，然常就外傅读书，未久耽搁。纪泽上绳祖武，亦宜速就外傅，慎无虚度光阴。闻贺夫人博通经史，深明礼法。纪泽至岳家，须缄默寡言，循循规矩。其应行仪节，宜详问谙习，无临时忙乱，为岳母所鄙笑。少庚处，以兄礼事之。此外若见各家同辈，宜格外谦谨，如见尊长之礼。

新妇始至吾家，教以勤俭，纺绩以事缝纫，下厨以议酒食。此二者，妇职之最要者也。孝敬以奉长上，温和以待同辈。此二者，妇道之最要者也。但须教之以渐。渠系富贵子女，未习劳苦，由渐而习，则日变月化，而迁善不知；若改之太骤，则难期有恒。凡此祈诸弟　　告之。

江西各属告警，西路糜烂。子植若北上，宜走樊城，不宜走浙江；或暂不北上亦可。优贡例在礼部考试，随时皆可补考。余昔在礼部阅卷数次，熟知之也。澄侯每写家信，全无安详气象，不知何事匆忙若此？以后宜戒之。即问近好，不一一。

兄国藩（书于南康）

点评：纪泽新婚

　　湘军在江西的战局，咸丰六年时已处于全面低落。太平天国翼王石达开统率二十万人马，在赣南、赣北大展宏图，与曾氏斗智斗勇。四十六岁的朝廷侍郎，在用兵打仗这方面，明显不如这个二十六岁的广西僻乡的造反派头领。江西十三府已有八府五十多个县掌管在这个年轻的翼王手里。

　　湖北战场上，湘军亦处于不利的环境。以争夺武昌为目标，湘军和太平军一直在相互厮打着。咸丰二年十二月，太平军攻下武昌。次年正月，太平军弃武昌沿江东下。咸丰四年六月，太平军西征军再破武昌。八月下旬，湘军同日攻克武昌、汉阳两城，胡林翼被任命为湖北按察使。次年二月，太平军第三次夺回武昌，巡抚陶恩培投水死，胡林翼被擢升为湖北巡抚。将武昌从太平军手里重新夺回，便成了胡林翼及湘军的要务。

　　罗泽南本是随曾氏来到江西的，为援武昌，咸丰五年九月，他自统一军返回湖北。信中所言"罗山观察久攻武昌，亦不得手"，就是说的此事。

　　上年八月十三日的家信中对纪泽入赘表示了"断不可"的明确意见，仅仅时隔半年，此信便说纪泽"招赘之后，七日即回湘乡"，可见曾氏又同意了儿子招赘贺家。联系到当年为曾纪泽定亲时的分歧，看来，曾纪泽的妻室该定谁家，做不做上门女婿，做父亲的反而做不了主，做主的竟是爷爷和诸叔。是曾氏遵父命，还是贺家为争得纪泽及其入赘注入了巨大的投资？可怜的是这位千金之躯的贺氏小姐，第二年便因难产死在湘乡曾府黄金堂老宅。再过两年，纪泽另娶，曾贺两家的婚姻实际上也就断绝了。真个是人算不如天算，老太爷与贺家共同竭力撮合的这桩婚事，最后竟是一出悲剧！

致温弟（蜡丸隐语报军情）

咸丰六年四月初八日

温六老板左右：

　　三月二十八日，有小伙计自鄂来江，乃初九日起程者。接润之老板信三条，知雄九老板噩耗。吾邑伟人，吾店首功，何堪闻此！迪安老板新开上湘宝行，不知各伙计肯听话否？若其东来，一则恐无盘缠，二则恐润老板太单薄。小店生意萧条。次青伙计在抚州卖买较旺，梧冈伙计亦在彼帮助，邓老八、林秀三亦在彼合伙也。雪琴河里生意尚好。浙闽均有些伙计要来，尚未入境。黄虎臣老板昨往瑞州去做生意，欲与印渠老行通气，不知可得手否。

余身体平安，癣疾全愈。在省城与秋山宝店相得，特本钱太少，伙计又不得力，恐将来火食为难耳。余不一一。澄四老板三月十九发一信来，已收到矣。

开益号手具

润公老板、迪安老板、义渠宝号、吴竹宝店均此。

来伙计二人，照给白货。初七日到小店，初九日行。

点评：蜡丸隐语报军情

这是一封很奇怪的信，乍然读之，颇不知所云。好在曾氏有一篇《母弟温甫哀词》，其中有几句话好像专为解开此疑团而写的。《哀词》中说，咸丰六年春，"楚军困于江西，道闭不得通乡书，则募死士，蜡丸隐语，乞援于楚。贼亦益布金银，购民间捕索楚人致密书者，杀而榜诸衢。前后死者百辈，无得脱免。吾弟国华温甫，自湘中间关走武昌乞师，以拯江西。于是与刘腾鸿峙衡、吴坤修竹庄、普承尧钦堂，率五千人以行。而巡抚胡公奏请以温甫统领军事，出入贼地。盛暑鏖兵，凡攻克咸宁、蒲圻、崇阳、通城、新昌、上高六县，以六月三十日锐师于瑞州，由是江西、湖南始得通问"。

原来，当时江西与湖南之间的道路被太平军截断了，只能募敢死之士，用蜡丸隐语来传递信息。即便这样，也难逃过太平军的搜验，一旦获得则杀头示众，前后有上百人被杀，没有人逃脱得掉。这种情形，直到曾国华统率另一支湘勇从湖北打到江西，攻下瑞州府（即现在的高安县）后，才得以改变。

疑团解开了。这封写在四月间的信正是用的"隐语"，它被封在蜡丸之中，侥幸逃过了太平军的眼睛。此刻，收信人曾国华很可能正率兵在湖北战场上。

让我们来破译这封信。这封信用的全是商家口吻，以商喻军。润芝老板即胡林翼，"雄九老板"即罗泽南。三月初一日，罗泽南在攻打武昌时中炮子，初七日去世，噩耗即指此事。罗泽南是湘军中一个重要将领，其所率之部战斗力最强。罗之战死，对湘军来说是个极大的损失，且罗极具湖湘士人的典型性。罗出身于耕读之家，功名不顺，三十三岁才考取个秀才；带兵之前，一直做塾师。罗刻苦求学，尤究心洛闽之学，并注重将学问贯注到人生中。罗带勇时将读书之风搬到军营。时人记载罗泽南的部队白日与敌人鏖战，入夜则在帐房里诵读四书五经，往往刁斗声与读书声相杂。临终时，他对伺立一旁的部属说："乱极时站得定，才是有用之学。"此话广为传播，对有志做事的湖湘士人影响极大。罗是文人带兵的一个突出代表。

曾氏对罗甚是敬重，故有"吾邑伟人，吾店首功，何堪闻此"的叹息。

迪安老板，即李续宾。他是罗泽南的高足，罗死后由李接替其职。所以接下来曾氏要问：各部属（伙计）听他的话吗？又说，若他率部来江西的话，一则饷需问题未解决，二则恐湖北方面受影响。曾氏告诉六弟，江西的军事亦不顺，惟有彭玉麟的水师尚好。

致澄弟（藏身匿迹，不露圭角）

咸丰六年九月初十日

澄侯四弟左右：

顷接来缄，又得所寄吉安一缄，具悉一切。朱太守来我县，王、刘、蒋、唐往陪，而弟不往，宜其见怪。嗣后弟于县城省城均不宜多去。处兹大乱未平之际，惟当藏身匿迹，不可稍露圭角于外。至要至要。

吾年来饱阅世态，实畏宦途风波之险，常思及早抽身，以免咎戾。家中一切，有关系衙门者，以不与闻为妙。诸惟心照，不一一。

兄国藩再

点评：藏身匿迹，不露圭角

曾氏身处官场近二十年，又带勇打仗近四年，深知宦海风波、军营危险，故他一再希望家中父叔诸弟避开官场，不涉军事。但事实上这点很难做到，因为官场和军营对他们的吸引力太大了。

继老六温甫招勇成军来江西后，老九沅甫近期亦在湖南招兵买马，以援助江西为由，向湖南官方和士绅募集军饷。这虽不是曾氏所希望的，但他们毕竟可以做他的裨将偏师，故曾氏并不着意阻挡，从心里来说或许感到高兴。但对于老四的热心充当出头露面之士绅领袖，往来于省县衙门，曾氏却是坚持反对态度。因为老四之所以能有如此身份，完全是仗着大爷的官位权势，所谓狐假虎威耳。凡凭假借来的威风，人们通常是瞧不起的，甚或鄙视。从老四本身来说，他只想得点表面上的轻松好处，却不易看到背后的人心险恶。对大爷而言，老四所办的这些走衙门的勾当，做得好，也不能给他带来什么脸面；办得不好，社会上的唾沫则先吐到他的头上。但他又得顾及老四的面子，不便把话说得太直白，只好说处大乱之际，当藏身匿迹，不可太露圭角；又说自己都厌倦害怕，想及早抽身了。潜台词便是：你还兴高采烈地做这些干什么呢？

致沅弟（赤手空拳办大事）

咸丰六年九月十七日

沅浦九弟足下：

十七日李观察处递到家信，系沅浦弟在省城所发者。黄南兄劝捐募勇规复吉安，此豪杰之举也。南路又出此一枝劲兵，则贼势万不能支。

金田老贼癸、甲两年北犯者既已只轮不返，而曾天养、罗大纲之流亦频遭诛殛，现存悍贼惟石达开、韦俊、陈玉成数人，奔命于各处，实有日就衰落之势。所患江西民风柔弱，见各属并陷，遂靡然以为天倾地坼，不复作反正之想。不待其迫胁以从，而甘心蓄发助战，希图充当军帅、旅帅，以讹索其乡人，掳掠郡县村镇，以各肥其私橐。是以每战动盈数万人，我军为之震骇。若果能数道出师，禽斩以千万计，始则江西从逆之民有悔心，继则广东新附之贼生疑贰，而江西之局势必转，而粤贼之衰象亦愈见矣。南兄能于吉安一路出师，合瑞、袁已列为三路，是此间官绅士民所祷祀以求者也，即日当先行具奏。

沅弟能随南翁以出，料理戎事，亦足增长识力。南翁能以赤手空拳干大事而不甚着声色，弟当留心仿而效之。

夏憩兄前亦欲办援江之师，不知可与南兄同办一路否？渠系簪缨巨室，民望所归，又奉特旨援江，自不能不速图集事。惟与南兄共办一枝，则众擎易举；若另筹一路，则独力难成。沅弟若见憩翁，或先将鄙意道及，余续有信奉达也。

周凤山现在省城，余飞札调之来江。盖欲令渠统一军，峙衡统一军，一扎老营，一作游兵，不知渠已接札否？望沅弟催之速来。其现在袁州之伍化蛟、黄三清本系渠部曲，可令渠带来也。余俟续布。

国藩又及

点评：赤手空拳办大事

在日后的岁月里，曾氏与老九单独通信最多。此为老九带兵以来，曾氏给他的第一封信。信中所说的"黄南兄"即黄冕。黄字服周，号南坡，长沙人，此时已六十二岁。黄冕是个很有办事能力的人，早年在江苏做过县府一级的中低级官员，因能干很受巡抚林则徐的赏识。但黄冕为官不甚清廉，后遭人弹劾罢官充军新疆。从新疆回湖南后，黄冕一意经商，遂成湖南富商。他不同于一般商人，颇具政治眼光。曾氏办湘军，黄冕带头捐赠巨款，因此被朝廷特诏起用，任命为江西吉安知府。他筹集军饷，资助老九在湘募勇。九月初，老九募集湘勇二千人，因是为救吉安府而成军的，故命名曰吉字营。老九随即率部由湘入赣。老九的这支吉字营后来成为曾氏的嫡系，日益扩大，越战越强，最后终于建攻克江宁的首功，老九本人也从一个文弱书生成为近世著名悍将。这自是后话。

前面说过，曾氏并不希望诸弟投笔从戎，但诸弟一旦下定决心要走这条危险之路，他还是欢迎的，因为这可以壮大他的力量。再者，作为统帅，尤其是这种自行招募而成的军队的统帅，必须时刻防范部属的拥兵自重。王鑫便是一个典型的例子。而掌握在自己胞弟手中的军队，则相对来说可以放得下心。故自从温、沅带兵以来，曾氏便刻意对这两支军队加以培植。

在这封信里，曾氏要老九向黄冕学习实际办事的能力。黄冕这个人虽然口碑不太好，但他确实能干，自新疆回湘之后已一无所有，但他能转而经商，最后终于凭借财力再度崛起，的确有过人之处。在家做书生时，自然以读书做文章为主业，既要做事，便一定要学会办实事的本领。黄冕是这方面的成功人，故曾氏叮嘱"弟当留心仿而效之"。

谕纪鸿（愿子孙做君子不做大官）

咸丰六年九月二十九夜

字谕纪鸿儿：

家中人来营者，多称尔举止大方，余为少慰。凡人多望子孙为大官，余不愿为大官，但愿为读书明理之君子。勤俭自持，习劳习苦，可以处乐，可以处约。此君子也。余服官二十年，不敢稍染官宦气习，饮食起居，尚守寒素家风，极俭也可,略丰也可,太丰则吾不敢也。凡仕宦之家,由俭入奢易,由奢返俭难。尔年尚幼,切不可贪爱奢华,不可惯习懒惰。无论大家小家、士农工商,勤苦俭约,未有不兴,骄奢倦怠,未有不败。尔读书写字不可间断,早晨要早起,莫坠高曾祖考以来相传之家风。吾父吾叔,皆黎明即起,尔之所知也。

凡富贵功名,皆有命定,半由人力,半由天事。惟学作圣贤,全由自己作主,不与天命相干涉。吾有志学为圣贤,少时欠居敬工夫,至今犹不免偶有戏言戏动。尔宜举止端庄,言不妄发,则入德之基也。手谕。(时在江西抚州门外)

点评:愿子孙做君子不做大官

这封信文字虽短,然内容丰富,情意真挚,用语浅直,倾注了曾氏疼子爱子的一片慈父之心。笔者以为,此信可称得上曾氏上千封家信中最堪铭记传颂的一篇。

曾氏的小儿子纪鸿此时年方九岁。曾氏在一连生了四个女儿后,直到三十八岁才生纪鸿,对这个儿子他自然极为疼爱。

曾氏以一种较为少有的温婉语气,给九岁小儿子单独写了这样一封信,谆谆告诫儿子习劳习苦,不要沾染官家气息,保持寒素家风;读书写字不能间断,早上要早起,以此培养勤奋的习惯。曾氏希望儿子重点放在德行的修养上,不必过多地考虑功名之事,因为功名不能完全由自己做主,而德行是可以由自己来修炼的。并以举止端庄、不说妄语作为培养德行的基础。

曾氏此信的特点是不仅讲明道理,而且提出了具体的措施。这些措施都是极平易简单的,不难做到,只要坚持下去,就可以使自己一步步地向"君子"靠拢。

以极具操作性的简易行为去实现崇高远大的目标,曾氏这种

曾纪鸿家书手迹

独特的教育方法在此信里得到充分的体现。

信中"凡人多望子孙为大官,余不愿为大官,但愿为读书明理之君子"这句话,百余年来广为传颂在士人之间。自己身为大官,却不愿儿子做大官。曾氏的这种家教启迪了千千万万望子成龙的家长的心扉:"龙"不是"大官",而是君子!

谕纪泽(不可浪掷光阴)

咸丰六年十月初二日

字谕纪泽儿:

胡二等来,接尔安禀,字画尚未长进。尔今年十八岁,齿已渐长,而学业未见其益。陈岱云姻伯之子号杏生者,今年入学,学院批其诗冠通场。渠系戊戌二月所生,比尔仅长一岁,以其无父无母家渐清贫,遂尔勤苦好学,少年成名。尔幸托祖父余荫,衣食丰适,宽然无虑,遂尔酣豢佚乐,不复以读书立身为事。古人云:劳则善心生,佚则淫心生。孟子云:生于忧患,死于安乐。吾虑尔之过于佚也。新妇初来,宜教之入厨作羹,勤于纺绩,不宜因其为富贵子女不事操作。大、二、三诸女已能做大鞋否?三姑一嫂,每年做鞋一双寄余,各表孝敬之忱,各争针黹之工;所织之布,所寄衣袜等件〔评点者注:原抄本顶批"此处似有阙文"〕,余亦得察闺门以内之勤惰也。余在军中不废学问,读书写字未甚间断,惜年老眼蒙,无甚长进。尔今未弱冠,一刻千金,切不可浪掷光阴。四年所买衡阳之田,可觅人售出,以银寄营,为归还李家款。父母存,不有私财,士庶人且然,况余身为卿大夫乎?

余癣疾复发,不似去秋之甚。李次青十七日在抚州败挫,已详寄沅浦函中。现在崇仁加意整顿,三十日获一胜仗。口粮缺乏,时有决裂之虞,深用焦灼。

尔每次安禀详陈一切,不可草率,祖父大人之起居,合家之琐事,学堂之工课,均须详载。切切此谕。

点评:不可浪掷光阴

相对于九岁的小儿子而言,这封写给十八岁的大儿子的信口气要严厉些。纪泽春上完的婚,至今不过半年时间,仍处新婚燕尔时期。作为父亲的,最担心的是怕儿子沉溺于男女缱绻之中而荒废学业。故在儿子结婚不久,曾氏便劝他离家,从师求学,此信又再次叮嘱他"今未弱冠,一刻千金,切不可浪掷光阴"。并以自己为例,虽在军中亦不废学问,但年老眼蒙,无甚长进。以此告诫儿子,把握青春年华的重要性。

本来,人的一生中,惟青少年时期是最佳时光,各方面都处于上升长进的时候,一辈子的体格、品德、学问都在这个时候奠定基础。今后能不能成就一番事业,这段时期可谓起着一半的作用,另一半则取决于信念和机遇。中年之后再发奋苦学虽然也是好事,但毕竟已过生长期,所学的东西难以进入血肉之中。所以古往今来有识之士总是劝告人们要抓紧小时候的宝贵光阴,切莫虚度年华,像"少壮不努力,老大徒伤悲"、"黑发不知勤学早,白头方悔读书迟"、"莫等闲白了少年头,空悲切"这样的话,世世代代被视为金玉良言,实在是过来人的经验之语,切莫当做老生常谈。

然而在过去,又有一件事与之大相悖违,那就是早婚。男孩子十五六岁结婚较为普遍,纪泽十八岁结婚已不算太早。结婚后影响读书,这是无可否认的事实。曾氏曾经说过两句湘乡俚语:"床头添双脚,读书束高阁。"许多男孩子便因过早结婚而不思上进了。补救的方法,便是要让新郎倌充分认识到青春时刻读书求学的重要性,具体措施则是离开家,跟着外面的师傅去学习。

曾氏青少年时代,家境并不宽裕。在衡阳乡下至今还流传着这样一个故事——

曾氏的老家与衡阳接界,他少时就读于衡阳金坑乡唐氏家塾。家塾规矩,学生每月得交二十筒米,曾氏常常交不足。筒子是竹子做的,其底部通常也有寸把高。塾师汪觉庵爱其好学而怜其贫寒,在给曾氏量米时,则将竹筒倒过来,用其底部量,一面高唱:曾少爷的米,一筒,二筒……二十筒。量了二十筒,不过别人的四五筒。既为曾氏省了米,又顾全了他的脸面。

这个传说是否真实已不可考,但曾氏家境不宽裕却是实在的。其《年谱》中有这样的记载:(道光十七年)"十二月,公谋入都会试,无以为资,称贷于族戚家,携钱三十二缗以行,抵都中余三缗耳。时公车寒苦者,无以逾公矣!"

哲人说:苦难是最好的学校。曾氏大约是深知这个道理的,晚年他自撰一副联语:"世事多因忙里错,好人半从苦中来。"他将此联广为书赠门生部属,把自己的人生体会传授给社会。正因为此,曾氏深恐生长在舒适环境中的儿子走入邪路,故将"劳则善心生,佚则淫心生"、"生于忧患,死于安乐"的古训切切告诫儿子。曾氏的良苦用心,实在值得物质生活日趋富裕的今日父母们深思。

谕纪泽（先习小学及古文）

咸丰六年十一月初五日

字谕纪泽儿：

接尔安禀，字画略长进，近日看《汉书》。余生平好读《史记》、《汉书》、《庄子》、韩文四书，尔能看《汉书》，是余所欣慰之一端也。

看《汉书》有两种难处，必先通于小学、训诂之书，而后能识其假借奇字；必先习于古文辞章之学，而后能读其奇篇奥句。尔于小学、古文两者皆未曾入门，则《汉书》中不能识之字、不能解之句多矣。欲通小学，须略看段氏《说文》、《经籍纂诂》二书。王怀祖（名念孙，高邮州人）先生有《读书杂志》，中于《汉书》之训诂极为精博，为魏晋以来释《汉书》者所不能及。欲明古文，须略看《文选》及姚姬传之《古文辞类纂》二书。班孟坚最好文章，故于贾谊、董仲舒、司马相如、东方朔、司马迁、扬雄、刘向、匡衡、谷永诸传皆全录其著作；即不以文章名家者，如贾山、邹阳等四人传、严助、朱买臣等九人传、赵充国屯田之奏、韦元成议礼之疏以及贡禹之章、陈汤之奏狱，皆以好文之故，悉载巨篇。如贾生之文，既著于本传，复载于《陈涉传》、《食货志》等篇；子云之文，既著于本传，复载于《匈奴传》、《王贡传》等篇，极之充国《赞酒箴》，亦皆录入各传。盖孟坚于典雅瑰玮之文，无一字不甄采。尔将十二帝纪阅毕后，且先读列传。凡文之为昭明暨姚氏所选者，则细心读之；即不为二家所选，则另行标识之。若小学、古文二端略得途径，其于读《汉书》之道思过半矣。

世家子弟最易犯一奢字、傲字。不必锦衣玉食而后谓之奢也，但使皮袍呢褂俯拾即是，舆马仆从习惯为常，此即日趋于奢矣。见乡人则嗤其朴陋，见雇工则颐指气使，此即日习于傲矣。《书》称"世禄之家，鲜克由礼"，《传》称"骄奢淫佚，宠禄过也"。京师子弟之坏，未有不由于骄、奢二字者，尔与诸弟其戒之。至嘱至嘱。

点评：先习小学及古文

要读懂《汉书》，则必须先通训诂，先习古文。通训诂，则宜读《说文解字》、《经籍纂诂》；习古文，则宜读《文选》、《古文辞类纂》。这是曾氏为儿子读经典之作的指点津渡，带有普遍意义，对今天的读者仍具有指导性。要想攀登学问的高峰，必须先打下坚实的基础。有志于人文学科的人更宜遵照曾氏所说的办法去做。要切实弄通一字一词的意义，包括它的源流、内涵及外延；要多读别人的好文章，才有可能把自己的文章写好。学会写文章，既是为了将自己的观点表述出来，让人知道理解，同时，又是一个自我清理思路、渐进提高的过程，并不是一定要做作家才去为文。

曾氏以自己的阅历，将世家子弟堕落及遭人诟病的主要原因归纳为两个字：奢与傲。又把奢与傲最常见的表现挑了出来：贵重衣服过多，习于坐轿骑马、仆从前后跟随，即是奢侈；笑四邻农人愚陋，对雇工随便指使，即是骄傲。这些或许是这位曾府大少爷惯常的毛病，平时不自知而已，做父亲的将它上升到"奢"和"傲"来批判，以便让儿子能对此有足够的警惕。

致沅弟（分多润寡及澄心定虑）

咸丰六年十一月初七日

沅浦九弟左右：

初六日俊四等至，接二十八夜来缄，具悉二十五日业经拔营，军容整肃，至以为慰。

吉安殷富，甲于江西，又得诸绅倾诚输助，军饷自可充裕。周梧冈一军同行，如有银钱，宜分多润寡，无令己肥而人独瘠。梧冈暗于大局，不能受风浪，若扎营放哨、巡更发探、开仗分枝，究系宿将，不可多得。主事匡汝谐在吉安招勇起团，冀图袭攻郡城，闻湖南援吉之师将别出一枝，起而相应。若与弟军会合，宜善待之。

袁州既克，刘、萧等军当可进攻临江，六弟与普、刘在瑞声威亦可日振。弟与夏、黄诸兄到吉安时，或宜速行抽动，或宜久顿不移，亦当相机办理。若周军与桂、茶诸军足以自立，弟率湘人雕剿来江，兄弟年内相见，则余之所欣慰者也。军事变幻无常，每当危疑震撼之际，愈当澄心定虑，不可发之太骤。至要至嘱。

点评：分多润寡及澄心定虑

老九的吉字营此时正在向吉安进发的途中。作为大哥与统帅，曾氏向初次带兵、刚涉世办事的九弟传授几点经验：

一、与友军同行，银钱上应分多润寡，不能只顾自己而不顾他人。二、要善于看到同事的长处与短处。三、越是危急的时候，越要心思澄静，有定见定力，不可操之太急。这话与罗泽南的临终遗言"乱极时站得定，才是有用之学"为异曲同工。

曾氏所教九弟的这三条，不只是适应于带兵打仗的将领，对于从事不同门类工作的每一个读者而言，都有启发性。与人相处，要友善和睦，多看人优点，金钱上不能太斤斤计较；处危急关头时，更要注重心理调适等等。这些处世经验，对哪一个人不合适呢？

致澄弟（不妄取丝毫公款）

咸丰六年十一月二十九日

澄侯四弟左右：

二十八日，由瑞州营递到父大人手谕并弟与泽儿等信，具悉一切。

六弟在瑞州，办理一应事宜尚属妥善，识见本好，气质近亦和平。九弟治军严明，名望极振。吾得两弟为帮手，大局或有转机。次青在贵溪尚平安，惟久缺口粮，又败挫之后，至今尚未克整顿完好。雪琴在吴城名声尚好，惟水浅不宜舟战，时时可虑。

余身体平安。癣疾虽发，较之往在京师则已大减。幕府乏好帮手，凡奏折、书信、批禀均须亲手为之，以是未免有延搁耳。余性喜读书，每日仍看数十叶，亦不免抛荒军务，然非此更无以自怡也。

纪泽看《汉书》，须以勤敏行之。每日至少亦须看二十叶，不必惑于在精不在多之说。今日半页，明日数页，又明日耽搁间断，或数年而不能毕一部。如煮饭然，歇火则冷，小火则不熟，须用大柴大火乃易成也。甲五经书已读毕否？须速点速读，不必一一求熟。恐因求熟之一字，而终身未能读完经书。吾乡子弟未读完经书者甚多，此后当力戒之。诸外甥如未读毕经书，当速补之。至嘱至嘱。

再，余往年在京曾寄银回家，每年或百金或二百金不等。一以奉堂上之甘旨，一以济族戚之穷乏。自行军以来，仅甲寅冬寄百五十金。今年三月，澄弟在省城李家兑用二百金，此际实不能再寄。盖凡带勇之人，皆不免稍肥私橐。余不能禁人之不苟取，但求我身不苟取。以此风示僚属，即以此仰答圣主。今年江西艰困异常，省中官员有穷窘而不能自存者，即抚藩各衙门亦不能寄银赡家，余何敢妄取丝毫！兹寄银三十两，以二十两奉父亲大人甘旨之需，以十两奉叔父大人含饴之佐。此外，家用及亲族常例概不能寄。

澄弟与我湘潭一别之后，已若漠然不复相关，而前年买衡阳之田，今年兑李家之银，余皆不以为然。以后余之儿女婚嫁等事，弟尽可不必代管。千万千万！再候近好。

国藩再叩

点评：不妄取丝毫公款

过去在京师时，曾氏不过一拿固定薪水的官员而已，犹每年寄百两或二百两银子回家。身为带兵统帅，每月经理军饷银十几万或数十万，他反而仅只寄过一次一百五十两银子回家，这次咨啬得只寄三十两。在常人看来，带兵统帅从军饷中拿一点放自己的腰包里，既不违理，又不显形，有什么做不得的！管理曾府家政的这位四爷，大概也是这样看的。笔者原来以为，在衡阳买田是欧阳夫人和纪泽的想法，看到这封信，才知是四爷干的好事。不仅为大房买田，又自作主张在省城兑用二百两银子。四爷以为，这都不算什么，大爷随便从军饷里动点指尖就行了，他则乐得个讨好大嫂，又让自家宽裕点。不料，大爷斩钉截铁："余何敢妄取丝毫！"而且还大幅度减少寄家的银子，除父、叔外，其余亲族一概不寄；进而连对这个胞弟也不信任了："以后余之儿女婚嫁等事，弟尽可不必代管。"想当年曾四爷接到这封信后，脸上必定极为尴尬。

曾氏刚踏上仕途，便以做官发财为羞耻，带勇之初便公开申言"不怕死不爱钱"。这些话说说容易。笔者相信，古今百分之九十九的文武官员都曾经对人如此表白过。但面对着白花花的银子和红通通的鲜血，不爱钱不怕死，却的确很难很难。曾氏的难得之处，便是说到做到，即便万分保险不至于被揭发，他也不做这种违纪违法之事。这靠的什么？靠的是心性的修养。这种修养的最高境界就是慎独。慎独，即慎重地对待一人独处时的一言一行。

曾氏早年在京师研读儒先性理之学时，曾经写过一篇《君子慎独论》。特为附录，供读者参阅。

附：君子慎独论

尝谓独也者，君子与小人共焉者也。小人以其为独而生一念之妄，积妄生肆，而欺人之事成。君子懔其为独而生一念之诚，积诚为慎，而自慊之功密。其间离合几微之端，可得而论矣。

盖《大学》自格致以后，前言往行，既资其扩充，日用细故，亦深其阅历。心之际乎事者，已能剖晰乎公私；心之丽于理者，又足精研其得失。则夫善之当为，不善之宜去，早画然其灼见矣。而彼小人者，乃不能实有所见，而行其所知。于是一善当前，幸人之莫我察也，则趋焉而不决。一不善当前，幸人之莫或伺也，则去之而不力。幽独之中，情伪斯出，所谓欺也。惟夫君子者，惧一善之不力，则冥冥者有堕行；一不善之不去，则涓涓者无已时。屋漏而懔如帝天，方寸而坚如金石。独知之地，慎之又慎。此圣经之要领，而后贤所切究者也。

自世儒以格致为外求，而专力于知善知恶，则慎独之旨晦。自世儒以独体为内照，而反昧乎即事即理，则慎独之旨愈晦。要之，明宜先乎诚，非格致则慎亦失当。心必丽于实，非事物则独将失守。此入德之方，不可不辨者也。

致沅弟（规模远大与综理密微）

咸丰七年（1857）十月初四日

沅甫九弟左右：

二十二日写就一函，拟交首宅来足带省。二十二夜灯后右九、金八归，接弟十五夜所发之信，知十六日已赴吉安矣，遂不寄首宅信。屈指计弟二十四日可抵营，二十五六当专人归来，今日尚未到家，望眼又复悬悬。

九月二十四日六叔父六旬晋一冥寿，焚包致祭。科一、科四、科六亦往与祭。关秀姑娘于十九日生子。临三、昆八于十月初一日散学，拟初间即往邹至堂处读冬书，亦山先生之所荐也。枚谷先生十月中旬可散学，亦山先生不散学。科四已读《离娄》八叶，科六读至"点尔何如"，工课尚算有常。家中诸事，弟不必挂虑。

吉字中营尚易整顿否？古之成大事者，规模远大与综理密微二者阙一不可。弟之综理密微精力较胜于我。军中器械其略精者，宜另立一簿，亲自记注，择人而授之。古人以铠仗鲜明为威敌之要务，恒以取胜。刘峙衡于火器亦勤于修整，刀矛则全不讲究。余曾派褚景昌赴河南采买白蜡杆子，又办腰刀分赏各将弁，人颇爱重。弟试留心此事，亦综理之一端也。至规模宜大，弟亦讲求及之。但讲阔大者，最易混入散漫一路。遇事颠顶，毫无条理，虽大亦奚足贵？等差不紊，行之可久。斯则器局宏大，无有流弊者耳！顷胡润芝中丞来书，赞弟有曰"才大器大"四字，余甚爱之。才根于器，良为知言。

湖口贼舟于九月八日焚夺净尽，湖口梅家洲皆于初九日攻克。三年积愤，一朝雪耻，雪琴从此重游浩荡之宇。惟次青尚在坎窞之中，弟便中可与通音问也。润翁信来，仍欲奏请余出东征。余顷复信，具陈其不宜。不知可止住否？彭中堂复信一缄，由弟处寄至文方伯署，请其转递至京。或弟有书呈藩署，末添一笔亦可。李迪庵近有请假回籍省亲之意，但未接渠手信。渠之带勇，实有不可及处。弟宜常与通信，殷殷请益。

弟在营须保养身体。肝郁最易伤人，余生平受累以此，宜和易以调之也。兹着王芝三赴吉，报家中近日琐事，并问迓好。余俟续具。

兄国藩手草

外澄弟信一件，温弟信一件，羍山写信一件，陈心壶家信一件，京信一件。

点评：规模远大与综理密微

点评此信前，必须先交代一个背景。咸丰七年二月初四日，曾氏之父曾麟书病逝于老家，享年六十八岁。十一日，讣告递到曾氏驻营之地江西瑞州城。曾氏当即向朝廷奏报丁忧开缺，不等朝廷批复，便带着六弟温甫自瑞州兼程回湘。与此同时，九弟沅甫亦自吉安启程。

身为统帅，且正当军事吃紧之时，曾氏置江西军务于不顾，擅自离开前线，

曾氏旧居思云馆。曾氏居父丧时就住在这间屋子里

此种做法的确有悖常理。故当时湘赣两省官场一片哗然，纷纷指责，时为湘抚高级幕僚的左宗棠甚至破口大骂，弄得曾氏灰头灰脑的。

许多人都以为朝廷要严责曾氏，但出乎意外，朝廷并没有指责反而准假三个月，拨奠银四百两，令其假满即赴江西督办军务。曾氏再上奏坚持在家终制，朝廷仍申前谕，命其三个月后即赴江西，依旧署理兵部侍郎。待到三个月假满时，曾氏给朝廷上了一道奏折，将多年积蓄在胸的苦恼一吐为快。他说他有三大难处。一、他的军队皆为募勇，虽能保奏官阶，不能补实缺，所升的官其实是虚的。他本人虽居侍郎之位，而权势不如一提镇。二、筹饷需经地方官之手，而他无地方之权，不能号令地方官。三、头衔常变，官印也跟着常变，不能取信于人；奉朝廷命出省打仗，但朝廷又不将此与地方通气，得不到地方的支持。

就曾氏原意来讲，本希望朝廷看到这道奏折后，会体谅他的难处，即便"勇"暂不能变为"兵"，若能授一个地方实职，如巡抚、总督，那么第二、第三两大难处则迎刃而解。不料朝廷来了个"着照所请"，准他"在籍守制"。曾氏的如意算盘落空了。其实，曾氏所言皆是实情。二十多年后，王闿运撰写《湘军志》。他在阅读有关史料时发出如此感叹："夜览涤公奏，其在江西时实悲苦，令人泣下……'闻春风之怒吼，则寸心欲碎；见贼船之上驶，则绕室彷徨'。《出师表》无此沉痛。"王闿运替他说了几句公道话。

但朝廷是只叫他当奴才卖命，却并不为他办成事提供相应的条件。江忠源三年功夫，便从知县升到巡抚；胡林翼两年功夫，便从道员升为巡抚，朝廷都很大方地给了他们一方诸侯的实职。惟独曾国藩，早就是侍郎了，却一直对他吝于督抚之授。分析此中缘故，或许又可以返溯到五年前的《讨粤匪檄》上去了。

曾氏当时的心情该是何等委屈沉重！他的小女纪芬晚年自订年谱，在"咸丰七年"中有如下记载："是年二月初四日竹亭公薨。文正公在瑞州闻讣奔丧，忠襄公亦自吉安归……初，黄金堂之宅相传不吉，贺夫人即卒于是，其母亦卒于是。忠襄夫人方有身，恶之，延巫师禳祓。时文正丁艰家居，心殊忧郁。偶昼寝，闻其扰，怒斥之。未几，忠襄遂迁居焉。"

曾氏当时心情恶劣，迁怒于弟媳，几至酿成兄弟不和。这种恶劣心情源于何处，当然一是江西军事不顺，一是朝廷淡薄无情。曾氏无可奈何，只得在籍守着父母墓庐，读书课子。

八月，江西巡抚耆龄奏请起复老九回吉安。老九不是朝廷命官，无需遵三年之制，遂于九月初离家赴赣南，总领吉字营。此信即写在这个时候。

信中有两个命题颇值得我们重视。

一为："古之成大事者，规模远大与综理密微二者阙一不可。"规模远大，指的乃是大抱负、大规划、大目标。对于办大事者而言，这好比是旗帜，是方向，是北斗星座，它能使人不会满足于小得小成，也不会走入误区，不会被前进路上的各色诱惑所迷惑，一步步地引导你走向辉煌的成功。光有此还远远不行。千里之行，始于足下，万丈楼台筑于一砖一石之上。在迈向高远目标的途中，每一步路、每一件事都得做好，这靠的便是综理密微。曾氏曾亲自督促打造数百把腰刀，用以奖赠立功将领。所费不大，却让受赠者感到温暖亲切，有一种被统帅视为亲信的感觉，得此殊荣的莫不爱重珍惜。这本是一桩小小的事，但却有笼络人心、激励士气的大作用。曾氏告诉弟弟，所谓综理密微，便是从这些看似小的事上一桩一件地做好，那么你的远大规模便不至于落空。蒋介石终生极为敬服曾氏，行军打仗，一部《曾文正公全集》常带在身边。他的"不成功则成仁"的"中正魂"短剑，无疑典出于此。

二为："'才大器大'四字，余甚爱之。才根于器，良为知言。""才大器大"这四字是胡林翼称赞老九的。曾氏认为这四个字很好，固然有赞成胡之言进而肯定弟弟的一层内容在内，但更主要的乃是从原则上肯定胡的"知言"。在曾氏看来，器局最为重要，才干之大小取决于器局之大小。器局者，胸襟也，度量也，见识也，多半来自于天赋，少半来自于修炼，正如曾氏所说的："器有洪纤，因材而就。次者学成，大者天授。"（见《李忠武公神道碑铭》）古往今来，凡成就绝大事业者，必有绝大之器局；具有绝大之器局者，也必可锻炼而成绝大之才干。所以，在后来的一封信中，曾氏便明确地将"识"与"才"作了一个排列。他说：凡办大事者，以识为第一，才则次之。

世事纷纭，人事迷离，辨伪存真，洞悉先机，最为难得，也最为重要。此中本事皆源于"识"！识，是多么可贵呀！

致沅弟（将才四大端）

咸丰七年十月二十七夜

沅甫九弟左右：

二十三夜彭一归，接弟十五书，具悉一切。

吉安此时兵势颇盛。军营虽以人多为贵，而有时亦以人多为累。凡军气宜聚不宜散，宜忧危不宜悦豫。人多则悦豫，而气渐散矣。营虽多而可恃者惟在一二营，人虽多而可恃者惟在一二人。如木然，根好株好而后枝叶有所托；如屋然，柱好梁好而后椽瓦有所丽。今吉安各营，以余意揆之，自应以吉中营及老湘胡、朱等营为根株，为柱梁。此外，如长和，如湘后，如三宝，虽素称劲旅，不能不侪之于枝叶椽瓦之列。遇小敌时，则枝叶之茂椽瓦之美尽可了事；遇大敌时，全靠根株培得稳柱梁立得固，断不可徒靠人数之多气势之盛。倘使根株不稳，柱梁不固，则一枝折而众叶随之，一瓦落而众椽随之，败如山崩，溃如河决，人多而反以为累矣。史册所载战事，以人多而为害者不可胜数。近日如抚州万余人卒致败溃，次青本营不足以为根株为梁柱也；瑞州万余人卒收成功，峙衡一营足以为根株为梁柱也。弟对众营立论虽不必过于轩轾，而心中不可无一定之权衡。

来书言弁目太少，此系极要关键。吾二十二日荐曾纪仁赴吉充什长，已收用否？兹冯十五往吉，若收置厨下，亦能耐辛苦。凡将才有四大端：一曰知人善任，二曰善觇敌情，三曰临阵胆识（峙有胆，迪、厚有胆有识），四曰营务整齐。吾所见诸将于三者略得梗概，至于善觇敌情，则绝无其人。古之觇敌者，不特知贼首之性情技俩，而并知某贼与某贼不和，某贼与伪主不协。今则不见此等好手矣。贤弟当于此四大端下工夫，而即以此四大端察同僚及麾下之人才。第一、第二端不可求之于弁目散勇中，第三、第四端则末弁中亦未始无材也。

家中小大平安。葛亦山先生回家六日未来，闻其弟喉痛，或未愈耳。科一、科四、科六皆在馆。甲五课之点读尚属安静。弟可放心。尧阶于二十二来，二十八可归。洪、夏所争之地，余意欲买之。以东阳叔祖极称其好，不知可得否。胡润之中丞奏请余率水师东下，二十七日送寄谕来家。兹抄寄弟营一阅。余俟续布。弟初九日所发之信由省城转达者，亦二十七始到也。顺问近好。

兄国藩手草

亦山不在此，命科四等写一禀安帖。

点评：将才四大端

曾氏在此信中向九弟传授了几条治军的要诀。一曰军气宜聚不宜散，宜忧危不宜悦豫。组建军队的目的就是为了打仗，打仗所依赖的是战斗力，战斗力的形成决定于团体的凝聚，凝聚的要点在于聚集。那么，军气的聚集又靠的什么呢？靠的就是我们常说的铁的纪律；而与纪律相反的便是松散，它乃治军者之大敌。至于"宜忧危不宜悦豫"，乃是说的一种精神状态。士兵不是普通老百姓，普通老百姓恰恰相反，要的是悦豫而不必太忧危。士兵所从事的是你死我活的职业，需要百倍的警惕及厮杀拼搏用鲜血和生命换取胜利的心理准备，这些都与忧危相联而与悦豫无干。

在另一则杂记中，曾氏对此作了很好的说明："兵者，阴事也，哀戚之意如临亲丧，肃敬之心如承大祭，庶为近之。今以羊牛犬豕而就屠烹，见其悲啼于割剥之顷，宛转于刀俎之间，仁者将有所不忍，况以人命为浪博轻掷之物！无论其败丧也，即使幸胜，而死者相望，割头洞胸，折臂失足，血肉狼藉，日陈吾前，哀矜之不遑，喜于何有？故军中不宜有欢欣之象；有欢欣之象者，无论或为和悦，或为骄盈，终归于败而已矣。"又以战国名将田单为例。田单在即墨时，处于危急之中，将军有死之心，士卒无生之气，故大破燕军。后来攻打狄国时，田单处志得意满之时，黄金横带，征歌逐舞，有生之乐，无死之心，故被狄人所败。又引《庄子》一书中的话"两军相对，哀者胜矣"作为根据，反复阐述军中切不可骄盈嬉乐的道理。

为帮助初出茅庐的老九遴选将才，曾氏又传授自己识拔将才的经验，即从知人用人、熟悉敌情、临阵发挥和日常管理四个方面来观察识别将领之才与不才。又特别指出前两点是对较高级别的人而言，而具备后两点才能的人，即便在低级武官中也有。

在另一封给朋友的信中，曾氏对带兵之人提出了四个方面的要求，即先前评点中所提到的才堪治兵、不怕死、不急急名利、耐受辛苦。又说治兵之才，不外"公"、"明"、"勤"三个字。这里所侧重的是将领的个人修养，与前面所说的侧重于"才具"方面的相配合，可以看出曾氏"将才论"的全面观点。

致沅弟（李续宾的诀窍：暇与浑）

咸丰七年十二月初六日

沅甫九弟左右：

初四日午刻萧大满、刘得二归，接二十八日来信，借悉一切。吉水击退大股援贼，三曲滩对岸之贼空壁宵遁，看来吉安之事尚易得手。

二十九日祖母太夫人九十一冥寿，共三十三席，来祭二十一堂。地方如王如一、如二、罗十、贺柏八、王训三、陈贵三等皆来，吉公子孙外房亦来。五席海参、羊肉、蛏虷。祀事尚为诚敬。初一日，余与轩叔至三亩冲拜三舅婆八十一寿，抬盒一架，因接定二舅爹至腰里住五日。王大诚所借先大夫钱百千，收租十石者十余年，收六石九斗者又已二十年，实属子过于母。澄弟与余商："王氏父子太苦，宜焚券而蠲免之。"初三日请大诚父子祖孙来，涂券发还，令元一每年量谷二石以养其祖，量谷二石一斗分济其叔。三房下首培砂工程已办一半余。

日内作报销（其折稿下次寄吉安）。大概规模折一件、片三件，交江西耆公代为附奏。兹由萧大满等带至吉安，弟派妥人即日送江西省城，限五日送到。耆、龙、李三处并有信，接复信，专丁送家可也。

左季高待弟极关切，弟即宜以真心相向，不可常怀智术以相迎距。凡人以伪来，我以诚往，久之则伪者亦共趋于诚矣。

李迪庵新放浙中方伯，此亦军兴以来一仅见之事。渠用兵得一暇字诀。不特其平日从容整理，即其临阵，亦回翔审慎，定静安虑。弟理繁之才胜于迪庵，惟临敌恐不能如其镇静。至于与官场交接，吾兄弟患在略识世态而又怀一肚皮不合时宜，既不能硬，又不能软，所以到处寡合。迪庵妙在全不识世态，其腹中虽也怀些不合时宜，却一味浑含，永不发露。我兄弟则时时发露，终非载福之道。雪琴与我兄弟最相似，亦所如寡合也。弟当以我为戒，一味浑厚，绝不发露。将来养得纯熟，身体也健旺，子孙也受用，无惯习机械变诈，恐愈久而愈薄耳。

李云麟尚在吉安营否？其上我书，才识实超流辈，亦不免失之高亢。其弊与我略同。长沙官场，弟亦通信否？此等酬应自不可少，当力矫我之失而另立途辙。余生平制行有似萧望之、盖宽饶一流人，常恐终蹈祸机，故教弟辈制行，早蹈中和一路，勿效我之褊激也。黄子春丁外艰，大约年内回省，新任又不知何人。吾邑县运，如王、刘之没，可谓不振；迪庵之简放，可谓极盛。若能得一贤令尹来，则受福多矣。余身体平安。近日心血积亏，略似怔忡之象。上下四宅大小安好，诸儿读书如常，无劳远注。顺问近好。

兄国藩手草

点评：李续宾的诀窍：暇与浑

咸丰七年十月，李续宾（迪庵）擢升浙江布政使。李无功名，仗军功一路迁升，以一文童又未曾有一天地方官员经历的身份，骤然实授一省布政使。比起江忠源来，他的迁升虽不算太快，但从军不过五年，起点又如此之低，其擢升之骤，亦无任何人可比，故信上说"此亦军兴以来一仅见之事"。可以想见，李之政坛暴发，对当时功名利禄之徒，尤其对那些想走军功一路的人该是一个多大的震撼、多大的诱惑！此事无疑也引起曾氏兄弟的极大关注。

曾氏仔细地研究李的成功，发现了他的两个诀窍：一是用兵得一暇字诀，一是处世得一浑字诀。

曾氏用"从容整理"、"回翔审慎"、"定静安虑"来形容李用兵打仗的好整以暇。"好整以暇"对于以"紧张"、"剧烈"为特征的军人来说，乃是一个不易达到的境地，它是游刃有余、炉火纯青的自然表现。自古以来，便是对名将一种很高的赞扬。曾氏抉出李的"暇"字来，可见他对李的评价甚高。

至于"浑"字，曾氏于此感触更深。他看出李"一味浑含，永不发露"的处世态度，并用外表看来全不识世态的模样表现出来，真是绝妙得很。曾氏曾用这样的话来描述他对李的这一特征的观察："公含宏渊默，大让无形，稠人广坐，终日不发一言。"将李的处世之浑字诀来对照自己，曾氏有一个很大的提高。他说他近来常有恐惧感，担心自己将会和萧望之、盖宽饶一类人有相似命运。萧、盖均为汉时名臣，因办事过激，缺乏通融而最终被迫自杀或被人所杀。曾氏的这种心情伴随着他的整个守制期间，终于经过大省大悔而有了大彻大悟。关于这个内容，笔者将在后面的点评中详述。

致沅弟（人才第一）

咸丰七年十二月十四夜

沅甫九弟左右：

十二日正七、有十归，接弟信，备悉一切。

定湘营既至三曲滩，其营官成章鉴亦武弁中之不可多得者，弟可与之款接。

来书谓意趣不在此，则兴会索然，此却大不可。凡人作一事，便须全副精神注在此一事，首尾不懈，不可见异思迁，做这样想那样，坐这山望那山。人而无恒，终身一无所成。我生平坐犯无恒的弊病，实在受害不小。当翰林时，应留心诗字，则好涉猎它书，以纷其志。读性理书时，则杂以诗文各集，以歧其趋。在六部时，又不甚实力讲求公事。在外带兵，又不能竭力专治军事，或读书写字以乱其志意。坐是垂老而百无一成。即水军一事，亦掘井九仞而不及泉，弟当以为鉴戒。现在带勇，即埋头尽力以求带勇之法，早夜孳孳，日所思，夜所梦，舍带勇以外则一概不管。不可又想读书，又想中举，又想作州县，纷纷扰扰，千头万绪，将来又蹈我之覆辙，百无一成，悔之晚矣。

带勇之法，以体察人才为第一，整顿营规、讲求战守次之。《得胜歌》中各条，一一皆宜详求。至于口粮一事，不宜过于忧虑，不可时常发禀。弟营既得楚局每月六千，又得江局月二三千，便是极好境遇。李希庵十二来家，言迪庵意欲帮弟饷万金。又余有浙盐赢余万五千两在江省，昨盐局专丁前来禀询，余嘱其解交藩库充饷。将来此款或可酌解弟营，但弟不宜指请耳。饷项既不劳心，全副精神讲求前者数事，行有余力则联络各营，款接绅士。身体虽弱，却不宜过于爱惜，精神愈用则愈出，阳气愈提则愈盛。每日作事愈多，则夜间临睡愈快活。若存一爱惜精神的意思，将前将却，奄奄无气，决难成事。凡此皆因弟兴会索然之言而切戒之者也。弟宜以李迪庵为法，不慌不忙，盈科后进，到八九个月后，必有一番回甘滋味出来。余生平坐无恒流弊极大，今老矣，不能不教诫吾弟吾子。

邓先生品学极好，甲三八股文有长进，亦山先生亦请邓改文。亦山教书严肃，学生甚为畏惮。吾家戏言戏动积习，明年吾在家当与两先生尽改之。

下游镇江、瓜洲同日克复，金陵指日可克。厚庵放闽中提督，已赴金陵会剿，准其专折奏事。九江亦即日可复。大约军事在吉安、抚、建等府结局，贤弟勉之。吾为其始，弟善其终，实有厚望。若稍参以客气，将以致志，则不能为我增气也。营中哨队诸人气尚完固否？下次祈书及。家中四宅平安。澄弟十四日赴县吊丧。余无它事，顺问近好。

兄国藩草

点评：人才第一

这封信里曾氏给九弟谈了三点体验，均于今天的读者亦有教益。一为"凡人作一事，便须全副精神注在此一事，首尾不懈，不可见异思迁"。他接着以检讨自己来说明此种态度的重要。此处较为典型地表现了曾氏家书的风格，即在同辈及晚辈的面前，不摆架子，不惮于暴露自己的短处，让对方在一种温婉的气氛中接受自己的观点。

九弟比他小十四岁，此刻的社会地位更不能望其项背，但他给九弟写信，却从不用板着面孔教训的口吻，总是温温和和地谆谆善诱。他批评自己缺乏"恒"字，以至于垂老而百无一成，望九弟引以为戒。实事求是地说，曾氏并不缺乏"恒"，他恰恰是在"恒心"与"毅力"这些方面有大过人之处，才有他一生不寻常的业绩。但他并不是圣人，也有心思不稳定的时候，对此他敢于严格检讨。说不定他过人的"恒"、"毅"，正是他不断严格检讨后的结果。他多次将"士人当有志有识有恒"的话题赠年轻学子，足见他一贯将"恒"看得与"志"、"识"同等重要。

恒是实现目的的手段，恒是通向成功的桥梁。恒的价值即是坚持。持之以恒，宏大的目标便总有实现的那一天，辉煌的成功也总有获取的那一刻。做几桩大事，对许多人来说并不难；日日天天，年年月月，坚持做相同的小事，对所有的人来说都很难。恒心，可以说是人的素质中最为宝贵的一种。

二为"带勇之法，以体察人才为第一，整顿营规、讲求战守次之"。识人用人，是曾氏的第一长处，也是曾氏成就事业的第一诀窍。此事说来容易做时难。每一个负有头领责任的人，在理论上都知道人才的重要，因为世上的一切事都是人干出来的，有了人才就有了一切。但是，理论上知道是一回事，实际上的重视又是一回事，重视后如何去察识又是一回事，察识后如何去使用又是一回事。所以"人才学"的问题，说到底不是一个理论上的问题，而是一个技术上的问题。曾氏不仅理论上认识得明确，技术上也有一套行之有效的操作方法。这也是曾氏至今仍值得研究的原因所在。

三为"精神愈用则愈出，阳气愈提则愈盛"。这是曾氏的一个观点。他一生主张"勤"：勤奋、勤快、勤劳、勤俭。他本人也的确是做到了"勤"。且不说他的事功，仅从留下的千万言文字（其中大部分是他亲手所撰的）来看，就决不是通常人所能做到的。勤则能多做事，这点世人均无异议，而他所说的"精神愈用则愈出，阳气愈提则愈盛"，却带有点一家之言的味道，不一定为众人所普遍接受，但笔者从自己的阅历中觉得他的这个观点可以接受。此外，他所说的"勤"，亦是人的一种精神面貌，这却是不刊之论。有谁愿意跟一个懒懒散散、奄奄无气的人共事？世上又有哪件事是在懒懒散散、奄奄无气的状态下做成的？

致沅弟（在江西郁郁不得意者）

咸丰七年十二月二十一日

沅甫九弟左右：

十九日亮一等归，接展来函，具悉一切。

临江克复，从此吉安当易为力，弟黾勉为之。大约明春可复吉郡，明夏可克抚、建。凡兄所未了之事，弟能为我了之，则余之愧憾可稍减矣。

余前在江西，所以郁郁不得意者：第一不能干预民事，有剥民之权，无泽民之位，满腹诚心无处施展；第二不能接见官员，凡省中文武官僚晋接有稽，语言有察；第三不能联络绅士，凡绅士与我营款惬，则或因吃醋而获咎（万篪轩是也）。坐是数者，方寸郁郁，无以自伸。然此只坐不应驻扎省垣，故生出许多烦恼耳。弟今不驻省城，除接见官员一事无庸议外，至爱民、联绅二端皆可实心求之。现在饷项颇充，凡抽厘劝捐，决计停之。兵勇扰民，严行禁之，则吾凤昔爱民之诚心，弟可为我宣达一二矣。

吾在江西，各绅士为我劝捐八九十万，未能为江西除贼安民。今年丁忧奔丧太快，若恝然弃去，置绅士于不顾者，此余之所悔也（若少迟数日，与诸绅往复书问乃妥）。弟当为余弥缝此阙。每与绅士书札往还，或接见畅谈，具言"江绅待家兄甚厚，家兄抱愧甚深"等语。就中如刘仰素、甘子大二人，余尤对之有愧。刘系余请之带水师，三年辛苦，战功日著，渠不负吾之知，而余不克始终与共患难。甘系余请之管粮台，委曲成全，劳怨兼任，而余以丁忧遽归，未能为渠料理前程。此二人皆余所惭对，弟为我救正而补苴之。

余在外数年，吃亏受气实亦不少，他无所惭，独惭对江西绅士。此日内省躬责己之一端耳。弟此次在营境遇颇好，不可再有牢骚之气，心平志和，以迓天休。至嘱至嘱。

承寄回银二百两收到。今冬收外间银数百（袁漱六、郭雨三各二百），而家用犹不甚充裕，然后知往岁余之不寄银回家，不孝之罪，上通于天矣。澄弟于十四日赴县，二十日回家。赖古愚十七日上任。亦山先生十七日散学。邓先生尚未去。萧组田、罗伯宜并已归去。韩升亦于十七日旋省矣。

四宅大小平安。余日内心绪少佳，夜不成寐，盖由心血积亏，水不养肝之故，春来当好为调理。甲三所作八股文近颇长进，科一、四、六三人之书尚熟。二先生皆严惮，良师也。一切弟可放心。即颂年祺，不一一。

兄国藩手草

点评：在江西郁郁不得意者

曾氏自咸丰四年九月下旬进入江西境内，到咸丰七年二月奔父丧回湘，在江西呆了两年半。这两年半期间，军事进展既不大，又与江西官场闹翻，曾氏的心情不好，所以一旦接到父丧的讣告，便立即丢掉这个烂摊子不顾，匆匆回家，殊有失统帅的风度，招致多方指责。曾氏心里具体有哪些苦楚呢？这封信里，他向九弟诉说了三点：一是无地方实权，二是江西官场与他处于敌对地位，三是绅士怕与他接触。凡此种种，可见曾氏在江西实际处于一种孤立的状态。孤立无援，何能打胜仗？不能打胜仗，又造成了进一步的孤立。怪不得一向办事老成持重的他，居然做出这等毛毛躁躁的事来。但江西乃是一个烫手的山芋：拿着灼痛，丢了可惜。故曾氏回籍守丧的这些日子里，心绪并没有因离开江西而宽松，另外的一些忧愁，又更强烈地压迫着他，因而"余日内心绪少佳，夜不成寐"。

兵勇本来自百姓，但一穿上军装拿起刀枪后，便自觉在百姓之上，而百姓也的确就怕兵勇了。兵勇于是敢于欺压百姓，百姓于是也就远离兵勇。但兵勇是要靠百姓养的，所以自古以来，明事理的带兵之人都知道兵勇和百姓不能对立，消除此种对立的主要一方在兵勇。故兵不扰民，进而做到兵爱民，乃是明智将帅治军的一个重要内容。曾氏在信中叮嘱九弟"兵勇扰民，严行禁之"，又希望老九将他的"夙昔爱民之诚心"，向江西省绅民宣达。

曾氏对"爱民"之事一向是很重视的。他为此特地亲自编了一首《爱民歌》，字句通俗易懂，琅琅上口，以便让那些不识字的湘军兵勇都能懂能记，切实执行。现摘抄几段，供读者诸君欣赏欣赏：

"三军个个仔细听，行军先要爱百姓。贼匪害了百姓们，全靠官兵来救人。百姓被贼吃了苦，全靠官兵来作主。"

"第一扎营不要懒，莫走人家取门板。莫拆民房搬砖石，莫踹禾苗坏田产。莫打民间鸭和鸡，莫借民间锅和碗。莫派民夫来挖壕，莫到民间去打馆。筑墙莫拦街前路，砍柴莫砍坟上树。挑水莫挑有鱼塘，凡事都要让一步。"

"第二行路要端详，夜夜总要支帐房。莫进城市占铺店，莫向乡间借村庄……无钱莫扯道边菜，无钱莫吃便宜茶。更有一句紧要书，切莫掳人当长夫。"

"第三号令要严明，兵勇不许乱出营。走出营来就学坏，总是百姓来受害。或走大家讹钱文，或走小家调妇人。"

"军士与民如一家，千万不可欺负他。日日熟唱爱民歌，天和地和人又和。"

读到上面这些歌词，大家都会不期而然地想到工农红军的《三大纪律八项注意》。红军统帅毛泽东，从小深受湖湘文化的熏陶，甚至说过"愚于近人，独服曾文正"的话。曾氏的《爱民歌》，他是一定读过的，曾氏治军的这些规矩，他一定耳熟能详。《三大纪律八项注意》与《爱民歌》之间有些渊源关系，大致是不错的。其实，这一点都不奇怪，这就是文化的传承。后人从前人那里受到启迪，再把这种启迪应用在处理眼下的实际事务中，并加以提高上升，这便是文化的力量，也是古往今来文化发展的必由之路。

致沅弟（去机巧，求笃实）

咸丰八年（1858）正月初四夜

沅甫九弟左右：

十二月二十八日接弟二十一日手书，欣悉一切。

临江已复，吉安之克实意中事。克吉之后，弟或带中营围攻抚州，听候江抚调度；或率师随迪庵北剿皖省，均无不可。届时再行相机商酌。此事我为其始，弟善其终，补我之阙，成父之志，是在贤弟竭力而行之，无为遽怀归志也。

弟书自谓是笃实一路人，吾自信亦笃实人，只为阅历世途，饱更事变，略参些机权作用，把自家学坏了。实则作用万不如人，徒惹人笑，教人怀恨，何益之有？近日忧居猛省，一味向平实处用心，将自家笃实的本质还我真面、复我固有。贤弟此刻在外，亦急须将笃实复还，万不可走入机巧一路，日趋日下也。纵人以巧诈来，我仍以浑含应之，以诚愚应之；久之，则人之意也消。若勾心斗角，相迎相距，则报复无已时耳。

至于强毅之气，决不可无，然强毅与刚愎有别。古语云自胜之谓强。曰强制，曰强恕，曰强为善，皆自胜之义也。如不惯早起，而强之未明即起；不惯庄敬，而强之坐尸立斋；不惯劳苦，而强之与士卒同甘苦，强之勤劳不倦：是即强也。不惯有恒，而强之贞恒，即毅也。舍此而求以客气胜人，是刚愎而已矣。二者相似，而其流相去霄壤，不可不察，不可不谨。

李云麟气强识高，诚为伟器，微嫌辨论过易，弟可令其即日来家，与兄畅叙一切。

兄身体如常。惟中怀郁郁，恒不甚舒畅，夜间多不成寐，拟请刘镜湖三爷来此一为诊视。闻弟到营后体气大好，极慰极慰。

九弟媳近亦平善。元旦至新宅拜年，叔父、六弟亦来新宅。余与澄弟等初二至白玉堂，初三请本房来新宅。任尊家酬完龙愿三日，因五姊脚痛所许，初四即散，仅至女家及攸宝庵，并未烦动本房。温弟与迪庵联姻，大约正月定庚。科四前耍包铳药之纸，微伤其手，现已全愈。邓先生订十八入馆。葛先生拟十六去接。甲三姻事拟对筱房之季女，现尚未定。三女对罗山次子，则已定矣。刘詹岩先生（绎）得一见否？为我极道歉忱。黄莘翁之家属近况何如？苟有可为力之处，弟为我多方照拂之。渠为劝捐之事呕气不少，吃亏颇多也。母亲之坟，今年当觅一善地改葬。惟兄脚力太弱，而地师又无一可信者，难以下手耳。余不一一，顺问近好，诸惟心照。

国藩手具

再，带勇总以能打仗为第一义。现在久顿坚城之下，无仗可打，亦是闷事。如可移扎水东，当有一二大仗开。第弟营之勇锐气有余，沉毅不足，气浮而不敛，兵家之所忌也，尚祈细察。偶作一对联箴弟云：打仗不慌不忙，先求稳当，次求变化；办事无声无臭，既要精到，又要简捷。贤弟若能行此数语，则为阿兄争气多矣。国藩又行。

点评：去机巧，求笃实

曾氏以奉行"拙诚"二字而著称于近代。笔者有时想：倘若曾氏一辈子不离开翰林院，或者一辈子只做词臣、学政一类的官，他自谓"拙诚"，世人都可以相信。因为虽也是官，但与之打交道的是文章、学问，"拙诚"可以对付，而且也似乎要"拙"要"诚"才可以取得大成就。但他后半生专与人打交道，又绝大部分时间用在用兵打仗上，岂能"拙诚"？兵者，阴事也，用阴谋诡计，才能克敌制胜，一切都诚实坦白，还不被敌人所打败？一个从政从军的人，能有诚实可言吗？

但曾氏早年在京师做翰林时便服膺"不诚无物"的理学古训，中年后办湘军与敌人周旋，仍念念不忘一个"诚"字，不仅自己坚持，还要兄弟部属都要做到，在许多人看来，真的是一肚子书生气！笔者想，曾氏不至于迂腐到对敌方也诚这个地步，他的"诚实"是用在自己营垒中间的。在他看来，立身处世应以诚为本，在朝廷做官应诚，在外带兵也应诚，做的事情有不同，但做人的这个根本不应变。

古往今来，带兵的将帅大谈拙诚笃实的极少极少，而曾氏却以此训诫部属，并且居然还因此取得了军事上的胜利，这是中国文化史上一个奇迹。正因为此，过去不少人将他视为圣贤。

"强毅"二字，是人们所乐于称道的，尤其是从事政治、军事、商业等竞争事业的人更欣赏这两个字。因为依靠强毅，人们可以将自身的潜能最大限度地发挥出来，从而获取在一般状态下所得不到的收效。曾氏是个强毅的人。他在一则题为《勉强》的笔记中说："余观自古圣贤豪杰，多由强作而臻绝诣。《淮南子》曰'功可强成，名可强立'，《中庸》曰'或勉强而行之，及其成功一也'。近世论人者，或曰某也向之所为不如是，今强作如是，是不可信。沮自新之途而长偷情之风，莫过于此。"曾氏颇懂辩证法，知道"过犹不及"的道理，且善于划清形似事物之间的内在界限。他的这个九弟在"强毅"方面比他有过之而无不及，他深恐性格强毅的兄弟走入"刚愎"一路，故特为强调"强"之最宝贵处在自强，即自胜之强。有哲人说，人的最大的敌人其实就是自己。自我的长处短处，尤其是短处，不易看出，看出后要克服它更不容易。能战胜自己弱处的人，的确是真正的强者。

世上许多所谓的强者，往往自视过高，自信过分，容不得不同的声音，更听不得批评的意见，一副高高在上惟我独尊的架式，有形无形地拒人于千里之遥，拒真知灼见于千里之外，其结果是给事业造成危害。这种强不是强毅而是刚愎。还有这样一类的"强"者：他们成天算计的是别人，看到别人得了好处，有了成就，心里就不是味道，想方设法地给别人使一杠子，或是用歪门邪道去试图超过别人。这种强,也不是强毅,而是强梁。

老九的强毅中既有刚愎的成分,也有强梁的成分,故曾氏要对他强调自胜之道,又特为指出他的军营"锐气有余,沉毅不足"的缺陷。军营的状态就是统帅本人的状态,曾氏在这里是婉转批评九弟的浮躁、急功近利的心态。"气浮而不敛,兵家之所忌也"。其实,浮躁,不但是兵家之所忌,也是所有欲成功者之所忌。与浮躁相对的是静。"静"是中国学问中一个特别需要注意的大题目,很值得我们细加研究。

致沅弟(脚踏实地,克勤小物)

咸丰八年正月十四日

沅甫九弟左右:

十二日安五来营,寄第二号家信,谅已收到。

十三日午刻,九弟妇生一女,极为迅速。巳刻余在曾家坳,尚无信息。旋因胡二龙来,余回腰里交付,即闻接内人、四弟妇过去。少顷,龙过曾家坳,则已踏生矣。血晕约大半个时辰,服大补剂,申初全愈。仰仗祖宗福庇,此事平安,弟可放心。

治军总须脚踏实地,克勤小物,乃可日起而有功。凡与人晋接周旋,若无真意,则不足以感人;然徒有真意而无文饰以将之,则真意亦无所托之以出,《礼》所称无文不行也。余生平不讲文饰,到处行不动,近来大悟前非。弟在外办事宜随时斟酌也。

甲三十三日回家,芝生十三日复来。温弟与李家定二月十三日拨庚。龙达生解元初七、初九宿腰里,初八宿小界家中。四宅平安,不必挂念。顺问近好。

兄国藩手草

闻我水师粮台银两尚有赢余,弟营此时不阙银用,不必解往。若绅民中实在流离困苦者,亦可随便周济。兄往日在营艰窘异常,初不能放手作一事,至今追恨。弟若有宜周济之处,水师粮台尚可解银二千前往。应酬亦须放手,办在绅士百姓身上,尤宜放手也。(十四日又行)

点评:脚踏实地,克勤小物

曾氏教弟"治军总须脚踏实地,克勤小物,乃可日起而有功"。"脚踏实地"

好理解,"克勤小物"是什么意思?曾氏有一则读书笔记,标题就叫做《克勤小物》。看他是如何写的:

"古之成大业者,多自克勤小物而来。百尺之栋,基于平地;千丈之帛,一尺一寸之所积也;万石之钟,一铢一两之所累也。文王之圣,而自朝至日中昃,不遑暇食。周公仰而思之,夜以继日,幸而得之,坐以待旦。仲山甫夙夜匪懈。其勤若此,则无小无大,何事之敢慢哉?诸葛忠武为相,自杖罪以上,皆亲自临决。杜慧度为政,纤密一如治家。陶侃综理细密,虽竹头木屑皆储为有用之物。朱子谓为学须铢积寸累,为政者亦未有不由铢积寸累而克底于成者也。"

读了这段文字后,我们明白了,原来"克勤小物",乃指的是勤勤恳恳地做好一件件小事。一件件小事都努力做好了,大事业也就自然而然地成就了。

中国文化有一个很好的传统,便是实实在在不尚空谈,故而清谈之风,只行于魏晋之间的一个短暂时期,之前之后都很少看到那样一种弥漫整个社会的以说话为衡量人之高下标准的风尚。当然,"实在"得过分便是板滞,故抽象的、思辨的、探索玄虚世界的学问在中国一直不太发达,便是这个传统所带来的负面影响。不过,话要说回来,这个负面影响毕竟是次要的,对于一个社会而言,探求理论和虚空的人只需极少数便行了,绝大部分人都应该从事实际事务,故而我们提倡实干,不尚清谈。

曾氏在《克勤小物》的笔记中还认为大臣必须亲细事,对"陈平不知钱谷"的美谈提出批评,并明确地表示讨厌魏晋时期的清谈之风,说何晏之徒"流风相扇,高心而空腹,尊己而傲物,大事细事皆堕坏于冥昧之中,亲者贤者皆见拒于千里之外,以此而冀大业之成,不亦悖哉"?客观地说,"空谈"一类的活动,对于提高思辨或许有所裨益,但对于干实事的人而言,只会有妨碍而并无太多的帮助。曾氏一生不喜欢话多言辞巧的人,力主笃实勤奋。这是他的一个特点,可资今人借鉴。

致沅弟(善事的三种做法)

咸丰八年正月二十九日

沅甫九弟左右:

二十七日刘福一等四人者归,接弟信,并《二十二史》七十二套,金、史赙银三百两,具悉一切。此书十七史系汲古阁本,《宋》、《辽》、《金》、《元》系宏简录,《明史》系殿本。较之兄丙申年所购者多《明史》一种,余略相类,在吾乡已极为难得矣。吾后在京亦未另买有全史，仅添买《辽》、《金》、《元》、《明》四史及《史》、《汉》各佳本而已。《宋史》至今未办，盖阙典也。

吉贼决志不窜，将来必与浔贼同一办法，想非夏末秋初不能得手。弟当坚耐以待。迪庵去岁在浔于开濠守逻之外，间亦读书习字。弟处所掘长濠如果十分可靠，将来亦有闲隙可以偷看书籍，目前则须极力讲求濠工巡逻也。

澄弟于二十二日下县。赖明府于蝗蝻事办理极为认真，有信邀绅士去。温弟于二十五日回家。亦山先生二十二日归，二十六复来。瀛皆先生二十上学，二十二日开课，亦山亦执贽受业。甲五目疾总未甚好，右目外云如故，左目已属大好，究不能与常人一般。九弟妇体气极弱，服峻补之剂，日有起色。再过数日，应可出房照料杂事。青山二十七日暂归，余嘱其初一复来。二十八日夕接弟二十二日信，亦请青山在此多住月余，二月内必坚留之也。

周济受害绅民，非泛爱博施之谓，但偶遇一家之中杀害数口者、流转迁徙归来无食者、房屋被焚栖止靡定者，或与之数十金，以周其急。先星冈公云济人须济急时无，又云随缘布施，专以目之所触为主，即孟子所称"是乃仁术也"。若目无所触而泛求被害之家而济之，与造册发赈一例，则带兵者专行沽名之事，必为地方官所讥，且有挂小漏万之虑。弟之所见，深为切中事理。余系因昔年湖口绅士受害之惨，无力济之，故推而及于吉安，非欲弟无故而为沽名之举也。

金、史谢信此次未写，少迟再寄。李雨苍二十九日到家。孙朗青、吴贯楂均来。初四日系先大夫初周年忌辰，敬办小祥祭事。俟日内再行详布。即问近好，诸惟心照。

兄国藩手草

点评：善事的三种做法

帮助别人，奉献爱心，历来都被视为善举美事，都是应该歌颂并予以提倡的，大部分人也都具有这种与生俱来的"良知"、"良性"，但"助人"之事该如何做才是恰到好处呢？曾氏在此信中列举了三个说法。

一、孟子之说：见牛未见羊。孟子与齐宣王聊天。齐宣王说，他看到有人牵牛从他面前走过，准备去宰杀，牛哆哆嗦嗦的。他不忍心，叫人拿羊来代替这只牛。别人说你不忍心叫牛死，为什么忍心叫羊死呢？这话问得有道理，于是他自己也弄不明白了，究竟这是出于一种什么心理。孟子帮他分析，说这正是一种仁爱心理的表现。因为牛的害怕死你已经看到了，羊的恐惧，你未看到，你这是"君子远庖厨"的心态，以目见为准。如两个人都在挨饿，一人你看到了，就给他饭吃；另一个明知他也饿，但你没看到也可不理。

二、佛家之说：随缘布施。"随缘"是佛家信徒最爱用在口头上的两个字，它所包含的内容极为广泛，也很难为它定一个界说。目击时为缘随，心想到也是缘随，耳听到亦可称为随缘，一句话，凡是施主此刻所意识到的，都可以称之为随缘。他想施予就随缘，不想施予就不随缘。随缘布施，真是一个好极了的说法！

三、星冈公之说：济人须济急时无。曾氏的祖父星冈公向来是他心中崇拜的偶像，星冈公的不少话，他都奉为经典般地信仰。星冈公的这句话是说，救济人，当救济此人急难时所需而又恰好缺乏的东西，如饿了，给饭吃，冷了，给衣穿，缺钱时给他钱用。反过来，当别人不缺什么时，就不必去凑热闹。

细揣曾氏的意思，是将这三种说法合起来用，即以目击为限，以急时无为原则，来随缘布施。读者诸君以为此事该如何办方为适宜？

致沅弟（耐烦为第一要义）

咸丰八年二月十七日

沅甫九弟左右：

十四日发第八号信，交春二等带往，并带璧还金、史两处银二百二十两，想将收到。是夕接弟初七夜信，得知一切。

贵溪紧急之说确否？近日消息何如？次青非常之才，带勇虽非所长，然亦有百折不回之气。其在兄处，尤为肝胆照人，始终可感。兄在外数年，独惭无以对渠。去腊遣韩升至李家省视，其家略送仪物。又与次青约成婚姻，以申永好。目下两家儿女无相当者，将来渠或三索得男，弟之次女、三女可与之订婚。兄信已许之矣。在吉安，望常常与之通信。专人往返，想十余日可归也。但得次青生还与兄相见，则同甘苦患难诸人中，尚不至留莫大之愧歉耳。

昔耿恭简公谓居官以耐烦为第一要义，带勇亦然。兄之短处在此，屡次谆谆教弟亦在此。二十七日来书，有云"仰鼻息于傀儡膻腥之辈，又岂吾心之所乐"，此已露出不耐烦之端倪，将来恐不免于龃龉。去岁握别时，曾以惩余之短相箴，乞无忘也。

甲三《史》、《汉》、韩文二月中可看毕，三月即看《近思录》、《周易折中》、《四书汇参》等书。一则使略知立身行己之大要，一则有益于制艺也。

李雨苍于十七日起行赴鄂。渠长处在精力坚强，聪明过人，短处在举止轻佻，言语伤易，恐咏公亦未能十分垂青。澄侯弟于十五日上永丰，十九可归。温甫弟于二十一日起程，大约三月半可至吉安也。

　　九弟妇日内全愈，业在地下照料一切。展转床褥已历弥月，亦由体气素弱之故。以后再服补剂，必有大补，弟尽可放心。余不一一。

兄国藩手草

点评：耐烦为第一要义

　　做官有权有势有地位，绝大多数人都想做官。但做官也有不少麻烦事，如要迎来送往，要违心屈己，要审案看材料等等，有些人耐不了这些麻烦，就宁愿无权无势也不愿做官，如陶渊明，如王冕等等。

　　带兵和做官，本质上是一回事，都是因为拥有节制人的权力的缘故，而引人向往，但同样它也有不少麻烦事。老九个性张扬，欲望也较多，自然难以耐烦。但老九心志刚烈，我行我素，并不太注重别人对他的议论，这也是他胜过乃兄的长处。你看他那句"仰鼻息于傀儡膻腥之辈，又岂吾心之所乐"的话，是何等的心高气傲，口无遮拦！"膻腥"二字，明眼人一看就知道指的是吃牛羊肉的满蒙"胡人"。以如此大不敬的语言称呼皇亲国戚的族人，倘若有人打小报告再上纲上线的话，岂不危险！故曾氏力劝九弟要去掉这种不好的心态。

致沅弟（长傲多言为凶德）

咸丰八年三月初六日

沅甫九弟左右：

　　初三日刘福一等归，接来信，借悉一切。

　　城贼围困已久，计不久亦可攻克。惟严断文报是第一要义，弟当以身先之。

　　家中四宅平安。季弟尚在湘潭，澄弟初二日自县城归矣。余身体不适。初二日住白玉堂，夜不成寐。温弟何日至吉安？在县城、长沙等处尚顺遂否？

　　古来言凶德致败者约有二端：曰长傲，曰多言。丹朱之不肖，曰傲曰嚚讼，即多言也。历观名公巨卿，多以此二端败家丧生。余生平颇病执拗，德之傲也；不甚多言，而笔下亦略近乎嚚讼。静中默省愆尤，我之处处获戾，其源不外此二者。温弟性格略与我相似，而发言尤为尖刻。凡傲之凌物，不必定以言语加人，有以神气凌之者矣，有以面色凌之者矣。温弟之神气稍有英发之姿，面色间有蛮很之象，最易凌人。凡中心不可有所恃，心有所恃则达于面貌。以门地言，我之物望大减，方且恐为子弟之累；以才识言，近今军中炼出人才颇多，弟等亦无过人之处：皆不可恃。只宜抑然自下，一味言忠信行笃敬，庶几可以遮护旧失、整顿新气。否则，人皆厌薄之矣。沅弟持躬涉世，差为妥叶。温弟则谈笑讥讽，要强充老手，犹不免有旧习。不可不猛省！不可不痛改！闻在县有随意嘲讽之事，有怪人差帖之意，急宜惩之。余在军多年，岂无一节可取？只因傲之一字，百无一成，故谆谆教诸弟以为戒也。

九弟妇近已全好，无劳挂念。沅在营宜整刷精神，不可懈怠。至嘱。

兄国藩手草

点评：长傲多言为凶德

居丧多暇，在养病读书课子侄辈的日子里，曾氏时常对自己予以反省。他发现自己身上有两个致命的弱点：一为长傲，一为多言。这两个"凶德"给他招致了不少咎戾。衡之于史册，这两点也让不少名公巨卿因此而败家丧生。带兵的三兄弟都有这两个缺点，尤以六弟为甚，故特为将此认识写给九弟，望彼此引以为鉴。

长傲不必表现在言语上，神气面色上的长傲，也足以拒人于千里之外。多言不必一定是话多，书信文章里好议论人、好多管闲事等等，亦很令人讨厌。在心理上，要认识到天下人才很多，自己并无过人之处，从而根绝"傲"的滋生；在修养上，要尽量宽厚含浑，少讥评、少嘲讽。曾氏在给一位朋友的信中说：是非皎然于心而一言不发，劲气常抱于胸而纤毫不露。这两句话应视为他这一期间的重要体悟。

致沅弟（感怀往事，多有悔悟）

咸丰八年三月十三日

沅甫九弟左右：

初十日接初三日来书，具悉一切。

余在白玉堂住五日，初七日仍回新宅。身体总未全好。回思往事，处处感怀，而于湖口一关未得攻破，心以为恨。虽经杨、彭、二李攻破而未得目见，亦常觉梦魂萦绕于其间。此外错误之事，触端悔悟，恒少泰宇，每恨不得与弟同聚，畅叙衷曲也。尧阶初九日来，霞仙与其叔镜翁至今未来。服药亦不甚得法，心血耗亏，骤难奏效。

九弟妇全好，十二日带五妹子至新宅出行。甲三十一日晋省，备寿屏一架、寿幛一悬，送贺太太五十生日。澄侯在县，初二归来后未多出门。科一、四、六读书如常。科九亦读至"经既明"等句。四宅小大眷口平安，无劳廑念。

姚秋浦索讨贼檄文，家中竟无稿本。在外数年，一事无成。每念昔年鸿爪，便若棍然无以自安者。有始无终，内省多疚。

湖口水师刘副将（国斌）来乡，道旧叙故，略开怀抱。闻雪琴时时系念，尤为笃挚。次青眷口至章门寻视，余闻之尤用愧切。使次青去乡从军者，皆因不才而出也。若得东路大定，次青归来，握手痛谈，此心庶几少释耳。弟在吉，宜以书常致次青。余前有信求润公保之。闻润公近解万金至贵溪，奏派次青防浙一路，张皇而提挈之，次青于是乎增辉光矣。

兄国藩手草

点评：感怀往事，多有悔悟

曾氏自咸丰七年二月中旬离开江西前线回籍守丧，至今已有一年零一个月了。他在江西时，战事一直处胶着状态。他最得力的部队——水师也被分割成外江、内湖两支，战斗力大为削弱。但自他回家之后，江西军事局面却次第展开，日有起色。咸丰七年九月初，湖口县城被攻破，外江、内湖水师重新会合为一股。接下来，破小姑山、克彭泽县，又乘胜而下，连克望江、东流，直抵安庆城外，又克铜陵县。自铜陵以上，千里长江水面一律肃清。曾氏四年前在衡州府亲手创建的水师成了一支战功辉煌的劲旅，可惜的是，这种辉煌的局面并不是在他这个创始人手里获得的，而是成之于他人。在家守丧、百无一事的曾氏的心中该作何想！他常常想起这些年来的往事，对自己办理不妥的事多有悔悟，内心深处少有宁静的时刻，因而弄得心血耗亏，夜难成寐。

在这段时间里，他时常想起的有两个人：一个是彭玉麟，一个是李元度。他在给李元度的一封信中，这样充满感情地说："江西军务，刻不去怀，所以奏请终制者，实以夺情两次，乃有百世莫改之怨，至所自愧感者，上无以报圣主优容器使之恩，下无以答诸君子患难相从之义。常念足下与雪琴，皆有亟不忘者。前年因守江面，贼氛环逼，雪琴之芒鞋徒步，千里赴援，足下之力支东路，隐然巨镇。鄙人自读礼家居，回首往事，眷眷于辛苦久从之将士，尤眷眷足下与雪琴二人。"

在这封信里，他也以同样的心怀对九弟谈起彭、李二人。但后来，曾氏对李元度有大不近人情之打击，后人每说及曾李二人之间的是是非非，多护李而责曾，看来不是没有道理的。

致沅弟（以"平和"养德保身）

咸丰八年三月三十日

沅甫九弟左右：

春二、安五归，接手书，知营中一切平善，至为欣慰。

次青二月以后无信寄我，其眷属至江西不知果得一面否？弟寄接到胡中丞奏伊入浙之稿，未知果否成行？顷得耆中丞十三日书，言浙省江山、兰溪两县失守，调次青前往会剿。是次青近日声光亦渐渐脍炙人口。广信、衢州两府不失，似浙中终可无虑，未审近事究复如何？广东探报，言逆夷有船至上海，亦恐其为金陵余孽所攀援。若无此等意外波折，则洪杨股匪不患今岁不平耳。

九江竟尚未克，林启容之坚忍实不可及。闻麻城防兵于三月十日小挫一次，未知确否？弟于次青、迪、厚、雪琴等处多通音问，俾余亦略有见闻也。

家中四宅大小眷口清吉。兄病体已愈十之七八，日内并未服药，夜间亦能熟睡，至子丑以后则醒，是中年后人常态，不足异也。纪泽自省城归，二十五日到家。尧阶二十六日归去。澄侯二十七日赴永丰，为书院监课事。湘阴吴贞阶司马于二十六日来乡，是厚庵嘱其来一省视，次日归去。

余所奏报销大概规模一折，奉朱批："该部议奏。"户部奏于二月初九日。复奏言"曾国藩所拟尚属妥协"云云。至将来需用部费不下数万。闻杨、彭在华阳镇抽厘，每月可得二万，系雪琴督同凌荫庭、刘国斌等经纪其事，其银归水营杨、彭两大股分用。余偶言可从此项下设法筹出部费，贞阶力赞其议。想杨、彭亦必允从。此款有着，则余心又少一牵挂。

郭意诚信言四月当来乡一次。胡莲舫信言五月当来一次。余前荐许仙屏至杨军门处，系厚庵专人来此请荐作奏者。余荐意诚、仙屏二人，闻胡中丞荐刘小钺（芳蕙，袁州人），已为起草一次，不知尚须再请仙屏否？余因厚庵未续有缄来，故未先告仙屏也。仙屏上次有一信与余，尚未复信。若已来吉营，乞先为致意。季高处此次匆遽，尚未作书，下次决不食言。

温弟尚在吉安否？前胡二等赴吉，余信中未道及温弟事。两弟相晤时，日内必甚欢畅。温弟丰神较峻，与兄之伉直简憺虽微有不同，而其难于谐世，则殊途而同归。余常用为虑。大抵胸多抑郁，怨天尤人，不特不可以涉世，亦非所以养德；不特无以养德，亦非所以保身。中年以后，则肝肾交受其病。盖郁而不畅，则伤木；心火上烁，则伤水。余今日之目疾及夜不成寐，其由来不外乎此。故于两弟时时以平和二字相勖，幸勿视为老生常谈。至要至嘱。

朱云亭妹夫二十七日来看余疾，语及其弟存七尚无功名。兹开具履历各条，望弟即为玉成之。亲族往弟营者人数不少，广厦万间，本弟素志。第善觇国者，睹贤哲在位，则卜其将兴；见冗员浮杂，则知其将替。善觇军者亦然。似宜略为分别：其极无用者，或厚给途费遣之归里，或酌赁民房令住营外，不使军中有惰漫喧杂之象，庶为得宜。至顿兵城下为日太久，恐军气渐懈，如雨后已弛之弓，三日已腐之馔，而主者晏然，不知其不可用。此宜深察者也。附近百姓果有骚扰情事否？此亦宜深察者也。

目力极疲，此次用先大夫眼镜，故字略小，而蒙蒙者仍如故。温弟未及另缄，谅之。

兄国藩手草

点评：以"平和"养德保身

与当年丁母忧不同，此次丁父忧，曾氏于丧亲的悲痛上更多一重压抑。此压抑中既有对军事进展不顺的烦恼，也有对朝廷待遇不公平的委屈，同时也有对自己诸多失误的痛苦检讨。一年多来，曾氏一直处于一种病态之中，心血亏耗，夜不能寐，目疾严重，两眼昏眊。他一面服药调理，一面努力从源头上寻找患病的根由。"胸多抑郁，怨天尤人"这八个字，大概是自我反省后所诊断出的病源。患有此病者，不但不可以在社会上立足做事，也不可以修炼好品德，甚至还会危害身体健康。抑郁则气不舒畅，气不舒畅则伤肝（木）；怨尤则易生怒火，怒火旺则伤肾（水）。

病源找出之后，他对症下药，医以"平和"二字。从此以后，曾氏的精神境界有了一番大的提高。

此信的末一段透露当时湘军军营中的一个重要现象，即广开保举之途。一场胜仗打下来，军营中无论参与者、未参与者均获保举，军营里固然是人人沾润，皆大欢喜，但国家的制度原则却在无形中受到冲击。到了后来，湘军气势越来越大，保举之风也便越来越盛，直到泛滥无边的地步。有根本与军营无关、从来只在家种田守屋的人也获得保举,还有未成年的孩子,甚至有根本未出生、预先给他起好一个名字冒领军功牌的。这种事湘军各军营中都普遍存在,尤以老九的吉字营最为厉害。老九以此作为收买人心广结党羽的一个重要手段。同治四年(1865),在江宁打下后的某一天,曾氏与心腹幕僚赵烈文聊天时曾说过,湘军为国家建立了大功,但也为国家遗下了后患。后患之一便是在战争中所被破坏的纲纪难以重建。曾氏为妹夫之弟所开的这个"条子",其实也是在破坏纲纪。当然,他毕竟是明白人,即便在"玉成"亲戚的时候,也提醒弟弟要注意"分别"对待,以免滥到连自己都不可收拾。至于"善觇国者,睹贤哲在位,则卜其将兴;见冗员浮杂,则知其将替",自是千古名言,只不过孰为"贤哲",孰为"冗员",却不易分辨!

致沅弟（朝廷厚胡薄曾）

咸丰八年五月初五日

沅甫九弟左右:

五月二日接四月二十三寄信,借悉一切。

城贼于十七早、二十日、二十二夜均来扑我濠,如飞蛾之扑烛,多扑几次,受创愈甚,成功愈易。惟日夜巡守,刻不可懈。若攻围日久,而仍令其逃窜,则咎责匪轻。弟既有统领之名,自应认真查察,比他人尤为辛苦,乃足以资董率。九江克复,闻抚州亦已收复,建昌想亦于日内可复。吉贼无路可走,收功当在秋间,较各处独为迟滞。弟不必慌忙,但当稳围稳守,虽迟至冬间克复亦可无碍,只求全城屠戮,不使一名漏网耳。若似瑞、临之有贼外窜,或似武昌之半夜潜窜,则虽速亦为人所诟病。如似九江之斩刈殆尽,则虽迟亦无后患。愿弟忍耐谨慎,勉卒此功。至要至要。

余病体渐好,尚未全愈,夜间总不能酣睡。心中纠缠,时忆往事,愧悔憧扰,不能摆脱。四月底作先大夫祭费记一首,兹送交贤弟一阅,不知尚可用否?此事温弟极为认真,望弟另誊一本寄温弟阅看,此本仍便中寄回。盖家中抄手太少,别无副本也。四宅大小眷口平安。邓师初一日散学归去,葛师初四日归去。今年家中学生,科一进功最多,科四、科六次之,甲三又次之。甲五病目,科三在紫甸,皆未得勤课也。

弟在营所寄银回,先后均照数收到。其随处留心,数目多寡,斟酌妥善。余在外未付银至家，实因初出之时，默立此誓；又于发州县信中以"不要钱不怕死"六字自明。不欲自欺其志，而令老父在家受尽窘迫百计经营，至今以为深痛。弟之取与，与塔、罗、杨、彭、二李诸公相仿，有其不及，无或过也；尽可如此办理，不必多疑。顷与叔父各捐银五十两，积为星冈公，余又捐二十两于辅臣公，三十两于竟希公矣。若弟能于竟公、星公、竹公三世各捐少许，使修立三代祠堂，即于三年内可以兴工，是弟有功于先人，可以盖阿兄之愆矣。修祠或即用腰里新宅，或于利见斋另修，或另买田地，弟意如何，便中复示。公费则各立经管，祠堂则三代共之。此余之意也。

罗罗山夫人仙逝，余令纪泽于二十八日往吊。初一早发引，主系纪泽写，未另点朱。办理甚为热闹。初三日辅臣公生日，在吉公祠祭。黎明行礼，科一、科三、四皆往，科六未去。初二日接温弟信，系在湖北抚署所发。

九江一案，杨、李皆赏黄马褂，官、胡皆加太子少保，想弟处亦已闻之。温弟至黄安与迪庵相会后，或留营，或进京，尚未可知。

弟素体弱，比来天热，尚耐劳否？至念至念。羞饵滋补较善于药。如滋阴则海参炖鸭而加以益智仁，补阳则丽参蒸乌鸡或精肉之类。良方甚多，胜于专服水药也。不一一。

兄国藩手具

点评：朝廷厚胡薄曾

咸丰八年四月初七日，湘军水陆两军合攻九江城，克之。九江城是太平军在江西最为重要的堡垒，也是湘军军兴以来所遭遇到的防守最为坚固的一座城市。咸丰四年十一月，曾氏凭借着攻克武汉三镇沿江东下势如破竹的军威，兵临九江城下，试图一举收复此城，却不料大受挫折。驻守九江的统领是杨秀清部的悍将林启容。林启容是参加金田起义的老兄弟，不仅会打仗，又因其忠诚和爱护老百姓而得军心民心，故而能长期坚守九江，令湘军既恨之又畏之。曾氏在咸丰六年十月曾亲自写了一份告示，告示里写道："本部堂前年在九江时，统率水陆，环攻浔城，林启容兵单粮少，坚守不屈。本部堂嘉尔有强固之志。官军拔营以后，尔未尝屠杀百姓，本部堂嘉尔无殃民之罪。尔在贼党中，可谓杰出矣！"曾氏对林启容的赞赏并非完全出自分化瓦解以便招降的目的，他的内心里也的确认为林启容是个人才，在给别人的信中他也曾以赞扬的口吻提到林启容及其部下刘玱林。

人世间还是有些价值准则为大家所公认的，即便是势不两立的对手，也会因为有共同的价值取向而互相欣赏。基于此，我们便可以理解李秀成在后来被俘后，所写的自述中为什么要颂扬曾氏。李秀成的这种做法，过去一向被斥之为变节行为。其实，我们若从文化深层次中找原因的话，便可以较为客观地看待这一现象，这是因为李秀成与曾氏，在某些方面存在着共同的价值取向。

九江战役结束后，朝廷对有功者施以重赏：水师统领杨岳斌与陆师统领李续宾皆赏黄马褂，湖广总督官文、湖北巡抚胡林翼皆晋升太子少保。此种重赏对包括曾国荃、曾国华兄弟在内的带兵将领来说，无疑是一个具有极大诱惑力的钓饵，但对于在籍守制的曾氏来说，内心的郁闷则更添一重。我们先来将九江的赏赐与武昌、汉阳的赏赐作一番比较。

武昌、汉阳的地位在九江之上，攻克这两城要比攻克九江更重要，照理说，其赏赐规格要比此次高，但事实恰好相反。克武昌、汉阳后，曾氏获得的奖赏是：赏二品顶戴，署理湖北巡抚，并加恩赏戴花翎。但只有几天功夫，"署理巡抚"一事没有了，改成"兵部侍郎衔"。曾氏本就是正二品的礼部侍郎，所以，这种奖赏对他来说，等于没有奖赏。胡林翼只有从二品衔的品级，却晋升"太子少保"。太子少保是一个崇高的头衔，在当时，一个官员能得到这种荣誉，真是风光无限。胡林翼当年带领六百名黔勇隶属于曾氏部下时，不过是一个四品衔的道员而已，短短四年功夫，便擢升巡抚，获官保崇衔。相比之下，朝廷不是明显地厚胡薄曾吗？此刻，曾氏心里的失衡，是可以想象得到的。

除此以外，曾氏还有另一种压抑感。湘军本是曾氏所创，江西的军事局面也本是曾氏所打开。在曾氏的统率下，湘军收复江西各大城镇，赢得江西军事的胜利，这才是文章的顺势展开，但事情偏偏不是这样。曾氏做统帅期间，江西的军事形势是进退维谷，他离开湘军后，在胡林翼的指挥下却是捷报频传。事实不是在连连证明，他曾氏不行，胡林翼才是湘军的真正领袖吗？照这样下去，湘军要不了多久，就会攻克江宁，建不世之勋，到那时，他的草创之功便将更加黯淡无光了。对于一个把功名事业视为第一生命的人来说，面对着这种局面，其内心之郁闷是可以理解的。

致沅弟（人生适意之时不可多得）

咸丰八年五月十六日

沅甫九弟左右：

十三日安五等归，接手书，借知一切。抚、建各府克复，惟吉安较迟，弟意自不能无介介。然四方围逼，成功亦当在六七两月耳。

家中四宅眷口平安。十二日叔母寿辰，男女共九席，家人等三席。羊山先生十四日来馆，瀛皆先生十五日来馆。澄侯弟于十二晚往永丰一带吊各家之丧，均要余作挽联。余挽贺映南之夫人云：柳絮因风，闺内先芬堪继武（姓谢）；麻衣如雪，阶前后嗣总能文。挽胡信贤之母云：元女太姬，祖德溯二千余载；周姜京室，帝梦同九十三龄（胡母九十三岁）。近来精力日减，惟此事尚颇如常。澄弟谓此亦可卜其未遽衰也。

袁漱六之戚郑南乔自松江来，还往年借项二百五十两。具述漱六近状，官声极好，宪眷极渥，学问与书法并大进，江南人仰望甚至，以慰以愧。

杨家滩周俊大兄号少濂，与余同读同考，多年相好。频年先祖、先考妣之丧均来致情。昨来家中，以久试不进，欲投营博一功名，求荐至吉营。余以功牌可得，途费可赠，保举则不可必。渠若果至吉营，望弟即日填功牌送之，兼送以来往途费。如有机可假，或恰逢克复之日，则望保以从九县丞之类；若无机会，亦不勉强。以全余多年旧好。余昔在军营不妄保举，不乱用钱，是以人心不附，至今以为诟病。近日揣摩风会，一变前志。上次有孙、韩、王之托，此次又有周君之托，盖亦情之不得已者。孙、韩、王三人或保文职亦可，渠辈眼高，久已厌薄千、把也。仙屏在营，弟须优保之，借此以汲引人才。余未能超保次青，使之沉沦下位，至今以为大愧大恨之事。仙屏无论在京在外，皆当有所表见。成章鉴是上等好武官，亦宜优保。

弟之公牍信启俱大长进。上次谢王雁汀一缄，系弟一手所成，抑系魏、彭辈初稿润色？祈复示。吴子序现在何处？查明见复，并详问其近况。

余身体尚好，惟出汗甚多。三年前虽酷暑而不出汗，今胸口汗珠累累，而肺气日弱，常用惕然。甲三体亦弱甚，医者劝服补剂，余未敢率尔也。弟近日身体健否？科四、六体气甚好，科四比弟在家时更为结实，科六则活泼如常，是为可喜。甲五目疾十愈其八，右目光总欠四分耳。余不一一，即问近好。

兄国藩手草

再者，人生适意之时不可多得，弟现在上下交誉，军民咸服，颇称适意，不可错过时会，当尽心竭力，做成一个局面。圣门教人不外敬恕二字，天德王道，彻始彻终，性功事功，俱可包括。余生平于敬字无工夫，是以五十而无所成。至于恕字，在京时亦曾讲求及之。近岁在外，恶人以白眼貌视京官，又因本性倔强，渐近于愎，不知不觉做出许多不恕之事，说出许多不恕之话，至今愧耻无已。弟于恕字颇有工夫，天质胜于阿兄一筹。至于敬字，则亦未尝用力，宜从此日致其功,于《论语》之九思、《玉藻》之九容,勉强行之。临之以庄,则下自加敬。习惯自然,久久遂成德器,庶不至徒做一场话说,四十五十而无闻也。兄再行。

点评：人生适意之时不可多得

　　上次为保举事给老九递了一张条子,这次又递来了一张条子。此人既为曾氏同学,年岁似应相仿,亦是近五十的人了。当年同出一师,而今依旧无尺寸功名,为一功牌、为保举一从九县丞而求老同学,其状也够惨,其情也够悯了。"多年相好"的曾氏,能不为之动容吗？能拒绝他的请求吗？从人情来说,曾氏此条子开得可以理解,但从制度来说,这岂不又是自坏章程？倘若在一年前,曾氏是不会这样做的,这一年来,他自省许多。信上说："余昔在军营,不妄保举,不乱用钱,是以人心不附,至今以为诟病。近日揣摩风会,一变前志。"

　　"揣摩风会"四字,最堪玩味！一个人要脱离风会,特立独行,其实是很难很难的。举世皆难,在中国更是几乎不可思议,这是因为中国的文化使然。上面所说的这个例子,属于所谓的"窗帘风"。要想根除此种不良之风气,谈何容易！每一个人在其成长奋斗的过程中,都得到过许多人的帮助,其中家人的帮助无疑最大。尤其对于贫寒家庭的人来说,一个人的十年寒窗,甚至是全家人节衣缩食的共同换取,那么当他获得了一官半职的时候,对于曾经帮助过他的人,特别是他的家人的请求援助,他能置之不理吗？自己的良心上说不过去且不提,社会上的舆情也不容许,"六亲不认"、"忘恩负义"、"寡情薄义"等等会像潮水般汹涌而至,足以将一个人淹没掉。故而,当年有不少新科进士并不望考中翰林,而是希望分发到州县去做百里侯。翰林清贵,许多人都向往,为什么他们不想？原来,翰林散馆之后,通常都是留在翰林院。翰林院是一个档次相当高的机构,人员也极有限,不够资格的人是不可能进去的。散馆之后也会有极少数人分配在六部做低级京官,这种小京官不过办事员而已,并没有什么权力。故无论在翰苑,还是在六部,有一个共同点便是都不可能安置私人。做县令则大不一样。百里之内,县令便是土皇帝,一切都是他说了算,什么档次的私人他都可以安排：文化程度高的,可以做师爷书吏；一字不识的,也可以安排做更夫做伙夫做马夫,混碗饭吃是绰绰有余的。曾氏当年离家赴京前夕,其舅父说："外甥做外官,阿舅来作烧火夫也。"说的正是这个现象。曾氏未做外官,故其舅父想做烧火夫都做不成,连妹夫千里迢迢亲到京师,想通过内兄之力谋点事做,也办不到。乘兴而来,扫兴而归,几年后居然在贫病之中去世了！

对于这个舅舅和妹妹来说，做官发迹了的曾氏对他们无丝毫帮助，心中的埋怨是可想而知的。做州官县令可以安置私人，倘若自己拉队伍树旗杆，则更可以大量收容四邻乡亲。俗话说当兵吃粮，当兵的目的乃在于吃粮。对于十之八九的兵丁来说，投军原本就没有什么政治目的，有饱饭吃，才是他们的第一推动力；若是能立功受赏、发财升官，则是命大。当年湖湘大地之所以有诸多热心且有力量的人筹办团练，又有那么多人踊跃投奔，其原因多半在这里。曾氏却要特立独行。他对军营要求严格，当官的要有血性和能力，普通勇丁也要是朴实农夫，不符合条件的，即便是亲戚也不接收。在保举上，他也照章办事，不徇私情，不开后门。别人既不能从他那里得到分外的好处，当然也便不格外感激他，故而"人心不附"。

他认识到了自己的"过分"，决心予以补救，但他已不在军营，遂要求九弟来帮自己弥补。

点评到这里，笔者也经不住感叹起来：在中国，真正要做一个一尘不染的清官，可能吗？

此信后补的这一段"再者"，实在是一段极好的文字。其精意在于抓住有利时机，尽最大力量把事情做好做到位，做得心无遗憾。曾氏年近天命，经历丰富，又极好思索，他所说的"人生适意之时不可多得"，的确是一句阅历之言。这句当年说给九弟听的肺腑之声，今天仍值得我们十分重视，切不可轻视淡漠。

我们细细想一想，一个人即便活到八十岁的高寿，真正干事业的年华也不多。二十五岁以前读书求学位，六十岁以后退休怡养天年，做事的时间只有三十五年；三十五年中前些年还得有一个选择、磨合、熟练的过程，少则五年多则十年，剩下不过二十余年了。这二十余年里会遇到多少困难、失败、折腾、坎坷，真正适意的时候，必定是天时、地利、人和三者俱全的时候。这样的时候就真是太有限了，许多人一辈子也可能遭遇不到。常言说：时来天地皆同力。这个时候，好比开顺风船，好比行康庄道，好比逢及时雨，好比饮自来泉，如同四面八方、天地人间都在帮衬着你，支持着你。平时三分力才能做一分事，如今是一分力做三分事。若抓紧这个机遇，则可以做出平时难以做成的事，尤其难得的是，还可以借此打开一个局面，今后即便各种有利因素有所减弱，仍可以凭借着已打开的局面维持较好的状况。

曾氏告诫九弟，自我方面的把握在于尽心竭力，尽心竭力当着重在"敬"、"恕"二字上下功夫。

什么是敬？古人解释曰：慎也，不敢慢也。指的是接人待物的态度：谨慎，认真，重视，不苟且等等。道光二十四年，曾国藩为自己的修身立下五个方面的规矩，其一为"居敬"。《居敬箴》中有这样几句话："女之不庄，伐生戕性。谁人可慢？何事可弛？弛事者无成，慢人者反尔。"庄重，则可卫生葆性，松弛则办事不成；慢待别人，别人也将慢待你。

晚年，他又对儿子详释"敬"字的内容："内而专静纯一，外而整齐严肃，敬之工夫也；出门如见大宾，使民如承大祭，敬之气象也；修己以安百姓，笃恭而天下平，敬之效验也。"甚至认为，人的"聪明睿智，皆由此出"。曾氏一生诚奉"敬"字：谨慎持重整肃端庄。他希望弟弟也能借此修身。

"恕"即宽恕，是一种人际关系的处置态度。它的表现形式是宽厚、宽容。它的原则是设身处地推己及人：己所不欲勿施于人，己欲立而立人，己欲达而达人。它的理论内核是"仁"。儒家学说将它视为美德。曾氏认为自己性格褊急，不能容物，于孔门恕道有所亏欠。信里的话与其说是勉励弟弟以恕待人，不如说是在检讨自己往日于此的不足之处。

大战赣皖（1858—1861）

百折不挠

少年不可怕丑，须有狂者进取之趣，此时不试为之，则后此弥不肯为矣。

然祸福由天主之，善恶由人主之。由天主者，无可如何，只得听之；由人主者，尽得一分算一分，撑得一日算一日。

帮人则委曲从人，尚未必果能相合；独立则劳心苦力，尚未必果能自立。

心常用则活，不用则窒；常用则细，不用则粗。

致沅弟（由程朱到申韩到黄老）

咸丰八年六月初四日

沅甫九弟左右：

初一日专人至吉营送信。初二夜接弟来信，论敬字义甚详，兼及省中奏请援浙事，劝余起复。是日未刻，郭意城来家述此事，骆中丞业出奏矣。初三日接奉廷寄，饬即赴浙办理军务，与骆奏适相符合。骆奏二十五日发，寄谕二十日自京发也。

圣恩高厚，令臣下得守年余之丧，又令起复，以免避事之责。感激之忱，匪言可喻。兹定于初七日起程，至县停一日，至省停二三日。恐驲路迂远，拟由平江、义宁以至吴城。其张运兰、萧启江诸军，约至河口会齐。将来克复吉安以后，弟所带吉字营即由吉东行至常山等处相会。先大夫少时在南岳烧香，抽得一签云："双珠齐入手，光采耀杭州。"先大夫尝语余云："吾诸子当有二人官浙。"今吾与弟赴浙剿贼，或已兆于五十年以前乎？

此次之出，约旨卑思，脚踏实地，但求精而不求阔。目前张、萧二军及弟与次青四军已不下万人，又拟抬船过常、玉二山，略带水师千余人，足敷剿办矣。此外在江各军，有饷则再添，无饷则不添，望弟为我斟酌商办。办文案者，彭椿年最为好手。现请意城送我至吴城，或至玉山，公牍私函意城均可料理。请仙屏即日回奉新，至吴城与我相会。其彭椿年、王福二人，弟随留一人，酌派一人来兄处当差，亦至吴城相会。余若出大道，则由武昌下湖口以至河口；若出捷径，则由义宁、吴城以至河口。许、彭等至吴城，声息自易通也。应办事宜及往年不合之处应行改弦者，弟一一熟思，详书告我。顺问近好。

兄国藩再肃

点评：由程朱到申韩到黄老

终于再度出山了！若说一年多前，曾氏刚刚回家守丧时，其内心深处"夺情办公"和"在籍守丧"的意愿尚各占一半的话，那么对于这次下达的谕旨，曾氏再也没有多说一个字，他是一心一意、不折不扣地夺情以奉王事了，甚至可以说，他早就在巴望着这道圣旨了。初三接旨，初七起程，动作何其快，心情何其急！这次朝廷也仅仅只是叫他带兵援浙，并没给他督抚方面大权，也没有许以其他特别优越的条件。曾氏为何不再争了？为何这样急不可耐地奔赴前线？让我们来细细地说一说。

前面说过，曾氏有一个很要好的朋友，名叫欧阳兆熊。道光十七年中举，第二年与曾氏结伴赴京会试。曾氏此番高中，而欧阳兆熊却落第。后二人同寓京师万顺客店，曾氏肺病发作，病势沉重，几于不治。欧阳略懂医术，为他延医抓药熬药，精心照顾三个月，曾氏终于痊愈。曾氏从此与欧阳结为布衣之交。后来，欧阳始终未中进士，一直在湖南做县级学官，偶尔也到曾氏军营中做客，曾优礼以待。同治年间，曾氏兄弟开金陵书局刻《船山遗书》，欧阳襄助其事。欧阳对曾知之甚深。他在所著《小窗春呓》中，有一篇题为《一生三变》的文章。笔者以为，这是众多研究曾氏的材料中最值得重视的一份。文中说："文正一生凡三变……其学问初为翰林词赋，既与唐镜海太常游，究心儒先语录。后又为六书之学，博览乾嘉训诂诸书，而不以宋人注经为然。在京官时，以程朱为依归，至出而办理团练军务，又变而申韩。尝自称欲著《挺经》，言其刚也。咸丰七年，在江西军中丁外艰，闻讣奏报后，即奔丧回籍，朝议颇不为然。左恪靖在骆文忠幕中，肆口诋毁，一时哗然和之，文正亦内疚于心，得不寐之疾。予荐曹镜初诊之，言其岐黄可医身病，黄老可医心病，盖欲以黄老讽之也……此次出山后，一以柔道行之，以至成此巨功，毫无沾沾自喜之色。"

细玩这篇文章，所谓一生凡三变，指的是从辞赋之学变为程朱之学，此为第一变；再从程朱之学变为申韩之学即法家，此为第二变；后从申韩之学变为黄老之学即道家，此为第三变。欧阳拈出的这三变，真可谓对曾氏生平轨迹的一个既简练又深刻而准确的概括。

由翰林词赋变为程朱之学的这个转变，我们在点评曾氏初到京师的那几年给诸弟的信中已看得很清楚；至于第二个转变，我们可以抄录一段曾氏奉旨办团练之初所上奏折中的几句话来佐证："盖缘近年有司亦深知会匪之不可遏，特不欲其祸自我而发，相与掩饰弥缝，以苟且一日之安，积数十年应办不办之案而任其延宕，积数十年应杀不杀之人而任其横行，遂以酿成目今之巨寇。今乡里无赖之民，嚣然而不靖，彼见夫往年命案、盗案之首犯逍遥于法外，又见夫近年粤匪、土匪之肆行皆猖獗而莫制，遂以法律不足凭，官长不足畏也。平居造作谣言，煽惑人心，白日抢劫，毫无忌惮。若非严刑峻法，痛加诛戮，必无以折其不逞之志，而销其逆乱之萌。臣之愚见，欲纯用重典以锄强暴，但愿良民有安生之日，即臣身得残忍严酷之名亦不敢辞；但愿通省无不破之案，即剿办有棘手万难之处亦不敢辞。"只求目标达到，不择手段，不计后果，活脱脱的一个申不害再世、韩非复出！"曾剃头"，便是他这段时期所得到的社会反馈。

而这第三变，正是出现在守父丧期间。作为深谙曾氏为人处世态度的欧阳，知道此时他的病是身病、心病兼而有之。身病可医之以岐黄，而心病则须医之以黄老。正是黄老之术拯救了曾氏，将他从精神困境中解脱出来。

我们在前面的评点中谈到曾氏反思以往的话。就在四天前给老九的信里，曾氏还说："近日天气炎热，余心绪尤劣，愧恨交集。每中夜起立，不得相见一为倾吐。"可见他当时处于"变"中的心态。

我们也来抄录曾氏的两段日记，看看他转变后的黄老心境："静中细思古今亿万年无有穷期，人生其间数十寒暑，仅须臾耳；大地数万里不可纪极，人于其中寝处游息，昼仅一室耳，夜仅一榻耳。古人书籍，近人著述，浩如烟海，人生目光之所能及者，不过九牛之一毛耳。事变万端，美名百途，人生才力之所能办者，不过太仓之一粒耳。知天之长而吾所历者短，则遇忧患横逆之来，当少忍以待其定；知地之大而吾所居者小，则遇荣利争夺之境，当退让以守其雌；知书籍之多而吾所见者寡，则不敢以一得自喜，而当思择善而约守之；知事变之多而吾所办者少，则不敢以功名自矜，而当思举贤而共图之。夫如是，则自私自满之见可渐渐蠲除矣。""因九弟有'事求可、功求成'之念，不免代天主张，与之言老庄自然之趣，嘱其游心虚静之域。"

欧阳认为，曾氏后来之所以成就巨功，靠的就是这种黄老之学。曾氏自己也曾多次对人谈到这段时期的转变，将它称之为大愧大悔、大彻大悟。可见，居父丧这一年多对他精神境界的提高和事业名望的成就所起的巨大作用。

就笔者看来，这第三变的确是曾氏整个人生链条中至为重要的一环。它的重要性，不仅仅在于让曾氏获取事业上的成功，更大的意义是让他完成生命史上的最后一次升华，成就他作为中国传统文化缩影的形象。他因此而给后人的启迪性和昭示性就将不穷不竭、常省常新。倘若缺了这一环，他就不可能是一百多年来士人眼中的曾文正公，而只能是一个做过大事获得高位的能干人；至于这种能干人，在五千年中国文明史上，是成百上千数不胜数的。

中国的传统文化是一个博大精深、包罗万象的智慧宝库。由于儒家学说长期以来占据着统治地位，不少人将中国文化与儒家学说等同起来，其实这是一个大误区。至少，儒、道、法三家是鼎足而立的，还有阴阳、纵横、术数、禅等等，其重要性都不可忽视。对这些主要的学说都能明了，并将其中的精华恰到好处地运用在不同的时候、不同的事情上，才可以称得上一个完整意义的中国文化的掌握者。曾氏的成功，正是将儒、道、法运用自如后的结果。倘若没有早年京师程朱理学的修炼，他的操守定力及人格感召力源于何处？倘若没有申韩的严峻与手腕，数十万虎狼湘军如何驾驭？倘若没有黄老之学的参悟，很可能在复出之后不久便会再次铩羽而归，以至于愁肠百结，郁闷自戕！

下面我们再来说说此次曾氏复出的背景。

随着湘军水陆二师在江西战场上的连连得手，咸丰八年二月，石达开率部撤离江西，由饶州、广信一带转入浙江，很快便攻占常州、江山等地，并向衢州发起围攻。浙江乃富庶之区，历来是粮饷的重要供应之地。浙江的局面，令朝廷和湘军首领们担忧。

这时，有个很有见识的御史李鹤年上奏，请求朝廷速命曾国藩复出，带领旧部援救浙江。在此之前，朝廷原本是调绿营将领提督衔总兵周天受任浙江援军统领的，但因资望浅，不足以服湘军之众，于是改调钦差大臣、江宁将军满人和春，恰遇和春生病，不能就任。朝廷苦于一时找不到合适的统领，李鹤年的奏请恰逢其时，咸丰帝立即允准。五月二十一日，颁发上谕："东南大局攸关，必须声威素著之大员督率各军，方能措置裕如。曾国藩开缺回籍，计将服阕……前谕耆龄饬令萧启江、张运兰、王开化等驰援浙江，该员等系曾国藩旧部，所带勇丁，待曾国藩调遣，可期得力。本日已明降谕旨，令曾国藩驰驿前往浙江办理军务。"

与此同时，湖南巡抚骆秉章在与左宗棠、胡林翼等人商量后也向朝廷上了一道请曾氏复出折，其理由与李鹤年同："现在援江各军将领，均前侍郎曾国藩所深知之人，非其同乡，即其旧部，若令其统带赴浙，则将士一心，于大局必有所济。"并同意每月由湖南湖北两省各筹饷银二万两。这道奏折也很快地得到咸丰帝的嘉奖。

曾氏正处在日夜反思检讨、痛悔因失误而造成自己创业别人立功的难堪局面，深恐军事进展快速，不日将下江宁获全胜，欲作补救都已来不及的时候，突然天降一个这么好的机会，他怎能不欣喜，不抓紧？何况，经愧悔而彻悟、已进入黄老之门的曾氏，也已经意识到先前那种怨天尤人、伸手要官要权的做法亦不妥当。就这样，谕旨一旦到达黄金堂，他便精神立振，忡忧之症瞬间消失。按礼制，他还有一年多的丧期；论职守，他依然只是虚悬客寄。所有这些，现在他统统都不再提了。

浙江之行，还给他带来另一层欣喜，那便是他记得其父对他说过一桩旧事。

他父亲少时在南岳烧香抽签，抽得的签文为"双珠齐入手，光彩耀杭州"。这两句签文模糊含混，可以作多种解释，相信少年时的竹亭公看到签文时的第一想法决不会是"吾诸子当有二人官浙"，而首先想到的会是自身。只是在许多年后对自身的发达彻底绝望后，才将这句模糊的签文与儿子的前程联系起来。然而曾氏却很高兴，他将"双珠"明确地定在他与老九的身上，相信此行必定是成功的。毫无疑问，曾氏是个头脑清醒、脚踏实地的人。但在这里，我们看到的却是另外的一种心态。晚年的曾氏还说过"不信书，信运气，公之言，传万世"的话，作为名言，此话流传甚广。究竟如何理解这种看似矛盾的现象呢？这个问题且留待以后再来评说，现在言归正传。

诸多因素加在一起，曾氏一改咸丰二年与咸丰七年两次对谕旨的谢绝与讨价还价，奉旨三天后便启程。一面调兵遣将，一面遍拜长沙官场，以弥补先前不与官场相通问的大缺陷。一年前，他匆忙丢掉江西战场那个烂摊子奔丧回家，湖南官场一片哗然，纷纷指责，尤以左宗棠的肆口谩骂，令他既愧又憾。皈依黄老后的曾氏，不再计较昔日的怨隙，放下卿贰大臣的架子，亲自到左宗棠家，去看望这个心高气傲的布衣师爷，并请左以篆体书写自己所拟的"敬胜怠，义胜欲；知其雄，守其雌"的对联，以示捐弃前嫌，不念旧恶，愿与左友好如初。曾氏这一番转变果然收效显著，长沙官场也因此宽恕了他，每月二万饷银源源不断地从湖南解往前线，给予复出的曾氏以强有力的资助。曾氏与太平军一较长短的事业，从此走上了坦途。

致澄弟季弟（刘蓉与郭嵩焘）

咸丰八年七月初七日

澄侯、季洪两弟左右：

莘田叔来，接澄老信，旋又接二十一日一缄，借悉一切。兄日来行踪全在日记簿中，抄回一本，巨细咸知。

七月初六日在兰溪舟次为长男及四女订庚。长男媒人请彭雪琴方伯、唐义渠廉访，四女媒人请李希庵、孙筱石两观察。四人中三人皆巴图鲁，亦胜会也。庚书俟有妥便再行付回。又兄前在湘潭买地一所，地契亦俟便付回。四女出抚与洪弟，系奉先大夫之命，庚帖到家，即请洪弟存收。拜帖二分，一继父名一本，生父名从权宜也。余不一一。

兄国藩草（兰溪舟中）

点评：刘蓉与郭嵩焘

曾氏此次复出时，还为自己立下了一个规定，即每日记日记。我们知道，曾氏早年在京城师事唐鉴时，便以记日记的方式来自省修身。唐鉴是位谨严的理学家，要求学生从小处入手，故我们看到留存今日的曾氏京师日记，不仅内容上多细事琐事方面的自我规范，且书写工整：楷书端秀一笔不苟。可惜的是好景不常，自道光二十五年二月后的日记便零散而不整齐了。于此，我们也可以看出曾氏并非圣贤，跟常人一样，也患有"有始无终"的通病。重新记日记，无疑也是曾氏在反思自己过去的诸多缺点后，所作出的改过自新的决定之一。从此，他便一日不缺地逐日记日记，直到逝世前的一天仍留下了当日的记录。在军情险恶日理万机、体弱多病的情况下，能坚持十四年不辍，这不能不令人由衷敬佩！

尽管复出之后的日记近于流水账，与京师日记迥然不同，但它留下了一份曾氏晚年的"起居注"，对我们考查曾氏本人及那十几年间的有关史实，仍有其他文本所不可替代的重要作用。

七月初，在经过一路不停的应酬、忙碌之后，曾氏的座船来到了湖北巴河镇。彭玉麟的水师老营设于此。四面八方的带兵统领，包括李续宾兄弟、训字营统领唐训方，及六弟温甫等人都约至巴河见面。一时间老友重聚，旧部集会，给曾氏带来多年未曾有过的欣慰。就在这段喜庆的日子里，曾氏为儿子纪泽和四女纪纯，手订婚庚。

纪泽本已在咸丰六年三月与贺长龄之女结婚，不料第二年贺夫人便难产过世，时纪泽不过十九岁。作为曾府长房长孙，纪泽自不能中馈久虚，续弦夫人即刘蓉的女儿。刘蓉也是湘军中的一位重要人物，最后官至陕西巡抚。借这个机会我们来说说曾、刘之间的关系。

刘蓉，字孟容，与曾同乡，小五岁，秀才出身。道光七年（1827），二人相识于长沙岳麓书院。这一年曾中举人，刘为之庆贺，遂订交。

刘功名困顿，连举人也未考中，只得设馆授徒，过着塾师生活，与日渐显贵的曾氏依旧书信不断，保持着友谊。道光二十二年（1842），曾氏有长诗一首寄赠刘蓉，怀念他们相处的日子是"自从有两仪，无此好日月"，身居庙堂的曾氏对好友是"羡君老岩阿，闲味甘于蜜"，"永怀素心人，悠悠具难述"。后来又有一首《怀刘蓉》的五律，更是对这位老友评价甚高："我思竟何属？四海一刘蓉。具眼规皇古，低头拜老农。乾坤皆在壁，霜雪必蟠胸。他日余能访，千山捉卧龙。"把刘比做诸葛亮，可见刘在曾心目中的地位之高。或许正是有曾氏的这一比，湖南此后便有"三亮"之说。三亮者，今亮左宗棠、老亮罗泽南、小亮刘蓉也。

咸丰四年（1854）十一月，曾氏统率湘军水陆两支人马从湖北进发江西，设水师老营于南康，刘蓉从湘乡来投奔。曾留刘在幕府操办文书。那时正是湘军处于低谷时期，刘蓉跟随左右，为曾氏排忧解难。咸丰五年八月，刘蓉率湘右军从罗泽南规复湖北。此时其弟季霞从湘乡出发，来前线探视其兄，兄弟相会于羊楼峒。十月在攻打蒲圻县城时，季霞中弹死亡。刘蓉送其弟灵柩回籍安葬后，就再未出山了。这次复出时，曾刘相会于湘乡县城，刘一路护送，直到巴河。两人共请彭玉麟、唐训方为大媒，互相交换儿女庚帖，订下这桩大事。纪泽与刘氏夫人的婚姻应当说是美满的。纪泽后来承袭侯爵，官至二品侍郎，也并未讨小娶妾；出使西洋，带的也是这位刘夫人。刘夫人比丈夫小一岁多，享寿六十二岁。夫妇俩育有三子三女，又抚广铨为嗣子。后其子广銮承袭侯爵，长女广璇嫁李鸿章之弟鹤章的儿子经馥。次女广珣嫁的便是《庚子西狩丛谈》的作者吴永。惜两女均不长寿。三女与长子广铭、三子广铫也均夭殇于幼时。

纪纯嫁的是郭嵩焘的儿子郭刚基。郭嵩焘字筠仙，是中国近代史上一位重要人物，他以第一位出使西洋的中国大使和开明识时而著名于史册。郭与曾相识于道光十七年（1837），时曾氏第二次会试告罢回湖南，途经长沙时正逢乡试，郭与刘蓉均参加此科乡试，经刘介绍，曾郭订交，从此成为终生挚友。郭后来在京会试时，便住曾宅附近，并在其家吃饭。道光二十七年，郭中二甲进士入翰苑。咸丰二年（1852），在籍守丧的曾氏拟辞谢办团练的谕旨，奏章已缮抄而未寄出，这时也在籍守丧的郭嵩焘来到曾家，劝他以国家为重墨绖出山。曾氏接受郭的劝告，烧掉奏章，奉旨出山，于是才有了后来的一番事业。从这件事上，我们既可以看到郭的识见，亦可见曾对郭的重视。湘军草创之初，郭曾协助曾办理文书，又劝湘阴绅商捐助军饷；不久郭便离开军营，先后任过苏松粮道、两淮盐运使、署理广东巡抚，晚年出任驻英、法公使。曾氏写过不少诗送郭，有一首题作《喜筠仙至即题其诗集后》的七言古风，长达六十八句，写尽二人惺惺相惜的心情，其中有几句这样写道："嗟余瞀者迷岳尘，不殖十年得毋落。欲张汉帜标新军，要盟不从谁肯诺！独者无

郭嵩焘（1818—1891）

倚同者羞，心之箴摇欲何著！智小谋大姬所惩，偏有狂夫百不怍。移山愚叟无日休，填海冤禽有时涸。屠龙大啖愿已虚，哆口如箕且一嚼。老筠老筠子视余，谬志诞言岂堪药！"一对志大才高、不同流俗的诗友跃然纸上！

曾氏一生朋友甚多，他视为挚友且终生相得的只有二人，一即刘蓉，一即郭嵩焘。曾氏在一首致郭的诗中写道："日日怀刘子，时时忆郭生。仰天忽长叹，绕屋独巡行。云暗乾坤隘，风来户牖鸣。孤吟无与赏，寸憾浩纵横。"咸丰五年，郭来南康军营，曾氏为三个好友同聚南康而作诗，诗题为《会合诗一首赠刘孟容郭伯琛》，长达五十句，开首便说"东风吹片云，嘉客来千里……朋僚杂迎笑，吾亦倒吾屣。"老友重逢，喜气洋洋。诗中还有这样的句子："老夫苦多须，须多老可鄙。二子苦无髭，无髭亦可耻。"诗句风趣率真，流露的是相知多年的挚友真情。

郭嵩焘的儿子郭刚基，字依永，是一个聪慧少年，学问、书法、绘画俱佳，尤擅长于诗。时常效法唐代诗人李贺，骑一匹马带一个书僮，外出觅诗，得好句便欣然以归。他于诗用情甚深，构思诗作时，每每百感中来，不可遏抑。曾氏对女婿的诗颇为欣赏，说"依永之诗，嵯峨萧瑟，如秋声夜起，万汇伤怀；又如阅尽陵谷千变，了知身世之无足控抟者"。可惜，郭依永从小体弱，又因作诗而心血亏耗太多，二十一岁便抛却娇妻弱子而辞世，让两家老人伤痛不已。曾府四小姐嫁的本是一位乘龙快婿，但二十四岁便守寡，一辈子在孤独中度过。这是这次订庚时大家都不可能料到的事，只能归之于命了！

致澄弟季弟（蔬竹鱼猪可觇兴衰气象）

咸丰八年七月二十日

澄、季两弟左右：

兄于十二日到湖口，曾发一信，不知何时可到？胡蔚之奉江西耆中丞之命接我晋省，一行于十七日至湖口。余因于二十日自湖口开船入省，北风甚大，二十一日可抵章门也。杨厚庵送至南康，彭雪琴径送至省。诸君子用情之厚，罕有伦比。浙中之贼，闻已全省肃清。余到江与耆中丞商定，大约由河口入闽。

家中种蔬一事，千万不可怠忽。屋门首塘养鱼，亦有一种生机。养猪亦内政之要者。下首台上新竹，过伏天后有枯者否？此四事者，可以觇人家兴衰气象，望时时与朱见四兄熟商。见四在我家，每年可送束脩钱十六千。余在家时，曾面许以如延师课读之例,但未言明数目耳。季弟生意颇好,然此后不宜再做,不宜多做,仍以看书为上。余在湖口病卧三日,近已全愈,尚微咳嗽。癣疾久未愈,心血亦亏,甚颇焦急也。久不接九弟之信,极为悬系。见其初九日与雪琴一信,言病后元气未复,想比已全痊矣。甲五近来目疾何如?千万好为静养。在湖口得见魏荫庭,近况尚好。余详日记中,顺问近好。

兄国藩手草(江西省河下)

点评:蔬竹鱼猪可觇兴衰气象

曾氏有名的八字家训"考、宝、早、扫、书、蔬、鱼、猪",为世所广为传颂。它的形成有个过程,此次给在家的两个弟弟提到的四件事:种蔬、养鱼、养猪、种竹,应该说是八字家训中后四字的雏形。

曾氏从家庭兴衰气象这个角度看待蔬、鱼、猪、竹四字,是极有见地的。为什么这样说呢?因为像曾府这样的人家,自然不靠家中种菜喂猪过日子,有无此四项并不对其生存带来实质性的影响。它的价值主要体现在气氛上,在精神上,在观念意识上,与形而下的生存物资相比较,其形而上的文化意义更为重大。

首先,它表明曾府虽是有权有势的官宦之家,却依旧保存着稼穑耕种的农家本色。在曾氏看来,做官也好,带兵也好,都不过是暂时的,农桑才是根本。这种产生于农业社会的以农为本的观念,在现在看来,固然有很大的局限性,但在当时,其安定社会的作用却不可低估。古往今来有多少出身农家的官员,一旦富贵便忘掉根本,视耕种为下贱,视农夫为愚民;他们也不记得一粟一谷是汗滴的产物,一丝一布是织妇终日的劳作,家中穷奢极欲,纸醉金迷。将他们与曾氏作一比较,孰优孰劣,自是不言而喻的。

其次,它体现了一个家庭的勤快、奋发、向上的精神面貌。许多如曾府这样的家庭,家中老老少少都坐享其成。男人们成天在外赌钱打牌,寻花问柳,更有甚者,则卧烟榻,食鸦片,哪还有兴趣在家中的田园上?女人们则穿金戴银,比吃喝,玩宠物,不屑于去过问村妇之事了。一家人都懒散、堕落,园中之蔬、栏中之猪自然养不好。在湖南乡间农家视鸡猪菜蔬如同家中的门面,这是很有道理的。

农家出身的曾氏深知此中三昧,即便如今富贵及顶,亦谆谆告诫家人切不可丧失乡间以勤治家的根本。

第三,它也是一家人和睦团结的象征。曾府是个大家庭,兄弟五人各已娶妻生子,因为父辈两兄弟一直未分家,眼下老太爷辞世不久,自然也还没有分家。

倘若兄弟们不团结，心不往一处想，劲不往一处使，家中之事则会办得不协调。表现在家庭副业上，自然不会有菜绿猪壮鱼肥竹茂的蓬勃气象。曾氏受理学影响，从小处入手修身。其治家之方，亦循此道：从副业入手来整伤家风。

谕纪泽（读书之法与做人之道）

咸丰八年七月二十一日

字谕纪泽儿：

余此次出门，略载日记，即将日记封每次家信中。闻林文忠家书，即系如此办法。尔在省，仅至丁、左两家，余不轻出，足慰远怀。

读书之法，看、读、写、作，四者每日不可缺一。看者，如尔去年看《史记》、《汉书》、韩文、《近思录》，今年看《周易折中》之类是也。读者，如《四书》、《诗》、《书》、《易经》、《左传》、诸经、《昭明文选》、李杜韩苏之诗、韩欧曾王之文，非高声朗诵则不能得其雄伟之概，非密咏恬吟则不能探其深远之韵。譬之富家居积，看书则在外贸易，获利三倍者也，读书则在家慎守，不轻花费者也；譬之兵家战争，看书则攻城略地，开拓土宇者也，读书则深沟坚垒，得地能守者也。看书如子夏之"日知所亡"相近，读书与"无忘所能"相近，二者不可偏废。至于写字，真行篆隶，尔颇好之，切不可间断一日。既要求好，又要求快。余生平因作字迟钝，吃亏不少。尔须力求敏捷，每日能作楷书一万则几矣。至于作诸文，亦宜在二三十岁立定规模；过三十后，则长进极难。作四书文，作试帖诗，作律赋，作古今体诗，作古文，作骈体文，数者不可不一一讲求，一一试为之。少年不可怕丑，须有狂者进取之趣，此时不试为之，则后此弥不肯为矣。

至于作人之道，圣贤千言万语，大抵不外敬恕二字。"仲弓问仁"一章，言敬恕最为亲切。自此以外，如立则见参于前也，在舆则见其倚于衡也；君子无众寡，无小大，无敢慢，斯为泰而不骄；正其衣冠，俨然人望而畏，斯为威而不猛。是皆言敬之最好下手者。孔言欲立立人，欲达达人；孟言行有不得，反求诸己。以仁存心，以礼存心，有终身之忧，无一朝之患。是皆言恕之最好下手者。尔心境明白，于恕字或易著功，敬字则宜勉强行之。此立德之基，不可不谨。

科场在即，亦宜保养身体。余在外平安，不多及。

涤生手谕（舟次樵舍，下去江西省城八十里）

再，此次日记，已封入澄侯叔函中寄至家矣。余自十二至湖口，十九夜五更开船晋江西省，二十一申刻即至章门。余不多及。又示。

点评：读书之法与做人之道

曾氏在此信中提出读书的四字诀，即看、读、写、作。

看，即我们通常所说的阅览。读，即高声朗诵。曾氏认为，读史书、子书，宜用"看"。因为"看"可速度快些，可做到在短时间内多接触些必须阅览的书，即所谓博览群籍，泛舟书海。对于经典之作，对于诗文词赋，则宜用"读"，要高声朗诵，慢吟长叹。这样，方可在抑扬顿挫的朗读声中，领略其雄伟之气势，深远之韵味，并进而熟记于胸，随口可背。为了说明这二者之间的关系，他一连打了三个比喻。一比之为赚钱，"看"如同在外做生意获大利；"读"如同在家慎守财产，不让它随便花费了。二比之为打仗。"看"好比一鼓作气，攻城略地；"读"好比守住所得的战利品。三比之为获取知识。"看"如同子夏所说的每天知晓自己所不曾知道的，因而努力求知；"读"也如同子夏所说的，每日温习功课，不让所学的忘记了。一句话，"看"好比快速地大量地猎获，"读"好比谨慎地稳固地保守。

写，即写字。曾氏自认写字写得慢，不能适应某些场合，故而要求儿子能练就一手又快又好的字。曾氏有个特点，即自己所短处，若别人恰有此长的话，他便特别看重此人；不像有些人，恰恰相反，要抑人之长来显示自己所短的并不是短。

举个例子来说吧。曾氏幕府中有个名叫罗伯宜的秀才，此人没有别的长处，就是字写得又快又好，每天可誊抄一万二千个楷书，晚上还有兴致跟别人下围棋。曾氏很赏识他，也发给他三十两银子的月薪，跟那些拟书牍奏稿的幕僚一样的待遇。

相反的也有个例子。左宗棠出身举人而非进士，他后来做了总督，接见属官，先看履历，凡进士出身的一律排后，先接见举人出身的，并多次对着下属发表他的举人优于进士的高论。他的理论是：进士在未中之前一心读应试文，没有真学问；中后即去做官，再也没有时间去获取真学问了。举人则不然，中举后他有很宽松的环境去求取真才实学，而后来之所以能做官，也不是仗功名而是仗本事。故举人出身的官强过进士出身的官。世人都不能接受他这个"妙"论，知道他无非是借此护自己出身不过硬的短罢了。

作，即作诗文，各种类型的诗文都要练习做，不可因做不好而止步。说到这里，曾氏给儿子讲了两个极为重要的人生阅历。

一是"少年不可怕丑，须有狂者进取之趣"。一个人在少年时要有志向有抱负，志向和抱负都不妨取大取远些，甚至狂妄点都不要紧。这是为什么呢？因为人之作为到底会有多大，前程到底会有多远，谁都不可能预料，它将会受到日后各方面因素的制约。此时宜作高远宏伟的设想，从而促使自己为达到此目标而付出更大的努力。古话说："取法乎上，仅得其中；取法乎中，仅得其下。"这就是说，制约的因素将有可能对预先的设计打折扣。那么"取法乎上上"呢，也许有可能"得其上"。苟如此，岂不甚好？所以少年时代不妨做一个狂者；有进取心的狂者，远胜无大志的规矩孩子。人们常说"上帝原谅年轻人的过错"。就是说，年轻人缺乏经验，犯错误可以原谅。社会既然对年轻人有这种宽容，为何不充分利用这种宽容来为自我价值的实现作一番拼搏？纵然失败了，还可以再干；纵然可笑，也让别人笑去。"丑"对年轻人不可怕。"初生牛犊不怕虎"，许多有识的年轻人就是凭此种不怕丑的精神做出了超越常规的业绩，令长者感到后生可畏。社会的宽容是有限度的，人到了中年后，便会逐渐感觉到四周的苛刻，也便不想在此种氛围中再"丢人现眼"了。从另一面来看，此人也便从此锁定在这个层面上，难于有大的超越了。

二是"作诸文，亦宜在二三十岁立定规模；过三十后则长进极难"。曾氏的意思是诗文创作须在三十岁之前奠定基础，打好大的框架，如果这一步在三十岁之前没有走好，日后要想有超过常人的成就很难。这话很有道理。曾氏号称诗文高手，他所创立的湘乡文派，在近代文学史上自有其不可否定的地位。来到京师不久，他就以诗文引起京师文坛的注意，而他的诗文创作的业绩，也在为他结交朋友提高知名度方面帮了大忙。他曾说过："吾作诗最短于七律，他体皆有心得，惜京都无人可与畅语者。"当时，著名学者邵蕙西劝他编明文选本。这些都说明曾氏的诗文已有了相当的地位，那时，他也不过三十出头。衡之古来诗文大家，除了一个"苏老泉，二十七，始发奋"外，再没有第二人是在三十岁以后再努力而成大名的，更多的倒是少年早慧，十多岁二十来岁便文名远播，如贾谊、王勃、李贺，等等。

作诗文与作学术研究有不同。诗文尤其是诗，更多地偏向于艺术方面。作为艺术，它需要天分，需要感觉，具体地说需要语感。天分要靠早期开发，语感要靠小时培养。所有这些，都立足于一个"早"字，而且也可以在早期便出成果。

至于学术研究，积累功夫更显得重要，还要深思熟虑，探微抉隐，故而不到一定时候难以见成效。

这就是为什么诗文方面的少年天才层出不穷，而像王弼那样的学术上的天才少年古今罕见的原因。

谕纪泽（读书宜体察涵泳）

咸丰八年八月初三日

字谕纪泽：

八月一日，刘曾撰来营，接尔第二号信并薛晓帆信，得悉家中四宅平安，至以为慰。

汝读《四书》无甚心得，由不能虚心涵泳，切己体察。朱子教人读书之法，此二语最为精当。尔现读《离娄》，即如《离娄》首章"上无道揆，下无法守"，吾往年读之，亦无甚警惕。近岁在外办事，乃知上之人必揆诸道，下之人必守乎法。若人人以道揆自许，从心而不从法，则下凌上矣。"爱人不亲"章，往年读之，不甚亲切。近岁阅历日久，乃知治人不治者，智不足也。此切己体察之一端也。涵泳二字，最不易识，余尝以意测之，曰：涵者，如春雨之润花，如清渠之溉稻。雨之润花，过小则难透，过大则离披，适中则涵濡而滋液；清渠之溉稻，过小则枯槁，过多则伤涝，适中则涵养而浡兴。泳者，如鱼之游水，如人之濯足。程子谓鱼跃于渊，活泼泼地；庄子言濠梁观鱼，安知非乐？此鱼水之快也。左太冲有"濯足万里流"之句，苏子瞻有夜卧濯足诗，有浴罢诗，亦人性乐水者之一快也。善读书者，须视书如水，而视此心如花如稻如鱼如濯足，则涵泳二字，庶可得之于意言之表。尔读书易于解说文义，却不甚能深入，可就朱子涵泳体察二语悉心求之。

邹叔明新刊地图甚好。余寄书左季翁，托购致十副。尔收得后，可好藏之。薛晓帆银百两宜璧还。余有复信，可并交季翁也。此嘱。

父涤生字

点评：读书宜体察涵泳

曾氏将朱熹的读书方法以亲切晓畅的语言转授给儿子，这方法一曰切己体察，二曰虚心涵泳。

切己体察，就是联系自身去体会书中的话。他以儿子近日所读的《四书》为例。《孟子·离娄》的第一段说："孟子曰：离娄之明，公输子之巧，不以规矩，不能成方圆。师旷之聪，不以六律，不能正五音。尧舜之道，不以仁政，不能平治天下……是以惟仁者宜在高位。不仁而在高位，是播其恶于众也。上无道揆也，下无法守也。朝不信道，工不信度，君子犯义，小人犯刑，国之所存者幸也。"孟子这段话说的是仁政和法规的重要。倘若处于上位的没有道德规范，下层百姓没有法规约束,则国家就会乱套。曾氏说,他过去读孟子这段话时,体会不深,这些年来作为湘军的统帅,已处于领袖的位置,亦即上位。实践让他明白,处上位的必须在"道"的指导下,制定出合适的法规,而处于下位的只能遵循法规去办事,假若人人都自以为是"道"的掌握者,只服从自我而不服从法规的话,军队就无法形成一个有战斗力的团体。结合自身的体会,曾氏对少时就读过的"上无道揆,下无法守"领会得就更为深切了。

又如此章的第四段。孟子说:"爱人不亲,反其仁。治人不治,反其智。礼人不答,反其敬。行有不得者,皆反求诸己,其身正而天下归之。"这是一段名言,意为别人不能理解自己时,不要责备别人,而要从自身上寻找原因。过去曾氏也体会不深,做了统帅后他才明白,不能有效地管理别人,乃自己智慧不足的缘故。他以通过自己的亲身体验来深刻领悟圣人说教的例子,生动说明切己体察实为读书明理的一个重要方法。

朱熹所说的涵泳二字如何理解呢?曾氏又连用几个比喻来深入浅出地对儿子加以阐释。笔者体会曾氏的意思,涵也好,泳也好,都是将圣贤所说的比做雨水,而将求知者的心比做承受其滋润洗涤的物体:花、稻、鱼、足等等。花、鱼等物对于雨水而言,一是欣然接受,置身其中,二是赖以而得生存得快乐。雨水对花、鱼而言,则宜适中而不过度,让承受物只得其利而不受其害。具体地说,曾氏希望儿子在读书时以轻松愉悦的享受心态去接受圣贤之教,而不要把读书视为苦事难事,从而生出厌烦甚至抵触的情绪来。

曾氏一向不主张儿子死记硬背,也不要他一天到晚埋首书斋,而是常劝他多出门饱看山水,兼做点培植花木的事以调节生活,让一颗心活泼泼的。依笔者之见,这便是曾氏所理解的读书之"涵泳"心态。

谕纪泽(作诗写字之法及生平之耻)

咸丰八年八月二十日

字谕纪泽儿:

十九日曾六来营,接尔初七日第五号家信并诗一首,具悉。次日入闱,考具皆齐矣。此时计已出闱还家。

余于初八日至河口。本拟由铅山入闽,进捣崇安,已拜疏矣。光泽之贼窜扰江西，连陷泸溪、金溪、安仁三县，即在安仁屯踞。十四日派张凯章往剿。十五日余亦回驻弋阳。待安仁破灭后，余乃由泸溪云际关入闽也。

尔七古诗，气清而词亦稳，余阅之忻慰。凡作诗，最宜讲究声调。余所选抄五古九家、七古六家，声调皆极铿锵，耐人百读不厌。余所未抄者，如左太冲、江文通、陈子昂、柳子厚之五古，鲍明远、高达夫、王摩诘、陆放翁之七古，声调亦清越异常。尔欲作五古七古，须熟读五古七古各数十篇。先之以高声朗诵，以昌其气；继之以密咏恬吟，以玩其味。二者并进，使古人之声调，拂拂然若与我之喉舌相习，则下笔为诗时，必有句调凑赴腕下。诗成自读之，亦自觉琅琅可诵，引出一种兴会来。古人云"新诗改罢自长吟"，又云"煅诗未就且长吟"，可见古人惨淡经营之时，亦纯在声调上下工夫。盖有字句之诗，人籁也；无字句之诗，天籁也。解此者，能使天籁人籁凑泊而成，则于诗之道思过半矣。

尔好写字，是一好气习。近日墨色不甚光润，较去年春夏已稍退矣。以后作字，须讲究墨色。古来书家，无不善使墨者，能令一种神光活色浮于纸上，固由临池之勤染翰之多所致，亦缘于墨之新旧浓淡，用墨之轻重疾徐，皆有精意运乎其间，故能使光气常新也。

余生平有三耻：学问各途，皆略涉其涯涘，独天文算学，毫无所知，虽恒星五纬亦不识认，一耻也；每作一事，治一业，辄有始无终，二耻也；少时作字，不能临摹一家之体，遂致屡变而无所成，迟钝而不适于用，近岁在军，因作字太钝，废搁殊多，三耻也。尔若为克家之子，当思雪此三耻。推步算学，纵难通晓，恒星五纬，观认尚易。家中言天文之书，有《十七史》中各天文志，及《五礼通考》中所辑观象授时一种。每夜认明恒星二三座，不过数月，可毕识矣。凡作一事，无论大小难易，皆宜有始有终。作字时，先求圆匀，次求敏捷。若一日能作楷书一万，少或七八千，愈多愈熟，则手腕毫不费力。将来以之为学，则手抄群书；以之从政，则案无留牍。无穷受用，皆自写字之匀而且捷生出。三者皆足弥吾之缺憾矣。

今年初次下场，或中或不中，无甚关系，榜后即当看《诗经》注疏。以后穷经读史，二者迭进。国朝大儒，如顾、阎、江、戴、段、王数先生之书，亦不可不熟读而深思之。光阴难得，一刻千金。以后写安禀来营，不妨将胸中所见，简编所得，驰骋议论，俾余得以考察尔之进步，不宜太寥寥。此谕。（书于弋阳军中）

点评：作诗写字之法及生平之耻

曾氏称赞纪泽的七古诗"气清而词亦稳"，并要儿子熟读他所选的五古、七古十五家，认为这些人的诗"声调皆极铿锵，耐人百读不厌"。曾氏分别有诗、文两个选本，因选得精当，故而都很有名气。文集为《经史百家杂抄》。其特点是将六经中的文章也当文学作品对待，并为此专门说了一番大道理："村塾古文有选《左传》者，识者或讥之。近世一二知文之士，纂录古文，不复上及六经，以云尊经也。然溯古文所以立名之始，乃由屏弃六朝骈俪之文而返之于三代两汉。今舍经而降以相求，是犹言孝者敬其父祖而忘其高曾，言忠者曰我家臣耳焉敢知国，将可乎哉？余抄纂此编，每类必以六经冠其端。涓涓之水，以海为归，无所于让也。"曾氏的话，道理充足。六经乃文章之源头，从源头上读书，自是高明之举。

《经史百家杂抄》这部文章选本在近代影响很大，毛泽东在1915年9月6日给友人萧子升的信中对它有很高的评价。他说："顾吾人所最急者，国学常识也。昔人有言，欲通一经，早通群经。今欲通国学，亦早通其常识耳。首贵择书，其书必能孕群籍而抱万有，干振则枝披，将麾则卒舞，如是之书，曾氏《杂抄》其庶几焉。是书上自隆古下迄清代，尽抡四部精要。为之之法，如《吕刑》一篇出自《书》，吾读此篇而及于《书》，乃详加究焉出于《书》者若干篇，吾遂及《书》全体矣。他经亦然。《伯夷列传》一篇出于《史记》，吾读此篇而及于《史记》，加详究焉出于《史记》者若干篇，吾遂及于《史记》之全体矣。他史亦然。出于子者，自一子至他子；出于集者，自一集至他集，于是而国学常识罗于胸中矣。"

他选的诗集名曰《十八家诗抄》，选了曹植、谢灵运、李白、孟浩然、李商隐、黄庭坚、阮籍、鲍照、杜甫、韩愈、杜牧、陆游、陶渊明、谢朓、王维、白居易、苏轼、元好问十八个大家的诗作共6599首。曾氏认为，把这些人的诗读熟，古诗也便作好了。其读诗之法，重申前次信中所说的"高声朗诵"、"密咏恬吟"相结合。无论作诗作文，曾氏都强调"声调"。他所提出的著名的"八本"之说，其中一句便是："作诗文以声调为本。"他认为读诗文的兴会之感，是从琅琅可诵的声调中来，即在韵味悠长的朗读声中去领略诗文的妙处。从这个角度来看，有理学家之称的这位湘军统帅，在诗文创作上倒更像一个唯美主义者，一个艺术至上论者。更值得注意的是这句话："盖有字句之诗，人籁也；无字句之诗，天籁也。解此者，能使天籁人籁凑泊而成，则于诗之道思过半矣。"

我们应该如何来理解这句话呢？天籁、人籁本是庄子在《齐物论》里所提出的两个概念："女闻人籁而未闻地籁，女闻地籁而未闻天籁乎！"

庄子的"天籁"即自然界的声响，人籁即由人吹奏出来的声音。自从庄子提出这两个概念后，此二词便在艺术理论中被广泛使用。人们将那种清新自然不事雕琢的好诗句称之为天籁；相反，那些斧凿痕迹过重的诗句，则称之为人籁。细揣曾氏之意，他对此二词似乎有新的理解。他认为诗中的字句都是人籁，而诗的声调以及声调所发出的韵致兴会则是天籁；反复敲推的字句与琅琅可诵的声调相结合，便是"天籁人籁凑泊而成"；懂得这个道理，也就可谓真懂诗了。

曾纪泽的业余爱好有两个：一是写字，一是做诗。十一二岁时，他便沉溺于写字之中，可以一连写几个小时不歇手，这可从其父于京师写往湘乡的家书中得到证实。做诗也是他的兴趣。他的选集收诗作三百多首，前期的诗，附有不少曾氏的批语，可见曾氏在世时常批阅儿子的诗作。令人感兴趣的是，曾氏说自己平生短于近体诗而长于古诗（事实上，曾氏的古诗是比近体诗做得好），但纪泽存世的诗十之八九为近体，被乃父所赞为"气清而词亦稳"的七古诗一首也找不到了。这是什么原因呢？其弟纪鸿为兄的诗集所作的序言中解答了这个疑问："伯氏劼刚先生往年尝为咏史四言诗数十百首，纪游、拟古、友朋酬唱为五言古诗三百余首，藏之箧衍，秘不示人。同治己巳孟夏，奉先妣欧阳侯太夫人板舆发金陵就保定节署，行次清河，副舟不戒于火，兄之诗文杂草，所著小学、训诂、声韵诸书稿本及手校子史若干部皆荡为煨烬，独近体数十首，诗册存纪鸿处得全。兄尔后遂不甚作古诗，尝云：'古质而今妍，妍则易成，质者难好，吾为其易者。聊以颐性自娱而已，再毁弃之，亦所不惜。'"

原来，曾纪泽早期所作的古诗稿本都被火烧了，从那以后，他就不再写古诗，而多为近体诗了。借此机会，我们附录三首被乃父所称赞过的七律于次，以供读者管中窥豹，略识纪泽诗才之一斑：

柬刘伯固（三首录一）

烽烟络绎十余载，荆棘纵横六百城。
昔定东南豺虎患，端资山泽龙蛇兵。
卖刀买犊犹无赖，袒臂刑牲相与盟。
正恐萧墙忧未已，暂时高枕压虚惊。
曾氏批云："气势驱迈。"

怀人三首（录其一）

大辩雄谈骇天下，江河一决数千言。
从知隽论难为赏，俯视群流益自尊。
曾任礼官陈俎豆，出参戎幕走乾坤。
十年嗜好消磨尽，尚爱花骢属锦鞯。
曾氏批云："风格似黄山谷，有㟝嶅飞动之气，故可喜。"

十月朔日咏桂

何年移种自瀛洲，惯阅风霜送晚秋。

密叶当窗翠玉片，繁英照眼黄金球。

已令残菊让三径，坐见老梅输一筹。

无尽光华须内敛，休同百草竞春愁。

曾氏批云："胸次恬适，胎息甚高。"

曾纪泽的诗大抵都是这种风格，不知读者诸君以为如何。恕笔者不客气地说，这位未来的外交家诗写得并不好，他不缺学问，缺的是才情。他的诗作比乃父差了许多，若与唐宋人比，则差得更远。严格地说，曾纪泽尚不能算作诗人，只能称之为诗的爱好者。才难，才难，古今同慨。这也是没有法子的事！

曾氏对儿子坦言平生有三耻：不懂自然科学，做事有始无终，写字慢且不能自成一体；希望儿子能在这三件事上为他雪耻。客观地说，曾氏不能算有始无终的人，他的字刚劲谨严，可属上乘。因为对自己要求太严，最高的标准没有达到，所以他以为耻。其实是不应该叫做"耻"的。至于不懂自然科学，的确是曾氏的一大缺憾，但有此缺憾的人，当时极多，然他们之中能承认这个不足之处而且上升到耻辱高度的人却极少。曾氏为何能如此呢？除了自我要求严格外，还有另外一层原因，那就是曾氏的洋务意识。

曾氏在战争中亲身感受到洋人船炮的厉害和它对战争胜负的至关重要的影响。基于此，他成为那个时代洋务意识最先觉醒的人，并亲手揭开了中国近代洋务运动的序幕（关于这桩大事，我们将在后面的相关部分再详细点评）。洋务是与自然科学密切相联的，曾氏因此知道天文算学的重要性，遂对自己的昧于此种学问而深以为耻。以此为耻，实令人肃然起敬。

谕纪泽（勤做读书札记）

咸丰八年十月二十五日

字谕纪泽：

十月十一日接尔安禀，内附隶字一册。二十四日接澄叔信，内附尔临《元教碑》一册。王五及各长夫来，具述家中琐事甚详。

尔信内言读《诗经》注疏之法，比之前一信已有长进。凡汉人传注、唐人之疏，其恶处在确守故训，失之穿凿；其好处在确守故训，不参私见。释"谓"为勤，尚不数见。释"言"为我，处处皆然，盖亦十口相传之诂，而不复顾文气之不安。如《伐木》为文王与友人入山，《鸳鸯》为明王交于万物，与尔所疑《螽斯》章解，同一穿凿。朱子《集传》一扫旧障，专在涵泳神味，虚而与之委蛇，然如《郑风》诸什注疏，以为皆刺忽者固非，朱子以为皆淫奔者，亦未必是。尔治经之时，无论看注疏，看宋传，总宜虚心求之。其惬意者，则以朱笔识出；其怀疑者，则以另册写一小条，或多为辩论，或仅著数字，将来疑者渐晰，又记于此条之下，久久渐成卷帙，则自然日进。高邮王怀祖先生父子，经学为本朝之冠，皆自札记得来。吾虽不及怀祖先生，而望尔为伯申氏甚切也。

尔问时艺可否暂置，抑或它有所学。余惟文章之可以道古，可以适今者，莫如作赋。汉魏六朝之赋，名篇巨制，具载于《文选》，余尝以《西征》、《芜城》及《恨》、《别》等赋示尔矣。其小品赋，则有《古赋识小录》；律赋，则有本朝之吴谷人、顾耕石、陈秋舫诸家。尔若学赋，可于每三、八日作一篇大赋，或数千字，小赋或仅数十字，或对或不对，均无不可。此事比之八股文略有意趣，不知尔性与之相近否？尔所临隶书《孔宙碑》，笔太拘束，不甚松活，想系执笔太近毫之故，以后须执于管顶。余以执笔太低，终身吃亏，故教尔趁早改之。《元教碑》墨气甚好，可喜可喜。郭二姻叔嫌左肩太俯，右肩太耸，吴子序年伯欲带归示其子弟。尔字姿于草书尤相宜，以后专习真草二种，篆隶置之可也。四体并习，恐将来不能一工。

余癣疾近日大愈，目光平平如故。营中各勇夫病者，十分已好六七，惟尚未复元，不能拔营进剿，良深焦灼。闻甲五目疾十愈八九，忻慰之至。尔为下辈之长，须常常存个乐育诸弟之念。君子之道，莫大乎与人为善，况兄弟乎？临三、昆八，系亲表兄弟，尔须与之互相劝勉。尔有所知者，常常与之讲论，则彼此并进矣。此谕。

点评：勤做读书札记

曾氏在此信中，先从大处为儿子读《诗经》作指导。他告诉儿子，汉唐人注《诗》，其所失在穿凿附会，其所得在不参私见。相比之下，朱熹的《诗集传》要胜过汉唐的注《诗》之作。朱熹重在体味诗的神韵，将《诗》引入文学领域而予以赏识，这是朱熹的高明之处。但朱熹认为《郑风》皆为讽刺淫奔的，则亦未必对。在此基础上，曾氏教给儿子一个读经的具体方法，即勤作札记。读书札记重在两个方面：遇有心领神会者，则记下自己此刻的阅读心得；遇有疑问者，则将自己的所疑提出来，以后随着学问的提高，对先前的所疑又有新的认识，也宜将这一过程记录下来。古今不少大学问家便是将学问如此日积月累的，著名的训诂学家王念孙、王引之父子的学问便是这样得来的。王念孙的《读书杂志》，王引之的《经传释词》、《经义述闻》等都是训诂学的名著。曾氏平生十分敬仰这对高邮王氏父子，自己的治学成就不如王念孙，但希望儿子能成为王引之。

曾氏这种不尽信书、不迷信权威的态度以及记札记的读书方法，于今人仍有指导意义。

致诸弟（三河惨败，老六阵亡）

咸丰八年十一月十二日

澄侯、沅甫、季洪老弟左右：

二十五日闻三河挫败之信，专安七、玉四送信回家。三十日，就县局回勇之便又寄一信。初五日，又专吉字营勇送九弟湖口所发之信。其时尚幸温弟当无恙也。兹又阅八日，而竟无确信，吾温弟其果殉节矣。呜呼恸哉！

温弟少时性情高傲，未就温和，故吾以温甫字之。六年，在瑞州相见，则喜其性格之大变，相亲相友，欢欣和畅。去年在家，因小事而生嫌衅，实吾度量不闳，辞气不平，有以致之，实有愧于为长兄之道。千愧万悔，夫复何言！自去冬今春以来，吾喜温弟之言论风旨洞达时势，综括机要。出门以后，至兰溪相见，相亲相友，和畅如在江西瑞州之时。八九月后，屡次来信，亦皆和平稳惬，无躁无矜。方意渠与迪庵相处，所依得人，必得名位俱进，不料遭祸如是之惨！迪庵一军，所向无前，立于不败之地。不特余以为然，即数省官绅军民，人人皆以为然。此次大变，迪庵与温弟皆不得收葬遗骨，伤心曷极！

现在官制军、骆中丞皆奏请余军驰赴江北，计十五六及月杪可先后奉旨。如命余赴皖楚之交，余留萧浚川一军防剿江闽，自率张、吴、朱、唐及吉字中营赴皖，必求攻破三河贼垒，收寻温弟遗骸，然后有以对吾亲于地下。若谕旨令余留办闽贼，则三河地方不知何年方有兵去，尤为痛悼。

九弟久无信来，想竟回家矣。想过蕲、黄等处，闻温弟确耗，不审如何哀痛！何无一字寄我？自九江至长沙，水路二千余里，溜急而风亦难顺，不知途次如何愁闷！如能迅速到家，亦是快慰之一端。

去年我兄弟意见不和,今遭温弟之大变。和气致祥,乖气致戾,果有明征。嗣后我兄弟当以去年为戒,力求和睦。第一要安慰叔父暨六弟妇嫡、庶二人之心。命纪泽、纪梁、纪鸿、纪渠、纪瑞等轮流到老屋久住,五十、大妹、二妹等亦轮流常去。并请亦山先生常住白玉堂,安慰渠姊之心。二要改葬二亲之坟。如温弟之变果与二坟相关,则改葬可以禳凶而迪吉;若温弟事不与二坟相关,亦宜改葬,以符温弟生平之议论,以慰渠九泉之孝思。三要勤俭。吾家后辈子女皆趋于逸欲奢华,享福太早,将来恐难到老。嗣后诸男在家勤洒扫,出门莫坐轿;诸女学洗衣,学煮菜烧茶。少劳而老逸犹可,少甘而老苦则难矣。至于家中用度,断不可不分。凡吃药、染布及在省在县托买货物,若不分开,则彼此以多为贵,以奢为尚,漫无节制。此败家之气象也。千万求澄弟分别用度,力求节省。吾断不于分开后私寄银钱,凡寄一钱,皆由澄弟手经过耳。

温弟殉难事,吾当另奏一折。九弟在湖北若得悉温弟初十日详细情形,望飞速告我,以便入奏。希庵有详信来,吾即先奏亦可。纪寿侄目清眉耸,忠义之后,当有出息,全家皆宜另目看之。至嘱至嘱。

点评:三河惨败,老六阵亡

曾氏自六月初复出,至今有五个月了。复出本是为着援救浙江的,但走到南昌时,浙江之危已缓解。太平军由浙江入福建,朝廷命曾氏带援浙之师由江西铅山进军福建崇安。九月上旬,抵达闽赣交界的江西建昌府。这时老九攻下吉安,遣所部回湘,自带护卫军千人来建昌与乃兄相见。在大营住了十余天,然后留下护卫军,自己回湘乡省亲。老九因克吉安之功,奉旨以知府尽先选用,并赏加道衔。

这个时候,老六曾国华正和李续宾一道,统率七千湘军在安徽庐州府一带与太平军周旋。在此之前,太平军在陈玉成和李秀成的指挥下攻占浦口、扬州,大败以德兴阿为首领的清军江北大营。趁安徽空虚的时机,李续宾、曾国华连克潜山、桐城、舒城,军锋直逼皖中重镇庐州府(今合肥市)。陈玉成挥师杀回安徽,在巢湖边的三河镇设下圈套。被胜利冲昏头脑的李续宾、曾国华贪功心切,钻进圈套而不自知。十月初十,两军决战于三河,李续宾战死,七千湘军死了六千多,只有几百人侥幸逃脱,可谓全军覆没。战争结束后,到处寻找曾国华的尸体,却找不到。直到三个多月后,才寻到他的无头之尸。

李续宾统率的这支队伍,是在五年多前湘军草创时期省城"大团"的基础上发展起来的,向为湘军精锐之师,其人数之多也居湘军各营之首。湘军自创建以来,虽然也打过不少败仗,但败得如此惨重,还是第一次。三河之败震惊朝廷。

它不仅是江南战场上的重创,更给复出不久的曾氏以极为沉重的打击。除李续宾是曾氏眼中德才兼备的名将,他所领导的这支队伍是一支打击牵制敌军的劲旅这些原因外,令曾氏痛心的还有一个重要缘故:死的人中有他的胞弟及其嫡系人马。

曾氏对这个出抚叔父的六弟一向期许甚大。曾国华性格孤傲,自视很高,写起文章来多牢骚锋芒,也敢于做一些别人不敢做的事。这些都被曾氏视为有豪杰之气,只希望他将暴躁的脾气改一下就更好了,故而为六弟取一个"温甫"的表字。温者,温和也。但曾国华科场屡屡受挫,连个秀才也未中到,曾氏便为他捐了个监生,以便取得做官的资格。捐来的功名并未给他带来多大的欣慰,他依旧郁郁寡欢,落落寡合。烧到湖南的战火,给他带来了出人头地的契机。曾氏尚未受命做团练大臣时,三十岁的曾国华便是湘乡团练中的活跃人物了。咸丰六年三月,江西军事陷于困境,赣省与湘、鄂两省的通途都被切断,这时曾国华奉父命赴湖北请援师。湖北巡抚胡林翼将刘腾鸿、刘连捷、普承尧所部三千余人交由曾国华统领。这支军队在江西瑞州府、袁州府一带打了一些胜仗,缓解了江西的困境。在围攻瑞州府城的关键时候,曾麟书病逝,在江西带兵的曾氏三兄弟均回湘乡奔丧。曾国华因出抚的缘故,一年满后即重返江西战场,给李续宾做副手。

曾国华说不上良将,但心高胆大。曾国荃打下吉安后,面对着吉字营三千人马的去留一事与两位兄长商量。老九的意思是全部裁撤回籍,老六却主张全部留下作为湘军的基本队伍,老大取中庸之道:酌留一部分。后来老九采纳了大哥的意见,留下一千人,其余的都裁了。但依笔者看来,老六的意见更值得采纳。湘军此时虽有数万之众,但真正属于曾氏的嫡系人马却并不多,而最可靠的当然又是自己兄弟所带出的人。吉字营为老九所招募,又在围攻吉安城的两年中经受了战争的锻炼且取得了胜利,是一支可资利用的军队,实在不宜裁掉,而应畀以重任。从这件事上,可以看出曾国华是个有心计有长远眼光的人,只是命运不济,兵败身死;倘若没有三河之败,其日后的勋绩当与老九不相上下。

对于六千湘军的战死和弟弟的身亡,曾氏十分伤心。《年谱》上说他"悲恸填膺,减食数日"。在给诸弟的家信中,他以一家之长的身份首先检讨自己的不是。在家守丧时期,乃曾氏心情极为沮丧的时候,他因而变得性格乖戾,脾气暴躁,常常为一些小事责骂家人,兄弟之间多有争执。古人说"和气致祥,乖气致戾",曾氏认为,这次的大变故,便是去年兄弟失和所招致的。所以他告诫家人要以此为戒,今后务必力求和睦。去年为着父母之坟改葬不改葬之事,兄弟意见不一致。为了表示对六弟的哀思,不管改葬之事与三河之败有无关系,都要改葬。三是去奢华,行勤俭。中国传统文化中有一种"惜福"的观念,即对"福"要珍惜,不可滥用,滥用的恶果是福将变为祸,所谓"福兮祸所伏"也。什么是滥用?骄、奢、懒、贪是其主要表现。曾氏是这个观念的笃信诚守者。他认为三河之变与家中人不惜福有关,故应从戒奢华行勤俭入手保住"福"。曾氏以身作则,向诸弟保证不给自己的小家庭私寄银钱,所寄之钱,均由主持家政的老四经营安排。

面对着家庭所发生的重大不幸,力主团结和睦度过难关,并借此机会整顿家风,将不良倾向杜绝于萌发之始。曾氏的这种治家之方值得我们借鉴。

致诸弟(祸福由天,善恶由人)

咸丰八年十一月二十三日

澄侯、沅甫、季洪老弟左右:

十三日专吉字营勇送信至家,十七日接澄弟初二日信,十八日接澄弟初五日信,敬悉一切。三河败挫之信,初五日家中尚无确耗,且县城之内毫无所闻,亦极奇矣!

九弟于二十二日在湖口发信,至今未再接信,实深悬系。幸接希庵信,言九弟至汉口后有书于渠,且专人至桐城、三河访寻下落。余始知沅甫弟安抵汉口,而久无来信,则不解何故。岂余近日别有过失,沅弟心不以为然耶?当此初闻三河凶报、手足急难之际,即有微失,亦当将皖中各事详细示我。

今年四月,刘昌储在我家请乩。乩初到,即判曰:"赋得偃武修文,得闲字(字谜败字)。"余方讶败字不知何指,乩判曰:"为九江言之也,不可喜也。"余又讶九江初克,气机正盛,不知何所为而云。然乩又判曰:"为天下,即为曾宅言之。"由今观之,三河之挫,六弟之变,正与"不可喜也"四字相应,岂非数皆前定耶?

然祸福由天主之,善恶由人主之。由天主者,无可如何,只得听之;由人主者,尽得一分算一分,撑得一日算一日。吾兄弟断不可不洗心涤虑,以求力挽家运。第一贵兄弟和睦。去年兄弟不和,以致今冬三河之变。嗣后兄弟当以去年为戒。凡吾有过失,澄、沅、洪三弟各进箴规之言,余必力为惩改;三弟有过,亦当互相箴规而惩改之。第二贵体孝道。推祖父母之爱以爱叔父,推父母之爱以爱温弟之妻妾儿女及兰、蕙二家。又,父母坟域必须改葬。请沅弟作主,澄弟不可过执。第三要实行勤俭二字。内间妯娌不可多写铺账。后辈诸儿须走路,不可坐轿骑马。诸女莫太懒,宜学烧茶煮菜。书、蔬、鱼、猪,一家之生气;少睡多做,一人之生气。勤者生动之气,俭者收敛之气。有此二字,家运断无不兴之理。余去年在家,未将此二字切实做工夫,至今愧恨,是以谆谆言之。余详日记中,不赘。

点评：祸福由天，善恶由人

十月初十日，湘军六千多人战死于三河，其中大部分人为湘乡籍。安徽三河镇距湖南湘乡县城不过一千余里，将近一个月了，湘乡县里的人居然还不知道。这在今天看来简直是不可思议的事情，而在一百五十年前，却是真实地存在着。

曾氏此信中说的扶乩一事的确奇怪。"赋得偃武修文，得闲字"，表面上看来是在出考试的诗题，其实这是一个字谜。"偃武"即去掉"武"，"修文"即加上"文"。"赋"字去"武"而加"文"岂不是"败"字？"败"应在哪里？第一次说是九江，第二次把范围扩大，泛指普天之下，但又明确地指出发生在曾家。表面看来，此乩真神了；其实，往深层次去想一想，也就释然了。

"打仗"是曾氏脑中的第一大事，打仗有输有赢，所谓"胜败兵家常事也"，说"败"是一定可以应的。第一次的"九江"，显然是说错了，再改口泛指天下，则便万无一失了。天下的军事皆与曾氏有关，所以"即为曾宅言之"，是完全可以讲得通的。故而此乩不能说"神"，只能说扶乩者聪明圆滑。然而"聪明圆滑"正是吃这门饭的人所具备的必要条件，不足奇也。

但处在三河惨败悲痛中的曾氏却完全相信，或者更确切地说，他是需要这种"数皆前定"来减轻心中的巨大痛苦。好在曾氏毕竟明智，他知道祸福虽然是由天所主宰的，但为善为恶却是由人决定的，而为善为恶亦可以影响"家运"，故而他重申前次信上所说的和睦、勤俭。曾氏认为家运取决于家中气象，家中气象主要有两种：生气——生动之气、敛气——收敛之气。家运本是一个抽象的概念，经过曾氏这样一叙说，抽象就变为具体了：读书、种菜、喂猪、养鱼、少睡、多做、多走动、不坐轿骑马、不铺张、不浪费、不奢华等等。化抽象为具体，化概念为实物，将远大的目标落实到桩桩件件小事上，这是曾氏家教的特点，也是曾氏家教易为子弟所接受的原因之所在。

致诸弟（李鸿章与王闿运）

咸丰八年十二月十三日

澄侯、沅甫、季洪三位老弟左右：

十二月初三日接澄弟十六、十七两信，初七日接沅弟二十一、洪弟二十日两信,得悉家中四宅大小平安。吾于十月二十五日派安七、玉四送信回家,不知何以至今未归营?已四十八日矣。初三日专人送信已得回报,十三日专人亦满一月,不知何以久延未到也?

此间一切平安。意城于二十八日归,人树于初三日归去,李小泉之弟少荃于初十来营,王壬秋初九来,次青初九日抵南昌,计日内亦可到矣。

温弟之事,家中不知如何举动?至今无手信,尚忍言哉?希庵接霍山王令信,言迪庵及筱石遗骸业经寻得,兹抄付归。不知我温弟尚能返葬首丘否?吾往年在外,与官场中落落不合,几至到处荆榛。此次改弦易辙,稍觉相安。去年在家,兄弟为小事争竞,今日温弟永不得相见矣。回首前非,悔之何及!

洪弟明年出外,尚须再三筹维。若运气不来,徒然怄气。帮人则委曲从人,尚未必果能相合;独立则劳心苦力,尚未必果能自立。如真能受委曲,能吃辛苦,则家庭亦未始不可处也,望与沅弟酌之。余详日记中。

再,此次寄银百两与刘峙衡之嗣子。我去年丁艰时,峙衡穿青布衣冠来代我治事,至今感之,故以此将意。或专使送去,或交纪泽正月带去,祈酌之。再,泽六老爷之孙葛培因昨归于玉山解围案内保举主簿,兹将饬知付回。望专人送去,并望写一信,言明年不可再来投效,来则决不再收。须切实言之,使通境皆闻也。古人言今日之恩窦即异日之怨门,其理深矣。澄、沅、洪三弟左右。藩又行。

点评:李鸿章与王闿运

中国近代史上另一著名人物、与曾氏关系极为密切的李鸿章的名字,直到此时才出现在曾氏家信中;其实,二人的渊源甚深。

早在道光十八年(1838)戊戌科会试中,曾氏便与李鸿章的父亲李文安相识,两人这科皆高中,彼此互称为同年。曾进了翰林院,李则因文章尚逊一筹未点翰林,而被分发刑部,此时年已三十八岁,发迹略为晚了点。李是安徽庐州府人,此时已有了六个儿子。这六个儿子日后都非比一般,尤以老二鸿章更是了不得。李鸿章功名顺遂,十八岁中秀才,二十一岁被选为优贡,二十二岁考中顺天乡试举人。道光二十五年,二十三岁的李鸿章奉父命,拜时任翰林院侍讲学士的曾国藩为师。

这是曾李的初次相识。因为有"年家子"一层在先,又加之李鸿章一表非俗,学问出众,曾对李大为器重。尽管这一年李未中式,身为本科会试同考官的曾氏仍对其场中诗文大加称赞。再过二年,李鸿章高中丁未科二甲第十三名,又顺利进入翰林院。二十五岁点翰林,在当时可谓少年得志,风头十足。曾氏也为这个及门弟子而高兴,将他与郭嵩焘、帅逸斋、陈鼐(此三人皆为曾氏同乡好友)视为丁未四君子。

李鸿章的哥哥瀚章在功名上比不上乃弟。他直到二十九岁时才得以拔贡的身份参加朝考,被分发到湖南做善化县知县。曾氏回湖南办起湘军后,看中了这位"年家子",将他调到军营襄办粮台,相当于今天的后勤部长。李瀚章办事勤勉,很得曾氏的信任。曾氏守父丧复出后,又调李瀚章赴江西总理粮台。此时其父文安刚去世,他便将母亲接到江西,与他一同住。

早在咸丰二年,李鸿章便随同吕贤基回安徽帮办团练。几年来,他跟着吕贤基、周天爵、福济等人,转战皖省南

李鸿章(1823—1901)

北,处处受挫,心情抑郁,有一种"茫无指归"之感。这时,他从安徽来江西南昌看望母亲,在哥哥的怂恿下,改换门庭,奔赴建昌府,投靠昔日老师的门下。对于李鸿章来说,这实在是他一生中最为明智的选择。他后半生的事功和名位,便由此一投奔而揭开了序幕。

据薛福成的《庸庵笔记》记载,李鸿章性格落拓不羁,贪睡懒散,对于湘军中严格的作息制度不能适应,尤其对天不亮便起床吃早饭一事更是反感。曾氏决定整整学生的这个自由散漫的毛病。

每天早饭,曾氏按惯例和幕僚们一道吃。这一天早饭时,见李鸿章又未到,他皱着眉头吩咐手下人叫李来。李谎称头痛,卧床不起。曾氏一连打发三起人去催,李仍不起床。曾氏大怒,拍着饭桌说:"今天非得要全体幕友到齐才吃饭。"李见老师发火了,便披着一件外衣慌慌张张地来到饭堂。整个早饭中,曾氏板着面孔,闷头吃饭一言不发。吃完后,对着李鸿章说:"少荃,既入我幕,我有言相告,此处所尚,惟一诚字而已。"说罢拂袖而去。曾氏斥责的是李的不诚——因不愿早起而谎称生病。李鸿章"为之悚然",从此再不敢懒散。

其实,曾氏对李的这种严格要求,正是他的有心雕琢、着意栽培。他在给李瀚章的信里说:"令弟少荃,自乙未之际,仆即知其才可大用。"曾氏早知李鸿

王闿运（1833—1916）

章是块美玉，是棵大树，但有瑕疵有病枝，不去掉那些疵病，是难以成大器的。今日之苛严，正是为了日后的大用。

曾氏这种用人之策，对我们今日的领导者仍有相当的启示。

比李鸿章晚一天来建昌军营的还有一个有名的人物，即信中所说的王壬秋。王壬秋名闿运，是晚清著名的教育家、学者、诗人，做过中华民国第一任国史馆长。他一生精力充沛享寿又高，直到1916年才以八十四岁高龄辞世。

王闿运平生崇尚帝王之学，他早期的政治活动类似纵横家、策士的行为。王与曾氏有过多次交往。早在曾氏在衡州府办水师时，王便与曾有了接触。那时王不过二十岁而已，是衡州府东洲书院里的一位学子。据野史记载，王在曾誓师北进的前夕来到曾的大营，向曾指出过《讨粤匪檄》里没有对洪杨所提出的"民族大义"予以针锋相对的批驳。阅世不深的王闿运不知此事正是曾氏要竭力回避的敏感问题，可谓冒昧。王又对曾说，当今天下纷争，鹿死谁手尚不可预料，愿曾好自为之。曾对王这类"妄话"自然不会看重，但欣赏王的聪明及胆量，邀他入幕。王是个文人习气很重的人，不耐军营的艰苦，队伍到了岳阳，他便借口"独子，老母不允"等离开了军营。

有关王闿运的这段轶闻无信史记载，但有两条旁证。一为王闿运自撰的联语："春秋表仅成，剩有佳儿传诗礼；纵横计不就，空留高韵满江山。"所谓纵横计，乃苏秦、张仪等人玩弄的政治权谋，亦被称为帝王术。王年轻时玩过这一套，可惜不成。向谁兜售纵横计呢？第二条旁证给了答案。王的学生杨度光绪二年（1876）在日本作了一首有名的《湖南少年歌》，其中有这样几句歌词："更有湘潭王先生，少年击剑学纵横。游说诸侯成割据，东南带甲为连横。曾胡却顾咸相谢，先生大笑披衣下。"原来，他是向曾氏及胡林翼等人兜售纵横计的。看来，此说是有根据的。

咸丰七年，王中乡举，第二年取道江西、浙江北上，拟参加咸丰八年己未科会试。信中所说的"王壬秋初九来",就是指的王绕道建昌府前来拜访曾氏这件事。王闿运在军营前后住了五天,十三日告辞。曾氏日记这几天里每天都有与王接触的记载,还为王批改古文,书其祖碑额。王来的那天与走的前一天,曾都为他请了客,可见曾氏对王以礼相待。王此时不过二十五六岁的举人,曾氏对他的礼遇,既有爱其才学奖掖后进的成分在内,也有笼络士绅、营造口碑的成分在内。曾氏检讨自己过去在这方面做得不好,复出以后一改旧习。看来,礼遇王闿运也是"新政"的一个小小的体现。

曾氏幼弟字贞干,又字季洪,二十二岁中秀才,在曾氏诸兄弟中,算是进学时年龄最小的了,但以后的乡试却不顺。更令季洪忧郁的是结婚多年夫人未曾生育,在抚二哥子纪渠为子后,又在咸丰四年抚大哥女纪纯、纪芬为女。从信中看来,他在谋事上亦遭遇不顺。曾氏在为季弟的出处作参谋时说的两句话值得注意:"帮人则委曲从人,尚未必果能相合;独立则劳心苦力,尚未必果能自立。"这两句过来人的话,对我们今天的读者仍有借鉴之处。

社会向每个人都展开了广阔的活动空间,然人在社会上谋事无非两种,即帮人或独立,用眼下时髦的话来说,要么替人打工,要么自己做老板。替人打工虽不要财力基础,也不需担风险,但要听人吩咐,看人脸色,要委曲从人,即便这样,也还不一定能相处得好。自己当老板,除财力基础外,还要担风险,大事小事都得自己拿主意,既劳心又劳力,即便这样,也不一定会成功。谋事者务必知己知彼,慎重对待。

致诸弟（得意之时与失意之事）

咸丰八年十二月十六日

澄侯、沅甫、季洪老弟左右:

十三日写信,专人回家。十五日接澄、沅冬月二十九、三十两缄,得悉叔父大人于二十七患病,有似中风之象。

吾家自道光元年即处顺境,历三十余年均极平安。自咸丰年来,每遇得意之时,即有失意之事相随而至。壬子科,余典试江西,请假归省,即闻先太夫人之讣。甲寅冬,余克武汉田家镇,声名鼎盛,腊月二十五甫奉黄马褂之赏,是夜即大败,衣服、文卷荡然无存。六年之冬、七年之春,兄弟三人督师于外,瑞州合围之时，气象甚好，旋即遭先大夫之丧。今年九弟克复吉安，誉望极隆，十月初七接到知府道衔谕旨，初十即有温弟三河之变。此四事者，皆吉凶同域，忧喜并时，殊不可解。现在家中尚未妄动，妥慎之至！余在此则不免皇皇。所寄各处之信，皆言温弟业经殉节，究欠妥慎，幸尚未入奏，将来拟俟湖北奏报后再行具疏也，家中亦俟奏报到日乃有举动。诸弟老成之见，贤于我矣。

叔父大人之病，不知近状何如？兹专法六归，送鹿茸一架，即沅弟前此送我者。此物补精血远胜他药，或者有济。

迪公、筱石之尸业经收觅，而六弟无之，尚有一线生理。若其同尽，则六弟遗骸必去迪不远。意者其已逃出，如潘兆奎；或暂降，如葛原五乎？家中分用钱项，澄弟意待各炊时再说，余亦无成见，听弟主张可也。沅弟信言家庭不可说利害话，此言精当之至，足抵万金。余生平在家在外，行事尚不十分悖谬，惟说些利害话，至今悔恨无极。

霞仙请做嫁装，即祈澄弟代做，明年三、四、五月可办婚事。即问近好。

兄国藩手草

点评：得意之时与失意之事

六弟之死，给曾氏创痛甚深，闻讣已两个月了，他仍不时想起此事，心情很是沉重。他回想三十年来，家里每到得意之时，便有失意之事跟着而来，并列举四个例子予以印证。

中国古代的哲人早就看到了这种得失相随、祸福相倚的人类社会现象。"塞翁失马"的寓言，"祸兮福所倚，福兮祸所伏"的名句，揭示的正是这种现象。正因为它的普遍性，故而格外受到人们的重视。人们研究它的目的，无非是为了避祸趋福，多处得意之时，少遇失意之事。曾氏此刻给家人絮絮叨叨地叙说往事，其用意无疑是在告诉家人，得失相随这个普遍存在的现象在曾家表现得很突出，要引起众人的高度重视。依笔者之见，这"高度重视"至少包括两层内容：一、此次失意之事过后，家中会有得意之时的到来，大家不要太悲伤太失望。二、今后家中遇到得意之时，要加倍警惕，切实防止失意之事的接踵而来。

六千湘勇的覆灭，对整个湘军，尤其是对湘乡县无疑如天崩地裂。失去亲人的家庭，悲痛之外也有恼恨，他们恼恨的是统领无能。倘若这支军队的主要统领和大多数的士兵一样地都死了，其家属的心理会略觉平衡些。第一号统领李续宾已死，其他几个负重要责任的将领也同时战死。尽管从兄弟情谊上来说，曾氏希望六弟能侥幸逃脱此难,但作为湘军的最高统帅,曾国华死在战场上,他所承受的压力便要减轻许多。故在曾氏的心灵深处,此刻他倒是希望六弟已死,他最不愿意看到的是六弟如葛原五似的"暂降"。六千多人都已死了,作为统领之一的曾国华却去投降,虽留下了一条命,但曾氏的脸面却要扫地以尽。

所以,在没有寻到曾国华尸体的时候,对于老六的生死之测,身在建昌军营的曾氏与湘乡老家的诸弟便有了截然不同的两种态度:曾氏寄各处之信,皆言老六已死在战场,但老家的亲人们实在不愿意老六就这样去了,他们始终抱一线希望,家中未曾有任何举动。面对着诸弟的态度,存有私念的大哥不免感到惭愧,只能赞成家中的处置态度。

致诸弟（乱世居华屋非所宜）

咸丰九年（1859）元旦

澄侯、沅甫、季洪三弟左右:

十二月二十三日接澄、沅初十、十一日信,除夕又接十六日信,敬悉叔父大人体气渐好,不致成中痰之症,如天之福,至幸至幸!两弟缄中所言各事,兹分条列复如左:

一、先考妣改葬事决不可缓。余二年、七年在家主持葬事,办理草草,去冬今春又未能设法改葬,为人子者第一大端,问心有疚,何以为人?何以为子?总求沅弟为主,速行改葬,澄弟、洪弟帮同办理,为我补过。至要至祷!洪夏争地,果可用否?吾不得知。兹亲笔写二信与洪、罗二处,以冀或有所成。

二、张凯章于十八日至景德镇附近地方,十九日分两路进。王（铃峰）、吴走西路,凯章走东路。王、吴挫败,义营亡百人,吉左营九人,副湘营三十七人,营务处十二人。在行仗则已为大伤,幸凯章全军未与其事。现尚扎崖角岭,去景德镇二十余里,势颇岌岌。兹札调朱南桂、朱惟堂飞速来军,望即专人送去。又王人树一信亦速送去。筱岑信,弟阅后封寄。

三、季弟决计出外,不知果向何处?今日办事之人,惟胡润之、左季高可与共事。此外皆若明若昧,时信时疑,非季弟所能俯仰迁就也。沅弟宜再三开导,令季弟择人而事,不可草草。或沅、季同来吾营,商定后再赴他处亦可。

四、沅弟所画屋样,余已批出。若作三代祠堂,则规模不妨闳大;若另起祠堂于雷家湾，而此仅作住屋，则不宜太宏丽。盖吾邑带勇诸公，置田起屋者甚少，峙衡家起屋亦乡间结构耳。我家若太修造壮丽，则沅弟必为众人所指摘，且乱世而居华屋广厦，尤非所宜。望沅弟慎之慎之，再四思之。祠堂样子，余亦画一个付回，以备采择。

五、科一喉痛，系先天火亏之症，宜服参茸姜附等药，庶可一劳永逸，切不可服凉药，千万记之。余不一一，顺问近好。

兄国藩手草

点评：乱世居华屋非所宜

老九的个性与老大有很大的不同。打下吉安城后，他的队伍人人发了财，作为统领，他自然获利最多。他讲究的是实惠，不把名声放在第一，也从不以圣贤为楷模，自己想干什么就干什么，并不太计较别人的议论。湘军中抱老九这种观念的将领很多，至于后起的淮军，从统帅李鸿章到下面的营官哨官，几乎人人都如此。

老九这次回家休假有一个很大的事要办，即起屋。买田起屋，这本是发了财的农民所最先想到的事。农家出身的曾老九在这点上与普通田舍翁无异。只是他认为自己建立了军功，且战胜后掳获了大量钱财，他起的房屋理应远胜乡间土财主。因而曾老九作了一个庞大的建筑计划，并画了一张图样向大哥征求意见，不料遭到大哥的反对。曾氏认为居室不宜太宏丽，乱世而居华屋广厦，尤非所宜。

曾氏的这个意见，既体现了他一贯的俭朴惜福观念，也体现了谨慎小心的处世态度。久入宦海的曾氏，深知倾轧争斗乃官场积习，一切好处都只能从暗中获取，不能公之于众。吉安之役结束后便立即起大屋，岂不将发了横财的信息明明白白地告诉世人，授人以不可抵赖的把柄？除此外，这种财富露白的行为，也易招致别人的非分之念。乱世多强盗土匪，将来遇到强梁的打劫怎么办？

可惜大哥的这番苦心，老九一点都不领会，他照样我行我素，将他家的房子起得高大壮丽，大逾常制。曾纪芬的《崇德老人自订年谱》在"咸丰九年"一节中有这样的记载："忠襄公于是年构新居，颇壮丽，前有辕门，后仿公署之制，为门数重，乡人颇有浮议。文正闻而驰书令毁之。余犹忆戏场之屋背，为江西所烧之蓝花回文格也。"

未起之前，大哥的反对意见他都没有采纳，建好之后他还会因一纸书信而拆毁吗？

致诸弟（招魂具衣冠葬老六）

咸丰九年正月十三日

澄侯、沅甫、季洪老弟左右：

初二日专人送一缄，初八盛四归又付一缄，想次第将到。初十日接胡中丞信，迪庵及温弟已奉旨优恤，迪公饬终之典至隆极渥。其灵柩二十五日到湖北，二十六日宣读恩旨，二十九日请官中堂题主，正月初三日起行还湘，备极哀荣。温弟与之同一殉难，而遗骨莫收，气象迥别。予于十一日具折奏温弟殉节事，盖至是更无生还之望矣。恸哉！家中此刻已宣布否？若尚未宣布，则请更秘一月，待二月间杨镇南等归来，我折亦奉批转来。如实寻不得，则招魂具衣冠以葬。余上无以对祖考妣及考妣，下无以对侄儿女。自古皆有死，死节尤为忠义之门，奕世有光，本无所憾，特以骸骨未收，不能不抱憾终古。

沅弟近日出外看地否？温弟之事，虽未必由于坟墓风水，而八斗冲屋后及周璧冲三处皆不可用，子孙之心，实不能安。千万设法，不求好地，但求平妥。洪夏之地，余心不甚愿。一则嫌其经过之处山岭太多，一则既经争讼，恐非吉壤。地者，鬼神造化之所秘惜，不轻予人者也。人力所能谋，只能求免水、蚁、凶煞三事，断不能求富贵利达。明此理，绝此念，然后能寻平稳之地。不明此理，不绝此念，则并平稳者亦不可得。沅弟之明亮能了悟。余在建尚平安，惟心绪郁悒，不能开怀，殊褊浅耳！

点评：招魂具衣冠葬老六

三河之役到今天已是三个月了，老六的尸体仍旧未寻到。由湖广总督官文、湖北巡抚胡林翼上奏的折子已得到皇上的批复，咸丰皇帝甚至为此专门下了一道手诏："详览奏牍，不觉陨涕。惜我良将，不克令终。尚冀其忠灵不昧，他年生申甫以佐予也。"又追赠李续宾为总督，照总督阵亡例赐恤，入祀昭忠祠。其父赏给光禄大夫封典，两个儿子均赏给举人，一体会试；又令湖北、江西、安徽、湖南等省各建专祠纪念，饰终之隆超过罗泽南、江忠源，为军兴以来第一，而皇帝所表现出的痛惜之情，则更令所有文武官员为之感叹。曾国华与李续宾处于相同命运，因为官阶不够，更因尸体未寻到，眼看着一边备极荣哀一边冷冷清清，曾氏的心中的确难以平衡。他再不能等待了，遂上折奏报曾国华战死事，并要家中做好衣冠冢的准备，又以李续宾的风光来安慰家人。

曾氏既信地学，亦不迷信，这正是封建时代士人的普遍特点。信，是因为地学神秘诡异，上自帝王下至百姓，都希望借风水宝地给后世子孙带来富贵福祉。此风数千年来长盛不衰。作为一个中国人，谁能抗拒得了它的影响？不迷信，是因为儒家经典《论语》中有句名言："子不语怪力乱神。"圣人不说有关怪、力、乱、神的话，可见圣人对此有保留。这种态度，也为道家哲人之所取。道家经典《南华经》上说："六合之外，存而不论。"神仙鬼魔，都是六合之外的东西，让它存在着罢，我们不去议论。中国的士人非儒即道，既然两家的祖师爷都是这种不冷不热的态度，于是后世门徒中的许多明白人也都学样。曾氏就是这样的一个明白人。

他告诫弟弟，地可以寻，但不要指望它给你带来富贵利达，只要能避免水淹、蚁聚、凶煞就可以了。能否带来富贵利达，这是属于"存而不论"的事，圣人都不语及，哪个地仙又能看得出呢？至于能否避水、蚁、凶煞等等，那是明摆着的，稍有点眼光的人都可以看得出。在曾氏看来，所谓寻地，便是寻这些能避明眼人所看出的灾害的地。说实在的，人死如泥，不必将葬事看得太重，真正看穿了的还是道家的宗师庄子。《庄子·列御寇》里说，庄子将死，弟子想厚葬他。庄子说，我把天地当做棺椁，把日月当做玉璧，把星辰当做珠宝，万物都来陪葬，有这样多的葬物还不算齐备吗？哪还有比这更好的。弟子说，我们怕乌鸦老鹰吃了您。庄子说，在地上让乌鸦老鹰吃，在地下让蝼蛄蚂蚁吃，这都是一样的。你们从乌鸦嘴里夺去喂蚂蚁，不是太偏心了吗？临死之际，尚能如此幽默豁达，的确古今少有。庄子的这种胸襟，建筑在将死看穿了的基础之上。世人既不能如庄子这般通达，子孙在他身后自然也不能将他随便处置去喂乌鸦蚂蚁。选个宽敞、干燥、有山有水的地方葬下先人，这也属情理之中；但若想寻个能给子孙带来富贵的吉域佳城，则求之非分，自然也是不能兑现的。

致诸弟（历代圣哲三十二人）

咸丰九年正月二十三日

澄侯、沅甫、季洪老弟左右：

正月十三日发第三号信并折稿及温弟优恤之旨，十八日王林三等来，接澄信二件、沅信一件、纪泽一件，得知家中四宅平安，甚慰。纪泽在省所寄之禀尚未接到。

此间军事，去腊十九日吴翔冈之挫，亡百六十人，二十日凯章之胜，亦亡九十人，正月十一日凯章又小挫一次。其第五旗扎牛角岭，距凯章老营十八里之远，十二早被贼攻陷。余因五旗去凯太远，除夕曾有信止之。凯复书言旗长可恃，未移也。五旗被陷之后，又换三旗扎该处。余甚为悬悬，又函止之矣。凯军现处孤危之际，不得不思所以济之振之。已派彭山屺回湘调兵六百名，派佘星焕回湘招勇千名，与喻吉三同带之。又令朱品隆添勇二百名，函告王人树添勇三百名，又令张岳龄招平江勇千二百名。共添三千余人。向耆中丞索取饷项，能得与否，尚未可知，然不能不放手一办也。待兵勇到时，先派在建老营，赴凯章处助剿，将来须另派统领，另打一支，与萧、张分为三路，庶足以张犄角之势。此间各营望沅弟如望岁，吉字中营尤如婴儿之望慈母。吾前欲派吉中营偕朱、唐去攻景镇，莘田及各帮带皆以沅弟未来，不敢作主。

余近日心绪郁郁，望沅弟来此叙手足之情，并商定大局。先考妣改葬之事，本属刻不可缓，然如此春雨淋淋，何能登山觅地？余意托萧可卿、冯至善在家再寻三四个月。九弟于二月间来营，一面为我画定全局，一面将吉字中营安个实在着落，住数月后再行回家。温弟遗蜕若竟寻不得，则沅弟于江北宿松等处招魂而归，具衣冠而葬。将来改葬先考妣时，即将温弟衣冠祔葬于二亲之旁；若鬼神呵护，温弟忠骸一旦寻得，则九弟即迎温弟灵柩以归，是亦不幸中之一大幸。先考妣改葬时，附寻吉地以葬温弟，亦可少慰叔父及温弟妇之心。若九弟久不来营，吉中营全无着落，家中不能寻地，温弟招魂葬衣冠等事早也不好，迟也不好，沅弟心悬数处，均不妥善。是否应于二月来营，数月再归，望沅弟与叔父、澄、季熟商妥办。余此次缄催郭意城、王人树、王牧村来营，皆言沅弟于二月来营。沅弟若有信与意、树诸公，可邀其同行也。正月十三日接奉御赏福字，兹专人送归。又枣果面饼等物，送一半归查收。顺问近好。（在建昌军中）

再，吾近写手卷一大卷。首篆字五个，次大楷四十八个，后小行书二千余，中间空一节，命纪泽觅此三十二人之遗像绘之于篆字之后、大楷之前。查武梁祠画像内有文、周、孔、孟诸像，外间间有藏本。翁覃溪《两汉金石记》曾刻之，王兰泉《金石萃编》亦刻之。此外如名臣像亦间有之。纪泽觅得像底，则双钩摹于卷内，不必着色也。或嫌此卷太大，则另办一卷画像。此卷即先付长沙装潢，楠木匣藏之，将来求沅弟精钩刻石。其像有不可尽得者，略刻数像可也。吾生平读书百无一成，而于古人为学之津途，实已窥见其大，故以此略示端绪。手此再告澄、沅、季三弟，并谕纪泽儿知之。国藩又行。

点评：历代圣哲三十二人

咸丰九年正月，曾氏做了一篇大文章，名曰《圣哲画像记》。查日记，从正月十八日至二十三日，连续六天，他都在做这件事，可见对这篇文章极为重视。全文两千多字，也是曾氏文集中最长的一篇。曾氏为什么要写这篇文章？该文的第一段作了说明。原来，曾氏考虑到古今图书浩如烟海，无论如何不是一个人一辈子所能读得完的，故而必须在其中作挑选。他挑选其中的三十二个人出来，将他们看做五千年文明史中的圣贤哲人，希望后世子孙不必再枉费心力地寻觅，只要将这三十二人的书读懂读通就行了。曾氏对这三十二人分别作评说，十余段评说合而为一篇文章。受武梁祠、鲁灵光殿的启示，在每段评说之前绘上此人的画像以示尊崇，又可激发读者的阅读兴趣，通过"索其神"而"通其微"。这就是《圣哲画像记》的由来。

曾氏所看中的圣贤为：周文王、周公、孔子、孟子、庄子、左丘明、司马迁、班固、诸葛亮、许慎、郑玄、杜佑、陆贽、韩愈、柳宗元、李白、杜甫、欧阳修、曾巩、苏轼、黄庭坚、范仲淹、司马光、周敦颐、程颐、张载、朱熹、马端临、顾炎武、秦蕙田、姚鼐、王念孙，共三十二人。

曾氏将这三十二人分五个门类。他认为文、周、孔、孟之圣，左、庄、班、马之才，是全方位的，不能以某门来局限。至于葛、陆、范、马四人，在孔门中则属于德行而兼政事之科。周、程、张、朱，在孔门中则属于德行之科；若按姚鼐所说的学问有义理、词章、考据三类的话，那么，周、程、张、朱则归之于"义理"。韩、柳、欧、曾、李、杜、苏、黄在孔门中属言语之科，可归之于"词章"；许、郑、杜、马、顾、秦、姚、王，在孔门中属文学之科，可归之于"考据"一类。曾氏说："此三十二者，师其一人，读其一书，终身用之，有不能尽。"

文章写成后，他要儿子设法寻找这三十二位圣哲的画像，若是不能完全寻到，寻其部分也可，将来再刻之于石上，以便永久保存。

翰林出身的湘军统帅，心目中一直渴望能成就名山事业，但他终其一生，未能有一部系统的学问著作问世，此为其终生憾事。他所说的"读书百无一成"，指的即为此。他爱读书，又善于思考，因而对前人的治学道路、治学方法颇有心得，他也很想将这些心得写出来。但自从涉足军旅之后，时间上和心境上都不允许他著书立说。这篇《圣哲画像记》，可以看做曾氏未成的《中国文化史》的提纲。

此文很受学术界的重视。民国初年，湖南一师的教师曾将它作为引导学生修身的课文，现今保存下来的毛泽东在一师读书时的《讲堂录》中便有关于此文的记载："曾涤生《圣哲画像记》三十二人：文周孔孟、班马左庄、葛陆范马、周程朱张、韩柳欧曾、李杜苏黄、许郑杜马、顾秦姚王。"

致诸弟（曾氏家族的一大悬案）

咸丰九年正月二十八日

澄侯、沅甫、季洪三弟左右：

正月二十三日发第四号家信，并福字、手卷等件，想出月初间可到。二十七日亥刻接胡润公专丁来信，知温甫弟忠骸业经寻获，是犹不幸中之一幸。惟先轸丧元，又幸中之一大不幸。计胡中丞亦必有专信另达舍间，沅弟此时自不便遽出，应觅地两所。一面改葬先考妣，一面安厝温弟。润公待我家甚厚，温弟灵柩归舟，想必妥为照料。吾即派杨名声等三弁送湘乡，建昌不另派人，以赶不上也。墓志铭作就，再行专丁送归。胡信及霍山王令信、杨信附去一觅。顺问近好。

点评：曾氏家族的一大悬案

三河之役结束后，为寻找温甫的尸骸，湖北方面派了人，曾氏也从建昌这边派了人，四处访查寻觅。直到三个月后，曾氏才接到胡林翼打发的专丁送来的信，说是温甫尸骸已找到，但没有头。这是一件很令人奇怪的事。乍一想似乎有可能：有人将温甫之头割去请功去了。仔细一想，不对。割首请功，割的一定是地位最高、影响最大的人。李续宾官居安徽巡抚，又是这支部队的最高统帅，要割自然割他的头，但他的头没有被割。温甫当时不过一同知衔的普通将领，知名度也不高，与温甫处于同等地位官阶比他高的人还有好几个，但他们的头颅都没有被割去。再说，三河之役是太平军有史以来歼敌最多的一次大胜仗，震惊天下，人人皆知，实在也没有必要割几个人头去向天王邀功请赏。太平军不割，难道还有别人去割？普通老百姓割下一颗血淋淋的人头做什么？他不要命了？

这样一分析，问题就来了：这具丧元（元者，头颅也）的尸骸真的是温甫吗？这个疑问不但后世读者会提出，就在当时，曾氏和他所派出的人也有怀疑，这有曾氏的日记为证。咸丰九年二月初八日的日记上说："杨名声言温甫弟丧元，杨镇南、张吟再去寻觅，渠一人先送灵柩回湘。读之悲不自胜，因批令一人先归。"

杨名声、杨镇南、张吟是曾氏从建昌打发去三河战场寻找温甫的人。杨名声既言丧元，又打发另外两人再去寻觅，显然对这个无头尸是不是温甫本人有怀疑，而曾氏同意杨名声的安排，"因批令一人先归"，说明他对此也有怀疑。

从此以后，再无继续寻觅的消息，也未见温甫妻妾辨认丈夫遗体的任何记载。对于曾氏家族来说，这实在是一桩大悬案。

致诸弟（写毛笔字握笔宜高）

咸丰九年二月初三日

澄侯、沅甫、季洪三弟左右：

二十八日发第五号信，告温弟寻获遗骸事。三十日玉四等来，得澄、沅两弟及纪泽三信，得知一切。叔父大人病势稍加，得十三日优恤之旨，不知何如？顷又接十九日来缄，知叔父病已略愈，欣慰欣慰！然温弟灵柩到家之时，我家祖宗有灵，能保得叔父不添病，六弟妇不过激烈，犹为不幸中之一幸耳。

此间兵事，凯章在景镇相持如故，所添调之平江三营、宝勇一营均已到防，或可稳扎。浚川在南康之新城墟打一大胜仗，夺伪印四十三颗、伪旗五百余面，皆解至建昌，甚为快慰！惟石达开尚在南安一带，悍贼亦多，不知究能扫荡否？吉中营以后常不离余左右，沅弟尽可放心。

起屋起祠堂，沅弟言"外间訾议，沅自任之"。余则谓外间之訾议不足畏，而乱世之兵燹不可不虑。如江西近岁凡富贵大屋无一不焚，可为殷鉴。吾乡僻陋，眼界甚浅，稍有修造，已骇听闻。若太闳丽，则传播尤远。苟为一方首屈一指，则乱世恐难幸免。望弟再斟酌，于丰俭之间妥善行之。改葬先人之事，须将求富求贵之念消除净尽，但求免水蚁以安先灵，免凶煞以安后嗣而已；若存一丝求富求贵之念，必为造物鬼神所忌。以吾所见所闻，凡已发之家，未有续寻得大地者。沅弟主持此事，务望将此意拿得稳、把得定。至要至要！

纪泽姻事，以古礼言之，则大祥后可以成婚（再期为大祥）；以吾乡旧俗言之，则除灵道场后可以成婚。吾因近日贼势尚旺，时事难测，颇有早办之意。牧云定五月二十七，外姑又以毒月为嫌，则改至六月为妥。盖以先考妣神主尚在中厅供饭，不便行礼也。纪泽前两禀请心壶抄奏折，尽可行之，吾每月送脩金二两可耳。应抄之奏，不知家中有底稿否？每抄一篇，可寄目录来一查，注明月日。纪泽之字近日大退，较之七年二三月间远不能逮。大约握笔宜高，能握至管顶者为上，握至管顶之下寸许者次之，握至毫以上寸许者亦尚可习得好字出；若握近毫根，则虽写好字，亦不久必退，且断不能写好字。吾验之于己身，验之于朋友，皆历历可征。纪泽以后宜握管略高，纵低亦须隔毫根寸余。又须用油纸摹帖，较之临帖胜十倍矣。

沅弟之字不可抛荒，如温甫哀辞、墓志及王考妣、考妣神道碑之类，余作就后，均须沅弟认真书写。《宾兴堂记》首段未惬，待日内改就，亦须沅弟写之。沅弟虽忧危忙乱之中，不可废习字工夫，亲戚中虽有潄六、云仙善书，余因家中碑版，不拟倩外人书也。

玉四来时，曾纪芳、唐介文未到。安五、有四来此，余因未收留。本日接澄弟言玉四荒唐之事，已饬委员重责之矣。近地勇夫颇不易于约束，余昔不欲多用，正为此故。胡长发亦未收作戈什哈，观其规矩太生，非戈什哈之才耳。顺问近好。（大祥前一日）

点评：写毛笔字握笔宜高

曾氏五兄弟，其事功官位可与曾氏相比较的，就只有这位九弟沅甫。两兄弟外貌极为相似，从相片看来，有如双胞胎，然性情为人却大相异趣。信中的第三段鲜明地表现了两种处世态度。

在前信中，我们说到了起屋的事。这里说的还是起屋的事。"外间訾议，沅自任之"，一副全然不把舆论放在眼中的态度。这就是曾老九！这种处世态度有不好的一面，也有好的一面。不好的一面是明摆着的：以一身与众怒相对抗，自然难敌；但好的一面也不可忽视：此种人往往有超人的自信与顽强，可以做出常人所做不出的事业来。

曾氏一向很看重外间议论。这种性格的人多半可做规行矩步的谦谦君子，难成英雄大业。好在曾氏也有倔强的一面，且学富识高，善用众人之才，故也能乘时而动，风云际会，做出一番伟业来。

别人的议论既不足以改变沅甫的主张，大哥便以其自身的利害关系予以打动。当然，最后也没打动得了。

从这一段可知，寻富贵之地改葬先人，也是沅甫的意见。他后来的确大富大贵了，是不是当真寻了一块富贵之地呢？

今人写字用的都是硬笔，毛笔已很少用来作为日常书写工具了。再过些年，连硬笔都会废止，大家都用电脑打字。不过依笔者之见，毛笔完全消失大概也不会。毛笔字作为一种书法观赏品,的确是中华文化的瑰宝,总会有人喜爱它,欣赏它的。对于有志练毛笔字的读者来说,可以从曾氏教儿子如何用笔的话中得到启发。曾氏以"验之于己身,验之于朋友,皆历历可征"的经验告诉儿子:要想把字写好,一定要握笔高,最好是握至管顶;若握到笔根部位,虽暂时也能写出好字,但不久必退,而且断不能成气候。同时,他还告诉儿子,用油纸摹帖要胜过临帖十倍。油纸是当时一种上了油的可透字的薄纸,将油纸盖在帖上,再用笔来摹描,这种方法便叫油纸摹帖,要比通常的照帖写字强得多。爱好毛笔字的读者不妨试一试。

致诸弟(尴尬的封典)

咸丰九年二月十三日

澄侯、沅甫、季洪三位老弟左右:

二月初三日发第六号信,想将次收到矣。张凯章一军二十八日小挫,阵亡二百六十余人,平江营之新到者亦阵亡二十余人。余连日正焦灼之至,幸婺源于二月一日克复,贼窜往祁门一带。浮梁于初四日克复。浮梁去景德镇三十里,婺源去镇百余里。三处之贼,本系互相犄角,互相联络。今婺源既克,则镇贼之后路稍空,声势稍孤矣;浮梁既克,则贼不敢绕出乐平,抄凯章之后尾矣。初五日刘养素又打一胜仗,夺贼战舟五号、民船百余,夺贼垒十余座,西路之军威一振。凯章在东路或亦无恐矣。初三日萧浚川一军克复南安府城,南路贼势似稍散漫,或者易于剿办,全数逃出广东亦未可知。余前因景德镇官军危急,恐贼锋内犯,先及抚州。定计移驻抚州,拟初十日拔营,因雨不果。十二日冒雨拔营,仅行十五里,驻扎清水铺。泥深没骭,小住一日。

正月十一日所奏通筹全局、温弟殉节等折,今尚未接批谕。温弟忠骸于三十日到黄州,胡中丞致祭尽礼,派都司姚敏忠送回湘中,计二月二十外可到。记得出门甫满一年,今日归骨而不归元,可胜惨痛!七年,兄弟争辩不休。今日回思,皆芝麻细故,可胜悔恨!罗椒生之祖在四川阵亡,亦系归骨而不归元。厥后卜葬得吉壤,葬十余年而产椒生,二十余年而椒生之父举于乡,三十余年而椒生以甲午举乡试,乙未入词馆。温甫生前郁抑不伸,或者身后能享罗家之报乎?沅弟寻觅阴地,自必为温弟择一佳壤,不待余之嘱矣。如实难得,或与先考妣同域亦可。俟杨镇南自三河归，余即作墓志付回。温弟照道员例优恤，昨初九日已具折谢恩矣，数日内再行抄稿寄家。

李迪庵之丧，余送奠金二千两，挽联一付，句云："八月妖星，半壁东南摧上将；九重温诏，再生申甫佐中兴。"盖去年彗星，人以为迪庵应之也。余不一一，顺问近好。

兄国藩手草（清水铺营次）

正封函间，接奉正月十一日各折批。谕温弟一折，奉旨赏给叔父从二品封典。盖未知前此已受从一品、正一品两次封典也。若前此未经貤封，则此次恩亦渥矣。惟受侄之封与受子之封，覃恩普遍之封与谕旨特颁之封究有不同。即日当具折谢恩，并声明"诰轴则拜此次之新纶，以彰君恩之稠迭；顶戴则仍二年之旧典，以明宠贶之久增"云云，庶叔父先受侄封，后受子封，二者并行不悖。

余于正月具折之时，本拟为温弟乞恩赐谥，因恐交部议驳，反为不美，遂未奏请。此次又与次青、仙屏再三商酌。次青之意，谓皇上以同知而予二品封，已属非常之恩，请谥之举，不若留以待将来；如有战功，皇上或加恩国藩之身，则一面自己辞谢，一面乞恩为温甫请谥云云。次青此说，甚有见解。特不知将来有机可乘否？又作折甚难着笔，亦恐江楚各省识者见哂也。沅弟近于外事颇熟悉，曾思及此事否？筠仙至天津办夷务，又不如来我营耳。再候近佳。涤生又行。（十三夜）

点评：尴尬的封典

为安慰家人，曾氏挖空心思，找到一个本人无头后人发达的例子。此人即罗椒生的祖父。罗椒生名惇衍，是当时的名吏。他二十岁中举，二十一岁点翰林，历官太仆寺卿、刑部侍郎、户部尚书等。公余研究理学，著作颇丰。罗与曾氏年龄相仿，关系较密切。

罗椒生之所以如此发达，据说是祖父葬地好。曾氏希望老九能为温甫寻一佳壤，期盼温甫后人能出罗惇衍一样的大官。曾氏前几封信都讲寻地不求富贵，这次又大谈富贵，显然与前面是矛盾的。这种矛盾恰恰说明曾氏受民间文化的影响之深，可谓深到血液骨髓之中而常常会在不知不觉间流露出来。人是复杂的矛盾的，许多人都免不了有双重性格，曾氏可谓这方面的典型人物。

有趣的是"又行"中所说的事。

新皇帝登基及大行皇帝入土，都是国家的大事。遇到这等事，朝廷都要给文武百官以赏赐，给百姓以减免税赋。这就是所谓的皇恩浩荡。道光三十年、咸丰二年便有两次皇恩浩荡，身为正二品侍郎的曾氏得到咸丰皇帝的两次对其曾祖父母、祖父母、父母、叔父母的封典，其叔父曾骥云先封从一品荣禄大夫，后封正一品光禄大夫。可见三河之役前，温甫的嗣父曾骥云早已是一品封翁了。不料，三河之役后朝廷反而给曾骥云颁的是从二品封典。此事让曾氏一家十分尴尬：领受，则有受辱的感觉；不领，则是抗旨。曾氏聪明，他想出了一个两全之策。

二月十五日，他在给朝廷的《谢曾骥云赐封典恩折》中列举了道光三十年正月二十七日、咸丰二年四月三十日两次蒙恩封赠之后，这样说明："诰轴则祗领新纶，谨拜此日九重之命；顶戴则仍从旧秩，不忘昔年两次之恩。"这两句话的意思是：这次的封赠圣旨，我们恭恭敬敬地拜领，但顶子还是戴过去的一品珊瑚顶，因为这是前两次的君恩，我们不能忘记。既不抗旨，又不降品衔，真是说得绝妙！

要说是朝廷存心戏弄曾家，那也不可能，究其原因，乃出于办事人的身上。封赠之事，例归礼部。礼部的官员在拟封典的时候，只是从温甫的封赠道员的角度来考虑，子为四品道员，父受从二品的封典，也算是从优了，但他们就没有考虑到曾氏这一层面上。曾氏曾做过多年礼部侍郎，离开礼部也不过七年时间，居然就没有人想起要查一查曾氏的档案。此事说明了两个问题：一、清王朝部院官员办事马虎、不负责任；二、部院官员调动频繁，熟悉业务的人很少。

谕纪泽（诗文与字均宜留心摹仿）

咸丰九年三月初三日清明

字谕纪泽：

三月初二日接尔二月二十日安禀，得知一切。

内有贺丹麓先生墓志，字势流美，天骨开张，览之忻慰。惟间架间有太松之处，尚当加功。大抵写字只有用笔、结体两端。学用笔，须多看古人墨迹；学结体，须用油纸摹古帖。此二者，皆决不可易之理。小儿写影本，肯用心者，不过数月，必与其摹本字相肖。吾自三十时，已解古人用笔之意，只为欠却间架工夫，便尔作字不成体段。生平欲将柳诚悬、赵子昂两家合为一炉，亦为间架欠工夫，有志莫遂。尔以后当从间架用一番苦功，每日用油纸摹帖，或百字，或二百字，不过数月，间架与古人逼肖而不自觉。能合柳、赵为一，此吾之素愿也。不能，则随尔自择一家，但不可见异思迁耳。不特写字宜摹仿古人间架，即作文亦宜摹仿古人间架。《诗经》造句之法，无一句无所本。《左传》之文，多现成句调。扬子云为汉代文宗，而其《太玄》摹《易》，《法言》摹《论语》，《方言》摹《尔雅》，《十二箴》摹《虞箴》，《长杨赋》摹《难蜀父老》，《解嘲》摹《客难》，《甘泉赋》摹《大人赋》，《剧秦美新》摹《封禅文》，《谏不许单于朝书》摹《国策》"信陵君谏伐韩"，几于无篇不摹。即韩、欧、曾、苏诸巨公之文，亦皆有所摹拟，以成体段。尔以后作文作诗赋，均宜心有摹仿，而后间架可立，其收效较速，其取径较便。前信教尔暂不必看《经义述闻》，今尔此信言业看三本，如看得有些滋味，即一直看下去；不为或作或辍，亦是好事。惟《周礼》、《仪礼》、《大戴礼》、《公》、《谷》、《尔雅》、《国语》、《太岁考》等卷，尔向来未读过正文者，则王氏《述闻》，亦暂可不观也。

尔思来营省觐，甚好，余亦思尔来一见。婚期既定五月二十六日，三四月间自不能来，或七月晋省乡试，八月底来营省觐亦可。身体虽弱，处多难之世，若能风霜磨炼、苦心劳神，亦自足坚筋骨而长识见。沅甫叔向最羸弱，近日从军，反得壮健，亦其证也。赠伍嵩生之君臣画像乃俗本，不可为典要。奏折稿当抄一目录付归。余详诸叔信中。

> **点评：诗文与字均宜留心摹仿**

曾氏从儿子寄来的书法作品谈起，谈到写字的用笔与结体，又从字的间架（即结体）谈到诗文的捷径。为增加说服力，信中一一指出扬雄的代表作均为摹仿而来，又指出韩愈、欧阳修、曾巩、苏轼等文章大家皆善摹仿。

摹仿是学习过程中的一个较高的层次，即从"看"上再进一步：照着别人的样子来自己动手做。发展创新是建筑在继承之上的。先得继承，然后才能言发展，言创新。

对于诗文这个领域来说，阅读、摹仿都是"继承"中的内容，自己的独立写作，在理论上可算作发展创新的范畴。许多年轻人继承这一步尚未走好，便急着要创新。写出的东西，比前人的优秀之作差得很远，有何"新"可言？结果写了一辈子诗文，了无可观。多多地摹仿名作，虽在学习的过程中花费了不少时间，但"继承"这一步走得坚实，"发展创新"的阶段便会来得快，故而此途为捷径。

曾氏本人是作文的高手，这番话自是他的阅历之言。有志为诗文者，当可从中获得启发。

致诸弟（"一门忠义"竟成谶语）

咸丰九年三月十三日

澄、沅、季三位老弟左右：

初十日接澄弟及纪泽儿二十八信，沅弟二十九日自县城发信，具悉一切。温弟忠椵初三自黄州开行，尚未到省，殊深系念。日内想已到矣。纪寿侄既奉恩旨交吏部带领引见，其叔父大人诰封，仍当咨部恭领诰轴。盖第二次谕旨中有"着再加恩"字样，再字即承前次诰封之旨言之也。请谥一节，不敢再渎矣。

澄弟信中变格谶语之说，兄早虑及之。七年闰五月十七初得谕旨时，正在白玉堂拆阅，叔父欲将此四字悬匾槽门，余不甚愿，亦未免中有所忌。然此等大事，冥冥中有主之者，皆已安排早定。若兄则久已自命为癞头牙子，与其偷生而丛疑谤，又不如得所而泯悔憾耳。

沅弟问克复景镇作何调遣，目下镇贼狡悍，似难遽克。既克之后，如湖南渐安，萧军复来，则当全力以规皖南；如湖南尚危，萧军留湘，则且休兵以驻湖、彭。是否有当，俟沅弟来营面商尚不为迟。

纪泽儿问地图六分，可否送一分与文辅卿。此图刻板在新化，尚属易购，可分一与文也。所论怀祖先生父子解经，什九着意于假借字。本朝诸儒，其秘要多在此，不独王氏为然。所问各书：《易林》长沙蒋氏曾刻过；《汉魏丛书》亦有之；《逸周书》，杭州卢抱经丛书有之；唐石经，陕西碑洞有之，唐开成元年刻字，类欧帖，可托人刷买，郑南侨现官陕西，亦可托也；《北堂书抄》不多见，抄本尤为难得。泽禀中"讹"、"讽"误作两字，"喙"误"啄"，附告之。并问诸弟近好。

兄国藩手草

再，纪寿侄蒙恩交吏部带领引见，俟下次发折，再行具折谢恩。二月十五日所发折，初八日奉到批谕，比付回矣。初九日所发折，三月初九奉到批谕，今付归也。兄又行。

点评："一门忠义"竟成谶语

曾氏不便再为其弟请谥，但后来朝廷还是给了曾国华一个谥号：愍烈。愍者，哀怜也；烈者，刚直也。褒奖之意尽寓其中。然而，再高的褒奖，也不能消弥丧失亲人的痛苦。从军者和他们的家属，盼望的都是立功归来，并不希望领朝廷所颁下的这种恩赏。信中曾氏兄弟所回忆的正是一年多前属于此类的一桩往事。

咸丰七年二月，曾氏因父丧请假回籍，朝廷给他的假期为三个月，不久又再次命令他即刻赴江西督办军务。但曾氏有他自己的考虑，他援引不久前发生的一件事为例：大学士贾桢母亲死了，皇上给他六个月的假。贾桢回籍后上奏请求终制，皇上也答应了。曾氏请皇上依贾桢之例准他终制。但朝廷还是不同意。咸丰七年闰五月十七日曾氏在老家收到这道"仍遵前旨"的谕旨。谕旨里有这样一句话："伊父曾麟书因闻水师偶挫，又令伊子曾国华带勇远来援应，尤属一门忠义，朕心实深嘉尚。"

曾氏叔父曾骥云认为"一门忠义"这四个字很好，想将它制成一块匾悬挂于槽门顶上，以示荣耀。曾氏不情愿，他心里有所顾忌。他顾忌的是什么呢？原来，"一门忠义"这样的字眼是朝廷颁发给满门从军又牺牲甚多的家庭，有名的如宋代杨家。杨继业八个儿子，为保卫国家战死五个，剩下的三个儿子，一个投降番邦，一个出家做了和尚，一个继承父业做了边关统帅。到后来连这个统帅也战死，只能让穆桂英来挂帅，带着幼子和一群寡妇出征。朝廷于是颁给杨家"一门忠义"的金字大匾。

杨家固然忠义，但杨家也够惨了。数百年来，人们为杨家的忠义而感动，也为杨家的孤儿寡母而悯叹。

曾氏信里没有明说，但我们可以揣摩得到曾氏当时的心情。他对"一门忠义"这四字褒语是不大情愿接受的。这四个字的背后必定是带兵的兄弟们死的死，残的残，也很可能就是他这个老大先捐躯。金口玉言，天语煌煌，将来一定是会兑现的。为了这四个字，曾氏一家今后将会付出惨重的代价。这就是信中所说的"兄早虑及之"。想不到一语真的成谶，谕旨中提到的"曾国华"，便真的成了曾家第一个死在战场上的人。这看来是命里早就注定了的。事到如今，曾氏只能如此安慰自己、安慰家人。

我们可以注意信中的这样两句话："与其偷生而丛疑谤，又不如得所而泯悔憾耳。"是不是家人（尤其是温甫的妻妾）至今仍对无头尸表示怀疑，认为温甫尚活在世上，只是迫于压力而不敢露面？对于这种怀疑，曾氏明确地表示他的态度：与其偷生，不如战死！

谕纪泽（书法的南派北派）

咸丰九年三月二十三日

字谕纪泽儿：

二十二日接尔禀并《书谱叙》，以示李少荃、次青、许仙屏诸公，皆极赞美。

云尔钩联顿挫，纯用孙过庭草法，而间架纯用赵法，柔中寓刚，绵里藏针，动合自然等语。余听之亦欣慰也。

赵文敏集古今之大成，于初唐四家内师虞永兴，而参以钟绍京，因此以上窥二王，下法山谷，此一径也；于中唐师李北海，而参以颜鲁公、徐季海之沉着，此一径也；于晚唐师苏灵芝，此又一径也。由虞永兴以溯二王及晋六朝诸贤，世所称南派者也；由李北海以溯欧、褚及魏北齐诸贤，世所谓北派者也。尔欲学书，须窥寻此两派之所以分。南派以神韵胜，北派以魄力胜。宋四家，苏、黄近于南派，米、蔡近于北派。赵子昂欲合二派而汇为一。尔从赵法入门，将来或趋南派，或趋北派，皆可不迷于所往。

我先大夫竹亭公，少学赵书，秀骨天成。我兄弟五人，于字皆下苦功，沅叔天分尤高。尔若能光大先业，甚望甚望！

制艺一道，亦须认真用功。邓瀛师，名手也。尔作文，在家有邓师批改，付营有李次青批改，此极难得，千万莫错过了。付回赵书《楚国夫人碑》，可分送三先生（汪、易、葛）、二外甥及尔诸堂兄弟。又旧宣纸手卷、新宣纸横幅，尔可学《书谱》，请徐柳臣一看。此嘱。

父涤生手谕

点评：书法的南派北派

这封信里一口气提到了十几位书法家。为帮助读者理解此信，我们先来依前后次序，将这些书法家作番简介。

孙过庭（646—691），唐代人，约生活在太宗贞观至武则天长安年间，曾做过参军等低级官员，工书，尤以草书擅名。所著《书谱》为历代书家所重。所书《千字文》、《北山移文》、《景福殿赋》等均为传世佳作。

赵文敏（1254—1322），名孟頫，字子昂，宋元之际的书法家，宋王朝宗室人员，曾做过元朝的荣禄大夫，卒谥文敏。赵孟頫学问、诗文、书画都为一时之冠，尤以书画著称。时人评其字："篆、隶、真、行、颠草为当代第一。小楷又为子昂诸书第一。"

虞永兴（558—638），名世南，字伯施，南朝陈武帝至唐朝太宗年间人，官至秘书监，封永兴县公，后人称之为虞秘监或虞永兴。唐太宗称他有五绝：一曰德行，二曰忠直，三曰博学，四曰文词，五曰书翰，为唐初四大书法家之一。其传世书迹有《孔子庙堂碑》、《破邪论》、《昭仁寺碑》等。

钟绍京（659—746），唐武则天至玄宗时代人，做过中书令等大官，后遭贬，以少詹事终。《旧唐书》本传上说:"武则天时明堂门额、九鼎之铭,及诸官殿门榜,皆绍京所题。"

王羲之(303—361或321—379),字逸少,东晋人,名臣王导之侄,官至右军将军,世称王右军。其传世之作《兰亭序》号称古今第一法书,有"书圣"之称。

王献之(344—386),王羲之之子。羲子诸子如玄之、凝之、徽之、操之、涣之均有书名,成就最大者当属献之。献之官至中书令,世称王大令,后世将他与其父并称"二王"。

黄山谷(1045—1105),名庭坚,字鲁直,号山谷道人,宋仁宗至徽宗年间人,官至吏部员外郎,为苏门四学士之一,为江西诗派所宗,与苏轼并称,谓之"苏黄"。《宋史》本传云:"善草书,楷书亦自成一家。"名世之作有《戒石铭》、《梁父吟帖》,又有书论多部。

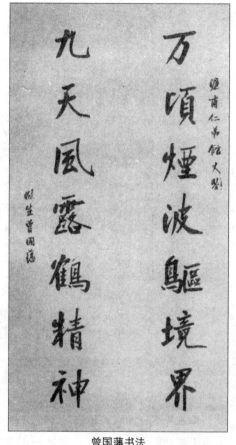

曾国藩书法

李北海(678—747),名邕,唐高宗至玄宗年间人,官至北海太守,人称李北海,工文,早擅才名,尤长碑颂。李邕善用行书书碑志,时称"书中仙手"。《麓山寺碑》为其最负盛名的书法名作。

颜真卿(709—784),唐中宗至德宗年间人,中年官平原太守,世称颜平原,晚年官至太子太师,封鲁国公,故世又称颜鲁公。颜真卿的书法自成一格,被称为"颜体"。其传世之作《颜氏家庙碑》、《多宝塔碑》等向为世人学习书法的范本。

徐季海(703—783),名浩,唐武则天至德宗年间人,官至吏部侍郎,封会稽郡公,人称徐会稽,工书,尤长于楷书。

苏灵芝,唐玄宗至肃宗年间人,官至参军,有"唐之写碑手"之称,传世书迹有《悯忠寺宝塔颂》等。

欧阳率更(557—641),名询,南朝陈武帝至唐朝太宗年间人,做过太子率更令,后人遂称欧阳率更,唐初四大书法家之一。其书法为世所重,号称欧体。

其名作《九成宫碑》为书帖中的经典。

褚遂良（596—659），隋文帝至唐高宗年间人，官至中书令，封河南郡公，后人称"褚河南"，唐初四大书法家之一。《雁塔圣教序》为中国古代书法作品中不可多得的极品，所临王羲之的《兰亭集序》也向为后世所宝重。

苏轼（1037—1101），号东坡，宋仁宗至徽宗年间人，中国文化史上的大家，其诗词文章书画皆雄视百代。

米芾（1051—1107），宋仁宗至徽宗年间人，人称米南宫，又有米颠之称。

李鸿章赞美曾纪泽书法的手迹

蔡襄（1012—1067），宋真宗至英宗年间人，官至学士，其书法为当时第一，后人将他与苏轼、黄庭坚、米芾一道称之为"宋四家"。

李鸿章等人赞美曾纪泽的字笔势用的孙过庭的草书，而间架用的赵孟頫的结体，使人有外柔内刚的感觉。既然幕友们说像赵体，于是曾氏从赵孟頫谈起。

曾氏说赵乃集古今书法之大成。他师法唐代书法家，于初唐主要学虞世南而参照钟绍京。虞、钟承继的是王羲之、王献之父子的端秀飘逸的风格，黄庭坚也属于此种风格，故赵孟頫是上接二王，下效山谷，这是一条路。赵于中唐师法李邕，而参照颜真卿、徐浩。李邕的字秀美中含劲挺，颜、徐的字更是刚直沉雄。赵于晚唐师法苏灵芝。苏灵芝的书法，后人评之为："行书有二王法，而成就顿放，当与徐浩雁行，戈脚复类虞世南体，亦善于临仿者，在唐人翰墨中固不易得，盖是集众善而成一家者。"（《宣和书谱》卷十）可见苏灵芝是一个融各家之长的大家。

由虞世南上溯二王及两晋六朝的书法名家，这一路人的风格，后世称之为南派。南派以王羲之为代表。由李邕上溯欧阳询、褚遂良及曹魏、北齐等书法名家，后世称之为北派。北派的代表属颜真卿。南派以内在的神韵取胜，北派以形体的气魄取胜。至于宋四家中，苏轼、黄庭坚近于南派，米芾、蔡襄近于北派。

赵孟頫则意欲将南北两派融会为一。故而学书从赵孟頫的门径，也可以走南派，也可以走北派，要注意把握。

在一篇五百余字的短短家书里，曾氏为喜爱书法艺术的儿子勾勒了中国书法的两大流派及十几个大家的显著特征，这需要对源远流长的书法艺术的深厚素养，也需要平时的细心观察和揣摩功夫。这种信笔拈来、深入浅出的文字，正是学问老到成熟而达到炉火纯青的表现。曾氏为儿子上了一堂内容丰富的书法史课，也让今天的读者略窥书家之一斑。

谕纪泽（读书应有所选择）

咸丰九年四月二十一日

字谕纪泽：

前次于诸叔父信中，复示尔所问各书帖之目。乡间苦于无书，然尔生今日，吾家之书，业已百倍于道光中年矣。买书不可不多，而看书不可不知所择。以韩退之为千古大儒，而自述其所服膺之书，不过数种：曰《易》、曰《书》、曰《诗》、曰《春秋左传》、曰《庄子》、曰《离骚》、曰《史记》、曰相如、子云。柳子厚自述其所得，正者：曰《易》、曰《书》、曰《诗》、曰《礼》、曰《春秋》；旁者：曰《谷梁》、曰《孟》、《荀》、曰《庄》、《老》、曰《国语》、曰《离骚》、曰《史记》。二公所读之书，皆不甚多。本朝善读古书者，余最好高邮王氏父子，曾为尔屡言之矣。今观怀祖先生《读书杂志》中所考订之书，曰《逸周书》、曰《战国策》、曰《史记》、曰《汉书》、曰《管子》、曰《晏子》、曰《墨子》、曰《荀子》、曰《淮南子》、曰《后汉书》、曰《老》、《庄》、曰《吕氏春秋》、曰《韩非子》、曰《杨子》、曰《楚辞》、曰《文选》，凡十六种。又别著《广雅疏证》一种。伯申先生《经义述闻》中所考订之书：曰《易》、曰《书》、曰《诗》、曰《周官》、曰《仪礼》、曰《大戴礼》、曰《礼记》、曰《左传》、曰《国语》、曰《公羊》、曰《谷梁》、曰《尔雅》，凡十二种。王氏父子之博，古今所罕，然亦不满三十种也。余于《四书》、《五经》之外，最好《史记》、《汉书》、《庄子》、韩文四种，好之十余年，惜不能熟读精考。又好《通鉴》、《文选》及姚惜抱所选《古文辞类纂》、余所选《十八家诗抄》四种，共不过十余种。早岁笃志为学，恒思将此十余书贯串精通，略作札记，仿顾亭林、王怀祖之法。今年齿衰老，时事日艰，所志不克成就，中夜思之，每用愧悔。泽儿若能成吾之志，将《四书》、《五经》及余所好之八种一一熟读而深思之，略作札记，以志所得，以著所疑，则余欢欣快慰，夜得甘寝，此外别无所求矣。至王氏父子所考订之书二十八种，凡家中所无者，尔可开一单来，余当一一购得寄回。

学问之途，自汉至唐，风气略同；自宋至明，风气略同；国朝又自成一种风气，其尤著者，不过顾、阎（百诗）、戴（东原）、江（慎修）、钱（辛楣）、秦（味经）、段（懋堂）、王（怀祖）数人，而风会所扇，群彦云兴。尔有志读书，不必别标汉学之名目，而不可不一窥数君子之门径。凡有所见所闻，随时禀知，余随时谕答，较之当面问答，更易长进也。

> **点评：读书应有所选择**

这封信里，曾氏给儿子所讲的是由博返约、由粗到精的读书方法。为说明宜约宜精的道理，曾氏举了韩愈、柳宗元、王念孙、王引之四人的例子。这四位大学问家，所读的书亦不过二三十种。又谈到自己所好之书也不过十余种。

古代书业界极不发达，读书人尚有学海书山的感慨。今天著书刊行已成了一件极平常的事，光正规渠道出版的图书每年即不下十万种，还有形形色色的读物更是不计其数，书籍多到已成泛滥的程度，何况今日的学问之途远比古代多得多。如何读书求学，本身便成了一门大学问。

其他学问不谈，倘若有志于中国古代学问即所谓"国学"者，依笔者看来，将此信中所列的韩、柳、二王、曾五人所读过的书三十余种读懂读通，"国学"根基大致也就差不多了。

曾氏有一种学者情结，官至侍郎，身为统帅，似乎都不足以弥补未成学者的缺憾。他身后，王闿运的挽联中有一句话："经学在纪河间阮仪征而上，致身何太早，龙蛇遗憾礼堂书。"王闿运的态度虽有点不恭，但说的是实话，而且也入木三分地看出了曾氏的这种情结。我们从这封信里强烈地感受到了这一点。曾氏把希望寄托在儿子身上，希望能为他补救。先前的家信里，曾氏对儿子说过这样的话：吾不愿子孙做大官，但愿子孙做读书明理的君子。在这里我们更加明确地看出曾氏期望儿子做好学深思并有传世著作的学者的心愿。撇开自己的学者情结不说外，曾氏对儿子的这种期许，应该说是明智而实在的。

官场的诱惑力太大，故趋之者太多，随之而来的便是争斗太烈变数太多，故而由自己所把握的成分也就太少，获胜的机会相应的也就太少了。

做学问既冷清又艰难，大多数读书人不愿意走这条路。但此事几乎全由自己所把握，外界的干扰对之影响不大，尤其是曾氏信中所说的考订辩证一类的学问更偏重于年复一年的日积月累的功夫，较之于偏重才华方面的诗文创作又有不同。《颜氏家训》说得好："学问有利钝，文章有巧拙。钝学累功，不妨精熟；拙文研思，终归蚩鄙。但成学士，自足为文；必乏天才，勿强操笔。"

曾氏并没有要求儿子成为诗文大家，因为那需要才情，需要天赋，而做高邮王氏父子的事业，靠的是"累功"，只要持之以恒地坚持下去，是有望成功的。

由此我们又看出曾氏家教中的另一特点：对子女的成才，不好高骛远，不寄希望于侥幸，而是求真务实，走踏实可行的道路。

现在我们许多家长对子女成龙成凤盼之甚切，期之甚高，巴不得他们都做影星、歌星、艺术家、老总、大官。其实，艺术这一行当，天赋占了很大的成分，没有天赋，后天再怎么努力也难以取得大成就。商海官场更是风险大，成功率小，要出人头地，也真是可遇而不可求。对子女的职业选择和前途瞻望，还是像曾氏那样，平实一点为好。

致诸弟（应酬周到）

咸丰九年四月二十三日

澄侯、沅甫、季洪三位老弟左右：

四月十四日王上国来，接澄、沅信各一件。日来上游信息何如？闻东安之贼窜至新宁，江、刘两家被害，并有贼踞江忠烈之屋。信否？沅弟初六日果起行否？

此间诸事如常。景德镇久未开仗，凯章与铃峰洎难和协。所派屈见田带平江老中营于初八日到湖口，与雪琴至交。水陆得渠二人，湖口应可保全矣。下游张国樑在江北浦口小挫一次，胜帅保定远大营亦屡次挫败。各处军事皆不甚得手。幸雨泽沾足，天心尚顺，当有转机。

家中一切，自沅弟去冬归去，规模大备。惟书、蔬、鱼、猪及扫屋、种竹等事，系祖父以来相传家法，无论世界之兴衰，此数事不可不尽心。朱见四先生向来能早起，又好洁有恒，此数事应可认真经理也。九弟所谓过厚之处，此后余更当留心。顺问近好。

兄国藩手草

再，余此次再出，已满十个月。论寸心之沉毅愤发志在平贼，尚不如前次之坚。至于应酬周到，有信必复，公牍必于本日办毕，则远胜于前次。惟精神日衰，虽服参茸丸亦无大效。昨胡中丞又专使赠送丸药，服之亦无起色。目光昏花作疼，难于久视。因念我兄弟体气皆弱，澄弟、季弟二人近年劳苦尤甚，趁此年力未衰，不可不早用补药扶持。季弟过于劳苦，尤须节之。兹付回高丽参一斤，为两弟配药之用，查收。沅弟想已启行矣。藩又行。

正封缄间，接沅甫弟十五日自省发信。萧浚川亦有信。知魏喻义等败挫，衡城危迫。不知吾乡近状若何？余意吾家居万山之中，贼踪难到，似可不必迁移。盖乱世保全身家本非易事，若在本乡本土，纵然贼到，东山避一个，西屋寄一个，犹有可幸全之理。若徙至别处，反恐生意外之变。均听两弟临时斟酌。沅甫信言五月初一二日可到抚州，届日再有专信。再问澄、季两弟近好。国藩又行。（四月二十三夜）

点评：应酬周到

关于家中注重事项，曾氏曾提出种菜种竹养鱼喂猪四项，简言之为蔬、竹、鱼、猪。这封信里他将"种竹"换成"读书"。这样，曾氏"八字家教"中的后四字便定型了，即书、蔬、鱼、猪，余下的四字目前尚未问世。这并不是说曾氏过去不重视读书，眼下突然重视了。在曾氏看来，读书与种田一样，其重要性是不言而喻的，所谓耕读之家，是既耕又读，缺一不可。现在正式将它提出来，并放在前三项之前，可能出于"读书究竟与耕田有别"的考虑。普通农家，只耕不读。因为不种田没有饭吃，而不读书毕竟还是可以活下去的。考虑到后世曾家也有可能沦为普通农家，即便到了那种时候，也不能丢掉"读书"，这才显示出曾氏家风的高明。应该说，这种考虑立足更长远，故而更可取。

写完这段家教后，曾氏又补了两段"又行"。最值得注意的是这几句话："再，余此次再出，已满十个月。论寸心之沉毅愤发志在平贼，尚不如前次之坚。至于应酬周到，有信必复，公牍必于本日办毕，则远胜于前次。"

咸丰二年冬天，曾氏在反复权衡后最终接受了"团练大臣"的任命，墨绖出山进了长沙城。由中央机关来到地方官场，由与簿书为伍到督办军务，曾氏迎来他一生最大的转变，也开始了前所未有的经历。四十刚出头的前礼部侍郎尽管从理论上知道事情将会很难办，但究竟怎么难法他并没有亲身历练过。他高扬忠君卫道的血性，又从申韩处借来"严刑峻法"的理论，不顾舆情，我行我素地推行自己的一套，虽也取得一些军事上的胜利，但先后与湖南官场、江西官场都闹翻了,又陷于江西战场的泥坑,进退不得,动静失措。正在万不得已之时,恰逢父丧。他抓住这个机会,扔掉江西这个烂摊子,一走了之。从咸丰二年底到咸丰七年初,五年间曾氏辛辛苦苦,殚精竭虑,结果怎么样呢?用曾氏自己的话来说,他已处于"通国不容"的地步。

为什么会这样种瓜得豆,事与愿违?在守丧的一年多时间里,曾氏无数次地对此予以痛苦的反省,最后大彻大悟,决定以黄老之术来纠申韩之偏。对此转变,他曾有一句话予以简括:"此次复出,纯以柔道行之。""应酬周到,有信必复",就是对过去瞧不起地方官场绅士"刚烈"作法的否定。这些事情办得多了,"平贼"的专业便自然会考虑得少了。然而事情偏偏就这样奇怪,迂回前进,恰恰比单线挺进的效果来得好,不久后的一片大好局面,便是如此迎来的。这种方法,后人用陆放翁的"汝果要学诗,功夫在诗外"来比喻,颇为精当。

谕纪泽（抄体面话与分类整理）

咸丰九年五月初四日

字谕纪泽儿:

余送叔父母生日礼目,鱼翅二斤太大,不好带,改送洋带一根。此带颇奇,可松可紧,可大可小,大而星冈公之腹可用也,小而鼎二、三之腰亦可用也。此二根皆送轩叔,春罗送叔母。

尔作时文,宜先讲词藻;欲求词藻富丽,不可不分类抄撮体面话头。近世文人,如袁简斋、赵瓯北、吴谷人,皆有手抄词藻小本。此众人所共知者。阮文达公为学政时,搜出生童夹带,必自加细阅。如系亲手所抄,略有条理者,即予进学;如系请人所抄,概录陈文者,照例罪斥。阮公一代闳儒,则知文人不可无手抄夹带小本矣。昌黎之记事提要、纂言钩玄,亦系分类手抄小册也。尔去年乡试之文,太无词藻,几不能敷衍成篇。此时下手工夫,以分类手抄词藻为第一义。

尔此次复信,即将所分之类开列目录,附禀寄来。分大纲子目,如伦纪类为大纲,则君臣、父子、兄弟为子目;王道类为大纲,则井田、学校为子目。此外各门可以类推。尔曾看过《说文》、《经义述闻》,二书中可抄者多。此外如江慎修之《类腋》及《子史精华》《渊鉴类函》，则可抄者尤多矣。尔试为之。此科名之要道，亦即学问之捷径也。此谕。

父涤生字

点评：抄体面话与分类整理

皮带是今天太普通不过的日常用品了，但在一百五十年前，却被堂堂曾大人视为"奇"。他称之为"洋"带，可见这皮带也是从外国传进来的。笔者有时曾莫名其妙地想过，举凡我们身边常见常用的物品，大部分都是外国传进来的。这里面到底藏着一个什么问题？是中国人不会生活、不懂享受，因而聪明才智不用在这些方面，还是中国人最会生活、最懂享受，深知"五色乱目，五音迷性"，故而甘愿过清苦简单的日子？

接下来，曾氏给儿子传授了两个治学方法。

一个是读书摘抄，此处讲的重在摘抄词藻。作文章，立意自然是第一位的，但意要靠辞来表达，而好的辞则要富有文采，所谓"言之无文，行而不远"，说的就是这个意思。词藻是"文采"的一个重要内容。曾氏所说的"体面话头"即词藻。词藻要靠平日的积累，而且要牢牢地记住，用时方才得心应手；摘抄在一个本子上，可以方便温习。曾氏列举的袁枚、赵翼等人都是大诗人大学问家，他们都有这种载有好词藻好句子的手抄本。这种手抄本只宜平时翻阅，考试时不宜带进场中。实在地说，即便准许带进，所起作用亦不大。考试都是限时限刻的，翻阅寻找很费时间，只有熟记在心中的词句才可以随时调动得出来。像阮元这种宽容大度的主考官固然是体恤考生，但身为考生者却不应效法。

曾氏所说的第二个方法便是做读书分类整理笔记。

书读多了，脑子里的知识多了，就必须予以分类整理，才能够使学问清晰，有条理，为自己所用。这正好比行伍一个样。一个将领手下的兵多了，武器粮草多了，就必须将兵分门别类，如步兵类、骑兵类、工兵类等等；武器也得分门别类，如刀矛类、步枪类、大炮类等等。大门类分好后，还得设师、旅、团、营、连、排、班等机构来一级一级管理。只有如此，这个将领才可以将这支军队有效地管理好，打起仗来才能指挥裕如。反之则会无序，无序则乱，乱则不成军。治学之理与此同。好的学问家，其知识之储备一定是丰富而又条理分明的。平时之运用，尤其是提高与创新，非在这样的基础之上不可。

谕纪泽（欧阳夫人不是才女）

咸丰九年五月初四日

字谕纪泽儿：

初四夜接尔二十六号禀。所刻《心经》微有《西安圣教》笔意，总要养得胸次博大活泼，此后当更有长进也。

尔去年看《诗经》注疏已毕否？若未毕，自当补看，不可无恒耳。讲《通鉴》，即以我过笔者讲之。亦可将来另购一部，尔照我之样过笔一次可也。

冯树堂师诗草曾寄营矣。尔复信言十二年进京，程资不敢领。新写闳深肃穆四扁字，拓一分付回。余不多及。

父涤生字

再，同县拔贡生傅泽鸿寄朱卷数十本来营，兹付去程仪三十两。尔可觅便寄傅家，或专人送去。又示。

点评：欧阳夫人不是才女

五月初四日早上，曾氏给儿子写了一封谈读书治学方法的信，夜晚又收到家中寄来的一包信函。这天的日记载："夜接家信，澄侯一件，纪泽一件。泽儿附有新刻《心经》一部，字体略似褚河南《西安圣教序》。又夫人信一件，言泽儿姻事。"《湘乡曾氏文献》收有欧阳夫人的两封信，但都没有谈到纪泽的婚姻事，可见日记中所言的这封信不在此两信中。在点评此信之前，让我们先来读一封欧阳夫人的信，看看百多年前，一个出身乡村秀才家的女子，是如何给做大官的丈夫写信的。

"妾欧阳氏敬禀夫子大人福座：刘得一到家，接到所赐丸药、折扇等件，知目疾尚不十分碍事，欣喜之至。服丸药甚相安，然妾近日身体颇好，再做一丹亦不甚易，应留自用。家中各宅平

欧阳夫人（1816—1874）

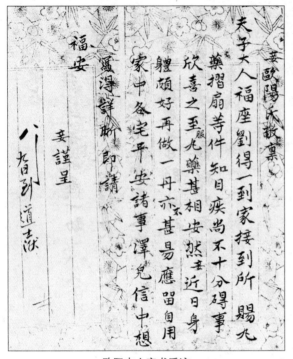
欧阳夫人家书手迹

安,诸事泽儿信中想写得详晰。即请福安。妾谨呈。"

欧阳夫人的信给人最强烈的感觉是地位的不平等,完全用的是卑对尊、下对上的称呼语气。这是"夫为妻纲"时代的典型体现。此外,信写得极短,语言极平实,可见欧阳夫人的书写能力不强。这说明她的书读得不多,平时用得也少。19世纪中下叶,湖南闺阁中出过不少饱读诗书且自己也擅长吟诗作赋的才女,如左宗棠的周夫人、王闿运的蔡夫人及他的几个女儿、曾纪鸿的郭夫人、杨度的妹妹杨庄等等,都是湘中颇有名气的女诗人。她们都有诗集行世,文章也写得很好。看来,欧阳夫人不属于才女之列。

曾纪泽爱好写字,其书法小时候便受到父亲的赞赏;到了十五六岁时,字已写得相当好了。到十九岁时,书法有一个退步的过程。咸丰八年九月十二日曾氏信中批评儿子"书法大退,远不如去年春夏,宜日日学习,以复旧观"。到了第二年三月,曾氏又以欣喜的心情告诉儿子,其书法得到李鸿章、李元度等人很高的赞美。凡练过书法的人都有这样的体会,即练到一定的水平时,再提高一步很难,甚至因苦恼、烦躁而有退步的表现。这是一道关口,有人突得过,有人突不过,突过后便能进入一个新境界。看来,曾纪泽在咸丰八年夏秋之际,其书法面临着这道关口。幸而他突过来了,迎来第二年春夏的飞跃。现在,二十一岁的曾府大少爷已是一个远近公认的书法后起之秀了。用他的书法刻的《心经》,被父亲认为有褚遂良《雁塔(西安)圣教序》之笔意。褚遂良是大书法家,《雁塔圣教序》是其代表作。父亲对儿子的书法已经是比较满意了。《心经》全称为《般若波罗蜜多心经》,是佛学中一部有名的经典。此经说明以般若(智慧)观察宇宙万物自性本空的道理,而证悟无所得的境界。此经既是般若学说的全部学问的核心，又仅只有二百余字，便于持诵，故在佛教界中广为流行。许多并不笃信佛学的士人也喜欢《心经》，是因为它的确说出了人与宇宙之间的某些道理，对于开拓胸襟有帮助。曾氏不信佛，却也喜欢读《心经》，他是从让"胸次博大活泼"这个角度来看待这部佛学名典的。

这封信的最后一段说的是奖励功名的事，颇类似于今天的资助教育事业。

在点评曾国荃得优贡的信中，我们谈到了清代科举业中的"五贡"，拔贡即五贡之一。湘乡县有个名叫傅泽鸿的秀才考中拔贡，寄了数十本朱卷来营。什么是朱卷？朱卷有两种。乡试、会试中，应试者用墨写文章，称之为墨卷。为防阅卷官因认识笔迹而徇私，于是考生的墨卷统统由誊卷官再重新抄一遍，抄者用的是朱砂，故称之为朱卷。阅卷官阅的便是这份朱卷。还有一种朱卷。乡、会试考中者将自己在闱场中所作之文刊印赠人，这种刊印件也叫朱卷。显然，此信中所说的朱卷，是后一种概念中的朱卷。这种朱卷，除了场中之文外，还可以附上几篇考中者自认为得意的本人文章，卷首还要写上自己的姓名履历、祖宗三代的名字官职，也说一点兄弟叔侄、妻室子女的情况，并附载受业、受知师的大名。朱卷刷印数百份，广为发送。莫小看这份朱卷，它的作用可大了！

它的第一个作用是炫耀：为自己制造光环，同时也光宗耀祖，妻室子女兄弟叔侄一齐露脸沾光，教过书阅过卷的老师也因此而出名。

第二个作用是推介，即把自己隆重地向社会推出，使社会知道有这么一个人的存在，对于今后的社交、求职及进一步的发展都大为有益。

第三个作用是播文，即传播自己的文章。那个时代，传媒不发达，没有报纸，没有出版公司，好的文章难以与大众见面。文人为了满足表现欲，通常使用雕板刷印的方式在圈子内互相传阅诗文。尽管无稿费收入，且要付出不菲的刻印费，但在"名"的驱使下，他们还是乐此不疲。但有一种诗文例外，那就是科举考试中得胜者的闱场诗文：试帖诗、八股文。

中国的教育，从古至今都是一种应试教育。学生有无出息、教师行不行，衡量的标准只有一个：能不能在考试中获胜。这些闱场诗文的作者既然高中了，那么他们的诗文就是好诗文，这些诗文就是千千万万奔竞此途的士子们的范文。于是乎，这些诗文也就具备了商品的价值。换言之，它可以卖钱。乡试、会试的时候，省城和京师书肆里便有大量诸如《闱墨观止》《闱墨精华》的书出售。曾氏在一封书信中还特地提到陕西有个名叫路润生的人，他编的此类书更受士子们的青睐。大概此人对阅卷官的心态揣摩得更为深透，甚至有猜题的本事。这与今天高考参考书、考研指南中以某某教授编的为好是如出一辙的。可以说，清代咸丰年间的路润生具备了指导闱文的"品牌价值"。

傅泽鸿便是怀着诸如此类的种种目的,给曾氏寄来了几十份自己的朱卷,企盼这位大人物为他援手。但从这短短的"又示"中似乎看不出曾氏对傅的朱卷的态度,既未夸其文章好,也未叫儿子去读,只是让儿子送三十两银子给傅。这三十两银子应视为曾氏对同乡后进的奖励,亦即对家乡教育事业的支持;至于文章,或许在他看来无甚称道之处。

致澄弟（以身作则）

咸丰九年六月初四日

澄侯四弟左右:

贺常四初二到营,接弟十九日所发一信,具悉团练操演认真,宝庆官兵云集,大局或可无碍,至以为慰。

此间一切如常。弟信言早起太晏,诚所不免。吾去年住营盘,各营皆畏慎早起。自腊月二十七移寓公馆,至抚州亦住公馆,早间稍晏,各营皆随而渐晏。未有主帅晏而将弁能早者也,犹之一家之中,未有家长晏而子弟能早者也。吾癣疾较往年实好十之六七。目光昏蒙如故,亦因写字看书下棋,未尝休息之咎。若能戒此数事,当可渐好。沅弟在景镇,办事甚为稳靠,可爱之至。惟据称悍贼甚多,一时恐难克复。官兵有劲旅万余,决可无碍耳。季弟在湖北已来一信。胡咏帅待之甚厚,家中尽可放心。

家中读书事,弟亦宜常常留心。如甲五、科三等皆须读书,令晓文理,在乡能起稿,在外能写信,庶不失大家子弟风范。若不能此二者,则是为父母者之过,即余为伯者亦与有责焉,弟不可太疏忽也。顺问近好。

正封缄间,接奉寄谕,饬令赴蜀剿贼。此时欲去,则景镇之官兵实难遽行抽调;欲不去,则四川亦系要地。尚未定计复奏。兹先将廷寄付回一阅。又行。

点评：以身作则

曾府的当家人,现在已责无旁贷地是这位四爷了。但四爷也不是安分守己之人,他对出头露脸一样的热衷。这几年里,湖南虽不是湘军与太平军角逐的主要战场,但战火并未彻底熄灭。咸丰八年七月下旬,围攻衢州的石达开部二十万人退出浙江进入福建。九年二月,这支部队又由福建经江西进入湖南,军势浩大,连克桂阳、郴州等城,围攻永州府。四月,石达开挥师北上,全力围攻宝庆府。湘军中许多兵勇出自宝庆府,且宝庆府距湘乡也不过三百来里。故石达开的这次军事活动,对曾氏部队的军心是个很大的打击。将士们惦记着家乡的父母妻儿,忧虑重重,无心作战。湖南官兵四万人屯聚宝庆,湘乡县各都的团练再次热火起来。

曾四爷这几个月来便一门心思用在办团练上。他在给大哥的信中很可能谈到团勇不听约束、纪律散漫的事。大哥于是告诉他,无论军纪也好、家风也好,其培植的关键在于头领,并以自身为例加以说明。"正人先正己"、"以身作则"等等道理,说起来很简单,实行起来却并不容易。因为人的本性是好逸恶劳,不愿受约束的。许多人之所以接受约束去吃苦,是在压力监督之下的受迫行为,或是为了某种追求而强制性的行为。身为头领,无人监督,也无人给予压力,人的本性便自然而然地滋生了。这时,应以"更高的人生追求"来加以限制。能不能做到这一点,便是成功的首领或失败的首领的一道分水岭。

信的末段谈到了曾氏近日所遭遇的一桩大事:奉命赴蜀。

在这之前,曾氏做了几件重要的事情。

一是先年十月打下吉安后回家起屋的老九,四月底来到曾氏所在的江西抚州大营。五月初,在其父去世二十七个月时,曾氏与老九一道举行了一个祭奠仪式,然后再正式脱去孝服、穿起官服办事。这就是所谓的"服阕"。

二是将抚州旧部四个营,再加上新募的七个营,共十一个营五千八百人,交由老九统领。这个新建的军营仍叫吉字营。这支部队日后成了曾氏最为得力的嫡系。新建的吉字营立即赴景德镇援助张运兰部。

三是奏请李鸿章留营襄办军务,协助曾国荃前往景德镇。

现在来谈一下"奉命赴蜀"的背景。前面谈到,四月份石达开率部围攻宝庆府。两个月来,宝庆战场成了鄂赣两省湘军自主帅到兵勇人人关注的焦点。五月份,胡林翼继先期所拨水陆援军一万人后,又令李续宾之弟李续宜带所部五千人渡过洞庭湖回湘救援。曾氏也命萧启江带五千人赴宝庆。

宝庆战场两军相持不下。湘军统领更担心石达开会由宝庆而进四川。当时,鄂、赣两省,月需饷银三十六万两银子。这项饷银靠的是各省接济,但各省都不大情愿出。湖南乃湘军的家乡,自然不能推辞。湖北则因胡林翼做巡抚,大权在握,每月鄂省拿出的银子最多。除了湘、鄂两省外,最大的饷源便是四川了。四川本就富饶,又加之有川盐获大利,三则一直未遭兵火,故拿得出银子。倘若石达开进入四川,则川饷便有断绝的可能。

一时间,四川又成了倍受关注之省。

胡林翼于援川之议更有深层的考虑。当年胡从贵州来到湖北,因曾氏的原因,才在湖南站住脚。胡一直牢记曾氏的知遇之恩。咸丰六年三月,他将四千人马交给曾国华,让老六一夜之间便做了一支大部队的统领。这是胡对曾氏的答谢。他为曾氏一直未有地方实职之事抱屈,便想借援川之机为曾氏求川督之职。他说服湖广总督官文,让官文上一道密折给朝廷,请朝廷派曾氏进川并授之以地方实职。

朝廷接受了派曾氏进川的建议,却并不授曾四川总督的职务,这令胡林翼大感意外。胡的这个设想,一定与曾氏通过气,可以想象得出,曾氏当时一定失望得很,内心里一定会很抑郁。

这可以从曾氏借种种理由拒绝入川的奏折中窥视一二。

曾氏找了三个借口:

一、身边无兵。萧启江所部五千人已回湖南,景德镇战场正在白热时候,曾国荃、张运兰的围城之兵不能撤。抚州老营现有的二千兵勇,皆江西省发的饷,自己无权调动。二、若将兵力撤走入川,则江西空虚。如此,则四川未保江西先弃。三、现在湖南吃紧,若带勇长途跋涉入川,则沿途上兵勇将会逃走回湘。在说到这一点的时候,老练的曾氏乘机再次发泄无实权难办事的牢骚。他说,勇丁之所以难以约束,是因为他们极难有升官的机会。湘军中虽有许多人得到都司衔、守备衔、千总把总衔的赏赐,但这都是虚的,补不到实缺,前途无望,故一有机会便走。

曾氏提出这三个理由后,请朝廷不让他入川,只带少数人再加上部分水师扼守湖北宜昌,兼顾四川与湖广。

谕纪泽(《尚书》之今古文)

咸丰九年六月十四日

字谕纪泽儿:

接尔二十九、三十号两禀,得悉《书经》注疏看《商书》已毕。《书经》注疏颇庸陋,不如《诗经》之该博。我朝儒者,如阎百诗、姚姬传诸公皆辨别古文

《尚书》之伪。孔安国之传,亦伪作也。盖秦燔书后,汉代伏生所传,欧阳及大小夏侯所习,皆仅二十八篇,所谓今文《尚书》者也。厥后孔安国家有古文《尚书》,多十余篇,遭巫蛊之事,未得立于学官,不传于世。厥后张霸有《尚书》百两篇,亦不传于世。后汉贾逵、马、郑作古文《尚书》注解,亦不传于世。至东晋梅赜始献古文《尚书》并孔安国传,自六朝唐宋以来承之,即今通行之本也。自吴才老及朱子、梅鼎祚、归震川,皆疑其为伪。至阎百诗遂专著一书以痛辨之,名曰《疏证》。自是辨之者数十家,人人皆称伪古文、伪孔氏也。《日知录》中略著其原委。王西庄、孙渊如、江艮庭三家皆详言之(《皇清经解》中皆有江书,不足观)。此亦《六经》中一大案,不可不知也。

尔读书记性平常,此不足虑。所虑者第一怕无恒,第二怕随笔点过一遍,并未看得明白。此却是大病。若实看明白了,久之必得些滋味,寸心若有怡悦之境,则自略记得矣。尔不必求记,却宜求个明白。

邓先生讲书,仍请讲《周易折中》。余圈过之《通鉴》,暂不必讲,恐污坏耳。尔每日起得早否?并问。此谕。

涤生手示

点评:《尚书》之今古文

曾氏在这封信里给儿子谈了"经学"中的一桩大案,即古文《尚书》、今文《尚书》之辨。

《尚书》为儒家《六经》之一,原本是上古时代写在竹帛上的政事记载,经孔子删节而汇编成书。秦始皇统一六国后,大肆焚书,《尚书》也在焚烧之列。有一个名叫伏胜的博士将一册《尚书》藏在屋壁中。西汉初年,伏胜已经九十岁了,他从屋壁中取出《尚书》时,只找到其中的二十八篇。伏胜便在家乡山东传授这二十八篇《尚书》。西汉的《尚书》学者,全部出自伏胜门下,就连著名政治家晁错也受汉文帝之派,向伏胜学《尚书》。伏胜所传的这部二十八篇的《尚书》用汉代文字所书,故人称今文《尚书》。数代之后,传到欧阳高、夏侯胜、夏侯建时,经汉武帝认可,被定为国学。一直传到东汉末年,都得到国家的承认。

在汉武帝末年,鲁王拆除孔子旧宅,又从中发现了一部《尚书》。它以古代文字所写,世称之为古文《尚书》。这部《尚书》归孔子后裔孔安国所有。此《尚书》比伏胜所传的《尚书》多出十六篇,异文有七百多字。对于多出的这十六篇,孔安国未作解释。东汉时,大学者贾逵、马融、郑玄等为之作注训,也只解释与伏胜所传相同的那二十八篇。这样,那十六篇便慢慢失传了。后来,东莱人张霸处出现一部有一百零二篇文章的《尚书》。张霸的《尚书》为什么会多出这么多篇呢？原来，他一是将原来的二十八篇加以分解，二是选取了《左传》的文章及《书序》作为首尾。汉成帝时，张霸将他的《尚书》贡献给朝廷，朝廷未予以认可。加之以后他的再传弟子樊并参与了谋反案，于是张霸的百零二篇《尚书》便被废黜了。

到了东晋元帝时，豫章内史梅赜向朝廷献了一部《孔传古文尚书》。梅赜说这是魏末学者郑冲传下来的。郑冲是怎么得到这部书的，梅赜没有说明。这部《尚书》有五十八篇，其中三十四篇的篇名与郑玄所注的古文《尚书》相同，而且除《舜典》外，其余都有注，书前还有孔安国写的序文，说明他得书及作传的情况，又把《书序》分别列在各篇经文的前面。

这部《尚书》从梁朝开始便流行开来，由于刘炫、刘焯为它作疏，陆德明《经典释文》为它作音义，使得它在学术界逐渐占了优势，终于压倒了郑玄所注的那部古文《尚书》。唐朝初年制定的《五经》标准读本采用了它，后来孔颖达作《五经正义》也采用了它，一直到清代阮元编《十三经注疏》也采用了它。我们今天所看到的《尚书》就是这部梅赜献的《孔传古文尚书》。这部古文《尚书》的真伪一直有人怀疑。到了清代康熙年间，出了一个学问扎实的阎若璩（字百诗）。此人写了一部《古文尚书疏证》，以铁的事实证明梅赜所献的《孔传古文尚书》及《孔氏传》都是伪作。尽管学术界已公认了这一考证，但古文《尚书》仍有很重大的学术价值。所以阎氏之后，这部书仍被当做经典而流传至今。曾氏对儿子说"此亦《六经》中一大案，不可不知也"。对中国传统学术有兴趣的读者，也不妨略知一二。

致沅弟（回救宝庆）

咸丰九年六月二十四日

沅甫九弟左右：

十九日发一缄，交少荃十五派来之勇带归。是夕接澄侯弟信，知宝庆尚未解围。此间拟即派凯章、钤峰带老湘、副湘、吉左等营四千人回湘救援。

以公言之，四川防剿者石逆一股，宝庆援剿者亦石逆一股，与其待窜蜀而防之，何如救桑梓而灭之？一也。赴蜀必由岳州经过，由景镇水路至岳千七百里，由樟树、长沙至岳千五百里，二也。以私言之，老湘营弁勇各怀郁郁，应令回籍以疏宕其气，一也。凯章要做事，须略改局面，另行添募，吉左、副湘等营不愿与合者不必勉强，二也。余日内当札张、王回援，附片奏报。其弟昨带去之五千八百人概扎景镇不动。七月初余赴饶州，带各营至湖口。八月半后湖南事定，余带各营入蜀，令萧、张来岳州会师可也。大局粗定如此，弟意以为何如？

弟之进退，弟当自为斟酌，或兄弟相见再行熟商。余赴饶拟走水路，约在初十后耳。即问近好。

兄国藩手草

点评：回救宝庆

曾国荃的运气很好。张运兰率领所部围攻景德镇七个月，一直没有把这座瓷都打下，曾国荃的吉字营来到景德镇不到一个月，便城头易帜。于是，做大哥的便名正言顺地将九弟大名列为报捷奏章的第一位，向朝廷请赏。朝廷也很快给老九一个道员的赏赐。咸丰六年秋，曾老九以贡生身份从军，不到三年时间，便做了四品衔的道台。倘若没有这场战争，他很可能还在某个书院里日夜攻读举业，能中举已是大幸；依其诗文，大概多半中不了举。他也很可能在四处寻找出路，往来北京、长沙及湘乡县城之间，居无定所，职无主业；依其性格，必定在郁闷烦躁中虚掷岁月。幸而战争起来，给他这样一个契机，让他迅速崛起，有权有势，有官有位。对于那些身处下层又渴望出人头地的年轻人来说，"天下大乱"真是太好不过了！当然，也要靠运气，老六运气就不好！老幺的运气也不好。在后面的"评点"中我们再来说他。

老九有个习惯，打完一仗后便要离开军营回湘乡住一段时期，名曰休息探亲，其实不这么简单。他为什么要这样住，我们也留在以后再来说。

这两兄弟在这封信里谈的是一件什么事呢？即张运兰、王文瑞带来攻打景德镇的四千人马回湖南救援宝庆的事。

前次点评里说到曾氏不乐意去四川，以景德镇未打下作为一个理由。不料，此城很快打下，这个理由没有了。假若曾氏是一个绝不考虑个人得失、绝对听从朝廷调遣的人，他此刻可以不命令张、王回援宝庆，而是挈之赴川。军令如山，即便勇丁回家心切，半途逃逸，但若杀他几个逃兵，谅必可以制止住。一切都在统领者的手里。曾氏这样做，无非是对朝廷命令的软抵抗而已。但自古"将在外，君命有所不受"，无论为国家还是为曾氏个人计，无川督实职而领兵入川，都不是一条上策，曾氏不执行亦无可厚非。

谕纪泽（颜柳之帖有败笔）

咸丰九年七月十四日

字谕纪泽儿：

尔前寄所临《书谱》一卷，余比送徐柳臣先生处，请其批评。初七日接渠回信，兹寄尔一阅。十三日晤柳臣先生，渠盛称尔草字可以入古，又送尔扇一柄，兹寄回。刘世兄送《西安圣教》，兹与手卷并寄回查收。

尔前用油纸摹字，若常常为之，间架必大进。欧、虞、颜、柳四大家是诗家之李、杜、韩、苏，天地之日星江河也。尔有志学书，须窥寻四人门径。至嘱至嘱！

涤生手示

点评：颜柳之帖有败笔

信中提到的徐柳臣评曾纪泽书法的事，曾氏日记中有记载，并认为所说为名言。徐柳臣所言是有道理。为让读者也得点启益，特将这段日记抄录如下："午刻，拜徐柳臣前辈，语及纪泽草字，深蒙许可。且言渠所见之人，未有二十一岁能及此者。余以不能沉雄深入为虑。柳臣言作字如学射，当使活劲，不可使拙劲；颜柳之书，被石工凿坏，皆蠢而无礼，不可误学。名言也。"

学书者皆先临帖，临帖又通常从颜柳起步。世人都以为颜柳之帖即颜柳之字也，殊不知帖乃拓碑而来。碑是石工所凿，与本人所写的字究竟不是一回事。这位徐老先生的"名言"，其"名"之处在于揭开这层看似浅显而又常被人忽略的道理。他的意思当然不是不要临帖，而是不可走入误区，即应学颜柳字的整体笔势间架，不要笔笔照摹，要善于看出那些被石工凿蠢了的败笔。

致澄弟沅弟（以"拖"来对付朝廷）

咸丰九年八月十二日

澄侯、沅甫两弟左右：

澄弟七月十三永丰发信，沅弟二十九日一宿河发信，均于初九日道士洑接到。澄老二十六夜一信，初十日巴河接到。得悉一切。叔父病体大愈，是第一庆慰事。澄弟办团，为一邑所服，善起善结，亦极慰也。

余于初六自九江开船,逆风逆水,每日行七八十里。十一日至黄州,胡中丞约为十日之留。官帅奏留余一军共征皖省,大约十七八可奉谕旨。贼踪既不入蜀,余自不必遽赴荆、宜,在此少停,恭俟后命。除萧、张二军外,带来共万人,另单附览。每月需饷六万,拟概求之湖北,胡中丞亦已允许。江西协款三万,仍以供萧、张二人之半耳。九弟营中,六月份半饷,即日起解,七月份少迟亦解。每队多夫一名,或裁与否,应俟到营面定。

沅老近来所办之事无不惬当。银钱一事,取与均宜谨慎斟酌。今日闻林文忠三子分家,各得六千串(每柱田宅价在内。公存银一万,为祀田,刻集之费在外)。督抚二十年,真不可及。顺问近好。

兄国藩手草(黄州)

点评:以"拖"来对付朝廷

曾氏七月初七日从江西抚州起行,一路应酬,直到八月十一日才抵达湖北黄州府。黄州府眼下为胡林翼的老营所在地,曾、胡两人将在这里密商进止大计。共同的事业把他们二人紧密地联系在一起,胡的诚心推荐又让曾感激。此刻,胡已成为曾氏普天之下第一号知己兼战友。这一路上,曾氏一连奉到四道上谕。

第一道上谕是六月二十九发的,曾氏七月初九日接到。这是对曾氏拒绝入川奏折的批复,令他"仍遵前旨","由楚赴川"。第二道上谕是七月初二日发的,曾氏七月十一日接到,再次令他"仍遵前旨"。第三道上谕为七月初四日发出,曾氏十三日接到。朝廷得知景德镇被攻破,太平军退到安徽祁门,徽州形势吃紧,令曾氏与江西巡抚耆龄商议赣兵援皖事。第四道上谕为七月十二日发出,二十日接到,因祁门太平军复入江西,令曾氏暂留部分兵马在江西,以便援救。

短短的十一天里,曾氏接连奉到四道上谕,既说明了当时战争形势的紧迫,也说明朝廷对曾氏手中兵力的依畀。但有一点是四道上谕一以贯之的,即曾氏本人必须尽快率部进入四川。如何来对付这种局面,想必这是在黄州八天时间里,曾、胡二人日夜密商的一个主要题目。商量后的结论怎样,现在已找不到确凿的记载。七月二十五日曾氏给朝廷的奏折中有这样的话:"今年鉴前此之失,不能不少与休息,已饬各营给假十日,多者给假半月,赶紧医调。一俟暑病稍愈,即当趱程而行。"从这段话里,可以猜想得到,他们决定以"拖"字来对付朝廷,借口是天热劳累、兵勇得病甚多,宜休整一段时期。

这"拖"字诀实在是一个好办法。军情瞬息万变,拖延一些时候,自然会有新情况出来,那时再酌情而动。果然,这一"拖",给曾氏"拖"来了转机。

没有几天，石达开率部离开宝庆府，不是西进而是南下。湖广总督官文抓住这个机会紧急上奏，请求曾氏不入川而东下进军安徽，得到了朝廷的允准。两个月来，这个令曾氏进退两难的大事终于有了一个较满意的结束。但此事给曾氏心灵的打击却并没有消弭。让我们读几句这段时期胡林翼写给带兵在安徽的漕运总督袁甲三信中的几句话："此老（笔者注：指曾氏）有诸葛之勋名而无其位，有丙吉（笔者注：西汉大臣，曾有迎立宣帝之功，后任丞相）之德而无其报。军兴以来，公与涤公及小浦（笔者注：张芾）先生所处为独艰耳。"袁甲三、张芾之功劳与影响均不能与曾氏相比，实在地说，应是"军兴以来，涤公所处为独艰耳"。

最后一段，为我们提供了林则徐为官清廉的一个例证。照信中所说，林则徐为督抚二十年，所遗下的全部财产不会超过三万两银子，是个名副其实的清官。林则徐在湘军高级头领如曾氏、胡林翼、左宗棠等人的心目中都有极高的威望，常见他们在书信中提到此公时的那种崇仰心情。

致诸弟（改葬父母）

咸丰九年八月二十二日

澄侯、沅甫、季洪三弟左右：

二十二日武昌下三十里接沅弟初十日信，附洪弟一叶，具悉一切。

沅弟到家后，雷厉风行办理改葬大事，启土下窆，俱得吉期，欣慰无量。余在家疚心之事，此为最大。盖先妣卜葬之时，犹以长沙有警，不得不仓卒将事；至七年二月，大事则尽可从容料理，不必汲汲以图。自葬之后，吾之心神常觉不安，知我先人之体魄亦当有所不安矣。此次改葬之后，我兄弟在外者勤慎谦和，努力王事，在家者内外大小，雍睦习劳，庶可保持家运蒸蒸日上乎？沅弟办理此事，为功甚大。兹以国朝名人法书名画扇三十柄奉赠，酬庸之物颇丰。我父母亦当含笑于九原也。

余于十一日至黄州。十八日开行赴鄂，途多逆风，五日尚未抵省。官帅奏蜀中无事，请以吾军会剿皖省，已奉俞允。吾在鄂应酬数日，仍赴下游，或驻北岸之黄梅，或驻南岸之九江、湖口，现尚未定。吾兄弟数人虽共事一方，然皖中为地极大，贼数极多，事势极难，各有所图，不必相妨碍，不必嫌疑。季弟既受胡中丞之知，即竭力图功，不必瞻顾。九弟六月半饷已解去，七月饷亦即解，恐当于中途接到。此次既出，今冬似不宜归去。身既在官，则众人观瞻所系，去来不可太轻率自由也。

点评：改葬父母

老九这人，读书作文未见有特别之处，但办事之才，的确优于众人。他在办事上有几个突出之点：一是自有主见，不在乎别人的态度。二是魄力大，敢做别人不敢做的事。三是雷厉风行，说干就干，不拖拖拉拉。这几点，在曾府诸兄弟中独树一帜，尤其在自信和魄力这两点上，常常超过他的大哥。

打下吉安后，他回家大兴土木。这次打下景德镇，再次衣锦还乡，他又办了一件大事：改葬父母。其母江太夫人去世后葬于下腰里宅后山内。其父竹亭公去世后葬于湘乡二十四都周壁冲山内。

竹亭公的葬地大概不理想，所以曾氏年谱里记载：咸丰八年"正月，公在里第卜宅兆，将谋迁葬"。要么是没有寻到好地，要么是对迁葬事意见不一，曾氏在家守制一年多，并没有将迁葬付诸实现。到了六弟温甫死后，他才积极地主张迁葬，因为当年温甫是主张迁葬的，无论是慰藉已死的六弟，还是从家运不吉这个"事实"来看，都是不迁不行了。家中的实际当家人老四不办，老幺在家无事也不办，硬要等老九回来办理，足见老九办事的能力在老四、老幺之上，故老大要对他表示特别的感谢，送他三十柄名人书画扇子。

老幺贞干此时已正式投靠胡林翼门下。胡林翼仍以当年待老六的礼遇相待，委任他为一支军队的统领，让他回湖南招募两营人马。十月上旬，老九、老幺相继带所部来到湖北巴河，兄弟三人相会于前线。

致澄弟（樊镇一案）

咸丰九年十月初四日

澄侯四弟左右：

十月初二日沅弟到营，得闻家事之详。近日婚嫁两事皆已完毕，江南老名士可少休息矣。

吾于二十八日自黄州归，接奉寄谕，以湖北大举征皖，恐其驱贼北窜。吾细察湘勇柔脆,实难北征。一渡淮水,共食麦面,天气苦寒,必非湘人所能耐。拟于日内复奏,陈明楚军所以不能北行之故。湖南樊镇一案,骆中丞奏明湖南历次保举,一秉至公,并将全案卷宗封送军机处。皇上严旨诘责,有"属员耸恿,劣幕要挟"等语,并将原奏及全案发交湖北,原封未动。从此湖南局面不能无小变矣。此间进兵大约在十月底。

余身体平安。惟目疾久不痊愈,精神意兴日臻老态。所差堪自信者,看书看稿犹能精细深入。每日黎明即起,不敢隳祖父之家风,足以告慰。余详九弟信中,顺候近好。(草于巴河军次)

点评:樊镇一案

早在咸丰四年,曾氏攻下武汉三镇、挥师沿江东下的时候,在对付太平天国这事上,便有了一个战略性的思考,即稳扎稳打,步步进逼。太平天国的都城天京位于长江下游,曾氏认为要围天京,必须从上游入手。湖北,江西,安徽,一省一省地打下去,最后再打天京。现在,湖北、江西经过五六年的艰难困苦,终于全面肃清,下一个全力以赴对付的便是安徽省了。洪秀全也知道巩固上游对他的"小天堂"安全的重要性,江西、安徽两省他都予以高度重视。江西战场的主帅委任的是石达开。石达开一直是曾氏的劲敌。正因为石达开本人及其部属的英勇善战,才有对曾氏而言极为不顺的江西经历。出于种种原因,石达开及其二十万太平军脱离了洪秀全的体系,成为一支没有根据地的"流寇"。石部已失去对曾氏及湘军的威胁。现在,曾氏及他的亲密战友胡林翼所要全力关注的便是安徽省了。

安徽是长江中下游各省中最为贫穷的省份。皖北受北方风气的影响,民风素来强悍。贫穷则不畏死,强悍则易起械斗。于是,当太平军揭竿而起的时候,皖北此时也闹起了捻乱。咸丰五年,私盐贩子出身的捻军首领张乐行,在家乡安徽雉河集召集赣、鲁、苏、皖四省万余捻军会盟,被推为盟主,自号大汉永王。咸丰七年接受太平天国领导,被封为沃王。于是,在安徽,与朝廷对抗的,除太平军外,又多了一个强悍的捻军。领导太平军的英王陈玉成,是太平天国后期最为杰出的军事将领。此人不仅会打仗,且对天国忠诚。他建英王府于安庆,以安庆作为安徽战场的总指挥部。朝廷派在安徽作战的正规军队,一为漕运总督袁甲三的部队,一为内阁学士胜保的部队,还有一支即安徽巡抚翁同书的部队。这三支部队根本不是陈玉成、张乐行的对手,广阔的两淮大地,大部分是太平军、捻军的天下。

当曾氏已获准不入川后,胡林翼便和曾氏详细制定了"规复皖省"的军事计划,并将这个计划上奏朝廷。老九、老幺相继来到巴河会晤,商讨的正是这个用兵计划。不料，半路杀出一个程咬金来。

原来，胜保、翁同书对付不了皖北的捻军，他们希望朝廷命曾氏的湘军北上河南，在光州、固州一带截断捻军北去的道路，并在那里担负与捻军作战的主力。胜保、翁同书及其正规军队的无能，早已为曾、胡所瞧不起。北进河南，又打乱了业已制定的"规复皖省"的用兵计划，曾、胡都不能接受这个建议。于是，曾氏与官文、胡林翼会衔上奏朝廷。一面说明，若捻军北去，则成"流寇"，不必过分在意；一面再次阐述规复安徽对攻破金陵（江宁的古称，今南京）的重要意义，及拟四路进军安徽的计划。为方便读者了解曾、胡的这个极为重要的部署，我们来摘抄该奏章中的一段话：

"臣等窃以为，欲廓清诸路，必先攻破金陵。全局一振，而后江南大营之兵可以分剿数省，其饷亦可分润数处。欲攻破金陵，必先驻重兵于滁、和，而后可去江宁之外屏，断芜湖之粮路。欲驻兵滁、和，必先围安庆，以破陈逆之老巢，兼捣庐州，以攻陈逆之所必救。诚能围攻两处，略取旁县，该逆备多力分，不特不敢悉力北窜齐、豫，并不敢壹意东顾江、浦、六合。盖窃号之贼，未有不竭死力以护其根本也。现拟四路进兵，自江滨而北。第一路由宿松、石牌以规安庆，臣国藩亲自任之。第二路由太湖、潜山以取桐城，多隆阿、鲍超等任之。第三路由英山、霍山以取舒城，臣林翼亲自任之。先驻楚皖之交，调度诸军，兼筹转运。第四路由商、固以规庐州，调回李续宜一军任之。"

这封信一开头说的便是这件事。至于跟老四说的湘勇柔脆，耐不住北地的寒冷，又吃不惯麦面等等也都是事实。但关键原因不在此。老四只是个地头蛇而已，对外面的战局一向暗昧，所以做大哥的也用不着跟他细说。

至于信中的"湖南樊镇一案"，倒是近代官场上的一件极有趣的事情，又与湘军关系密切，笔者乐于向读者诸君作番介绍。

"樊镇一案"的主角实为两人。一为樊燮，时任永州镇总兵。另一人为左宗棠，时任湖南巡抚骆秉章的幕僚。

左宗棠志大才大，脾气也特别大，他一向瞧不起庸才樊燮。这一天，樊燮来湖南巡抚衙门汇报军务，左宗棠与骆秉章并坐听他的汇报。樊燮自认为是朝廷二品命官，没有把无级无职的师爷左宗棠看在眼里，进来与告辞时都没有与左打招呼。左气恨不已。待樊退至门口时，他大声将樊喊回，故意提出几个问题习难樊。樊答不出。左借此大发雷霆，骂道："王八蛋，滚出去！"并踢了樊一脚。樊当场便与左扭打起来。骆秉章忙过来劝架，才把樊连劝带拖地送出辕门。樊回去后越想越气，便通过湖广总督官文给朝廷上折，将左如何欺负命官、目无朝廷的恶行狠狠地参了一本。咸丰皇帝看了这道参折非常气愤。

从咸丰二年开始，左宗棠便来到湖南巡抚衙门，先是协助巡抚张亮基防守长沙，然后协助骆秉章调兵遣将，部署湖南兵力与太平军作战，又调拨大批粮饷供应江西战场。左宗棠的大才，为朝野所注目，也引起咸丰帝的注意。

咸丰八年十二月，咸丰帝在养心殿召见郭嵩焘。因郭与左同为湘阴人，便问郭，左的才干怎样，为什么不肯出来做官？郭对左很敬佩，便答道：左自度秉性刚直，不能与世合，在湖南办事，与骆秉章性情相投，故不愿再出而为官。又说左是人中豪杰，极有血性，若是皇上重用他，他也决无不出之理。

咸丰帝本想委左以重任，不料此人这样跋扈嚣张，以一师爷竟敢打骂二品武官，朝廷的尊严到哪里去了！咸丰帝狠狠地在官文的奏折上批道：湖南巡抚衙门为劣幕把持，着官文派人实地查访，若查实无误可就地处决。

左宗棠的命可谓已在旦夕之间了。幸而湖北巡抚胡林翼与左宗棠是姻亲（胡的夫人是左的女婿的姐姐，均为陶澍的子女），对左敬佩，又加之胡与官文关系特好，便请官文暂不要派人去湖南，又将此事急告郭嵩焘。郭嵩焘又告诉同值南书房的大名士潘祖荫。潘祖荫也很佩服左宗棠，便主动上折力保左。

潘的保折中有两句话："国家不可一日无湖南，湖南不可一日无左宗棠。"又说时势紧急，不得不为国家惜此才，请皇上用左之才，而宽其小过。潘的这两句话，日后成了名言而流传海内，左也因这两句话而更加声名远播。

咸丰帝被潘的保折所打动，将这事搁置下来。

左很快离开了湖南，以参加明年会试为由带着女婿陶桄北上。左宗棠这一出走，无意间走出了一着上上好棋。不久，一个绝大的机遇到来，他飞黄腾达的晚年生涯就从那时开始了。

最有趣的是樊日后报复的独特了。樊自知敌不过左，又咽不下这口气，便把报仇的期望寄托在儿子的身上。樊因此事辞职回湖北老家，将"王八蛋滚出去"六个字写在一块木牌上，把它与祖宗牌位并排放着。每天率领两个儿子在拜祖宗牌位时，便可同时看到这六个字。又为两个儿子延请名师。他对老师极为恭敬，求老师将他的二子教导好。又让儿子拿女人的衣服做内衣，对儿子说："你们中秀才后，才可脱去女衣。中举人后，功名与左宗棠相当，则将这个牌子烧掉。若是中进士，则功名超过了左，那就为你们的爹爹报了这个仇。"两个儿子谨记父命，认真读书，不敢懈怠。后来，次子樊增祥果然中了进士，那时樊燮已死。樊增祥跪在父亲的坟头上告慰父亲，已超过了左宗棠，为父亲报了仇。樊增祥的诗做得很好，是中国近代有名的大诗人。

谕纪泽（《冰鉴》不是曾国藩所著）

咸丰九年十月十四日

字谕纪泽儿：

接尔十九、二十九日两禀，知喜事完毕，新妇能得尔母之欢，是即家庭之福。

我朝列圣相承，总是寅正即起，至今二百年不改。我家高曾祖考相传早起，吾得见竟希公、星冈公皆未明即起，冬寒起坐约一个时辰，始见天亮。吾父竹亭公亦甫黎明即起，有事则不待黎明，每夜必起看一二次不等。此尔所及见者也。余近亦黎明即起，思有以绍先人之家风。尔既冠授室，当以早起为第一先务。自力行之，亦率新妇力行之。

余生平坐无恒之弊，万事无成。德无成，业无成，已可深耻矣。迨办理军事，自矢靡他，中间本志变化，尤无恒之大者，用为内耻。尔欲稍有成就，须从有恒二字下手。

余尝细观星冈公仪表绝人，全在一重字。余行路容止亦颇重厚，盖取法于星冈公。尔之容止甚轻，是一大弊病，以后宜时时留心。无论行坐，均须重厚。早起也，有恒也，重也，三者皆尔最要之务。早起是先人之家法，无恒是吾身之大耻，不重是尔身之短处，故特谆谆戒之。

吾前一信答尔所问者三条，一字中换笔，一"敢告马走"，一注疏得失，言之颇详，尔来禀何以并未提及？以后凡接我教尔之言，宜条条禀复，不可疏略。此外教尔之事，则详于寄寅皆先生看读写作一缄中矣。此谕。

点评：《冰鉴》不是曾国藩所著

九月十六日，在叔父澄侯的主持下，曾纪泽再做新郎，与刘蓉的女儿举行婚礼。纪泽虽是再婚，也不过二十一岁，刘氏二十岁，二人是很般配的。

年纪轻，又在蜜月期间，睡懒觉晏起，那是一定的。作父亲的虑及此点，信之开头便告诫应早起。

在电灯未传进中国之前，人们都是采用油灯或蜡烛照明。乡间贫穷，生活简单，除家有读书郎，特为照顾，可以点一盏小灯外，通常夜晚都是不点灯的，为的是节省几个铜板。勤快人家，在夏天的明月之夜，则借月光修理农具、编织竹筐、搓麻绳等等，这就叫做"夜班"了。一般季节，夜晚都做不了什么事。所以早睡，便成了当时社会尤其是乡村的普遍现象；相应地，早起，也就较为普遍。为了充分地利用有限的白日，"黎明即起"，几乎成了家业发达的一条公认的诀窍。

乡间看一个家庭能发不能发，第一便是看这家的人是勤还是懒，勤懒最明显的标志便是早起还是晏起。

曾氏所告诫儿子的，正是乡间普通农家对子弟的要求。照理说，曾府已经不是普通农家了，早已成了湘乡县第一仕宦之家，慢说长房大公子晏起不要紧，即便全府老少爷们都酣睡高眠，亦不会动摇家中的富贵荣华。但曾氏不这样看。在曾氏看来，既居乡间，就要与左邻右舍的小户小民一样地遵守千百年来祖宗相沿的好规矩。更重要的是，曾氏认为勤奋早起是一种精神面貌，是一种家庭的风气，它对家人尤其是对后辈子孙的教育影响是深入骨髓而能持之久远的。曾氏始终认为，做官不是长久的，金钱和权势都只是暂时的，一代富贵，不能保第二代富贵，吃苦能干的父兄往往出娇懒庸俗的子弟，惟有将奋发向上的精神从小就植入家人的心灵中去，将淳厚良好的风气代代相传，才能使得人才辈出，家业不败。曾氏常常说，富家子弟须有寒士之风方才有出息。这是既富阅历又富哲理的名言，值得后人深思。

办事须有恒心。此话说来道理简单，做起来却不容易。历来贤哲于此都有很好的论述，并非曾氏的独创。此中可贵之处，即在父道尊严的时代，曾氏却可以坦然地向儿子承认自己"无恒"，并在儿子的面前责备自己德无成，业无成，万事无成。今天的家庭教育学，提倡父母与子女做朋友，彼此平等相待，这是很有道理的。家庭中的成员，尽管有辈分、年龄之别，但人格是一样的，平等相待正是对人格的尊重。在曾氏生活的时代，当然没有这个道理，有的只是"父为子纲，夫为妻纲"的"圣教"。曾氏在儿子面前说自己的不足，便将"板起面孔训人"的生硬状态，化为"推心置腹交谈"的友好气氛。曾氏家教的成功，此亦为一重要因素。

曾氏有"知人识人"之誉，还有人说他"尤善相士"，即特别会鉴识知识分子。传说他有许多相人的诀窍，坊间还广为流传一本题为《冰鉴》的书。书中讲了许多识人辨人的方法，书的作者便赫然署名"曾国藩"。笔者查遍曾氏传世的所有文字，从未见他有只字提过《冰鉴》一书。其实，这部书早在六七十年前，便有人指出是托名曾氏。《花随人圣庵摭忆》中说："近人乃有以古相书《冰鉴》，傅以文正名，号为遗著，不知此书道光间吴荷屋已为镂板，叔章盖尝藏之。"为什么托名曾氏而不托他人呢？其源盖出于曾氏素有"相人"的大名。

曾氏的确对"相术"有所研究，他的日记中便有这样的话：端庄厚重是贵相，谦卑含容是贵相。事有归着是富相，心存济物是富相。

细揣这四句话，其实说的并不是天生的面相骨相，而是说的后天可修炼的心性德行举止等等，与世俗间的看相是大有不同的。关于看相，曾氏还有几句话：

斜正看鼻眼,真假看嘴唇,功名看器宇,事业看精神,主意看脚跟,若要看条理,全在言语中。什么样的鼻眼是斜,什么样的鼻眼是正?什么样的嘴唇是真,什么样的嘴唇是假?都没有说明白,看来这标准只存在此老的心中。显然,这与所谓的《麻衣相法》中所讲的相术是大不相同的。

曾氏认为厚重是贵相,故要儿子容止宜厚重,力戒轻佻。在中国文化中,"厚"和"重"多为褒义。对于人,尤其是对于男人,恒以"厚"、"重"予以要求:"厚德载物"、"宽厚待人"、"处事稳重"、"老成持重",等等。相反地,对于"薄"、"轻",则多为贬义,如"刻薄"、"浅薄"、"轻率"、"轻飘",等等。这可以看做是中国文化的特色。曾氏有意从这些方面加以修养。他走路步履厚重,举止端凝,认为这才是担当大任者应具的表象。赵烈文的《能静居日记》中记载了作者与曾氏的一次有意思的谈话。面对着恭亲王奕䜣的一张照片,曾氏评论说:这是一个翩翩美少年,举止略嫌轻佻了些,看来难以负重任;身处周公之位,却无周公之望,这也是国家的不幸。他对奕䜣的失望,是因为奕䜣轻佻而不厚重。

致澄弟沅弟(可怜的光禄大夫)

咸丰十年(1860)二月初八日

澄侯、沅甫两弟左右:

初五日接来信,痛悉叔父大人于十九日戌刻弃世,哀痛曷极!自八年十一月闻温弟之耗,叔父即说话不圆,已虞其以忧伤生。叔父生平外面虽处顺境,而暗中却极郁抑,思之伤心。应复各事,条列如左:

一、余请陈作梅先生赴湘乡看地,请阳牧云陪之。二月中旬自宿松起行,三月初可至家。叔父葬地如已寻得,可候作梅来定葬期,或在三月之杪,或闰三月可也。

二、叔生平最好体面,此次一切从丰,两弟自有权衡。六十四人大舆、诰封亭二事必不可少。丧礼以哀为主,丧次以肃静为主。丁未年于此二者未能讲求,至今愧恨,望两弟留意。

三、余于闻叔讣之第二日进公馆设位成服,拟素食七日,素服十四日,仍行撤灵入营。季弟拟请假回籍,余信嘱其来宿松灵前行礼,早来迟来现尚未定。

四、沅弟言及朱惟堂一事。此人余不深知,但闻尧阶与季高赞之,人树、凯章亦颇称之。余屡札朱南桂、惟堂来，而至今杳然，未接沅弟信之前三日尚办一札去也，此后决不再札矣。尧阶又荐朱贤来，云可当营官，则欺我之言耳。近来细看尧阶之言多不可信。往岁余托尧阶觅父母葬地，其后全不留心。此人虽系至亲，似宜疏而不宜密。

五、沅弟言新大夫第不敢再求惬意，自是知足之言，但湿气一层不可不详察。若湿气太重，人或受之则易伤脾。凡屋高而天井小者，风难入，日亦难入，必须设法祛散湿气，乃不生病。至嘱至嘱。余俟作梅兄赴湘详布。顺问近好。

点评：可怜的光禄大夫

曾氏父辈三兄弟，其中老二年纪轻轻的便早死了，这次去世的是老三曾骥云。曾氏道光二十八年五月的家信中说过"叔父去年四十晋一"的话，以此推算，曾骥云出生在嘉庆十二年，比长兄竹亭公少十七岁，比起曾氏来，仅只大四岁。这种现象在现在已很少了，在过去却不奇怪，甚至叔比侄还要年少，所谓"睡在摇篮里的叔，站在摇篮边的侄"，就是说的这种现象。

曾骥云只活了五十四岁，连"下寿"都算不上。综其一生看来，此人活得并不开心。在那个时代，男儿的风光，一在功名禄位，二在儿孙满堂。这两者他都不具备。他终生连秀才都未中过，亦未有过一官半职。儿女全无，过继的儿子又战死了。尽管墓碑上可以刻上一个"正一品光禄大夫"的头衔，但那是空的，他何曾体味过片刻"正一品"的滋味？他一辈子未曾独立支撑过门户。父亲未死之前，他依靠父亲过日子，父亲死后他依靠兄长过日子。

兄长死后一年多，抚子便死了，他从此一病不起，终于早逝。这实在是一个可怜的"光禄大夫"：表面上看起来风风光光，其实连一个普通农人亦不如。曾氏很能体谅叔父的处境。"叔父生平外面虽处顺境，而暗中却极郁抑，思之伤心"。为给叔父最后一个体面，故"此次一切从丰"。

谕纪泽（分类抄记典故藻汇）

咸丰十年二月二十四日

字谕纪泽儿：

二十日接二月二日来禀并祭文稿。文尚条畅，惟意义太少。叔祖之德全未称道，亦非体制，词藻亦太寒俭。尔现看《文选》，宜略抄典故藻汇，分类抄记，以为馈贫之粮。《文选》前数本系汉人之赋，极难领会，后半则易看矣。余所见友朋中，无能知汉赋之意味者。尔不能记忆，亦由于不知其意味。此刻不必求记，将来若能识得意味，自可渐记一二。余向来记性极坏，近老年反略好些，由于识得意味也。时文亦不必苦心孤诣去作，但常常作文。心常用则活，不用则窒；常用则细，不用则粗。

江忠烈之太夫人，余将寄银一百、幛一悬，写兄弟四人名，家中不必另致情。江太夫人大事，岷樵曾赙银二百，余收一百。先大夫大事，达川曾赙银五十，余收二十也。

余前允尔来营省觐。兹因陈作梅来吾乡看地，须尔在家中陪款，恐作梅先生未到湘时，沅叔业已先出，尔须等候作梅先生，在家住二十余日，再送陈至省展谒贺岳母，小住即仍归去。闻儿妇或有梦熊之喜，尔于下半年再请来营省觐可也。此嘱。

涤生手示

点评：分类抄记典故藻汇

曾氏这封信里谈到了作文的三个要素：内容（意义）、条理、词（藻）汇。一篇好文章，首先要有充实的内容，这是核心主干。曾氏批评儿子祭叔祖的文章，其欠缺之处正是在内容上：意义太少。其次要有清晰畅达的条理。这是将内容表达清楚的重要条件。条理紊乱，逻辑不清，自己要说的内容表达不清楚，读者自然更加不明白了。条理和逻辑要遵循习惯的规矩，不要标新立异，与众不同。我们常见一些文章，上下不连，前后不通，作者自诩为跳跃式思维、意识流表现手法，但读者读来却如处云里雾里，不知作者在说些什么。这既不利于读者理解文章的内容，更妨碍文章的传播。第三还得有文采。文采要靠准确、生动而又形象的词汇来装饰，它有如花叶的色泽、羽毛的光彩、女人的亮丽。用上一个得体的词汇，这句话便立刻灵动起来。

纪泽写作于词汇上也较为欠缺，故曾氏劝他好好读《文选》。昭明太子选的《文选》，几乎将梁代以前所有好的文章诗赋都收集起来了，为喜爱文学的读者提供了一个极好的选本。将《文选》读通读熟了，文章也就自然而然地做好了，故而有"《文选》熟，吃羊肉；《文选》生，嚼菜根"的话。

《文选》里的文章诗赋词藻丰富，可谓词汇之库，足以供初学者取用而不虑枯竭。曾氏要儿子多做文章，以便多活动心思："心常用则活，不用则窒；常用则细，不用则粗。"这是曾氏的阅历之言，可资读者借鉴。

致澄弟沅弟（惜福）

咸丰十年三月二十四日

澄侯、沅甫两弟左右：

二十二日接初七日所发家信，内澄弟一件、沅弟一件、纪泽一件！知叔父大人已于三月二日安厝马公塘，两弟于家中两代各位老人养病送死之事，皆备极诚敬，将来必食报于子孙。闻马公塘山势平衍，可决其无水蚁凶灾，尤以为慰。澄弟服补剂而大愈，甚幸甚幸！丽参、鹿茸虽享福稍早，而体气本弱，亦属无可如何。吾生平颇讲求惜福二字之义，近来亦补药不断，且菜蔬亦比往年较奢。自愧享用太过，然亦体气太弱，不得不尔。胡润帅、李希庵常服辽参，则其享受更有过于余者。澄弟平日太劳伤精，唢呐伤气，多酒伤脾。以后戒此三事，而常服补剂，自可日就痊可。丽参、鹿茸服毕后，余可再寄，不可间断，亦不可过多，每早服二钱可也。

家中后辈子弟个个体弱，唢呐、吃酒二事须早早戒之，不可开此风气。学射最足保养，起早尤千金妙方、长寿金丹也。

纪泽今年耽搁太多，此次宜静坐两个月。《汉魏六朝百三名家》，京中带回一部，江西带回一部，可付一部来营。纪鸿《通鉴》讲至何处？并问。即候日好。

兄国藩手草

再，抚州绅士刻余所书《拟岘台记》，共刷来八分，兹寄五分回家。澄弟一分，沅弟一分，纪泽一分，外二分送家中各位先生。暂不能遍送也。

点评：惜福

曾氏在此信中谈了一些养生之道。曾府的大当家老四是个好动的人，除好管闲事外，还喜欢吹唢呐，又贪杯。他比乃兄整整小了十岁，眼下不过四十岁，正是身强力壮的时候，却已在天天进补，高丽参、鹿茸不离嘴。这自然首先是家里有钱，其次也因为贪图享受。曾氏对此并不以为然，所谓"丽参、鹿茸虽享福稍早，而体气本弱，亦属无可如何"的话，实在是不得已的；从他的内心而言，对于四十岁的弟弟如此奢侈，是不太赞成的。故而，他接下来便谈"惜福"的事。

"惜福"是典型的中国式的思想，对于今天的年轻读者来说，或许难以理解和接受。

关于"惜福"之说，前面评点中说过几句，这次再展开说说。在中国的传统观念中，"福"与"名"、"器"等等，都是上天所十分看重并吝于赐予的东西；因为贵重，故必须特别珍惜。珍惜之一便是不可滥用。"福不可享尽"，这句在中国上至达官巨贾,下至小民百姓经常说的话,便是"惜福"观的体现。

"惜福"的观念中还有一个说法,即上天所给予的"福"是有限定的。好比说给你一仓库谷米,你爱惜着用,一辈子都有饭吃;若挥霍浪费,则只能吃半辈子,下半辈子便要挨饿。如果你很节省,一辈子没有吃完,则还可以传给儿子孙子。所以民间还有一句话,叫做"为子孙惜福"。

其实,上天给一个人是一仓库谷米还是十仓库谷米,谁都不知道,故上述理论,严格说来是无稽之谈。但笔者还是相信"惜福"之说,因为它毕竟包含着一些有益的成分在内。

惜福之说让人有收敛之心。所谓"福"无非指的是有钱有权有势有位、多子女、身体强壮这些方面。它们能给人带来幸福,也能给人带来灾祸:钱多易生非分之想,权大则易启贪婪之念,势强则可能仗势欺人,身壮则常忽视保养等等。有"惜福"的观念,则会常常提醒自己收敛而不可放肆。这种自我约束,常是避祸免灾的良方。

此外,"惜福"还能使人有知足长乐之感。"惜福"之人意识到自己是在"福"中,是在享受着上天的恩赐,故而其心态总处在良好的状态中。人的一生究竟要到一个怎样的地步才算是到了顶呢?应拥有什么样的境遇,才算是幸福的呢?这也是一个谁都不能给出明确答案的问题。这一切全在于自己的感觉。你天天感觉良好,你就天天生活在幸福中。即便是金钱万贯,位高权重,美女环绕,名满天下,但你若觉得还未如愿,还有缺陷,那么你也不会有幸福的感觉。"惜福"之人总觉得自己很有福气了,还得节省点用,爱惜点花。你能说他不快乐吗?这样的人,能不让人羡慕吗?

不知读者诸君认为这种思维方式有其道理否。

信中所说的学射,指的是学习射箭,还可以放开一点,也可理解为泛指练功习拳、使枪弄棒等属于"武"方面的技艺。

曾氏做京官十余年,熟悉皇家典册。清初诸帝,如康熙、雍正、乾隆等人都十分重视骑射功夫,将它看做是满洲本色。他们不但自己骑射功夫好,也严督皇子们勤习此道。每年秋高气爽、草长羊肥的时候,皇帝都亲自带领阿哥们及文武官员到远离京城外的草原去打猎,史书上"木兰秋狝"便是说的这回事。但是后来,皇室成员们耽于享乐,不愿吃苦,骑射之风便慢慢淡了。皇室如此,满洲亲贵大臣的家庭也便如此,于是,八旗子弟便日渐孱弱。这种现象,曾引起不少满洲有识之士的警觉,"勤练骑射"之类的话便常见于各种奏报文书中。

曾氏深知武艺对男人的健身作用,带了多年的湘军后,于此更是感受深刻。

湖南乃丘陵之地，马的作用不大，少见骑马之人，故曾氏希望子侄辈能学习射箭。射箭须屏息、挽弓、瞄靶，这几个过程对胸、臂、眼都是锻炼，常习射技可强胸健臂明目。至于早起，更是早在京师做翰林时便将它列为每日必修课程，后来又反复以此训诫子弟。在这里，他又将它视为"千金妙方、长寿金丹"，足见他对"早起"的看重。

谕纪泽（善读《文选》）

咸丰十年闰三月初四日

字谕纪泽：

初一日接尔十六日禀，澄叔已移寓新居，则黄金堂老宅，尔为一家之主矣。昔吾祖星冈公最讲求治家之法，第一起早，第二打扫洁净，第三诚修祭祀，第四善待亲族邻里。凡亲族邻里来家，无不恭敬款接，有急必周济之，有讼必排解之，有喜必庆贺之，有疾必问，有丧必吊。此四事之外，于读书、种菜等事尤为刻刻留心，故余近写家信，常常提及书、蔬、鱼、猪四端者，盖祖父相传之家法也。尔现读书无暇，此八事，纵不能一一亲自经理，而不可不识得此意，请朱运四先生细心经理，八者缺一不可。其诚修祭祀一端，则必须尔母随时留心。凡器皿第一等好者留作祭祀之用，饮食第一等好者亦备祭祀之需。凡人家不讲究祭祀，纵然兴旺，亦不久长。至要至要。

尔所论看《文选》之法，不为无见。吾观汉魏文人，有二端最不可及：一曰训诂精确，二曰声调铿锵。《说文》训诂之学，自中唐以后人多不讲，宋以后说经尤不明故训，及至我朝巨儒始通小学。段茂堂、王怀祖两家，遂精研乎古人文字声音之本，乃知《文选》中古赋所用之字，无不典雅精当。尔若能熟读段、王两家之书，则知眼前常见之字，凡唐宋文人误用者，惟《六经》不误，《文选》中汉赋亦不误也。即以尔禀中所论《三都赋》言之，如"蔚若相如，皭若君平"，以一蔚字该括相如之文章，以一皭字该括君平之道德，此虽不尽关乎训诂，亦足见其下字之不苟矣。至声调之铿锵，如"开高轩以临山，列绮窗而瞰江"，"碧出苌宏之血，鸟生杜宇之魄"，"洗兵海岛，刷马江洲"，"数军实乎桂林之苑，飨戎旅乎落星之楼"等句，音响节奏，皆后世所不能及。尔看《文选》，能从此二者用心，则渐有入理处矣。

作梅先生想已到家,尔宜恭敬款接。沅叔既已来营,则无人陪往益阳,闻胡宅专人至吾乡迎接,即请作梅独去可也。尔舅父牧云先生身体不甚耐劳,即请其无庸来营。吾此次无信,尔先致吾意,下次再行寄信。此嘱。

点评:善读《文选》

有名的曾氏治家八字方针,其内容已在这封信里明确定下来了,只是前四项尚未分别以一个字来概括而已。这四项为起早、打扫庭院房间、祭祀祖先、善待亲族邻里。为便于记诵,他后来以"早"、"扫"、"考"、"宝"四个字来概括,与先前家信中常说的书、蔬、鱼、猪合起来,则成了曾府的"八字家训"。

曾氏说,这是他的祖父星冈公的治家经验,他只是整理而已,并非创造。其实,这些都是他的思想。日常家庭琐事,虽说不上千头万绪,却也繁杂零乱。曾氏从中拈出这八项来,正是他自己所看重的事情。人类文化的递进,从来有两个主要的途径:一为凭空创新,如秦始皇的郡县制、汉武帝的独尊儒学、屈原的《离骚》等等;一为在前人基础上的迈进一步,如孔子的删诗、蔡伦的造纸、明清的团练等等。人类的文化乃人类祖祖辈辈一代代人成果的积淀,前人的成就常给后人以启示、借鉴,或留下一个粗坯。前人的开端常要靠后人来扩大、提高,从这个意义上来说,文化递进的后一条途径更为普遍,也更为重要。小小的曾府八字家训,也以一个实例说明了这个规律。

中国传统学问有汉学、宋学之分。汉学乃汉代一批大学者所创立的学派,以许慎、马融、郑玄等人为其杰出代表,其学问以训诂考据为长。汉学的特点为实事求是,质朴无华,故又叫朴学;它的弊端在过于烦琐。到了宋代,学者们喜欢探讨圣人的心性义理,与过去的训诂考据有了明显的不同。学术界称之宋学,以周敦颐、二程、朱熹、王守仁等人为代表。其学问的特点为追溯本源,启人心智;其弊在于空疏。到了清代的乾嘉时期,汉学复兴,其训诂考据的成就超迈前贤。不久,宋学也发达起来,心性义理的研究也大有进展。曾氏年轻时受湖湘学派的影响,究心义理之学,后来也认真钻研《说文》、《五礼通考》等书,对乾嘉诸老也极为钦佩。曾氏的学问是汉宋融合,较少偏执。但他身任繁剧,无论宋学还是汉学,心中虽有体会,却没有成体系的著作,这是他终生引为遗憾的大事。他常感叹"学业无成",便是指的此。

曾氏告诉儿子,《文选》所录的作品皆为汉魏人所作,在当时的风气影响下,文人的创作都注重用字的精确和声韵的铿锵,希望儿子读《文选》注意到这两个方面。

从信手拈来的佳句中，我们可知曾氏于《文选》之熟。看来，这位湘乡文派的创始人，其声光炯然的艺术风格，得力于《文选》的熏陶不少。

致澄弟沅弟（勤洗脚）

咸丰十年闰三月初四日

澄侯、沅甫两弟左右：

闰月一日彭芳四来，接两弟信并纪泽一禀，具悉一切。澄弟移寓新居，闻光彩焕发，有王相气象，至慰至慰。沅弟新屋前闻不甚光明，近日长夫来者皆云极好。吾两对所祝者，将来必如愿矣。祭叔父文亦斐亹可诵，四字句本不易作，沅弟深于情者，故句法虽弱而韵尚长也。余办木器送澄弟，即请澄自为妥办，女家之钱已交盛四带归。即仿七年之例，由县城办就，至家中再漆可也。

此间自浙江克复，人心大定。太湖各营于二十四五日拔营，宿松吉中、吉左四营于二十六日拔营，均至石牌取齐，初五日将进围安庆。朱惟堂一营初二日至江边，距宿松仅七十里矣。营中一切平安，余身体亦好。惟饷项暂亏，若四川不速平，日亏一日，必穷窘耳。

澄弟之病日好，大慰大慰。此后总以戒酒为第一义。起早亦养身之法，且系保家之道，从来起早之人，无不寿高者。吾近有二事效法祖父，一曰起早，二曰勤洗脚，似于身体大有裨益。望澄弟于戒酒之外，添此二事。至嘱至嘱，顺问近好。

兄国藩手草

点评：勤洗脚

曾氏又告诉弟弟一个养身之道：勤洗脚。有句俗话说"病从脚上起"，可见保护脚的重要性。脚不能受凉，不能受潮，鞋袜要干燥暖和，这几乎是尽人皆知的健身良法，至于勤洗脚对健身的好处，则并不为众人所知。

其实，洗脚不仅在于去掉脚上的污垢，更因为双脚掌互相搓擦而起按摩脚掌的作用。据中医理论，人体有两个外露部位与内脏心、肝、脾、肾等五脏六腑紧密相联，人体内所有的疾病都可以从这两个部位上反映出来。常常按摩这两个部位，便可以祛病强身，血脉畅通。它们即脚掌和耳廓。如今遍布街头巷尾的各种足浴馆,便是根据这种理论来招揽生意的。在自己家里洗脚,既不要花钱,又简便易于坚持,读者诸君不妨试试。

致澄弟(治家八字诀)

咸丰十年闰三月二十九日

澄侯四弟左右:

二十七日刘得四来,接弟十三日信,欣悉各宅平安。沅弟是日申刻到,又得详问一切,敬知叔父临终毫无抑郁之情,至为慰念。

余与沅弟论治家之道,一切以星冈公为法,大约有八个字诀。其四字即上年所称书、蔬、鱼、猪也,又四字则曰早、扫、考、宝。早者,起早也;扫者,扫屋也;考者,祖先祭祀,敬奉显考、王考、曾祖考,言考而妣可该也;宝者,亲族邻里,时时周旋,贺喜吊丧,问疾济急,星冈公常曰人待人无价之宝也。星冈公生平于此数端最为认真。故余戏述为八字诀,曰:书、蔬、鱼、猪、早、扫、考、宝也。此言虽涉谐谑,而拟即写屏上,以祝贤弟夫妇寿辰,使后世子孙知吾兄弟家教,亦知吾兄弟风趣也。弟以为然否?顺问近好。

国藩手草

点评:治家八字诀

曾氏的治家八字方针,在此信中正式定下来了。有意思的是,他将这"八字"称之为"戏述",又说"涉谐谑"。笔者揣摸,曾氏说这话时,大约出自三方面的考虑:一是以一字来概括一项内容,既嫌简单又容易生发歧义。如喂养业只提鱼猪,未提鸡鸭;"考"既指考妣,也可作科考、考核等理解。二是为求押韵,有的显得牵强。如"宝",若不加说明,人们都会从"珍宝"一义去想,很难想到指的是亲族邻里。三是作为家训而言,有的字显得不够庄重,如将"猪"字列进来,总有俚俗之感。

曾氏说,这是他的"风趣"。此公总给人一种理学气,让人可瞻仰而不可亲近。其实,他也有风趣的一面。这八个字的拟定,便带有风趣味。他还有些风趣的轶事,留待以后再讲。

致澄弟（江南大营崩溃与湘军腾飞）

咸丰十年四月十四日

澄侯四弟左右：

接弟闰月二十四夜手缄，得悉五宅平安。魏承祉之事，吾家尽可不管，别人家信本不应拆阅也。孙大人名昌国号栋臣，系衡州协兵丁，吾调出保至副将向导营之官。上年雪琴将伊营官革去，派管船厂。曹级珊名禹门，广西知县，船厂委员也。吾将彼信已焚化，以后弟不必提及。

金陵大营于闰月十六日溃退镇江，旋复退守丹阳。二十九日丹阳失守，和春、何桂清均由常州退至苏城外之浒关。张国樑不知下落。苏州危如垒卵，杭州亦恐再失。大局决裂，殊不可问。

余此次出外两年，于往年未了之事概无甚愧悔，可东可西，可生可死，襟怀甚觉坦然，吾弟尽可放心。前述祖父之德，以书、蔬、鱼、猪、早、扫、考、宝八字教弟，若不能尽行，但能行一早字，则家中子弟有所取法，是厚望也。顺问近好。

国藩手草

点评：江南大营崩溃与湘军腾飞

太平天国在定都天京后，清朝廷立时在其北扬州和其南孝陵卫布下两支重兵，称之为江北大营、江南大营。

江北大营共有一万八千人马，其主将为钦差大臣琦善。咸丰四年琦善死，改派江宁将军托明阿。咸丰六年，江北大营被太平军击溃，托明阿被撤职。咸丰七年，钦差大臣德兴阿重建江北大营。咸丰八年，太平军英王陈玉成、忠王李秀成将江北大营再次击溃，德兴阿被撤职，江北的军队便由江南大营节制。江南大营首建在咸丰三年。广西提督向荣带着一万八千人马，从广西一路尾追来到南京，遂在城外孝陵卫扎下营盘，以便阻止太平军东下苏杭，并与江北大营遥相呼应。咸丰六年，李秀成、石达开率部共同击溃江南大营，向荣败逃自缢。咸丰八年，清廷任命和春、张国樑重建江南大营，筑垒掘壕围困天京。这一南一北两座大营，一直是城内天王洪秀全的心头大患。

为什么朝廷要将三万多重兵长期驻扎在这里呢？为什么这里的兵马都是朝廷的正规军，而其主帅除向荣外都是满人呢？据说其背景颇不寻常。

咸丰皇帝二十岁刚登基时便遇上了太平军在广西起义，而且人多势众，其攻城略地一路破竹，大有不可遏制的势头。咸丰皇帝一则年轻，二则禀性文弱，心中恐惧不已，巴不得早日平定乱局。他使出重赏之下出勇夫的法宝，当众宣布：谁能灭掉太平军，便封谁为王。不料，他情急之下的这句话招来了王室的反对。某亲王对他说："圣祖爷在平定三藩叛乱之后，作出一个决定：非满蒙者不封王。此决定作为祖训，代代相传，不能违背。倘若今后是汉人灭了太平军，怎么办？封王，则有违祖训；不封王，则食言。"咸丰听了这话后，也知道自己的话不妥，但既已说出口，怎么办呢？这个亲王便给他出了一个主意：在南京附近设立重兵，由朝廷正规军来担当此任，委派满人做统领，让湘军和其他部队在上游与太平军去死拼，仗打到后来，最先攻入南京的，必是靠南京最近的这支部队。那时，朝廷可以堂堂皇皇地向天下公布：真正有本事的，还是朝廷的军队，还是咱们满人。最先攻入南京的满人统领，皇上封他为王，既不违祖制，又不食言。

咸丰帝欣然接受这个建议。向荣的人马是他从广西带来的旧部，不便撤换，朝廷便将满人和春迅速提拔为江南提督，官职上与向荣平起平坐，以便制约向荣。待向荣一死，立即由和春取代。至于江北大营，前后三个统帅皆清一色满人。

咸丰帝的算盘虽然设想得如意，但无奈满人气数已尽，无论是带兵的统帅，还是手下的将军兵卒，都不是太平军的对手。继两年前江北大营溃散后，咸丰十年闰三月，江南大营又被陈玉成、李秀成的部队全线击溃，张国樑逃到丹阳溺水而死，和春逃到苏州浒墅关自杀身亡。两江总督何桂清率领一群衙门官员逃到苏州，江苏巡抚徐有壬对他弃城逃命的行为很是厌恶，闭门不纳，何只得仓皇逃到上海。

清廷经营了七八年的江北、江南大营便这样彻底瓦解了，局势顿时危急起来。曾氏甚至做了大局决裂以死殉职的准备。

然而，正是先哲说得好：福兮祸所伏，祸兮福所倚。此刻的曾氏还没有料到，正是江南军事的大崩溃，给湘军和他本人的腾飞再一次造就了一个契机。中国近代史上真正的曾国藩时代，已经到来了。这个局面的形成，确实是不以人的意志为转移。曾氏政坛上的迅速窜升，也是别人即便刻意阻挡也奈何不了的事。所谓时势造英雄，此又一例也！

致沅弟（爱民与积德）

咸丰十年四月二十二日

沅弟左右：

二十四早接二十二酉刻之信，闳论伟议，足以自豪，然中有必须发回核减者，意诚若在此，亦必批云："该道惯造谣言也。"

苏州阊门外民房十余里，繁华甲于天下，此时乃系金陵大营之逃兵溃勇先行焚烧劫抢而贼乃后至。兵犹火也，弗戢自焚，古人洵不余欺。弟在军中，望常以爱民诚恳之意、理学迂阔之语时时与弁兵说及，庶胜则可以立功，败亦不至造孽。当此大乱之世，吾辈立身行间，最易造孽，亦最易积德。吾自三年初招勇时，即以爱民为第一义。历年以来，纵未必行得到，而寸心总不敢忘爱民两个字，尤悔颇寡。家事承沅弟料理，绰有余裕，此时若死，除文章未成之外，实已毫发无憾，但怕畀以大任，一筹莫展耳。沅弟为我熟思之。吉左营及马队不发往矣。王中丞信抄去，可抄寄希、多一阅。

兄国藩手草

再，余有信、银寄吴子序、刘星房，望传知嘉字营帮办吴嘉仪，令其派二妥当人来此接银、信，送江省并南丰为要。（二十六日又行）

点评：爱民与积德

江南大营溃败后，和春带领残兵败将一路南逃，至苏州阊门外大肆抢掠焚烧。自春秋时吴国定都于此后，两千多年来，苏州一直是江南繁华的大都市，阊门内外更是商业中心。《红楼梦》第一回里讲甄士隐的女儿丢失的地方，便是苏州阊门，一部伟大的文学巨著即从此处开篇。二千年来累积的文明，十余里普通百姓的家业，便这样顷刻之间毁于这群败兵之手。对于老百姓，最可怕的军队是两种：一是打下城池的得胜之师。他们以公开抢劫来为自己获取财富，许多将官对此予以默认。这些将官或是进城前便以此为诱饵，或是借此来对部属以犒劳。遇到这个时候，老百姓活认倒霉。二是打了败仗的溃逃之师。仗打败了，队伍散了，纪律也便跟着废了，失去了军纪约束、刀枪在手的败兵，在百姓的面前个个都是豺狼。他们或借烧杀掳掠来发泄失败的愤怒，或打劫一笔钱财好逃离部队为日后谋生所用。

鉴于江南大营官兵溃逃后给苏州百姓带来的惨祸，曾氏再次告诫带兵的老九，要向兵勇灌输爱民的道理。在理学看来，民为吾之同胞，万物皆与己为与类，这就是古代著名的"民胞物与"的理论。它体现了一种尊重生命的崇高思想。但在许多带兵将领的眼里，这纯是迂阔酸腐之言，根本不予领会。曾氏希望老九不要视此为迂阔，时常向勇丁们讲叙。

大乱之时，纲纪废弛，秩序混乱，带兵的将领便成了一方一时的主宰，心存济物，则可以积德；良知泯灭，则易于造孽。可惜，历朝历代，乱世握兵权者，能有这种想法的人太少了。所以民间有"宁为太平狗，不做乱世人"的俚谣，真令人浩叹！

谕纪泽（文章当珠圆玉润）

咸丰十年四月二十四日

字谕纪泽儿：

十六日接尔初二日禀并赋二篇，近日大有长进，慰甚。

无论古今何等文人，其下笔造句，总以珠圆玉润四字为主。无论古今何等书家，其落笔结体，亦以珠圆玉润四字为主。故吾前示尔书，专以一重字救尔之短，一圆字望尔之成也。世人论文家之语圆而藻丽者，莫如徐（陵）、庾（信），而不知江淹、鲍（照）则更圆，进之沈（约）、任（昉）则亦圆，进之潘（岳）、陆（机）则亦圆，又进而溯之东汉之班（固）、张（衡）、崔（骃）、蔡（邕）则亦圆，又进而溯之西汉之贾（谊）、晁（错）、匡（衡）、刘（向）则亦圆。至于马迁、相如、子云三人，可谓力趋险奥，不求圆适矣；而细读之，亦未始不圆。至于昌黎，其志意直欲陵驾子长、卿、云三人，戛戛独造，力避圆熟矣，而久读之，实无一字不圆，无一句不圆。尔于古人之文，若能从江、鲍、徐、庾四人之圆步步上溯，直窥卿、云、马、韩四人之圆，则无不可读之古文矣，即无不可通之经史矣。尔其勉之。余于古人之文，用功甚深，惜未能一一达之腕下，每歉然不怡耳。

江浙贼势大乱，江西不久亦当震动，两湖亦难安枕。余寸心坦坦荡荡，毫无疑怖。尔禀告尔母，尽可放心。人谁不死，只求临终心无愧悔耳。家中暂不必添起杂屋，总以安静不动为妙。

寄回银五十两，为邓先生束脩。四叔四婶四十生日，余先寄燕窝一匣、秋罗一匹，容日续寄寿屏。甲五婚礼，余寄银五十两、袍褂料一付，尔即妥交。赋立为发还。

涤生手示

点评：文章当珠圆玉润

曾氏以"珠圆玉润"四字来看待前人的文章、书法，并以此要求儿子仿效。这其实体现的是曾氏本人的审美观。他又将"珠圆玉润"四字简缩为一"圆"字，意思是一样的。曾氏列举文学史上一串大家：徐陵、庾信、江淹、鲍照、沈约、任昉、潘岳、陆机、班固、张衡、崔骃、蔡邕、贾谊、晁错、匡衡、刘向。至于司马迁、司马相如、扬雄、韩愈，一向被认为是追求奇险、力戒陈言的文章大师，曾氏却认为，若久读之，则会发现他们的文章字字句句都是圆适的。

什么是"圆"？圆指的是文章字句畅通，音韵流转，琅琅上口，宜诵易记。

曾氏的"八本"中说"作诗文以声调为本","声调"二字即他多次说的"声调铿锵"的意思。如果用曾氏自己的话来解释圆的话，圆即声调铿锵。曾氏说"余于古人之文，用功甚深"，依笔者之见，他于熟读熟研古人文章之后，得出的最大体会便是为文当圆，亦即为文应声调铿锵。

　　曾氏所说的古人文章，大致相当于我们今天所说的散文。散文从其本质上来说属于文学作品，其用词遣字、造句谋篇等，都应讲究艺术修饰。曾氏从诸多的艺术手法中拈住一个"圆"字来作为第一要素，这是他个人独特的骊珠，然也给予我们以启发。试想想，有哪一篇传诵极广，被人随口可背的古人名文，不是珠圆玉润、声调铿锵的呢？

致澄弟（左宗棠乘时而起）

咸丰十年四月二十四日

澄侯四弟左右：

　　前寄一缄，想已入览。近日江浙军事大变，自闰月十六日金陵大营溃败退守镇江，旋退保丹阳。二十九日丹阳失守，张国樑阵亡。四月初五日和雨亭将军、何根云制军退至苏州。初十日无锡失守。十三日苏州失守。目下浙江危急之至。孤城新复，无兵无饷，又无军火器械，贼若再至，亦难固守。东南大局一旦瓦裂，皖北各军必有分援江浙之命，非胡润帅移督两江，即余往视师苏州。二者苟有其一，则目下此间三路进兵之局不能不变。抽兵以援江浙，又恐顾此而失彼；贼若得志于江浙，则江西之患亦近在眉睫。吾意劝湖南将能办之兵力出至江西，助防江西之北界，免致江西糜烂后湖南专防东界，则劳费多而无及矣。不知湖南以吾言为然否？左季高在余营住二十余日，昨已归去。渠尚肯顾大局，但与江西积怨颇深，恐不愿帮助耳。沅弟、季弟新围安庆，正得机得势之际，不肯舍此而它适。余则听天由命，或皖北，或江南，无所不可，死生早已置之度外，但求临死之际，寸心无可悔恨，斯为大幸。

　　家中之事，望贤弟力为主持，切不可日趋于奢华。子弟不可学大家口吻，动辄笑人之鄙陋，笑人之寒村，日习于骄纵而不自知。至戒至嘱。余本思将书、蔬、鱼、猪、早、扫、考、宝八字作一寿屏为贤弟夫妇贺生，日内匆匆，尚未作就。兹先寄燕菜一匣、秋罗一匹，为弟中外称庆。其寿屏亦准于五月续寄也。又寄去银五十两、袍褂料一套，为甲五侄新婚贺仪。嗣后诸侄皆照此样，余去年寄内人信已详之矣。弟身体全好否？两足流星落地否？余目疾近日略好。有言早洗面水泡洗二刻即效，比试行之。诸请放心。即问近好，并祝中外大寿。

点评：左宗棠乘时而起

咸丰十年正月，左宗棠因樊案出走，三月初在河南襄阳接到胡林翼的密信。胡信上说，京师含敌意者多，未必可居，不如来英山老营住一段时间。当时，胡的前线指挥部设在鄂皖交界的英山县。左遂返身南下，在英山住了一个月。闰三月二十六日，他又来到曾氏的指挥部——安徽宿松，同来的还有李元度。

左宗棠咸丰二年出山，八年来为湖南为湘军作出的贡献极为巨大，但朝廷并未授他实职性的官职，依旧只是个师爷。在这一点上，他的命运几乎与曾氏一个样。曾氏创建湘军，转战沙场，八年间也未曾有一职一衔的晋升。与他们相对应的是，许许多多才干远不及的人却借这场战争平步青云，飞黄腾达。由此我们可以看出咸丰年代中枢执政者的纰漏。

朝廷的名器，本是为具有朝廷所需要的才干者、对朝廷作出过贡献者准备的，才干大、出力多的人享受大名大器，如此方能笼络英豪而服天下人心。但恰恰是曾、左这两个才大功高的人，"名器"一直远离他们。作为中枢的总头领，咸丰皇帝难辞失察之咎。

曾氏是个有心学圣贤的人，在经过一番大彻大悟之后明白了黄老之术的妙用。左却是一个豪杰式的人物，葆真率性而不愿强行压抑自己，对于中枢的不公平，心里早憋了气，加之樊案出来，负气出走，是完全符合他的一贯性格的举动。

左是否不想再做幕僚了？他此时有两个想法：一是在曾氏帐下自领一军，建实在的功业。当时有人讥讽他只会纸上谈兵，不能实地作战，自负甚高的左决定以自己的实际行动来予以回击。二是回湘阴东山老家去重做隐士。他将这两个想法与胡商议时，胡建议他自领一军。他与曾氏商议时，曾氏则劝他不要多此一举（见曾氏致湖南巡抚骆秉章信："左季翁自领一队之说，侍劝其不必添此蛇足，今已作罢论矣。"）。他本是想借助曾氏的，但曾氏拒绝了他，只得作罢。

四月初八，曾氏在宿松接到一道上谕。上谕里有这样一段话："左宗棠熟习湖南形势，战胜攻取，调度有方。目下贼氛甚炽，两湖亦所必欲甘心。应否令左宗棠仍在湖南本省襄办团练事，抑或调赴该侍郎军营，俾得尽其所长，以收得人之效？"

鉴于东南局势的危急和左的军事才干，咸丰帝宽免了左，并打算继续用他，提出两个方案来与曾氏商量。朝廷也同时将这两个方案与胡林翼商量。

这时左正在宿松曾的军营中。从曾氏日记中可知，曾氏对左十分器重，每天与左畅谈多时。曾氏年谱中说："左公宗棠留营中两旬，昕夕纵谈东南大局，谋所以补救之法。"除谈军事外，他们也还互相交谈处世治家的体会。曾氏四月初四的日记中载："夜又与季高久谈。季高言，凡人贵从吃苦中来。又言，收积银钱货物，固无益于子孙，即收积书籍字画，亦未必不为子孙之累云云。多见道之语。"

可见，此时曾左之间关系融洽。

对于咸丰帝的垂询，曾氏是怎样回答的呢？曾氏答：左宗棠"刚明耐苦，晓畅兵机。当此需才孔亟之时，无论何项差使，惟求明降谕旨，俾得安心任事，必能感激图报，有俾时局"。

对于皇上的两个方案，曾氏并未作正面的回答，只是在肯定左的才干之后，请明降谕旨，正式委任。为什么要"惟求"此呢？因为左此刻尚是官司在身的人，"明降谕旨"则表示官司了结了。

与此同时，胡林翼对这道上谕也有个答复："左宗棠精熟方舆，晓畅兵略，在湖南赞助军事，遂以克复江西、贵州、广西各府县之地，名满天下，谤亦随之。其刚直激烈，诚不免汲黯大戆、宽饶少和之讥。要其筹兵筹饷，专精殚思，过或可宥，心固无他。臣与左宗棠同学又兼姻亲，咸丰六年曾经附片保奏其在湖南情形，久在圣明洞鉴之中。应请天恩酌量器使，并请饬下湖南抚臣，令其速回湖南招募六千人，以救江西、浙江、皖南之疆土，必能补救于万一。"

比较曾、胡两人的这两道复奏，同是左的赏识者，在情感上却有着明显的区别。

胡热情洋溢，不厌其烦地历数左的功劳，并为左的缺点袒护，亦不回避与左的亲密关系，大有内举不避亲的味道，明确请求让左自领一军募勇六千（这个数目在当时算很大了）。

曾氏是明显的公事公办的态度，看不出两人之间的私交关系。

曾氏为什么会是这种态度呢？以他的知人之明，难道不知道左乃大才？他的三个弟弟都可以自领一军，左就不行？笔者揣测，可能出于以下两个方面的原因：一是曾的心里还是记着咸丰七年初，左对他"肆口谩骂"的旧嫌，"黄老之术"可以让他在技术层面上做到以柔克刚，但天赋的刚强好胜的性格，岂是两三年的修炼工夫便可彻底改变的？二是曾氏深知左只能指使人而不能受人指使的个性。他在湖南巡抚衙门做师爷，湖南巡抚要听他的；今后若在曾氏帐下自领一军，岂不连曾氏也要听他的？

曾氏表面上的热情和内心深处的排斥，左自然心中有数。同治三年（1864）

以后,曾左不和公之于世。要追溯原因,咸丰十年自领一军的事,未必不是其中之一。朝廷采纳了胡林翼的意见,很快命左宗棠以候补四品京官的身份,在湖南招募五千人,听从曾国藩的调遣。左宗棠将这支部队命名为"楚军"。"楚军"的建制从一开始就与曾氏的湘军不同,其"别树一帜"的目的是很明显的。左指挥这支楚军连战连捷,很快便出人头地了。

致沅弟季弟(终于有了地方实权)

咸丰十年四月二十八日

沅、季弟左右:

本日得信,余以尚书衔署两江总督。余之菲才,加以衰老,何堪此重任!目下江南糜烂,亦不能不闻命即行南渡。所有应商事宜,略及一二,与弟熟商。

一、江之南岸,当分三路进兵。沿江由池州以至芜湖为第一路,徽州、宁国为第二路,由广信、衢州、严州以至浙江为第三路。浙江未失,则第三路以救浙为急;浙江若失,则第三路一面规复浙江,一面保守江西。余驻扎大约在第一路、第二路之间。弟以为然否?

二、江之北岸,奏请另简钦差大臣驻扎清江浦,保全下河七属并盐场之利。其都直夫江北之行,奏请免其前往,庶湖北之兵与饷稍得宽纾。

三、拟带霆字全军至南岸,调沈幼丹守广信,调张凯章来景德镇。其以东南大局须用如唐之裴度、明之王守仁乃可挽回,非一二战将所可了也云云。余恐不能久安此间,终不免有渡江之行耳。官相信已寄去。火药即日咨调。於术六两,弟留其四(留五亦可),分二两送情可也。润帅今日归英山矣。多公通信尚投洽否?即问近好。

国藩手草

> 点评:终于有了地方实权

江南大营溃败后,太平天国后期的杰出军事领袖忠王李秀成率部南下,一路长驱直入,连克苏南各州县,继攻下重镇常州后,又兵围江苏省垣苏州。在此之前,浙江省垣杭州已攻破,巡抚罗遵殿自杀。眼看江浙两省就要全部落入太平军之手。江浙乃朝廷的粮仓,其大县一年所交的赋税要超过湖南全省。面对着这种

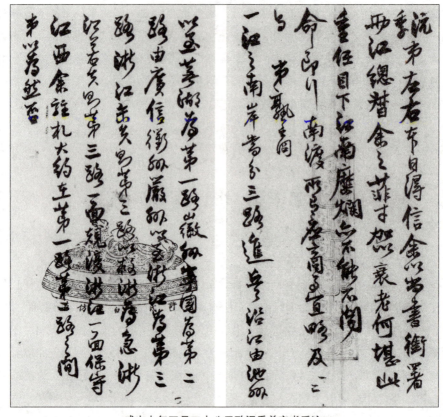

咸丰十年四月二十八日致沅季弟家书手迹

危急的局面，朝廷惊恐万分。两江总督何桂清弃城逃命的行为也使朝廷气愤不已，下令革职并带进京城审讯。就在这样的背景下，曾氏接到两江总督的委任状。这道关系重大的上谕不到四十字，可见当时情形的紧急和拟稿者下笔时的仓促。不妨全文抄录如下："曾国藩着先行赏加兵部尚书衔，迅速驰往江苏署理两江总督。未到任以前，着徐有壬暂行兼署。"

据野史记载，这道任命书的背后还有一个曲折。当江南大营被攻破后，何桂清擅离职守时，咸丰帝意欲取代何的第一人选并不是曾氏而是胡林翼。胡林翼留下的鄂抚空缺则授予曾氏。有人将此安排透露给了胡。胡上密折，请朝廷直接授曾氏为江督，他本人位置不动，这样于大局更为有利。如果野史所说的属实，则可见咸丰帝一直对曾氏抱有成见。这种成见不仅是来自于对汉人的防范，更是对曾氏本人当年"匹夫居闾里一呼百应"的号召力的防范。同时，也可以看出胡林翼的过人之处。此人的确襟怀宽广，眼光远大，联系到他对左宗棠的保护和荐拔，足见他重才惜才的领袖风范。

不管怎样，曾氏七八年的"客寄虚悬"的尴尬处境，终于到此结束了，眼下他是全国面积最大、人口最多、财物最富的苏、皖、赣三省的主宰者了。自从咸丰二年江宁被定为太平天国的都城以来，两江的地位就更为特殊，再加之这几个月来形势的急变，更使两江为天下瞩目。直隶总督因有拱卫京畿的重任，素来有第一督之称，但这些年京畿的威胁恰恰来自两江，故而江督才是真正意义上的第一督。

曾氏是太需要这个职务了！五六年来他一直在与赣、皖两省土地上的太平军周旋，他需要两江财政的支持，更需要两江官场的支持。在两江办事，却没有调动两江一官一吏一银一谷的权力，这办事有多艰难，这处境有多难堪！

朝廷早就应该授曾氏这个职务了。不要说曾氏带勇前便已是侍郎，亦不说曾氏为王命奔走驱驰，劳苦功高，也不说曾氏明明白白向朝廷表示过，没有地方实权难以办事，即便从爱新觉罗王朝自身的利益出发，也应想到让曾氏军政兼任，以一事权，好迅速平定江南，免去心腹大患。三十岁的咸丰皇帝真个是器局狭窄、目光短浅，虽说是真龙天子，却没有做到"三十而立"！

一般的总督为正二品，侍郎也是正二品，加上尚书衔或都御史衔的总督，则提升一级为从一品。给曾氏加上兵部尚书衔，意谓官衔升为从一品了。至于兵部，另有尚书坐堂，他并不管部内的事。

临危受命的曾氏，与沅弟、季弟商量进军事略。早在咸丰九年九月，曾氏便与官文、胡林翼等人筹商规复安徽的计划。十年三月，曾氏命在老家休养的老九来安徽。老九在宿松老营住了几天后，领吉字营进攻安庆。不久，老幺季洪也率部与老九会合。规复安徽的用兵计划，便从那时开始了。安庆既为省垣，攻打安庆的任务也便变得格外重要，打下后，其功劳自然便更大。也就是从那个时候开始，老九及其所统率的吉字营便成为曾氏帐下的王牌嫡系。

致澄弟（收存片纸只字）

咸丰十年五月十四日

澄弟左右：

五月四日接弟二十一日县城一缄，得悉一切。书、蔬、鱼、猪、早、扫、考、宝，横写八字，下用小字注出。此法最好，余必遵办。其次叙则改为考、宝、早、扫、书、蔬、鱼、猪。凤台先生夫妇寿对，亦必写寄，目下因拔营南渡，诸务丛集，实有未能。

苏州之贼已破嘉兴，淳安之贼已至绩溪，杭州、徽州十分危急，江西亦可危之至。余于十五日赴江南，先驻徽郡之祁门，内顾江西之饶州，催张凯章速来饶州会合。又札王梅村募三千人进驻抚州，保江西即所以保湖南也。札王人树仍来办营务处。不知七月均可赶到否。若此次能保全江西、两湖，则将来仍可克复苏、常，大局安危，所争只在六、七、八、九月。

纪泽儿不知已起行来营否？弟为余照料家事，总以俭字为主。情意宜厚，用度宜俭，此居家居乡之要诀也。余寄回片纸只字，俱请建四兄妥收。即问近好。

国藩手草

点评：收存片纸只字

此信中的最后一句话为："余寄回片纸只字，俱请建四兄妥收。"现在我们就这一句话来说说。

早在曾氏做京官时，便屡次在家信中与诸弟谈到"收拾"二字，称道东晋征西大将军陶侃对竹头木屑的爱惜，并说自己于"收拾"做得不够，诸弟于此则更差。可见曾氏对"收拾"的重视。"收拾"体现在纸字上，则成了文书档案的收藏管理。在这点上，曾氏堪称近世楷模。

咸丰四年十二月二十五日，曾氏座船被劫，船上的历次赏赐物品及上谕、奏章、家书、地图、书籍一并失去。曾氏从这个惨重的损失中吸取教训：对贵重物品必须予以特别保护。他的保护措施，除严加看管外，还有一条：录存副本。关于这件事，我们在前面评点中提过，这次再说几句。曾氏的幕僚中专门有人做"录副"之事，其中有个别幕僚能仿照曾氏的笔迹写字，几乎到了乱真的地步。正本和副本分两地保存：一份存曾氏身边，一份存湘乡老家。他身边有几个专门往返前线与湘乡的信差。不但奏章、上谕、咨札、公牍等公文要录副，甚至连家书、日记、信函等纯粹私人文字，他也叫人录副。正因为如此重视档案管理，所以尽管身处兵火且经常迁徙，曾氏身后却有一套非常完整的私家档案保存于湘乡富厚堂中，由其后人世代典藏。解放后这批档案运到长沙存于省图书馆，又侥幸躲过"文革"那场劫难；到了八十年代，终由岳麓书社整理出版。新版《曾国藩全集》共三十册一千五百万字，字数为清末刻本的三倍。其规模之宏富，堪称近世名人文集之最。这套文集不仅为曾氏本人，也为近代史的研究提供了一份系统的原始资料。这便是当年注重收拾的结果。

致沅弟季弟（头发横而盘者不驯）

咸丰十年六月初十日

沅、季弟左右：

初九日连接初四、六日一缄，具悉一切。

出队以护百姓收获甚好，与吉安散耕牛籽种用意相似。吾辈不幸生当乱世，又不幸而带兵，日以杀人为事，可为寒心，惟时时存一爱民之念，庶几留心田以饭子孙耳。杨镇南之哨官杨光宗头发横而盘，吾早虑其不驯。杨镇南不善看人，又不善断事。弟若看有不妥叶之意，即饬令仍回兄处，兄另拨一营与弟换可耳。吾写对联，向不要人代笔。季弟所指者系何人所代，以后当饬禁之。

吾于初十日至历口，十一日拟行六十里赶至祁门县。十二日先太夫人忌辰，不欲纷纷迎接应酬也。宁国府一军紧急之至，吾不能拨兵往援，而拟少济之以饷，亦地主之道耳。家信暨云仙信寄去。

点评：头发横而盘者不驯

人世最悲惨的事莫过于人群之间的互相残杀了，然而身处其中者，却并不是都能看到这一点的。他们往往说自己是在为正义而战，为真理而战，对方是如何的不对，如何的该杀。他们洋洋得意地夸耀自己的胜利：歼敌多少，斩首多少。殊不知这些被砍头的人也是血肉之躯，也是倚门白发所盼者，也是春闺梦里人。

曾氏和他的兄弟们自然也是酿造悲剧的人。后世有人给曾氏戴了三顶帽子：汉奸、卖国贼、刽子手。笔者则专门撰文，对"汉奸"、"卖国贼"两顶帽子发表不同的看法，认为有失公允，而对"刽子手"一说未置否定。从"日以杀人为事"这句话来看，曾氏自己也承认他是"刽子手"，这顶帽子他戴得并不冤枉。

不过，曾氏毕竟是个明白人。他身为杀人者，却为以杀人为职业感到"寒心"，知道以"存一爱民之念"来为自己赎免一些罪过，总算是比通常的"刽子手"多一丝恻隐之心。"留心田以饭子孙"，这句颇有点佛禅色彩的话，应值得所有持生杀大权的人把玩体味。

世间纷传曾氏有高超的看相术，此信又说到了一桩看相事。他说："哨官杨光宗头发横而盘，吾早虑其不驯。""头发横而盘"是个什么模样？颇为费解。笔者揣测，大约是头发特别的粗硬，不易梳理，因而发型与众不同。粗硬，使人联想到强悍；发型不循常规，其为人也很可能出格逾等。所以，曾氏对这个哨官有"不驯"的判词。但这是马后炮，不能算作曾氏相人的精彩例证。

致沅弟（厘金：湘军军饷的主要来源）

咸丰十年六月十九日

沅弟左右：

十八日专丁到，接十五信，得知一切。应复之件，条列具左：

一、陈米千余石，如不可吃，不必强各营领之。凡粮台事件，弟皆自行当家，不必一一请示。或有疑议，就近与希庵商之。渠阅历颇久，思力沉着，与弟可互相切磋，互相资益也。

二、杨光宗业已斥革递解，此后应稍安静。马兵既难得力，可饬令杨镇南招募马勇。其兵丁每出十缺（马缺），即饬令仍回殷开山营盘。余于办马队不惜重本，志在办成一事。若操练半年仍不得力，则浪费过甚，不如趁早改兵为勇，陆续更换。

三、南坡所谓每月五万者，其条陈尚未到，想在甲三手带来。待其到时，或奏或咨或札，均可如法炮制。西清体弱，似可不必。

四、雪琴厘金之事，概仍八九等年之旧，丝毫不改，断不至掣雪之肘。牙厘既由我处作主辅，亦不致难为雪也。末一条概以大度容之，不另复矣。家信七件寄去，赵信璧，黄信留此。探报未到也。

点评：厘金：湘军军饷的主要来源

这次我们来谈谈厘金。

军饷一直是困挠湘军的第一大难事。曾氏曾经说过，眼下募勇不难，求将亦不难，难的是无饷银。湘军创始之初，朝廷并无分文军饷，完全靠湖南自行解决。藩库里的银两短缺，所供应的饷银少得可怜，根本不足以应付，于是便采取自古以来所实行的措施：向有钱人摊派，或用空头功名、官衔、荣誉去交换。咸丰六年，曾氏将刀伸向前两江总督陶澍家，要陶家出银一万两。陶澍子陶桄大喊委屈，拿着家里的田产文券送给巡抚、藩司看，证明他家并不富有，一时弄得湖南官绅两界大哗，大家都怕下一刀开到自己头上，遂一致站在陶家这一边。曾氏不但没有从陶家弄到分文，反而与湖南官绅结下了怨仇。陶桄乃左宗棠的女婿，左自然袒护陶家。曾、左之间的嫌隙，若追根溯源，或许要从这里查起。

咸丰四年二月，曾氏在衡州府大办水师，军饷奇缺。这时，原湖北巡抚杨健的孙子杨江愿捐军饷二万两，其交换的代价便是让杨健入衡州乡贤祠。曾氏也知道杨健生前官声不好，受过降三级勒令退休的处分，但为了这二万两银子，只得为杨健请求。

结果碰了一鼻子灰，竟然被朝廷连降二级，给出师在即的湘军统帅满脸难堪。

募捐一途，可见极不易走。

拿空头功名、官衔、荣誉去交换，也所得不多，并不能解决庞大的军费开支，为后来的湘军提供较有保证饷源的则是厘金。

厘金制度始于汉代，是官府为了筹款，强行向商贾征收的一种额外之税。官府在道口、码头、城门等地设卡，向携带货物的商贾征收值千取一的税。值千取一，相当于一两银子取一厘，故这种税称为厘金。

咸丰三年，刑部侍郎雷以諴在扬州带兵，接受幕僚钱江的建议，奏请朝廷同意后，在扬州仙女庙最先设卡抽厘金。他的税率是值千取三十，为厘金本义的三十倍。

咸丰四年底，曾氏在打下武汉三镇后进军九江时，开始推行厘金制，在湖北设卡抽厘。厘局一开，立即遭到湖北商界的反对，上书湖北总督杨霈。杨霈也对此大为不满，下令将厘局的头头们抓起来。

此时的湘军，因有武汉三镇的胜利而声誉大增，朝廷也需要这支军队。曾氏仗着朝廷这座靠山，与杨霈力争。杨霈敌不过曾氏，厘金制度便在湖北、湖南、江西等省广泛推行开来。有了厘金，湘军得以坚持下来。当时盐由官方专管，盐税历来是朝廷税收的大宗，于是盐商也便成了厘卡所盯的主要对象。盐主要靠船运。武汉以下的长江江面，从咸丰四年起便控制在湘军水师手里，数量较大的盐船是绝对逃脱不过湘军水师的厘卡的，故而水师饷银在湘军中又较陆师为丰。水师统领彭玉麟对厘金事看得很重。正是出于这个缘故，新上任的两江总督要打消彭的这个顾虑，于是要老九代为转告彭：概仍其旧，丝毫不改，断不掣肘！

致季弟（讲求将略品行学术）

咸丰十年六月二十七日

季弟左右：

顷接沅弟信，知弟接行知，以训导加国子监学正衔，不胜欣慰。官阶初晋，虽不足为吾季荣，惟弟此次出山，行事则不激不随，处位则可高可卑，上下大小，无人不翕然悦服。因而凡事皆不拂意，而官阶亦由之而晋。或者前数年抑塞之气，至是将畅然大舒乎？《易》曰："天之所助者顺也，人之所助者信也。"我弟若常常履信思顺，如此名位岂可限量？

吾湖南近日风气蒸蒸日上。凡在行间，人人讲求将略，讲求品行，并讲求学术。弟与沅弟既在行间，望以讲求将略为第一义，点名看操等粗浅之事必躬亲之，练胆料敌等精微之事必苦思之。品、学二者，亦宜以余力自励。目前能做到湖南出色之人，后世即推为天下罕见之人矣。大哥岂不欣然哉！哥做几件衣道贺。

沅弟以陈米发民夫挑壕，极好极好！此等事，弟等尽可作主，兄不吝也。

> **点评：讲求将略品行学术**

这是曾氏现存单独给幺弟国葆的第一封信。

国葆比大哥整整小了十八岁，此时才三十二岁。前面说过，国葆太太一直未曾生育，曾氏的四女纪纯、五女纪芬出继给他做女儿，故他与大哥关系又多了一重。

国葆二十二岁中秀才，从那以后，功名便一直停留在这个初级阶段再未前进了。但他一旦投笔从戎，拉起两营人马做起统领来，尚不到一年功夫，也未见他立过什么功劳，便立刻得了一个"以训导加国子监学正衔"。这是个多大的官呢？官职是训导。训导属学官，负责一个县的教育（相当于现在的教育局长），品衔为从八品。但国葆的"训导"后面还有"加国子监学正衔"，即他的"衔"是"国子监学正衔"，为正八品。这个品衔相当于县丞（副县令）的级别，用时下流行的说法是副处级教育局长。

难怪他要弃文就武。乱世走军功一路，真是升官发财的捷径。

从"贺喜升官"谈起，大哥告诫幺弟：行事要不激不随，处位则可高可卑，如此则上上下下都会心悦诚服，事情也就办好了，官也就会一步步晋升。反之，办事若过于偏激，或完全没有主意，地位只能在人之上，不能在人之下，则事也办不好，官也升不上去。大哥的这几句说给论年龄可以做儿子的幺弟听的话，可谓出自肺腑，充满了慈爱呵护之情，没有丝毫的做作扭捏，不打官腔，不作高论，讲的是大白话、大实话。这是真正的属于曾氏个人的人生阅历之言。

湘军中是否人人都讲将略，讲品行，讲学术，且不去理论，不可否认的是，正处上升时期的湘军，的确比历史上任何一支军队都更重视将略、品行与学术。曾氏希望幺弟注重这三个方面，做一个好的湘军统领。"目前能做到湖南出色之人，后世即推为天下罕见之人。"这句话有两层意思。一是登高须自卑，先不要把目标定得太高，第一步立志做本省的出色之人。二是曾氏对湖南人才和湖南子弟兵很自信。他认为目前湖南已处于很高的层面了，今后这个层次还会不断上升，能做湖南的出类拔萃者，自然也就是天下的出类拔萃者了。

"哥做几件衣道贺"。这纯粹是大人对小孩子说话的口气。十多二十年前，大哥很可能常常对未成年的幺弟这么说过。而今，五十岁的总督兄对三十二岁的统领弟重温过去的语气，既是一种幽默，也足见怡怡兄弟之情。

致澄弟（此信当年为何不收入全集）

咸丰十年七月初四日

澄侯四弟左右：

初二日由安庆沅弟处寄到弟信一件，得知弟体微有不适。不吃不呵，头上出汗，贪睡而不能酣眠。此三者皆系阳虚之症，于参茸桂附相宜。往年内子在京曾害阳虚之病，其时力不能买参茸，惟每日用大锅煮黄耆党参，熬成极浓之汁，惟不令成膏，恐其粘锅而有烧气也。每剂桂附姜术之类，分两皆重。又以力参茸片蒸而兑之，又以大锅中煮耆党浓汁和而服之，十余日而大愈。今弟之病亦系阳虚，可照此法办理。以耆党两味各熬极浓之汁，和于诸药之中，必有奇效。但须好好经理，恐粘锅耳。

余到祁门已二十三日，身体平安。近处惟宁国被围紧急，日日告求救援。余因鲍超、张运兰等未到，不能往救，未免望极生怨，谤议日滋。浙江之事尚属平稳。弟现在不管闲事，省费许多精神，将来大愈之后，亦可将闲事招牌收起，专意莳蔬养鱼，生趣盎然也。

点评：此信当年为何不收入全集

湘乡曾氏家藏档案家书抄本中的这封信上有一个顶批"不"字。这是曾氏死后刻印全集时编者留下的笔迹，意为这封信不收入全集中。曾氏死后，由李瀚章、曾国荃牵头，成立了一个编委会，将曾氏遗留的文字予以汇编发刻。在汇编过程中，有不少文字给删去了，故而《曾文正公全集》号称"全"，其实并不全。被删去的文字，其背后的原因，各有不同。那么，这封信为什么遭到"不"的命运呢？从字面上看来，似乎也没有什么不宜收入全集传之后世之处。

在这之前，六月十四日、二十四日，有两封给澄弟的信，也同样被删去。细看这三封信，它们有一个相同的内容，即都说到宁国府军情危急的事。

六月十四日信说："目下贼围宁国，十分危急，余以兵将未齐，不能往救。"六月二十四日信："惟宁国被贼围困，不能拨兵救援，颇为焦急耳。"这封信对此说得更明白:"近处惟宁国被围紧急,日日告求救援。余因鲍超、张运兰等未到,不能往救,未免望极生怨,谤议日滋。"

六月初,太平天国侍王李世贤率部包围宁国府,驻守宁国府的绿营提督周天受频频向曾氏告急,请求他派兵救援,但曾氏以兵将未齐为由,一直不发救兵。后来,朝廷两次严旨命曾氏分兵救宁国,直到七月二十八日,曾氏才派张运兰部由徽州、旌德前往救援,但为时已晚。八月十二日,宁国府失守,周天受战死。身为两江总督,有救援两江辖内危急之责,即便兵将未齐,亦应尽力而为,不能见死不救,故宁国府的失守,曾氏负有责任。

于此我们便可知道这三封信被统统删去的原因了。笔者今日抄录这封信的目的,乃是为了向读者提供一份药方,即以黄耆党参汤治阳虚体弱之症。当年欧阳夫人服十余日而大愈,今日之读者,若患此病,不妨照单熬药试试看。

致沅弟季弟(不能以"命"教子训士)

咸丰十年七月初八日

沅、季弟左右:

初七日接沅弟初三日信、季弟初二日信。旋又接沅弟初四日信。所应复者,条列如左:

辅卿而外,又荐意卿、柳南二人,甚好。柳南之笃慎,余深知之。意卿谅亦不凡。余告筱辅观人之法,以有操守而无官气、多条理而少大言为主。又嘱其求润帅、左、郭及沅荐人。以后两弟如有所见,随时推荐,将其人长处短处一一告知阿兄,或告筱荃,尤以习劳苦为办事之本。引用一班能耐劳苦之正人,日久自有大效,无以"不敢冒奏"四字塞责。季弟言出色之人断非有心所能做得,此语确不可易。名位大小,万般由命不由人,特父兄之教家、将帅之训士不能如此立言耳。季弟天分绝高,见道甚早,可喜可爱,然办理营中小事,教训弁勇,仍宜以勤字作主,不宜以命字谕众。

润帅先几陈奏以释群疑之说,亦有函来余处矣。昨奉六月二十四日谕旨,实授两江督兼授钦差大臣。恩眷方渥,尽可不必陈明。所虑者,苏、常、淮、扬无一枝劲兵前往。位高非福,恐徒为物议之张本耳。余好出汗,沅弟亦好出汗,似不宜过劳,宜常服密耆。京茸已到,日内专人送去。

点评：不能以"命"教子训士

曾氏在这封信中向两弟传授一个识人诀窍：有操守而无官气，多条理而少大言。

所谓操守，就是指一个人的所持所守，即通常所说的道德品行。官气，是指官场衙门中的习气，其惯常表现为：媚上傲下，表里不一，摆架子，讲排场，说话空泛不着要害，办事拖拉敷衍不负责任等等。说话办事有条有理者，其头脑一定清晰明白，其心中一定多有主张办法。此种人可做得实事，可负得责任。大言者，高谈阔论之谓也，夸夸其谈之谓也，言过其实之谓也。

爱大言者，往往有哗众取宠之爱好，希望以高蹈的言辞来博取别人对他的信任，这其实是在误导。若误导一般人，则危害有限；若误导肩负大任的人，那就可怕了。所以，曾氏告诉身负一军之责的两位弟弟，用人当用那种道德品行好而没有官场恶习的人，用那种条理性强而言谈平实的人。

在这封信里，曾氏还提出了一个论点：名位大小，万般由命不由人。粗看起来，这是一个消极的宿命的悲观论调，它似乎不像是如曾氏这般汲汲于功名事业的人所能说出的话。其实，纵观古往今来，凡是干出大事业享大名处高位的人，莫不是天时、地利、人和俱得者。人们常说"风云际会"，会者，即各种因素的会合也。个人的努力，只是其中的因素之一。当然，它占有着特殊的地位。倘若缺了这个因素，其他因素都不可能起作用。《儒林外史》中说，"自古无场外的举子"，说的便是这个意思。

对于个人来说，只有自己的努力，才是最为切实可行的事，其他的因素，岂是你所能造就的？天时固然不能创设，别人的种种，你又怎能左右？所以，对于年轻的子弟，父兄当以"少壮不努力，老大徒伤悲"为劝勉；对于军营中的士兵，将帅应以"王侯将相宁有种乎"来鼓励。先从自己做起，别的暂不管它，尽人事而听天命，这才是教子训士之正理。

致沅弟季弟（天下似无戡定之理）

咸丰十年七月十二日

沅、季弟左右：

十二早接弟贺信，系初七早所发，嫌到此太迟也。兄膺此巨任，深以为惧。若如陆、何二公之前辙，则诒我父母羞辱，即兄弟子侄亦将为人所侮。祸福倚伏之几,竟不知何者为可喜也。默观近日之吏治、人心及各省之督抚将帅,天下似无戡定之理。吾惟以一勤字报吾君,以爱民二字报吾亲。才识平常,断难立功,但守一勤字,终日劳苦,以少分宵旰之忧。行军本扰民之事,但刻刻存爱民之心,不使先人之积累自我一人耗尽。此兄之所自矢者,不知两弟以为然否?愿我两弟亦常常存此念也。沅弟多置好官、遴选将才二语,极为扼要,然好人实难多得,弟为留心采访。凡有一长一技者,兄断不敢轻视。

谢恩折今日拜发。宁国日内无信,闻池州杨七麻子将往攻宁,可危之至!

> **点评：天下似无戡定之理**

我们读这封信,读出了曾氏当时的心态心境。曾氏刚刚在半个月前,奉到实授两江总督、钦差大臣、督办江南军务的谕旨,按理说,带兵十年来时刻所盼望的事权归一的这一天终于到来了,曾氏应当意气昂扬、雄心勃勃地来施展他自青年时代起便树立的澄清宇内之志,对前途对未来应充满希望、充满信心。

但从信中看来,显然不是如此。他既担心重蹈前江督陆建瀛、何桂清的覆辙,又因吏治腐败、人心不附及各省督抚将帅无能而对平定太平天国不抱指望;之所以仍在努力而为,无非是尽报君报亲之心愿而已。

通过这封信,我们可以感受到当时太平军的声势浩大、清朝国势的危殆,也可以感受到饱经风霜年届半百的曾氏那种临事而惧多虑多忧的独特个性。

致沅弟（与人相处疏疏落落）

咸丰十年七月十五日

沅弟左右:

十三日强中营二勇回,接弟信及各家信。十五早又接弟十一申之信。浮桥办齐,长濠已有八九分工程,甚好甚慰。从此援贼虽至,吾弟必足以御之。冯事,兄处办法与润帅不谋而合,兹将一批一告示抄付弟览。

翁中丞处复信甚妥,弟意疏疏落落亦极是。弟总认定是湖北之委员,以官、胡两帅为上司,诸事禀命而行,此外一概疏疏落落。希庵于此等处界限极清,人颇嫌其疏冷。然不轻进人,即异日不轻退人之本;不妄亲人,即异日不妄疏人之本。处弟之位,行希之法,似尚妥叶。与翁稿与毓稿均好,近日修辞工夫亦进,慰喜慰喜。

焦君谱序,八九月必报命。书院图须弟起稿而兄改之,弟切莫咎兄之吝也。

弟约初八日专差来，何以至今未到？京货诸件，俟弟处人到，再派人同送。

> **点评：与人相处疏疏落落**

曾氏赞成老九以疏疏落落的态度与人相处的原则。疏疏落落，即不很亲近，亦不很疏远，不很热火，亦不很冷淡，在不远不近、不冷不热之间。这是一种处世的方式。它的缺点在于易给人以不好接近、不好沟通的感觉，缺乏亲和力与感召力。其好处是能较长时间地维持一种固定的态势，即曾氏所说的：不轻进人，亦不会轻退人；不妄亲人，亦不会妄疏人。

乱世多变。境变事变，人亦随之而变，变数多则不易把握，故乱世而相处以疏疏落落，是一种可取之法则。即便是平世，疏疏落落与人相处，亦未尝不可。

致沅弟季弟（由高亢渐归平实）

咸丰十年八月十二日

沅、季两弟左右：

十一日接沅弟初六日信，是夕又接两弟初八日信，知有作一届公公之喜。初七家信尚未到也。应复事，条列如左：

一、进驻徽州，待胜仗后再看，此说甚是。目下池洲之贼思犯东、建，普营之事均未妥叶，余在祁门不宜轻动，已派次青赴徽接印矣。

二、僧邸之败，沅弟去年在抚州之言皆验，实有当验之理也。余处高位，蹈危机，观陆、何与僧覆辙相寻，弥深悚惧，将有何道可以免于大戾？弟细思之而详告我。吾恐诒先人羞，非仅为一身计。

三、癸冬屏绝颇严，弟可放心。周之翰不甚密迩，或三四日一见。若再疏，则不能安其居矣。吴退庵事，断不能返汗，且待到后再看。文士之自命过高，立论过亢，几成通病。吾所批其硬在嘴、其劲在笔，此也。然天分高者，亦可引之一变而至道。如罗山、璞山、希庵皆极高亢后乃渐归平实。即余昔年亦失之高亢，近日稍就平实。周之翰、吴退庵，其弊亦在高亢，然品行究不卑污。如此次南坡禀中胡铺、彭汝琮等，则更有难言者。余虽不愿，而不能不给札。以此衡之，亦未宜待彼太宽而待此太褊也。大抵天下无完全无间之人才，亦无完全无隙之交情。大者得正，而小者包荒，斯可耳。

四、浙江之贼已退，一至平望，一至石门，当不足虑，余得专心治皖南之事。春霆尚未到，殊可怪也。

> **点评：由高亢渐归平实**

　　曾氏阅人甚多，知文人往往自命过高，立论过亢。笔者相信读此书者，多为文人——知识分子，可否就地反省一下：自己也患有过高过亢的毛病吗？人之可怕处不在于有毛病，而在于有毛病而自己尚不知道。过高过亢既为通病，身为知识分子，多多少少总会沾染一点，愿慎之戒之。

　　人在年轻时易于过高过亢，其原因在于未历世事，不识深浅。知识分子又大多生活在卷册书斋之中，具体事情办得少，对于人心的复杂和事情的烦琐少亲身体验，极易将世事想得简单，从而高估自己的能力。待到走出书房投身社会后，便会逐渐明白自己并非圣贤英雄，高调不唱，人也就渐归平实了。

　　张之洞当年在京师翰林院做词臣时，是清流党中的积极分子，和其他清流一道抨击洋务派。待到外放山西巡抚，特别是经历了中法越南战争之后，乃深知非洋务不足以挽救中国，遂一变而成为洋务派的代表。张之洞是知识分子中一个由高亢趋于平实的好例子。

致沅弟（错用李元度）

咸丰十年八月二十八日

沅弟左右：

　　接弟信，知希庵于二十五日已拔四营南渡，可感之至。次青于二十五日酉刻城陷时，闻实已出城，至今尚无下落，必殉难矣。哀哉此人！吾用之违其才也。目下所最怕者，贼从婺源窜乐平、景镇，断祁门之后路，蹂躏江省腹地也。希公来此，专为保祁门老营。因老营仅朱、唐三千人，内有千七百人未见过仗，故止须二三营。今带四营来，已觉其多，余五六营应止之，不必渡南。恐北岸有事，希公单骑回救则易，大队回渡则难。弟可与润、希帅熟商之。

> **点评：错用李元度**

　　趁着点评此信的机会，我们来说说李元度守徽州的事。

　　咸丰五六年间，在曾氏处于困难之时，李元度及其所招募的平江勇与他共度危难。咸丰七年曾氏守父丧期间，李元度由浙江巡抚王有龄保举，擢升浙江温处道员。对于李的改换门庭，曾氏颇为不悦，出任江督后，乃奏请改调李为安徽徽宁池太广道，于是李又重新回到湘军集团中。

李世贤部在打宁国府的同时，也遣偏师包围徽州城。

徽州乃皖南名城，为徽州府的府衙所在地，驻扎在此城的是副都御史张芾。张芾不娴军旅，面对着汹涌而至的太平军十分恐慌，连连向曾氏告急求援。李元度身为徽宁池太广道员，徽州是他的辖地，救援之事，义不容辞。他带着刚招募来的新一轮平江勇，主动请缨。

李元度虽领兵多年，但浓重的文人气依旧不改。他一直在筹划着写一部有清一代的名人传记，常常不惜耽误军营正事而去搜集资料，身边也多为意气相投的热衷著述者，平素文章谈得多，军事反而议论得少。主动请缨固然可佳，但李元度的文人习气又让曾氏不放心。临行，曾氏与李约法五章：一、不用好说大话而无打仗经验的文人；二、切莫自视过高，师心自用；三、保举要有节制；四、不要意气用事，朝令夕改；五、不用私人。

李元度满口答应。八月十四日，平江勇抵达徽州城。二十五日，徽州城被李世贤部所占领，李元度弃城而逃。

宁国、徽州的相继失守，使安徽的军事形势变得极为严峻起来，更为危险的是，太平军乘胜驱兵曾氏所在的祁门老营。曾氏一面上奏朝廷，报告徽州失守一事，并请求交部议处，一面飞调鲍超、李续宜等军速来祁门。在给九弟的这封信里，曾氏还检讨自己的用人不妥：明知李元度不是独当一面的将才，不应该将救徽州的重担交给他。

下属办砸了事，固然当严惩重处，但作为主管者，用人不当，也不能宽免其咎。曾氏一句"吾用之违其才也"的话，应当引起领导者们的深思。

致沅弟季弟（李元度大节已亏）

咸丰十年九月初七日

沅、季弟左右：

初五日酉刻接初二午刻来缄，具悉一切。纪泽在桃树店所发之禀亦已收到。徽州、休宁之贼日内尚未动作，鲍、张两军日内亦休息未进，祁门、黟县等处渐有卖米盐者。希庵所带四营，暂令扎去祁六十里之历口地方，防西路之贼穿建德、祁门中间而走景德镇，即去年沅弟破景德镇贼之出路也。次青二十五日城破走出，二十六夜在街口所发信，初六夜乃接到。大节已亏，此后难于自立矣。

二十五夜所奉寄谕，初六日乃恭折复奏，兹抄去一阅。不知皇上果派国藩北上，抑系派润帅北上？如系派我北上，沅弟愿同去否？为平世之官，则兄弟同省必须回避；为勤王之兵，则兄弟同行愈觉体面。望沅弟即日定计，复书告我。无论或派我或派润帅，皆须带万人以行，皖北皖南两岸局势必大为抽动，请弟将如何抽法，如何布置开单见告。一切皆暗暗安排，胸有成竹，一经奉旨，旬日即可成行。不可似都将军，四月初十发起程折，八月乃成行也。两弟以为何如？

点评：李元度大节已亏

徽州城破十天后，曾氏收到了李元度的信，确知他没有死。按照常规，守城的主将应当与城池共存亡。李元度临危怕死弃城而逃的行为，令曾氏十分气愤。对于这种大节已亏的人，理应严肃惩罚。但李元度人缘好，祁门老营中的不少幕僚都为他说情，就连素来不多说别人好话的李鸿章，都宁愿离开祁门，也不愿意拟参劾稿。

曾氏不为众人的求情所动，他将李元度与宁国府守将周天受作了番对照：周天受守宁国七十余天，援尽粮绝，城破身殉，而李元度仅仅守了一昼夜便临阵出逃。两相比较，孰优孰劣，一目了然。曾氏身为江督兼湘军统帅，李元度的行为，不仅犯了国法，也为湘军贻羞。于是，曾国藩亲拟了一道《周天受等宁国殉节请恤及参革徽州失职人员折》，在为周天受请"从优赐恤"、"建立专祠"之后，又"请旨将李元度革职拿问，以示惩儆"。

该信后一段所说的事，乃中国近代史上的一桩大事。咸丰六年，英国借口亚罗号事件，进犯广州，正式挑起战争。第二年，法国也以马神甫事件为由头，与英国结盟参战。咸丰八年四月，英法联军攻陷大沽口，进逼天津。咸丰十年，英法再组联军，七月攻占天津。八月八日，咸丰皇帝带着一群后妃逃亡热河，留下恭亲王奕䜣在北京与英法联军议和。八月二十九日，联军进入北京，大肆洗劫，并焚烧了圆明园。朝廷意欲调江南之兵勇北上护驾，但尚未确定调谁。曾氏推测最大的可能性是从他与胡林翼两人中挑一个。于是去信询问，倘若朝廷调他北上，九弟愿否同行。

致沅弟（为何发这么大的火）

咸丰十年九月初十日

沅弟左右：

初九夜接初五日一缄，初十早又接初八日巳、午刻二缄，具悉一切。

初九夜所接弟信，满纸骄矜之气，且多悖谬之语。天下之事变多矣，义理亦深矣，人情难知，天道亦难测，而吾弟为此一手遮天之辞、狂妄无稽之语，不知果何所本？恭亲王之贤，吾亦屡见之而熟闻之，然其举止轻浮，聪明太露，多谋多改。若驻京太久，圣驾远离，恐日久亦难尽惬人心。僧王所带蒙古诸部在天津、通州各仗，盖已挟全力与逆夷死战，岂尚留其有余而不肯尽力耶？皇上又岂禁制之而故令其不尽力耶？力已尽而不胜，皇上与僧邸皆浩叹而莫可如何。而弟屡次信来，皆言宜重用僧邸，不知弟接何处消息，谓僧邸见疏见轻，敝处并未闻此耗也。

分兵北援以应诏，此乃臣子必尽之分。吾辈所以忝窃虚名，为众所附者，全凭忠义二字。不忘君，谓之忠；不失信于友，谓之义。今銮舆播迁，而臣子付之不闻不问，可谓忠乎？万一京城或有疏失，热河本无银米，从驾之兵难保其不哗溃。根本倘拔，则南服如江西、两湖三省又岂能支持不败？庶民岂肯完粮？商旅岂肯抽厘？州县将士岂肯听号令？与其不入援而同归于尽，先后不过数月之间，孰若入援而以正纲常以笃忠义？纵使百无一成，而死后不自悔于九泉，不诒讥于百世。弟谓切不可听书生议论，兄所见即书生迂腐之见也。

至安庆之围不可撤，兄与希庵之意皆是如此。弟只管安庆战守事宜，外间之事不可放言高论毫无忌惮。孔子曰"多闻阙疑，慎言其余"，弟之闻本不多，而疑则全不阙，言则尤不慎。捕风捉影，扣槃扪烛，遂欲硬断天下之事。天下事果如是之易了乎？大抵欲言兵事者，须默揣本军之人才，能坚守者几人，能陷阵者几人；欲言经济，须默揣天下之人才，可保为督抚者几人，可保为将帅者几人。试令弟开一保单，未必不窘也。弟如此骄矜，深恐援贼来扑或有疏失。此次复信，责弟甚切。嗣后弟若再有荒唐之信如初五者，兄即不复信耳。

点评：为何发这么大的火

老九九月初五的信已失传，他的信上到底说些什么，我们已无从知道了，但从曾氏的信中可以略窥一二。

老九大约是谈蒙古科尔沁亲王僧格林沁在遏制英法联军进京一事上未尽全

力，皇上对僧部的使用有所保留，同时也议论到留京全权处理与英法联军谈判事宜的恭亲王奕訢。另外，老九也可能主张消极应付北上勤王的诏旨。

曾氏对老九的这封信，极为不满，极为反感，甚至以再写这样的信便不答复来表示他的坚决态度。曾氏如此对待胞弟，先前没有，以后也未见，可谓空前绝后。他为何要发这么大的火？真的是老九的意见十分荒唐悖谬吗？即便十分荒唐悖谬，这是亲兄弟间的私信文字，并非见之于公牍奏章，有什么不可以的呢？

依笔者揣测，曾氏的发火，首要的可能还不是在意见的对与不对，而是他认为老九不该有这样的一些想法。这些想法说明老九的脑子里有许多不安本分之念。一个远在江南的偏师统领，有什么必要对京师的政局，对皇亲国戚（恭王为咸丰帝亲弟，僧王为咸丰帝表弟）发表议论？何况也因为隔膜而会说不到点子上。尤其对勤王一事更不能有二心，不能先考虑到成与不成。有此心思，便不是对君父的完全忠诚。所以，曾氏要指责老九骄矜、悖谬。

曾氏固然是个大清王朝的忠臣，但若说他是一个彻头彻尾、彻里彻外对朝廷百依百顺、毫无一星半点自我利益考虑的人，那显然不是。他之所以如此严厉地训斥老九，最终的目的是保护：既保护自己，也保护老九。

老九今日已不是湘乡山村里的秀才，而是一个手中有着两万人马的吉字营统领。朝廷在关注着他，地方文武两界在关注着他，敌人也在关注着他。此中有许多人希望他成功，也有许多人在盼他失败。倘若他的这封信落到敌对者的手里，将会成为攻讦他的有力证据；倘若他的这种不安本分的思想任其发展，总有哪天会在哪件事上栽跟头，到时不仅毁了他自己，还会连带到他的胞兄。

此外，在曾氏的眼中，老九尚是一个出道不久的稚嫩者，对世事的多变、政坛的翻覆、人心的复杂等都缺乏切身的体会，此刻应对其严格要求，尽量把他往正路上带。这正好比一个阅历丰富的父亲对待其年幼的儿子一样。尽管父亲也知道社会有太多的阴暗面、人性有太多的丑陋处，但对儿子还是应多讲积极的一面，以催其奋发，导向正途，至于自己本人的作为也并非就事事都光明磊落。就拿对待这次北上勤王来说，曾氏自己也并不愿意去做那种辛苦而收效不大的事，他采取其惯常使用的"拖"字诀来对付，最后终于躲过了这个苦差使。

唐浩明

点评

曾国藩家书

下

目录 —— 唐浩明点评曾国藩家书

大战赣皖（1858—1861）：百折不挠

致沅弟（庸人以惰致败，才人以傲致败）/ 324

致沅弟季弟（戒傲戒惰）/ 325

致澄弟（切莫玉成买田起屋事）/ 326

致沅弟季弟（深以子侄辈骄傲之气为虑）/ 327

谕纪泽纪鸿（戒轻易）/ 328

致澄弟（坦然怡然对待生死）/ 329

致沅弟季弟（资夷力师夷智）/ 330

致澄弟（不信医药僧巫地仙）/ 332

谕纪泽（药能活人亦能害人）/ 333

致沅弟（成功得名不尽关人事）/ 334

致澄弟（不轻非笑人不晏起）/ 336

谕纪泽（文章雄奇之道）/ 337

致澄弟（大字以间架紧为主）/ 338

谕纪泽（临摹柳帖以强笔力）/ 339

谕纪泽（《左传》解经何以与今解不同）/ 340

致澄弟（讥评人短即是骄傲）/ 342

致沅弟季弟（持以谨静专一之气应付危局）/ 342

致澄弟（立身处世之"八本"）/ 344

致诸弟（孝致祥，勤致祥，恕致祥）/ 346

谕纪泽纪鸿（文人的遗憾）/ 347

致沅弟季弟（从祁门移营东流）/ 349

致沅弟季弟（左宗棠之长在善于审几审势）/ 350

致沅弟（凡办大事，半人力半天事）/ 351

致沅弟（约期打仗及观人说话）/ 352

致沅弟季弟（莫以多杀人为悔）/ 353

致澄弟（情意与钱物）/ 354

致沅弟（暂缓奏祀方苞）/ 355

谕纪泽（以勤奋追补失落的光阴）/ 357

致澄弟（咸丰帝驾崩）/ 358

致沅弟（胡林翼去世）/ 359

决胜金陵（1861—1864）：功高盖世

谕纪泽（目录分类）/ 362
致沅弟（约旨卑思）/ 363
致澄弟（官文党类太盛）/ 364
致沅弟（挽胡林翼联）/ 365
谕纪泽（以二百金办女儿奁具）/ 366
致澄弟沅弟（礼之厚薄与八君子辅政）/ 367
致澄弟沅弟（陈氏妾与节制四省）/ 368
致澄弟沅弟（李鸿章招募淮军）/ 373
谕纪泽（须读李杜韩白等八家诗）/ 374
致沅弟（朝廷着意笼络老九）/ 375
致季弟（慰弟妇之丧）/ 377
致澄弟（皖南人吃人）/ 377
致沅弟（求助当视其力量之所能为）/ 378
谕纪泽（烦劳远胜困苦）/ 378
谕纪泽（有常是第一美德）/ 379
致沅弟（忌妒倾轧为官场常事）/ 380
致沅弟（设厘卡抽税）/ 382
致沅弟（驾驭悍将与密保李鸿章）/ 382
致沅弟（办大事者以多选替手为
　　第一义）/ 384
谕纪泽纪鸿（读书可以变化气质）/ 385
致澄弟（纪鸿中秀才）/ 386
谕纪泽（以《文选》补作文之短）/ 387
致沅弟季弟（以廉谦劳三字自抑）/ 388
谕纪泽（给不上进的女婿留点脸面）/ 390
谕纪鸿（以四百两银贺纪鸿中秀才）/ 391
致沅弟季弟（天地之道刚柔互用）/ 392

致沅弟季弟（愧悔大负李元度）/ 393
致沅弟季弟（如何使用有才无德者）/ 396
致沅弟季弟（面对指摘宜自修）/ 397
致沅弟（不要插手盐务以谋利）/ 398
致沅弟季弟（对购置田宅之指摘当
　　三思）/ 400
谕纪泽（持身可学王陶而不可学嵇阮）/ 401
致澄弟（可怕的瘟疫）/ 403
致澄弟（对父母官宜若远若近）/ 403
致沅弟（制胜之道在人不在器）/ 404
谕纪泽（借亲情疗忧惧）/ 406
谕纪泽（敌军无能平之理）/ 407
致沅弟（用兵之道全军为上）/ 408
致沅弟（一两参合二十余教师的月薪）/ 408
谕纪泽（诗文立意须超群离俗）/ 409
致沅弟（老幺之死湘乡早有预测）/ 410
致沅弟（挽季洪联）/ 412
致沅弟（唐鹤九挽联甚佳）/ 412
致沅弟（辞职乃以退为进）/ 413
致沅弟（花未全开月未圆）/ 414
致沅弟（去忿欲以养体，存倔强以
　　励志）/ 416
谕纪泽（劝女儿耐劳忍气）/ 417
致沅弟（凡亲临必打败仗）/ 418
谕纪泽（读书须记札记）/ 419
谕纪泽（以精确之训诂，做古茂之文章）/ 421
致沅弟（豁达光明之识与恬淡冲融

之趣）/ 422
致沅弟（拼命报国，侧身修行）/ 424
致沅弟（以方寸为严师）/ 425
致澄弟（皖南人肉每斤百二十文）/ 426
致沅弟（担当大事，全在明强二字）/ 427
致澄弟（苦命的陈氏妾）/ 429
致沅弟（能进曾氏私室的幕僚）/ 430
致沅弟（为文宜专从简当二字着力）/ 434
致沅弟（无形之功不必说）/ 435
致沅弟（奏折重在主意、结构及用字）/ 436
致沅弟（蛮字为主，打字向前）/ 437
致沅弟（强字须从明字做出）/ 439
致沅弟（湘军中的另类将领鲍超）/ 440
致沅弟（识为主，才为辅；人谋半，天意半）/ 441
致沅弟（避挟长市恩之嫌）/ 443
致澄弟（富贵气不可太重）/ 445
致沅弟（保人亦有为难之处）/ 446
谕纪鸿（不可挂大帅旗，不可惊动官长）/ 447
致沅弟（李泰国购洋兵船事）/ 448
致沅弟（解银七万以抚慰）/ 451
致沅弟（从畏慎二字痛下功夫）/ 452
致澄弟（鼎盛之际宜收敛）/ 453
致沅弟（半是天缘凑泊，半是勉强迁就）/ 455
致沅弟（太平军降将古隆贤）/ 456
致澄弟（全家团聚安庆）/ 457
致沅弟（因奏留黄冕而上干谴责）/ 458
致澄弟（子侄辈不能坐四抬轿）/ 460
致澄弟（公银作私用宜少）/ 461
致沅弟（李鸿章杀降）/ 463

致澄弟（莫怕寒村悭吝，莫贪大方豪爽）/ 464
致澄弟（私盐只禁船载，不禁路挑）/ 465
致澄弟（欧阳夫人带头纺纱）/ 467
谕纪瑞（勿忘先世之艰难）/ 469
致沅弟（惟胸次浩大是真正受用）/ 470
致澄弟（艰苦则强，娇养则弱）/ 471
致澄弟（时时于俭字用功）/ 471
致沅弟（与沈葆桢争夺江西厘金）/ 472
致沅弟（无应酬馈赠则不能办事）/ 476
致沅弟（李鸿章贪财）/ 477
致澄弟（天使致祭时的礼仪）/ 479
致澄弟（不要管闲事）/ 480
致沅弟（停止赈局，送回妇幼）/ 481
致沅弟（病不在身而在心）/ 482
致沅弟（互劝互勖互恭维）/ 484
致沅弟（每日总须略有抽闲之时）/ 485
致沅弟（杨岳斌以提督授总督）/ 486
致沅弟（请不请李鸿章会攻江宁）/ 488
致沅弟（为儿子获奖语而欣喜）/ 489
致澄弟（有福不可享尽，有势不可使尽）/ 491
致沅弟（李鸿章不敢得罪老九）/ 492
致沅弟（男儿自立须有倔强之气）/ 493
致沅弟（八百里驰奏打下金陵）/ 494
谕纪泽（成为阶下囚的李秀成）/ 496
谕纪泽（验洪秀全之尸）/ 498
谕纪鸿（进身之始，务知自重）/ 498
谕纪泽（兄弟同日封侯伯）/ 499
致沅弟（老九遭各方攻击，郁郁不乐）/ 501
致沅弟（收回金陵后的三桩大事）/ 504

致沅弟（曾氏是否也有过狎邪游）/506
致沅弟（寿弟诗）/507
致澄弟（老九开缺回籍）/509
致沅弟（左宗棠奏报幼天王已逃）/510
致沅弟（新的使命）/511
致澄弟沅弟（甲子科江南乡试）/513

剿捻失利（1865—1867）：英雄迟暮

致澄弟沅弟（老九借病拒不应诏）/516
致沅弟（慈禧与恭王矛盾的初次暴露）/517
致澄弟沅弟（替代僧格林沁北上打捻）/519
致澄弟沅弟（不望富贵，愿代代有秀才）/521
谕纪泽（夜饭不用荤为养生之道）/522
谕纪泽纪鸿（气势、识度、情韵、趣味）/524
致澄弟沅弟（老九拒绝北上为晋抚）/526
谕纪泽纪鸿（少年文字，总贵气象峥嵘）/527
谕纪泽（炒老米粥可医脾亏）/529
谕纪泽纪鸿（二十四岁即守寡的纪纯）/530
谕纪泽（刻印船山遗书）/532
谕纪泽纪鸿（宰相府起因于欧阳夫人）/534
谕纪泽（听天命亦是养生之道）/537
谕纪泽纪鸿（借花竹山水以养身心）/538
谕纪泽纪鸿（请吴汝纶之父为西席）/539
致澄弟沅弟（沅甫出处大计：行四藏六）/540
谕纪鸿（打得通的便是好汉）/541
致沅弟（曾国荃调任湖北巡抚）/542
谕纪泽纪鸿（养生之法在顺其自然）/543
谕纪泽纪鸿（不宜过于玲珑剔透）/545
谕纪泽纪鸿（可悲的侯门长女）/546
致澄弟沅弟（用人不率冗，存心不自满）/547
谕纪泽纪鸿（一百四十年前的高考辅导书）/549
致澄弟（养生五事）/550
致沅弟（不能视文章太重）/552
谕纪泽纪鸿（贪利而成居半，激逼而成居半）/553
谕纪泽纪鸿（思路宏开为文章必发之品）/555
致澄弟（不必曲为搜求哥老会徒）/556
谕纪泽纪鸿（风流名士曾广钧）/558
致沅弟（曾老九参劾官文）/559
致沅弟（《湘军志》与《湘军记》）/562
谕纪泽纪鸿（人但有志气即可奖成之）/564
致沅弟（求强在自修处，不在胜人处）/565
致沅弟（进驻南阳略作回避）/567
谕纪泽（大家名作自有一种面貌神态）/568
致沅弟（自请开缺辞爵）/570
致沅弟（兄弟私议李鸿章）/571
致欧阳夫人（做各房及子孙的榜样）/573
致澄弟（再四辞职苦衷何在）/574
致沅弟（人心日伪，大乱方长）/577
致沅弟（好汉打脱牙和血吞）/578
致沅弟（贪色贪财又豪气的郭松林）/580

致沅弟（悔字诀助老九过难关）/ 581
致澄弟（虽处鼎盛不可忘寒士家风味）/ 583
致沅弟（波平浪静与掀天揭地）/ 585
致沅弟（湘淮两军、曾李两家联为一气）/ 586

总督南北（1867—1871）：功成身遂

致澄弟（富贵常蹈危机）/ 590
谕纪泽（世上几无真正的清官）/ 591
致沅弟（乱世处大位，乃人生之大不幸）/ 593
谕纪泽（二十三四聪明始小开）/ 594
致沅弟（咬牙励志，勿因失败而自馁）/ 596
致沅弟（逆来顺受面对百端拂逆）/ 597
致沅弟（平生四次受人讥笑）/ 599
谕纪泽（曾纪鸿的肺病起于十九岁）/ 600
谕纪泽（襟怀高淡胜过南面王）/ 601
谕纪泽（变柔为刚，化刻为厚）/ 602
致欧阳夫人（有盛必有衰）/ 604
致澄弟（做一日和尚撞一日钟）/ 605
谕纪泽（制造船炮为自强之本）/ 606
谕纪泽（散财最忌有名）/ 611
谕纪泽（小儿女愈看得娇愈难成器）/ 613
谕纪泽（备三百两银子买一妾）/ 614
谕纪泽（病因可能在心血管上）/ 616
谕纪泽纪鸿（安排后事）/ 617
谕纪泽（撤天津地方官以全大局）/ 622
谕纪泽（内疚神明，外惭清议）/ 623
谕纪泽（两江总督马新贻被刺案）/ 624
谕纪泽（治目神药空青石）/ 626
致澄弟沅弟（张文祥为何杀马新贻）/ 629
致澄弟沅弟（空青石回天无力）/ 632
致澄弟沅弟（理学家亦看杂书）/ 633
致澄弟沅弟（安置故旧，追悔往日）/ 634
致澄弟沅弟（精力太衰，不再纳妾）/ 636
谕纪泽纪鸿（与王闿运相见于徐州）/ 638
谕纪泽（视察江南机器局）/ 639
致澄弟沅弟（养生六事与为学四字）/ 641
致澄弟沅弟（曾广铨出抚伯父）/ 642
谕纪泽纪鸿（慎独、主敬、求仁、习劳四课）/ 644

大战赣皖(1858—1861)
百折不挠

——唐浩明点评曾国藩家书

少年不可怕丑,须有狂者进取之趣,此时不试为之,则后此弥不肯为矣。

然祸福由天主之,善恶由人主之。由天主者,无可如何,只得听之;由人主者,尽得一分算一分,撑得一日算一日。

帮人则委曲从人,尚未必果能相合;独立则劳心苦力,尚未必果能自立。

心常用则活,不用则窒;常用则细,不用则粗。

致沅弟（庸人以惰致败，才人以傲致败）

咸丰十年九月二十三日

沅弟左右：

接二十日午刻信并伪文二件，知安庆之贼望援孔切，只要桐城、青草塥少能坚定，自有可破之理。

此间诸事如常。有寄希庵一书未封口，交弟阅后封寄。次青十六日回祁，仅与余相见一次。闻其精神尚好，志气尚壮，将来或可有为，然实非带勇之才。弟军中诸将有骄气否？弟日内默省，傲气少平得几分否？天下古今之庸人，皆以一惰字致败；天下古今之才人，皆以一傲字致败。吾因军事而推之，凡事皆然，愿与诸弟交勉之。此次徽贼窜浙，若浙中失守，则不能免于吴越之痛骂，然吾但从傲惰二字痛下工夫，不问人之骂与否也。

> **点评：庸人以惰致败，才人以傲致败**

这封信里曾氏又谈到他的一个阅历："天下古今之庸人，皆以一惰字致败；天下古今之才人，皆以一傲字致败。"他从军事而推之于其他方面，得出的结论都一样，故郑重其事地告诉九弟。

细读家书，可知曾氏与子弟们谈得最多的莫过于"勤"、"谦"二字。勤能补拙，谦可受益，这是颠扑不破的真理，向为曾氏所推重。常言说，笨鸟先飞。这"先飞"即是勤。庸常人要成功没有别的诀窍，就在一个"勤"字上。反之，则难以取胜。故曾氏由此得出"懒惰"将招致庸人失败的结论。

有才干的人，又往往容易骄傲。一旦骄傲，则总是过高地估计自己，又极易以轻慢的态度待人。前者导致师心自用，后者招人怨恨。即便再有才干，到了这个地步，离失败也就不远了。

曾氏的这两句话，自然是针对老九的傲气而

曾国荃书法

来的。这个曾老九也的确不是谦谦君子，此刻尚未建大功，便有点以海内英雄自居的味道。待到安庆、江宁之捷后，他更是目无余子了。这些，留待以后再说。

但曾氏为了不使老九产生抵触情绪，信的最后来了一句"吾但从傲惰二字痛下工夫"的话，表示以上所说乃是兄弟共勉，不仅仅是批评弟弟。这是曾氏家书的一贯风格：不摆大哥的架子，与诸弟处于同等地位。

致沅弟季弟（戒傲戒惰）

咸丰十年九月二十四日

沅、季弟左右：

恒营专人来，接弟各一信并季所寄干鱼，喜慰之至。久不见此物，两弟各寄一次，从此山人足鱼矣。

沅弟以我切责之缄，痛自引咎，惧蹈危机而思自进于谨言慎行之路，能如是，是弟终身载福之道，而吾家之幸也。季弟信亦平和温雅，远胜往年傲岸气象。

吾于道光十九年十一月初二日进京散馆，十月二十八日侍祖父星冈公于阶前，请曰："此次进京，求公教训。"星冈公曰："尔的官是做不尽的，尔的才是好的，但不可傲。满招损，谦受益。尔若不傲，更好全了。"遗训不远，至今尚如耳提面命。今吾谨述此语诰诫两弟，总以除傲字为第一义。唐虞之恶人曰"丹朱傲"，曰"象傲"。桀纣之无道，曰"强足以拒谏，辨足以饰非"，曰"谓己有天命，谓敬不足行"，皆傲也。吾自八年六月再出，即力戒惰字以傲无恒之弊。近来又力戒傲字。昨日徽州未败之前，次青心中不免有自是之见，既败之后，余益加猛省。大约军事之败，非傲即惰，二者必居其一；巨室之败，非傲即惰，二者必居其一。

余于初六日所发之折，十月初可奉谕旨。余若奉旨派出，十日即须成行。兄弟远别，未知相见何日。惟愿两弟戒此二字，并戒各后辈常守家规，则余心大慰耳。

> **点评：戒傲戒惰**

接到两弟虚心接受批评的信后，曾氏甚是欣慰，于是满怀深情地回忆二十多年前祖父的庭训。又引经据典，历数前贤是如何厌恶骄傲的。又再次谈到自己对李元度失事的反省。既有煌煌典册，又有蔼蔼祖训，态度恳挚，话语温婉。在这样的大哥面前，在这样的家书面前，老九、老幺能不心悦诚服吗？

致澄弟（切莫玉成买田起屋事）

咸丰十年十月初四日

澄侯四弟左右：

八月二十四发去之信，至今未接复信，不知弟在县已回家否？余所改书院图已接到否？图系就九弟原稿改正，中间添一花园。以原图系点文章，一个板板也。余所改规模太崇闳。当此大乱之世，兴造过于壮丽，殊非所宜，恐劫数未满，或有他虑。弟与邑中诸位贤绅熟商。去年沅弟起屋太大，余至今以为隐虑，此事又系沅弟与弟作主，不可不慎之于始。弟向来于盈虚消长之机颇知留心，此事亦当三思。至嘱至嘱。

鲍、张二十六日进兵，二十九日获一胜仗，日内围扎休宁城外。祁门老营安稳，余身体亦好。惟京城信息甚坏，皖南军务无起色，且愧且愤。家事有弟照料，甚可放心，但恐黄金堂买田起屋，以重余之罪戾，则寸心大为不安，不特生前做人不安，即死后做鬼也是不安。特此预告贤弟，切莫玉成黄金堂买田起屋。弟若听我，我便感激尔；弟若不听我，我便恨尔。但令世界略得太平，大局略有挽回，我家断不怕没饭吃。若大局难挽，劫数难逃，则田产愈多指摘愈众，银钱愈多抢劫愈甚，亦何益之有哉？嗣后黄金堂如添置田产，余即以公牍捐于湘乡宾兴堂，望贤弟千万无陷我于恶。顺问近好。

兄国藩手草

点评：切莫玉成买田起屋事

大约在咸丰九年年底，在老九的主持下，曾家五兄弟析产分了家。黄金堂为曾家父、祖两辈居住的正房，自然顺理成章地归于长房长孙。故信中所言的黄金堂自是曾氏小家的代号，欧阳夫人带着二子五女住在这里。按当时的家族规矩，虽分家，长期在外做事的兄弟的家属，其在老家的其他兄弟仍有照顾的义务，遇有大事，也有权力过问。

曾家目前兄弟四人，三人在外带兵，住在老家的老四澄侯不仅是自家的家长，对其他三个兄弟的家庭，他也可以叔伯之尊，参与很重要的意见。

欧阳夫人想买田起屋，本无可厚非，但曾氏所见比她更高明一层：大局安定，家中不愁日后没饭吃；若大局不保，世界必乱，田多房多更遭忌遭抢，反为不好。大约是欧阳夫人不接受丈夫的劝告，执意要买田起屋，故曾氏要老四切不要玉成，倘若添置了田产，他便要将它捐出去作为公产。

曾氏的这个观点本是很有道理的，但世俗难以接受，不但欧阳夫人不同意，他的几个兄弟也不赞同。老九早已盖起了豪宅，老四、老幺正眼热得很哩！事实上，曾氏自己后来也慢慢有所改变，同意家中为他起屋买田。同治六年（1867），欧阳夫人母子督造的富厚堂壮丽宏阔，至今保存完好，只是他本人从来没有去住过罢了。

致沅弟季弟（深以子侄辈骄傲之气为虑）

咸丰十年十月初四夜

沅、季弟左右：

朱祖贵来，接沅弟信，强中营勇回，接沅、季二信，皆二十五六日所发。自二十七日以后，弟处发信，想皆因中途有警折回矣。日内不知北岸贼情何如，至为系念。

此间鲍、张初二三并未开仗，唐桂生赴祁、建交界之区，亦未见贼也。季弟赐纪泽途费太多。余给以二百金，实不为少。余在京十四年，从未得人二百金之赠，余亦未尝以此数赠人，虽由余交游太寡，而物力艰难亦可概见。余家后辈子弟，全未见过艰苦模样，眼孔大，口气大，呼奴喝婢，习惯自然，骄傲之气入于膏肓而不自觉，吾深以为虑。前函以傲字箴规两弟，两弟不深信，犹能自省自惕；若以傲字诰诫子侄，则全然不解。盖自出世以来，只做过大，并未做过小，故一切茫然，不似两弟做过小，吃过苦也。

> **点评：深以子侄辈骄傲之气为虑**

六月二十日，曾纪泽从老家来到安徽祁门探望父亲，九月初一离祁门回湘。原定过了十月十一日父亲五十大寿后再走，因徽州失守，祁门危急，故提前离开。此时其九叔、幺叔正驻兵安庆城外，他便取道安庆去看望二位叔父。离开安庆时，幺叔大约给了侄儿一笔较大的钱，从信中的语气看来，要大为超过二百两银子。于是曾氏就此发了一大通感慨。

二百两银子是个什么概念呢？当时的一个塾师，月薪约五两银子，一年下来也不过六十两银子。二百两，是一个塾师三年零四个月的全部薪水，故曾氏"实为不少"的话是实话。但在自领一营兵勇、动辄以数千两为计算单位的湘军将领眼里，几百两银子只是小菜一碟。为了表示兄弟情意，曾季洪拿出三五百两银子给侄儿，原本算不了什么，但曾氏却因此担忧。他担心曾家的小字辈，从生下来起，就处在极为优越的环境中，家中有权有势有财产，有奴婢供使唤，从而养成纨绔习气，最终变成一无所能的公子少爷。

曾氏的所虑不是没有根据的。君子之泽，五世而斩。人性通例，是处逆境而发愤，处逸境而堕落，故世间富贵之家少有绵延四五代的。正因为虑及到此，曾氏不仅在言语书信中不厌其烦地敲警钟，更在日常生活中以身作则，并限制其子孙在物质方面的享受。

谕纪泽纪鸿（戒轻易）

咸丰十年十月十六日

字谕纪泽、纪鸿儿：

泽儿在安庆所发各信及在黄石矶、湖口之信，均已接到。鸿儿所呈拟连珠体寿文，初七日收到。

余以初九日出营至黟县查阅各岭，十四日归营，一切平安。鲍超、张凯章二军，自二十九、初四获胜后未再开仗。杨军门带水陆三千余人至南陵，破贼四十余垒，拔出陈大富一军。此近日最可喜之事。英夷业已就抚，余九月六日请带兵北援一疏，奉旨无庸前往，余得一意办东南之事，家中尽可放心。

泽儿看书天分高，而文笔不甚劲挺，又说话太易，举止太轻，此次在祁门为日过浅，未将一轻字之弊除尽，以后须于说话走路时刻刻留心。鸿儿文笔劲健，可慰可喜。此次连珠文，先生改者若干字？拟体系何人主意？再行详禀告我。银钱、田产最易长骄气逸气，我家中断不可积钱，断不可买田。尔兄弟努力读书，决不怕没饭吃。至嘱。澄叔处此次未写信，尔禀告之。

闻邓世兄读书甚有长进，顷阅贺寿之单帖寿禀，书法清润。兹付银十两，为邓世兄（汪汇）买书之资。此次未写信寄寅阶先生，前有信留明年教书，仍收到矣。

点评：戒轻易

在对人的要求上，曾氏讲究"厚"、"重"二字。在中国传统文化观念中，"厚"、"重"一直有很高的地位。曾氏指出儿子素日行为中的两大毛病，一为说话太易，二为举止太轻，都是由"厚重"而引发出的批评。

说话太易，大概是指说话频率太快，词欠稳妥，表达较轻率等等。举止太轻，可能是指走路过急，说话时手的动作较多，眼神多游移飘忽等等。这些，在曾氏看来都属于不厚重的表现，都应慢慢克服。

曾氏对儿子的这个要求，从原则上看是对的；尤其对男人来说，举止厚重，能使人对其产生信任的感觉。但是，举止重与轻，毕竟不能说明一切。艺术家、诗人、作家感情丰富，思维敏捷，大多举止轻易，这并不影响他们事业上的成就和人际间的交往；即便对从政者而言，刘邦流氓习气严重，曹操简脱随意，这些与"厚重"相距甚远的品性，也并不妨碍他们成就一番帝业。可见，对子弟这种属于外化的举止行为，不必要求过苛。倘若他好动，何必一定要他安静？倘若他说话快急，何必强迫他缓慢？笔者以为，还是顺其自然为好。读者诸君以为如何？

致澄弟（坦然怡然对待生死）

咸丰十年十一月十四日

澄侯四弟左右：

日内皖南局势大变。初一日德兴失守，初三日婺源失守，均经左季翁一军克复。初四日建德失守，而余与安庆通信之路断矣。十二日浮梁失守，而祁门粮米必经之路断矣。现调鲍镇六千人进攻浮梁，朱、唐三千人进攻建德。若不得手，则饷道一断，万事瓦裂，殊可危虑。

余忝窃高位，又窃虚名，生死之际，坦然怡然。惟部下兵勇四五万人，若因饷断而败，亦殊不忍坐视而不为之所。家中万事，余俱放心，惟子侄须教一勤字一谦字。谦者骄之反也，勤者佚之反也。骄奢淫佚四字，惟首尾二字尤宜切戒。至诸弟中外家居之法，则以考、宝、早、扫、书、蔬、鱼、猪八字为本，千万勿忘。顺问近好。

兄国藩手草

点评：坦然怡然对待生死

读这封信，我们读到的是一种临危不乱的心境。

咸丰十年六月十一日，曾氏将两江总督衙门兼前敌总指挥部移到安徽祁门。当时皖南各府州活跃着太平军英王陈玉成、忠王李秀成、侍王李世贤、辅王杨辅清等部三四十万人马,双方争城夺地,仗打得十分残酷。五个月来,祁门一直处于险象环生之中。八月中旬,宁国府失守;下旬,李元度丢失徽州府。从那以后,形势便变得更加严峻了。十月中旬,太平军前锋到达离祁门仅六十里的羊栈岭,老营仅两三千老弱残兵,人心惶惶,一片慌乱。城外小河边,每天夜里,都有不少人携带钱物乘船离去。到了十一月,建德、浮梁相继失守,祁门之倾覆,已在旦夕之间。据野史说,曾氏将一柄剑埋在枕头下,随时做好自裁的准备。十月二十四日,他在给老九、老幺的信中说:"现讲求守垒之法,贼来则坚守以待援师,倘有疏虞,则志有素定,断不临难苟免。"一个文弱书生,不可能靠与敌人肉搏格斗去取胜活命,既不"苟免",自杀是必定无疑了。联系到他先前的两次投江,看来野史所言,不是虚构。

人在危险之时,总免不了心慌神乱,会做种种坏的打算;倘若将最坏的猜测定在"死"上,并且不畏惧的话,也就是人们常说的"大不了一死",心境倒反而会平静下来。此信中"忝窃高位,又窃虚名"的话,在日后的危难时,他也曾多次说过,意谓这一辈子已无遗憾了,死就死,故而处生死之际,他能坦然怡然。

勘破事理,看淡生死,坦怡面对危难,这是曾氏这封家信带给我们的启示。

致沅弟季弟(资夷力师夷智)

咸丰十年十一月二十四日

沅、季弟左右:

专使至,接书并胡帅、袁帅二书,具悉一切。所应复者,条列如左:

一、二十日羊栈之战,实派人数得贼尸六百四十五具,其水淹者、屋内者、已埋者尚不在此。内贼目古隆贤,据报实已杀矣,岭外之贼胆应可稍寒。二十四日令鲍镇率马步六千人赴景镇会剿,扫清鄱阳、都昌一带,直至东流、建德。鲍镇去后,岭防仍不免有事,吾与凯章当坚守,静镇以待事机之转。唐、沈七营已回祁门,霆军亦留四营在渔亭,或足以资守御。

二、狗逆既未大创,希军万不可南渡。北岸怀、桐,狗所必争也。韦军在枞阳,亦系必应坚守之地,如无他军换防,亦不可令韦军南来。盖十七日建德之克,二十日羊栈之胜,南岸已大有转机;且闻湖口业已保守无恙,贼亦处处丧志,不必再抽动。北岸大局,弟与润帅、希公熟商可也。安庆贼之伪回文,尚未得见。

三、袁帅奏折，不为无见。然彼甘言蜜语，以师船助我打长毛，中国则峻拒之；彼若明目张胆，以师船助长毛打我中国，再哀求之，岂不更丑？余谓彼以爱兄之道来，诚信而喜之可也。下官也有一本，录稿寄阅，弟可抄送润帅一阅。

点评：资夷力师夷智

这封信的最后一段谈到外交事，并说"下官也有一本"。我们来说说这段话的背景及曾氏的奏本。

咸丰十年十月十一日，躲在热河行宫的咸丰皇帝，给曾氏及江苏巡抚薛焕、浙江巡抚王有龄、漕运总督袁甲三等人发出一道上谕。上谕说，俄国公使对恭王说，该国愿派出三四百兵士协助中国军队进剿长毛，并愿出洋船代运漕粮。这两件事是否可行，命曾氏等人奏明。

信中所说的"袁帅奏折"，即漕运总督袁甲三针对这道上谕的奏折。附带说一下，这位袁甲三，就是袁世凯的叔祖。袁世凯的祖父袁树山有两个弟弟，甲三为其一。袁家之所以成为河南项城的望族，基础便是这位袁甲三打下的；后来，其子袁保恒官居刑部侍郎，进一步将袁家推向兴旺。

曾氏这"一本"，实为中国近代史上的一道名奏章，它开启了一场亘古未有的大运动，不能不谈，但限于篇幅只能简略说说。

十一月初八日，曾氏以"遵旨复奏借俄兵助剿发逆并代运南漕"为题，拜发了这道奏章。鉴于"自古外夷之助中国，成功之后，每多意外要求"的先例，明确表示拒绝借俄兵助剿，而对于代运南漕一事，则认为可以答应。

答复了朝廷咨询的这两桩事后，曾氏就夷事发表自己的见解。他认为"驭夷之道，贵识夷情"，并对英、美、法、俄几个主要外夷作了分析：英最为狡黠，法次之，俄势力大过英、法，曾与英斗过，英怕俄。相比较而言，美"性质醇厚"。因此，这次俄国既然说美国商人愿意代运南漕，可以由薛焕出面与美国面订章程，妥为筹办。既可暗中杜绝俄国借此事讨好美国，又可以让美国知道我国对他们不存猜疑之心，有利于今后两国邦交。在奏章的最后，曾氏写下了两句话："目前资夷力以助剿济运，得纾一时之忧，将来师夷智以造炮制船，尤可期永远之利。"

这两句话，很容易使人联想到魏源的名言"师夷之长技以制夷"。出于《海国图志》序言里的这句话，闪耀出一个卓越爱国者的思想光辉。但身为江苏巡抚衙门幕僚的一介文人，无权无势，这个伟大设想仅停留在字面上而已。二十年后，这个设想经大清江山的柱石人物说出，其分量便有一言九鼎之重，更何况此刻三十岁的年轻皇上正蒙受着洋人加给他的奇耻大辱，渴望强大以复仇，故而很

总理各国通商事务衙门

快便接受了这个建议并化为国策。

一个月后,即咸丰十年十二月初十日,咸丰帝下令在京师成立总理各国通商事务衙门,办理与外国有关的各种事宜,由恭王奕䜣、大学士桂良负责。第二天,即十二月十一日,又命曾国藩、薛焕酌情办理购买洋人枪炮并学习制造事宜。

从此,一个史无前例的以学习洋人制造技术为主要内容、以徐图自强为目的的事业,在中国兴办起来,历史学家将它称为洋务运动。如果要将洋务运动定个起始点的话,这个点理应定在咸丰十年十一月初八日曾氏的这道奏章上。

致澄弟(不信医药僧巫地仙)

咸丰十年十二月二十四日

澄侯四弟左右:

十六日接弟十一月二十三日手书,并纪泽二十五日禀,具悉。弟病日就痊愈,至慰至幸。惟弟服药过多,又坚嘱泽儿请医守治,余颇不以为然。

吾祖星冈公在时,不信医药,不信僧巫,不信地仙。此三者,弟必能一一记忆。今我辈兄弟亦宜略法此意,以绍家风。今年白玉堂做道场一次,大夫第做道场二次,此外祷祀之事,闻亦常有,是不信僧巫一节,已失家风矣。买地至数千金之多,是不信地仙一节,又与家风相背。至医药,则合家大小老幼,几于无人不药，无药不贵。迨至补药吃出毛病，则又服凉药以攻伐之；阳药吃出毛病，则又服阴药以清润之，展转差误，不至大病大弱不止。弟今年春间多服补剂，夏末多服凉剂，冬间又多服清润之剂。余意欲劝弟少停药物，专用饮食调养。泽儿虽体弱，而保养之法，亦惟在慎饮食节嗜欲，断不在多服药也。洪家地契，洪秋浦未到场押字，将来恐仍有口舌。地仙、僧巫二者，弟向来不甚深信，近日亦不免为习俗所移。以后尚祈卓识坚定，略存祖父家风为要。天下信地、信僧之人，曾见有一家不败者乎？北果公屋，余无银可捐。己亥冬，余登山踏勘，觉其渺茫也。

此间军事平安。左、鲍二人在鄱阳尚未开仗。祁门、黟县之贼，日内并未动作。顺问近好，并贺新喜。

> **点评：不信医药僧巫地仙**

曾氏对老四在家中的一些行事表示不满，搬来祖父的家训，予以批评。

不信僧巫，不信地仙，这两句话不用解释，大约读者都可理解并能接受。至于不信医药，似乎有点费解。其实细细地读完信，可知此医药，不是治病的医药，而是平时常吃的药，即补药、保健药。这一点，对今人仍有借鉴作用。这些年来，随着生活水平的大大提高，人们对生命的爱护观念、对身体的保健意识也大为增强，从而吃补药、吃保健药普遍成风，甚至打着各种旗号的春药也泛滥市场。迷信补药的人，应当读读这封信。笔者以为，曾氏所说的"虽体弱，而保养之法，亦惟在慎饮食节嗜欲，断不在多服药"这句话，比较合乎科学道理，值得我们重视。

谕纪泽（药能活人亦能害人）

咸丰十年十二月二十四日

字谕纪泽儿：

曾名琮来，接尔十一月二十五日禀，知十五、十七尚有两禀未到。尔体甚弱，咳吐咸痰，吾尤以为虑，然总不宜服药。药能活人，亦能害人。良医则活人者十之七，害人者十之三；庸医则害人者十之七，活人者十之三。余在乡在外，凡目所见者，皆庸医也。余深恐其害人，故近三年来，决计不服医生所开之方药，亦不令尔服乡医所开之方药。见理极明，故言之极切，尔其敬听而遵行之。每日饭后走数千步，是养生家第一秘诀。尔每餐食毕，可至唐家铺一行，或至澄叔家一行，归来大约可三千余步。三个月后，必有大效矣。

尔看完《后汉书》，须将《通鉴》看一遍。即将京中带回之《通鉴》，仿照余法，用笔点过可也。尔走路近略重否？说话略钝否？千万留心。此谕。

涤生手示

点评：药能活人亦能害人

这又是一封谈医药的信。

儿子痰中带咸味，看来的确有病，但曾氏还是不主张儿子服药，这是为什么呢？难道曾氏一概排斥医药吗？显然不是。这年七月初四家书中谈的就是熬黄芪党参汤治阳虚的事。那么，为什么曾氏不主张儿子吃药呢？原来，曾氏不太信任当时的医药界。

从信中可知，一百四十多年前中国的医术极不发达，那时西医尚未传入民间，中国人治病倚仗的仍是传统的医药医术。即便是良医，治愈率也只百分之七十；至于庸医，治愈率则只占百分之三十。而乡间医师，在曾氏看来都是庸医。正因为对儿子爱之深，故不让儿子去受庸医之害。曾氏阅历多，所言当是当时带普遍性的现象。中医中药的确是国粹，但它在许多方面又的确不如西医西药。西医西药的引进，对中国国民的健康和身体素质的提高起了巨大的作用。现在，治愈率只有百分之三十的庸医已经很少了。但如今又有不少人走向另一个极端：轻视中医，排斥中医。这也是极为片面的。中医中药自有它的宝贵价值，不能轻视，更不应排斥，正确的做法是中西医结合。

曾氏认为饭后走数千步是养生的第一秘诀，这确乎是经验之谈。曾氏的这个经验，一百多年来被广为传播，许许多多的人出于对曾氏的崇敬而加以仿效，都大有收益。

致沅弟（成功得名不尽关人事）

咸丰十一年（1861）正月元日

沅甫九弟左右：

除夕发去一缄，是夕又接弟二十三夜发信，具悉一切，并京报、厉缄均悉。吴退庵事，余实不便失信。其确不可用，用必偾事之处，余亦殊无所见，不知意城诸君子何以烛照几先，遂能为此十成语？以余阅历多年，见事之成功与否，人之得名与否，盖有命焉，不尽关人事也。

东征局既以我为名，自应照我之札办事。今厉观察又来请示，札不可遵，缄则可遵乎？此事余颇厌烦，以后不必再提。

北岸贼至无为州等处，盖意中事。此间搜获伪文，亦言金陵调杨七麻、李寿成援安庆。杨本自立门户，李现在常山修城，均未必肯赴北岸。左、鲍二军，残年均未开仗。闻贼数实有五六万，鲍公请将留渔亭之四营调去。渔亭亦系前敌吃紧，不能调也。即问近好。

国藩手草

点评：成功得名不尽关人事

曾氏再一次谈到自己的这个人生体会，即事业之成功与否、人之成名与否，不完全由个人的努力而决定，这中间还有个命运的问题。

信命，认命，不与命运抗争，这是几千年来中国平民百姓代代信守的原则。倘若这些话出自于一个乡间农人，出自于一个市井小民，出自于一个三家村冬烘先生，那则毫不奇怪，甚至认为他们理应说这样的话，不这样说，反而有点出格。但是，这话出自曾氏的口中，却值得我们仔细玩味了。

曾氏多次说过，功可强成，名可强立；又说，天下事有所激有所逼而成者居其半。《年谱》中说他"既入词垣，遂毅然有效法前贤澄清天下之志"。这样的人像一个信命认命的人吗？

早年在京师，他不仅勤勉做好本职宦务，而且热心公益，广为结交。做了团练大臣以后，居然可以与地方官场、绿营将官抗争。这些表现，也决不是一个信命认命的人所可以做得出的。

那么他是有意替吴退庵说话，驳斥意城（郭昆焘）的武断？有这层意思在内。但为了反驳幕僚的意见，而立下一个错误的论点，显然，曾氏不会付出如此大的代价。是曾氏年迈力衰，对人生再无追求而说的失意话？曾氏此时刚满五十，新任钦差大臣、两江总督，节制江南四省军务，正在规划收复大江南北的宏图，说他失意，自是不可。实事求是地说，这正是曾氏双重性格的一个表现：既有敢打敢拼的一面，也有知难而退的一面。但是，我们若是上升到文化的层面来看，则或许能有较深一点的认识。命，即各种机缘的偶合。人人都希望自己心想事成，但这个世界上生活的不只是你一个人，而是千千万万。这千千万万活动着的人群该有多大的变数！该有多少种形式的偶合！还有自然界许多不可预测、不可抗拒的东西在控制着人类，如地震，如洪水等等。遇到外界的偶合对你有利，便是命好；遇到不利，便是命不好；遇到大不利，便是命苦。

从这个角度来看，信命认命，自有它的道理。曾氏在自身丰富的阅历中，多少次地感受到己身之外的因素的重要性，故而常常有"由命不由人"的感叹。他后来还甚至说过这样的话："不信书，信运气，公之言，传万世。"

虽然有点过激，但也不是全无道理的。此老是一座人生智慧库，就"强成强立"与"认命"两个截然对立的命题解答中，我们亦可得到一些庸常外的启迪。

致澄弟（不轻非笑人不晏起）

咸丰十一年正月初四日

澄侯四弟左右：

腊底由九弟处寄到弟信并纪泽十一月十五七日等语，具悉一切。弟于世事阅历渐深，而信中不免有一种骄气。天地间惟谦谨是载福之道，骄则满，满则倾矣。凡动口动笔，厌人之俗，嫌人之鄙，议人之短，发人之覆，皆骄也。无论所指未必果当，即使一一切当，已为天道所不许。吾家子弟满腔骄傲之气，开口便道人短长，笑人鄙陋，均非好气象。贤弟欲戒子侄之骄，先须将自己好议人短、好发人覆之习气痛改一番，然后令后辈事事警改。欲去骄字，总以不轻非笑人为第一义；欲去惰字，总以不晏起为第一义。弟若能谨守星冈公之八字（考、宝、早、扫、书、蔬、鱼、猪）、三不信（不信僧巫，不信医药，不信地仙），又谨记愚兄之去骄去惰，则家中子弟日趋于恭谨而不自觉矣。

此间军事如常。左、鲍二军在鄱阳、建德交界之区尚未开仗，贼数太多，未知能否得手。祁门、黟县、渔亭等处尚属平安。余身体无恙，惟齿痛耳。顺问近好。

兄国藩手草

点评：不轻非笑人不晏起

笔者曾经说过，曾氏是把"金针"度与人的人。这封信，让我们看到了几根金针。骄傲，是大家都认为不好的东西，曾氏尤其担心子弟们染上这种坏的习气，苦口婆心地告诫，叮嘱他们勿骄勿傲。

骄傲之害，理论上易于明白，但在日常生活中，又容易表现出来。这其中有个原因，是不少人不太清楚哪些行为属于"骄"。于是曾氏告诉子侄们：开口便道人短长，笑人鄙陋，好发人覆等等，都属于"骄"。曾氏又将这些归纳为"不轻非笑人"。如此，"不骄"就不流于空泛而有了具体可行的措施。用现在流行的语言说，即具有可操作性了。这"不轻非人"便是治"骄"的金针。同样，不晏起为克服"惰"的金针，"八字诀"与"三不信"为治家的金针。靠着这些金针，人也就立起来了，家也就立起来了。

这正是曾氏家教的典型特色：既讲大道理，又讲具体的小操作。

谕纪泽（文章雄奇之道）

咸丰十一年正月初四日

字谕纪泽儿：

腊月二十九日接尔一禀，系十一月十四日送家信之人带回，又由沅叔处送到尔初归时二信，慰悉。尔以十四日到家，而鸿儿十八日禀中言尔总在日内可到，何也？岂鸿信十三四写就而朱金权于十八日始署封面耶？霞仙先生之令弟仙逝，余于近日当写唁信，并寄奠仪。尔当先去吊唁。

尔问文中雄奇之道。雄奇以行气为上，造句次之，选字又次之。然未有字不古雅而句能古雅，句不古雅而气能古雅者；亦未有字不雄奇而句能雄奇，句不雄奇而气能雄奇者。是文章之雄奇，其精处在行气，其粗处全在造句选字也。余好古人雄奇之文，以昌黎为第一，扬子云次之。二公之行气，本之天授。至于人事之精能，昌黎则造句之工夫居多，子云则选字之工夫居多。

尔问叙事志传之文难于行气，是殊不然，如昌黎《曹成王碑》、《韩许公碑》，固属千奇万变，不可方物，即卢夫人之铭、女挐之志，寥寥短篇，亦复雄奇崛强。尔试将此四篇熟看，则知二大二小，各极其妙矣。

尔所作《雪赋》，词意颇古雅，惟气势不鬯，对仗不工。两汉不尚对仗，潘、陆则对矣，江、鲍、庾、徐则工对矣。尔宜从对仗上用工夫。此嘱。

点评：文章雄奇之道

纪泽问父亲，文章如何才能做到雄奇。

父亲回答：要想文章雄奇，首先要注意的是行气，次在造句，再次为选字。什么是气？笔者以为，气，是指整篇文章的气势、气象、气韵，也就是给读者的整体感觉。曾氏告诉儿子，造就整篇文章的雄奇之气，是第一位的。但是，文章是由一句一句的话组成的，故而每一句话都不能忽视；每一句话又都是由一个一个的字组成的，故而每一个字也都不能忽视。所以，文章的雄奇与否，最终还是要落实到字上。笔者揣测，曾氏这封信的主旨，是在教导儿子要注意文章的遣词造句。故而他在谈到自己所喜欢的以风格雄奇见长的韩愈、扬雄时，特为指出，韩、扬的行气是天授，难以学到，所能学到的是人事方面的长处，即字、句的遣造功夫。

致澄弟（大字以间架紧为主）

咸丰十一年正月十四日

澄侯四弟左右：

正月十日接弟腊月十九信，借悉一切。

此间正月初六贼破大洪、大赤二岭而入。大洪岭距祁门六十里，经江军门带队击退。大赤岭距祁门八十里。初七日进犯历口。初八日进犯石门桥，距祁门仅十八里。经唐桂生带队迎剿，大获胜仗，追杀三十余里，直至历口。次日初九早，即追出赤岭。杀贼虽仅四五百人，而抢马百余匹、旗帜千余面、刀锚枪炮万余件。极大风波，顷刻即平，可为庆慰。左、鲍在鄱阳、洋塘一带，亦于初九日大获胜仗。贼目黄文金带六万余人，闻已杀死。次日，群贼全数溃退。

自十一月初至今七十余天，危险万状。至是稍稍苏息，危而复安。若再稳住三个月，安庆克复，则大局有转机矣。

弟思习大字，总以间架紧为主。写成之后，贴于壁上观之，则妍媸自见矣。

弟体全愈，全家之福，至慰至慰。即问近好。

国藩手草

点评：大字以间架紧为主

抄录这封信的用意全在最后二段上，好让爱好写字的读者了解一下曾氏对大字的看法。他认为大字的要害在空间架构上，以紧凑为主。常言说："字怕挂。"字之好丑得失，一旦挂起来，便一目了然。这道理便是挂起来的字，其间架之疏密看得更清楚。

谕纪泽（临摹柳帖以强笔力）

咸丰十一年正月十四日

字谕纪泽儿：

　　正月初十日接尔腊月十九日一禀，十二日又由安庆寄到尔腊月初四日之禀，具知一切。长夫走路太慢，而托辞于为营中他信绕道长沙耽搁之故。此不足信。譬如家中遣人送信至白玉堂，不能按期往返，有责之者，则曰被杉木坝、周家老屋各佃户强我送担耽搁了。为家主者但当严责送信之迟，不管送担之真与否也；况并无佃户强令送担乎？营中送信至家与黄金堂送信至白玉堂，远近虽殊，其情一也。

　　尔求抄古文目录，下次即行寄归。尔写字笔力太弱，以后即常摹柳帖亦好。家中有柳书《玄秘塔》、《琅邪碑》、《西平碑》各种，尔可取《琅邪碑》日临百字、摹百字。临以求其神气，摹以仿其间架。每次家信内，各附数纸送阅。

　　《左传》注疏阅毕，即阅看《通鉴》。将京中带回之《通鉴》，仿我手校本，将目录写于面上。其去秋在营带去之手校本，便中仍当寄送祁门。余常思翻阅也。

　　尔言鸿儿为邓师所赏，余甚欣慰。鸿儿现阅《通鉴》，尔亦可时时教之。尔看书天分甚高，作字天分甚高，作诗文天分略低，若在十五六岁时教导得法，亦当不止于此。今年已二十三岁，全靠尔自己扎挣发愤，父兄师长不能为力。作诗文是尔之所短，即宜从短处痛下功夫。看书写字尔之所长，即宜拓而充之。走路宜重，说话宜迟，常常记忆否？

　　余身体平安，告尔母放心。

涤生手示

点评：临摹柳帖以强笔力

　　为信使的一个托辞，曾氏不厌其烦地说了一大通闲话，可见曾氏此时的心情颇为轻松。

　　我们从前信中可以得知，月初，祁门形势又转危急。初八日，太平军已打到距祁门仅十八里的地面，全靠唐桂生率部抗击。这场仗打下来，湘军大获全胜，老营转危为安。同一天，左宗棠、鲍超在江西鄱阳一带也获取胜仗。军事形势好转，主帅的心情自然也就轻松了些，于是可以打比方、说闲话了。

　　习字者若有笔力弱的欠缺时，可照曾氏说的，临摹柳公权的《玄秘塔》、《琅邪碑》等。察柳字之精神，仿柳字之结体，看能不能让笔下增加点气力。

谕纪泽（《左传》解经何以与今解不同）

咸丰十一年正月二十四日

字谕纪泽儿：

正月十四发第二号家信，谅已收到。日内祁门尚属平安。鲍春霆自初九日在洋塘获胜后，即追贼至彭泽。官军驻牯牛岭，贼匪踞下隅坂，与之相持，尚未开仗。日内雨雪泥泞，寒风凛冽，气象殊不适人意。伪忠王李秀成一股，正月初五日围玉山县，初八围广丰县，初十日围广信府，均经官军竭力坚守，解围以去，现窜铅山之吴坊、陈坊等处。或由金溪以窜抚、建，或径由东乡以扑江西省城，皆意中之事。余嘱刘养素等坚守抚、建，而省城亦预筹防守事宜。只要李逆一股不甚扰江西腹地，黄逆一股不再犯景德镇等，三四月间，安庆克复，江北可分兵来助南岸，则大局必有转机矣。目下春季必尚有危险迭见，余当谨慎图之，泰然处之。

余身体平安，惟齿痛时发。所选古文，已抄目录寄归。其中有未注明名氏者，尔可查出补注，大约不出《百三名家全集》及《文选》、《古文辞类纂》三书之外。尔问《左传》解《诗》、《书》、《易》与今解不合。古人解经，有内传，有外传。内传者，本义也；外传者，旁推曲衍，以尽其余义也。孔子系《易》，小象则本义为多，大象则余义为多。孟子说《诗》，亦本子贡之因贫富而悟切磋，子夏之因素绚而悟礼后，亦证余义处为多。《韩诗外传》，尽余义也。《左传》说经，亦以余义立言者多。

袁甥生之二百金，余去年曾借松江二百金送季仙九先生，此项只算还袁宅可也。树堂先生送尔三百金，余当面言只受百金。尔写信寄营酬谢，言受一璧二云云。余在营中备二百金，并尔信函交冯可也。此字并送澄叔一阅，此次不另作书矣。

涤生手示

点评：《左传》解经何以与今解不同

曾纪泽在读《左传》时生发出一个疑问：为何《左传》中那些解释《诗》、《书》、《易》的话，与通常所见的《十三经注疏》中对《诗》、《书》、《易》的解释有不同呢？

凡读过《左传》的人都知道，《左传》中常有《诗》曰、《书》曰之类的话，尤在书中人物对话中出现较多。仔细琢磨那些被引用的《诗》、《书》中的话，的确与通常的注疏有所出入。让我们随手举一个例子。

《成公八年》中说到这样一件事：八年春天，晋国特使来鲁国，要鲁国将汶阳之田归还给齐国。鲁国大夫季文子私下对晋使说：盟主应当以公正处理各国事务的才干获得威望，如此诸侯才敬佩其德行而害怕讨伐，不敢心存二心。汶阳之田，本是鲁国的，鞌之战后，晋国同意齐国归还给鲁国，现在又下达不同的命令，令我国归还给齐国。盟主不讲信义，结盟就要解体。《诗》曰：女也不爽，士贰其行。士也罔极，二三其德。七年之中，一与一夺，这种反复无常，谁比得上？普通人多变，尚且丧失妻子，何况霸主？

季文子引用的这四句诗出于《卫风·氓》，写的是一个弃妇对原先丈夫的怨愤。季文子将它引来讽刺晋国的反复无常，出尔反尔。显然于诗的原意不符，更与正统的《十三经注疏》相悖。

曾氏于是告诉儿子，古人对经文的解释，有内传、外传之分。内传为其本身的意义，外传为其延伸的意义。《左传》中在说到经文时，通常取其延伸之意义。按照曾氏所说的来看季文子所引用的《卫风·氓》，也就可以理解了。原来季文子是将夫妻之结合比喻诸侯之结盟，"德"是连结彼此关系的纽带。

信中有一句话："孟子说《诗》，亦本子贡之因贫富而悟切磋，子夏之因素绚而悟礼后。"这话是什么意思，读者可能会费解。笔者来略作笺释。

两个典故都出自于《论语》。"子贡"句见《学而篇》："子贡曰：'贫而无谄，富而无骄，何如？'子曰：'可也；未若贫而乐道，富而好礼也。'子贡曰：'《诗》云"如切如磋，如琢如磨"，其斯之谓与？'子曰：'赐也，始可言《诗》已矣，告诸往而知来者。'"

子贡说的贫时如何、富时如何，只能算初级阶段，孔子所说的则是进了一步。于是子贡立时想到《诗经·卫风·淇奥》中两句诗，不正是夫子所说的这个意思吗？孔子对学生这种举一反三的联想能力十分称赞。

"子夏"句见《八佾篇》："子夏问曰：'"巧笑倩兮，美目盼兮，素以为绚兮。"何谓也？'子曰：'绘事后素。'曰：'礼后乎？'子曰：'起予者商也，始可与言《诗》已矣。'"

子夏问孔子《诗经·卫风·硕人》中的诗句是什么意思。孔子答：好比画画一样，先有白纸，然后再有绚丽的图画。子夏很快就想到相对于"仁"而言，礼不也在其后吗？孔子高兴地说，子夏呀，你启发了我，现在我可以和你谈诗了。

孔子说诗可以兴、观、群、怨，看中的是诗的延伸意义。他所称赞的这两个学生，恰好具有这种联想到诗的延伸意义的才华。

曾氏认为孟子说《诗》，也是从延伸的角度来说的。

有如此通识而又能旁征博引加以阐释的父亲的指导，曾纪泽能不在《左传》以及《诗经》的学习上大有长进吗？

致澄弟（讥评人短即是骄傲）

咸丰十一年二月初四日

澄侯四弟左右：

二月初一日唐长山等来，接正月十四日弟发之信，在近日可谓极快者。

弟言家中子弟无不谦者，此却未然。余观弟近日心中即甚骄傲。凡畏人，不敢妄议论者，谦谨者也；凡好讥评人短者，骄傲者也。弟于营中之人，如季高、次青、作梅、树堂诸君子，弟皆有信来讥评其短，且有讥至两次三次者。营中与弟生疏之人，尚且讥评，则乡间之与弟熟识者，更鄙睨嘲斥可知矣。弟尚如此，则诸子侄之藐视一切，信口雌黄可知矣。谚云："富家子弟多骄，贵家子弟多傲。"非必锦衣玉食、动手打人而后谓之骄傲也，但使志得意满毫无畏忌开口议人短长，即是极骄极傲耳。余正月初四信中言戒骄字，以不轻非笑人为第一义；戒惰字，以不晏起为第一义。望弟常常猛省，并戒子侄也。

此间鲍军于正月二十六大获胜仗，去年建德大股全行退出，风波三月，至此悉平矣。余身体平安，无劳系念。

> **点评：讥评人短即是骄傲**

好议论别人的短处，甚至议论与自己毫不相干、素昧平生之人的短处，这似乎是我们所常见到的普遍现象，大家习以为常，也不将它上升到"骄傲"的高度来认识。但曾氏却很不满意四弟这种毫无畏忌开口议人短长的习气，认为这就是"极骄极傲"。

背后议人短长，的确不是好事，它无形之间助长议者的骄矜自得之气，也让被议者获知后心理上极为反感。望有此习者戒之！

致沅弟季弟（持以谨静专一之气应付危局）

咸丰十一年二月二十二日

沅、季两弟左右：

二十一酉刻接十九早信。官相既已出城，则希庵由下巴河南渡以救省城，甚是矣。希庵既已南渡，狗逆必回救安庆，风驰雨骤，经过黄梅、宿松均不停留，直由石牌以下集贤关，此意计中事也。凡军行太速，气太锐，其中必有不整不齐之处，惟有一静字可以胜之。不出队，不喊呐，枪炮不能命中者不许乱放一声，稳住一二日，则大局已定。然后函告春霆渡江救援，并可约多军三面夹击。吾之不肯令鲍军预先北渡者，一则南岸处处危急，赖鲍军以少定人心；二则霆军长处甚多，而短处正坐少一静字。若狗贼初回集贤关，其情切于救城中之母妻眷属，拼命死战，鲍军当之，胜负尚未可知。若鲍公未至，狗贼有轻视弟等之心，而弟等持以谨静专一之气，虽危险数日，而后来得收多、鲍夹击之效，却有六七分把握。吾兄弟无功无能，俱统领万众，主持劫运，生死之早迟，冥冥者早已安排妥贴，断非人谋计较所能及。只要两弟静守数日，则数省之安危胥赖之矣。至嘱至要。

陈余庵闻二十一日可到景镇。左公日内可进剿乐平一带。祁门日来平安。凯章守休宁亦平安。惟宋滋九侍讲带安勇扎于前敌，被贼突来抄杀小挫，宋公受三伤。抚、建此二日无信。顺候近好。

抄二十一日复左信一件，可寄胡帅一阅。

再，群贼分路上犯，其意无非援救安庆。无论武汉幸而保全，贼必以全力回扑安庆围师；即不幸而武汉疏失，贼亦必以小支牵缀武昌，而以大支回扑安庆，或竟弃鄂不顾。去年之弃浙江而解金陵之围，乃贼中得意之笔。今年抄写前文无疑也。无论武汉之或保或否，总以狗逆回扑安庆时，官军之能守不能守以定乾坤之能转不能转。安庆之濠墙能守，则武昌虽失，必复为希庵所克，是乾坤有转机也；安庆之濠墙不能守，则武昌虽无恙，贼之气焰复振，是乾坤无转机也。弟等一军关系天地剥复之机，无以武汉有疏而遽为震摇，须待狗逆回扑，坚守之后再定主意。

点评：持以谨静专一之气应付危局

先来说说这封家书的背景。

咸丰三年正月，太平军靠着水师的力量，从武昌顺流东下，势如破竹，不过四十来天，便进入江宁。长江既可以让洪秀全顺利成事，长江同样也可以让清军轻易取胜，故而双方都将长江视为生命线。而长江的扼控点则在几个重要的码头，如武昌、黄州、田家镇、武穴、九江、安庆、池州、芜湖、江宁。其中尤以武昌、九江、安庆、江宁四个码头最为重要。当武昌、九江已为清军所占后，攻打安庆，便成为攻克江宁前所要进行的最重要的一场战争。同样的，太平军也深知安庆是保护天京的最重要的屏障。于是安庆成了两军激战的第一战场。

守安庆的是太平军名将叶芸来、刘玱林，攻打安庆的便是有"曾铁桶"（意谓能把城围得像铁桶样滴水不漏）之称的老九及其弟曾季洪。

曾老九率领吉字营于咸丰十年四月屯兵安庆城外集贤关，两军对峙，互有胜负。

天国领导集团想方设法欲解救安庆之危局。咸丰十年十月，陈玉成移师安庆，不利后退出。十一年正月，湖北巡抚胡林翼移营安徽太湖，目的是为了声援安庆。于是，陈玉成、李秀成决定以围魏救赵之计来救安庆。

二人分别从北岸和南岸同时向武昌进发，湖北的形势顿时变得严峻起来。信中所说的"官相（笔者注：即湖广总督官文）既已出城，则希庵由下巴河南渡以救省城"，指的正是当时湖北形势。

陈、李的这个军事意图，曾氏及湘军的另一主帅胡林翼都看得很清楚，从而作出即便丢掉武昌也要确保围安庆之军不撤的决定，并以此来坚定老九围城的信心。结果因南岸李秀成的误期，围武昌以救安庆的军事计划没有实现。不得已，陈玉成再回兵增援安庆。

在通常人的观念中，修炼心性、主静主诚的理学与攻城略地、不厌欺诈的军事完全是对立的、互不相干的两个领域，这中间如何沟通？理学除造就高谈阔论的学人外，它还能培养出可办实事的人才吗？

我们都知道，早年曾氏在京师做词臣时，曾拜倭仁、唐鉴为师，皈依理学，认认真真地修身养性，其主要功课为"志、敬、静、谨、恒"五字。笔者也曾在心里嘀咕过："敬"、"静"、"谨"这些东西，在平居时或许可以做到，乱时能做到吗？或者说，平居时所修炼来的这些功夫，乱时能发挥出它的作用吗？

读这封信，我们看到理学功夫在打仗时的运用了。曾氏批评鲍超霆军的短处在少一"静"字。又要九弟以"谨静专一之气"来面对危局。看似迂腐的学问，居然在血火刀兵的现实中产生作用，不能不令人惊奇。

本来，理学的最终目的是要造就人的完美人格。有了这个完美人格，世上什么事不能办好，何止带兵打仗！只是许许多多的理学夫子既没有把理学的精髓吃透，又没有实实在在地表里一致地加以修炼，故而流入空谈、流入虚伪、流入叶公一类。这是学者的悲哀，并非学问的悲哀！

致澄弟（立身处世之"八本"）

咸丰十一年二月二十四日

澄侯四弟左右：

上次送家信者，三十五日即到。此次专人，四十日未到。盖因乐平、饶州一带有贼,恐中途绕道也。

自十二日克复休宁后,左军分出八营在于甲路地方小挫,退扎景镇。贼幸未跟踪追犯,左公得以整顿数日,锐气尚未大减。目下左军进剿乐平、鄱阳之贼。鲍公一军,因抚、建吃紧,本调渠赴江西省,先顾根本,次援抚、建。因近日鄱阳有警,景镇可危,又暂留鲍军不遽赴省。胡宫保恐狗逆由黄州下犯安庆沅弟之军,又调鲍军救援北岸。其祁门附近各岭,二十三日又被贼破两处。数月以来,实属应接不暇,危险迭见。而洋鬼又纵横出入于安庆、湖口、湖北、江西等处,并有欲来祁门之说。看此光景,今年殆万难支持。然余自咸丰三年冬以来,久已以身许国。愿死疆场,不愿死牖下,本其素志。近年在军办事,尽心竭力,毫无愧怍,死即瞑目,毫无悔憾。

家中兄弟子侄,惟当记祖父之八个字,曰:"考、宝、早、扫、书、蔬、鱼、猪。"又谨记祖父之三不信,曰:"不信地仙,不信医药,不信僧巫。"余日记册中又有八本之说,曰:"读书以训诂为本,作诗文以声调为本,事亲以得欢心为本,养生以戒恼怒为本,立身以不妄语为本(即不扯谎也),居家以不晏起为本,作官以不要钱为本,行军以不扰民为本。"此八本者,皆余阅历而确有把握之论,弟亦当教诸子侄谨记之。无论世之治乱,家之贫富,但能守星冈公之八字与余之八本,总不失为上等人家。余每次写家信,必谆谆嘱咐。盖因军事危急,故预告一切也。

余身体平安。营中虽欠饷四月,而军心不甚涣散,或尚能支持,亦未可知。家中不必悬念。顺问近好。

兄国藩手草

点评:立身处世之"八本"

曾氏的"八本"在近代传颂甚广,最早见于其咸丰十年闰三月十八日的日记,这是第一次向家人公布。

读曾氏的文字,感觉到他有一个很显著的特点,即喜欢提炼归纳:或归纳为几句话,或归纳为几个字。

世事纷纭,须排沙拣金;道理繁多,宜由博返约。由此看来,提炼归纳的功夫必不可少。去掉什么,留存什么,这中间最能反映出一个人的好恶和见识。至于驭繁于简,更是思维能力强的表现;同时,也是一个提高升华的过程。置身于大千世界、茫茫人生,面对着烟海学问无穷资讯,会不会提炼,善不善归纳,应是人与人之间高下优劣的一个重要区分点。曾氏将祖父平日治家之方,经过一番

悬挂于曾氏旧居之"八本堂"匾

提炼后归纳为八个字，又将其所不喜欢的东西概括为三个不信。他将素日对立身处世、治学做事所得到的一些体会归纳为"八本"。他的这些"本"不一定都能为人所接受，但多多少少能给人以启益。曾氏老家富厚堂中有一间房子的门楣上，高悬"八本堂"横匾，匾上便刻着这八句话。可见曾氏后世子孙对它的重视。

致诸弟（孝致祥，勤致祥，恕致祥）

咸丰十一年三月初四日

澄、沅、季弟左右：

余于初二日自祁门起行至渔亭，初三日至休宁。初四日派各营进攻徽州。所有祁门、渔亭之营，皆派七八成队来此，老营空虚。闻景德镇于二月三十日失守，陈一军溃散，左京堂亦被围困，不知能守住营盘否？景镇既失，祁、黟、休三县之米粮全无，接济已断。若能打开徽州，尚可通浙江米粮之路；若不能打开徽州，则四面围困，军心必涣，殊恐难支。

余近年在外勤谨和平，差免怨尤，惟军事总无起色。自去冬至今，无日不在危机骇浪之中。所欲常常告诫诸弟与子侄者，惟星冈公之八字、三不信及余之八本、三致祥而已。八字曰"考、宝、早、扫、书、蔬、鱼、猪"也，三不信曰"药医也，地仙也，僧巫也"，八本曰"读书以训诂为本，作诗文以声调为本，事亲以得欢心为本，养生以少恼怒为本，立身以不妄言为本，居家以不晏起为本，做官以不爱钱为本，行军以不扰民为本"，三致祥曰"孝致祥，勤致祥，恕致祥"。兹因军事日危，旦夕不测，又与诸弟重言以申明之。家中无论老少男妇，总以习勤劳为第一义，谦谨为第二义。劳则不佚，谦则不傲，万善皆从此生矣。此次家信，专人送安庆后再送家中，因景镇路梗故也。顺问近好。

兄国藩手草（休宁城中）

外黄南坡挂屏交安庆转寄，柳帖二付寄家交纪泽。

> **点评：孝致祥，勤致祥，恕致祥**

上封信刚归纳了一个"八本"，这封信又来了个"三致祥"，即孝、勤、恕三者可以给自身、给家庭带来吉祥。这也是他平素观察思考后的结论，告诉诸弟，望诸弟遵守并能使之成为曾氏一门的家风。这位曾老大对家族的殷殷关爱之心，真个是跃然纸上，令人感动。

谕纪泽纪鸿（文人的遗憾）

咸丰十一年三月十三日

字谕纪泽、纪鸿儿：

接二月二十三日信，知家中五宅平安，甚慰甚慰。

余以初三日至休宁县，即闻景德镇失守之信。初四日写家书，托九叔处寄湘，即言此间局势危急，恐难支持，然犹意力攻徽州，或可得手，即是一条生路。初五日进攻，强中、湘前等营在西门挫败一次。十二日再行进攻，未能诱贼出仗。是夜二更，贼匪偷营劫村，强中、湘前等营大溃。凡去二十二营，其挫败者八营（强中三营、老湘三营、湘前一、震字一），其幸而完全无恙者十四营（老湘六、霆三、礼二、亲兵一、峰二），与咸丰四年十二月十二夜贼偷湖口水营情形相仿。此次未挫之营较多，以寻常兵事言之，此尚为小挫，不甚伤元气。目下值局势万紧之际，四面梗塞，接济已断，加此一挫，军心尤大震动。所盼望者，左军能破景德镇、乐平之贼，鲍军能从湖口迅速来援，事或略有转机，否则不堪设想矣。

余自从军以来，即怀见危授命之志。丁、戊年在家抱病，常恐溘逝牖下，渝我初志，失信于世。起复再出，意尤坚定。此次若遂不测，毫无牵恋。自念贫窭无知，官至一品，寿逾五十，薄有浮名，兼秉兵权，忝窃万分，夫复何憾！惟古文与诗，二者用力颇深，探索颇苦，而未能介然用之，独辟康庄。古文尤确有依据，若遽先朝露，则寸心所得，遂成广陵之散。作字用功最浅，而近年亦略有入处。三者一无所成，不无耿耿。至行军本非余所长，兵贵奇而余太平，兵贵诈而余太直，岂能办此滔天之贼？即前此屡有克捷，已为侥幸，出于非望矣。尔等长大之后，切不可涉历兵间，此事难于见功，易于造孽，尤易于诒万世口实。余久处行间，日日如坐针毡，所差不负吾心，不负所学者，未尝须臾忘爱民之意耳。近来阅历愈多，深谙督师之苦。尔曹惟当一意读书，不可从军，亦不必作官。

吾教子弟不离八本、三致祥。八者曰：读古书以训诂为本，作诗文以声调为本，养亲以得欢心为本，养生以少恼怒为本，立身以不妄语为本，治家以不晏起为本，居官以不要钱为本，行军以不扰民为本。三者曰：孝致祥，勤致祥，恕致祥。吾父竹亭公之教人，则专重孝字。其少壮敬亲，暮年爱亲，出于至诚，故吾纂墓志，仅叙一事。吾祖星冈公之教人，则有八字、三不信。八者曰：考、宝、早、扫、书、蔬、鱼、猪。三者曰僧巫，曰地仙，曰医药，皆不信也。处兹乱世，银钱愈少，则愈可免祸；用度愈省，则愈可养福。尔兄弟奉母，除劳字俭字之外，别无安身之法。吾当军事极危，辄将此二字叮嘱一遍，此外亦别无遗训之语，尔可禀告诸叔及尔母无忘。

点评：文人的遗憾

自从就任两江总督以来，曾氏就一直处于军事不利的局面，几乎天天都在忧愁中度过，用他给老九信中的话来说，即"实无生人之趣"，故而在家信中常会说些随时准备死的话。这次给两个儿子的信说得更明白，若有不测，信上所说的便是遗训了。剖析这封信，可以让我们知道一些曾氏的内心世界。

曾氏对自己仕宦权位已觉满足，即便明日死，他亦毫无遗憾。但他此生仍有不满意者，即在古文、诗与书法上。早在二十年前，曾氏便自以为在诗文上进入到一个相当高的境界，恨当世无韩愈、黄庭坚一类人能与他对话。这一方面可见青年时代的曾氏之狂，另一方面也可知他那时的诗文的确很好，因为说这番话时，他已是皇家的文学侍从，并非高楣山下的井底之蛙。

倘若不是战争扭转了他的人生轨迹，他定然会有更多空余的时间和闲适的心境与书卷笔墨打交道，相信他在诗文创作方面会取得更大的艺术成就。然而事情也有另一面。走出书斋官衙，能与更广阔的社会各阶层有较深入的接触；投身军旅，金戈铁马更能催天地间的阳刚雄伟之气；领袖群伦，既能集合一大群诗文才俊，又可以让自己的所作仗权势而影响广泛。或许正是因为这样，才有日后的湘乡文派。这也许是此刻的曾氏所没有料到的。我们且来读一段钱钟书之父钱基博先生在《现代中国文学史》中所写的一段话：

"厥后湘乡曾国藩以雄直之气，宏通之识，发为文章，而又据高位，自称私淑于桐城，而欲少矫其懦缓之失；故其持论以光气为主，以音响为辅。探源扬、马，专宗退之，奇偶错综，而偶多于奇，复字单词，杂厕其间，厚集其气，使声彩炳焕而戛焉有声。此又异军突起而自为一派，可名为湘乡派。一时流风所被，桐城而后，罕有抗颜行者。"

曾氏当时若能知七十年后有名学者在中国文学史上为他这样定位的话，想必不会有"寸心所得遂成广陵之散"的遗憾了。至于他的书法，虽然他也颇为自负，但平心而论，没有太大的成就，即便他一辈子勤临墨池，也不见得会超过他的朋友何绍基。但这百余年来，坊间所流传得最多的字不是何字而是曾字，许多赝品都能卖得高价钱，这不是别的原因，而是因为曾氏的位高名大。名位是怎么来的，还不是"从军"所带来的吗？

所有这些，都可以从曾氏所信奉的消息盈虚之理中找到答案。

曾氏对诗、文、字的遗憾，归结为一点，其实是对学问的遗憾；说得更确切点，乃是一种文人的遗憾。中国的知识分子有很重的文人情结，不管事功上多么辉煌，若著书立说上没有大成就的话，他总会有不满足感。即便如洪秀全这种人，进了南京城后，他更多的心思也是用在《天王御制诗》的编撰修订上。这很可能是深受"三立（立德、立功、立言）"思想影响的缘故。

曾氏一向相信"拙诚"，这一则是理学教育的结果，二来也与他的性格有关。在"拙诚"的指导下，他提出过"深沟高垒，步步为营"、"扎硬寨，打死仗"等口号，对湘军的军事建设起过不少积极作用。但打仗不能只靠拙诚，奇、险、巧、诈，常常是取得战役胜利的重要原因。曾氏可以运筹于帷幄，却不能决胜于战场，究其原因，他缺的是机动灵活、快速变化的临阵指挥才能。

曾氏深知自己实际上是短于兵事的，故而嘱咐儿子不要去从军。同时，他也不太希望儿子去做官。关于这方面，我们以后在相关点评中再来细说。

致沅弟季弟（从祁门移营东流）

咸丰十一年三月二十一日

沅、季弟左右：

二十夜接弟十九早信，知援贼已到后濠之外，弟乃因南岸之事十分焦灼。余不能派兵援救弟处，反以余事分弟心思，损弟精神。此兄之大错。弟当援贼围逼，后濠十分紧急之时，不顾自己之艰危，专谋阿兄之安全，殷殷至数千言。昔人云："读《出师表》而不动心者，其人必不忠；读《陈情表》而不动心者，其人必不孝。"吾谓读弟此信而不动心者，其人必不友。余定于二十四日拔营起程，二十九日准至东流，即在舟次居住，以答两弟之意。弟从此安心做事，不可挂念南岸也。闻盛南表弟于十八夜回营，此心略慰。十九夜之黑，二十早之雾，殊为可虑。过此两日，守事当少有把握。枞阳坝成后，桐城之贼由练潭来，尚隔水否？

此间各路，平安之至。景德镇之贼业已退净，不知其全由婺源回徽乎？抑尚在乐平与左、鲍相持乎？然该镇贼退，则祁门粮路业已通矣。两弟千万放心。兄移驻东流，祁、黟、休各军仍留此间紧守不动，不能多带兵勇救援弟处，惟弟谅之，亦实无强兵可带也。顺问近好。

来勇二人各赏翎一支、银四两，留此少停片时，此信另派亲兵及云岩亲兵送去。

点评：从祁门移营东流

咸丰十年六月中旬，曾氏在就任江督后不久，便将老营从皖西宿松移到皖南祁门。祁门四面环山，形如锅底，与外面的交通易于切断。包括李鸿章在内的不少人都不同意驻扎此地，但曾氏并不改变主意。在遭遇到太平军几次兵临城下的处境后，几乎所有的人都主张迁移，但曾氏仍固执己见。曾氏为什么这样看好祁门，也不知出于何种考虑。直到老九写了一封数千言情词恳切的长信，劝乃兄以全局为重再不能置身危地时，曾氏这才接受意见，从祁门迁出，移营长江边上的东流县。这封信说的就是这件事。事实上，曾氏自迁到东流后，所处的环境便大为改善了。

致沅弟季弟（左宗棠之长在善于审几审势）

咸丰十一年三月二十四日

沅、季弟左右：

二十三晚接弟十五日信，系从景德镇送鲍公信绕来者。朱云岩今早业已启行，二十八九可到东流，三十日必到弟处帮守濠墙矣。鲍公二十六日拔营，余有一批抄阅。左军破侍逆股十余万，可谓奇功，然其不可及处，只在善于审几审势耳。顺问近好。

点评：左宗棠之长在善于审几审势

咸丰十年五月，左宗棠奉旨招募楚军五千，其主要将领有王开琳、王开化、刘典、杨昌濬等。八月，左宗棠率楚军出湖南，由江西进入皖南。自此后便转战于皖南赣北一带，左宗棠的杰出将才也便开始逐渐显现在世人面前。

这年年底，左宗棠收复江西的德兴和浮梁，曾国藩为他请赏，朝廷将他由四品京堂升到三品京堂。咸丰十一年三月，太平军侍王李世贤率十余万人马攻打左所在地江西乐平县。城里只有五千人。在李世贤团团包围、楚军死伤严重的情况下，左宗棠决定出城决战。王开化趋西路、王开琳趋东路，左与刘典趋中路，在鼓声与呐喊声中冒着大风大雨冲出县城，与太平军展开肉搏战，结果大获全胜。这封信上说的"左军破侍逆股十余万"，就是这件事。左因此大受朝廷嘉奖，也由此而获善战声誉，很快便如奇峰突起了。

左的长处，曾氏认为在善于审几审势。几者，几微也，即事物将发未发之征兆。若能于此时便看出事物今后的发展趋势，从而采取相应措施，自然比事后诸葛亮要强过十倍百倍。势者，即在某一时刻下各种相关事物所处的位置。将这种状态看得明白清楚，有利于作出正确的处理方案。审几审势，不但对于从军者十分重要，对于从政经商者亦十分重要。凡有志于从事与人争斗的职业者，都应研究审几审势之学。

左宗棠书法

致沅弟（凡办大事，半人力半天事）

咸丰十一年四月初三日

沅弟左右：

初三辰刻接初二巳正来书，具悉一切。

昨日雨小而风大，今日风小而雨大，鲍军勇夫万余人，纵能渡江，想初二尚未渡毕，初三则断不能渡。凡办大事，半由人力，半由天事。如此次安庆之守，濠深而墙坚，稳静而不懈，此人力也；其是否不至以一蚁溃堤，以一蝇玷圭，则天事也。各路之赴援，以多、鲍为正援集贤之师，以成、胡为后路缠护之兵，以朱、韦为助守墙濠之军，此人事也；其临阵果否得手，能否不为狗酋所算，能否不令狗酋逃遁，此天事也。吾辈但当尽人力之所能为，而天事则听之彼苍，而无所容心。弟于人力颇能尽职，而每称擒杀狗酋云云，则好代天作主张矣。

至催鲍进兵，亦不宜太急。鲍之队伍由景镇至下隅坂，仅行五日，冒雨遄征，亦可谓极速矣。其锅帐则至今尚未到齐，以泥太深，小车难动也。弟自抚州拔营至景镇，曾经数日遇雨，试一回思，能如鲍公此次之迅速乎？润帅力劝鲍公进兵不必太急，待狗酋求战气竭力疲而后徐起应之云云，与弟见正相反。余意不必催鲍急进，亦不必嘱鲍缓战，听鲍公自行斟酌可也。多公调度远胜于鲍，其马队亦数倍于鲍，待多击退黄文金后，再与鲍军会剿集贤关，更有把握。

至狗酋虽凶悍，然屡败于多、李、鲍之手，未必此次忽较平日更狠。黄文金于洋塘、小麦铺两败，军器丢弃已尽。多、鲍之足以制陈、黄二贼，理也，人力之可知者也。其临阵果否得手，则数也，天事之不可知者也。来书谓狗部有马贼二千五六百，似亦未确。系临阵细数乎，抑系投诚贼供乎？闻贼探多假称投诚者，弟宜慎之。即问近好。

点评：凡办大事，半人力半天事

曾氏在信中提出了两个观点：一、凡办大事，半由人力，半由天事。二、吾辈但当尽人力之所能为，而天事则听之于自然。曾氏的这两个观点都有相当的道理。世上有许多事特别是小事，是可以由自己一人做得了主的。但有许多事，特别是大事，却因为牵扯的因素多，自己一人往往做不了主。心中明白了这个道理，便会注意去考虑相关的因素，也就不至于事不成而想不开。有些相关因素，即便你再怎么去考虑它、研究它，也不会因此而随着你的心意改变。那么，你且按自己的意图做去，能成几分是几分，不成也罢了。这就是尽人事而听天命者胸襟多豁达的原因。

致沅弟（约期打仗及观人说话）

咸丰十一年四月初八日

沅弟左右：

初八申刻接初七亥刻缄，知初七有出队之举。凡看地势、察贼势，只宜一人独往，所带极多不得过五人。如贼来追抄，则赶紧驰回，贼见人少，亦不追也。若带人满百，贼来包抄，战则吃贼之亏；不战而跑回，则长贼之焰，两者俱不可。故近日名将看地势者，相戒不带队伍也。又两相隔在五里以外，不可约期打仗。凡约期，以号炮为验，以排枪为验，以冲天火箭为验者，其后每每误事。余所见带队百余人以看地势及约期打仗二事致败者屡矣，兹特告弟记之。近唐桂生初五徽州之败，亦犯此二忌。弟如自度兵力实能胜贼，则出濠一战，亦无不可，切不宜与多、鲍约期。或眼见多、鲍酣战之际，弟率大队一助，则可；先与约定，则不可（多、鲍来约，竟不应允，甘为弱兵，作壁上观可也）。余此次派鲍、朱援安庆，先未约定而忽至，则有益；希庵先约定回援而不至，则有损也。

杨镇南之不足恃，余于其平日之说话知之。渠说话最无条理。凡说话不中事理、不担斤两者，其下必不服。故《说文》君字、后字从口，言在上位者，出口号令，足以服众也。

朱云岩放衢州镇总兵。陈舫仙禀即不批准。瑞州之贼西窜九江，或可无虞。竹庄信附阅。顺问近好。

> **点评：约期打仗及观人说话**
>
> 两军相约打仗这种事，普通人不会遇到，但两人相约某时在某地见面，然后同到某处这种事，却是平民百姓所常有的。曾氏认为，两军约期，常会因一些意外的情形发生而误事，故而他主张最好不约。若自己能做的就做，做不了就不做，不要将指望寄托在别人的身上。打仗是性命攸关的事，是不能将自己的性命寄托在别人身上的。故笔者以为，曾氏的意思是凡办重大的事，必须尽量做到稳妥，以至于万无一失，不要因某一个小环节失虑而贻误。从这一点引发开去，可以使我们得到启发。世上凡因小处失算而引起大事颠覆的例子很多，应援为镜鉴。
>
> 哨官杨镇南平日说话无条理，曾氏早虑其不足以为依恃，并借此告诉九弟一个道理：凡说话不着边际不切中事理，或者随意性很大没有分量的人，不可做头领。

致沅弟季弟（莫以多杀人为悔）

咸丰十一年六月十二日

沅弟、季弟左右：

盛四归，接两弟信，具悉一切。

既已带兵，自以杀贼为志，何必以多杀人为悔？此贼之多掳多杀，流毒南纪，天父天兄之教，天燕天豫之官，虽使周孔生今，断无不力谋诛灭之理。既谋诛灭，断无以多杀为悔之理。幅巾归农，弟果能遂此志，兄亦颇以为慰。特世变日新，吾辈之出，几若不克自主，冥冥中似有维持之者。

赖贼赴下游买米，日内有信来安庆否？余前有寄厚庵二缄，兹抄去一阅。弟可与黄昌岐细细说明，大约不外平日结以厚情，临时啖以厚利，以期成安庆一篑之功耳。即问近好。

点评：莫以多杀人为悔

安庆之战，眼下已到了关键时刻。自五月初集贤关被吉字营攻破后，太平军在安庆战场上便开始处于劣势，一个多月来，成千上万名太平军将士被吉字营官兵所斩杀。曾氏六月初四日给老九的信上说："弟处杀人甚多，腥臭之气，炎暑薰蒸，恐易生病，又加日夜防守，余实不放心，宜将贼尸设法埋之，或用旧船载弃大江何如？"初十日信上又说："积尸臭气，若能多烧大黄薰之，当小有益。"

当时安庆战场上惨状之烈，可从这两段信文中看出。或许是曾老九本人也看不过去了，或是天热尸臭太盛，吉字营中不少人染上病毒死亡，才有他给乃兄信中的"杀人太多"的悔辞。

但曾氏却不以为然，认为这些太平军都该杀。在五月十八日的信中也说："克城以多杀为妥，不可假仁慈而误大事。"

打仗自然免不了要杀人，但放下武器投降者，或者已失去抵抗能力者，均不应再斩杀，尤其是敌军之眷属，更应待之以人道主义。曾氏要老九多杀人，显然没有考虑以上这些因素。后人骂曾氏为曾剃头，为刽子手，笔者以为不过分。从这封信看来，曾氏的确是一个不惮杀人的刽子手。但曾氏过去也写过《解散歌》，提出几个"不杀"，懂得区别对待分化瓦解的作用，而现在又说出这样残忍的充满血腥味的话来，从这里我们可以看出曾氏性格的复杂性和多面性。

致澄弟（情意与钱物）

咸丰十一年六月十四日

澄弟左右：

六月初四接五月二十四来信并纪泽一禀，具悉一切。南五舅母弃世，纪泽往吊后,弟亦往吊唁否?此等处,吾兄弟中有亲往者为妙。从前星冈公之于彭家并无厚礼厚物,而意甚殷勤,亲去之时甚多。我兄弟宜取以为法。大抵富贵人家气习,礼物厚而情意薄,使人多而亲到少。吾兄弟若能彼此常常互相规诫,必有裨益。

此间军事平安。余疮疾渐愈,已能写字矣。安庆军情,九弟常有信回,兹不赘。付回银二百两,系去年应还袁宅之项,查收。即问近好。

国藩手草

点评:情意与钱物

人与人之间的往来,主要表现在两个方面:一是情意上,一是钱物上。在物资匮乏的年代,或在缺少钱物的人之间,情意的一面似乎显现得更为突出些。反之,在物质富裕的时候,或在有钱人之间,不少的情谊却用金钱取代了。人间交往,金钱是不可缺的,尤其在急需此物的时候,助人以金钱,比空空的几句话要重要得多。但在一般的情况下,情意更显得亲热、温馨。现代社会,运转节奏加快,赚钱发财的门路增多,不少人因此而淡薄了情意,许多该表示温情的时候却用冰冷的钱物去代替,许多该由自己亲身做的事却委托毫不相干的人去代理,正如一百多年前,曾氏在这封信里所指出的:"大抵富贵人家气习,礼物厚而情意薄,使人多而亲到少。"人情便因此而淡化,人世也便因此而失去温暖。这的确是值得世人注意的事。

致沅弟(暂缓奏祀方苞)

咸丰十一年六月二十九日

沅弟左右:

专人至,接来信,城池未克,而遽索犒赏之古文,未免揭盖太早。湖南主考放王澎、胡家玉。毛公之奏停,系听胡恕堂言浙江之失,由先年借办江南乡试,招引奸细入城云云。兹将毛信抄寄一阅。虽不免士子之讥议,而为慎守省城起见,毛固不失为贤者耳。润公专人守候,余因作《箴言书院记》,勉强交卷,文不称意,抄寄弟阅。四伪王究由宿松至怀、桐否?查明见告。日内闻池州之贼已退,不知确否?即问近好。

再,望溪先生之事,公私均不甚惬。

公牍中须有一事实册,将生平履历,某年中举中进士,某年升官降官,某年得罪,某年昭雪,及生平所著书名,与列祖褒赞其学问品行之语,一一胪列,不作影响约略之词,乃合定例。望溪两次获罪:一为戴名世《南山集》序入刑部狱;一为其族人方某(忘其名)挂名逆案,将方氏通族编入旗籍,雍正间始准赦宥,免隶旗籍。望溪文中所云因臣而宥及合族者也。今欲请从祀孔庙,须将两案历奉谕旨一一查出,尤须将国史本传查出,恐有严旨碍眼者,易干驳诘。从前入祀两庑之案,数十年而不一见,近年层见迭出,几于无岁无之。去年大学士九卿等议复陆秀夫从祀之案,声明以后外间不得率请从祀。兹甫及一年,若遽违新例而入奏,必驳无疑。右三者,公事之不甚惬者也。

望溪经学勇于自信,而国朝巨儒多不甚推服,《四库书目》中于望溪每有贬词,《皇清经解》中并未收其一册一句。姬传先生最推崇方氏,亦不称其经说。其古文号为一代正宗,国藩少年好之,近十余年,亦别有宗尚矣。国藩于本朝大儒,学问则宗顾亭林、王怀祖两先生,经济则宗陈文恭公,若奏请从祀,须自三公始。李厚庵与望溪,不得不置之后图。右私志之不甚惬者也。

点评:暂缓奏祀方苞

曾国荃已因军功而升道衔知府尽先选用,但他还是不能忘情功名科举,军务倥偬之际,仍要乃兄批改古文,以求提高自己八股文的写作水平,并一再打听湖南今年乡试的情况。由此可见,科举情结,在当时读书人的心中有多深!

信中所言《箴言书院记》,乃是应湖北巡抚胡林翼之所请而作。胡氏捐资在家乡湖南益阳办了一所学校,名曰"箴言书院",求曾氏为此作一篇文章,于是便有了这篇《箴言书院记》。现抄录此文中的一段话,以见曾氏的教育思想:"窃尝究观夫天之生斯人也,上智者不常,下愚者亦不常,扰扰万众,大率皆中材耳。中材者,导之东而东,导之西而西;习于善而善,习于恶而恶。其始瞳焉无所知识,未几而骋耆欲,逐众好,渐长渐贯而成自然。由一二人以达于通都,渐流渐广而成风俗。风之为物,挖之若无有,鳍之若易靡;及其既成,发大木,拔大屋,一动而万里应,穷天人之力,而莫之能御。先王鉴于此,欲民生早慎所习,于是设为学校以教之。"

曾氏之文风,亦由此段可见一斑。

曾氏为文,自称受桐城姚鼐之影响为大,对桐城派始祖方苞则称颂不多,故老九欲奏请将皖籍名人方苞入祀圣贤祠,曾氏不予赞同。他对于本朝大儒,学问上推崇顾炎武（亭林）、王念孙（怀祖），经济上则推宗陈宏谋。顾、王二人为大家所熟知，至于陈，当代人则多为不知。陈宏谋，号榕门，广西桂林人，历任郎中、巡抚、总督，为官干练，于水利、鼓铸、仓储等均有建树，深受乾隆帝赏识，晚年拜东阁大学士，死谥文恭。所著《五种遗规》在士大夫层中极有影响，曾氏对此书也很重视，多次在家信中提到要家人认真阅读。

谕纪泽（以勤奋追补失落的光阴）

咸丰十一年七月二十四日

字谕纪泽：

前接来禀，知尔抄《说文》，阅《通鉴》，均尚有恒，能耐久坐，至以为慰。去年在营，余教以看、读、写、作，四者阙一不可。尔今阅《通鉴》，算看字工夫；抄《说文》，算读字工夫。尚能临帖否？或临《书谱》，或用油纸摹欧、柳楷书，以药尔柔弱之体，此写字工夫，必不可少者也。尔去年曾将《文选》中零字碎锦分类纂抄，以为属文之材料，今尚照常摘抄否？已卒业否？或分类抄《文选》之词藻，或分类抄《说文》之训诂。尔生平作文太少，即以此代作字工夫，亦不可少者也。尔十余岁至二十岁虚度光阴，及今将看、读、写、作四字逐日无间，尚可有成。尔语言太快，举止太轻，近能力行迟重二字以改救否？

此间军事平安。援贼于十九、二十、二十一日扑安庆后濠，均经击退。二十二日自巳刻起至五更止，猛扑十一次，亦竭力击退。从此当可化险为夷，安庆可望克复矣。余癣疾未愈，每日夜手不停爬，幸无他病。皖南有左、张，江西有鲍，均可放心。目下惟安庆较险，然过二十二之风波，当无虑也。

点评：以勤奋追补失落的光阴

曾纪泽今年虚岁二十三，作为一个富贵人家的公子，他的经历也算颇为不顺。十四岁，正是一个男孩子读书求学的关键时候，却不幸遭遇祖母之丧，不得不离开京师回到老家，原来的生活秩序全部打乱，学业自然大受影响。十八岁结婚，婚后一年多夫人便因难产去世。此事对他情感上的打击很大，直到二十一岁再婚时，心绪才安定下来。故而曾氏说他"十八岁至二十岁虚度光阴"。二十三岁,依旧还年轻,虚度的光阴还是可以补救过来的。补救之法无它,勤奋而已。曾氏对儿子阅《资治通鉴》、抄《说文解字》予以鼓励,又叫他临欧、柳之帖,借欧柳的刚劲来医治笔力的柔弱;又叫他多抄录些词藻,以为文章之润色。这些都是很具体的为学指导,想必对曾纪泽的学业大有帮助。又询问他在培植厚重功夫上的进展如何,希望儿子尽快改掉说话太快、举止太轻的毛病。一个身处前线的带兵统帅,在随时都将遭到敌军攻击的时候,能将儿子的立身求学如此挂于心头,的确叫人佩服。

致澄弟（咸丰帝驾崩）

咸丰十一年八月十三日

澄侯四弟左右：

初四日发去一缄。日记交安庆看,故未付来。余于初五日起行赴安庆,初七始到,兄弟相见。观濠沟之深,地段之长,□□（评点者注：原件此处缺两字）之悍,成功信不易易也。

桐城于初三日克复,池州府于初五日克复。南北两岸正值事机大顺之际,乃于初十日接信,痛悉大行皇帝于七月十七日升遐。天下臣民无福,膺此大变。现御前大臣四人、军机四人辅导幼主赞襄政务。即日奉移梓宫进京,谕旨不准督抚进京叩谒梓宫。俟哀诏到日,余即在安庆设次成礼。

此间军事,自去年以来危险迭见,目下大有转机,所患者饷项积欠太多耳。大女儿喜事,袁家究定何日？余办二百金,可于本月付回。袁铁庵四亲家昨在此经过,余告以两家均崇节俭。二女儿姻期,陈家定于明春举行,季牧顷有信来营矣。余身体平安,疮癣至今未好,爬搔不停,幸不大为害。饮食如常,惟两脚多烂,合屈团鱼、屈礼国之妙为一耳。顺问近好。

家中有好漆醋否？寄少许来。

兄国藩手草（安庆河下）

点评：咸丰帝驾崩

八月初一日,围攻一年零四个月的安庆城被拿下。安庆易帜,对太平天国和清廷两方面来说,都是一件大事。安庆失守,天京的外围屏障没有了,地盘也大为缩小，太平军的日子更难过了。初七日，曾氏进了安庆城，将两江总督衙门兼前线总指挥部从东流移到此地。安庆是一座颇具规模的城市，长期充当安徽的省垣，江督衙门设于此，也算得像模像样了，同时也便于对以江浙战场为主体的日后战争的指挥。

这时，清廷出了大变故：逃离京城寓居热河行宫整一年的咸丰皇帝病逝了。咸丰帝只有三十一岁，尽管重病在身，王公大臣们也没料到他会遽尔大行。面对此事，热河和京师都措手不及。

咸丰帝只有一个儿子，乃即将登基的同治帝载淳，当时年方六岁。其生母为皇贵妃叶赫那拉氏，嫡母为皇后钮祜禄氏。载淳即位后，封钮祜禄氏为慈安太后，封那拉氏为慈禧太后。

咸丰帝在病危时，遵祖制任命八个辅政大臣，以便在儿子亲政之前，朝政有人执掌。这八个人，信中提到了："现御前大臣四人，军机四人。"御前四人，即怡亲王载垣、郑亲王端华、协办大学士户部尚书肃顺、额驸景寿。军机四人，即穆荫、匡源、杜翰、焦祐瀛。辅政大臣中既无留守北京办理和谈大事的恭亲王奕訢，也无身为咸丰亲弟又系慈禧妹夫的醇郡王奕譞。辅政大臣的领袖实际上是肃顺。肃顺能干，深得咸丰信任，但为人跋扈，眼中并无两太后及恭王的位置。冲突就这样产生了，终于爆发了被历史学家称之为"祺祥政变"的宫廷大变局。这些，我们留待后面再说。

眼下，安庆城里的两江总督自然不会料到日后的变局，他遵照谕旨，不进京吊丧，只在城里设咸丰帝的灵位，率文武跪拜。

致沅弟（胡林翼去世）

咸丰十一年九月初三日

沅弟左右：

顷接信，胡宫保已于八月二十六亥时去世，可痛之至！从此共事之人，无极合心者矣。奉旨希庵暂署湖北巡抚，系因润帅请开缺折内举以自代也。

打泥汊时，贼墙若傍水滨，我陆师不可近墙登岸，须在上游二十里或下游二十里登岸，庶进退稍宽，不至节太短势太促也。

大通厘局，弟便道一查郑奠之劣迹究以何者为最。有言其严禁游勇（陈虎臣说的），百姓感之者，果否？弟细心查明见复，将以定终身之弃取。闻渠尚恋恋未去也。顺问近好。

> **点评：胡林翼去世**

紧接国家的大变故之后，湘军及整个江南战场又出了一桩大变故，这便是胡林翼的去世。胡林翼死时才五十岁，属英年早逝。据说胡是被洋人气死的。有次，胡林翼在长江边远远地看到一艘英国兵船，鸣着汽笛，风驰电掣般破浪而上，将前面的一艘湘军水师的大船挤翻。船上的水手大半落水，狼狈不堪，而英船上的水兵却鼓掌狂笑。胡林翼大怒，一口血从嘴里喷出，倒在地上，人事不醒。胡本患着严重肺病，经此打击，病情迅速恶化，终于不治。

胡林翼二十五岁点翰林，直到四十三岁，十七八年间一直得不到大的伸展。等到咸丰四年他率六百黔勇来到湖北，不久归于曾国藩的湘军体系后，才飞黄腾达起来。当年八月，他升四川按察使。第二年二月升江苏布政使，三月署理湖北巡抚。前后不到七个月，便由一个中级官员变为封疆大吏。迁升之快，用现代的话说来，好比坐火箭。

胡林翼会做官，也会打仗，且极会做人。他做湖北巡抚六年，对湘军及江南战场贡献最大。胡对曾氏极为友善，曾氏的复出与擢升江督，与胡的关系甚大。胡的去世，不仅对曾氏本人是一个极大的打击，对整个湘军和江南战事也是一个极大的打击。所以曾氏感叹："从此共事之人，无极合心者矣。"他为胡林翼之死上折朝廷，沥陈其生前忠勤勋绩，并请求朝廷对胡之嗣子格外施恩。

决胜金陵（1861—1864）

功高盖世

——唐浩明点评曾国藩 家书

凡与人交际，当求其诚信之素孚；求其协助，当亮其力量所能为。

年无分老少，事无分难易，但行之有恒，自如种树畜养，日见其大而不觉耳。

办大事者，以多选替手为第一义。

人之气质，由于天生，本难改变，惟读书则可变化气质。

谕纪泽（目录分类）

咸丰十一年九月初四日

字谕纪泽：

接尔八月十四日禀并日课一单、分类目录一纸。日课单批明发还。

目录分类，非一言可尽。大抵有一种学问，即有一种分类之法，有一人嗜好，即有一人摘抄之法。若从本原论之，当以《尔雅》为分类之最古者。天之星辰，地之山川，鸟兽草木，皆古圣贤人辨其品汇，命之以名。《书》所称大禹主名山川，《礼》所称黄帝正名百物是也。物必先有名，而后有是字，故必知命名之原，乃知文字之原。舟车、弓矢、俎豆、钟鼓日用之具，皆先王制器以利民用，必先有器而后有是字，故又必知制器之原，乃知文字之原。君臣、上下、礼乐、兵刑、赏罚之法，皆先王立事以经纶天下，或先有事而后有字，或先有字而后有事，故又必知万事之本，而后知文字之原。此三者物最初，器次之，事又次之。三者既具，而后有文词。

《尔雅》一书，如释天、释地、释山、释水、释草木、释鸟兽虫鱼，物之属也；释器、释宫、释乐，器之属也；释亲，事之属也；释诂、释训、释言，文词之属也。《尔雅》之分类，惟属事者最略，后世之分类，惟属事者最详。事之中又判为两端焉：曰虚事，曰实事。虚事者，如经之三《礼》，马之八《书》，班之十《志》，及三《通》之区别门类是也。实事者，就史鉴中已往之事迹，分类纂记，如《事文类聚》、《白孔六帖》、《太平御览》及我朝《渊鉴类函》、《子史精华》等书是也。尔所呈之目录，亦是抄摘实事之象，而不如《子史精华》中目录之精当。余在京藏《子史精华》，温叔于二十八年带回，想尚在白玉堂。尔可取出核对，将子目略为减少。后世人事日多，史册日繁，摘类书者，事多而器物少，乃势所必然。尔即可照此抄去，但期与《子史精华》规模相仿，即为善本。其末附古语鄙谚，虽未必无用，而不如径摘抄《说文》训诂，庶与《尔雅》首三篇相近也。余亦思仿《尔雅》之例抄纂类书，以记日知月无忘之效，特患年齿已衰，军务少暇，终不能有所成。或余少引其端，尔将来继成之可耳。

余身体尚好，惟疮久不愈。沅叔已拔营赴庐江、无为州，一切平安。胡宫保仙逝，是东南大不幸事，可伤之至。紫兼毫营中无之。兹付笔二十支、印章一包查收。蓝格本下次再付。澄叔处尚未写信，将此送阅。

> **点评：目录分类**

八月十四日，曾纪泽由老家给父亲写了一封信，在报告家事后，说到自己的读书进展：《诗》、《书》、《易》之上册、《左传》等均可背诵，其他的书则较为生疏。又将自己摘抄《文选》、《资治通鉴》的分类目录呈请父亲指教。曾氏的这封回信，便是针对儿子的分类目录而写的。

曾氏认为，一种学问便有一种分类之法；一人之爱好，也便有一人的分类之法。这个说法是很有道理的。像曾纪泽所作的这种纯属私人性质的分类目录，其目的只是方便自己读书，更应因自己的"嗜好"而作。当然，这是一层意思；身为父亲，还得为儿子讲另一层意思，即一般性质的，或者说为众人所采取的分类目录，其作法当有一定的原则。这封信的主要内容说的便是这个，相信亦可为读者提供这方面的知识。

致沅弟（约旨卑思）

咸丰十一年九月初十日

沅弟左右：

初十日未刻接初八夜信，具悉一切。黄公信已加封寄去，冠北之札亦发，鹤汀早年在京极熟，容少缓再调。

约旨卑思四字，实近来方寸隐微之弊，亦阅历太久，见得天下事由命不由人也。澄弟信一件寄阅。顷接舫仙禀论进兵事，望弟取阅，度量行之。顺问近好。

> **点评：约旨卑思**

攻下安庆城后，朝廷赏加曾国荃按察使衔，并赏穿黄马褂；赏曾国葆知府衔，戴花翎。曾国荃会合多隆阿军，乘胜追击，相继克复桐城、宿松、黄梅、蕲州、广济诸城。就在曾氏兄弟度过危难，迎来春风得意之时，曾氏向老九谈起"约旨卑思"的事，看似与整个氛围不太协调，但对曾氏本人来说，这却是与他惯常的性格相一致的。

早在京师做中级官员时，曾氏就觉得能有这种处境已很不容易了，应知足，故而萌生"求阙"的念头，并将书房命名为"求阙斋"。曾氏深恐月满转亏，从而不希望"满",进而抑制"满"。如此看来,在军事节节胜利、形势日趋好转的时候,他要约旨(对所求所企加以约束)卑思(心思平实)也就不奇怪了。

此外,这话也有给老九浇点冷水的味道。老九与乃兄性格大不相同:心气高,所企望者大,刚烈过分而圆通欠缺。在此捷报频传的时候,乃兄担心他头脑过热而言行失当,故以"约旨卑思"来敲敲他:天下事由命不由人,无须过于逞强使气。

致澄弟（官文党类太盛）

咸丰十一年九月十四日

澄弟左右：

初十日接弟在衡州所发信,具悉一切。

此间近日平安。九弟初二日自安庆进兵,初九日至庐江。日内将出大江,会合水师打泥汊也。四眼狗初七已到三河,即温弟殉节之处。此次余与九弟定坚守庐江,决不轻进。

胡润帅继先皇而逝,于大局关系至重。闻官帅奏请以希庵实授鄂抚,并力保雪琴为皖抚,想朝廷亦必俯从所请。其办事合手可喜；其党类太盛,为众所指目,亦殊可惧。浙事危险之至,屡求救援,此间力不能及。现拟以多军进攻庐州,以鲍军进攻宁国。宁国去浙甚近,或亦可少分浙之贼势也。

余身体平安,惟疮疾未愈,夜难成寐。幸每日办事写字如常,家中尽可放心。季弟病已全愈,今日由枞阳来余公馆,暂未写信。九弟有信二件查收。即问近好。

兄国藩手草

再,柳瑞堂、葛十四来营,抄录渠与元嘉湾讼事全案,求余作主。余阅其卷,柳瑞堂之进葬油杉岭,未与元嘉湾说明,本甚孟浪。其先行控官,亦伤和气。元嘉湾之状,言原有议约夫妇合窆及拟改胡氏祖母回葬两层,亦属强为之辞。是各有不是之处。余前年在家尚不理闲事,况今在二千里外,岂能管乡里之事？惟渠求之甚切,兼福九爹与星冈公至好,不能恝然置之。望弟从中善为调处,以不插手为妙。纵系私地,让葬胞伯,亦不失为孝友之家风耳。此事别有情节否？下次望详告我为要。

涤生再行（十四日午刻）

纪泽八月二十一日之信,十四日接到矣。

点评：官文党类太盛

曾氏家书中，极少议论朝政，臧否人物。这一方面是他性格谨慎所然，另一方面也可以看出他虑事深远。因为他知道他的这些家书必定会传之后世，即便不发刻印行，曾家的后世子孙也会阅览；若所论与事实不符，对他的英名有损，且后人如果学样，肆口议政议人，定会招来不测之祸。但在这封家信中，曾氏却议论了一个人，且此人与他和湘军关系甚大。这个人是谁？他就是湖广总督官文。曾氏一方面对他奏保两位湘军大将李续宜（希庵）、彭玉麟（雪琴）分别为湖北巡抚、安徽巡抚表示高兴，另一方面又对他的党羽太多而怀着恐惧。

官文是满洲正白旗人，由荆州将军调任湖广总督。他打仗理政无术，却极擅长做官。玩权术、结帮派、邀荣固宠，这些方面他都很精通。胡林翼倾心结纳他，以求消除掣肘，共图大事，然湘军高级将领们多不大看得起他。曾氏信中对官文的贬词，当是这种情绪的反映。五年后，曾国荃出任湖北巡抚，官文仍在武昌做湖广总督。同城共事不久，两人便闹翻了。这是后话。

致沅弟（挽胡林翼联）

咸丰十一年九月十四日

沅弟左右：

十三日接十一夜信，具悉一切。

调巡湖营由刘家渡拖入白湖之札，今日办好，即派人送去。吾所虑者，水师不能由大江入白湖，白湖不能通巢湖耳。今仅拖七八丈宽堤即入白湖，斯大幸矣。若白湖能通巢湖，则更幸矣。

沈令不尴不尬，亦意中事，暂无人可换，且姑听之。季弟今日辰刻到此，病已全好，昨日在船上微受风，今日禁口，当易愈耳。

余昨日作挽润帅一联，云：遘寇在吴中，是先帝与荩臣临终憾事；荐贤满天下，愿后人补我公未竟勋名。季以为可望批首。拟日内送去，外奠仪二千金。弟与季弟可同送一份礼，余可作枪手，撰一挽联，弟自书之。奠仪不可太多，盖余已极丰矣。

雪琴昨日来信，寄弟一阅。马信阅过，此事大约可成，然吾辈仍专讲战守，不因此稍弛也。顺问近好。

点评：挽胡林翼联

曾氏为弟作枪手，代挽胡林翼的联，其日记中有记载，兹录之以飨读者："少壮剧豪雄，到暮年折节谦虚，但思尽忠补过；东南名将帅，赖先生苦心调护，联为骨肉弟昆。"这副挽联显然比信中所写的要好，它好在如实地写出了胡氏早期浪荡公子的真面目。

谕纪泽（以二百金办女儿奁具）

咸丰十一年九月二十四日

字谕纪泽儿：

昨见尔所作《说文》分韵解字凡例，喜尔今年甚有长进，固请莫君指示错处。莫君名友芝，字子偲，号郘亭，贵州辛卯举人，学问淹雅。丁未年在琉璃厂与余相见，心敬其人。七月来营，复得畅谈。其学于考据、词章二者皆有本原，义理亦践修不苟。兹将渠批订尔所作之凡例寄去，余亦批示数处。

又寄银百五十两，合前寄之百金，均为大女儿于归之用。以二百金办奁具，以五十金为程仪，家中切不可另筹银钱，过于奢侈。遭此乱世，虽大富大贵，亦靠不住，惟勤俭二字可以持久。又寄丸药二小瓶，与尔母服食。尔在家常能早起否？诸弟妹早起否？说话迟钝、行路厚重否？宜时时省记也。

涤生手示

点评：以二百金办女儿奁具

曾氏定下的家规：女儿出嫁的嫁奁为二百两银子，不能超过。出嫁的大女儿名纪静，年二十岁，夫婿袁秉桢，其父袁芳瑛为曾氏翰苑同事。袁秉桢不争气，婚后九年纪静便去世。先前的点评中已言及，此不赘述。二百两嫁妆，对普通百姓而言，自然已是丰厚了，但对于曾家这样的家庭来说，则属节俭。曾氏小女纪芬在其自订年谱里说："文正手谕嫁女奁资不得逾二百金。欧阳太夫人遣嫁四姊时，犹恪秉成法。忠襄公闻而异之曰：'乌有是事？'发箱奁而验之，果信。再三嗟叹，以为实难敷用，因更赠四百金。"

二百两银子实在不够敷用，于是其九叔再送四百两。

致澄弟沅弟（礼之厚薄与八君子辅政）

咸丰十一年十一月初四日

澄、沅弟左右：

二十七日接家信：澄弟一件、纪泽一件、沅弟在武昌所发一件。初一日接沅弟岳州发信。具悉一切。澄弟以狐裘袍褂为我贺生日，道理似乎太多。余在外多年，惟待家庭甚薄，亦自有一番苦心。近日两弟待我过厚，寸衷尤觉难安。沅弟临别时，余再三叮嘱此层，亦以余之施薄，不欲受厚；且恐彼此赠送丰厚，彼此皆趋奢靡。想弟已喻此意矣。

沅弟信中决气机之已转，世运之将亨，余意亦觉如此。盖观七月十七以后，八君子辅政，枪法尚不甚错，为从古之所难，卜中兴之有日。特余忝窃高位，又窃虚名，遐迩观瞻，深以为惧。沅弟不特不能幅巾归农，且恐将膺封疆重寄，不可不早为之计。学识宜广，操行宜严，至嘱至嘱。余为遍身癣痒所苦，不能再有进境，深以为愧。泽儿要算学诸书，余于近日派潘文质送南五母舅回籍，即带书至家。顺问近好。

兄国藩手草

点评：礼之厚薄与八君子辅政

十月十一日，为曾氏五十晋一生日。湘省习俗，晋一亦是大庆，故老四以狐皮袍褂为乃兄贺生。曾氏自认于银钱上待兄弟薄，对于这份厚礼，他颇觉心难安。查看曾氏送人礼物（包括送女儿嫁奁在内）均不甚厚，这固然出于曾氏节俭的天性，也自有他的一番道理，即信上所说的："恐彼此赠送丰厚，彼此皆趋奢靡。"笔者对此颇为赞同。

彼此之间互送礼品，这是人之常情，自古以来便如此，相信今后也不可免除。其实，送礼只是心意的一种表达方式，并不在于礼品之厚薄。但许多人都认为礼重才情厚，有财大气粗者，还要借此摆阔显脸面。受礼者，在对方有喜庆时也不得不加重回报。这样一来，礼品变得越来越重，成为人际交往中的一个负担，许多人为送礼一事而发愁。如此，送礼的本义便失去了。

笔者欣赏西方人的送礼方式：花小小的钱买一件价廉实用的东西，然后用漂亮的包装纸包起来，郑重其事地交给对方。送者付出不多，受者不成为心理负担，场面又好看，彼此皆大欢喜。

自咸丰十一年七月十七日咸丰帝驾崩，到该年九月三十日解除载垣、端华、肃顺等人职务，咸丰帝临终所任命的辅政八大臣执政仅仅七十三天。曾氏远在江南，自然不知道热河行宫里的那场权力争斗。在他看来，肃顺等人辅政有方，并且乐观地认为，照此下去，中兴将指日可待。其实，曾氏所说的也并不错。

肃顺虽为皇室成员，却比一般的王公大臣有见识、有能力。他大刀阔斧地清查户部宝钞案、科场舞弊案，且力排众议，杀掉该科主考官大学士柏葰；他力主重用汉人中有真才实学者。这些，都让咸丰帝十分赏识。当然，他也因此得罪不少权贵，为自己日后的失败埋下祸根。当年，就是他主张起用江忠源、曾国藩等一班汉人执掌兵权。现在，轮到他掌权了，无论于公于私，他都要更加放手支持曾国藩和江南的湘军集团。除对打下安庆城的曾国荃、曾国葆重赏外，为笼络曾氏家族，又对早已战死的曾国华加恩予谥，曾氏本人则更赏加太子少保崇衔。此外，对湘军中其他重要头领也都予以加官晋级。如升彭玉麟为安徽巡抚、张运兰为福建按察使、刘坤一为广东按察使。对于曾氏所奏保的鲍超、宋国永、陈由立、黄庆、娄云庆、张玉田等，皆一一应允，分别授提督、总兵等实缺。

所有这一切，都是为了让曾氏及其部属们感激奋发，为朝廷早日收复江南，稳定大局。同时，也希望以此将曾氏集团收买过来，成为支持他们一派的强大力量。

当时朝廷的内情通报的状况令今人难以理解。一件这样大的事情，曾氏这样重要的大臣，居然事发一个多月了，他还没得到任何音讯。直到十天后他接到朝廷寄来的包封，内有廷寄四件、谕旨一道，另抄示别人的奏片一道。这道奏片中说载垣等人明正典刑，人心欣悦云云。曾氏这才知道载垣、肃顺等人已死，但不知是何日发生的事，也不知他们犯的什么罪。

这以后，十一月十七日、二十二日，曾氏接连两次从别人的信中略知一些内情，直到二十八日才接到京报，确知此案。从那以后，始终也没有看到曾氏收到有关通报此案的正式文件的记载。

朝廷中的这等大事，并不立即具文通知各省的总督、巡抚，甚至连曾氏这样负有半壁河山之责的大员也不通知。在今天看来，岂非咄咄怪事！

致澄弟沅弟（陈氏妾与节制四省）

咸丰十一年十一月十四日

澄、沅弟左右：

王采六等来营，接澄弟十月二十三日信并纪泽一禀，知家中五宅平安。又得赵玉班寄季弟信，知沅弟于十月二十八自长沙还家，竟可赶上初三祭期。至慰至慰。

此间军事平安。三河之贼于初六日无故自退，或与庐州贼目不和，或别有诡谋，均未可知。余令振字、开字两营移守三河伪城，而派竹庄之千三百人接守庐江，均札归多都统就近调度。竹庄十三日自安庆开差，十七可至庐邑，不知振、开两营果能守三河要隘否？如守得坚定，则庐郡、巢县亦或易于得手。

浙江自绍兴失守后别无确信，闻宁波继陷，杭城被围，可危之至！余奏请左寺堂由广信、衢州援浙，又调鲍春霆进攻宁国。宁国距杭仅三百里，亦可掣浙贼之势，坚杭人之心。第目下均尚未拔行，不知赶得及否？

江苏、上海来此请兵之钱调甫，即前任湘抚钱伯瑜中丞之少君也，久住不去，每次涕泣哀求，大约不得大兵同行即不还乡，可感可敬。余前许令沅弟带八千人往救，正月由湘至皖，二月由皖至沪，实属万不得已之举。务望沅弟于年内将新兵六千招齐，正月交盛南带来，沅则扁舟先来，共商大计。吾家一门受国厚恩，不能不力保上海重地。上海为苏、杭及外国财货所聚，每月可得厘捐六十万金，实为天下膏腴。吾今冬派员去提二十万金，当可得也。陈舫仙丁内艰，家无兄弟，本应给假回籍治丧，吾因运漕吃紧之地，批令待沅弟来再行给假。兹将原批暨信抄阅。望沅弟正月到皖，则余不甚失信。至要至要。

东皋书院请山长，让邓寅兄去，万万不能。余自咸丰八年即与寅兄订定，请其教科一五年。科一甫十四岁，岂可遽至书院，习为浮荡？明年决请寅兄再教之，并请带之出考，与邓世兄同寓。科四、科六未请得有恒之师，耽误光阴，余甚不放心。沅弟回家，余嘱其以此事为重，不知现已延请何人？或明年即令科四、科六从邓师读书？或癸亥年延邓师于大夫第连教数年？总之，师之有恒者极为难得。邓师在兄弟处，无论何家，皆大有益于子侄。公之书院，则为益反小，可不必也。邓师脩金，应行酌增之处，望两弟与纪泽母子商定，余必付回。梁侄生女，贺贺。

余身体平安，惟疮癣之痒迄不能愈，娶妾之后亦无增减。陈氏妾入室已二十日，尚属安静大方，但不能有裨于吾之病耳。纪泽所呈寿叙及诗亦尚稳适，惟藻采太少，又欠风韵。试取庾子山《哀江南赋》熟读百遍，当引出情韵，有情则文自生矣。顺问近好。

兄国藩手草

正封缄间，接奉廷寄谕旨，兹先行抄寄一阅。涤翁道理未免太多矣。即日当专折辞谢，不敢当此重权。昔太无权，今太有权，天下事难得恰如题分也。兄又草。

点评：陈氏妾与节制四省

安庆失守以后，太平军李秀成、李世贤等人全力经营江浙。八月十七日，侍王李世贤率部攻克浙江严州、余杭。二十一日，忠王李秀成率部攻克浙江常山、江山。二十三日，李世贤攻克浙江浦江。二十七日，李世贤部属攻克浙江东阳。九月初一，李秀成攻克浙江衢州府。九月十三日，李秀成部攻克浙江临安，李世贤部攻克浙江遂昌。九月二十四日，李秀成部攻克浙江萧山。二十九日，李秀成部攻克浙江绍兴府。十一月初三日，李秀成率部包围杭州。太平军在浙江一连串的军事胜利震动苏南及上海。

当时的上海，已经是全国第一大商业码头，乃朝廷的金库。朝廷怕它落入太平军的手中，上海的中外商家更是担心因太平军的进入而打乱现有的秩序。于是，户部主事钱鼎铭（调甫）为上海官商两界所推举，来到安庆请求曾氏发兵进驻上海。钱欲效法申包胥，以痛哭秦廷七日七夜终于感动秦王发兵救楚的至诚来感动曾氏。其实，作为江督，曾氏也希望上海在自己的牢牢掌控之中，他决定派已跃入湘军第一号战将的九弟担当此任。一个月前，老九回到湖南为吉字营招募六千新勇，此刻仍在湘乡老家。曾氏盼望九弟早点返皖，以商赴沪大计。老九的想法与乃兄并不一致。此事留待下文再说。

信中提到"娶妾"之事，我们多费点笔墨，来谈谈此事。

中国封建社会虽然允许一夫多妻，但并非是每个男人都多妻，尤其在农村，普通农民受经济所限不能行一夫多妻制。曾氏家族世代务农，从高曾祖辈至父辈，未见有人置妾的，即便祖母大祖父七岁，母亲大父亲五岁，也只一夫一妻厮守终生。因而，当年老六温甫要讨小时，全家都不以为然，认为此举近于荒唐。理学提倡克制情欲，娶妾显然是纵情欲的表现，故虔诚理学信徒也不以娶妾为然。罗泽南是一个理学先生，他后来娶妾，学者颇有讥弹，说他不纯粹。曾氏出身农家，又服膺理学，故而持身较为严谨。他二十四岁结婚，到咸丰二年，近二十年间，他一直与欧阳夫人恩爱相处，未见有外遇外室等记载。咸丰二年他离家办团练，开始与夫人分居两地，直到咸丰十一年十月，九年间，他也是一人独处，未有婢妾之类的女人在身边。应该说，曾氏不是个贪恋女色的人，更不是风流浪荡之辈。那么，为什么曾氏在过了五十一岁，自感老境已侵精力日衰的时候，反而要违背一生的信守，娶了一个妾呢？笔者看来，曾氏此举，主要是出于服侍而不是出于情欲。

我们知道，曾氏三十五岁在京师做官的时候，身上便长了牛皮癣，此后虽经多方医治，时好时发，并未根除。咸丰十一年四月，曾氏的牛皮癣又一次大发。四月二十一日致沅弟信中说："日内遍身生疮，壬脓灌、捞疮子、坐板疮三者俱备。"五月四日致澄弟信中说："余身体尚好，惟遍身生疮，奇痒异常。"五月二十日致澄弟信上又说："余遍身生疮，奇痒异常，与道光二十六七年生癣景况相似，极以为苦。公事多废搁不办，即应奏之事亦多稽延。"六月二十四日给儿子的信上说："余疮疾略好，而癣大作，手不停爬。"七月二十日致沅弟信上还说："余癣痒殊剧，至以为苦。"八月初四日致澄弟的信上还在谈这个病："余身体平安，惟疮

慈禧太后（1835—1908）

癣未愈，心绪多烦闷耳。"直到十月十三日日记中仍在诉苦："疮痒异常，竟夕不克安枕，殊以为苦。"可知复发的癣疮皮肤病为时很长，给曾氏带来巨大的痛苦。

十月十四日在给澄弟的信中开始谈到叫别人代为搔痒的事："余身体平安，惟疮久不愈，癣疾如常，夜间彻晓不寐，手不停爬。人多劝买一妾代为爬搔。季弟代买一婢，现置船上居住，余意尚未定。大约此是积年痼疾，非药饵所能愈，亦非爬搔所能愈也。"

爬搔虽不能治愈，毕竟可以减去一些痛苦。遍体都痒，处处需搔，真的要叫别人来代替的话，买婢不如买妾。这样看来，曾氏置妾，情有可原。

但是，曾氏置妾虽没有遭到家人的反对，却招来了别人的指责：不是指责他不该置妾，而是指责他置的不是时候。查曾氏咸丰十一年十月二十四日的日记，有这样一段话："前季弟买一詹姓女子，初十日在船上一见，未有成议，旋韩正国在外访一陈姓女子，湖北人，订纳为余妾，约本日接入公馆。申刻接入。貌尚庄重。"

可知陈氏妾是在十月二十四日这天过门的，距咸丰帝七月十七日驾崩，满打满算，也只九十七天。清廷法规，帝、后去世，百日内不奏乐，不演戏，文武百官不剃发、不办婚嫁事。违者严究，轻则革职，重则坐牢。娶妾属于婚嫁类，当

恭王奕訢（1833—1898）

然在禁止之列。

曾氏自然是知晓这道法规的。一向拘谨的他居然会知法违法，的确令人费解：是疏忽了日期，还是急于要人抓痒？据野史上说，后来的确有人向朝廷告状，说曾氏在大丧期间娶妾，违背国制，要严加追究。或者是朝廷还要依靠这位湘军统领来收复失地，或者是安庆离京城遥远，无确凿证据可凭。此状竟然没有告准。曾氏于安庆城里安然无恙，而陈氏妾的到来又的确给他带来了实惠。我们读他连续几天后的日记，都写着能在二更后入睡。看来有人在身边整夜替他搔痒，确乎让他减少了一些痛苦。

此信最后一段的"又草"就是说的前信评点中讲的收到朝廷包封的事。其谕旨保存在曾氏家藏档案中，现抄录如下："钦差大臣两江总督曾国藩，着统辖江苏、安徽、江西三省，并浙江全省军务，所有四省巡抚、提镇以下各官，悉归节制。浙江军务，着杭州将军瑞昌帮办。并着曾国藩速饬太常寺卿左宗棠驰赴浙江剿办贼匪，浙江提镇以下各官，均归左宗棠调遣。钦此。"

通常的两江总督，只能节制江苏、安徽、江西三省军务，谕旨命浙江军务也归之节制，这是特例。由此可知，朝廷已将东南四省的军政大权全部委之于曾氏一人，权力之大，信任之专，一时无两！想起当年客寄虚悬的尴尬局面，曾氏不禁感慨良深："昔太无权，今太有权，天下事难得恰如题分也。"十天后，他上奏恳请辞去对浙江军务的节制之权。朝廷没有答应。

命曾氏节制四省军务，显然是政变后以慈禧、恭王为首的新班子所作出的决定，而且其重用及信任的程度要超过以肃顺为首的老班子。从这里可以看出两个事实：一、北京城里无论谁掌权，都必须将东南的战事摆在第一位，必须极力笼络曾氏及其湘军集团；二、在依畀曾氏这一点上，新班子比起咸丰帝和肃顺等人来更显得有魄力，有胆量。

据欧阳昱《见闻琐录》中说，慈禧特别重用曾氏，还有一个背景："咸丰末，肃顺当国，内外官争相趋炎附势，倚为泰山，甚或进重金营善地，几不可以数计。即无此诸弊,而书信往来,无人无之。及得罪,籍其家,搜出私书一箱,内惟曾文正无一字。太后太息,褒为第一正人。于是天下督抚皆命其考察,凭一言以为黜陟。"

在肃顺炙手可热之时,文武百官无不巴结他,纷纷与他私函往来,以示亲热,惟独曾氏与他没有这种关系,而肃顺又是于曾氏有荐举赏识之恩的人。故慈禧认为曾氏乃天下第一正派人,遂格外信任他,重用他。

此说有没有根据,已不可考。以曾氏理学家的修养,以及对与满洲亲贵交往特别谨慎的一贯态度,他没有私函在肃顺处应是可能的。当然,即便如此,这也不会是慈禧重用曾氏的最重要因素。

经过八九年的艰难困苦,曾氏终于迎来了控制东南半壁之大权,江南的战事也便从此进入了一个新时期。

另外,从这道廷寄谕旨中也可以看到左宗棠已经崛起。随着日后浙江军务进展的顺利,左宗棠辉煌的晚年生涯也拉开了序幕。

致澄弟沅弟（李鸿章招募淮军）

咸丰十一年十二月十四日

澄、沅弟左右：

日来未接家信,不知走信之夫从何处耽搁。

此间军情如常。闻杨逆辅清围逼徽州,攻扰三面,幸西门尚通接济。已调朱云岩由岭外回援,又调左部速援,并请季翁亲来,不知赶得及否。

浙江省城竟于十一月二十八日失守,兵民六十万人,食尽而破,大约半死于饿,半死于兵,存者无几。吾奉命兼辖浙江,不能解此浩劫,愧愤何极！浙抚想必简左帅,吾当奏请简蒋芗泉为浙江藩臬,或令带五六千人,即可独当一路。上海一县,人民千万,财货万万,合东南数省,不足比其富庶,必须设法保全,拟令少荃带水陆各五千人前往。程学启之千人,拟即拨交少荃带去。余之亲兵营,亦令韩正国带之随去。沅弟开年务须星速前来,能于二月十五以前赶到,少荃尚未启行,诸事面商更好。其程学启处,望弟写信谆嘱,令其听少荃之节制调度。吾家受国厚恩,吾为江督将近二载,尚无一兵一将达于苏境,上愧对朝廷,下愧对吴民。此次若不能保上海,则并获罪于天地矣（上海已解来饷银十万,闻年内再有十万解来,无非望我援救耳）。总望沅弟多方设法,助我保守上海,为恢复三吴之张本,千万千万。顺问近好。

> **点评:李鸿章招募淮军**

为了劝说老九带兵保守上海,曾氏是晓之以理,动之以情,驱之以利,但老九丝毫不为所动。十月初一,他致书乃兄,明确表示:"不愿往上海,恐归他人调遣,不能尽合机宜,从违两难。"其实,老九不愿去上海的真实目的,是要夺取攻克江宁的头号战功。他担心一旦去了上海,打江宁的事就会交给别人去办,他将坐失良机。曾氏知道老弟的倔强性格,不能勉强,只好将此事交给了另外一个人。不料,此人却因此机缘凑泊,日后建立了足可与曾氏并肩的事功。此人是谁?他便是李鸿章。

李鸿章是曾氏幕府中的一名握笔杆子的幕僚,并没有军队。曾氏命李去增援上海,就必须得让李有一支人马。早在咸丰十年七月,实授江督不久,曾氏便在《复奏统筹全局折》中提到,考虑今后用兵长江下游时,宜用湘军之营制练淮徐之勇丁。李是安徽人,又在家乡带勇多年,现在正好由李去招募淮徐之勇丁。

李鸿章奉命很快在安徽招集四千人马,依照湘军成法,制定营制营规组建成军。张树声的树字营,刘铭传的铭字营,潘鼎新的鼎字营,吴长庆的庆字营,外加从太平军中投降过来的程学启的开字营等,便成了淮军开创之初的基本队伍。

同治元年二月,淮军坐着花重金雇来的洋轮,浩浩荡荡地开赴上海。

谕纪泽(须读李杜韩白等八家诗)

同治元年(1862)正月十四日

字谕纪泽:

正月十三四连接尔十二月十六、二十四两禀,又得澄叔十二月二十二一缄、尔母十六日一缄,备悉一切。

尔诗一首阅过发回。尔诗笔远胜于文笔,以后宜常常为之。余久不作诗,而好读诗。每夜分辄取古人名篇高声朗诵,用以自娱。今年亦当间作二三首,与尔曹相和答,仿苏氏父子之例。尔之才思,能古雅而不能雄骏,大约宜作五言,而不宜作七言。余所选十八家诗,凡十厚册,在家中,此次可交来丁带至营中。尔要读古诗，汉魏六朝，取余所选曹、阮、陶、谢、鲍、谢六家，专心读之，必与尔性质相近。至于开拓心胸，扩充气魄，穷极变态，则非唐之李杜韩白、宋金之苏黄陆元八家不足以尽天下古今之奇观。尔之质性，虽与八家者不相近，而要不可不将此八人之集悉心研究一番，实《六经》外之巨制，文字中之尤物也。尔于小学粗有所得，深用为慰。欲读周汉古书，非明于小学无可问津。余于道光末年，始好高邮王氏父子之说，从事戎行未能卒业，冀尔竟其绪耳。

余身体尚可支持，惟公事太多，每易积压。癣痒迄未甚愈。家中索用银钱甚多，其最要紧者，余必付回。京报在家，不知系报何喜？若节制四省，则余已两次疏辞矣。此等空空体面，岂亦有喜报耶？

葛家信一封、扁字四个付回。澄叔处此次未写信，尔将此呈阅。

涤生手示

点评：须读李杜韩白等八家诗

曾纪泽有两大爱好：一是喜欢写字。道光二十四年十一月二十一日曾氏禀祖父母的信上说："曾孙（即纪泽）最好写字，散学后则在其母房中多写，至初更犹不肯睡，骂亦不止。"曾纪泽当时不过五岁，便如此酷爱写字，当是天性。二是喜欢做诗。曾纪泽一生做了不少诗，即便在欧洲做公使时，吟咏之兴仍不减，惜乎早年的诗作都没有保留下来。这首给父亲看过的诗，我们也就看不到了。

曾氏亦好诗，且于诗钻研颇深，所选《十八家诗抄》向为诗界所重。曾氏认为儿子诗的境界与曹植、阮籍、陶潜、谢灵运、鲍照、谢朓六家相近，属于淡远闲适一类。若以阳刚、阴柔两种美来界定的话，曾氏无疑是将儿子的诗列为阴柔一类的。曾氏本人的诗文趋向于阳刚一面，故而他希望儿子还要多吟咏李白、杜甫、韩愈、白居易、苏轼、黄庭坚、陆游、元好问的诗作。他将"《六经》外之巨制，文字中之尤物"的评语送给这八家，其评价不可谓不高了。

致沅弟（朝廷着意笼络老九）

同治元年正月十八日

沅弟左右：

十七日钦奉谕旨，兄拜协办大学士之命，弟拜浙江按察使之命。一门之内，迭被殊恩，无功无能，忝窃至此，惭悚何极！惟当同心努力，仍就拼命报国、侧身修行八字上切实做去。前奉旨赏头品顶戴，尚未谢恩，此次一并具折叩谢。到省后，或将新营交杏南等带来，而弟坐轻舟先行，兼程赴营，筹商一切，俾少荃得以速赴上海。至要至要。少荃现有四千五百人，望弟再拨一二营与之，便可独当一路。渠所部淮扬水师，余嘱其留两营在上游归弟调遣。弟将来若另造炮船，自增水师，此二营仍退还黄、李，弟自有水师两营。其余大处仍请杨、彭协同防剿，庶几可分可合，不伤和气。

点评：朝廷着意笼络老九

  曾国荃自十月初六日回湘募勇，到现在三个多月了。这期间曾氏多次函催他早日返回军营商量带兵增援上海的事，但老九大摆功臣的架子：一是拒绝带兵去上海，二是对别人的批评强烈不满，三是赖在家里迟迟不动。

  老九这一招竟然非常有效，不仅大哥求他之情更急，连朝廷也被他这副神态弄怕了，惟恐他从此不再出山，使出的笼络手段可谓罕见。咸丰十一年十月二十一日赏头品顶戴，对于曾国荃来说这是不次之赏。曾氏在十二月初四日给老九的信上说得很明白："前此骆、胡、王、薛诸人，皆以巡抚而赏头品顶戴，今弟以记名臬司获此殊恩，宜如何感激图报？务望迅速回营，不可再在家中留恋。"接下来，同治元年正月初四又发上谕："浙江按察使着曾国荃补授，即赴新任，毋庸来京请训。"一个贡生功名的书生，从军不过五年，便做了地方大员，不是因为军功，何来得如此神速！当时从军者千千万万，如曾老九这样的幸运者，能有几人？

  即便这样的"殊恩"降临头上，曾老九仍还在家中呆了二十多天，直到正月二十八日才启行。不料，十七天后，老九刚刚带领新募的六千湘勇抵达安徽，便又奉到一道上谕："江苏布政使着曾国荃补授，即赴新任，毋庸来京请训。该员系两江总督曾国藩之胞弟，例应回避，惟该省军务要紧，需员办理，着毋庸回避，以资得力。"因为军务要紧，既不需要循资渐进，又不需要至亲回避，在朝廷的眼里，江南战场，舍曾老九外，再无更能打仗的骁将了。

  曾氏与老九的态度大不相同：面对着朝廷给他和乃弟的皇恩，他一面"惭悚何极"，一面发誓要"拼命报国，侧身修行"。

  同胞兄弟，性格差异之大，曾家的老大、老九是个典型例子。

致季弟（慰弟妇之丧）

同治元年二月二十一日

季弟左右：

接家书，知季弟妇于二月初七日仙逝。何以一病不起？想系外感之证。弟向来襟怀不畅，适闻此噩耗，谅必哀伤不能自遣。惟弟体亦不十分强旺，尚当达观节哀，保重身体。应否回籍一行，待沅弟至三山夹与弟熟商，再行定夺。

长江数百里内厘卡太多，若大通再抽船厘，恐商贾裹足，有碍大局，拟不批准。荻港厘局分成为数无多，拟批令改于华阳镇分成，为数较多，弟之所得较厚，又与外江水师无交涉争利之嫌，更为妥善。

诸嘱保重，至要至要。

> **点评：慰弟妇之丧**

曾季洪的妻子一直不曾生育，先是国潢将其次子纪渠送给季洪做嗣子，后曾氏又将四女纪纯、小女纪芬出继给季洪。据曾纪芬《自订年谱》中所载，季洪的妻子是因染时疫而去世的。婶子死后，两个侄女又回到自己的母亲身边。

致澄弟（皖南人吃人）

同治元年三月初四日

澄弟左右：

少荃一军，上海官绅派火轮船来接，船价至十八万两之多。可骇而亦可怜！决计由水路下去。新军远涉，孤立无助，殊为危虑。祁门附近六十里之历口，闻为贼所犯，恐其直窜景德镇，梗塞粮路。此二者皆近日挂心之事，余尚平安。

口粮极缺，则到处皆然。兵勇尚有米可食，皖南百姓则皆人食人肉矣。自三月初一起设粥厂七处，以救饥民。大约每厂可活三千人，不无小补。

余身体尚健。惟公事积压多件，不克按日清厘，深以为愧。

> **点评：皖南人吃人**

读这封信，令人胸闷气闭，毛骨悚然。一边是十八万两银子的天价雇火轮船接淮军入沪，一边是皖南百姓食人肉。这是一个多么大的反差！倘若将这十八万两银子用来接济皖南百姓，何来这种人寰惨象？这悲剧是谁造成的？是战争！皖南本是富庶之地，但从咸丰三年以来，便成了各方争斗的四战之地。八九年间的残杀掠夺，将这里的元气消耗殆尽。战争给曾老九、李鸿章这样的人带来平步青云的官运，却给数以千万计的百姓带来家破人亡。读史至此，能不喟然！

致沅弟（求助当视其力量之所能为）

同治元年三月初八日

沅弟左右：

火药即日咨请湖北协解五万，不知见许否？凡与人交际，当求其诚信之素孚；求其协助，当亮其力量所能为。弟每求人，好开大口，尚不脱官场陋习。余本不敢开大口，而人亦不能一一应付，但略亮我之诚实耳。四十万铁究竟有着落否？此时子弹亦极少也。

韩正国、程学启初七日开行，少荃初八早开行，轮船不过三四日可抵上海。余令开字营号补皖勇改淮勇，程云必待沅帅缄谕乃敢改换，亦足见其不背本矣。

广东全省抽厘专供江浙军饷一折，本日拜发。大约秋冬以后每月可添银二十万两，春夏则苦不堪言耳。

点评：求助当视其力量之所能为

曾氏在这里批评老九的官场陋习，即只考虑自己不考虑别人。求别人帮助，应当看人家能帮不能帮，以及能帮到几分。否则的话，就是给别人出难题。如果对方是下级，他就会感到在你的领导下受压抑。如果对方是朋友，彼此的友情便可能破坏。即便是至亲，也会因此而给亲情蒙上一层阴影。

谕纪泽（烦劳远胜困苦）

同治元年三月十四日

字谕纪泽儿：

三月十三日接尔二月二十四日安禀并澄叔信，具悉五宅平安。尔至葛家送亲后，又须至浏阳送陈婿夫妇，又须赶回黄宅送亲，又须接办罗氏女喜事。今年春夏，尔在家中，比余在营更忙。然古今文人学人，莫不有家常琐事之劳，其身莫不有世态冷暖之撄其心。尔现当家门鼎盛之时，炎凉之状不接于目，衣食之谋不萦于怀，虽奔走烦劳，犹远胜于寒士困苦之境也。尔母咳嗽不止，其病当在肺家。兹寄去好参四钱五分、高丽参半斤，好者如试之有效，当托人到京再买也。余近久不吃丸药，每月两逢节气，服归脾汤三剂。迩来渴睡甚多，不知是好是歹。

军事平安。鲍公于初七日在铜陵获一大胜仗。少荃坐火轮船于初八日赴上海，其所部六千五百人当陆续载去。希庵所派救颍州之兵，颍郡于初五日解围。第三女于四月二十二日于归罗家，兹寄去银二百五十两查收。余不祥，即呈澄叔一阅。此嘱。

涤生手示

点评：烦劳远胜困苦

儿子近来在家颇为劳累，做父亲的告诫他：烦劳要远胜困苦。人之天性，喜与高处比，不善与低处比。曾纪泽生在家门鼎盛之际，若往高处比，这般家庭中的大少爷，妻妾满屋，奴仆成群，事事颐指气使便可，无须亲自劳动。若如此一比，曾家的这位少当家便会心态不平。曾氏要儿子向低处看：天下有多少寒士饱受世态炎凉，担心衣食不继？比起他们来，你不知要好过多少倍。倘若倒回去三十年，曾家的读书郎也同样是寒士，同样免不了贫寒所带来的忧愁。

如此一想，曾少爷便心安了。

谕纪泽（有常是第一美德）

同治元年四月初四日

字谕纪泽儿：

连接尔十四、二十二日在省城所发禀，知二女在陈家，门庭雍睦，衣食有资，不胜欣慰。

尔累月奔驰酬应，犹能不失常课，当可日进无已。人生惟有常是第一美德。余早年于作字一道，亦尝苦思力索，终无所成。近日朝朝摹写，久不间断，遂觉月异而岁不同。可见年无分老少，事无分难易，但行之有恒，自如种树畜养，日见其大而不觉耳。尔之短处在言语欠钝讷，举止欠端重，看书能深入而作文不能峥嵘。若能从此三事上下一番苦工，进之以猛，持之以恒，不过一二年，自尔精进而不觉。言语迟钝，举止端重，则德进矣。作文有峥嵘雄快之气，则业进矣。

尔前作诗,差有端绪,近亦常作否?李、杜、韩、苏四家之七古,惊心动魄,曾涉猎及之否?

此间军事,近日极得手。鲍军连克青阳、石埭、太平、泾县四城。沅叔连克巢县、和州、含山三城暨铜城闸、雍家镇、裕溪口、西梁山四隘。满叔连克繁昌、南陵二城暨鲁港一隘。现仍稳慎图之,不敢骄矜。

余近日疮癣大发,与去年九、十月相等。公事丛集,竟日忙冗,尚多积搁之件。所幸饮食如常,每夜安眠或二更三更之久,不似往昔彻夜不寐,家中可以放心。此信并呈澄叔一阅,不另致也。

点评:有常是第一美德

儿子虽忙而不失常课,曾氏加以肯定,并由此而展开,谈到"常"对人生的重要性。早在道光二十二年,曾氏便对诸弟勉以有志、有识、有恒,"常"即"恒"也。这次他又将此当做第一美德来看待。以笔者看来,"常"对人来说,最平实,亦最不容易。所谓平实,是指人人都可以做得,不像"志",有大志、小志之分,大志也不是人人都可以立的;也不像"识",它还要以学问和天分作为基础。所谓不容易,就在于难能坚持。做十天八天可以,做十个月八个月就难了,做十年八年则难上加难。然则又只有"守常",才能获取成效。曾氏结合自己的体验,对儿子所说的"年无分老少,事无分难易,但行之有恒,自如种树畜养,日见其大而不觉耳",这几句话实在是可以视为垂之后世的格言。

常言说"知子莫如父",曾氏对儿子的毛病看得也很清楚,这封信里指出了三点,并一一对症下药:以厚重进德,以阳刚医弱。

致沅弟(忌妒倾轧为官场常事)

同治元年四月初四日

沅弟左右:

接缄具悉。应复之事,条列如左:

一、口马到日,当为弟选留数十匹,余欠各营之马尚多,不知匀得出否。令哨勇各私其马,即水师令哨官各私其船也。法同意同,而效不同,亦视乎统领营官为何如人耳。

二、李世忠之缄，兄付之不答。此人最难处置，其部下人诡计霸道，颇善战守。弟现与之逼处，常相交涉，宜十分以礼让自处。若不得已而动干戈，则当谋定后战，不可轻视。

三、严公长短，余所深知。媢嫉倾轧，从古以来共事者，皆所不免，吾辈当躬自厚而薄责于人耳。

四、由采石、太平一带南渡，本是妙着，亦是险着。妙处有四：使金陵、芜湖两贼隔绝不通，一也；陆师扎于南岸，水师直入内河，可进黄池、湾沚，可由青弋江以达泾县，可由东路水阳江以达宁国，凡鲍军之在泾在宁者，皆可由水路运粮，二也；陆军扎采石、东梁山等处，水师扎黄池、湾沚等处，则芜湖之贼四面被围，三也；青弋、水阳二江，可通石臼等湖，可通宁、广各属，并可由东坝以通苏州，四也。险处有二：初渡采石，营垒未定，恐大股来扑，一也；北岸无大支活兵，恐四眼狗窜出乱扰无、庐、巢、含，又恐九洑洲之贼上犯，二也。有此四妙二险，故南渡之迟速难决。速或四月，迟或七月，由弟与多帅商定办理。季弟之军，余嘱其坚守不进并闻。

点评：忌妒倾轧为官场常事

人们常说官场多倾轧，但这话又多出于非官吏的文人之书，或是官场门外的看客之口，真正老于宦海又出面来说这种话的人并不多。曾氏可谓老于宦海者了，要他公开来指责官场共事人的忌妒倾轧，他也许不会那样做，但在给胞弟的家信中，就说得很直白了。应该说，他的这几句话，不仅包含着间接得到的知识，更有他本人的亲身体会。

信中所说的"严公"，很可能是严树森。胡林翼死后，原安徽巡抚李续宜改调鄂抚，湘军水师统领彭玉麟升为皖抚。但彭玉麟为人耿介，不乐意做地方官，坚辞不受。于是李续宜又回到安徽做巡抚，鄂抚一职便由河南巡抚严树森来担任。严树森原在湖北任事较久，是胡林翼一手提拔上来的。曾国荃的吉字营创建之初，隶属于胡林翼。曾氏曾在一封家信中要老九认定自己是湖北之员，名正言顺地叫湖北供应军饷，正是基于这个原因。看来曾国荃对这个新鄂抚不满。哪些方面令他不满，现已无从得知，多半还是饷需方面。严树森这个人，《清史稿》本传对他的评价是"恃才量小"，在河南巡抚任上便与该省团练大臣毛昶熙不合。至于曾国荃，也是一个气大量窄的人。如此性格的两个人共事，难免不产生扞格。遇到同事之间的不团结，用曾氏劝弟的话来处理，应是较为妥当的，即"吾辈当躬自厚而薄责于人耳"。

致沅弟（设厘卡抽税）

同治元年四月初六日

沅弟左右：

接信知弟目下将操练新军，甚善甚善。惟称欲过江斜上四华山扎营，则断不可。四华山上逼芜湖，下逼东梁，若一两月不破此二处，则我军无势无趣，不得不退回北岸矣。

弟军南渡，总宜在东梁山以下采石、太平一带。如嫌采石下面形势太宽，即在太平以上渡江，总宜夺金柱关，占内河江面为主。余昨言妙处有四：一曰隔断金陵、芜湖之气，二曰水师打通泾县、宁国之粮路，三曰芜贼四面被围，四曰抬船过东坝可达苏州，犹妙之小者耳。又有最大者，金柱关可设厘卡，每月进款五六万；东坝可设厘卡，每月亦五六万。二处皆系苏皖交界，弟以本省之藩司，抽本省之厘税，尤为名正言顺。弟应从太平关南渡，毫无疑义，余可代作主张，其迟速则仍由弟作主耳。

西梁上下两岸，从三山起至采石止，望弟绘一图寄来。至要至要。

点评：设厘卡抽税

还未进江苏，曾氏便代新晋苏藩的老九设起厘卡来，而且指望两个厘卡每月共进款十一二万。从武汉到南京，大江南北的厘卡不知有多少！湘军设，绿营设，本省官衙还要设，老百姓怎能不苦？经济如何不萧条？

致沅弟（驾驭悍将与密保李鸿章）

同治元年四月十一日

沅弟左右：

李世忠穷困如此，既呼吁于弟处，当有以应之。三千石米，五千斤火药，余即日设法分两次解弟处，由弟转交李世忠手。

此辈暴戾险诈，最难驯驭。投诚六年，官至一品，而其党众尚不脱盗贼行径。吾辈待之之法，有应宽者二，有应严者二。应宽者：一则银钱慷慨大方，绝不计较，当充裕时，则数十百万掷如粪土，当穷窘时，则解囊分润，自甘困苦；

一则不与争功，遇有胜仗，以全功归之，遇有保案，以优奖笼之。应严者：一则礼文疏淡，往还宜稀，书牍宜简，话不可多，情不可密；一则剖明是非，凡渠部弁勇有与百姓争讼，而适在吾辈辖境，及来诉告者，必当剖决曲直，毫不假借，请其严加惩治。应宽者，利也，名也；应严者，礼也，义也。四者兼全，而手下又有强兵，则无不可相处之悍将矣。

水师独攻金柱关，恐难得手，不如不泄此机，待陆兵渡江，再行下手为妙。

少荃于三月二十七日谕旨饬署苏抚。广东督办厘金，放晏端书，以其为戊戌同年而派。朝廷之用心，良可感矣。

点评：驾驭悍将与密保李鸿章

在捻军大炽苏皖豫一带时，有一个名叫李兆受的豪强崛起于安徽霍邱，部卒有三万余众，攻城略地，与捻军相呼应。

咸丰八年，李兆受投诚清廷。清廷将其部卒改编为"豫胜营"，封李为营官。李从此改名为世忠。李之军饷不从朝廷领取而靠自己贩卖盐来获取。李为人强悍跋扈，为争盐与苗沛霖多次械斗，亦因此结怨于湘军。

在曾氏的眼里，李虽为一品衔提督，但始终是个异类。相处之法，与其他从太平军、捻军中投降的将领是同样的：宽在名利，严在礼义。也就是说，在钱财和官位上，可以大方地给予，以便笼络；在情感上则严守亲疏之分，不与之多往来。当年那些从敌方营垒中投降湘军的人员，若看到曾氏的这封家书，不知作何感想！

曾氏命李鸿章招募淮军，除了李是安徽人外，还有更重要的一层原因，那便是李是他真正意义上的门生。出自农家的曾氏，十分看重旧有的联系对新组的团队的作用。细细分析早期湘军营哨官，大多都有血缘、地缘、业缘的关系。

李出身翰林，又有过多年带勇的阅历，能办事，已积功保至道员，再加之师生这一层关系，应该说，李是曾氏心目中最合适的统领人选，曾氏在李及淮军的身上寄予很大的希望。无论出于军事形势的需要，还是为了笼络李这个志大才高的新秀，使之成为自己真正的心腹，曾氏都必须对李格外提携。就在李组练成军开拔沪上的前夕，曾氏在参劾江浙两省的巡抚薛焕、王有龄的同时，附件密保李鸿章："劲气内敛，才大心细，若蒙圣恩将该员擢署江苏巡抚，臣再拨给陆军，便可驰赴下游，保卫一方。"

李鸿章抵达上海十七天后，便接到朝廷命他署理江苏巡抚的上谕。

在此之前，左宗棠替代王有龄做了浙江巡抚，曾经做过曾氏幕僚的前吉南赣宁道沈葆桢接替毓科做了江西巡抚。现在，大江南北由曾氏节制的四省巡抚，或为曾氏故旧，或为曾氏僚属，或为曾氏门生，总之，都是曾氏所可信赖、所能指挥的人。就连提供湘军饷银最为重要的广东省，也都委派曾氏的同年晏端书去督办厘金。军政大权高度集中，人事安置了无隔阂，曾氏迎来了与太平军角逐以来空前未有的利好局面。

致沅弟（办大事者以多选替手为第一义）

同治元年四月十二日

沅弟左右：

水师攻打金柱关时，若有陆兵三千在彼，当易得手。保彭杏南，系为弟处分统一军起见。弟军万八千人，总须另有二人堪为统带者，每人统五六千，弟自统七八千，然后可分可合。杏南而外，尚有何人可以分统？亦须早早提拔。办大事者，以多选替手为第一义。满意之选不可得，姑节取其次，以待徐徐教育可也。

点评：办大事者以多选替手为第一义

曾氏十分重视人才的作用和对人才的培养。领袖，说到底便是人才的头儿。领袖的最大本事便是集聚人才，使用人才。集聚于门下的所有人才都能发挥出其最大的才干，这样的领袖便是最成功的领袖，因为每个人才所创造出的最大成果都被他所整合为自己的成果了。曾氏以一介书生而成就彪炳史册的武功，其成功的最重要诀窍，便是在识人用人上。他清晰地懂得："制胜之道，实在人而不在器。""中兴在乎得人，而不在乎得地。""国家之强，以得人为强。"作为湘军的统帅，他深知"举天下之才会于一，乃可平天下"的道理。曾氏的人才思想是人类文化的一笔重要的遗产，我们将在相关点评中再来谈及。在这封信中，曾氏传授给老九一个诀窍：办大事者，以多选替手为第一义。

什么是替手？替手就是能够替代自己的人才。替手至少有两层意义。一为能全面替代自己，甚至可以超过自己的，这种人可选为接班人，先让他做副手，然后再将全副重担交给他。晚年的曾氏对待李鸿章，便是抱着这种态度的。二为能部分替代自己的，这种人可任命为中层领导干部，让他们去单独管理一个部门。

曾氏信中所说的"分统",指的便是这层意义上的替手。大事业总是头绪很多、方面很多的,一把手决不能事事躬亲,多多选拔能部分替代自己的人,犹如孙悟空的分身一样,让他们代替自己去把守各个部门、各道关口,这实在是一把手最大的领导才干。

谕纪泽纪鸿（读书可以变化气质）

同治元年四月二十四日

字谕纪泽、纪鸿儿：

今日专人送家信,甫经成行,又接王辉四等带来四月初十之信,尔与澄叔各一件,借悉一切。

尔近来写字,总失之薄弱,骨力不坚劲,墨气不丰腴,与尔身体向来轻字之弊正是一路毛病。尔当用油纸摹颜字之《郭家庙》、柳字之《琅琊碑》、《玄秘塔》,以药其病。日日留心,专从厚重二字上用工。否则字质太薄,即体质亦因之更轻矣。人之气质,由于天生,本难改变,惟读书则可变化气质。古之精相法者,并言读书可以变换骨相。欲求变之之法,总须先立坚卓之志。即以余生平言之,三十岁前最好吃烟,片刻不离,至道光壬寅十一月二十一日立志戒烟,至今不再吃。四十六岁以前作事无恒,近五年深以为戒,现在大小事均尚有恒。即此二端,可见无事不可变也。尔于厚重二字,须立志变改。古称金丹换骨,余谓立志即丹也。满叔四信偶忘送,故特由驲补发。此嘱。

涤生示

点评：读书可以变化气质

曾氏在这封信里提出一个很重要的观点,即读书可以改变人的气质。人们常说"江山易改,本性难移",气质属于人的本性之列,是与生俱来的,的确难以改变,但也不是完全不能变的。书籍可以教给人们许许多多的知识,可以把前人的成败得失通过文字再现在读者的面前。聪明的读者能从中看出美丑善恶、优劣好坏,从而要求自己学习什么,弘扬什么,抛弃什么,久而久之,性格气质便在不知不觉间发生了变化。比如说一个性情暴躁的人,看了《三国演义》中张飞因暴躁而鞭打部属,结果被部属所杀,造成蜀国后来不可收拾的局面,应当有所触动。若多看了几则这样的故事，必然会对自己的暴躁性格有所抑制。又如一个爱开玩笑的人，看了《十五贯戏言成巧祸》的故事后，应当对自己的这个毛病有所警惕。此类事古往今来不少，多读书自然会更深刻地明白不慎言的害处。暴躁、爱开玩笑等等，都属于性格一类，读书可以使之改变。当然，即便如此，也不是容易做到的，故曾氏还强调要有"坚卓之志"。好学深思而有坚卓之志，就能够做到金丹换骨。

致澄弟（纪鸿中秀才）

同治元年四月二十四日

澄弟左右：

纪鸿儿幸取县首，诗文虽不甚稳惬，而其中多有精警之句、疏宕之气，寅皆先生时雨之化，可敬可感。当略备微仪，以申鄙意。府院考皆当极热之时，鸿儿体弱，不知能耐此酷暑否？今年乡试，鸿儿即可不必入场。盖工夫尚早，年纪太轻，本无望中之理，又恐鸿儿难熬此九日之辛苦也。

军事平善。多将军于十四夜攻克庐州府城，皖北数十州县为粤匪所占，今皆克复，一律肃清，只余二三城为捻匪、苗逆所占，想亦易于就绪。四眼狗未经擒戮，北窜河南，殊为后患。沅弟由西梁山渡江南岸，进攻金柱关，季弟尚在鲁港。鲍春霆进剿宁国府，徽、衢等处贼皆退，江西今年得保平安。

余身体平安。家中不必挂念。

点评：纪鸿中秀才

曾纪鸿今年虚岁十五，即中秀才，在曾家来说，可谓又一个破天荒；就一般而言，也算得上早达。其兄纪泽读书同样用功，年已二十四岁，也并未中秀才。纪鸿此次获隽，为曾家纪字辈树立了一个榜样，但可惜，他一生的功名即到此为止。曾氏去世时，他和儿子广钧一道获恩赏举人。虽是举人，到底不是自己考取的。曾氏不要儿子参加本科乡试，一则是疼爱，怕他受不了考场中的苦。乡试贡院，一个考生一间小号房，三场考试共九天，吃喝拉撒睡都在里面，加之神经高度紧张，对于一个十五岁的少年来说，的确是一番严酷的考验。二来曾氏也担心儿子毕竟小，学问文章的火候都还未到，考不取的可能性很大，到时怕受不了打击。即便侥幸考取了，对于一个少年人来说也未必是好事。因为很有可能将从此骄傲起来，不再好好用功，最终也可能无成就可言。有句话说"少年得志乃人生之初不幸"，粗看起来似乎不合情理，细嚼后方知大有道理。

谕纪泽（以《文选》补作文之短）

同治元年五月十四日

字谕纪泽儿：

接尔四月十九日一禀，得知五宅平安。尔《说文》将看毕，拟先看各经注疏，再从事于词章之学。

余观汉人词章，未有不精于小学训诂者，如相如、子云、孟坚于小学皆专著一书，《文选》于此三人之文著录最多。余于古文，志在效法此三人，并司马迁、韩愈五家。以此五家之文，精于小学训诂，不妄下一字也。尔于小学，既粗有所见，正好从词章上用功。《说文》看毕之后，可将《文选》细读一过。一面细读，一面抄记，一面作文，以仿效之。凡奇僻之字，雅故之训，不手抄则不能记，不摹仿则不惯用。自宋以后能文章者不通小学，国朝诸儒通小学者又不能文章，余早岁窥此门径，因人事太繁，又久历戎行，不克卒业，至今用为疾憾。尔之天分，长于看书，短于作文。此道太短，则于古书之用意行气，必不能看得谛当。目下宜从短处下工夫，专肆力于《文选》，手抄及摹仿二者皆不可少。待文笔稍有长进，则以后诂经读史，事事易于着手矣。

此间军事平顺。沅、季两叔皆直逼金陵城下。兹将沅信二件寄家一阅。惟沅、季两军进兵太锐，后路芜湖等处空虚，颇为可虑。余现筹兵补此瑕隙，不知果无疏失否？余身体平安。惟公事日繁，应复之信积搁甚多，余件尚能料理，家中可以放心。此信送澄叔一阅。余思家乡茶叶甚切，迅速付来为要。

涤生手示

点评：以《文选》补作文之短

曾氏认为儿子长于看书，短于作文。以今天的眼光看，此种人宜作学者而不宜作作家。

撇开政治、军事不谈，从"为学"这个角度来看曾氏，他属于诗人、散文家一类，不能算是学者。故而，他对儿子"作文"一事看得很重，希望儿子能写出气势雄壮而又文采斐然的好文章出来。前次信谈到要儿子于《文选》上用功，这次又强调这一点，并要儿子手抄、模仿一样不能少。抄书其实是件很好的事。过去有句话，叫做"读百遍，不如抄一遍"，可见抄书作用之大。曾在曾氏幕府做过短期幕僚的王闿运，少时家贫，无力购书，便借人家的《史记》、《汉书》等书籍来抄，在抄写的过程中将学问的根底打得很为扎实。中年以后，他有钱了，家中购有二十四史，但他仍继续少时的抄书事业。年年月月，勤抄不辍，居然将全部二十四史抄写了一遍。

模仿也很重要，它好比写字的临帖。模仿优秀之作，能使自己的起点位置较高，进步较快。一旦甩开拐杖，便可以大为超越别人。有志为文者，不妨试试。

致沅弟季弟（以廉谦劳三字自抑）

同治元年五月十五日

沅、季弟左右：

帐棚即日赶办，大约五月可解六营，六月再解六营，使新勇略得却暑也。抬小枪之药，与大炮之药，此间并无分别，亦未制造两种药。以后定每月解药三万斤至弟处，当不致更有缺乏。王可陞十四日回省，其老营十六可到。到即派往芜湖，免致南岸中段空虚。

雪琴与沅弟嫌隙已深，难遽期其水乳。沅弟所批雪信稿，有是处，亦有未当处。弟谓雪声色俱厉。凡目能见千里，而不能自见其睫，声音笑貌之拒人，每苦于不自见，苦于不自知。雪之厉，雪不自知；沅之声色，恐亦未始不厉，特不自知耳。曾记咸丰七年冬，余咎骆、文、耆待我之薄，温甫则曰："兄之面色，每予人以难堪。"又记十一年春，树堂深咎张伴山简傲不敬，余则谓树堂面色亦拒人于千里之外。观此二者，则沅弟面色之厉，得毋似余与树堂之不自觉乎？

余家目下鼎盛之际，余忝窃将相，沅所统近二万人，季所统四五千人，近世似此者曾有几家？沅弟半年以来，七拜君恩，近世似弟者曾有几人？日中则昃，月盈则亏，吾家亦盈时矣。管子云：斗斛满则人概之，人满则天概之。余谓天之概无形，仍假手于人以概之。霍氏盈满，魏相概之，宣帝概之；诸葛恪盈满，孙峻概之，吴主概之。待他人之来概而后悔之，则已晚矣。吾家方丰盈之际，不待天之来概、人之来概，吾与诸弟当设法先自概之。

自概之道云何，亦不外清、慎、勤三字而已。吾近将清字改为廉字，慎字改为谦字，勤字改为劳字，尤为明浅，确有可下手之处。

沅弟昔年于银钱取与之际不甚斟酌，朋辈之讥议菲薄，其根实在于此。去冬之买犁头嘴、栗子山，余亦大不谓然。以后宜不妄取分毫，不寄银回家，不多赠亲族，此廉字工夫也。谦之存诸中者不可知，其着于外者，约有四端：曰面色，曰言语，曰书函，曰仆从属员。沅弟一次添招六千人，季弟并未禀明，径招三千人，此在他统领所断做不到者，在弟尚能集事，亦算顺手。而弟等每次来信，索取帐棚子药等件，常多讥讽之词、不平之语，在兄处书函如此，则与别处书函更可知已。沅弟之仆从随员颇有气焰，面色言语，与人酬接时，吾未及见，而申夫曾述及往年对渠之词气，至今饮憾。以后宜于此四端痛加克治，此谦字工夫也。每日临睡之时，默数本日劳心者几件，劳力者几件，则知宣勤王事之处无多，更竭诚以图之，此劳字工夫也。

余以名位太隆，常恐祖宗留诒之福自我一人享尽，故将劳、谦、廉三字时时自惕，亦愿两贤弟之用以自惕，且即以自概耳。

湖州于初三日失守，可悯可敬。

点评：以廉谦劳三字自抑

有野史记载，曾国荃在湘乡老家起屋，宏丽壮阔，逾格越制，有人告发到彭玉麟处。彭玉麟微服私访，果如所说，遂奏告朝廷。朝廷严旨斥责曾国荃。曾国荃不得不拆掉一部分违礼违制建筑。这件事是不是真的，已不可确考，而奏参老九的是彭玉麟而不是别人，足见他们两人嫌隙较深，才可以用来作为这段故事中的两个主人公。

四月二十八日，曾氏致沅的信中有这样的几句话："弟以金柱关之破，水师出力最多，厘卡当雪二季二，甚善甚善。兹定为沅五、雪三、季二，尤为惬当。"

曾氏将"雪二"改为"雪三"，是基于"雪二"有亏于彭玉麟，可见老九待彭不甚公允。曾氏告诉弟弟，别人的毛病易于看到，而自己的毛病则难于看到，要多多检查自己。"责己严而待人宽"，实在是处理同事之间关系的一个最好方法。

1911年，蔡锷将军从曾氏和胡林翼的文集中选取部分有关用兵打仗的言论，编为《曾胡治兵语录》一书，作为新军士官的教材。此教材后来又被黄埔军校所沿用。在"和辑"一节中，蔡锷摘取了此信中的几句话："弟谓雪声色俱厉。凡目能见千里，而不能自见其睫，声音笑貌之拒人，每苦于不自见，苦于不自知。雪之厉，雪不自知；沅之声色，恐亦未始不厉，特不自知耳。"并于其后加以评议："古人相处，有愤争公庭而言欢私室，有交哄于平昔而救助于疆场，盖不以公而废私，复不以私而害公也。人心不同如其面，万难强之使同。驱之相合，则睚眦之怨、芥蒂之嫌，自所难免。惟以公私之界分得清、认得明，使之划然两途，不相混扰，则善矣。"蔡锷认为，同事间因性格、取向等方面的不同，要做到完全融洽无间是很难的，重要的是要分清公私，决不能将私人意气用在处理公事上，尤其不能容忍以私害公。笔者认为，这番话应为每一个从业者所重视。"不以私害公"，应当成为一种职业道德。

传说老九打下安庆后，带了大批金银财宝回老家，岳阳到衡阳，几百里湘江码头上药铺里的人参被老九一购而光。从信中所说的"沅弟昔年于银钱取与之际不甚斟酌"，"去冬之买犁头嘴、栗子山，余亦大不谓然"看来，老九拐带大批金银回家之说不诬，也可知多少年来老大说的不买田起屋、不积宦银给子孙的话，在诸弟的身上几乎没起到作用。当年霍光秉政二十多年，权倾天下，死后其子孙恣意放肆，结果满门抄斩，与霍氏相连坐诛灭者数千家。诸葛亮之侄儿诸葛恪为吴国辅政大臣，也因骄慢招怨，被孙峻设计于酒席间斩杀。曾氏引这两段史实来敲一敲老九的脑袋：任你如何煊赫一时，若不知儆戒，近者祸于其身，远者报于子孙。这就是"天概"。天概是通过仇家之手来完成的。鉴于此，必须先自己来概，即自己来抑制自己，其方法在于廉、谦、劳三字。无疑，这正是给老九的贪、傲、怠（打完安庆后，在家呆了半年）等毛病的对症下药。

这三个字岂只是医老九的药丸，对于一切有志做大事的人来说，都是一帖清醒剂。

谕纪泽（给不上进的女婿留点脸面）

同治元年五月二十四日

字谕纪泽：

二十日接家信，系尔与澄叔五月初二所发，二十二日又接澄侯衡州一信，具悉五宅平安，三女嫁事已毕。

尔信极以袁婿为虑，余亦不料其遽尔学坏至此，余即日当作信教之。尔等在家却不宜过露痕迹,人所以稍顾体面者,冀人之敬重也。若人之傲惰鄙弃业已露出,则索性荡然无耻,拼弃不顾,甘与正人为仇,而以后不可救药矣。我家内外大小于袁婿处礼貌均不可疏忽,若久不悛改,将来或接至皖营,延师教之亦可。大约世家子弟,钱不可多,衣不可多,事虽至小,所关颇大。

此间各路军事平安。多将军赴援陕西,沅、季在金陵孤军无助,不无可虑。湖州于初三日失守。鲍攻宁国,恐难遽克。安徽亢旱,顷间三日大雨,人心始安。谷即在长沙采买,以后澄叔不必挂心。此次不另寄澄信,尔禀告之。此嘱。

点评:给不上进的女婿留点脸面

曾氏的大女婿袁秉桢是个花花公子,未娶妻之前已先娶妾,娶妻后恶性依旧不改:不好好读书求上进,游手好闲,寻花问柳。纪静嫁了这样的丈夫,真是苦命。她终日以泪洗面,心中的委屈有时也会对娘家的哥嫂弟妹说说,于是纪泽将袁秉桢的恶劣行径函告了父亲。

曾氏劝儿女们暂时不要对袁过露痕迹,给他留一些脸面,以防他破罐子破摔,今后更不好收拾。应该说,曾氏的这个处置方法是对的。只可惜袁秉桢已烂透了,曾氏的苦心并没有收到效果。

从曾氏的信中看来,袁是被家中父母娇惯坏了。这只是其一,其二是做父亲的没有给儿子带来好样。其父袁芳瑛在道光年间以编修外放苏州知府,还未上任,就急于买妾。曾氏在家信中说京师人言啧啧,咸以为怪事。有其父必有其子。曾氏选婿,其实是选亲家,如此花心人为什么要联姻?

谕纪鸿(以四百两银贺纪鸿中秀才)

同治元年五月二十七日

字谕纪鸿儿:

前闻尔县试幸列首选,为之欣慰。所寄各场文章,亦皆清润大方。昨接易芝生先生十三日信,知尔已到省。城市繁华之地,尔宜在寓中静坐,不可出外游戏征逐。兹余函商郭意城先生,在于东征局兑银四百两,交尔在省为进学之用。如郭不在省,尔将此信至易芝生先生处借银亦可。印卷之费,向例两学及学书共三分,尔每分宜送钱百千。邓寅师处谢礼百两,邓十世兄处送银十两,助渠买书之资。余银数十两,为尔零用及略添衣物之需。

凡世家子弟衣食起居,无一不与寒士相同,庶可以成大器;若沾染富贵气习,则难望有成。吾忝为将相,而所有衣服不值三百金。愿尔等常守此俭朴之风,亦惜福之道也。其照例应用之钱,不宜过啬(谢廪保二十千,赏号亦略丰)。谒圣后,拜客数家,即行归里。今年不必乡试,一则尔工夫尚早,二则恐体弱难耐劳也。此谕。

涤生手示

再,尔县考诗有错平仄者。头场(末句移),二场(三句禁,仄声用者禁止禁戒也,平声用者犹云受不住也,谚云禁不起),三场(四句节俭仁惠崇系倒写否?十句逸仄声),五场(九、十句失粘)。过院考时,务将平仄一一检点,如有记不真者,则另换一字。抬头处亦宜细心。再谕。

> **点评:以四百两银贺纪鸿中秀才**

曾氏一向节俭,手面紧缩,女儿出嫁,嫁妆费不过二百两银子。这次为祝贺儿子考中秀才,一次便拿出四百两银子来,可见心中之喜慰!塾师邓寅皆因此而获百两银子之奖,相当于普通塾师两年的纯收入,其奖亦不可谓不重。从心底里来说,曾氏还是企盼儿子科场顺遂,功名畅达的。

就是在这种时候,曾氏仍不忘教导儿子常守俭朴之风,并提出了一个观点:"凡世家子弟衣食起居,无一不与寒士相同,庶可以成大器;若沾染富贵气习,则难望有成。"愿天下富贵人家父母,都能记住这两句话。

致沅弟季弟(天地之道刚柔互用)

同治元年五月二十八日

沅、季弟左右:

沅于人概天概之说,不甚厝意,而言及势利之天下,强凌弱之天下。此岂自今日始哉?盖从古以然矣。

从古帝王将相,无人不由自立自强做出,即为圣贤者,亦各有自立自强之道,故能独立不惧,确乎不拔。昔余往年在京,好与诸有大名大位者为仇,亦未始无挺然特立不畏强御之意。近来见得天地之道,刚柔互用,不可偏废,太柔则靡,太刚则折。刚非暴虐之谓也,强矫而已;柔非卑弱之谓也,谦退而已。趋事赴公，则当强矫，争名逐利，则当谦退；开创家业，则当强矫，守成安乐，则当谦退；出与人物应接，则当强矫，入与妻孥享受，则当谦退。若一面建功立业，外享大名，一面求田问舍，内图厚实，二者皆有盈满之象，全无谦退之意，则断不能久。此余所深信，而弟宜默默体验者也。

> **点评：天地之道刚柔互用**

  上次曾氏在给两弟的信中，苦口婆心地说了一大通天概、人概的道理，岂料两弟不但不听，还给大哥回赠了一个"势利"、"强凌弱"的反驳。为此，曾氏作了一番"天地之道，刚柔互用"的补充。

  本来，世上的事情，从不同的角度来看，就会有不同的看法，正所谓"横看成岭侧成峰，远近高低各不同"，片面强调哪一个方面都不是很适宜的。

  曾氏在天性上偏于自保型，又加之阅历多，年纪大，体气弱，故而从柔、从抑、从退的方面考虑得比较多。按阴阳两极的说法，曾氏所奉行的一套，属于"阴"的系列。在许多事情的处理上，他以"阴"行之。

  老九、老幺在天性上趋于进攻型，又加之年纪轻，血气方刚，功名事业都还未到头，故而从刚、从扬、从进的方面考虑得比较多。老九、老幺所奉行的一套，属于"阳"的系列。同样，在许多事情的处理上，也以"阳"行之。

  其实，古代圣贤早就说过："一阴一阳为之道。"天地之大道，本身就包括了"阴"、"阳"两个侧面，两个侧面合起来才是完整的道，问题在于什么时候，该偏重于哪个侧面。世间有许多大道理，知道并不难，难在具体运用。前人说"运用之妙，存乎一心"，这种妙，难以传授，全在感悟。一个师傅教的两个弟子，到头来，有所获大、所获小的区别，其关键原因多半出在"运用"二字上。

致沅弟季弟（愧悔大负李元度）

同治元年六月初二日

沅、季弟左右：

  湖南之米昂贵异常，东征局无米解来，安庆又苦于碾硙无多，每日不能春出三百石，不足以应诸路之求。每月解子药各三万斤，不能再多，望弟量入为出，少操几次，以省火药为嘱。

扎营图阅悉。得几场大雨，吟、昆等营必日松矣。处处皆系两层，前层拒城贼，后层防援贼，当可稳固无虞。

少泉代买之洋枪，今日交到一单，待物到即解弟处。洋物机括太灵多不耐久，宜慎用之。

次青之事，弟所进箴规，极是极是。吾过矣！吾过矣！吾因郑魁士享当世大名，去年袁、翁两处及京师台谏尚累疏保郑为名将，以为不妨与李并举，又有郑罪重李情轻，暨王锐意招之等语，以为比前折略轻。逮拜折之后，通首读来，实使次青难堪。今得弟指出，余益觉大负次青，愧悔无地。余生平于朋友中，负人甚少，惟负次青实甚。两弟为我设法，有可挽回之处，余不惮改过也。

点评：愧悔大负李元度

咸丰五、六年间，曾氏在江西处于困顿之际，李元度和他的平江勇给了曾氏很大的支持，但曾氏却对李关心不够，荐举不力。守父丧期间，他静思出山几年来的所作所为，深以亏欠李而内疚，主动提出与李结儿女亲家，欲以此作为弥补。咸丰十年，李元度因丢失徽州府，遭曾氏参劾，削职归里。第二年，应浙江巡抚王有龄之请，李在湖南组建安越军，东进救援浙江。同治元年二月，曾氏看到补授李元度为浙江按察使的上谕后，当即又上了一道参劾李元度奏折。参折列了李的三条罪状：一、冒禀邀功；二、徽州丢失后，不候讯结，擅自回籍，不候批禀，擅自赴浙；三、赴浙途中，节节逗留，有负浙省期望。请朝廷革去其职，交左宗棠差遣。朝廷完全按照曾氏所说的办理，李元度再次丢了乌纱帽。

这年五月十七日，曾氏又上了一道《密陈参劾陈由立、郑魁士、李元度三将之由片》，将陈、郑、李三人列为一类，即都是背弃原主、见异思迁的人。他以春秋时期季文子不纳莒仆、石祁子不保猛获为例，认为"叛于本国"的人，"断难忠于他邦"。

老九看到这道密片后，立即致函乃兄，表示不同意将李与陈、郑并列的提法。曾氏接信后，也立即意识到此片不妥。

曾氏素来谨慎老到，将李与陈、郑相提并论，并以密折的形式奏告朝廷，应该是经过慎重考虑的。为何老九一封信，他便连连说"极是极是，吾过矣吾过矣"的话呢？这不令人费解吗？

原来，此中有着曾氏难以对人言的隐衷。

直白地说，曾氏这道密片与三个月前的再参李元度的奏折，都是不对的。其原因为：

一、二月份的参折列举的三条罪状，前两条都发生在赴浙之前。既已遭革职处分，就不必再旧事重提了。

二、罪状第三条"赴浙途中节节逗留"，算不上确实的罪证，属于影响模糊之辞，不好据此定罪。

三、尤其是将陈、郑、李三人视为"叛于本国""断难忠于他邦"的人，是根本错误的。陈由立离开鲍超投靠河南巡抚，郑魁士离开福济而去江南大营，李元度以湘军将领而投奔浙江巡抚，这些统统只能说是改换门庭，然而他们都还是在朝廷指挥之下与敌军作战，怎么能以"本国"、"他邦"来比拟呢？实属不伦不类。

四、至于李，又与陈、郑不同。他已遭革职，便不再属于湘军系统了，重新招募军队去浙江，连改换门庭都不能算。难道说，李元度因为是湘人，就只能在湘人手下做事吗？

要参劾的话，早在先年十一月杭州失守时，便应参劾李误了救浙大事，但那时不见曾氏的动静，直到李被补授浙江按察使时，才来此一下。曾氏是在一种什么心态的驱使下做出此事呢？显然，他心底深处的怨恨是因为李背叛了他，如同陈背叛鲍超、郑背叛福济一样。曾自认为他是李的主子，李的一切行径都应该报请他的同意才行。李组建安越军去浙后，他曾在给别人的信里说，李此举是以中行待老友，以智伯待怨仇，乃恩将仇报。据王闿运的《湘军志》说，湘军将领，朝廷的命令调不动，曾氏的一封信函，却可以令他们千里驱驰。看来，曾氏不仅对李是这种态度，他对他的所有部属都是这种态度。"恩将仇报"的李元度，不仅没有受责，反而还升了官，曾氏胸中的这口怨气如何能消？于是便有了一而再的参劾。

曾氏平时最喜谈忠诚，谈宽恕，但在处理李这件事上，恰恰暴露了他的私心和狭窄。曾氏以圣贤为榜样，后世也有许多人将他看做圣贤，他其实并不是圣贤，此事可作为一个例证。

曾氏自以为别人看不透他的背后用心，不料他的胞弟一眼就看出来了。他猛然醒悟：这套障眼法一定蒙蔽不了世人，遂干脆认错。曾氏后来一直对这事悔恨着。

六年后，他郑重地在此折片的尾部写下这样一段"后记"："此片不应说及李元度，尤不应以李与郑并论。李为余患难之交，虽治军无效，而不失为贤者。此吾之大错。后人见不可抄，尤不可刻，无重吾过。"

晚年，他反复叮嘱家人，要将他咸丰年间所许诺的"与李家结姻"付诸实现，并一再忏悔自己有负于李。过了几年，李受贵州巡抚张亮基之邀，赴黔办军事，不久官复原职，后又升为贵州布政使，最后死于任上。

李元度自然对曾氏心存恨意，但由于曾氏的诚心忏悔和本人晚年的官运顺遂，最后还是原谅了曾氏。在曾氏去世后，他写了十二首悼念诗，对曾氏予以高度评价，对彼此之间的嫌隙予以冰释。兹录第九首于此，供大家吟赏："记入元戎幕，吴西又皖东。追随忧患日，生死笑谈中。末路时多故，前期我负公。雷霆与雨露，一例是春风。"

致沅弟季弟（如何使用有才无德者）

同治元年六月初十日

沅、季弟左右：

专丁来信，应复者条列如左：

一、援贼大至，余甚为悬系。崇天义张姓，似是去春守徽州者，诡计甚多，打硬仗亦不甚悍。伪忠王前年十月在羊栈岭，去年春在建昌等处，均不甚悍，专讲避实击虚。弟所部新勇太多，总以"不出濠浪战"五字为主。如看确贼之技俩，偶然一战，则听弟十分审慎出之，余但求弟自固耳。

二、上海军情，昨已将少荃信抄寄。周沐润业经批令来皖帮办文案。许悼诗有才而名声太坏，南坡专好用名望素劣之人，如前用湖南胡听泉、彭器之、李茂斋，皆为人所指目，即与裕时卿、金眉生交契，亦殊非正人行径。弟与南坡至好，不可不知其所短。余用周受甫，亦系许、金之流，近日两奉寄谕查询，亦因名望太劣之故。毁誉悠悠之口，本难尽信，然君子爱惜声名，常存冰渊惴惴之心，盖古今因名望之劣而获罪者极多，不能不慎修以远罪。吾兄弟于有才而无德者，亦当不没其长，而稍远其人。

> **点评：如何使用有才无德者**

一个大团队里，人员必参差不齐。通常是德才兼备者为数极少，德优才薄者也不是很多。大部分人是德也平平，才也平平。也不乏有这样的人：缺德无德，但才干却过于常人。

一个团队之所以组合，必定有一桩共同的事业让大家来办，故而办事之才常常是这个团队最为需要的，至于德，只要不害别人、不损这个集体就行了。于是，才常常为团队的领导者所看重。然而，有德，却可以固结人心，为团队作更大的贡献；缺德，也可能做出有损于这个团队的事情来。因此，"德"字决不可忽视。

在曾氏的人才思想中，可以看出他于才德二字上，更重德字。他说过这样的话："德若水之源，才即其波澜；德若木之根，才即其枝叶。"但他毕竟是个军事统帅，于军事有用的"才"，他也是看得很重的。信中所说的黄冕（南坡）就是德性上较差而才干出众的人。野史上说，黄为人贪。他在办东征局期间，利用手中的实权为自己聚敛了大量钱财。但他在筹粮筹饷置办军需上都很有办法，故曾氏一直重用他。曾氏对包括黄冕在内的一批有才而无德者采取的原则是：不没其长，而稍远其人。

此种做法可为大大小小的公司老总们提供借鉴。

致沅弟（面对指摘宜自修）

同治元年六月二十日

沅弟左右：

此次洋枪合用，前次解去之百支，果合用否？如有不合之处，一一指出，盖前次亦花大价钱买来，若过于吃亏，不能不一一与之申说也。

吾因近日办事，名望关系不浅，以鄂中疑季之言相告，弟则谓我不应述及。外间指摘吾家昆弟过恶，吾有所闻，自当一一告弟，明责婉劝，有则改之，无则加勉，岂可秘而不宣？鄂之于季，自系有意与之为难。名望所在，是非于是乎出，赏罚于是乎分，即饷之有无，亦于是乎判。去冬金眉生被数人参劾，后至抄没其家，妻孥中夜露立，岂果有万分罪恶哉？亦因名望所在，赏罚随之也。众口悠悠，初不知其所自起，亦不知其所由止。有才者忿疑谤之无因，而悍然不顾，则谤且日腾；有德者畏疑谤之无因，而抑然自修，则谤亦日熄。吾愿弟等之抑然，不愿弟等之悍然。愿弟等敬听吾言，手足式好，同御外侮，不愿弟等各逞己见，于门内计较雌雄，反忘外患。

至阿兄忝窃高位，又窃虚名，时时有颠坠之虞。吾通阅古今人物，似此名位权势，能保全善终者极少。深恐吾全盛之时，不克庇荫弟等，吾颠坠之际，或致连累弟等，惟于无事时，常以危词苦语，互相劝诫，庶几免于大戾。酷热不能治事，深以为苦。

> **点评：面对指摘宜自修**

常言道：谁人背后无人说，哪个人前不说人？其中尤以名人、要人、公众场合中的人物遭人背后议论为最多，这是因为人们对这些人要求更高、更严的缘故，所谓"《春秋》责备贤者"是也。面对着来自别人的指摘，应取何种态度？笔者以为，还是以曾氏所抱的态度为好：宜抑然自修，而不宜悍然不顾。但从信中看来，沅、季二人似乎不取这种态度。

读这封信，我们明显地看出曾氏对权势有一种恐惧感，即担心颠坠，担心不能善始善终。这也可以算是一种患得患失，但与有权有势就胡作非为无所忌惮相比，这种态度无疑要好得多。

致沅弟（不要插手盐务以谋利）

同治元年六月二十三日

沅弟左右：

张胜禄竟以微伤陨命，可惜可痛。余昔年恸塔智亭之殁，失一威望之将；悼毕印侯之逝，失一骁悍之将。张声扬虽不如塔，似已远过于毕。一军之中，得此等人千难万难。灵榇过安庆时，余当下河祭奠，赙恤其家。

李臣典果足为继起之贤否？凌有和、崔文田、李金洲三人，余俱不甚熟。大约选将，以打仗坚忍为第一义，而说话宜有条理，利心不可太浓，两者亦第二义也。十六日之仗，崔文田等出卡在大濠外否？刘南云等亦出卡否？洋枪与大炮、劈山炮，三者比较，究竟何者群子最远？望校验见告。

弟两次抄示寄乔鹤侪信，多影响之谈。淮盐向以江督为主。江督犹东，运司犹佃也。弟欲从盐中设法生财，不谋之于我，而谋之于乔，何也？盐务利弊，万言难尽，然扼要亦不过数语。太平之世两语：曰出处防偷漏，售处防侵占。乱离之世两语：曰暗贩抽散厘，明贩收总税。

何谓出处防偷漏？盐出于海滨场灶，商贩赴场买盐，每斤完盐价二三文，交灶丁收，纳官课五六文，交院司收。其有专完灶丁之盐价，不纳院司之官课者，谓之私盐，即偷漏也。

何谓售处防侵占？如两湖江西均系应销淮盐之引地，主持淮政者，即须霸住三省之地，只许民食淮盐，不许鄂民食川私，湘民食粤私，江民食闽私，亦不许川粤闽各贩侵我淮地，此所谓防侵占也。

何谓暗贩抽散厘？军兴以来，细民在下游贩盐，经过贼中金陵、安庆等处，售于上游华阳、吴城、武穴等处，无引无票无照，是谓暗贩。无论贼卡官卡，到处完厘，是谓抽散厘也。

何谓明贩收总税？去年官帅给票与商人和意诚号，本年乔公给票与商人和骏发号，目下余亦给票与和骏发，皆令其在泰州运盐，在运司纳课，用洋船拖过九洑洲，在于上游售卖。售于湖北者，在安庆收税，每斤十文半，在武昌收九文半。售于江西者，在安庆每斤收十四文，在吴城收八文。此所谓明贩收总税也。

弟前令刘履祥在大通开官盐店，小屯小卖，是暗贩之行径。今欲令二三商人赴乔公处领盐，驶上行销，是明贩之行径。若使照和意诚、和骏发之例，亦在运署纳课，亦雇洋船拖过九洑洲，亦在皖与武昌完二十文，皖与吴城完二十二文，则此外为利无几。若不照和意诚、和骏发之例，概不完厘，则有益于弟，有损于兄，殊不足以服众。本年四月，刘履祥在下游运盐数船驶上，亦用洋船拖过贼境，被荻港卡员王寿祺拦住。刘履祥寄函与王，请完厘释放，厥后过盐河，华阳竟未完厘。此事人多不服，余亦恶之，拟即将刘履祥撤去，并将大通官盐店拆毁，盖所得无多，徒坏我名声，乱我纪纲也。弟亦不必与乔公谋盐，弟以后专管军事，莫管饷事可也。

> **点评：不要插手盐务以谋利**

曾国荃、曾国葆兄弟率领吉字营二万人马，五月上旬攻破秣陵关、大胜关，进驻金陵城下，开始对太平天国的都城予以包围。

金陵为历史名城，曾做过吴、东晋、宋、齐、梁、陈、明朝的都城，城墙高大坚固，周遭共长九十里，为全世界之冠。曾老九以二万人围金陵，似乎有点自不量力。但他不顾一切，在别的几路人马都未跟上的情况下，孤军深入，作长期包围的打算。

自有湘军始，筹措军饷便一直是带兵统领最大的一桩事，即便曾氏做了两江总督，握有地方实权，也无法满意地解决这个问题。其原因乃在于长年战争，民生凋敝，老百姓早已无力供养这两支敌对的军队了。

曾老九一向手笔阔绰，更喜欢以名利笼络驱使部属，故他的吉字营所需饷银更多，曾氏在不少的信件中对他的无穷索求表示头痛。现在，他又打起盐务的主意了。

自古以来，盐业便因为税利大而成为国家控制的重要物品。出于同样的原因，盐业走私也便成了最大的走私。自从长江水面为湘军水师控制后，湘军私盐已成了公开的秘密。曾老九便是私盐的头号贩子。因为军饷得不到保证，贩私盐便振振有辞，盐务官员、地方官员都拿他们没办法，就连曾氏也只得睁一只眼闭一只眼。野史记载，湘军裁撤时，因为欠饷太多无法兑现，只得以盐相抵，让他们去高价贩卖。如此一来，贩私便成为合法的行为了。曾氏曾感叹：战争给国家造成的最大破坏是纲纪的破坏。他自己其实也是纲纪的破坏者之一，而且责任比别人更大。然而在理论上，他还是得扮演国家法规法令执行者的形象，叫他的弟弟们不能插手盐务。

这封信中所提到的几个数字，也给我们研究当时的盐政提供了实据：每斤盐的生产者（灶丁）只获钱二三文，官府课税则为五六文，安庆厘卡收税十文半、十四文、二十文、二十二文不等，武昌收税九文半或二十文，吴城收税八文或二十二文。官府收的税是灶丁的二至三倍，厘卡收的税累积起来竟然是灶丁的三十倍！这不是横征暴敛是什么？

盐价被抬得这样高，普通百姓如何吃得起？怪不得"淡食"已成为当时偏远地区的普遍现象。战争给人民带来的痛苦，于此可见一斑。

致沅弟季弟（对购置田宅之指摘当三思）

同治元年七月初一日

沅、季两弟左右：

专差至，接两弟书。沅于二十五早大战之后，尚能写二十二叶之多，可谓强矫矣，所言俱能切中事理。

凡善将兵者，日日申诫将领，训练士卒。遇有战阵小挫，则于其将领责之戒之，甚者或杀之，或且泣且教，终日絮聒不休，正所以爱其部曲，保其本营之门面声名也。不善将兵者，不责本营之将弁，而妒他军之胜己，不求部下之自强，而但恭惟上司，应酬朋辈，以要求名誉，则计更左矣。余对两弟絮聒不休，亦犹对将领且责且戒，且泣且教也。良田美宅，来人指摘，弟当三思，不可自是。吾位固高，弟位亦实不卑；吾名固大，弟名亦实不小，而犹沾沾培坟墓以永富贵，谋田庐以贻子孙，岂非过计哉？

二十五日又获大胜，以后应可踮稳脚跟。然计贼之技俩，必再来前后猛扑一次，尚宜稳慎待之。

> **点评：对购置田宅之指摘当三思**

曾老九在家筑美宅，购良田，弄得沸沸扬扬，多有指摘。曾氏也对老九这些做法很不满意，常有规劝，但收效甚微。曾氏小女纪芬曾为其九叔作过这样的辩护："忠襄公每克一名城，奏一凯歌，必请假还家一次，颇以求田问舍自晦。"

购置良田美宅，在老百姓的眼里，是对钱物的贪恋，但在当国者看来，却正是无大志无野心的表现。这种说法是有根据的。《三国志》的陈登传里有一则故事。刘备有次对许汜说，您有国士的名声，当今天下大乱，应该忧国忧君才是，但您只一个劲地买田起屋，没有什么好的主意可供采纳。这可是陈登所不喜欢的事。后来辛弃疾据此典故写了几句词："求田问舍，怕因羞见，刘郎才气。"

曾纪芬拿这段典故为其叔遮掩，认为曾国荃是以求田问舍来表明他无政治野心，借此消除当国者的猜忌而求自保。

真是这样的吗？怕未必。

谕纪泽（持身可学王陶而不可学嵇阮）

同治元年七月十四日

字谕纪泽儿：

曾代四、王飞四先后来营，接尔二十日、二十六日两禀，具悉五宅平安。

和张邑侯诗，音节近古，可慰可慰。五言诗，若能学到陶潜、谢朓一种冲淡之味和谐之音，亦天下之至乐，人间之奇福也。尔既无志于科名禄位，但能多读古书，时时哦诗作字，以陶写性情，则一生受用不尽。第宜束身圭璧，法王羲之、陶渊明之襟韵萧洒则可，法嵇、阮之放荡名教则不可耳。

希庵丁艰，余即在安庆送礼，写四兄弟之名，家中似可不另送礼。或鼎三侄另送礼物亦无不可，然只可送祭席挽幛之类，银钱则断不必送。尔与四叔父、六婶母商之。希庵到家之后，我家须有人往吊，或四叔，或尔去皆可，或目下先去亦可。

近年以来，尔兄弟读书，所以不甚耽搁者，全赖四叔照料大事，朱金权照料小事。兹寄回鹿茸一架、袍褂料一付，寄谢四叔。丽参三两、银十二两，寄谢金权。又袍褂料一付，补谢寅皆先生。尔一一妥送。家中贺喜之客，请金权恭敬款接,不可简慢。至要至要。

贤五先生请余作传,稍迟寄回。此次未写复信,尔先告之。家中有殿板《职官表》一书,余欲一看,便中寄来。抄本国史文苑、儒林传尚在否?查出禀知。此嘱。

涤生手草

点评:持身可学王陶而不可学嵇阮

曾纪泽的这首和张邑侯的五言诗,可惜已找不到了。他另有一首题作《题张铸庵邑侯树萱种竹图小像》的七律,也是写给这位张邑侯的。抄录于下,供诸位欣赏:"契阔时多会合难,展图一笑接余欢。灵萱也应八千岁,新竹正宜三万竿。偶着黄冠披野服,曾凭赤手障狂澜。玉皇香案当年吏,长啸犹能集凤鸾。"这首诗,他也曾寄给乃父。曾氏批云:"尚无俗句,然题图诗总宜少作。"看来,曾氏对儿子这首诗评价平平,且不喜儿子做这种应酬诗。

曾国藩书法

曾氏的意见是对的。诗是抒发性灵的文字,应酬总夹杂着非性情的成分在内,故古往今来,应酬诗少有佳作。

曾氏对陶渊明、谢朓的五言诗评价甚高,认为诗中的冲淡之味、和谐之音为天下之至乐。这是曾氏诗论中的重要观点。笔者以为,曾氏于文偏重于阳刚豪放,于诗偏重于阴柔婉约。又,曾氏于诗文早年偏重于阳刚豪放,晚年偏重于阴柔婉约。

曾氏特地向儿子指出,胸襟潇洒与放荡名节大不相同。胸襟潇洒是指淡泊名利、顺应自然,放荡名节则将触犯名教,与世道人情相忤。故曾氏要儿子学王羲之、陶渊明,而不可学嵇康、阮籍。

致澄弟（可怕的瘟疫）

同治元年闰八月初四日

澄弟左右：

沅、霆两军病疫，迄未稍愈。宁国各属军民死亡相继，道殣相望，河中积尸生虫，往往缘船而上，河水及井水皆不可食。其有力者，用舟载水于数百里之外。臭秽之气中人，十病八九。诚宇宙之大劫，军行之奇苦也。

洪容海投诚后，其党黄、朱等目复叛，广德州既得复失，金柱关常有贼窥伺，近闻增至三四万人，深可危虑。余心所悬念者，惟此二处。

余体气平安。惟不能多说话，稍多则气竭神乏，公事积搁，恐不免于贻误。弟体亦不甚旺，总宜好好静养。莫买田产，莫管公事。吾所嘱者，二语而已。盛时常作衰时想，上场当念下场时，富贵人家，不可不牢记此二语也。

> **点评：可怕的瘟疫**

吉字营来到金陵城外不久，军中瘟疫盛行。对这场罕见的瘟疫，曾氏在《金陵湘军陆师昭忠祠记》中曾有形象的记载："我军薄雨花台，未几，疾疫大行，兄病而弟染，朝笑而夕僵，十幕而五不常爨；一夫暴毙，数人送葬，比其返而半殪于途。近县之药既罄，乃巨舰连樯，征药于皖鄂诸省。"

这真是人间惨象！之所以如此，全是因为战争而带来的积尸太多，掩埋不及时的缘故。悲哉苦哉，乱世之人类也！

致澄弟（对父母官宜若远若近）

同治元年九月初四日

澄弟左右：

沅弟金陵一军危险异常，伪忠王率悍贼十余万昼夜猛扑，洋枪极多，又有西洋之落地开花炮，幸沅弟小心坚守，应可保全无虞。鲍春霆至芜湖养病，宋国永代统宁国一军，分六营出剿，小挫一次。春霆力疾回营，凯章全军亦赶至宁国守城。虽病者极多，而鲍、张合力，此路或可保全。又闻贼于东坝抬船至宁郡诸湖之内，将图冲出大江，不知杨、彭能知之否。若水师安稳，则全局不至决裂耳。

来信言余于沅弟既爱其才，宜略其小节，甚是甚是。沅弟之才，不特吾族所少，即当世亦实不多见。然为兄者，总宜奖其所长，而兼规其短。若明知其错，而一概不说，则非特沅一人之错，而一家之错也。

吾家于本县父母官，不必力赞其贤，不可力诋其非，与之相处，宜在若远若近、不亲不疏之间。渠有庆吊，吾家必到；渠有公事，须绅士助力者，吾家不出头，亦不躲避。渠于前后任之交代，上司衙门之请托，则吾家丝毫不可与闻。弟既如此，并告子侄辈常常如此。子侄若与官相见，总以谦谨二字为主。

点评：对父母官宜若远若近

曾氏与兄弟之间的关系，从家信中看来，似乎常常是曾氏一人处一边，其他四人处一边，如早年关于赠银钱与亲戚、建社仓的争论，后来关于买田起屋的争论等等，都可以看出这种一对四的局面。这一方面是地位和居住远近的原因，另一方面也因为境界的不同。应该说，曾氏的境界已超出常人，而他的四个弟弟的境界与世俗人相同。这次是老四出来劝大哥了：既然老九有攻城夺关的大才，那么多运点金银回家、买田起屋这些事，便是小事了，何须计较？

老四的话并不错，若降低一格来看，老九已经很了不起了，没有必要再苛求。但若往深处想，老四与老九原本就是同一个层次的人。他在心里很可能会说，若我处于老九的状况，我也会这样做！你那套高论还是少发为好。

眼下的曾家，在湘乡县的地位又远非昔日可比了。当年只是一个老大做京官，现在可是三兄弟都手握大权重兵，真可谓"曾家吼一吼，湘乡抖三抖"。处于这种地位，如何与本县父母官相交往，曾氏交给在家管事的老四一个原则：若远若近，不亲不疏。并举例说明具体操作的方式。读者诸君中若有在外处高位发大财的人，是否也可照曾氏所说的原则来对待老家的父母官——县官、乡官、村官呢？

致沅弟（制胜之道在人不在器）

同治元年九月十一日

沅弟左右：

初五早之捷，破贼十三垒，从此守局应可稳固，至以为慰。缩营之说，我极以为然。既不能围城贼，又不能破援贼，专图自保，自以气敛局紧为妥，何必以多占数里为美哉？及今缩拢，少几个当冲的营盘，每日少用几千斤火药，每夜少几百人露立，亦是便益。气敛局紧四字，凡用兵处处皆然，不仅此次也。

所需洋枪洋药铜帽等，即日当专长龙船解去。然制胜之道，实在人而不在器。鲍春霆并无洋枪洋药，然亦屡当大敌。前年十月、去年六月，亦曾与忠酋接仗，未闻以无洋人军火为憾。和、张在金陵时，洋人军器最多，而无救于十年三月之败。弟若专从此等处用心，则风气所趋，恐部下将士，人人有务外取巧之习，无反己守拙之道，或流于和、张之门径而不自觉，不可不深思，不可不猛省。真美人不甚争珠翠，真书家不甚争笔墨，然则将士之真善战者，岂必力争洋枪洋药乎？

闻霆军营务处冯标说，霆营现以病者安置城内，尽挑好者扎营城外，亦是一法。弟处或可仿而行之。将病者伤者全送江北，令在西梁、运漕等处养息，专留好者在营。将东头太远之营缩于中路、西路，又将病伤太多之营缩而小之，或以二营并而一之。认真简阅一番，实在精壮可得若干人，待王、程到齐，再行出濠大战。目下若不缩营蓄锐，恐久疲之后，亦难与言战也。

穆海航在无为州，已札饬将抵征之项银米并收，闻百姓欢欣之至。弟托之办两月米粮，必做得到，即当告之。

点评：制胜之道在人不在器

曾氏在这封信里提出一个很重要的观点：制胜之道，实在人而不在器。曾氏一贯重视人才，这是他成功的第一要素。从理论上看，从整体上看，这是一个很正确的观念。世间一切事，都是人做出来的，离开了人，什么都没有了。杀伤力再大的武器，也是人制造出来的。有了人，也便有了先进的武器，也便有了最后的胜利。但是，在具体的战斗中，在两军相搏的战场上，很多时候却是武器决定着胜负。不可能想象，两军对峙时，手执大刀长矛的军队能打得过使用大炮冲锋枪的军队。一方有了先进的武器，另一方也必须要拥有先进的武器，才可能形成对抗的局面。当然，这需要一个过程，在这个过程中，人的因素也是第一位的。从信上看来，老九对洋枪洋炮看得很重，作为一个前线指挥员，这也是完全可以理解的。相信他在读了这封信后，一定会窃笑乃兄坐而论道的迂腐！

谕纪泽（借亲情疗忧惧）

同治元年十月初四日

字谕纪泽儿：

旬日未接家信，不知五宅平安如常否？此间军事，金柱关、芜湖及水师各营，已有九分稳固可靠；金陵沅叔一军，已有七分可靠；宁国鲍、张各军，尚不过五分可靠。此次风波之险，迥异寻常。余忧惧太过，似有怔忡之象，每日无论有信与无信，寸心常若皇皇无主。前此专虑金陵沅、季大营或有疏失，近日金陵已稳，而忧惶战栗之象不为少减，自是老年心血亏损之症。欲尔再来营中省视，父子团聚一次。一则或可少解怔忡病症，二则尔之学问亦可稍进。或今冬起行，或明年正月起行，禀明尔母及澄叔行之。尔在此住数月归去，再令鸿儿来此一行。

寅皆先生明年定在大夫第教书，鸿儿随之受业。金二外甥有志向学，尔可带之来营。余详日记中。此谕。

涤生手示

点评：借亲情疗忧惧

驻扎在金陵城南雨花台的吉字营，近几个月来困难重重。一是太平军人多势众。金陵城内有五王十将二十万军队，外有援军李秀成部十万人马，东起方山，西至板桥，连营数百，日夜猛攻，兼挟西洋火炮，威慑力极大。二是援军隔断。陆师鲍超部、水师彭玉麟部均被杨辅清、黄文金分别阻隔在宁国、金柱关等地。已编入淮军的老九旧部程学启开字营，被陷在苏松一带不能北上。蒋益澧部也因浙江军务紧急，而不能应命。三是瘟疫严重，病死者众多，军心动摇。四是秋雨连绵，壕沟积水，易塌难修，军营失去防线。

鉴于此，住在安庆城里的曾氏日夜不安，忧心忡忡。他虽身不受兵戎之苦，但心上承受的压力并不比在前线的两弟为轻。当此极惶极恐之时，他希望儿子来营探视，借天伦之乐来化解一些忧忡，自是常人之情。但是，事实上，纪泽来不来，对军事毫无作用，不过是心理安慰而已。于此，我们再一次感受到曾氏那颗与普通人无异的心。

谕纪泽（敌军无能平之理）

同治元年十月十四日

字谕纪泽儿：

十月初十日接尔信与澄叔九月二十日县城发信，具悉五宅平安。希庵病亦渐好，至以为慰。

此间军事，金陵日就平稳，不久当可解围。沅叔另有二信，余不赘告。鲍军日内甚为危急。贼于湾沚渡过河西，梗塞霆营粮路。霆军当士卒大病之后，布置散漫，众心颇怨，深以为虑。鲍若不支，则张凯章困于宁国郡城之内，亦极可危。如天之福，宁国亦如金陵之转危为安，则大幸也。

尔从事小学、《说文》，行之不倦，极慰极慰。小学凡三大宗。言字形者，以《说文》为宗。古书惟大小徐二本，至本朝而段氏特开生面，而钱坫、王筠、桂馥之作亦可参观。言训诂者，以《尔雅》为宗。古书惟郭注邢疏，至本朝而邵二云之《尔雅正义》、王怀祖之《广雅疏证》、郝兰皋之《尔雅义疏》，皆称不朽之作。言音韵者，以《唐韵》为宗，古书惟《广韵》、《集韵》，至本朝而顾氏《音学五书》乃为不刊之典，而江（慎修）、戴（东原）、段（茂堂）、王（怀祖）、孔（巽轩）、江（晋三）诸作，亦可参观。尔欲于小学钻研古义，则三宗如顾、江、段、邵、郝、王六家之书，均不可不涉猎而探讨之。

余近日心绪极乱，心血极亏。其慌忙无措之象，有似咸丰八年春在家之时，而忧灼过之。甚思尔兄弟来此一见。不知尔何日可来营省视？仰观天时，默察人事，此贼竟无能平之理。但求全局不遽决裂，余能速死，而不为万世所痛骂则幸矣。此信送澄叔一阅，不另致。

涤生手示

点评：敌军无能平之理

这些天来，曾氏苦口婆心劝老九暂时从雨花台撤退到芜湖、金柱关一带，日后相机再进，但老九倔强，不听乃兄的。曾氏不免又增一层忧愁。他甚至有点绝望了，希望自己能早死，以免今后大局决裂，前功尽弃，遭后人唾骂。然即便在这样恶劣的心绪下，他仍然在谆谆指教儿子的小学，详言小学中《说文》、《尔雅》、《唐韵》之三宗。

这等父亲，天下似不多见。

致沅弟（用兵之道全军为上）

同治元年十月十五日

沅弟左右：

后濠之外，究尚有贼若干？已解围否？两次嘱弟退兵，改由东坝再进，弟复信皆深不以为然。昨又恐弟兵有难遽退之势，补发一信，令弟自行斟酌。

总之，用兵之道，全军为上，保城池次之。弟自行默度，应如何而后保全本军。如不退而后能全军，不退可也；如必退而后能全军，退可也。至于鲍军纵有挫失，而江面总可保全，大通、荻港等处厘局纵或被扰，而水中粮运总可常通。余十三日信言弟处运道终恐梗塞，系忧灼过虑之辞，谅必不至于此耳。

点评：用兵之道全军为上

曾氏在此处所提出的"用兵之道，全军为上，保城池次之"的观点，是一个很重要的军事思想，对后世战略家如毛泽东等人影响很大。本来，战争的胜利，是靠军队赢来的。若为了死守一城一地，而使军队损失惨重，乃得不偿失；有了军队，即便暂时弃一城一地，日后还可以夺回。孰重孰轻，是很分明的。但许多将领在战时却看不清这点，不愿意放弃城池，一是怕失面子，二是怕军心涣散，三是怕丢掉已经得来的财物。曾老九也没有接受乃兄的劝告而撤离雨花台。他那时还没有得到金陵城的财物，他是怕丢面子，怕散军心。

致沅弟（一两参合二十余教师的月薪）

同治元年十一月初一日

沅弟左右：

余日内忧煎，有胜于祁门极困之时。季弟得焦听堂诊治，用药不至大错，果日愈否？弟忧劳过甚，精神尚能强支否？此时吾兄弟惟有强作达观，保惜身体，以担国事，以慰家人，别无他策。

万簏轩顷送辽参壹两，吾拟备价百二十金与之，不知渠肯收否。吾已蒸食一钱，似尚有力量。余九钱，兹专人送金陵。季弟病后，服补剂时，可酌服之，但不宜太早，须外症退净，毫无反复之时，乃可蒸服。温弟在江西病时，竟系此物之功。弟劳苦过甚，亦可分食少许。

冬笋两担带去，各营官处可分馈数枝。北岸事已决裂，南岸鲍军不知尚可支持否。

点评：一两参合二十余教师的月薪

有人送辽宁产人参一两给曾氏，曾氏拟备价百二十金与之。备价者，按价钱准备之意也，并非存心多给以作奖谢。如此说来，一两辽参，当时价值一百二十两，相当于二十多个塾师一月的薪水。辽参之贵重，令人骇然！

谕纪泽（诗文立意须超群离俗）

同治元年十一月初四日

字谕纪泽儿：

二十九接尔十月十八在长沙所发之信，十一月初一又接尔初九日一禀，并与左镜和唱酬诗及澄叔之信，具悉一切。

尔诗胎息近古，用字亦皆的当。惟四言诗最难有声响，有光芒，虽《文选》韦孟以后诸作，亦复尔雅有余，精光不足。扬子云之《州箴》、《百官箴》诸四言，刻意摹古，亦乏作作之光，渊渊之声。余生平于古人四言，最好韩公之作，如《祭柳子厚文》、《祭张署文》、《进学解》、《送穷文》诸四言，固皆光如皎日，响如春霆。即其他凡墓志之铭词及集中如《淮西碑》、《元和圣德》各四言诗，亦皆于奇崛之中迸出声光。其要不外意义层出、笔仗雄拔而已。自韩公而外，则班孟坚《汉书·叙传》一篇，亦四言中之最隽雅者。尔将此数篇熟读成诵，则于四言之道自有悟境。镜和诗雅洁清润，实为吾乡罕见之才，但亦少奇矫之致。凡诗文欲求雄奇矫变，总须用意有超群离俗之想，乃能脱去恒蹊。尔前信读《马汧督诔》，谓其沉郁似《史记》，极是极是。余往年亦笃好斯篇。尔若于斯篇及《芜城赋》、《哀江南赋》、《九辨》、《祭张署文》等篇吟玩不已，则声情自茂，文思汩汩矣。

此间军事危迫异常。九洑洲之贼纷窜江北，巢县、和州、含山俱有失守之信。余日夜忧灼，智尽能索，一息尚存，忧劳不懈，它非所知耳！尔行路渐重厚否？纪鸿读书有恒否？至为廑念。余详日记中。此次澄叔处无信，尔详禀告。

涤生手示

> **点评：诗文立意须超群离俗**

看来，此次纪泽寄给父亲的唱和诗是四言诗，于是做父亲的便就四言诗的写作问题开导儿子。

曾氏认为"于奇崛中迸出声光"的诗文才是好诗文。怎样达到这种境地呢？曾氏指出两点：意义层出，笔伏雄拔。就意义层出这点，又深入地指出，须有超群离俗之想，才能脱出庸常。

提出一个目标，再细细指点到达此目标的路径。这是曾氏教弟训子的成功之道。笔者相信，有志于诗文者，当可从这封家书中窥探出写作的秘诀了。

致沅弟（老幺之死湘乡早有预测）

同治元年十一月二十二日

沅弟左右：

接弟十八日辰刻信，知季弟溘逝，哀恸曷极！应商之事，条列于左：

一、余准于三日起行赴金陵，本月内准到。一则与弟商季弟后事及营中各事，一则亲接季弟灵柩由金陵护送至安庆。载灵榇之船不必大，取其轻便易行者。余坐一长龙船，季榇载一民船，各用数号舢板拖带，庶上水稳而且快。至安庆后，应否另换大船，俟与弟面商。

二、季弟请恤事，应请少荃出奏。上海现在有威林密轮船在此，二十六七日可过金陵，余信弟信，均可由该船带沪。

三、季弟部下五千人，自当归并弟处统领；若另有可分统之人，俟余与弟相见后再行下札。弟久劳之后，继以忧伤，务当强自宽解。余于兄弟骨肉之际，夙有惭德，愧憾甚多。弟则仁至义尽，毫无遗憾，千万莫太悲伤。

四、弟信须洋药等物，余当带洋药万斤、洋帽二十万、洋枪四百杆，亲交弟处。白齐文在上海大闹，兹将筠仙原信付阅。该军断不来矣，只要春霆站得住，军务尚可支持也。

> **点评：老幺之死湘乡早有预测**

老幺曾国葆七月患病，以后时好时病，到十一月初，病势转重，终于不治。

曾纪芬说他得的是时疫症。可知曾国葆也是这场殃及整个吉字营的流行瘟疫的死者之一，死时年仅三十五岁。在曾氏诸兄弟中，曾国葆是最为命薄的，既死得早，又无子女。他在诸弟中最早跟随乃兄出山办团练，杨载福、彭玉麟当时都是他的僚属。但曾国葆命不好，一开始打仗，他的湘恒营便大溃败，被乃兄裁撤回籍，眼看着杨、彭等人高官重爵，心里只有痛苦。曾国华死后，他再度出山领兵。这以后的几年，他的运气转好，连打几次胜仗，因此获"迅勇巴图鲁"名号，并有了知府衔的官职，不料尚未过一天地方长官的瘾，便死在金陵城下。

曾国葆留给后世的文字记载极少。《清稗类钞》中有一段关于此人的话："合肥程忠烈公学启初从粤寇，后降于官军。降时，与所部数百人俱，严装持满，叩曾文正之弟贞干壁门，大呼曰：'我来降，追者在后，故不能释兵。信我，可开壁相迎；不信，亦请发炮相击，免使我死贼手也。'曾闻之，遽倒屣出视，传呼开垒门纳之。程以此感曾甚，誓效死以报。"

程学启及其开字营后来并入李鸿章的淮军，攻城略地，战功卓著，是太平军降将中获得清廷赏赐最多的人。这段话是称赞曾国葆的识人。在当时的情况下，能对程不怀疑，开门接纳，是要冒很大风险的。由此可见曾国葆亦不是庸才。

曾国葆之死，对曾家震动极大，尤其给远在湘乡老家的曾氏家属更带来巨大的惶恐。老九的夫人甚至央求老四写信给大哥，请求批准老九离开前线回老家休养。这封信至今还保留着。信写得有趣，且不长，特全录如下："国潢敬密呈伯兄大人座右：今年二月，卿宜人（笔者注：即曾国葆夫人）去世之后，看八字者来，有请看科三（笔者注：即曾国葆嗣子纪渠）八字者，断之曰：八字颇好，今年欠吉，要五尺布插田，要五尺布过年（笔者注：五尺布，指包在头上的长白布，湖南乡间叫拖头，即孝布也。这话是说曾纪渠今年要两次戴孝。一次为嗣母披白布，在插田时。一次为另一长辈披白布，在过年时），尽称为奇。后十一月，沅弟寄信来，说在营为事恒公病痛，许观音戏三天，要九弟妇率科四、科六（笔者注：即曾国荃的二子纪瑞、纪官）速速酬完。九弟妇拆作两天，十二月初四、五酬完。初五夜，打卦至百余个之多，竟不领受。后戏子才上床，去世之信即到。科四母子盖信神，因有看八字者说沅弟明年断不可打仗亲自出队，话语颇不吉利。九弟妇母子苦欲求大伯父另派一人往金陵督兵，求谕沅弟来身边办事云云。弟不深信邪说，想兄亦可谓然。因九弟妇再三苦言，是以附呈。叩求伯兄大人察核为祷。"

这封信曾氏自然是收到了的，但未见回信。曾氏可能面对着这种"妇人之见"说也不是，不说也不是，故而索性不予作答。

无论从笼络曾氏兄弟，还是从激励士气来说，朝廷都需要对曾国葆的死予以优恤。曾国葆官只有知府衔，此次特追赠按察使，照按察使军营立功后病故例议恤，又谥号靖毅。

致沅弟（挽季洪联）

同治元年十二月初十日

沅弟左右：

两日未接弟信，不知金陵各营平安否？

季樵到此已一日，外间幛联颇多，联无十分称意者。余因书一联云：英名百战总成空，泪眼看河山，怜予季保此人民、拓此疆土；慧业多生磨不尽，痴心说因果，望来世再为哲弟、并为勋臣。亦不称意也。今日已漆一次，拟在此漆五次，二十日发引登舟。少荃信来，欲为季请谥请祠请加衔立传，恐已在官奏之后。兹将少荃信抄阅。

朱云岩因前调青阳之檄，已弃旌德城而回徽。宁郡四面皆贼，深恐难支。

点评：挽季洪联

曾氏原定三天后亲去金陵料理曾国葆丧事，后因灵柩已于十一月二十四日上船，故不去金陵，将悼念仪式改在安庆城里举行，在安庆停留二十天后，再由船运回湘乡老家。曾氏为幺弟写了两副挽联，除信中这副外，另一副为："大地干戈十二年，举室效愚忠，自称家国报恩子；诸兄离散三千里，音书寄涕泪，同哭天涯急难人。"

致沅弟（唐鹤九挽联甚佳）

同治元年十二月十八夜

沅弟左右：

季弟墓志作就，不甚称意。唐鹤九所寄挽联极佳，云：秀才肩半壁东南，方期一战成功，挽回劫运；当世号满门忠义，岂料三河洒泪，又陨台星。余欲改成功二字为功成，改洒泪二字为痛定，似更妥叶。

余仅派戈什哈一人送季榇,盖以弟所派诸人,凡事皆有条理,不必更派文武委员,反虞纷乱也。(湖南会馆)

> 点评:唐鹤九挽联甚佳

不能不承认唐鹤九的这副挽联写得好,比曾氏的两副都强,它的佳处在两点:一为气势宏大,二跌宕有致。以秀才而肩负半壁江山的命运,以"当世"来衬托曾家满门忠义,这种手法极能将气势烘托起来。上联言抱负,下联言现实,此为一个跌宕。下联中又包括两个跌宕:"号"至"岂料"为一个,再来个"又",又是一个。

也不能不佩服曾氏所改的两处,第一处改在突出重点上,第二处改在情绪起伏上。本是一副好挽联,经曾氏略作改动后,更臻完美了。

致沅弟(辞职乃以退为进)

同治二年(1863)正月初七日

沅弟左右:

疏辞两席一节,弟所说甚有道理。然处大位大权而兼享大名,自古曾有几人能善其末路者?总须设法将权位二字推让少许,减去几成,则晚节渐渐可以收场耳。今因弟之所陈,不复专疏奏请,遇便仍附片申请,但能于两席中辞退一席,亦是一妙。

李世忠处,余拟予以一函,一则四坝卡请归余派员经收,其银钱仍归渠用;一则渠派人在西坝封捆淮北之盐,几与抢夺无异,请其迅速停止。看渠如何回复。

本日接两次家信,交来人带寄弟阅。鼎三侄善读书,大慰大慰。其眉宇本轩昂出群,又温弟郁抑过甚,必有稍伸之一日也。弟军士气甚王,可喜。然军中消息甚微,见以为王,即寓骄机。老子云两军相对哀者胜矣,其义最宜体验。

> 点评:辞职乃以退为进

上年十二月二十五日,曾氏在给老九的信里谈到拟辞掉钦差大臣和两江总督两个职位,以散秩专治军务,像先前以兵部侍郎的身份督军一样,希冀以此稍分权位,同时也便稍分指摘。老九以为不可,并说了自己的理由。老九认为乃兄之举有点矫情,辞职的背后是因为太看重这两个职务了,会给别人相反的印象。

老九的话不太客气,却一针见血。一个负有平定江南军事责任的统帅,打着朝廷钦派的名号，握有地方行政大权，只会对军务大有好处，能有什么不好呢？当年曾氏汲汲以求的不就是这种权力吗？现在给了，又要辞掉，这是什么意思？

"善末路"，固然是曾氏所考虑的重要原因，但以退为进，大概也是他心中深层次存着的一个手腕。经老九点破后，他也就不便再坚持辞两个了，改作任辞一个。

老九的这封信写得很有水平，不妨附在后面，以备参考。

附：曾国荃回信摘抄

来谕云拟新年疏辞钦篆、江督两席，愿以散秩专治军务，冀权势之稍分，庶指摘之较少。弟窃谓此心自不可不存，而此疏似不可上。现值国家多事之时，天子冲龄践祚，悉赖二三重臣辅翼帝室，以天眷之优渥如此，断非再疏三疏所能辞谢两席者。此疏一上，适以坚皇太后、皇上倚畀之意。内外权位与为等夷者，且侧目而视之矣。其知之者，则以为此心无他，不欲独任东南数省之艰巨而已。不知我者，非谓存固宠之意，即谓别有希冀之心。非谓与僧邸（评点者注：指蒙古亲王僧格林沁）不相投契，即谓与秀、幼（评点者注：湖广总督官文字秀峰，江西巡抚沈葆桢字幼丹）意出两歧。虽世俗之论说，不足介于贤哲之怀，要之纯臣一举一动必当行其心之所安。兄处现在地位，值今日之时事，惟有素位而行之一法，听其自然，全不以荣辱毁誉之念蓄于中，斯无入而不自得矣。若疏辞两席，是意中犹有两席之见存也。兄好读庄子之文，爱其心中无我，谓是亦闻圣人之道耳。然则能文而闻道之君子，心且与身不甚相为谋，况官乎？彼自有而无，自无而有之物更在身外矣，又奚以荣辱为哉！弟之所以想改武官者，系为省应酬烦文起见。然因兄名太大，弟亦自有战守之微名。恐上此禀，人谓我别有希冀之念，又恐如雪琴之辞文求武，辞外而且得京内尊贵之职，反近于取巧之路。是以蓄此念于初授江苏藩司之时，将近一年犹未说与人听也。今兄若有此举，则弟隐而不发矣。

致沅弟（花未全开月未圆）

同治二年正月十八日

沅弟左右：

二日未寄信与弟，十七夜接弟初九日信，知弟左臂疼痛不能伸缩，实深悬系。兹专人送膏药三个与弟，即余去年贴右手背而立愈者，可试贴之，有益无损也。

拂意之事接于耳目，不知果指何事？若与阿兄间有不合，则尽可不必拂郁。弟有大功于家，有大功于国，余岂有不感激、不爱护之理？余待希、厚、雪、霆诸君，颇自觉仁让兼至，岂有待弟反薄之理？惟有时与弟意趣不合。弟之志事，颇近春夏发舒之气；余之志事，颇近秋冬收啬之气。弟意以发舒而生机乃王，余意以收啬而生机乃厚。平日最好昔人"花未全开月未圆"七字，以为惜福之道、保泰之法莫精于此。曾屡次以此七字教诫春霆，不知与弟道及否？星冈公昔年待人，无论贵贱老少，纯是一团和气，独对子孙诸侄则严肃异常，遇佳时令节，尤为凛不可犯。盖亦具一种收啬之气，不使家中欢乐过节，流于放肆也。余于弟营保举银钱军械等事，每每稍示节制，亦犹本"花未全开月未圆"之义。至危迫之际，则救焚拯溺，不复稍有所吝矣。弟意有不满处，皆在此等关头。故将余之襟怀揭出，俾弟释其疑而豁其郁。此关一破，则余兄弟丝毫皆合矣。余不一一，顺问近好。

兄国藩手草

羊山信寄去。

点评：花未全开月未圆

"花未全开月未圆"这句诗，出于宋代大书法家蔡襄的《十三日吉祥院探花》。全诗是这样的："花未全开月未圆，看花待月思依然。明知花月无情物，若使多情更可怜。"花全开后随之而来的是凋谢，月圆满后随之而来的是亏缺，故而世人所谓的花好月圆，在诗人看来并不是最佳状态，最佳状态是花尚未全开、月尚未全圆的时候。这与十多年前曾氏所提出的"求阙"是一样的意思。

常人都追求齐全，追求完美。"求阙"的观念则不主张这样，倒是希望存点欠缺，存点遗憾。到底是完美好呢，还是有点缺憾好呢？这中间没有孰是孰非的问题，而是取决于一种处世态度。笔者以为，还是存阙好。因为，"完美"这一点很难达到。"完美"是没有固定标准的，为着一个没有固定的标准去拼死拼命地追求，人很累，而意义则不大。有一个"完美"的概念在脑中，便会有过多的向外间捕获的行动。一人所得过多，便会招嫉招恨，惹来许多不必要的麻烦。"完美"既不好，那么它的对立面"存阙"便是可取的了。有心"存阙"，则心态较易满足，较易平和，人的自我感觉便会好多了。仔细想想，天地万物竟然没有纯粹的"完美"可言，明乎此，更应该存阙了。

曾氏以自己该得的一品荫生名额不给儿子纪泽、纪鸿，而给老九的长子纪瑞。曾氏以此来感激老九为他、为家族所作出的贡献。老九自然感谢乃兄的好意，并回函说今后他将为老四的儿子报捐职衔。

长兄为一家之榜样，无论优劣，都将对弟妹有直接的影响。因曾氏的谦让，带来了老九的谦让，形成了一门谦让之风。此种家风，与世上许多家庭中的兄弟姐妹争财斗气相比，自是不可同日而语。

致沅弟（去忿欲以养体，存倔强以励志）

同治二年正月二十日

沅弟左右：

十九日接弟十四日缄，交林哨官带回者，具悉一切。

肝气发时，不惟不和平，并不恐惧，确有此境。不特弟之盛年为然，即余渐衰老，亦常有勃不可遏之候。但强自禁制，降伏此心，释氏所谓降龙伏虎。龙即相火也，虎即肝气也。多少英雄豪杰打此两关不过，亦不仅余与弟为然。要在稍稍遏抑，不令过炽。降龙以养水，伏虎以养火。古圣所谓窒欲，即降龙也；所谓惩忿，即伏虎也。儒释之道不同，而其节制血气，未尝不同，总不使吾之嗜欲戕害吾之躯命而已。

至于倔强二字，却不可少。功业文章，皆须有此二字贯注其中，否则柔靡不能成一事。孟子所谓至刚，孔子所谓贞固，皆从倔强二字做出。吾兄弟皆禀母德居多，其好处亦正在倔强。若能去忿欲以养体，存倔强以励志，则日进无疆矣。

新编五营，想已成军。郴桂勇究竟何如？殊深悬系。吾牙疼渐愈，可以告慰。刘馨室一信抄阅，顺问近好。

点评：去忿欲以养体，存倔强以励志

曾国荃十四日的信中有这样的话："恐惧和平，弭灾致福，自修之理，原是如此。然有时肝气一动，不惟不和平，并不知所谓恐惧者。此器量太小，学问不深之咎也。若能化其倔强之气，则德性纯良矣。在军办事日久，每为人所欺压，又行不动，不得不倔强于强者之前，惟心中尚有限制而已。"

针对这段话，曾氏写下了"去忿欲"、"存倔强"的长篇大论。

曾氏本人其实也是一个好忿欲逞倔强的人。

他早年在京师，不甘心文章居梅曾亮之下，即便到了晚年，仍想与梅争个高低。后来在长沙办团练，受绿营官兵欺负，湖南官场又袒护绿营。他以"打脱牙

齿和血吞"自励，决心与绿营和湖南官场比比高下，遂不顾一切把团练办大，并力争出省作战，没想到真的成就了一番事业。曾氏在家信中曾说过："天下事有所激有所逼而成者居其半。"他的这个认识与其亲身体验很有关系。

曾氏说，他们兄弟的倔强性格来自于母亲的遗传。曾氏在《台州墓表》中说："或以人多家贫为虑，太夫人曰：'某业读，某业耕，某业工贾。吾劳于内，诸儿劳于外，岂忧贫哉！'每好作自强之言，亦或谐语以解劬苦。"

笔者曾有心注意历史上不少做出过大事业的人物，他们在成功后，每每以无限真挚的情感回忆起母亲在他们成长过程中的引导作用，而儿时的引导又往往影响着他们往后的一生，奠定其事业成功的基础。这固然有一份对慈母的感激因素在内，但不可否认，这同时也就是事实。

儿女来自于母体。在母体内十个月的孕育中，完全靠母体内的营养发育；出生后，在襁褓中，在童稚和少年时代，总是与母亲接触得最多，人生百分之九十的生存意识来源于这段时期。一般情况下，母亲对子女的影响远大于父亲，子女对母亲的情感也就远过于父亲。

这样看来，世上怀念母亲的文字多于怀念父亲的文字，也就合情合理了。从另一角度来看，母亲在人类社会发展过程中所负的责任之重，所作的贡献之大，也就可想而知了。

谕纪泽（劝女儿耐劳忍气）

同治二年正月二十四日

字谕纪泽儿：

萧开二来，接尔正月初五日禀，得知家中平安。罗太亲翁仙逝，此间当寄奠仪五十金、祭幛一轴，下次付回。

罗婿性情乖戾，与袁婿同为可虑，然此无可如何之事。不知平日在三女儿之前亦或暴戾不近人情否？尔当谆嘱三妹柔顺恭谨，不可有片语违忤。三纲之道，君为臣纲，父为子纲，夫为妻纲，是地维所赖以立，天柱所赖以尊。故《传》曰：君，天也；父，天也；夫，天也。《仪礼》记曰：君至尊也，父至尊也，夫至尊也。君虽不仁，臣不可以不忠；父虽不慈，子不可以不孝；夫虽不贤，妻不可以不顺。吾家读书居官，世守礼义，尔当诰戒大妹三妹忍耐顺受。吾于诸女妆奁甚薄，然使女果贫困，吾亦必周济而覆育之。目下陈家微窘，袁家、罗家并不忧贫。尔谆劝诸妹，以能耐劳忍气为要。吾服官多年，亦常在耐劳忍气四字上做工夫也。

此间近状平安。自鲍春霆正月初六日泾县一战后，各处未再开仗。春霆营士气复旺，米粮亦足，应可再振。伪忠王复派贼数万续渡江北，非希庵与江味根等来恐难得手。

余牙疼大愈，日内将至金陵一晤沅叔。此信送澄叔一阅，不另致。

涤生手示

点评：劝女儿耐劳忍气

罗泽南去世时，年仅五十岁，其父罗嘉旦尚健在，以儿子的缘故，蒙头品顶戴之赏。此时去世，年岁当在八十左右。

曾氏的三女婿罗兆升为罗泽南次子，系妾所生。罗泽南去世时，兆升年尚小，其母视之特重。兆升在富贵娇宠的环境中长大，养成了纨绔子弟的恶劣习气，与大女婿袁秉桢属同一类型的人。曾氏的大女、三女虽生于显宦之门，嫁于富贵之家，然生活极不幸福。

笔者有一个观点，即曾氏是中国传统文化最后一个典型的全面承载者，无论是正面的言行还是负面的表现，均可以在中国传统文化的体系中为它找到根源。此信可作为一个证据。

当我们读这封信时，心里有一股很大的紧缩感。对如此恶劣的女婿，手握重权的老丈人不但不为女儿做主教训教训他，反而说什么"夫，天也"，"夫至尊也"，"夫虽不贤，妻不可以不顺"，真令我们愤愤不平。但若从"三纲五常"的忠实信徒这个角度来看，又可以理解了。

致沅弟（凡亲临必打败仗）

同治二年二月初一日

沅弟左右：

二月初一日大通舟次接弟二十三、二十六日两缄，具悉一切。

余于二十八日巳刻登舟，夜宿黄皮夹，二十九宿池州府，今日在大通停泊时许，拟在土桥湾宿。闻芜湖日内吃紧，春霆处贼亦奇多。物论多道余身到而目击者，战事辄不顺，余以是惴惴也。

弟开缺一疏尚未接到。余去冬复倭艮峰相国、罗椒生两信已有开缺之说，春间不能不进一疏，恐难更为弟会奏；少荃亦未必肯奏耳。季棣过鄂时，胡公若在必不如此。即温棣过黄，胡公登舟四次奠祭，亦极可感。顺问近好。

国藩手草

点评：凡亲临必打败仗

细看曾氏的带兵史，有一个现象的确令人不解，即凡曾氏亲临战场，亲自指挥的战役，无一次成功。咸丰四年四月，曾氏第一次亲自指挥湘军在湖南靖港与太平军交战，不到半个时辰，全军崩溃。曾氏气得两次跳到湘江自杀。这年十二月，曾氏在江面上遇到太平军水师的袭击，曾氏仓促之间指挥水师应战，又一次惨败，二十多号战船被烧，他的座船也被太平军拖去，船上所有的公私文件及一个月前皇帝所赏赐的十余件器物一并丢失。曾氏慌乱中跳入一条小船，才免于被俘。又据野史记载，咸丰十年八月，李元度丢失徽州府，曾氏愤极，曾自带数千兵勇前去攻打徽州，试图夺回，结果又一次失败。

从这几次打仗来看，曾氏的确不是将才，他缺乏前线指挥才干。因此，与他同时的不少名将不服他，帅才将才兼资的左宗棠更是在这方面时常嘲讽他。同治三年五月，左在给其子孝威的家信里谈及当时的军事情况，说："自杭、余克复后战事俱顺，惟因皖南广德州与宁国县无兵守御，致苏、常、浙之贼得由此过皖南以窜江面。曾节相与李中丞（笔者注：即曾氏与李鸿章）以纵贼为速效之着，不知贻误大局乃至于此，寻亦慎之，已无及也。"在左的眼里，曾、李都不懂用兵打仗。曾氏亦自知短于兵事，故对此次去金陵前线心怀惴惴。

曾国葆的灵舟过武昌时，湖督官文、鄂抚严树森都未登舟祭奠。此事令老九耿耿，去函告诉乃兄，曾氏心中亦不快。在以前两兄弟的往来家信中都可看出他们与官、严关系不洽。由此可见当时官场中的微妙关系。

谕纪泽（读书须记札记）

同治二年二月二十四日

字谕纪泽儿：

二月二十一日在运漕行次，接尔正月二十二日、二月初三日两禀，并澄叔两信,具悉家中五宅平安。大姑母及季叔葬事,此时均当完毕。尔在团山嘴桥上跌而不伤,极幸极幸。闻尔母与澄叔之意欲修石桥,尔写禀来,由营付归可也。《礼》云:"道而不径,舟而不游。"古之言孝者,专以保身为重。乡间路窄桥孤,嗣后吾家子侄凡遇过桥,无论轿马,均须下而步行。吾本意欲尔来营见面,因远道风波之险,不复望尔前来,且待九月霜降水落,风涛性定,再行寄谕定夺。目下尔在家饱看群书,兼持门户。处乱世而得宽闲之岁月,千难万难,尔切莫错过此等好光阴也。

余以十六日自金陵开船而上,沿途阅看金柱关、东西梁山、裕溪口、运漕、无为州等处,军心均属稳固,布置亦尚妥当。惟兵力处处单薄,不知足以御贼否。余再至青阳一行,月杪即可还省。南岸近亦吃紧。广匪两股窜扑徽州,古、赖等股窜扰青阳。其志皆在直犯江西以营一饱,殊为可虑。

澄叔不愿受沅之赇封。余当寄信至京,停止此举,以成澄志。尔读书有恒,余欢慰之至。第所阅日博,亦须札记一二条,以自考证。脚步近稍稳重否?常常留心。此嘱。

涤生手示(泥汊舟次)

澄叔此次未另写信,将此禀告。

点评:读书须记札记

几乎所有的学者都认为,读书时随手作札记是一种很好的读书方法。读书札记有几种形式。一为摘录书中的重要文字,以便记忆和日后检索。这是最为普通、也最为简单的札记。一为读完全书后对此书的概括或简评,有点类似书评。这是较为高一层次的札记。三为将读书过程中的疑点或能引起联想、引发感悟之处记下来。这是更高层次的札记,它将有可能提高作者的学术水平,甚至推动学术向前发展。

古时不少学者的学术成果便保存在这些札记中,如各种各样的诗话、词话,即属于此类。

道而不径,指走大道而不走小径。舟而不游,指过河时坐船而不游水。这是出门在外的人的自我保护意识。在家中的父母最盼望的是出门在外的儿女平安,希望他们能自己照顾自己,自己保护自己。选择平安的方式,而不做冒险的事,不仅保证了自身的安全,也孝顺了父母。愿离开父母在外学习工作的游子,能遵照《礼记》中的这两句话去做。

谕纪泽（以精确之训诂，做古茂之文章）

同治二年三月初四日

字谕纪泽儿：

接尔二月十三日禀并《闻人赋》一首，具悉家中各宅平安。

尔于小学训诂颇识古人源流，而文章又窥见汉魏六朝之门径，欣慰无已。余尝怪国朝大儒如戴东原、钱辛楣、段懋堂、王怀祖诸老，其小学训诂实能超越近古，直逼汉唐，而文章不能追寻古人深处，达于本而阂于末，知其一而昧其二，颇所不解。私窃有志，欲以戴、钱、段、王之训诂，发为班、张、左、郭之文章（晋人左思、郭璞小学最深，文章亦逼两汉，潘、陆不及也）。久事戎行，斯愿莫遂，若尔曹能成我未竟之志，则至乐莫大乎是。即日当批改付归。

尔既得此津筏，以后便当专心壹志，以精确之训诂，作古茂之文章。由班、张、左、郭上而扬、马而《庄》、《骚》而《六经》，靡不息息相通，下而潘、陆而任、沈而江、鲍、徐、庾，则词愈杂，气愈薄，而训诂之道衰矣。至韩昌黎出，乃由班、张、扬、马而上跻《六经》，其训诂亦甚精当。尔试观《南海神庙碑》、《送郑尚书序》诸篇，则知韩文实与汉赋相近。又观《祭张署文》、《平淮西碑》诸篇，则知韩文实与《诗经》相近。近世学韩文者，皆不知其与扬、马、班、张一鼻孔出气。尔能参透此中消息，则几矣。

尔阅看书籍颇多，然成诵者太少，亦是一短。嗣后宜将《文选》最惬意者熟读，以能背诵为断，如《两都赋》、《西征赋》、《芜城赋》及《九辩》、《解嘲》之类皆宜熟读。《选》后之文，如《与杨遵彦书》（徐）、《哀江南赋》（庾）亦宜熟读。又经世之文如马贵与《文献通考》序二十四首，天文如丹元子之《步天歌》（《文献通考》载之，《五礼通考》载之），地理如顾祖禹之州域形势叙（见《方舆纪要》首数卷，低一格者不必读，高一格者可读，其排列某州某郡无文气者亦不必读）。以上所选文七篇三种，尔与纪鸿儿皆当手抄熟读，互相背诵，将来父子相见，余亦课尔等背诵也。

尔拟以四月来皖，余亦甚望尔来，教尔以文。惟长江风波，颇不放心，又恐往返途中抛荒学业，尔禀请尔母及澄叔酌示。如四月起程，则只带袁婿及金二甥同来，如八九月起程，则奉母及弟妹妻女合家同来，到皖住数月，孰归孰留，再行商酌。目下皖北贼犯湖北，皖南贼犯江西，今年上半年必不安静，下半年或当稍胜。尔若于四月来谒，舟中宜十分稳慎，如八月来，则余派大船至湘潭迎接可也。余详日记中，尔送澄叔一阅，不另函矣。

涤生手示

> **点评：以精确之训诂，做古茂之文章**

曾氏以清代最有成就的几个训诂学家不能做很好的文章为遗憾，立志由自己来承当这个重任，即文字如戴震、钱大昕等人的精确，文章如班固、张华等人的古茂。一身兼小学家和文章家二任，其志不可谓不大。这方面的榜样，他认为是韩愈。

曾氏只点出一个韩愈来，或许他心目中还有几个人选，只是没写出罢了。但不管怎样，如此兼资的人，古往今来是极少的。从今天的角度来看，它们分属于两个门类：前者为训诂学家，属于学术研究者之列；后者是散文家，属于文学创作之列。训诂学家研究字、词的来源、演变及其本义与延伸，于此钻研得越深，其成就就越大。散文家或议论人情世故中的普遍道理，或抒发某种体验与情感，这些内容又必须用精心构思的艺术化了的文句与结构来表达。二者有很大的区别。

曾氏如果不做官不从戎，安安静静呆在翰林院里，从他的性情来看，笔者以为他是既可做学术研究，又可做诗文创作的，且二者都可能比一般人要强。但要做文化史上第一流的人物，如他信上所说的戴、段、钱、王或班、张、左、郭，或许艰难。曾氏真正置身簿书面对烦琐，已是三十九岁了。此前也没见他在学术上有什么重大的成果，或在诗文创作上有格外夺目的佳构出现，可见他算不上这方面的卓异人才。当然，他勤奋过人，或许再加十年二十年的勤奋功夫，也有可能出大成果。但通常来说，第一流人物是天赋与勤奋的结合，缺一不可。

致沅弟（豁达光明之识与恬淡冲融之趣）

同治二年三月二十四日

沅弟左右：

二十三日张成旺归，接十八日来缄，旋又接十九日专人一缄，具悉一切。

弟读邵子诗，领得恬淡冲融之趣，此自是襟怀长进处。自古圣贤豪杰、文人才士，其志事不同，而其豁达光明之胸大略相同。以诗言之，必先有豁达光明之识，而后有恬淡冲融之趣。如李白、韩退之、杜牧之则豁达处多，陶渊明、孟浩然、白香山则冲淡处多。杜、苏二公无美不备，而杜之五律最冲淡，苏之七古最豁达。邵尧夫虽非诗之正宗，而豁达、冲淡二者兼全。吾好读《庄子》，以其豁达足益人胸襟也。去年所讲"生而美者，若知之，若不知之，若闻之，若不闻之"一段，最为豁达。推之即舜禹之有天下而不与，亦同此襟怀也。

吾辈现办军务，系处功利场中，宜刻刻勤劳，如农之力穑，如贾之趣利，如篙工之上滩，早作夜思，以求有济。而治事之外，此中却须有一段豁达冲融气象。二者并进，则勤劳而以恬淡出之，最有意味。余所以令刻"劳谦君子"印章与弟者，此也。

无为之贼十九日围扑庐江后，未得信息。捻匪于十八日陷宿松后，闻二十一日至青草塥。庐江吴长庆、桐城周厚斋均无信来，想正在危急之际。成武臣亦无信来。春霆二十一日尚在泥汊，顷批令速援庐江。祁门亦无信来，不知若何危险。少荃已克复太仓州，若再克昆山，则苏州可图矣。吾但能保沿江最要之城隘，则大局必日振也。顺问近好。

国藩手草

点评：豁达光明之识与恬淡冲融之趣

北宋学者邵雍，字尧夫，谥康节，是一个理学家。他是象数学派的创立者，多次授官不就而潜心研究学问。他也爱好写诗，其收入《伊川击壤集》的诗号称三千首。他最有名的诗就是《水浒传》开篇的那首："纷纷五代乱离间，一旦云开复见天。草木百年新雨露，车书万里旧江山。寻常巷陌陈罗绮，几处楼台奏管弦。人乐太平无事日，莺花无限日高眠。"

但是他的诗在文学史上的地位不高，历代人编宋诗，邵雍的诗作都收得极少，钱钟书先生的名著《宋诗选注》于邵雍的诗干脆一首都不选。选家都不看重的缘故，是因为他的诗说教气味较重，而意境不够。曾氏说他"非诗之正宗"，其观点正与众选家同。但曾氏还是肯定他的豁达、冲融。

曾氏认为，历史上凡有成就的人，尽管从事的职业有所不同，在当时社会上的地位

曾国藩书法

有高低之分，但有一点一定是共同的，即都有豁达光明的胸襟。所谓胸襟，我们通常的理解是人的内心对外部世界的吐纳。这种吐纳，既有程度的差别，也有品性的差别。豁达与否，指的是程度方面；光明与否，指的是品性方面。人生的意趣建筑在胸襟之上。恬淡冲融的意趣只能建筑在豁达光明的胸襟之上。

曾氏认为，人生除勤劳治事外，还得有豁达光明的胸襟和恬淡冲融的意趣。换句话说，即有意味的人生包括内外两个方面的内容：在外者为事业有成，在内者为有淡泊宽阔的心境。

致沅弟（拼命报国，侧身修行）

同治二年三月二十九日

沅弟左右：

二十八夜接奉廷寄谕旨，弟蒙恩补授浙江巡抚，仍办金陵军务。弟处亦有夹板公文一分，余已拆阅。中廷寄一道、谕旨三道，与余处同。嗣后夹板递弟处者，余均不拆，照例不应拆也。前读金陵解围后屡次谕旨及季弟优恤各谕，知圣意宠注吾弟，恐不久于两司。此次畀以开府之任，而仍不令到任，朝廷于此等处苦心斟酌，可感孰甚！吾兄弟报称之道，仍不外拼命报国、侧身修行八字。至军务之要，亦有二语，曰坚守已得之地，多筹游击之师而已。

春霆一军，已檄由舒城进援六安；申夫一军，已檄由潜山横截英、霍；杏、为、竹、南四军，二十七日有复杏南一信，兹抄阅。枞阳张、周二营，弟可迅速调回。大江为我有，庐、桐为我有，水师可进枞阳河入菜子湖，直至练潭。省城十分可恃，枞阳不须防兵也。顺问近好。

国藩手草

点评：拼命报国，侧身修行

同治元年正月，曾国荃补授浙江按察使；一个月后，即升江苏布政使；仅仅只过了一年，又升为浙江巡抚，迁升之快，令世人瞠目。仅仅六七年功夫，曾家的老九便由与大哥的天地之差，变为几可并肩了。这在十年前，决不是人们所能想象得到的。是什么东西改变了常识？是战争。战争给整个社会带来巨大的灾难，却让极少数人暴发。这便是战争的魅力之所在，也是为什么一直有人"惟恐天下不乱"的惟一原因。

　　暴发户最容易得意忘形，所以做大哥的不惮其烦，老话重提：拼命报国，侧身修行。说句实在话，这位新贵对如此陈词滥调，也不知能听得进几分！

致沅弟（以方寸为严师）

同治二年四月十六日

沅弟左右：

　　接弟十一、十二日两信，具悉一切。

　　辞谢一事，本可浑浑言之，不指明武职京职，但求收回成命。已请筱泉、子密代弟与余各拟一稿矣。昨接弟咨，已换署新衔，则不必再行辞谢。吾辈所最宜畏惧敬慎者，第一则以方寸为严师，其次则左右近习之人，如巡捕、戈什、幕府文案及部下营哨官之属，又其次乃畏清议。今业已换称新衔，一切公文体制为之一变，而又具疏辞官，已知其不出于至诚矣。欺方寸乎？欺朝廷乎？余已决计不辞，即日代弟具折。用四六谢折外，余夹片言弟愧悚思辞，请收成命。二十一二日专人赍京。弟须用之奏折各件，即由此次折弁带归。

　　弟应奏之事暂不必忙。左季帅奉专衔奏事之旨，厥后三个月始行拜疏。雪琴得巡抚及侍郎后，除疏辞复奏二次后，至今未另奏事。弟非有要紧事件，不必专衔另奏，寻常报仗，仍由余办可也。

　　李子真尽可分送弟处。莫世兄年未二十，子偲不欲其远离。赵惠甫可至金陵先住月余，相安则订远局，否则暂订近局。

　　五月杪以后之米，省局尽可支应。以三万人计之，每月需米万二千石（五百人一营者加夫一百八十名，每月需二百石）。弟部来此请米价及护票者已一万数千石，计六七月必到，不尽靠皖台也。顺问近好。

国藩手草

点评：以方寸为严师

　　接到浙江巡抚的任命书后，曾国荃一面与阿兄数函商议辞谢事，一面又在公牍上署明"浙江抚部院"新衔。这到底是想辞，还是不想辞呢？弄得曾氏心里颇为不快，信中的语气也就显得尖利："欺方寸乎？欺朝廷乎？"

几个月前，这位老九还振振有辞地奉劝乃兄不必矫情辞钦差大臣和江督的职务，为何轮到自己时，也要矫情呢？

笔者以为，这首先要归罪于中国官场源远流长的矫情文化。明明是自己所渴求的官职，一旦到了手之后，又要三推四让，说自己德不孚众，能力不够，借以表示并不在乎这个官位。其实，这是一种以退为进的手腕，极为虚伪。倘若真的收回去了，他又后悔不迭。我们看史册中那些袁世凯一心帝制自为却又三次辞谢的文字，真是活龙活现地画出中国官场的矫情丑态。

老九既然身处这种文化状态中，他不如此矫情一番，反倒显得与众不同，不好与别人相处了。

其次，这或许也是老九的心计。老九此刻的全副心思都在金陵城，他无心思也不屑于去做浙江巡抚职分之内的民政事务。他也不像当年的乃兄因客寄虚悬而欠缺军饷，坐镇在安庆的两江总督，对来自吉字营的无穷诛索总是有求必应的。但巡抚一职崇高尊贵，真要丢掉他又舍不得。于是，便借辞谢来堵日后要他履行浙抚职责人的口。

另外，他的功名只是秀才一级的贡生，比起翰林出身的李鸿章、举人出身的左宗棠来都要差一截，辞一辞也正好抖抖自己的身价。

所有这一切，都不过自欺欺人而已。曾氏自己也矫情，但批评起老弟的矫情来却一针见血：不能欺骗自己的心，要"以方寸为严师"。

好个"以方寸为严师"！这倒真的是一句箴言。凡想玩花招骗世人的人，都先要在自己的心中过过堂，让自己的心来充当严师，审讯审讯一番。常言说，举头三尺有神明。其实，神明就是自己的心。对于那些良心未泯的人来说，心这一关或许能截留一些罪过。

致澄弟（皖南人肉每斤百二十文）

同治二年四月二十四日

澄弟左右：

接弟四月初在竹山坳发信，知家中诸事平安。希庵之病至于失音，深为可虑。

此间军事，自伪忠王六安解围后，风波渐平。上海李军连克太仓、昆山，杀贼至二三万之多，为军兴以来所罕见。忠逆急回救苏，皖北得以少松。蒋、毛二军救援寿州，五日内必可赶到。只要寿州无恙，则自去秋至今无数之险，皆得安稳度过矣。

沅弟辞浙抚一疏二十二日拜发，兹抄回一阅。掳船之风太甚，顷出示严行禁止，兹将写刻之示寄回。

李少荃近日军务极为得手，大约苏杭两处必有一克，或全克亦未可知。惟饷项奇绌，米贵而雨多。皖南食人肉，每斤卖百二十文。看来浩劫尚未满，天心尚未转也。余身体平安，足慰远念。顺问近好。

兄国藩手草

点评：皖南人肉每斤百二十文

读这封信，怎不令人心惊肉跳！同月二十二日，曾氏在日记中还有更详细的记载："皖南到处食人。人肉始买三十文一斤，近闻增至百二十文一斤，句容、二溧八十文一斤。荒乱如此，今年若再凶歉，苍生将无噍类矣！乱世而当大任，岂非人生之至不幸哉！"

皖南、句容、溧阳、溧水从来就是江南鱼米之乡，现在却是人吃人了！十余年战争，带来的竟然是如此惨绝人寰的奇祸。这样的战争难道不应该诅咒吗？这样的战争还能进行下去吗？

致沅弟（担当大事，全在明强二字）

同治二年四月二十七日

沅弟左右：

二十七日接二十一日来信，具悉一切。

弟辞抚之意如此坚切，余二十二日代弟所作之折想必中意矣。来信"乱世功名之际尤为难处"十字实获我心。本日余有一片，亦请将钦篆、督篆二者分出一席，另简大员。兹将片稿抄寄弟阅。吾兄弟常存此兢兢业业之心，将来遇有机缘，即便抽身引退，庶几善始善终，免蹈大戾乎？至于担当大事，全在明强二字。《中庸》学、问、思、辨、行五者，其要归于愚必明，柔必强。弟向来倔强之气，却不可因位高而顿改。凡事非气不举，非刚不济，即修身齐家，亦须以明强为本。

巢县既克，和、含必可得手。以后进攻二浦，望弟主持一切，函告鲍、萧、彭、刘四公。余相隔太远，不遥制也。顺问近好。

国藩手草

弟公文不宜用"咨呈"，用"咨"以符通例。

> **点评：担当大事，全在明强二字**

曾国荃一向倔强，甚至强到霸蛮（湖南方言，即犟的意思）的程度，现在突然说出"乱世功名之际尤为难处"的话来，倒令乃兄奇怪了，于是又来劝老弟要明强。

《中庸》对学者提出五个方面的要求，即博学、审问、慎思、明辨、笃行。曾氏认为这五个方面的宗旨可以归纳为"愚必明，柔必强"六个字。

愚与明、柔与强是两组意义截然相反的对立面。乍然看来，似不大好理解，仔细分析，却有它的内在联系。

咸丰七年到八年守父丧这一年多里，曾氏对自己出山办团练五年来的所作所为作了痛苦的反思，反思的结果是他终于明白了专靠申韩之术是不能办成事的，必须杂糅老庄之术。

人类本身及其社会活动，有主流一面的表现，也有与之相对的非主流一面的表现。如果说儒家、法家、墨家这些学派都是致力于主流一面的研究的话，那么，道家学派便是致力于非主流一面的研究，《老子》、《庄子》是道家学派的经典。

曾氏在明白"主流"学派与"非主流"学派都应当予以同等重视的道理后，咸丰八年复出以来，在许多方面改变了过去一味强悍、一意孤行的做法，时时杂用老庄之术，事业从此走上日渐发展的道路。事实让曾氏悟出了儒道互补的学问上的道理，从而在一个更高层次上，领会了阴阳和谐这一宇宙间最高最大的原则。

所谓"愚必明，柔必强"，正是在这个认知层面上提出的观点。此"愚"是"明"后之愚，即"大智"后之愚；此"柔"是"强"后之柔，即"至强"后之柔。

质言之，即要想做愚公，必须先得事理明白；要想柔弱处世，必须得有强者的基础。

作为儒家学派的经典，《中庸》的作者无疑关注的是主流的一面，学、问、思、辨、行五者的提出，并没有考虑到与之对立的另一面。曾氏打通隔阂，融合儒道，于是便有这样更高更深刻的认识。

致澄弟（苦命的陈氏妾）

同治二年五月初一日

澄弟左右：

萧开二到，接弟及纪泽儿信，具悉一切。此间日内军事颇顺，巢县于二十二夜克复，含、和于二十四、五日克复，蒋、毛进剿苗逆，虽未开仗，而事机尚顺，寿州即可解围，苗党必可诛灭。

余身体平安，沅弟亦好。陈氏妾于五月初一早丑刻去世。自去年正月初三日吐血以后，盖无日不病。此次三月十七日起，不吃饭者四十余日矣。现定于初三日出殡，先停庙中，少迟再葬安庆附近山内。怀三叔、玉十于二十六日到此，现赴金陵。欧阳凌云尚在金陵未归。沅弟信一件，兹并付去。顺问近好。

国藩手草

点评：苦命的陈氏妾

有关陈氏妾的史料极少。从曾氏的家信、日记中，只能约略勾画出这样一个轮廓。

陈氏妾，湖北人，生于道光二十年十二月初四。咸丰十一年十月二十四日入安庆曾氏公馆，时年二十二岁。为曾氏之妾一年零七个月，没有留下子息。在陈氏妾断气的这天凌晨，曾氏在日记中记下这样一段话："三更四点寐。四更五点闻号哭之声，则陈氏妾病革，其母痛哭。余起入内室省视，遂已沦逝，时五月初一寅初时刻也。妾自辛酉十月入门，至是十九阅月矣。谨守规矩，不苟言笑。内室有前院后院，后院曾到过数次，前院则终未一至，足迹至厅堂帘前为止。自壬戌正月初三吐血后，常咳嗽不止，余早知其不久于世矣。料理各事，遂不复就寝。妾生以庚子十二月初四日辰刻，至是年二十四。"

从这段日记可知，陈氏妾过门后两个多月，即患肺病咳嗽吐血。肺病，在当时是绝症，故曾氏料她不久于人世，拖延了一年多，终于弃世。陈氏妾是个安分守己的人，曾氏对她评价不错，但在五月初四日给老四的信中，却说其母不好："此女性情尚属平和，惟其母贪而且狠，因女病常住此间；若渐染母教太久，亦必变成狠性，殆非吾家之福。今女既物故，母之技亦无所施矣。"

曾氏此话颇无道理。陈氏妾在母亲身边长到二十二岁才出嫁，所受的母教还不久吗？其性情平和，难道不是得自于母教吗？为什么出嫁后，与母亲生活在一起，便会受其母亲的影响变成贪狠呢？

把女儿送给别人做妾，其家境一定贫苦。曾氏身为协办大学士、两江总督，在老百姓的眼里，已是很大很大的官了。其母希望女儿从丈夫那里弄点银钱给娘家，此心亦可体谅。陈母一定是按通常的大官侍妾的心思来要求女儿的，岂知曾氏不是一个"通常的大官"。他一贯节俭，甚至可以说节俭到了小气的程度。对于陈母的要求，他必定反感。曾氏对陈母"贪狠"的讨厌，无疑是由此而生的。

五月初一这天，曾氏照往常一样地批阅文件，审核批札，写信，读书，下棋。陈氏妾的身后之事，他没有参与。日记中关于此有两句话："是日内室后事皆陈氏之母与兄嫂为之，申刻大殓。竟日闻其母号泣之声，心绪殊劣。"

此后，曾氏的日记中再也没有提到过陈氏妾，直到二十一日，在当天日记的末尾出现这样一行字："是日将陈氏妾葬于茅岭冲山中，系怀宁西北乡，在安庆城西十五里，命巡捕成天麒经纪其事。"连下葬他都没有去。

陈氏妾去世的第二天，他在给老九的信中最后一句提到此事："陈氏妾于五月初一早丑刻病故，初三出殡。应否搬回湘乡，现尚未定。"

最终还是没有搬回湘乡祖坟，而是就近埋葬。为什么不搬回？是嫌麻烦，怕多花钱；还是因为陈氏妾未曾生育，与曾家无血缘上的联系；抑或是陈氏妾过门仅十九个月，其中生病便有十六个多月之久，曾氏对她并无感情，压根儿就没有把她当做曾家的人？这已是不可考证的事情了。另外，陈氏妾死后，曾氏的日记对此很冷淡，是出于凛遵礼制的缘故，还是出于道学家的顾忌，抑或是陈氏妾从来就没有占据过曾氏的心？这些，也都只得由后人去作种种猜测了。

致沅弟（能进曾氏私室的幕僚）

同治二年五月初七日

沅弟左右：

初六日接初一日酉刻专丁来缄，具悉一切。

克复雨花台各石垒，本是极可喜之事，而多占守兵，又少杏南一支游击之师，亦是美中不足。至印子山石垒，余意尽可不必扼守。将来城池之克否，全不系乎印子山之有兵无兵也。

蒋、毛二十八日之战，阵亡哨长及有官阶者二十四员，伤亡至五百余名。据称苗逆队中有四眼狗旧部四千人在内。寿州之围固不能解，且恐蒋、毛败挫，贼窜六安，故余檄周厚斋改赴六安，维则仍留守巢县一带。现仅春霆、南云进攻二浦、九洑洲，窃恐地大城坚，难以得手。余意总思留杏南带五千人助攻二浦，江北多一营有一营之好处，弟意雨花台多一营有一营之好处。此两端者，兄弟各执一端，未识大舜用何者为中也。

折弁自京归。季弟得谥靖毅二字，皆优等谥法，远胜温弟。予季身后之荣，真无遗憾。予之三次诰轴，科四之荫生执照皆已带回，即日当专人送归。惟诰轴错误甚多，如伯祖父伯祖母误书伯父伯母之类，不一而足。许仙屏、刘韫翁、王孝凤各有信寄弟，兹带去查收。靴二双、京报并付去。洋火已解去五十万，余俟另牍续解。顺问近好。

国藩手草

正封缄间，又接初三早来信。贼于初二三日由北岸过江南者极多，此间有轮船经过见之。湘后左右营之新勇竟不肯拆队分散，将来回至安庆又难处置。赵惠甫今日来辞行，订八月回皖一次，或久局或暂局，弟与之相处一月便可定夺。其人识高学博，文笔俊雅，志趣不在富贵温饱，是其所长；藐视一切，语少诚实，是其所短。弟坦白待之，而不忘一敬字，则可久矣。又行。

点评：能进曾氏私室的幕僚

曾氏幕府有天下第一幕府之称，全盛时期，有二三百人之多。幕府中人才齐备，不仅有文案秘书军事参谋，还有募饷购粮的军需人员，更有其他督抚衙门中所没有的科学家、工程师及翻译。曾氏幕府，在当时便有"人才渊薮"的美誉，也有人将它比之为半个朝廷，甚至有许多进士、翰林，不愿为朝廷命官，宁愿来曾氏幕府做一个幕僚。相比之下，曾老九身边除打仗的将领外，其他人才就少得太多了，曾氏有时便将自己身边的幕僚打发到老九那里，协助他办理公务。如《湘军记》的作者、有名的笔杆子王定安便是其中之一。这封信里，曾氏又郑重推举一个人去吉字营，此人即惠甫。他将惠甫的所长所短都对老九说了一些，让老九试用一个月。针对老九心高气傲的毛病，叮嘱他不要摆长官的架子，不要瞧不起文人，应以坦白之心，以尊敬的态度对待惠甫。

惠甫是赵烈文的表字，这是个不一般的幕僚，笔者乐意在这里为赵烈文多说几句。赵乃江苏武进人，抱负远大，但又不乐于举业，参加三次乡试未第后便不再考了。这时太平军崛起，他便究心经世致用之学，以求在乱世中显显身手。曾氏在江西时广招幕府人才，赵烈文应招入幕，不久丁母忧回籍。曾氏复出后，他又来到两江总督幕府。后来，曾氏保他做了知隶州知州。赵烈文以其才能志趣，得曾氏赏识，成为少数几个能出入他的寝居，并能与他推心置腹谈话的幕僚之一。赵是一个有心人，从二十岁起便有记日记的习惯。其二十七岁至五十八岁（赵六十一岁时去世）这段期间的日记被保存了下来，以《能静居日记》为题公开影印出版。赵烈文生前文章事功都不显著，做官也只做了个低级小官，可谓并不得志，但文化史上却为他留下了一个名字。所仗者何？便是这部《能静居日记》。被史学界认为可以与近代史上的著名日记，如《曾文正公日记》、《翁文恭公日记》、《越缦堂日记》、《湘绮楼日记》、《缘督庐日记》媲美的《能静居日记》，所记的年限首尾长达三十来年，内中涉及到咸、同、光时代的不少重大的事件与许多著名的人物，为研究者提供了珍贵的第一手资料。尤为重要的是，该日记中有许多关于曾氏兄弟、左宗棠、李鸿章以及湘军、太平军的记载，是研究湘军史、淮军史及太平天国史的重要参考书。

难得的是，赵烈文的日记情文并茂，又是当日的及时记录，鲜活的历史画面，赖它予以长久地保持了下来。下面，我们随手来摘抄几段关于曾氏的记载。

同治二年五月初九日："今日直诣相国卧室，葛帐低小，布夹被草荐而已，旁有二小箱，几上陈设纸笔之外，无一件珍物，吁可敬哉！"

同治六年八月二十八日："方鼓掌次，材官持一纸示师。师领之，顾余曰：此何物，足下猜之。余谢不敏。师曰：此吾之食单也。每餐二肴：一大碗一小碗，三簌，凡五品，不为丰，然必定之隔宿。余称佩俭德，因曰：在师署中久未见常馔中有鸡鹜，亦食火腿否？师回：无之，往时人送皆不受，今成风气，久不见人馈送矣，即绍酒亦每斤零沽。余曰：大清二百年不可无此总督衙门。师曰：君他日撰吾墓志铭，皆可作料也。相笑而罢。"

同治六年九月初六日："涤师来久谭。谭次，师脱马褂置榻上，又少坐即去。余取视榻上衣：佛青洋呢面，布里，琵琶襟，极短而小；盖寒士所不屑衣者，为之太息不已。"

作者以自己的亲眼所见，为我们画出一个两百年来无先例的节俭总督的形象——

住：床上铺着布被、草席，麻布帐又矮又小，盛衣物的只有两只小木箱，桌子上只有纸笔，再无一件珍稀摆设物。

穿：一件马夹又短又小，连贫寒士子都不屑于穿。

吃：每餐只有两个荤菜，连蔬菜汤在内只有五样，一般时候没有鸡鸭火腿，要喝酒临时去买。

身为大学士、两江总督，且手握重兵，每日经手的金钱千千万万，而自奉之俭到如此地步，岂只二百年清朝所独有，上溯到唐宋元明能有几人？下数到今日，又能有几人？

日记中，还有一段有意思的记载。

同治六年六月十三日："至涤师内室谭，见示初印本《五礼通考》，笔画如写，甚可爱。又示进呈之《御批通鉴》刊本，大几半桌，亦向所未见。又以余昨言王大经禁淫书之可笑，指示书堆中夹有坊本《红楼梦》。余大笑云：督署亦有私盐耶！"

人们都以为曾氏是个决不会看"淫书"、闲书的理学夫子，不料他的内室里便摆着《红楼梦》！可见《红楼梦》的魅力之大，也可见曾氏并不是那种迂腐呆板的学究。

最值得注意的是有关曾氏谈人物、谈时局的一些话，我们且来看一段。

同治六年六月二十三日："涤师来久谭，言北宋人物咸推韩、范，其实无大过人之处……师曰：南宋罢诸将兵柄，奉行祖制也，故百年中奄奄待尽，不能稍振。又言韩、岳等军制，自成军自求饷，仿佛与今同。大抵用兵而利权不在手，决无人应之者。故吾起义师以来，力求自强之道，粗能有成。余笑曰：师事成而风气则大辟蹊径，师历年辛苦与贼战者不过十之三四，与世俗文法战者不啻十之五六，今师一胜而天下靡然从之，恐非数百年不能改此局面。一统既久，剖分之象盖已滥觞，虽人事，亦天意也。师曰：吾始意岂及此？成败皆运气也。"

这是一段内涵极为丰富的对话。曾氏说他的成功之道在于利益和权力握于一手，不受中央掣肘，也不受别人牵制。赵烈文却说，你这么一来却开了一个大大的不同风气，此后全国效法，局面将会彻底改变，分裂的先兆已经露出了。当然，这也是天意。曾氏已经料到了湘军成功后所带来的恶果。对此，他亦无可奈何，只能为自己的所作所为作辩护：我当初哪里会料到事情会这样呢？成或败，不过都是运气罢了。

历史的演变，恰如赵烈文所预见的那样。湘军成功后，淮军又取得了对捻军的最终胜利，不久湘军中的另一支人马——左宗棠的楚军又在西北建有收复失地的大功。加之，刘长佑、刘坤一叔侄所率领的湘军偏师，又在黔桂一带获得了军事佳绩。这样一来，造成了天下督抚十之八九为军功出身的湘淮将帅的局面。他们仗着军功，无视朝廷的权威。他们靠军功发家，故而十分看重军事实力，着意培植自己的势力范围，二百年来的内重外轻强干弱枝的形势发生了根本的变化，逐渐演化为后来的外重内轻强枝弱干，即地方督抚的权力大过中央朝廷。因为此，才有日后武昌城里一旦易帜，便有十八省纷纷独立这种史无前例的事情出现。

究其实，大清王朝的铁杆保护者，正是这个王朝的真正掘墓人，只不过"吾始意岂及此"——他本意的确不是如此！

由此可见，赵烈文是一个极具政治头脑富有远见的大才。他的这部《能静居日记》必定能给后人以很多启益，只可惜，其字迹潦草，辨识不易，至今这部两百多万字的日记仅只有台湾学生书局的影印本，而没有排印本，阅读起来极不方便。若有哪位识草书的高手能将此日记破译一遍，然后交付出版，当是为今日学术界做了件大有功德的事。

致沅弟（为文宜专从简当二字着力）

同治二年五月初九日

沅弟左右：

日内未接来信，不知城贼又出扑我营否？寿州之围断不能解，大约如前年安庆故事，援贼看我破城耳。顷接云仙信，于弟疏稿不甚以为然，兹寄阅。余批弟疏亦寄去查收。弟平日于文章一途最谦退不敢自信，寄云仙处请益晰疑，原无不可。祭文寄京师刘韫翁处，则似自信为能文者，不似平日之谦谨。京师人文荟萃，韫翁交游最广，万目传观，究为非宜。以后弟文宜专从简当二字着力，每日读书一时工夫亦不可少。

方子白谨厚朴实，或有裨于弟，而无佻薄难近之态。弟若欲延之，则另派员署和州也。刘冰如一信抄阅，系寄湖北司道者，读之寒心。李黼堂在湖北偶一蹉跌，便若半身不遂者，不知真病乎？抑装病乎？顺问近好。

国藩手草

点评：为文宜专从简当二字着力

老九作为贡生，不是不能握笔为文，他为文的毛病在于枝蔓，也就是曾氏曾经所指出的：不嫌没有话说，而是嫌说得太多。故而今后宜从简捷精当处下功夫。信中所说的云仙，即郭嵩焘，此时正在扬州做两淮盐运使，即将被擢升为广东巡抚。信中所说的韫翁，即刘昆，字韫斋，此时正在京师做鸿胪寺少卿。此人为道光二十一年的翰林，做过湖南学政、内阁学士、工部侍郎等官，以知文名世。郭为曾家老友，刘与曾家无交道。郭在扬州，文士不多；刘在京师，人文荟萃，所以曾氏认为老九将文章寄郭可以，寄刘则不可。

为提高老九的写作水平，曾氏曾亲自选了贾谊《陈政事疏》、诸葛亮《出师表》等十七篇文章予以逐段点评，又在文后予以总体评议，以便老九识别为文津筏，吸纳前人之长。这些点评连同文章一起，取《诗经·小雅·常棣》中"脊令在原，兄弟急难"的诗意，命名为《鸣原堂论文》，收进了曾氏全集。

致沅弟（无形之功不必说）

同治二年五月十六日

沅弟左右：

十五日接弟初六、四、初十日三次信，十六日又接初八日信，具悉一切。所应复者，条列如左：

一、二浦既克，现依弟议，移韦守巢县、东关，梁、王、万三营守西梁山、铜城闸，腾出萧军分守二浦，刘军围攻九洑，鲍军南渡打东坝、二溧。另有公牍知会矣。

二、弟在湖南索取之药四万斤、银万两、绳十万，今日已到此间。除催令速行外，余又另解三万、米三千、子弹五万斤，又解还弟代济鲍营米一千九百石，均于日内成行。

三、陈氏即葬于安庆城外，已买得地一处，定于二十一日下窆。

四、靖毅公墓志，此时可写矣，日内当添数语寄去。

去年进兵雨花台，忠、侍以全力来援，俾浙沪皆大得手。今年攻克各石城，俾二浦速下，扬州、天、六之贼皆回南岸，此弟功之最大处。然此等无形之功，吾辈不宜形诸奏牍，并不必腾诸口说，见诸书牍。此是谦字之真工夫。所谓君子之所不可及，在人之所不见也。吾时时以何为殷鉴，望弟时时以和为殷鉴。比之向忠武，并不甚劣，弟不必郁郁也。顺问近好。

国藩手草

点评：无形之功不必说

因为曾国荃的吉字营去年围攻江宁，李秀成、李世贤的军队从浙江、上海一带增援江宁，因此，使得左宗棠、李鸿章的军事进展得以顺利。又因为吉字营在江宁城外的成功，使得江浦、浦子口两地很快得以打下，江北的太平军南援，从而减轻了江北的军事压力。应该说，这都是曾国荃为整个江南战役所作出的贡献，但友军并不一定认账，朝廷也不一定清楚。老九有功被埋没、劳被忽视之感，希望借诸奏稿和书信告诉别人。曾氏劝老九不必这样做，因为这属于无形之功，即不是你有意为之，而是别人借了你的光。今世也常有这种事，类似老九心态的人也不少。笔者赞同曾氏的看法，这种功还是不表为好。你不表，人家或许在心里记下了；你一表，他以为你要分他的功而予以否定，那反为不美。

致沅弟（奏折重在主意、结构及用字）

同治二年七月初一日

沅弟左右：

接二十六日巳刻来信，具悉一切。

奏折一事，弟须用一番工夫。秋凉务闲之时试作二三篇，眼界不必太高，自谦不必太甚。上次惠甫、次卿二稿，只须改润一二十字，尽可去得。目下外间咨来之折，惟浙沪湘三处较优，左、李、郭本素称好手也。此外如官、骆、沈、严、僧、吴、都、冯之折，弟稍一留心即优为之。以后凡有咨送折稿到弟处者，弟皆视如学生之文，圈点批抹。每折看二次，一次看其办事之主意、大局之结构，一次看其造句下字之稳否。一日看一二折，不过月余，即可周知时贤之底蕴。然后参看古人奏稿，自有进益。每日极多不过二三刻工夫，不可懒也。二十五日拜发之件，尽可咨行邻省。

金眉生与鹤侪积怨甚深，吾辈听言，亦须独具权衡。权位所在，一言之是非，即他人之荣辱予夺系焉。弟性爽快，不宜发之太骤。顺问近好。

兄国藩手草

点评：奏折重在主意、结构及用字

曾国荃身为巡抚，奏折是应该讲究的事。做大哥的告诉他，仔细观摩别人的奏折，自己也试着做几篇。

我们现在许多与文字打交道的人，却不愿意自己动笔写文章，其心态不外乎二种：一是已有一定的身份，怕写不好出丑；二是眼界太高，以为一出手就非得要压倒别人不可，想想这个目标也难得达到，于是干脆不写。两种心态都不是平常心，其结果只有一个：搁笔不作。

人们常说："文章少年事，观弈老来心。"作文需要从年少时做起。少年无身份地位，没有包袱，不怕遭人讥评，不怕出丑。今日一篇，明日一篇，在大家的哂笑中，慢慢地就把文章写好了。

文人于文章向来看得很重，而写给皇上看的奏折，则更被视为第一等大文章。曹丕说的"文章乃经国之大业，不朽之盛事"，其实说的是这种文章。能写好奏折的人，本人也便具备了办事之才，故而曾国藩能从拟折中发现李鸿章异于别人的才干；左宗棠则更是靠在骆秉章幕中草折多年，才练就了日后经纬天下的大才；胡林翼以翰林出身做了湖北巡抚，还要跟别人比试比试一下写奏章的高低。曾氏告诉老弟，目下好奏章多出于浙江、上海和湖南，因为这些地方有几个此中高手，即闽浙总督左宗棠、江苏巡抚李鸿章与湖南巡抚衙门的师爷头郭崑焘。

奏章这样的东西今天当然没有了，但它的实质却依旧存在，而且今后一定会长久存在下去的。奏章的实质就是下级向上级写报告。员工向部门负责人写报告，部门负责人向老总写报告。乡里向县里写报告，县里向省里写报告，省里向中央写报告，这些报告都是"奏章"，区别只在级别而已。曾氏教给老弟的学习方法：看人家的奏章。看两次：第一次看它办事的主意、文章整体的结构，第二次看它的造句下字之稳否。说得再直白一点，即第一次看内容布局，第二次看遣词造句。

曾氏本人便是写奏章的高手，早在京师做侍郎时他写的《应诏陈言疏》、《敬陈圣德三端预防流弊折》等五道奏疏，便在官场士林中广为传颂，被奉为奏章典范。

他日有暇，笔者愿意从曾氏数千篇奏章中挑选几十篇来点评点评，与读者一道来个"奇文共欣赏"。

致沅弟（蛮字为主，打字向前）

同治二年七月初七日

沅弟左右：

接初一日来信，知弟于二十六日后牙疼数日，今全愈否？吾去冬牙疼殊甚，今年脱去门牙一个，丁牙亦极不得力。老态日增，时至则然。弟少十余岁，何以亦遽牙疼，事事欲看样耶？

云仙之详，断难办动。以上海之大，只准食浙引不许食邻私，而仅获四千金。然则淮引之行于汉口、吴城等处，纵使十倍于沪，每月不过得四万金，况筠仙之力能禁上海之邻私，他人之力不能禁汉口、吴城之邻私。筠仙前有一信，亦劝我于淮引地面重税邻私，当属可行。拟即照此奏办。于荆州税川私最难着手，于衡、永税粤私（并入东局则易行矣），于吉安亦税粤私，于建昌、安仁税闽私浙私（江西厘卡本是我管，但将邻盐加重耳）。凡邻盐入我淮引地面，每斤取钱十文，处处蛮字为主，打字向前，庶可夺回一二引地销售淮盐。

弟所行之票盐，目下但知何铣之掯扣李詹、黄台之抽厘为怄气，而不知将来运至上游楚境，价贱不行，为尤怄气也。弟盐经过李詹、黄台各卡，未定新章之前，似不必求他免厘，将来新章奏定，一面于鄂湘江西三省设局，重税邻私，一面禁止李詹、黄营各设厘卡（台卡不禁）。其李詹、黄营之饷，却不能不由余处匀拨。弟初派员办票盐之时，并无文牍说定不完李詹、黄台之厘，今忽硬要不完，恐不足服人心。现已飞调黄南翁来此。无论渠到与否，本月必将新章奏定，弟意以为何如？望详细复我。即问近好。

国藩手草

点评：蛮字为主，打字向前

盐税是当时国家的重要收入，战事爆发后，便被各省地方官所截留，变为地方收入了。湘淮军兴起，其庞大军饷中的主要来源，亦为盐税。军队既有刀把子在手，又挟为朝廷收复失地之堂皇名义，地方政权自然斗不过。于是这些年来，盐税便都落入湘淮军之手了。

老九所需军饷最多，且最为霸道，现在又做了浙江巡抚，地位更高了，他要把盐政掌握在自己的手中。当时，盐按出产地分为淮盐、浙盐、闽盐、粤盐、川盐等，为保证利益均等，朝廷分别将这些盐的行销市场作了硬性划分。如江苏、安徽、江西、湖北、湖南为淮盐行销省份，四川、云南、贵州等地为川盐行销省份，两广为粤盐行销省份等。信中所说的"引"为当时的专有名字。古时，商人长途行销货物，需要有官府发给的凭证，这种凭证就叫"引"，如"茶引"、"竹引"、"盐引"等。引同时又是重量单位。官府按引课税。引有大有小，小引为二百斤，大的可达千斤甚至万斤。朝廷划定的销售市场，称为"引地"。

信中所说的"私"，是指没有完过税的盐，如邻私，是指进入引地的邻近省份的未经完税的盐。如上海按规定应卖淮盐，如果卖邻近的浙江省过来的盐，那么这种盐就叫邻私，也叫浙私，同样有粤私、川私等叫法。

曾氏告诉老九，要想多收盐税，关键之点是要保住自己的引地，不让私盐来分肥。对于这点要寸土必争，决不退让，并提出"蛮字为主，打字向前"的方针，足见曾氏在大事上、在原则上强悍霸蛮的作风。

致沅弟（强字须从明字做出）

同治二年七月十一日

沅弟左右：

初十夜接初六日专人来信，具悉一切。

鹤侪掯留弟营委员至三个月之久，宜弟恚怒不平。弟去之严札，其是处余以圆圈识之，其太繁处余以尖圈识之。乔来之禀，余亦以圆圈尖圈识之。何铣之事，本拟俟筠仙查复后再行严办。今筠公有抚粤之行，后来者不知为谁。意欲严惩何铣，竟不知如何下手乃为恰如题分。盖遣罚有罪，亦须切当事理，乃服人心。筠、南二公日内必到此间，商定后再行举发可也。

近人折稿，弟处咨到者少，余当饬抄成本，陆续寄去，每月寄送二分。古人奏疏，亦当抄二三十篇，以备揣摹。

强字原是美德，余前寄信亦谓明强二字断不可少。第强字须从明字做出，然后始终不可屈挠。若全不明白，一味横蛮，待他人折之以至理，证之以后效，又复俯首输服，则前强而后弱，京师所谓瞎闹者也。余亦并非不要强之人，特以耳目太短，见事不能明透，故不肯轻于一发耳。又吾辈方鼎盛之时，委员在外，气焰薰灼，言语放肆，往往令人难近。吾辈若专尚强劲，不少敛抑，则委员仆从等不闹大祸不止。

盐务规复引地，余有寄南坡一信，抄稿付阅。所索子药太多，候酌发之。即问近好。

国藩手草

点评：强字须从明字做出

安徽巡抚乔松年（字鹤侪）扣押了曾国荃的盐务委员，两淮运司的属员何铣抽了曾国荃路过李詹、黄台二处票盐的厘金。这两桩事都令曾国荃很恼火。

曾国荃下严札给乔松年，又欲严惩何铣。对于老九的这些强硬做法，曾氏从心里来说，不是十分赞同的，认为有点过头了。于是将先前送给老九的"明强"二字，再来作一番深层次的解释，即"强"须从"明"做出，也就是说，"强"要在"明"的基础上，这样的"强"才不是强梁，而是真正的使人心服口服。

针对这两件具体的事，曾氏帮助老九提高"明"的功夫：乔扣押委员固然不对，但你的委员有没有狐假虎威、仗势压人的一面？收票盐厘金，固然不给面

子，但当初派员办票盐时，并没有说明不完这两处之厘，现在又硬要不完，恐怕不服人心。（见上封信）

经乃兄如此说明，老九的怒火可能要稍减几分。

致沅弟（湘军中的另类将领鲍超）

同治二年七月十五日

沅弟左右：

十四夜接初十日巳刻信，知初九日大获胜仗。凡逼城开仗，向不能多杀贼。此次杀贼甚多，想是群贼欲趁此猛战，扑我营盘，解其城围，故能得机得势如此。然傍城而战，例为彼此杀伤相当之局，以后若非贼来扑营，似不必常寻贼开仗。盖贼之粮路将绝，除开仗别无生路；我军则断粮路为要着，不在日日苦战也。

春霆各营，有言其极不整齐者，究竟何如？家眷船泊河下者，闻有千余号之多，将弁多不在营歇宿，信否？此事关系于弟者极大，望再细察。顺问近好。

国藩手草

点评：湘军中的另类将领鲍超

这次来说说曾氏手下一员另类将领鲍超。说他另类，主要有两点：一、此人不是湘人，而是川人，即四川奉节人；二、此人不是读书人出身，而是目不识丁的行伍出身。曾氏早期在湖南办团练，建湘军，不仅勇丁都是湖南人，而且连营、哨官也几乎清一色的湖南籍。还有一个特点，便是营、哨官多为读书人，并且其中不少人还有功名，像鲍超这种营官的确很少。鲍超一开始便得到曾氏的信任，让他在长沙招募湘勇，并以他的字号春霆为名，将所募的营称之为霆字营。以后霆字营名声越来越大，人们便叫它为霆军。

鲍超骁勇善战，霆军屡建奇功，成为湘军中的一支劲旅。最有名的是咸丰十年，曾氏被围困在祁门，命在旦夕，幸而得鲍超率部赶来救援，才免于一死。鲍超因军功而迁升迅速，同治元年便做到浙江提督的高级武官了。

霆军会打仗，军纪却很差。抢掠百姓财物乃霆军家常便饭，至于喝酒赌博、嫖娼宿妓，更是普遍现象。鲍超喜欢吃鸡，手下人便借此公开向营地附近的百姓索取大量活鸡。曾有一首讽刺此事的诗，道是："风卷尘沙战气高，穷民香火拜弓刀。将军别有如山令，不杀长毛杀扁毛。"

　　这封信里曾氏所说的便是霆军中的坏风气。军队驻扎在长江边，河边停泊的船只连绵几里路长，每只船里都住着女人。说"家眷"，这是曾氏在为霆军遮丑，其实不是家眷，大部分是从各处掳掠而来的女子，也有一部分是为谋生而自愿做卖身勾当的娼妓。

　　鲍超没读过书，是个真正的大老粗，关于他这方面的故事很多。有一则故事说，鲍超某次被敌军包围，命令手边的文书赶紧写封求援书发给曾国藩。文书咬文嚼字写了好久没写好。鲍超急了，夺过笔来，在一张白纸上画了一个圈，再在圈外点满墨点，最后在圈中写了一个歪歪斜斜的鲍字，赶紧打发人冲出城搬救兵。曾氏看了这封信，一下子明白了鲍超的处境，夸奖他的这幅图远胜过千百字的鸡毛信。

　　打下江宁后，鲍超因战功受封子爵。他衣锦还乡，在奉节起了一座富丽堂皇的宅子。有个读书人存心戏弄他，对他说，皇帝的官殿叫皇宫，子爵的官殿应叫子官，你要制块"子官"匾高高地挂在大门上。鲍超连连称赞这个点子好，便命人做了一块极大的竖匾，上书"子官"两个金字，高挂在门额上，引得观看者大笑不止。有人将"子官"二字的本意告诉鲍超，鲍超大怒，立即将匾取下踩烂，又叫人把那个读书人找来，那人早吓得远走高飞了。

　　鲍超晚年在湖南做提督。光绪十一年（1885）中法战争期间，他率兵来到云南边境。第二年病死原籍。

致沅弟（识为主，才为辅；人谋半，天意半）

同治二年七月二十一日

沅弟左右：

　　二十日接十六日信，二十一日接十一日交雷哨官信，具悉一切。

　　杏南未愈而萧、伍复病，至为系念。亲兵独到而丁道之匠头未到。丁道以前二年在福建寄信来此，献硼炮之技。去年十一月到皖，已试验两次，毫无足观。居此半年，苟有长技，余方求之不得，岂肯弃而不用。渠在此无以自长，愿至金陵一为效用，余勉许之。至欲在雨花台铸炮，则尽可不必。待渠匠头来此，如需用他物，或可发给，若需锅铁及铸炮等物，则不发也。

　　凡办大事，以识为主，以才为辅；凡成大事，人谋居半，天意居半。往年攻安庆时，余告弟不必代天作主张。墙濠之坚，军心之固，严断接济，痛剿援贼，此可以人谋主张者也。克城之迟速，杀贼之多寡，我军士卒之病否，良将之有无损折，或添他军来助围师，或减围师分援他处，或功隳于垂成，或无心而奏捷，此皆由天意主张者也。譬之场屋考试，文有理法才气，诗不错平仄抬头，此人谋主张者也。主司之取舍，科名之迟早，此天意主张者也。若恐天意难凭，而必广许神愿，行贿请枪；若恐人谋未臧，而更多方设法，或作板绫衣以抄夹带，或蒸高丽参以磨墨。合是皆无识者之所为。弟现急求克城，颇有代天主张之意。若令丁道在营铸炮，则尤近于无识矣。愿弟常存畏天之念，而慎静以缓图之，则善耳。顺问近好。

兄国藩手草

弟于吾劝诫之信，每不肯虚心体验，动辄辨论，此最不可。吾辈居此高位，万目所瞻。凡督抚是己非人、自满自足者，千人一律。君子大过人处，只在虚心而已。不特吾之言当细心寻绎，凡外间有逆耳之言，皆当平心考究一番。逆耳之言随时随事皆有，如说弟必克金陵便是顺耳，说金陵恐非沅甫所能克便是逆耳。故古人以居上位而不骄为极难。兄又及。

点评：识为主，才为辅；人谋半，天意半

曾氏在这封信里提出一个很重要的观点，即凡办大事，以识为主，以才为辅；凡成大事，人谋居半，天意居半。

办什么事，能办不能办，什么时候办，大体规划及其前景预测，这些方面均属于识的范畴。识，得之于学问，也得之于阅历，同时也得之于天赋智慧。

定下来以后，如何将设想变为现实，即如何去实现目标，这要靠才干去起作用。才干是一种能力，主要来自于历练。

古人说"才难，才难"，才干诚然是难得的，而识高更为可贵。咸丰初年，朝廷几乎同时间在江南任命四十三个团练大臣，最后只有曾氏一人成功。论才干，这四十三个团练大臣中的大多数不亚于曾氏，有的甚至比他更能干。曾氏强过他们的是在"识"上。自从接手办团练后，曾氏就没有将湘勇局限在朝廷所期望的"保境安民"这个小圈子中，而是存心将它办成能与太平军打硬仗的军队，直至夺回江宁。

因此，他请求朝廷同意让他建"大团"，又要朝廷同意让他办水师（以便日后占领长江水面，进攻江宁）。用今天的时髦话来说，曾氏是在把湘勇做大做强。这便是见识！是这个远大的见识，让曾氏最终成就了一番其他四十二个团练大臣望尘莫及的大事业！

至于大事能否办得成,也并不是全由人力做得主的,其他因素同样起着非常重要的作用。在中国古代的语言里,"天"这个字便包含有个人意志、人类意志之外的因素这层意思在内,故而"谋事在人,成事在天"这句话有着千古不衰的真理性。办大事必须要有这种清醒的认识,它至少可以让你心理上有一个充足的准备。有了这个认识,不但不会削弱你办大事的信心,反而能让你减轻包袱,轻装前进,对事业的成功只会有好处。

致沅弟(避挟长市恩之嫌)

同治二年七月二十三日

沅弟左右:

二十一夜接十八早排递一信并折稿各牍,二十三日接十九日专丁送信,具悉一切。所应复者,仍条列如左:

一、折稿皆轩爽条畅,尽可去得。余平日好读东坡《上神宗皇帝书》,亦取其轩爽也(《古文辞类纂》有之),弟可常常取阅。多阅数十遍,自然益我神智。譬如饮食,但得一肴适口充肠,正不必求多品也。周寿山久已署温处道,弟毫无所闻耶?金陵战事,弟自行具奏亦可,然弟总以不常奏事为妥。凡督抚以多奏新事、不袭故常为露面。吾兄弟正在鼎盛之际,弟于此等处可略退缩一步。

二、鲍军仍须由大胜关进孝陵卫,决不可由下面绕来。待过中秋后,弟信一到,余即咨鲍由南头进兵。

三、弟骤添多营,本与余平日之规模不相符合。然贼势穷蹙之际,力求合围,亦是正办,余亦不敢以弟策为非。恽中丞余曾保过。凡大臣密保人员,终身不宜提及一字,否则近于挟长,近于市恩。此后余与湘中函牍,不敢多索协饷,以避挟长市恩之嫌。弟亦不宜求之过厚,以避尽欢竭忠之嫌。

四、江西厘务,下半年当可略旺。然余统兵已近十万,即半饷亦须三十万,思之胆寒。弟处米除每月三千外,本日又解四千石矣。顺问近好。

兄国藩手草

> **点评:避挟长市恩之嫌**

曾氏认为苏轼的《上神宗皇帝书》是一篇很好的奏章,自己喜欢读,并推荐给老九,希望他常常取阅。前面提到,为帮助老九提高作文尤其是提高写奏章的水平,曾氏特地选了十余篇古代名疏予以详细讲解,命名为《鸣原堂论文》。这篇《上神宗皇帝书》亦收在其间。曾氏在分段讲解之后,对这篇"上书"又作了一段总体评议。这段评议很好,兹全文录于此:

"奏疏总以明显为要。时文家有典、显、浅三字诀,奏疏能备此三字,则尽善矣。典字最难,必熟于前史之事迹,并熟于本朝之掌故,乃可言典。至显、浅二字,则多本于天授,虽有博学多闻之士,而下笔不能显豁者多矣。浅字与雅字相背。白香山诗务令老妪皆解,而细求之,皆雅饬而不失之率。吾尝谓奏疏能如白诗之浅,则远近易于传播,而君上亦易感动。此文虽不甚浅,而典、显二字,则千古所罕见也。"

这段话中的"明显"、"显豁",正是信中所说的"轩爽"之意。用今天的语言来说,即所要表达的意思,读者一目了然。现今有些人作文,喜欢转弯抹角、掩掩藏藏,或是故弄玄虚,弄得文章晦涩费解。奏疏是公文报告,不是文学作品,最要紧的是要让读者一目了然。

曾氏对老九说,像《上神宗皇帝书》这样的好文章,读上数十遍,自然益我神智。他打了个比方,譬如吃东西,不在多,只在合味。这是深得读书三昧之言。笔者于此也有同感。好的诗词,好的文章,好的书,不妨十遍百遍反复读,细读精读,烂熟于胸,终生受益无穷。而这个"好"的范围并不一定要很大,诗词三百首、文一百篇、书二十部就够非专家用一辈子了。

曾氏密保新任湖南巡抚恽世临(字次山)的折片,保存在他的全集中,见《全集·奏稿五》中《黄冕恽世临主持东征局最力请从优奖励片》:"又,卸署湖南布政使衔盐运使衔岳常澧道恽世临,自去年九月会办局务,综核精密,条理秩然。"

这道密片是同治元年十二月二十七日发的,当时恽世临已经卸掉了署理湖南布政使之职,依旧做他的岳常澧道道员。不过半年光景,恽便擢升湖南巡抚,显然是曾氏密保的结果。但曾氏恪遵传统道德:不居功,不市恩。

中国的传统道德,对于施恩受恩双方有两种截然不同的要求:施恩图报非君子,忘恩负义是小人。

施恩者,应不求回报;受恩者,则应终身不忘恩德。现实世界中,这种人有,但不多,多的是相反的现象:施恩者,反复向受恩者索取;受恩者,则往往淡忘施恩者的恩德。

索取过多,受恩者反感;忘记了别人给的好处,易使施者心寒。两者的结果都将使得施、受双方关系恶化。仔细想想,还是按传统道德所提倡的那样为好,彼此能长久地友好相处。

致澄弟（富贵气不可太重）

同治二年七月二十四日

澄弟左右：

前接弟信，已将寅皆、牧云两兄不宜送眷之故，致函排递至家，不知到否？途次有曾恒德、张德富照料，又系自己之座船，又有水师炮船护送，千稳万慎。寅皆、牧云二公如已成行，请于中途婉辞谢之。吾家富贵气不可太重也。

纪瑞侄完姻，吾实嫌其太早。不知系沅弟之信与，抑沅弟妇谋之于弟而成与？兹寄银五十两暨五品顶戴、补褂、朝珠以为贺礼。吾恐家中日习于奢，故诸事从俭薄也。

此间军事平安。江西已一律肃清，惟兵勇病痛尚多。苗逆猖獗，唐中丞十分危急，袁午帅业已仙逝，淮事殆无了日耳。即问近好。

国藩手草

点评：富贵气不可太重

湘乡老家一大家子人来安庆，原拟定由长年在家当塾师的邓寅皆及欧阳夫人的兄长欧阳牧云一路护送，后来因为决定从安庆发船去长沙接，又从衙门里派出两个人先行打点、照料，故曾氏一再去函老四，不要再让人护送了。他的理由是，那样则富贵气太重。

中国的官场讲究排场。比如轿子有八抬、四抬之分，其实抬个轿子两人足够了，多余的人没有实际意义，只是作为装饰用；但"装饰"也有内容在内，它体现的是尊卑、等级、气氛等等。这种装饰即为排场。

曾氏虑及儿子女婿皆年轻，未曾独自经历过事，其他人皆女性，不便与外界打交道，故而请两个富有经验的年长男人护送。现在既然另外派了人，家乡的护送人便可省去了。曾氏考虑问题，出发点是实际效用，而不是排场。

从安庆派出的有"长江第一船"之称的座船前往湖南迎接，本身就是一种特殊待遇，也即富贵气。若再雇大船（老四拟再雇一只大船，曾氏亦不同意）、另请人，则富贵气过重，宜减杀。这也是曾氏一贯的忌盈忌满思想在这件事上的体现。

曾国荃的长子纪瑞生于道光二十九年，今年不过十五岁，完婚的确是太早了。曾氏的两个儿子都是十八岁结的婚，曾氏本人则是二十三岁才结婚。纪瑞后来先于父亲去世，只活了三十二岁。第二年，其弟纪官也去世了，仅三十岁。曾国荃只有这两个儿子。这是他晚年的最大不幸。幸而留下三个孙子广汉、广河、广江。曾国荃六十七岁时去世,其一等伯爵由其长孙广汉承袭,此时他已有三个曾孙。尽早四世同堂,这大概就是曾国荃夫妇急着要为十五岁的儿子完婚的原因吧!

致沅弟(保人亦有为难之处)

同治二年八月初二日

沅弟左右:

初一日接弟七月二十四六日二信,具悉一切。

陈斌述及与鲍军门言改由七瓮桥进孝陵卫,春霆欣然乐从。余已决从此策,日内即办公牍分别咨行。地道决不复开。瓮桥上流须用浮桥,容再由此间办竹木解去。前因花篱地道均非要务,故未饬知潜山县耳。左帅保筠仙,此间并无所闻。黄信之所谓季帅者,似即毛寄云也。毛密片余未得见,大约系保两郭、黄、李。筠公已擢粤抚,筱泉已擢粤臬,南翁有旨往粤办厘,惟意城保花翎三品卿未奉明文。

弟所保各员,均奉允准。惟金安清明谕不准调营,寄谕恐弟为人耸动。盖因金君经余两次纠参,朝廷恐余兄弟意见不合也。大抵清议所不容者,断非一口一疏所能挽回,只好徐徐以待其自定。又近世保人,亦有多少为难之处。有保之而旁人不以为然,反累斯人者;有保之而本人不以为德,反成仇隙者。余阅世已深,即荐贤亦多顾忌,非昔厚而今薄也。

景、河、婺、乐四卡,左帅业已归还余处。上海四万,余志在必得,恐不免大有争论。霞仙升陕抚,先办汉中军务。闻李雨苍系多帅所劾也。纪泽等今日往营省谒。父亲手泽六纸寄还。即问近好。

国藩手草

点评:保人亦有为难之处

曾国荃有较重的江湖习气,喜用金钱、官职等恩惠来笼络、驱使部属,进而结成死党。每一胜仗打下来,他的保单特别长,所保人员特别多,有一些与该仗毫无关系的人员,他也拽到里面一并请功邀赏。

对于老九的这种过滥保举,曾氏不以为然。就拿信中提到的这个金安清来说吧。金安清为候补道盐运使,受原江苏巡抚薛焕重用,仗着掌管盐务和设厘局的大权,大肆接受贿赂,肆虐百姓,口碑极坏,屡被人参劾。朝廷为此征求过曾氏的意见。曾氏派人调查后,证明所劾属实。密奏曰:"金安清才略颇优物议颇劣,应请旨即行革职,撤去筹饷差事,不准仍留苏境,以靖民心而息浮言。"

这样的人本不应保举,因金与老九关系好,为他筹措了不少饷银,于是也保举在案。曾氏所说的"近世保人,亦有多少为难之处",意在提醒老九,不可多保滥保,不要以为保别人总是好事,须知世事有不可预料者。

曾氏所说是有道理的。曾氏一生保过不少人,但并非人人都感激他,最有名的例子便是与左宗棠的关系。曾在左危难时保过左,但后来两人还是闹翻了。左并不是忘恩负义的人,这中间有别的因素在起作用。倘若遇到忘恩负义之徒,心里便更不舒服了。

七月初二,曾氏挚友、儿女亲家刘蓉(字霞仙)擢升陕西巡抚,秀才出身的刘蓉也仗着这场战争做到了一方诸侯。此前,刘蓉为四川布政使。陕西回民与政府发生冲突,巡抚瑛棨因奏报军情不实,被撤职,刚被派到该省督办陕南军务的刘蓉顶了此缺。

谕纪鸿(不可挂大帅旗,不可惊动官长)

同治二年八月十二日

字谕纪鸿儿:

尔于十九日自家起行,想九月初可自长沙挂帆东行矣。船上有大帅字旗,余未在船,不可误挂。经过府县各城,可避者略为避开,不可惊动官长,烦人应酬也。余日内平安。沅叔及纪泽等在金陵亦平安。此谕。

涤生手示

点评:不可挂大帅旗,不可惊动官长

接家眷的船本是大帅船,为确保旅途平安畅通,挂一挂帅字旗也无妨;沿途有多少府县官员,正好借此大肆招待,以便讨好巴结眼下红得发紫的曾家兄弟,

接受人家的宴请馈赠何乐而不为？这或许是坐在这条船上的许多人的想法，而曾氏却下了硬命令：不许挂帅字旗，不可惊动官长。从严治家，不让家属享受特权。曾氏的这种作风，直到今天，依然是有特权者所应当学习的。

致沅弟（李泰国购洋兵船事）

同治二年八月二十七日

沅弟左右：

二十五夜接二十二未刻来缄；二十七早接二十三巳刻来缄，具悉一切。所应复者，条列于后：

一、运盐护照业已刻好，较弟寄来之式更为周详，兹付一纸备查。今日印刷，明日专船送三百张至泰州运署。张富年之札早已缮好，无便速寄，亦于此次便船带去（已由驲发，当再加一分）。李、乔免厘之文亦已发行矣。

二、尚斋之札久发，渠又禀带随员数人矣，万难更改。万与程之才亦互有短长，其无坚强之力，则彼此相同。江西开局并非甚繁难之事，所虑者，淮引不胜邻私，行销不旺，非尚斋所能为力耳。余有一告示稿，抄寄弟阅。此外则尚斋当可胜任。

三、运司第十次之详业已批发，其批即万簏轩所拟也。金眉生之说帖阅悉。前批或不能尽如人意，然大致总相符合。且商人到岸之后，余与万、程必加意体恤。三十五两之外，必有赢余，必多分润，商人断不肯甘言于前，刻薄于后。金革司自命为大智，而嗤人为大愚，谁其信之？弟可告知该员，以后不必干预此间批禀及用人等事。

四、弟十九日疏陈轮船不必入江而以巡海盗为辞，殊可不必。弟意系恐李泰国来金陵搅局攘功，何不以实情剀切入告？苦战十年，而令外国以数船居此成功，灰将士忠义之心，短中华臣民之气等语，皆可切奏。凡心中本为此事，而疏中故托言彼事以耸听者，此道光末年督抚之陋习，欺蒙宣宗，逮文宗朝已不能欺，今则更不宜欺矣。七船之事，余曾奏过三次，函咨两次，即不许李泰国助剿金陵、苏州。李少荃亦曾上书恭邸二次，计恭邸亦必内疚于心。特以发贼未灭，不欲再树大敌，故隐忍而出此耳。君相皆以腹心待我兄弟，而弟疏却非由衷之言，恐枢府疑我兄弟意见不合，又疑弟好用权术矣。以后此等奏折望先行函商一次。青阳日内无信,不知尚未破否。顺问近好。

国藩手草

点评:李泰国购洋兵船事

这封信的第四点所说的李泰国购洋船事,是近代洋务运动的一桩大事。

同治元年,总理各国事务衙门委托李泰国向英国购买兵船。李泰国是个英国人,曾任过英国驻上海领事馆翻译,后出任中国海关总税务司。他用107万两银子的巨款从英国购买七只兵船、一只泵船,组成一支舰队,又未经清政府的同意,擅自聘请英国海军上校阿思本为舰队的司令,又招募六百名英国水兵,一道乘船来到中国。阿思本与李泰国定了四年合同。合同规定阿思本对舰队拥有完全的指挥权和用人权,只接受由李泰国所传达的中国皇帝的命令,别人不得干预。

李泰国的这种做法完全违背了当初与清政府所商定的章程,清政府因此拒绝阿思本与李泰国所定的合同,命令阿思本接受所在地方督抚的节制,目前应该由两江总督曾国藩来节制这支舰队,由曾国藩所推荐的水师总兵蔡国祥出任该舰队总统,阿思本为帮总统(即副总统)。阿思本拒绝,表示宁愿把舰队带回去解散,也不愿意接受他人的指挥。清政府于是向阿思本妥协,让阿思本依旧指挥该舰队,由蔡国祥带领自己的舢板炮船,与舰队一道停泊。

曾氏对此表示坚决反对。他在给总理衙门的公函里写道:"洋人本有欺凌之心,而更授以可凌之势;华人本有畏怯之素,而又逼处可怯之地。"总署的这种妥协,"不特蔡国祥不甘心,即水陆将士皆将引为大耻"。"若蔡国祥不能做主,则未收购船之益,先短华兵之气"。江苏巡抚李鸿章、浙江巡抚曾国荃也都不同意向阿思本妥协。由于曾氏等人的态度强硬,总署不得不收回原先的妥协方案,将阿思本及六百名英国水兵打发回去,为此损失来往路费三十多万两银子。这支舰队后来也交由英国在印度变卖,这一买一卖的过程中又损失数十万两银子。清政府十分恼火李泰国,撤掉其总税务司的职务,另委英国人赫德代理。

曾氏主张引进西方科学技术,但他对外国人尤其对外国军队则一直保持着高度的警惕。清政府曾实行过"借夷助剿"的政策,即借洋兵来打太平军,最著名的便是由华尔、白齐文、戈登等人统领的常胜军。曾氏对这支洋兵,采取限制使用的策略,即可借洋兵助守,而不能借其力收复疆土。他说:"宁波、上海皆系通商码头,洋人与我国共利害,自当共争而共守之。苏、常、金陵本非通商之口,借兵助剿,不胜为笑,胜则后患不测。"他所担心的"后患",即洋兵凭仗战功而对中国的诛索不已。同治三年四月,英军司令士迪佛立在华任职期满回国,他特地到安徽裕溪口去会见曾氏,也想组建一支类式"常胜军"的洋枪队,包打江宁及收复江南各地被太平军占领的城池。曾氏予以婉拒。

应该说,曾氏对洋兵的这种态度,主要是出于对国家的负责。不让洋兵插手中国的战争,一可杜绝他们的非分勒索挟持;二也为国家保全体面,即曾氏所说过的:中国之事,中国了之,不需仰仗外人。

更何况这支舰队是中国出钱买的,它理所当然是中国的东西,主权在中国手里。现在一切让外国人做主,中国的主权到哪里去了?国家的尊严到哪里去了?所以,曾氏向总署提出:宁愿将这支舰队分赏给外国人,分文不要,也要杀一杀英国人的骄矜之气。

但,不可否认,这中间也存在着曾氏的私心。

一、阿思本拒不接受当地督抚的节制,这一点首先便触怒了理应节制他的两江总督曾某人。在曾某人所制辖的江南战场上,岂可容忍一支不听指挥的外人舰队随心所欲地活动?

二、攻打江宁城,不仅是朝廷的事情,更是吉字营的事,或者确切地说是曾氏家族的事。用现在的话来说,此事已由吉字营、由曾氏家族承包了,别人不得染指。这种承包,包括荣誉的承包和财富的承包。倘若让阿思本的舰队来参战,不但分去了荣誉,还分去了财富。

李泰国曾经跟清政府商量过,由他率领阿思本舰队来打江宁,所得的财富全部归于舰队。清政府与他讨价还价,若独破江宁,则所得财富百分之三十归朝廷,百分之七十归舰队;若与湘军共破江宁,所得财富百分之三十归朝廷,剩下的百分之七十,舰队与湘军各分其半。

不管哪种方案,阿思本舰队都要分去一笔相当可观的财富。这决不是曾氏兄弟所能接受的。

对于这种严拒舰队的立场,曾氏当然希望老九能予以完全的合作。不料,老九不像乃兄那样说得绝,说用之巡防海盗还是可以的。这颇令乃兄愤慨。于是曾氏说了一大通话,指责老九循道光末年督抚的陋习,表里不一致,欺蒙皇上。情绪之激动,语言之尖刻,实为平时家书中所少见。于此,我们可以看出曾氏尽管在努力修炼,但他的褊急本性还是没有完全消除,一遇到不合自己心意的事,便会情不自禁地暴露出来。

致沅弟（解银七万以抚慰）

同治二年九月初九日

沅弟左右：

初五夜接初一夜来缄，知弟以余议十九日之疏不谅弟之本意，责备太过。余所虑者，恐弟学道光末年督抚之陋习耳。若弟之意实见得轮船该用以巡海盗，则余前缄之所责为过矣。今日解银七万，慰弟之意，是近来罕见之事。譬之儿时兄打而弟哭，则又以糖食糕饼抚慰阿弟也。至此间家信稿本，除誊信之李子真（极慎密）外，并无一人得见。弟常疑余之日记家信或传播于后世，此弟之拙见过虑，亦视阿兄太高之故。盐务之事，弟尽可放心，不过一月后，弟备见余之公牍，再见南坡之面，必谓阿兄件件皆是矣。顺问近好。

国藩手草

点评：解银七万以抚慰

倘若在十多年前，身处湘乡白杨坪的布衣老九，面对大哥上次信中那些刻薄尖利的话，尽管心里不高兴，也只得忍受，不敢发作。但今非昔比，老九早已鸟枪换炮了。而今的老九，也是封疆大吏，尤其是他乃战功赫赫、手握重兵的军事统帅。他不能让乃兄如此随意讥讽他，他要申辩抗诉。

其实，曾氏的话虽尖利点，却也并未说错。老九要独占攻打江宁的全功，这心思，做兄长的岂能不知！但现在他生气了，大哥不得不让步，何况还要仰仗他来打这天下第一仗哩！于是以异乎寻常的糖食糕饼——七万两银子来安慰老弟。这对难兄难弟也真是有趣！

那个时候，老九便已知乃兄之日记家信会传之后世了。曾氏虽口头谦虚，其实心里也一定是这样想的。所以，曾氏的日记大多为流水账，遇到人事方面等话题，语多简略隐括；至于家书中的有些话，我们也不能排除他的做作成分在内。他有意写点场面话、堂皇话，以便在后世子孙和读者面前树立圣贤的形象。当然，即便如此，倘若有道理，我们也无须因此而贬低它的价值。

致沅弟（从畏慎二字痛下功夫）

同治二年九月十一日

沅弟左右：

接初五日戌刻来函，具悉一切。旋又接十九日所发折片之批谕，饬无庸单衔奏事、不必咨别处，正与七年四月胡润帅所奉之批旨相同。但彼系由官帅主稿会奏，饬令胡林翼无庸单衔具奏军事，未禁其陈奏地方事件，与此次略有不同耳。弟性褊激，于此等难免怫郁，然君父之命，只宜加倍畏惧。余自经咸丰八年一番磨炼，始知畏天命、畏人言、畏君父之训诫，始知自己本领平常之至。昔年之倔强，不免客气用事。近岁思于畏慎二字之中养出一种刚气来，惜或作或辍，均做不到。然自信此六年工夫，较之咸丰七年以前已大进矣。不知弟意中见得何如？弟经此番裁抑磨炼，亦宜从畏慎二字痛下功夫。畏天命，则于金陵之克复付诸可必不可必之数，不敢丝毫代天主张。且常觉我兄弟菲材薄德，不配成此大功。畏人言，则不敢稍拂舆论。畏训诫，则转以小惩为进德之基。余不能与弟相见，托黄南翁面语一切，冀弟毋动肝气。至嘱至嘱。

国藩手草

点评：从畏慎二字痛下功夫

奏折是官员与皇上联系的一条最主要的渠道，但清朝的制度规定，一般情况下，二品以上的官员才具有直接上奏的权利，低于二品的官员的奏折则要请人代呈。这样一来，上奏一事不仅是责任，也是权利的一种表现。曾国荃身为浙江巡抚，即便没有到任，但作为从二品官员，他是既有单衔上奏的责任，也有单衔上奏的权利。现在朝廷批他一个"毋庸单衔具奏"，无异于剥夺了他的这个权利。这是令曾氏兄弟大为不安的事。

这一封普通的军务奏折，是由机要幕僚赵烈文起草的。朝廷对这道奏折的批谕，赵烈文《能静居日记》是这样抄录的："曾国荃未到浙江巡抚之任，嗣后军务与杨岳斌、彭玉麟一律由曾国藩奏报，毋庸单衔具奏。"

而这道奏章正是赵烈文主的稿。他为之心存歉疚，故提前从安庆返回江宁，慰藉老九。

老九无缘无故地受此一击，内心的愤恨和痛苦自然可想而知。十三日，曾氏又给老九一信，说这事是因为恭王心情不好而引起。曾氏的分析很有见地。李泰国事件，弄得恭王奕䜣很不快。他虽然撤了李泰国的职，但作为总署的王大臣，他负有用人不当的责任。这账无疑让慈禧及他的反对派给记上了一笔。另一方面，奕䜣也于此看出曾氏兄弟和李鸿章（李也反对总署的妥协）等人，依仗军事实力坐大的趋势，"无庸单衔奏事"、"不必咨别处"如同两根棒子，明里是敲打曾老九，其实也在敲打曾氏及李鸿章等人。只是飞鸟尚未尽，良弓不能藏罢了。朝廷与南方军事集团的冲突已露端倪，随着军事形势一步步地顺利，这个冲突也一天天地加剧了。

致澄弟（鼎盛之际宜收敛）

同治二年九月十四日

澄弟左右：

接弟八月二十一日信后又连接二信：一系唐薠洲之弟德圃携来，一系沈霭亭之甥王君携来。德圃朴实稳练，此间必有以位置之。王君则无可录用，霭亭亦同来，此又不能不位置也。

此间自青阳解围后，各路平安。唐义渠在临淮近亦稳固。春霆已至南陵，令其由宁国、建平进攻东坝。沅弟军中士气甚壮，惟新奉批谕"无庸单衔奏事"，恐不免抑郁触动肝气。又沅近日添募陆军至二万之多，又添募水师十二营，全不函商余处，殊不可解。长江业已一律肃清，贼匪并无一船，杨、彭水师尽敷调遣，不知弟添十二营果作何用？其向恽中丞求索饷银火药，动辄数万或十数万，亦过于尽人之欢竭人之忠。

闻十月十九日家庙落成，将由县城叫省中戏班以志庆。吾意我家方在鼎盛之际，此等处总宜收敛，不宜过于发扬，望弟时时留心。吾身体平安，泽儿已全愈，余上下均吉。家眷船初四日尚在长沙未开，大约十月乃到也。顺问近好。

兄国藩手草

再，贺潺因兔形山之事来此告状，余批以不管隔省之事。渠求写信与弟及县局蔡、许诸君，但求不褫革渠之秀才，以后再不敢多事兴讼云云。究竟渠之讼事有理与否，褫革秀才之说已见明文否，望弟查明。渠既言以后定不多事，或有可以挽回之处（若太无理则不勉强），弟为之出力可也。（十四日又行）

点评：鼎盛之际宜收敛

曾国荃的吉字营在最盛时，人数曾达五万之多，几近曾氏所指挥的湘军全部

曾国藩书法

人马的一半。此信中所说的这次大添募，竟然连乃兄都不告知。于公于私，于理于情，都说不过去。老九为什么这样做呢？这是因为曾氏曾经对他说过：不要扩军，不要多向湖南索取。于是老九干脆不禀报，来个自行决定，也不管乃兄有没有意见，也不管恽世临反感不反感。

这就是曾老九的性格和办事作风，接近于曾氏出山办团练的前期表现，而与其复出之后的风格截然不同。

老九这种我行我素，固然给他带来许多负面影响，但仔细想想，他不这样办也不行。围攻江宁的人马，自然是多多益善，你大哥不同意我也得招募；人马多自然饷需得多，你恽世临再怨恨也得给我勒紧裤带，把银钱运来再说！这有点类似不讲道理的霸蛮。老九若没有这个霸蛮劲，一个吉字营如何能将一座天京城打下来？

曾氏自然能体谅他的用心，故而虽有不满也只得听之任之。对于家中的过分张扬，曾氏也很不满意，他叮嘱老四要收敛。

注意收敛，不可过于张扬，这是曾氏一贯的思想。官越大、名越著、权越重的时候，他越注意退抑。他的退抑是全方位的：嘱咐家中办事不求显眼是一个方面；教导老九畏天命、畏人言、畏训诫，是另一个方面；承认自己德薄材菲，成功只是侥幸的，是一个方面；在物质享受上，尽量压低，是一个方面；将大权集于一身的局面作点分散，也是其中的一个方面。

这就是曾氏！你说他是深谙中国官场文化、洞悉人情世故的大智者也可；你说他是小农经济的产物，自保意识太强烈的懦弱者也可；你说他是持盈保泰、明哲保身的庸人也可；你说他其实是一个事功清望什么都想获得的贪心之徒也可。

总之，这都是中国这块土地上产生的、中国这个文化传统熏陶下的产物。

致沅弟（半是天缘凑泊，半是勉强迁就）

同治二年九月十七日

沅弟左右：

十四、十五日接弟初十、十二两信，具悉一切。前因批谕词旨严峻，余恐弟怫郁不能自克，深以为系。兹接弟两缄，心气和平，事理通达，大慰大慰！

皖盐亦向泰局领票，由安庆总握其权，则食岸亦渐就范围。日内将南坡米盐互市之议略定章程，作一长折，将漕务彻底一说，即日具奏。

弟增募二万人，银米恐接济不上。且安庆克后，弟添新兵近二万人，此次又添二万，前此老营能战能守之将弁分散太多。譬之一壶醇酒，参水至四五壶，则太淡，不成酒味矣。此余之所深虑。

至水师十二营，尤可不必添募。弟意不过恐杨、彭师船不能应手耳，天下事焉能尽如人意？古来成大事者，半是天缘凑泊，半是勉强迁就。余当寄信与郭意城，请其停止弟募水勇之事。寄信杨、彭，请其不必代弟造船。望弟亦寄信止之。长江肃清之后，忽添水师十余营，于清议亦说不去也。

焦山抽厘之举暂姑缓办。松岩信寄还。幼丹事，言之颇长。兹将幼来之咨与信各一件，余去之信一件，又余与孙文伯来往信各一件，抄寄弟阅，亦可略得梗概。又接弟十四日信，知仙屏已到矣。顺问近好。

国藩手草

点评：半是天缘凑泊，半是勉强迁就

所谓"天缘凑泊"，是说各种有利因素恰好凑合在一起，与"因缘际会"一词的内涵差不多。所谓"勉强迁就"，是说用很大的气力将各种有利因素捏合在一起，与"硬着头皮干"的意思庶几接近。

曾氏这话的意思是说古来办成大事的人，其中之一半是借助于有利的形势、有利的机会，而另一半靠的是自己的奋力拼搏、历尽苦难。前一半人是顺利的，后一半人是艰苦的。遇到顺利的外界条件固然好，倘若没有这种条件，欲成大事，则靠勉强迁就。曾氏说的是一半对一半，但我们翻开史册，或是环顾当今，似乎"勉强迁就"的人更多些。你看那些成就大事业的人，哪个在回顾他的成功历程时，不是感慨万千。中国近代洋务运动的后期首领张之洞曾经说过一段著名的话："自官疆吏以来，已二十五年，惟在晋两年公事较简。此外无日不在荆天棘地之中。大抵所办之事，皆非政府意中欲办之事；所用之钱，皆非本省固有之

钱；所用之人，皆非心悦诚服之人。总之，不外《中庸》'勉强而行'四字。然所办各事，亦颇有竟睹成功者，真侥幸也。"（《张之洞全集·抱冰堂弟子记》）这是对"勉强迁就"四字的极好注释。

致沅弟（太平军降将古隆贤）

同治二年九月二十六日

沅弟左右：

二十四日接弟二十夜一函。风虽顺而过大，仙屏尚未到也。杉木条当于十月解去。大炮守垒，余不甚以为然。费药太多，又不灵动，余当解劈山短炮数十尊应之。子路较长劈山则稍逊，较大炮则相等。且贼果强乎？以数万新兵合围，其中必有隙地软营为贼所乘。贼果弱乎？劈山、洋枪二者自足制之。余不愿再解大炮也。

古隆贤有投诚之说，愿献石、太、旌德、广德四城。朱云岩定于二十五日进石埭城，不知靠得住否。黄南翁定于四五日内赴弟处，金眉生则搭洋船回泰。顺问近好。

国藩手草

点评：太平军降将古隆贤

太平军中的重要人物最先投降湘军的当数韦志俊。韦志俊为韦昌辉的弟弟，封为国宗。韦的部队是太平军中的劲旅。咸丰五年，太平军三克武昌后，韦为镇守武汉三镇的主将，罗泽南即死于其手。咸丰六年，韦昌辉在内讧中被杀。此事对韦志俊的打击很大。咸丰九年，韦在安徽池州投降湘军。随后便是程学启，他不是太平军的两广老兄弟，是安徽桐城人，咸丰二年参加太平军。咸丰十年他奉命守安庆城外营垒。就在这个时候，他投降了围城的曾国荃。程为破安庆立了大功，后曾国荃任命他为开字营的营官。同治元年，李鸿章组建淮军援上海，曾国藩将程的开字营拨由李鸿章调遣。从那以后，程成了淮军的一员干将，同治三年死于浙江嘉兴战场上。清政府对程颇为信任，擢升他为提督衔总兵，死后予谥忠烈，建专祠，赏三等男爵。太平军的投降将领中，数他地位最高。接下来的是童海容。童海容原为石达开的部下，后封保王。同治元年夏天在安徽广德州向湘军投降。再接下来的便是这封信中所说的古隆贤。

古隆贤是广西人，地地道道的老兄弟，咸丰三年便授职金四总制，四年升殿左三十九指挥，后封奉王。同治二年九月，古献安徽石埭、太平、旌德三城连同六万余太平军将士，投降湘军朱品隆部。曾氏解散其部属，留下千余人编为一营，由古隆贤管带，并授古游击衔。

石埭、太平、旌德与宁国一道在同治元年下半年丢失，遭朝廷严辞追问。现靠着古隆贤的投降而收复其三，曾氏于朝廷也有了一个较好的交代。

致澄弟（全家团聚安庆）

同治二年十月初四日

澄弟左右：

九月二十九日纪鸿母子及全家到营，一路平安，足慰家中悬系。寅皆先生意欲速行旋里，订二十外即可启程。牧云当度岁乃归也。袁婿在此，尚无为非之事，惟不肯读书作字，难期有成。内人以下，历述老弟数年以来照料黄金堂诸事，心思之细，仪节之恭，送情之厚，均为近世兄弟中所未见。吾家敬宗收族、承先启后诸大端，皆发于沅弟之谋，而成于弟之手（萧先生好手）。沅弟费财（八老爷好财），老弟费心，均可为祖父累代之功臣。余愧未能悉心经营，幸两弟有以补余之过也。

此间近事平安。沅军连克上方桥、七瓮桥等贼垒，城外接济将断。朱云岩招降古隆贤一股，收复石埭、太平二城。春霆进攻水阳、金宝圩一带，尚无开仗之信。临淮唐中丞处近亦平安，惟蒙城粮尽援绝，断难保全。发逆稍衰，而苗逆方盛，良可虑也。闻蕙姑娘病未全愈，兹寄去高丽参半斤，望弟专人送交昆八外甥为要。余事详日记中。顺问近好。

国藩手草

点评：全家团聚安庆

八月十九日，欧阳夫人率领一大群儿女从湘乡启程，经过四十天的旅程，九月二十九日中午抵达安庆两江总督衙门。这一大班人除欧阳夫人外，还有儿子曾纪鸿、大女曾纪静及其丈夫袁秉桢、三女曾纪琛、未嫁的四女曾纪纯、小女曾纪芬，还有纪泽的续弦夫人刘氏及女儿广璇，自家人九口，外加护送人邓寅皆、欧阳牧云，共十一人。一向冷清的督署后院，顿时热闹起来。

自从咸丰八年六月复出以来，曾氏再未回过家。五年多后，全家除二女纪耀夫妇外，大家相逢于安庆城（纪泽早在六月初即已来安庆），这也可以说是一个大团圆了。

致沅弟（因奏留黄冕而上干谴责）

同治二年十月十三日

沅弟左右：

十一二日连接初六、初九等日信，具悉一切。

南坡翁至弟处，吾意必盘桓终旬，何以仅住一日即行，岂议论偶有不合邪？吾十二日奏留南翁一片，措语极为平淡，不知何以上干谴责？南翁声名之坏，在浙江夷务、吉安军务之时，其在江苏州县则并无所谓狼藉，而近日亦无所谓贪横。人言可畏，动彻天听。乃不发于寄云保三品卿之时，而发于余奏留之时，颇不可解。古诗云"美服患人指，高明逼神怒"，吾兄弟皆处高明之地，此后惟倍增敬慎而已。

湖熟、岔镇处处得手，高淳、东坝次第克复，广德亦有投诚之信，事机甚为顺利。而各省将帅似存意见，此中消息，恐终无灭贼之期。

皖岸盐务，即照弟所拟札刘履祥专办。惟每年四十三万二千串十八万两，必须销七万余引，殊无把握。

弟两次信称解到银钱感激涕零，措辞大为失当。万庆来此，所送之礼过厚。兄弟中无璧还之理，以后望弟莫多送，宜崇俭也。顺问近好。

兄国藩手草

点评：因奏留黄冕而上干谴责

咸丰六年，黄冕以吉安知府身份邀请曾国荃募军救援吉安，因此而与曾氏兄弟关系密切。黄冕长于办事，曾氏任命他为东征局总理。所谓东征局，就是为东征的湘军办理粮饷的后勤机构。这是一个握钱物实权的肥缺。东征局以黄冕为头，此外尚有几个被曾氏信任的所谓有血性的士绅。这些人后来都因此而发了大财，黄冕更是受惠最多。在湖南官场士林，在湘军内外，黄冕因贪污受贿而常遭人谴责，但曾氏相信他，多次保奏他，擢升他为布政使衔云南迤东道。又委他筹办两淮盐务的重任。后来，黄冕又应两广总督、曾的同年毛鸿宾之请，赴广东办理厘务。同治二年，湖南巡抚恽世临创办江广海运，又经奏准借调他察看长江沿途拨运事宜。九月初抵达安庆，与曾氏晤谈甚洽。由此可知，黄冕是个备受曾氏系统器重的办实事的人。

曾氏拟将黄冕留在江苏，不再回广东了，于是他在九月二十二日给朝廷上了一道奏片："该员九月初抵皖，连日详议米盐互市章程，规画井井，有裨时局。窃思粤东厘金已蒙圣慈迭饬毛鸿宾、郭嵩焘力求整顿，当能日起有功。南漕试办，海运寇氛未熄，创始维艰，加以运盐互市，头绪纷繁，黄冕久宦江苏，于漕政、盐务讲求有素。相应请旨饬下迤东道黄冕暂缓赴粤，留于苏皖经理江、楚海运，兼筹办米盐互市事宜，候规模粗定，再行分案续奏。"

半个月后奉到上谕："曾国藩另片奏请留道员黄冕经理江楚海运及筹办米盐互市事宜等语。黄冕着暂缓赴粤，准其留于苏皖，听候曾国藩差委。该道员曾任江苏知县，声名狼藉，颇不理于众口。此次曾国藩饬令经理海运等等，不过节取其长，以供驱策。曾国藩仍当随时留心，秉公察核。如黄冕故态复萌，或仍有贪横恣肆情事，即当据实严参，毋得以奏留在前稍事瞻徇。"

这是一道不多见的上谕：既准奏，又对上奏人不相信；既明知其人贪横恣肆，又同意他肩负重任。

曾氏接到这道上谕后，心中纳闷：黄冕名声坏，是坏在浙江夷务、吉安军务之时，在江苏做州县小官时并没有很坏的名声，为什么上谕要说他任知县时声名狼藉呢？不久前毛鸿宾保黄冕为三品卿，按理说，正可以翻老账而不准保，为何那时不提旧事而准予他晋衔，这次奏片，不过是留他做事而已，反倒招来一通指责？真是莫名其妙！曾氏只能以自己名高望重而易招嫉恨来自我警策。其实，事情没有这么简单。

要说在江苏做知县时便声名狼藉，为什么还要升他为吉安知府？问题肯定不是出在知县期间，而是出在知府期间。面对的是同一个人，为什么不拂毛鸿宾的面子，而要给曾氏的头上敲闷棍？事情看来不在黄冕身上，而在曾氏身上。这样分析，情况就清晰了。有人认为曾氏在纵容、包庇黄冕的贪横恣肆，在重用一个品性恶劣的坏人，而朝政主持者必定是同意这种观点，只是江南军务太重要了，朝廷不能不听曾氏的意见，也因为时局艰难，朝廷也不能不用无德而有才的人。

朝廷对曾氏兄弟的不满，已经慢慢地趋于明朗化了。曾氏自然心中明白，只是他不能把这点向老九挑明。老九的老虎屁股摸不得，激怒了他，只会坏事，没有好处。

致澄弟（子侄辈不能坐四抬轿）

同治二年十月十四日

澄弟左右：

接弟九月中旬信，具悉一切。

此间近事，自石埭、太平、旌德三城投诚后，又有高淳县投诚，于十月初二日收复，东坝于初七日克复，宁国、建平于初六、初九日收复，广德亦有投诚之信，皖南即可一律肃清。淮上苗逆虽甚猖獗，而附苗诸圩因其派粮派人诛求无厌，纷纷叛苗而助官兵，苗亦必不能成大气候矣。

近与儿女辈道述家中琐事，知吾弟辛苦异常，凡关孝友根本之事，弟无不竭力经营。惟各家规模总嫌过于奢华。即如四轿一事，家中坐者太多，闻纪泽亦坐四轿，此断不可。弟曷不严加教责？即弟亦只可偶一坐之，常坐则不可。篾结轿而远行，四抬则不可；呢轿而四抬则不可入县城、衡城，省城则尤不可。湖南现有总督四人，皆有子弟在家，皆与省城各署来往，未闻有坐四轿。余昔在省办团，亦未四抬也。以此一事推之，凡事皆当存一谨慎俭朴之见。

八侄女发嫁，兹寄去奁仪百两、套料裙料各一件。科三盖新屋移居，闻费钱颇多。兹寄去银百两，略为欽助。吾恐家中奢靡太惯，享受太过，故不肯多寄钱物回家，弟必久亮之矣。即问近好。

国藩手草

点评：子侄辈不能坐四抬轿

同治二年十月，驻扎江苏要塞东坝的太平军随王杨柳谷及高淳县城的主将杨友清投降湘军，是继古隆贤投降后另一件大降事。它使湘军轻易地扫除了江宁城的南面屏障，天京孤立的局面日益加重。

在皖南诸城相继收回，军事形势进展顺利时，皖北的乱象仍显猖獗势头。

凤台县有个秀才塾师名叫苗沛霖，是个强梁而反复无常的人。他靠在寿州办团练对抗捻军起家，先是投靠胜保，升官道员；后又投靠太平天国，受封奏王；不久又暗中与胜保勾结，诱执太平军英王陈玉成献给胜保。清政府要他解散团练，他不从。同治二年十月，在安徽蒙城，苗沛霖再次与清政府闹翻。曾氏与老四说的，就是苗此刻的状态。曾氏断定"苗亦不能成大气候"，此话很快便得到了应验。苗的团练迅速为蒙古王僧格林沁所击败，他本人也为陈玉成的旧部所杀。

四抬轿，即四个轿夫所抬的大轿。抬个轿子，有两人足够了，之所以要四人，无非是为了抬高规格，讲究排场罢了。还有八抬、十六抬的，其作用也是如此。天王洪秀全进天京城时，坐的是六十四人抬的黄龙轿。他如此浪费人力，张扬膨胀，其目的是要向天京城的百姓，乃至于向全国人民表示他是上帝次子的独一无二的身份。

　　轿子本身也有等级之分。篾结轿是极普通的代步工具，只要出几个小钱，是人人都可以坐的。呢轿则不同了，朝廷礼制：二品以上的大员坐绿呢轿，三品以下的中低级官员则坐蓝呢轿。没有官职的有钱人呢？大概只能坐黑呢轿了。曾氏当年在长沙办团练时，虽没有具体官职，但他是朝廷钦命的团练大臣，刚从正二品侍郎位上退下，坐与巡抚规格相当的绿呢大轿是理所当然的。但他连四抬轿也未坐，始终以一孝子身份严格要求自己：戴葛巾穿布衣办公事。现在居然连儿子都坐起四抬轿了，家中的奢华确实令他意外。

　　信中说"湖南现有总督四人"，即除曾氏外，尚有闽浙总督左宗棠、直隶总督刘长佑、云贵总督劳崇光。全国八个总督，湖南已占其半。过几年后，湖南的封疆大吏就更多了。"无湘不成军"，"无湘不成省"的局面正在形成过程中，三湘四水开始赢来了盘古开天地以来从未有过的辉煌时代。

致澄弟（公银作私用宜少）

同治二年十月二十四日

澄弟左右：

　　接弟十月初三日信，具悉一切。

　　王开炳在此，既有老弟之信，又有牧云、蔼亭日日赞不绝口，目前虽未派差使，将来必重用之。顷已略送盘费二十金，令资日用矣。东征局之得差委者，多黄、郭之族戚故旧，或并不到卡而得干支薪水优加保举，外间颇有违言，余亦颇有所闻。然黄、郭于此事实苦心经营而后办成，且黄受其怨而我享其利，不忍更责之也。

　　团山嘴桥告成，余只能出二百金，即日寄回。盖沅弟寄回银两太多，半为兄弟五家之私，半为宗族乡党之公，余不能不节俭少寄。为私家固宜少，即公事义举亦宜少。公私虽微有别，其由营搬银回湘乡则一耳。身家自奉固宜少，戚友馈赠亦宜少。人己虽微有别，其以公银作私用则一耳。余九月初四日之信竟尔沉失。十七日曾寄一信，言十月初六日新祠尽可入主，托赵玉班转送。赵误，专人送至安庆。今沅弟又有甲子年入主之说，余概不遥制，听弟主持可也。顺问近好。

国藩手草

点评：公银作私用宜少

黄冕借东征局以谋私，在这封信中得到曾氏本人的证实。其实，何止一个东征局，举凡湘军兴起后所有相应而设的机构，如粮台、厘局等等，无一不跟东征局一样：安排私人，冒领薪水，人浮于事，趁机滥保，贪污受贿，敲榨勒索。这真是没有办法的事！归罪于什么呢？归罪于人的私欲吗？归罪于中国的亲亲文化吗？归罪于制度的腐败和物资的贫乏吗？似乎与这些都可以沾得上边。

曾氏早年在京师做词臣时，曾对贪官污吏恨之入骨，一到他自己来办事时，又不得不睁只眼闭只眼，对黄冕的姑息养奸便是一例。常言说"水至清则无鱼"，要办大事，就要容得下鱼龙珠目，这诚然是不错的，但邪恶也便因此而得到滋生的土壤。由此看来，人类要达到整体美好的理想境界，怕永远都是实现不了的。

一个地方出了一位握有大权的人物，当地的人都想借此人的权为家乡办点事。这种想法，似乎被看做是天经地义的，向有权者提这个要求时也理直气壮，不认为是在图个人之私而是在谋众人之利。有权者大多也乐意为之，也以为是在谋众人之利而不是图个人之私。但曾氏不这样认为，他有一个清醒的认识：为私家也好，为公事义举也好，"公私虽微有别，其由营搬银回湘乡则一耳"。

家乡的公事，其实是放大了的私事。两者的本质是一样的。若要捐款，只能捐自己的正当收入，不能动用公款。身为知县，握一县之财权，当为全县百姓谋利。若将县金库里的银子拨给自己的家乡，则是侵害该县百姓的利益。身为巡抚，握一省之财权，当为全省百姓谋利。若将省藩库里的银子拨给自己的家乡，则是侵害该省百姓的利益。湘乡县修了一座桥，看来县衙门是想要曾氏以公款作捐助，而且口还张得不小。曾氏只拿出二百两银子，或许会令湘乡县衙门失望。究其实，二百两公款都不能出，要出只能从自己的俸禄里拿出。

曾氏毕竟不是一尘不染的圣贤，但他能有"以公银作私用则一耳"的认识，其头脑也就远比许许多多的官员们明白得多了。

致沅弟（李鸿章杀降）

同治二年十一月初二日

沅弟左右：

接十月二十五日来信，具悉一切。

御赏诗文集谢折久已专差拜发，竟忘寄稿与弟，兹由公牍寄去。

湘后左右营应即由金陵粮台发饷，以归划一。王远和、黎定志既不明白，弟应速放管带或帮带官，切勿瞻徇迟疑。余在此与王柱堂说明，王、黎只暂带至金陵，即由弟另派人带，并无王、黎长带之说。公牍亦斟酌详明也。莘田叔所带两营，日内亦将到营，望弟无贪功之速成，但求事之稳适。厚庵告假，闻与雪琴微有不协，弟知其详否？即问近好。

国藩手草

正封缄间，闻苏州二十五克复，虽未得少荃信，而上海来人甚多，事甚确也。余保少荃，弟让程镇，大有益于东南全局，可慰可慰。弟二十八日夜信，顷亦接到。皖票昨夜始由簏轩送弟处，立意早定，而办事太慢，余之咎也。国藩又行。（初二申正）

点评：李鸿章杀降

同治二年五月，江苏巡抚李鸿章兵分三路，取远势以图收复苏州的战略。中路由昆山进兵，以李鹤章、刘铭传当之；南路由泖淀湖进兵，以李朝斌的太湖水师当之；并以戈登的常胜军等为各路游击援应。

苏州乃文化名城，清代时为江苏省垣。太平天国时期为苏福省的省会，忠王李秀成精心经营苏州，拟将它建为第二个天京。其城内之忠王府壮观宏丽，为仅次于天王府的第二大王府。守城的主将是慕王谭绍光。谭是金田乡人，十六岁便参加金田起义。同在苏州城里的还有纳王郜永宽、康王汪安钧、宁王周文嘉、比王伍贵文及四大天将张大洲、汪花班、汪有为、范起发。他们都是两湖人。这八个人控制着苏州城内四分之三的兵力和六个城门中的四个。他们与谭绍光不是一条心。

程学启本是从太平军中投降过来的，其部下也多为降人，副将郑国魁便与郜永宽等人熟。通过郑的联络，郜等人愿意投降。郜永宽与程学启、戈登等人在阳澄湖上达成投降协议。十月二十四日，郜永宽等八人在慕王府里杀了谭绍光，第二天献城投降。两天后，李鸿章在苏州娄门外军营宴请郜永宽等八人。就在郜等人接受红顶花翎的时候，帐内伏兵四起，立斩八人之头，同时命大兵进城，城内太平军数万人惨死在毫无戒备中。

作为以外人身份担保郜等人不死的戈登，对李鸿章这种背信弃义的杀降行为极为不满。李鸿章却不在乎，声称"此中国军政，与外国无干"。后经李鸿章多方弥缝，一面重赏常胜军，一面请赫德出面调解，终于了结了这桩事。

李鸿章的杀降不仅有违国际惯例，也为日后收复江宁城设置了巨大的障碍。后来，江宁城内几乎没有人出城投降。他们宁愿聚众自焚，也不愿既当叛徒又丢脑袋。

致澄弟（莫怕寒村悭吝，莫贪大方豪爽）

同治二年十一月十四日

澄弟左右：

十一月十一日朱斋三来，接十月初六日一函，具悉一切。

围山嘴桥稍嫌用钱太多，南塘竟希公祠宇亦尽可不起。湖南作督抚者不止我曾姓一家，每代起一祠堂，则别家恐无此例，为我曾姓所创见矣。沅弟有功于国，有功于家，千好万好，但规模太大，手笔太廓，将来难乎为继。吾与弟当随时斟酌，设法裁减。此时竟希公祠宇业将告竣成事不说，其星冈公祠及温甫、事恒两弟之祠皆可不修，且待过十年之后再看（好从慢处来）。至嘱至嘱。

余往年撰联赠弟，有"俭以养廉，直而能忍"二语。弟之直人人知之，其能忍，则为阿兄所独知；弟之廉人人料之，其不俭，则阿兄所不及料也。以后望弟于俭字加一番工夫，用一番苦心，不特家常用度宜俭，即修造公费，周济人情，亦须有一俭字的意思。总之，爱惜物力，不失寒士之家风而已。莫怕寒村二字，莫怕悭吝二字，莫贪大方二字，莫贪豪爽二字。弟以为然否？

温弟妇今年四十一岁。兹寄去银一百、燕菜二匣，以为贺生之礼。其余寄亲族之炭敬、芝圃之对，均交牧云带回。此间自苏州克复、苗沛霖伏诛后诸事平安。即问近好。

国藩手草

点评：莫怕寒村悭吝，莫贪大方豪爽

早在道光二十七年，曾氏的叔父曾骥云就为大界曾氏建了第一座祠堂，即曾氏迁湘乡的四世祖元吉公祠堂。后来，随着战争爆发，曾氏兄弟日益煊赫，咸

丰、同治年间，曾氏族人兴起一股大建祠堂的风气，先后建成的祠堂有高祖辅臣公祠、高伯祖楚材公祠、曾祖竟希公祠、祖父星冈公祠、父亲竹亭公祠，还有远祖坝公祠、友近公祠等等，正如这封信中所说的"每代起一祠堂"。

对于建祠堂，曾氏本是热心者。咸丰八年他在家守父丧的时候，就建议兄弟合资为父母建祠堂，后又建高祖、祖父三代祠堂。咸丰十一年，由曾氏亲书匾额的"曾氏家庙"主体工程完工。家庙除立竹亭公神位外，还保存曾氏五兄弟所得到的朝廷赏赐及图书等物。曾氏还写了一篇《先大夫置祭费记》，将各房所捐献的财产祭告先大夫，并昭示后世子孙。

居住在老家的曾氏后人对建祠堂有很大的兴趣，这批人的首领便是四爷国潢。

为什么热衷于建祠堂呢？首先自然是曾氏家族如今出了大人物，凡大界曾氏族人皆有光，建祠立庙，既光宗耀祖，又在他姓面前摆脸。其二，有建祠堂这个题目，便可名正言顺地向族人征集银钱，也可向前线军营开口。主事者拿了这一大笔银子，便可得到许多好处。所以，族中的头面人物尤其热衷。曾国潢本是个好出风头的人，家乡大兴土木，他无形中成了总工头，又受人奉承，又得实惠，何乐不为！

但曾氏却不愿此风大炽。他叮嘱老四赶紧刹车，计划中的老六、老幺的祠堂便只好取消。

致澄弟（私盐只禁船载，不禁路挑）

同治二年十一月二十四日

澄弟左右：

十一月十七日接弟十月二十八衡州一缄，具悉一切。

此间近事，惟李少荃在苏州杀降王八人最快人意。兹将渠寄总理衙门信稿一件抄寄弟阅。戈登虽屡称欲与少荃开仗，少荃自度力足制之，并不畏怯。戈登亦无如之何，近日渐就范围矣。

衡州之粤盐，只禁船载，不禁路挑，弟所见极为有理。江西新城县亦为禁闽盐之路挑，竟被私贩将委员殴毙。现在衡州每挑既补二百四十，若再加，亦必激变。从前道光年间，衡州严禁粤私，从未禁遏得住。将来新章到衡，弟可与府县及厘卡说明，只有水卡查船载之私每斤加作八文，其陆卡查路挑之私概不再加分文。亦不必出告示，亦不必办公牍，但得水卡一处稽查，便算依了我之新章耳。

兹将新刻章程三本寄回。

牧云于十七日回籍，带去银二十余封。兹将原单寄去，请弟照单查收。又内人寄澄弟妇菲仪五十两，余亦寄弟银百两，弟得毋笑黄河千年而始一清乎？又朱金权本年薪水银二十两，望即转给。弟家之渐趋奢华，闻因人客太多之故。此后总须步步收紧，切不可步步放松。禁坐四轿，姑从星冈公子孙做起，不过一二年，各房亦可渐改。总之，家门太盛，有福不可享尽，有势不可使尽。人人须记此二语也。即问近好。

国藩手草

点评：私盐只禁船载，不禁路挑

李鸿章出尔反尔，杀业已投降的太平军将领，本是一件既有违诚信又不利整个战局的缺德事，却得到了朝廷的肯定（十一月二十三日曾氏给沅弟信："少荃业经入奏，谕旨谓其并无错处。"），又被曾氏称之为"最快人意"的事情。真令人叹息！

若说曾氏是一个头脑简单的鲁莽之夫，尚可理解，但恰恰就是他，早在带兵之初，便知道优待俘虏分化瓦解敌军的重要性。他的《解散歌》里说："第四不杀打过仗，丢了军器便释放。"向他投降的韦志俊、童海容、古隆贤等人，他也并没有杀，还给了他们游击、都司等虚衔，为何对李鸿章一次杀八个降王、并斩杀已做好投降准备的苏州城内数万太平军将士的行为如此称赞呢？

笔者分析，在曾氏的心里已认为战争的胜负成了定局，江宁城的攻下只是早晚间的事，分化瓦解已不是重要的策略了，对投降者，杀与不杀，都无所谓。杀之，则更解恨，更泄愤，更快意恩仇！至于诚信、承诺等等，在敌人面前，可以完全不必顾及。

在中国史册上，这种杀降杀俘的事，屡见不鲜，却少见指责的声音。赵括的四十万被俘赵兵，在长平之役后被白起活埋，后世讥讽的只是赵括的纸上谈兵，很少有人谴责白起的惨无人道。人的生命价值，在中国古代很少被抬到最高最尊严的地位，尤其在乱世，在战争年代，生命更是被视为草芥。西方当然也跟中国差不了多少。但在近代，随着人道主义被广泛地宣传与认同，西方这方面的意识要比中国强得多。故而戈登痛恨李鸿章的这种行为，是可以理解的，不应当视为某些论者所说的纯是出于利益的缘故。

很少看到曾家的老四向乃兄提出有创见的建议，这次让我们看到了。

湖南衡州府属于两淮盐务的引地，即衡州府的老百姓，只能买两淮的盐，不能买别地产的盐。但衡州府离两淮盐的出产地远，离广东粤盐产地近，粤盐价廉，淮盐价高，故老百姓愿意买粤盐。这就给粤盐提供了一个有利可乘的市场。但按政府的规定为不合法，故被称为私盐，在打击之列。严格地说，进入衡州府的所有粤盐都是私盐，都应该禁止，但老四却给管理淮盐的最高长官两江总督提了一个建议：只禁船载，不禁路挑。说穿了，就是对私盐网开一面。既轰轰烈烈大张其鼓地宣传政策，同时又为这个政策的顺利执行而作某些方面的通融或让步，这是为政者的策略，或者也可以说是施政艺术，实在是值得一切负有行政责任的人重视。

就拿禁粤私的事来说。船载者，乃大批走私，其主谋一定有相当的资产，走私一趟，所获之利也必丰。他既犯不着与官府死作对而丢掉其家产，又可以在罚款后仍能获利，故而乐意罚款。此外，水路设卡也较为方便。

相反，路挑者，尽是穷苦人，一次挑一百多斤盐，从广东来到衡州，历尽千辛万苦，所获之利甚微。你若再来罚款，他几乎无利可图，情急之下，毁卡打人之事都会发生。何况，陆路千岔百枝，防不胜防，你又哪来那么多的人力？百个挑夫所挑，不及一船所载。截住船载，便是得了大宗，即便流失了小部分，又有何妨？况且也给了那些穷苦人一条谋生之路。

不管从哪方面来说，"只禁船载，不禁路挑"，都是禁私盐的一条可行良法，难怪曾氏说"弟所见极为有理"。

致澄弟（欧阳夫人带头纺纱）

同治二年十二月初四日

澄弟左右：

初一日接弟二缄，一系蒋官一等十一月初三日所发，一系王继清等十一日所发，具悉一切。

此间近事平安。二十九日忽接鲍春霆信，言溧水失守。次日始知为谣言，该城实坚守无恙。伪忠王到金陵已二十日，尚未猛扑沅弟营盘。大约扑沅营数次不得逞，即以全力上犯江西耳。

袁婿读书之事抛荒太久，又心之所向不在此途，故不令其拜师上学。金二外甥悟性日开，发奋异常，文赋诗字均有长进，不特进学补廪可以操券而获，即乡会试亦大可望，可为蕙妹庆，可为诸舅庆。望弟详告蕙妹、王太宜人，尽可安心养病，不患无显荣之日也。

19世纪妇女纺纱图

衡州都司唐翚,稍迟再行咨调。彭寿七爹钱挥,弟可涂销交彭九峰手。王辅臣已派至金柱关坐厘卡,距沅营仅百余里,当可常往请示。李家之挽联挽幛甚为妥叶。迪庵早年入款,尚有万金分存成、萧、蒋、毛、张五处。余拟提回寄李家,为姻伯养赡之资。此外奠仪之类,或尚可凑万金,为希帅丧事及迪、希二家将来日用之资。不知妥否?现尚未定局,亦未函告李家也。

安庆寓中内外大小平安,足慰远念。共办棉花车七架,每日纺声甚热闹。顺问近好。余详日记中。

兄国藩手草

点评:欧阳夫人带头纺纱

家属来到安庆督署后,曾氏为她们置办纺车七架,自纺棉纱。母女、媳妇在内共六人,一人一架,尚多一架,可能是给未来的媳妇——纪鸿太太准备的。

贵为总督家属,却要自纺棉纱;堂堂督署后院,终日响着纺车声。曾氏治家之严与曾氏家风之淳厚,于此可见一斑。

关于此事,曾氏的好友欧阳兆熊在其所著《水窗春呓》中有一段记载:"文正夫人在安庆署中,每夜姑妇俩纺棉纱,以四两为率,二鼓后即歇。一夜不觉至三更,劼刚世子已就寝矣。夫人曰,今为尔说一笑话,以醒睡魔可乎:有率妇纺至夜深者,子怒詈,谓纺车声聒耳,不得眠,欲击碎之。父在房中应声曰:吾儿,可将尔母纺车一并击碎为妙。翌日早晨,文正为笑述之,坐中无不喷饭。"

夫人在夜间给儿媳讲笑话,而此笑话所讽刺的又恰恰是他自己这样的人,曾氏却把它搬到早餐桌上,对幕友们讲述,引得大家笑得喷饭。谁说曾氏是个终日板着脸孔的无味之徒,他也有幽默可亲的另一面哩!

谕纪瑞（勿忘先世之艰难）

同治二年十二月十四日

字寄纪瑞侄左右：

前接吾侄来信，字迹端秀，知近日大有长进。纪鸿奉母来此，询及一切，知侄身体业已长成，孝友谨慎，至以为慰。吾家累世以来，孝弟勤俭。辅臣公以上吾不及见，竟希公、星冈公皆未明即起，竟日无片刻暇逸。竟希公少时在陈氏宗祠读书，正月上学，辅臣公给钱一百，为零用之需。五月归时，仅用去一文，尚余九十九文还其父。其俭如此。星冈公当孙入翰林之后，犹亲自种菜收粪。吾父竹亭公之勤俭，则尔等所及见也。今家中境地虽渐宽裕，侄与诸昆弟切不可忘却先世之艰难，有福不可享尽，有势不可使尽。勤字工夫，第一贵早起，第二贵有恒；俭字工夫，第一莫着华丽衣服，第二莫多用仆婢雇工。凡将相无种，圣贤豪杰亦无种，只要人肯立志，都可以做得到的。侄等处最顺之境，当最富之年，明年又从最贤之师，但须立定志向，何事不可成？何人不可作？愿吾侄早勉之也。荫生尚算正途功名，可以考御史。待侄十八九岁，即与纪泽同进京应考。然侄此际专心读书，宜以八股试帖为要，不可专恃荫生为基，总以乡试、会试能到榜前，益为门户之光。

纪官闻甚聪慧，侄亦以立志二字，兄弟互相劝勉，则日进无疆矣。顺问近好。

涤生手示

点评：勿忘先世之艰难

曾氏侄儿众多，但现今保存的给侄辈信，却仅只有这一封。人们说，曾氏给弟弟的信，语气较峻厉；给儿子的信，语调要柔和得多；而这封给侄儿的信，其语气语调又比给儿子的信更柔和、更亲切，纯是一位慈祥温和的长者在跟晚辈娓娓叙谈：叙家世家风，谈期待勉励。

曾氏这封不足五百字的短信，句句说的是大白话，也句句说的是大实话，而内中又包含着天底下最重要最宝贵的人生道理，这些道理尤其对生在富裕权贵之家的年轻人更为管用。

富贵家子弟没有生存的压力，也少有机会看到人情冷暖、世态炎凉的一面，因而懒散、骄娇、脆弱、无大志常为他们的通病。针对这种普遍的社会现象，曾氏谆谆告诫侄儿要勤俭，要谨慎，要惜福，要不仗势，尤其是要立定志向，自己奋斗，切莫躺在父辈所营造的安乐窝中。

今日小康之家的后生子，愿你多诵几遍这封与侄书。

致沅弟（惟胸次浩大是真正受用）

同治三年（1864）正月二十六日

沅弟左右：

二十五日接十八日来信，二十六日接二十二夜来信。天保城以无意得之，大慰大慰。此与十一年安庆北门外两小垒相似，若再得宝塔梁子，则火候到矣。

弟近来气象极好，胸襟必能自养其淡定之天，而后发于外者有一段和平虚明之味。如去岁初奉不必专折奏事之谕，毫无怫郁之怀，近两月信于请饷请药毫无激迫之辞，此次于莘田、芝圃外家渣滓悉化，皆由胸襟广大之效验，可喜可敬。如金陵果克，于广大中再加一段谦退工夫，则萧然无与，人神同钦矣。富贵功名皆人世浮荣，惟胸次浩大是真正受用。余近年专在此处下功夫，愿与我弟交勉之。

闻家中内外大小及姊妹亲族无一不和睦整齐，皆弟连年筹画之功。愿弟出以广大之胸，再进以俭约之诚，则尽善矣。喜极答函，顺问近好。

国藩手草

点评：惟胸次浩大是真正受用

功名富贵，几乎人人都想得到，然而毕竟能得到者为少数，大多数得不到。个别痴迷者，或许将此引为一生憾事。但我们来听听这位功名到顶富贵已极的老先生的话："富贵功名乃人世浮荣，惟胸次浩大是真正受用。余近年专在此处下功夫，愿与我弟交勉之。"

是不是此老得了好处又卖乖呢？笔者以为，至少不完全如此。功名富贵毕竟是外在的东西，未得到之前觉得它千好万好，得到之后才知道其实不过如此，况且还有许多随之而来的麻烦事。至于胸次浩大，乃是属于生命本身的内容，它可以让你时时刻刻感到胸襟开朗有如光风霁月，胸怀宽大如同海阔天空。这种愉悦感才是真正的人生享受。

同治三年新年以来，曾氏收到老九来自江宁城下的多封信。信中说："无德而居高位，辱不足惜，恐误大局，斯受害者多，所以惴惴耳。"还说："弟以德器太薄，领军太众，老师糜饷，久而无功，日夜惕惧，恐防变生。"老九这种临事而惧的心态最是乃兄所愿意看到的，故而说他气象甚好，进而与他谈事功与胸襟之间的差别。信中对老九提出望再益以"谦退"、"俭约"的建议，正说明曾氏对老九这两个方面还不太满意。

致澄弟（艰苦则强，娇养则弱）

同治三年二月十四日

澄弟左右：

二月十三日接弟正月二十五日衡州一函，其萧开二等所带腊肉亦于十二始到。弟所寄食物多而且好，谢谢。

正月下冻冰雪太久，恐非佳兆，而弟决谷米之必贱，何也？此间亦苦风雪严寒，气象黯惨，几与庚申春间苏杭大变时景象相似，余深以为忧。幸二日内已放晴矣。

沅军平安如故。自正月底合围，贼至今未出城猛扑。探称洪逆积柴绕屋，自誓城破则放火自焚。上窜江西之贼近日未闻的报，不知已至抚、建否？

寓中大小平安。纪泽之病已愈，但尚禁风。后辈体气远不如吾兄弟之强壮也。吾所以屡教家人崇俭习劳，盖艰苦则筋骨渐强，娇养则精力愈弱也。老弟以为然否？顺问近好。

国藩手草

点评：艰苦则强，娇养则弱

由曾纪泽生病，曾氏发出后辈体气不强，是因为生活太富裕的缘故的感叹。曾氏五兄弟，除死于战场的老六、老幺外，其他三人都寿过六十（老大六十一岁，老四、老九均六十七岁）。曾氏的二子五女，除小女纪芬得享高龄（九十三岁）、三女纪琛年过花甲（六十八岁）外，其余均无过六十者；至于他的五个女婿，也无一人年过六十。

与父辈比起来，他们都是生长在安逸富足的环境中，但都享寿不永，可见曾氏"艰苦则筋骨渐强，娇养则精力愈弱"是有道理的。

致澄弟（时时于俭字用功）

同治三年二月二十四日

澄弟左右：

接弟信，知临三生子，兰姊可慰于九泉矣。兹付去银拾两为贺。五十侄女生子，亦寄十两为贺。请弟妥交。

此间近状平安。上海李军于十二日克复常州。金陵之贼外援已绝，计瓜熟蒂落之期当亦不远。惟米粮昂贵，且无处可买，颇以为虑。江西之贼自席军在金溪获胜，大局不致糜烂。然穷寇觅食纷窜，闽广两湖均属可虑，不可以其为残败之匪而忽之。如省城、衡州有与弟商及贼情者，宜互相诫慎也。

俭之一字，弟言时时用功，极慰极慰，然此事殊不易易。由既奢之后而返之于俭，若登天然。即如雇夫赴县，昔年仅轿夫二名，挑夫一名，今已增至十余名。欲挽回仅用七八名且不可得，况挽至三四名乎？随处留心，牢记有减无增四字，便极好耳。顺问近好。

国藩手草

> **点评：时时于俭字用功**

曾四爷上一趟县城，轿夫随员竟然多至十余名！大爷天天喊节俭节俭，看来四爷全当做耳边风了。

致沅弟（与沈葆桢争夺江西厘金）

同治三年三月初四日

沅弟左右：

三月一日接二月二十日哨官带来之信、二十七日排递之信，具悉一切。

米粮一路，金、曾各一万石当为可恃，少荃之二万，万、忠之二万，不知可得一半否。弟观兄如此打算，果可过三、四、五、六荒月否？

里下河之捐，少荃与仲仙现并未停，吾兄弟若开办，亦不必会少荃衔入奏。吾因下游为捐所苦，百姓望我如婴儿之望慈母，本不欲再办捐输，已拟稿咨复弟处（咨稿抄阅）。顷闻幼丹中丞奏请江西厘金全归本省，或江皖各半。从此饷源大绌，竟不能不出于捐之一途，前稿暂不咨弟处矣。但办捐则须于泰、沪各设一局，请弟与南翁、篑轩商定规模，逐条开示，并拟定委员。设局之后再行入奏可也。顺问近好。

国藩手草

与春霆信一函，弟阅后加封递去，或专人飞送。

点评：与沈葆桢争夺江西厘金

正当江宁战事处于决战阶段，急需银子鼓励士气的时候，不料却杀出一个沈葆桢与曾氏争夺江西厘金的事情来。

沈葆桢是中国近代一位杰出的官员，他晚年充当船政大臣及两江总督兼南洋大臣时，为国家的海军建设做了不少实事，是洋务运动中的一个重要人物，所以我们花点笔墨在这里多说两句。

沈是福建侯官人，林则徐的外甥兼女婿，道光进士，咸丰五年底以编修外放九江知府，此时曾氏正带领湘军在江西打仗。咸丰六年八月，沈署理广信府知府。在太平军攻打广信府时，沈临危不惧，坚守府城，直至太平军退走。沈的这种

沈葆桢（1820—1879）

表现，深为曾氏赞赏。事后，他在给朝廷的奏章中写道："幸知府沈葆桢先驰入城，得以预请援师，与参将荣寿……立志坚守，提调援师，保全要郡，实属危而获安。沈葆桢原系云贵总督林则徐之甥，又系其女婿，讲求有素。此次守城，吏民散尽，衙署一空，其妻亦同在危城，无仆无婢，躬汲爨具壶浆以饷士卒……两年以来，江西连陷数十郡县，皆因守土者先怀去志，惟汪报闰守赣州、沈葆桢守广信，独能伸明大义，裨益全局。"

就是因为这样褒奖备至的奏章，一个普普通通的知府给朝廷留下了深刻的印象，沈很快被提拔为广饶九南道道员。咸丰八年，曾氏又将沈调到湘军广信粮台任总理，"所有两湖、江西协济之饷银、军火，均由该道派员转解"。这样，沈又成了曾氏幕府的重要成员。

咸丰十年初，沈葆桢因性情耿介与江西官场中某些人办事不和，便借亲老无人照顾为由，告养回籍。五月，曾氏会同江西巡抚毓科专门上折，请起用沈葆桢，对沈予以很高评价："按察使衔九江道沈葆桢，明而能断。咸丰六年在署广

信府任内坚守郡城，保全东路，嗣蒙简用监司，仍留防务，筹兵筹饷，吏畏民怀……其去广信也，士民遮道攀援，来臣处呈请留者凡十数次……该道器识才略，实堪大用，臣目中罕见其匹。"

这年七月，曾氏在奏保李鸿章时，又提到了沈："该员劲气内敛，才大心细，与臣前保之沈葆桢二人，并堪膺封疆之寄。"

曾氏明白地指出，沈与李鸿章一样，都是督抚之材。但沈葆桢脾气倔强，曾氏这样荐他保他，朝廷也授他吉南赣宁道员之职，他就是住在侯官家中不出来。朝廷无奈，只得批准他开缺在家终养。

咸丰十一年十月，曾氏已实授两江总督，他再次请求朝廷敦促沈出山。于是朝廷强行命令沈"移孝作忠，艰难共济"，速赴曾氏军营，听其调遣。十一月二十五日，曾氏再次保举沈"堪膺疆寄"。十二月十八日，朝廷正式颁发上谕，授沈江西巡抚之职。

从以上所列来看，沈葆桢是一个为曾氏所十分器重的人，并在曾氏的一再保举下才得以破格大用。而且，他还有过一段曾氏幕府人员的经历。在通常情况下，按官场术语来说，沈是曾氏这条线上的人。他应对曾氏感恩戴德，全心全意支持曾氏的事业。

但事情并非如此。前面说过，沈性情耿介，脾气倔强，他有自己的头脑，也有自己的处事原则，并不愿意事事都听曾氏的。沈这次截留江西厘金的行为，极大地激怒了曾氏。他给朝廷上了一道近三千字的长折，词气亢厉，指责沈此举极为不当，于情于分都说不过去。他气愤地说："厘金之起，始于咸丰三年雷以诚倡办于扬州，专为发逆兵事而设，初非国家经制之款。臣忝督两江，又绾兵符，凡江西土地所出之财，臣皆得奏明提用，即丁、漕、洋税，三者一一分提济用，亦不为过，何况厘金奏定之款，尤为分内应筹之饷，不得因为协饷，更不得称为隔省代谋。如江西以臣为代谋之客，则何处是臣应筹饷之地！"然后又翻老账，指出沈此前两次在饷银上的不友好态度。

自带勇打仗以来，最令曾氏头痛的便是筹饷一事。过去饷不易筹，他是怪自己没地方实权，是客寄虚悬，也只有发发牢骚而已，不便向当地督抚动气。他没有想到，如今自己身为两江总督，居然就在自己的辖境，一个巡抚敢于截留厘金与他作对。更何况这个巡抚是他一手保举上来的，更何况当此千钧一发之时！曾氏的气恼自然非比一般。我们查看曾氏全集中所收的七千多道奏稿，像这样激动亢厉、火气旺烈的奏折，也不过两三份！

但沈葆桢对此并不畏惧。他认为截留厘金也是为了江西的军务，保江西即保江南全局，没有错。他给曾国藩的信，口气也十分强硬："本部院受病日深，万难恋栈，原不必妄参末议，自蹈愆尤，况援师已出皖南，稍尽畛域之心，尽可借端推诿。"

本就不想再出山了，江西巡抚当不当无所谓！沈葆桢说到做到，立即向朝廷递交辞呈。沈的这种宁辞职也不让步的态度镇住了朝廷。朝廷不但不指摘他，反而下诏慰留。

这桩曾、沈为江西厘金归属大打官司的事件震动当时官场，恭王奕䜣、大学士户部尚书倭仁、总理衙门都为此事专折奏陈，最后由户部出面裁定：江西厘金由江西省与曾氏各分一半。这个裁定给了沈葆桢面子。再由总理衙门出面，由上海轮船经费中调拨曾氏银五十万两，其中虽有虚数，但可落实二十万两。这样，曾氏于实际上并没吃亏。

半个月来，曾氏一直为此事心情烦闷恼火。即便结局如此，他心里仍不满意，三月二十七日日记中写道："因念枢廷苦心调停，令人感激；而劳逸轻重之间，又未尝不叹公道之不明也。"

曾氏可能一直在纳闷着：沈葆桢为什么敢于以如此强硬的态度与他对抗？以笔者看来，除了其性格强悍和所为乃出于公心两点外，还有另外一个背景，那就是整个江西官场对曾氏怀有很深的成见。这成见产生在咸丰四年底至咸丰七年初这段时期。

在江西的这两年多里，正是曾氏军务艰难的时期。湘军战绩不佳，但饷银却催得很紧，官场民间一片怨恨。曾氏一意孤行，还劾罢了巡抚陈启迈、臬司恽光宸，弄得官场上下人人自危。到了咸丰七年初，他又丢下一个烂摊子不管，不等朝命便匆匆回籍奔父丧，江西官场士林交相指摘。曾氏因此在江西的形象很不好。

咸丰十年，曾氏出任两江总督。时任江西藩司的张集馨便站在江西省的立场上，对曾氏多有指责。他在《自订年谱》中说："当时曾帅具奏，言厘金由大营济饷，丁、漕归江西支用；未几又奏提漕折每月五万两，济皖南军饷内提一万两制造军火帐房，以四万两解营；未几又札提每月于地丁项内拨银三万两……殊不知本省只剩地丁及杂税十余万……曾涤生不顾全局，决裂无疑。""曾帅所批，直是玩视民瘼。平昔尚以理学自负，试问读圣贤书者，有如是之横征暴敛，掊克民生，剥削元气者乎？"

从张集馨的话中可知，江西省一直将曾氏看做是一个只知横征暴敛而不顾地方死活的人。正是在这样一种氛围中，沈葆桢才敢于放胆跟曾氏争斗。因为他的背后，有整个江西官场在支持着！

致沅弟（无应酬馈赠则不能办事）

同治三年三月初七日

沅弟左右：

初四日接弟初一日信，具悉一切。

京察考语，此间至今未接军机处附片知会，亦未接到部文。甚矣！小军机无应酬馈赠，真一步不可行也（元年京察系军机抄谕旨知会）。

里下河之捐，拟于此间派一员赴泰，而仍以篪轩作主。兹有复篪轩信，弟阅后加封专人送去。沪局之捐，拟派张仙舫前往。张办捐最为精细娴熟，可以胜任。特大胜关查盐，一时未得替人耳。

杭州于二十四日克复，湖、常二郡计亦可速复。金陵最后乃复，此理之固然者，弟不必焦灼，总以保养精神细心照料为要。南云今日到此，体气尚疲。顺问近好。

国藩手草

丹畦之姊丈窦兰泉，日内将往弟营拜访。

点评：无应酬馈赠则不能办事

据曾氏同治三年三月十四日记载，正月二十三日的邸抄已刊出本年京察（当时的京察，类似于今日的年终考核）获优等者十人。其中京官五人，为恭王奕䜣与另外四个军机大臣；外官五人，为曾氏及湖广总督官文、四川总督骆秉章、闽浙总督左宗棠、江苏巡抚李鸿章。将近两个月了，他并没有接到正式通知，所以无法具折谢恩。

正式通知的来源有两个途径，一为军机处，二为吏部。军机处办理这种事的为军机章京。军机处系雍正朝设立的专为皇帝办理西北军事的机构。西北军事结束后，军机处依旧保留下来，为皇帝办理日常事务。后来军机处便日益取代内阁而成为最高权力机构，相应的，内阁便名存实亡了。所以，从雍正朝开始，清代的真正宰相是军机处领班大臣，大学士成为虚衔。正因为这样，立有大功的督抚便可以得大学士的加衔而不必到内阁视事。比如曾氏同治元年授协办大学士，同治六年授体仁阁大学士，第二年改授武英殿大学士，他实际上依旧在江南做他的两江总督，并未进京。

军机处除领班大臣外，还有五六个军机大臣。这些军机大臣由各部尚书、侍郎充当，都是军机处里有实权的人物。另外还有二十多名办事人员，分为四班，日夜当值,他们办理日常事务,在军机处会议上没有发言权,更没有决定权。这些人被称之为军机章京,俗称小军机。小军机尽管官职不高,没有实权,但他们身处的位置极不一般,国家机密大事他们能得以与闻,文武百官对他们往往另眼相看。若出差到了地方,督抚们都将他们与大军机(军机大臣)一样地当做朝廷要员看待。近代最有名的军机章京莫过于戊戌变法中的四章京:谭嗣同、杨锐、刘光第、林旭。

曾氏感叹,平时没有给军机处的小军机们以应酬馈赠,到时便一步都行不通。皇帝的考核已经出来了,但他们就是不给你办正式文件,弄得你有苦无处说。你若空口催他,他就说忙不过来,再等一等;你若拿着银子去见他,今日见面,明日就可以如愿办成。这种不显形的以权谋私,真令人气闷!

曾氏是个不善于行贿的人。当年在京为父母请封诰,因为没有打点礼部办事的小官员,结果事情一拖再拖。现在拥有赫赫威仪,自然更不愿意向那些小军机去行贿;结果呢,这些小军机也不买他的账,就势卡一卡。

只要有一点小小的权力在手,便要把它用足用够用过分。呜呼,官场之痼疾,何时可以治愈!

致沅弟(李鸿章贪财)

同治三年三月十二日

沅弟左右:

接初七夜一缄,欣悉句容克复,从此城贼冲出益无停足之地,当不至贻患他方,至以为慰。弟增十六小垒,开数处地道,自因急求奏功,多方谋之。闻杭城克复之信,想弟亦增焦灼,求效之心尤迫于星火。惟此等大事,实有天意与国运为之主,特非吾辈所能为力、所能自主者。虚心实力勤苦谨慎八字,尽其在我者而已。

春霆既克句容,宜亲驻句容,专打金陵破时冲出之贼。篑轩办捐之札,专人坐轮船送去。刘方伯札亦发。惟少荃近日与余兄弟音信极希,其名声亦少减。有自沪来者,言其署中藏珍珠灯、八宝床、翡翠菜碗之类,值数十万金,其弟季荃好货尤甚等语,亦非所宜。将来沪局劝捐,恐又得与余处龃龉。幼丹截分厘金之事,今日具疏争之,竟决裂矣。

奉初六日寄谕,恐金陵军心不一,欲余亲往督办,盖亦深知城大合围之难。余拟复奏仍由弟一手经营。惟常常怕弟患病，弟千万保养，竟此大功。顺问近好。

国藩手草

点评：李鸿章贪财

李鸿章才大识高，毫无疑问是中国近代史上的一时人杰。但李鸿章的名声却不好，除了他办了许多错事，比如亲手签订好些个丧权辱国的条约，招来骂名外，他在人品上也有不少值得指责处。站在今天的角度，历史地客观地看待李鸿章所办的错事，有些的确情有可原，因为一则他是奉命办事，二则弱国无外交，在强敌面前，他李鸿章再想做英雄也做不起来；但对于李鸿章人品上的缺陷，则没有任何必要为他辩护。

李鸿章是曾氏的年家子、入室门生、幕僚，曾氏对他一向着意培植，后来鉴于李的才具和形势的需要，更是将他当做替手予以放手使用。但李并不是曾氏理想的接班人，他很清楚李身上有着不少严重的缺点，而这些缺点，都不在"才"上，而在"德"上。比如，李刚来曾的幕府，便谎称有病而不愿起早床与大家共吃早饭，曾氏严肃地对他说："少荃，此处所尚惟一诚字。"意谓李不诚实。又，李将要赴直隶任总督，临行前请教曾氏。曾氏问他怎么与外国人打交道。李回答："我与他们打痞子腔。"曾氏问："痞子腔怎么打法？"李知道自己错了，请曾氏批评。于此处可见曾氏不满意李的油滑。又，曾氏对他的两个学生——李鸿章和俞樾各有一句话的评价：李少荃拼命做官，俞曲园拼命著书。这是批评李官瘾很大。

曾氏所指出的这几点——不诚、油滑、热衷，的确是李的三个大缺点。除此外，李还有一个致命的缺点，即贪财。

李鸿章以淮军发迹，很快便跻身督抚高位。他的后半生执掌国家外交洋务大权凡三十余年，在为国家办事的同时，也为自己聚敛了巨大的财富。当时有一副联语流传甚广，道是"宰相合肥天下瘦，司农常熟世间荒"。

后句说的是翁同龢。翁为江苏常熟人，官居户部尚书，户部尚书古时称为大司农，意谓司农家中常年丰收而农村的田是荒的。前句说的便是李鸿章。李乃合肥人，身为大学士，即是宰相。宰相倒是肥了，而天下百姓却都是瘦子。这是一副绝妙的对联，借李、翁的籍贯来讥讽他们的贪敛，又以国困民贫来加以反衬。制联者真乃聪明透顶。

李家后人至今保存着李鸿章去世后，其直系子孙遗产分配的合同。合同中提到李家在合肥、巢县、六安州、霍山都有大量田产，在扬州有当铺，在庐州府、江宁、扬州、上海等地有大批房产。合同中只提到不动产，至于金银财宝等动产部分还不知有多少。梁启超说："世人竟传李鸿章富甲天下，此其事殆不足信，大约数百万金之产业，意中事也。"

此信透露了这方面的一点信息。

值得我们注意的是，光绪己卯（五年）刊刻的《曾文正公全集·家书》中所收录的这封信，做了大量的删节，从"麓轩办捐之札"起到"恐又得与余处龃龉"全部删掉了。这是怎么回事呢？

原来，曾氏死后不久所刻印的《曾文正公全集》，署名的虽只有李瀚章、李元度、黎庶昌、吴汝纶等几个人，其实，李鸿章、曾国荃、曾纪泽等人都是参与其事的；至于关注此事者，更是遍于朝野内外、官场士林。编辑这部全集，自是一桩大事。当时，李鸿章已是文华殿大学士、直隶总督兼北洋大臣。不仅为首相，且为疆臣领袖，真可谓声名煊赫，炙手可热，况且，这时曾、李两家已联了姻（曾纪泽的女儿广璇许嫁李鸿章的侄子经馥）。曾国荃叔侄自然不愿得罪这个一直恭敬执弟子礼的后起之秀。为了顾全李的脸面，为了曾、李两家的情谊，删掉这段于李家兄弟不利的话，是很有必要的。这样做，诚然于"存史"这个角度来看有失真实，但现实意义重大。事实上，中国有史书以来的所有史书，又有哪一部是百分之百的存史？何况，编辑曾氏全集的首要目的，还不是存史。全集中删去对李不利文字的信还不只这一封，今后我们在相关部分再来评点。感谢湘乡曾氏老家百年旧档的保存者、出版者，借助于全璧，让我们看到了历史的本真形态。

致澄弟（天使致祭时的礼仪）

同治三年三月十四日

澄弟左右：

初十日接周有元带来之缄，十四日接胡立名带来之缄，皆弟二十三、四日在县城所发者，具悉一切。

此间近事，杭州、余杭皆于二月二十四日克复。鲍春霆攻剿句容，于三月初七日克复。大致极为顺遂。惟金陵城贼坚守如常，并无粮尽确耗，又新插麦禾甚多，竟不知何日始能了此公案！江西之贼尚在南丰、新城，其气甚衰，逃者甚众，应不能为害他方，惟广东之贼坚悍，无散归之志，终当变成流贼，蔓延闽粤两湖，是可虑耳。

县中文庙费在万串以外，余当捐五百串，以为之倡，此外各营凑捐，当易成事。

季弟专祠，即买南门之专祠亦无不可。谕祭文到日，遣官致祭。其遣来之官，即天使也。京师大员得邀谕祭者，系礼部堂官充天使。余曾充过数次。奠酒三杯，天使立而不跪。读文毕，天使三揖而退，孝子跪迎跪送。丧家以酒席陪敬天使，并赠送袍、褂、朝珠、冠补等物。极多八色，少或六色、四色。此京中以尚书、侍郎充天使者之概也。外间充天使者，从前陶文毅家，系省城派道员前往。近来罗、李、王家，皆系派本县知县，其仪注如何，余不得知也。

荷亭之侄信渠至今未到。守之早已自皖起程，须绕至宜昌一看家眷，计三月必到湖南。邓寅皆兄总以到馆为妙，渠非愿受干脩之人，余亦向不肯荐干馆。天下不义之财，干馆亦其一也。顺问近好。

国藩手草

点评：天使致祭时的礼仪

读读这封家书，可以使我们知道一百四十年前，"为国捐躯"的高级官员的丧礼仪式。除此之外，也让我们知道，代表朝廷的所谓"天使"级别相差悬殊，有从一品的尚书，也有七品芝麻官县令，而且办完公事后，都要接受丧家所送的私礼。

致澄弟（不要管闲事）

同治三年三月二十四日

澄弟左右：

三月十八日接弟排递之信，言惠妹病重，即于十九日船送叶亭回家。二十日接弟二月十七在玉班家所发之信，具悉一切。

此间近状，金陵沅军平稳如常。鲍军攻克句容后，余令分守东坝、句容两处。少荃进攻常州，即日可以得手。常州克，则金陵、湖州两处城亦难孤立。所虑者，群贼上犯，变成流寇耳。浙江之贼窜扰徽州，十三日毛军小挫，十四五六日均获小胜，十七日唐、毛二军大败。金逸亭新到屯溪，尚未开仗。目下徽州、休宁四面皆贼，而贼之头队已由婺源分窜江西矣。不特江西大遭蹂躏，即吾湘与闽粤及极可虑。

冯树堂劝弟不必晋省。金石之言，望弟以后信而从之。不特不必到省管闲事，即衡州东征局务及盐局之务亦可不必与闻。贵价弟三字极不易当，动辄惹人谈论，生出谣言。此时家门极盛，处处皆行得通。一旦失势，炎凉之态处处使人难堪。故不如预为之地，不见不闻之为愈也。树堂赴粤之事，余当备咨并写亲笔信与之。在外多年，看来如树堂、岱云、霞、筠等友实为难得也。

余身体平安。惟因饷项支绌、群贼纷窜二事十分焦灼。内人咳嗽不止，大女儿体日瘦弱，余俱顺适。顺问近好。

兄国藩手草

点评：不要管闲事

曾老四是个好出风头爱管闲事的人，时常喜欢到长沙城、衡州府里走走，而且带着一行十多人的庞大队伍。为什么要这么多人？除了摆脸面外，大概也还有些实用。估计最大的实用是搬送礼品。从湘乡将礼品搬到长沙、衡州，又从长沙、衡州搬礼品回湘乡。曾老四哪有这么多事要办？估计曾家的私事少，别人所托的事居多。

一兄一弟在外面做这么大的事业，在家的老四真可谓乡人眼中的"神灵菩萨"。岂止乡人，湘乡县城里的官场绅商，也绝对如此供奉着这位四爷。有办不了的事情，有想得到分外利益的人，都会来找四爷这个门子。这个门子上可通天，下可入海，中国的事情，在这里没有办不了的。当然，这些人也不会白找四爷，只须他动动步、动动嘴，钱和物都会滚滚而来。

但是，大爷却不同意他这样做。在曾氏看来，这是被人利用尚洋洋自得，只图眼前痛快而不思后果，劝他赶紧收场。

处极盛时期，却时常想到"失势"，这是曾氏一贯的思维定势。它能使人不至于头脑发热发昏，从而不做出过头过激的事来，始终保持清醒的认识，保持一颗平常心。万一哪天真的从天顶上掉了下来，也不至于有太多的失落感。

官场商海，都是风险较大、变数较多的地方。有志于在此地搏击的人，储存一点曾氏这样的心态，是大有好处的。

致沅弟（停止赈局，送回妇幼）

同治三年三月二十四日

沅弟左右：

二十二日戈什哈归，接十七日信，二十三四日又接弟二十、二十一日两缄。

具悉一切。

现在饷项有着者,只有广东报解二批共十万,批中声明另解弟处二万而已,此外茫无着落。贼之大股尽窜江西,婺源闻已于十八日失守,而贼方源源续往。鲍军务以东坝、句容为重,不必助攻金、丹。请弟先行函告,余即日亦有函檄嘱之也。

萧为则之六成饷万三千金,已解水营马倅处,以后余再谆托秀渭。弟军之营若有余,每月让七八百石与萧营分食,不必再发赈济。江西厘事,户部议准各半,而王少鹤抗疏代我争之,大约京中于此事亦纷纷辩论。弟处若有余力放赈,则何以对沈中丞及江西商民也?望弟即日将赈局停止。

城内放出之妇幼,迪庵前在九江一概不收,仍送进城内。一则城内饥饿者多可致内乱,二则恐贼之眷口从此得生也。望弟参酌。顺问近好。

国藩手草

澄弟二月一信附去。

> **点评:停止赈局,送回妇幼**

从曾氏要老九不再放赈及将江宁城内放出的妇女儿童再送回城,以达内乱加剧、斩草除根的目的这两件事上,我们可以看出曾氏内心深处的冷酷和残忍。

正是李鸿章的杀降和曾氏的送回妇幼,使得江宁城内的太平军及其眷属彻底断绝了求生的念头。他们宁愿嚼草根也不出城觅食,宁愿集体自焚也不投降。人类最惨无人道的互相残杀,就这样出现在19世纪60年代初,出现在曾经绮丽香艳的石头城内外。

致沅弟(病不在身而在心)

同治三年三月二十六日

沅弟左右:

接二十二日午刻信,得悉金坛、丹阳次第克复,慰甚。鲍军上援江西,余已飞檄调之。但春霆于元年冬丁艰,力求回籍治丧,余许以打开宁国四面之贼即准回籍。二年二月,春霆求践前约,余展限打开东坝乃准回籍。东坝克后,春霆又求践前约。余展限五个月,以今年二月底为度。至三月初,春霆要请甚迫,余又展限以金陵克复为度。此次不待金陵克复而遽令援江,在我则失信太多,在霆则坚求还蜀,此意中之事,亦无可强派之事,望弟与之再三细商。但借渠之名望援救江西,以安江西官绅士民之心。只须宋镇、娄、冯等率之以往,不必春霆亲往督办。春霆行至安庆等处,余即具疏奏请准渠回籍治丧。一至九江,渠即可分手回蜀,听宋、娄等带队入江西援剿可也。爽约太多,人心不复见信,望弟与霆一一详说,言此番决无爽约之理。并请春霆速发告示咨文至江,言渠即日来援,以安人心。至要至要。

余昨日具疏告病,一则以用事太久,恐中外疑我兵权太重,利权太大,不能不缩手以释群疑。一则金陵幸克,兄弟皆当引退,即以此为张本也。顺问近好。

国藩手草

调春霆一咨附去,请专送。

点评:病不在身而在心

与沈葆桢争江西厘金一事,对曾氏打击颇大。一则沈之行为类似忘恩负义,他心里难受。二则沈官声好,得民心。这种人出来与之作对,在舆情上曾氏占不到上风。三则没有多久,大股太平军从皖南进入江西,江西空前危急,这证明沈截厘金道理充分。三月十八日,曾氏在给老九的信中以伤感的情调写道:"贼之大股已由休南续犯江西,江西万不能支。江省民心本颂沈而谤我,今又因争厘金而意气参商之时,绅民怨我久用江西之厘而不能拨一兵以救援。江西此贼又适由徽境放入,将来谤议之纷腾,正有不堪设想者。"

曾氏由此得了心病。曾氏年谱上说:"户部以江西牙厘之半拨归金陵、皖南大营,以其半留供本省之饷。公以是时金陵未克,江西流寇复盛,统军甚多,需饷甚巨,既恐饷匮以致军事决裂,又以握兵符掌利权为时所忌,遂有功遂身退之志矣。"

具体表现就是信中所说的告病疏。疏不长,我们全文抄录于下:"奏为微臣身体患病,恳恩赏假一月,在营调养,仰祈圣鉴事。窃臣向患呕吐之症,每发则减食断劳,旋就痊可。三月二十二日复行举发,以为旧恙,不甚经意。二十四日忽然眩晕,左手左脚疼痛异常,搐搦数次,起坐不便,延医诊视,据云肝象血亏,又中风寒,非调理得宜,恐成偏废之症。臣忝绾兵符将近四年,尚未克复金陵,悚仄方深,若遽婴疾不能治事,尤增愧憾。幸右手尚能勉强作字,而年未六十,或不至竟成痼疾。惟有仰恳皇上天恩,俯准赏假一月,在营调养,一俟病痊,即当奏明销假。理合附驿驰陈,伏乞皇太后、皇上圣鉴训示。谨奏。"

曾氏心情恶劣，忽发眩晕，手脚痉挛，应当都是可能的，但之所以奏明朝廷，请假一月，其意不在养病而在其他。这封信上说了两点。还有一点，那就是向朝廷暗示他对江西厘金的处置不满意。这层意思，只能深埋在心里，即便是亲兄弟，也不能挑明。

其实，这用不着挑明，朝廷是知道的，老九也是知道的。

致沅弟（互劝互勖互恭维）

同治三年四月初三日

沅弟左右：

接二十七、八日两信，具悉一切。

地道既难中止，听弟加工再挖，余不复遥制。徽、休、祁、黟俱无恙，贼已由婺境横窜遂安、华埠，将仍走玉山、广信以犯抚、建，闻剃头者甚多，并不杀人放火，或有各自逃散之意亦未可知。弟军今年饷项之少为历年所无，余岂忍更有挑剔，况近来外侮纷至迭乘，余日夜战兢恐惧，若有大祸即临眉睫者。即兄弟同心御侮，尚恐众推墙倒，岂肯微生芥蒂？又岂肯因弟词气稍戆藏诸胸臆？又岂肯受他人千言万怄遂不容胞弟片语乎？老弟千万放心，千万保养。此时之兄弟，实患难风波之兄弟，惟有互劝互勖互恭维而已。

余日内所患者三端：一则恐弟过劳生病，弁勇因饷绌而散漫；二则恐霆营人心涣散，另生祸变，兹将霆营周委员寄鄂台一信抄阅；三则恐汉中大股东窜，庐（普守）、巢（何绍彩守巢）、和、滁俱不能守，西梁山亦无兵可以拨防。此三事中，弟有法可以补救一二否？即问近好。

> **点评：互劝互勖互恭维**

这段时期，是曾氏心绪极坏的一段时期。我们看他的日记，尽是"殊用焦灼，不能治事"、"寸心郁郁"、"绕屋徘徊，若将有祸变之及者"。心情之所以如此，江西厘金固然是主要原因；围攻江宁已到关键时刻，惟恐意外，也是一大缘故。除此，纪泽病重，妹妹国蕙病逝，也对他的心情有很大的影响。曾氏同胞九兄妹，这几年间陆续死去六人，再加上父亲、叔父、妹夫、陈氏妾，七八年间死去十人之多。常言道兔死狐悲，物伤其类，眼看着这些与他血肉相联、关系密切的人一个个故去，曾氏怎能不伤痛、不悲哀？在这种心境下，更感到在做着同一事业的手足之情的珍贵。"此时之兄弟，实患难风波之兄弟，惟有互劝互勖互恭维而已"，这的确是出自肺腑的心声，然而唯其如此，也让人更感凄恻。

局外之人，都以为他们在干轰轰烈烈、风光无比的大事；后世之人，对他们在历史上的作为或仰慕或痛诋，但绝少有人知道他们成功前夕的这种令人酸楚的心绪。

致沅弟（每日总须略有抽闲之时）

同治三年四月二十八日

沅弟左右：

二十四五日接二十一日两信，二十六日接二十三夜来信，具悉一切。余已于二十七日具片销假矣。弟信既恳至，雪琴又由湖口特来此间一行，遂不复续假，亦恐人疑我此举专为沈中丞也。片稿先抄弟阅。

抚州于十八早解围，外间言围攻极猛，不知实尚隔一大河，炮船排列，断难飞渡也。富公数千人预备助剿金陵。谕旨令其以江北为重，富来函亦谓即将调回扬防。大约除少荃亲来外，别无一支来弟处帮忙者。事权之一，可喜；担荷之重，亦可惧。究竟尹光六须借稿荐否？中关之接济已断否？望示及。

弟病在水不能生木，余亦夙有此疾，非药物所能为力。每日无论如何忙迫，总须略有抽闲之时，或静坐，或渴睡，或散步，火不动，则水得所养矣。弟若续接沪饷九万，可分二三万运湘中官盐否？顺问近好。

点评：每日总须略有抽闲之时

江宁城下，吉字营与太平军的决战已处于最后阶段。城内是万众一心，死守到底，任何选择都已彻底断绝，只有一个信念：人在城在，城破人亡。

城外的吉字营也是非拿下这座城、夺取这个天下第一功不可，再缺饷，再乏粮，他们也要硬着头皮顶住，绝不撤退。仗打到这个地步，已无任何理智可言了。每天摆在双方面前的只有两种状态：打仗、死亡。

前线的总指挥固然是焦头烂额、心肝俱裂，后方的统帅也同样是忧心如焚、寝食不安。据曾纪芬说，他们所住的两江总督衙门，原先是太平天国的英王府。曾氏搬进来后，屋前屋后添种了许多他所喜爱的竹子，又在后院房屋的二楼上加了一间小望楼。望楼里没有别的东西，只铺着一张棉垫。曾氏每天傍晚都要来到这间小望楼里，跪在棉垫上，默默向天祷告。他们当时都知道这是其父在为前线的九叔而祈祷。

从这封信里，我们可以知道，曾纪芬只说对了一半，还有一半便是信中所说的：借此让自己的心静下来。

曾氏早年在京师拜理学名家唐鉴、倭仁为师，从他们那里所得到的最大教益便是懂得"静"的重要。道光二十二年十月二十七日的日记写到："唐先生言，最是'静'字功夫要紧。大程夫子是三代后圣人，亦是'静'字功夫足。王文成亦是'静'字有功夫，所以他能不动心。若不静，省身也不密，见理也不明，都是浮的。总是要静。"

他自制的《五箴》里便有一首《主静箴》，内中说："后有毒蛇，前有猛虎。神定不慑，谁敢余侮？岂伊避人，日对三军。我虑则一，彼纷不纷。"

心静则神定，神定则虎蛇不惧，则能驾驭三军。一天到晚，曾氏都在烦躁惊疑中度过，心浮神散，于是他每天不管多忙多乱，都要抽出一时半刻出来，找一个安静的地方来收心定神。这小望楼便是最好之处。他把自己这种养生心得传授给老九。老九这一年来身体状况不佳，当然是战事危急引发的。曾氏认为老九的病在肝脾之间。中国的传统医学将金、木、水、火、土五行套之于人体内最主要的五脏肺、肝、肾、心、脾。五行可相生也可相克。相生意味着相互促进，如木生火、火生土、土生金、金生水、水生木。反之，即相克，意味着互相排斥，如水克火、火克金、金克木、木克土、土克水。曾氏认为老九的病是水不能生木，即肾与肝出了毛病，倘若减少火气，则水不受影响，即可生木，那么肾、肝就得到了保养。而"静"则是熄火的最好方法。

郭沫若的自传里曾说过他年轻时体弱多病，有段时期，他每天打坐一两个小时，结果不药自愈，身体日渐好了。这就是以静熄火，从而达到水生木的相生效果。

致沅弟（杨岳斌以提督授总督）

同治三年五月十二日

沅弟左右：

日内深以弟病为虑，十一日接初七日交袁差官带来之信并与泽、鸿两儿信，字有精光，兼有静气，词语亦不迫促，卜病体之必将全愈，为之大慰。惟金陵持久不下，以吾弟平日之性情，恐肝气之病，愈积愈深。吾与昌岐久谈，知少荃于吾兄弟处实有相亲相卫之意，吾意欲奏请少荃亲带开花炮队、洋枪队前来金陵会剿。接弟此次复信（不过十八九可到），余即一面出奏，一面函咨少荃，请其迅速西来。如苏军齐到成功，则弟受其劳，而少荃享其名，则既可以同膺懋赏，又可以暗培厚福。盖独享大名为折福之道，则与人分名即受福之道矣。如苏军虽到，而城贼仍坚持不下如故，则谤可稍分，而责亦稍轻。余昨日已咨少荃派炸炮至金陵会剿。细思弟之肝病，不宜再郁两月，而饷项亦断难支至三四月，故决计奏请少荃前来。苏军近亦仅支五成之饷，并非十分充足，可无贫富相耀之患，想弟能亮我苦衷也。

厚庵新授陕甘总督，可谓非常特恩，仍督办江西、皖南军务，断不可辞矣。金陵水师防务，余请昌岐与弟会办。雪琴仍回裕溪等处，当不至疏失。多公仙逝，劳苦可悯。即问近好。

点评：杨岳斌以提督授总督

杨岳斌字厚庵，长沙人，本为湘江上一放排工。咸丰三年投靠曾氏，极受器重，被任命为水师营官，后来一直与彭玉麟同为湘军水师主将。水师为湘军的成功立下汗马功劳，曾氏一向将水师视为他的嫡系，彭和杨因此而屡次升官晋级。彭是秀才出身，循文官之路晋升，由知府到道员到巡抚到兵部侍郎、尚书。杨出身行伍，没有功名，依照武官的路数，由副将、总兵而提督。同治三年五月，突然改授他为陕甘总督，由武职变为文职了。从品衔来看，提督为从一品，总督为正二品，看起来要低一级，其实提督的地位比总督差远了。清代重文抑武，武官尽管品衔高，但他的权力只在军营里，出了军营一点权都没有，而且提督、总兵等一律受该省督抚的节制。樊燮身为永州镇总兵，品衔为正二品。他到了湖南巡抚衙门，却一样地要向只有从二品衔的巡抚骆秉章行礼、汇报，就连毫无实职的举人师爷左宗棠也要樊向他行礼。樊因此怄了大气，大叫武职不是人做的，发誓让两个儿子走功名文职之路。这个例子典型地说明了当时文职地位高、武职地位低的现象。

清代对文武两职分得清楚，没有科举出身的人极难得到文职，故杨岳斌由提督改授总督，被曾氏称之为"非常特恩"。当然，这种"特恩"过去也偶尔有过。如嘉庆年间杨遇春亦是行伍出身，以平白莲教之功升提督，后来也改授陕甘总督。同姓同经历，做总督又都在陕甘，在当时被人津津乐道。这种事后来也还有过，如刘铭传由提督改授台湾巡抚，又如田兴恕也曾由提督兼过贵州巡抚。刘、田的文职官位不及杨。杨可谓咸同年间湘淮军中最为幸运者。

致沅弟（请不请李鸿章会攻江宁）

同治三年五月十七日

沅弟左右：

三日未接弟信，不知弟身体何如。接吾十二暨十四五六日各信，不更加焦灼增疾否？余闻昌岐言弟精神完足、小恙无碍而放心，闻曾恒德、刘高山言弟病势不轻而悬念，见弟信劝科一乡试，字迹奇润而喜慰，见弟信言贼米日发一斤四两而忧灼。春霆过此，其于吾弟感激钦佩，迥异寻常。厚庵于弟亦契合无间言。故余十五日与少泉之一咨一信，惟愿弟之速送，又惟恐弟之径送，反复无定，为弟所笑，亦必为弟所亮也。

今日命纪泽赴金陵省视老弟。余于六月初间亦必往，兄弟晤叙。届时少荃若到，余即在彼，不遽回皖。如少荃不到，余即坐轮船速归。总之，弟以保身为主。无论少荃与余会剿与否，于弟威名微减，而弟之才德品望毫无损也。顺问近好。

点评：请不请李鸿章会攻江宁

这一段时期来，曾氏兄弟一直在反反复复讨论请不请李鸿章来江宁会攻的事。

曾国荃自从同治元年五月孤军独进，驻扎在江宁城南雨花台，至今已整整两年了。这一年里，李鸿章的淮军连克苏南、常熟、常州、苏州等各城，左宗棠的楚军也连克浙江绍兴、衢州、杭州等重镇，至于杨岳斌、彭玉麟的水师则更是将长江上下肃清，断绝了江宁城的水路供给。惟独曾国荃的吉字营无尺寸进展。

为此，曾氏兄弟忧心忡忡，一筹莫展，外间更是烦言啧啧，指责纷起。

其指责集中在这几个方面：一、曾老九自不量力，以一个小小的吉字营要吞下九十里城墙的江宁城，没有这个力量却要贪天下第一功。二、曾老九无本事，许多人都说老九并不会打仗，只会蛮打死围，他所实施的以挖地道来轰倒城墙的作战方案是错误的，应像李鸿章那样以开花炮轰倒城墙。三、曾氏自私，明知老九才薄力弱，硬要将这第一功让他来立，不准旁人染指，耗费国家许多财力物力，又推迟了整个战局的结束，这是为自家考虑而置天下公利于不顾的极端自私的行为。

面对着这种种指责，曾氏开始动摇了。他想让李鸿章带着西洋开花炮弹来江宁助战，但又顾虑老九会不同意。老九早就将江宁城看作他的鼎中之肉，不允许别人来分一杯羹。加之，人人都说洪秀全将天下的金银财宝全搬到了他的金龙殿。打开了江宁城，就等于打开一座金库。吉字营的五万将士，之所以苦饿不怕、瘟疫不怕、死伤不怕，说穿了，就是有着这座金库在吸引着、支撑着。历经千辛万苦，眼看金银就要到手了，别人却要来瓜分，他们能答应吗？但这样旷日持久的老师糜饷也不行呀，而且一向多顾虑的曾氏还担心不测事故发生，以至于功败垂成。所以，他还是立足于劝说老九接受李来江宁的设想。他从爱惜老九的身体角度予以劝说，又以"不必占天下第一美名"来予以开导，但老九一直不接受。

朝廷对江宁久围不下也着急了，批评老九贪功拒援，并连下两道上谕，催李鸿章开赴江宁。为应付即将到来的有利于破城却不利于老九的局面，曾氏决定自己亲赴江宁城，并事先告诉老九：若李来，他就不回安庆；若李不来，兄弟见面后他即回安庆。曾氏的这种安排有他的深意存焉。

李鸿章若来江宁助战，则李与老九平起平坐，成功后势必一人分一半，老九心不甘。曾氏留在这里，李和老九都理所当然为其部下，第一号立功者便是曾氏了。天下第一功的美名依然在曾家，而不是落到别人手里，对于老九和整个吉字营官兵来说，心理上易于接受。

倘若李不来，曾氏留在这里，便是与老九在争功了，曾氏当然不想这样做，故而赶紧离开，成全老九立天下第一功的愿望。

在许多事情上，曾氏都不太计较个人的得失，表现出一种"公尔忘私，国尔忘家"的儒家之徒的修炼功夫。但是，在这种大事情上，却很明显地暴露出他的私心。

致沅弟（为儿子获奖语而欣喜）

同治三年六月初一日

沅弟左右：

初一日午刻接二十七日一函，知二十六日苦攻无益，弟又以皖北空虚之故，心急如焚。我弟忧劳如此，何可再因上游之事，添出一番焦灼！上游之事，千妥万妥。僧邸即日可至三河尖，陈国瑞已至正阳关，其力足制此贼。而狗党数酋坚请投诚，已派刘维桢前往收降。刘亦狗部大酋，十一年在德安降蒋之纯。狗党陈、马等有信，约刘往黄州说事者也。若非真有降意，岂有徘徊黄、麻月余不下皖境之理？江西侍、康各股亦纷纷逃散，不出宜、崇城外一步。两岸之事，皆易收拾。弟积劳太久,用心太苦,不可再虑及外事。

弟以"博文约礼"奖泽儿,语太重大,然此儿纯是弟奖借而日进。记咸丰七年冬,胡帅寄余信,极赞三庵一琴之贤,时温弟在坐,告余曰:"沅弟实胜迪、希、厚、雪。"余比尚不深信。近见弟之围攻百数十里而毫无罅隙,欠饷数百万而毫无怨言,乃信温弟之誉有所试。然则弟之誉泽儿者,或亦有所试乎?余于家庭有一欣慰之端。闻妯娌及子侄辈和睦异常,科一、三、四有姜被同眠之风,甲三、五等亦爱敬兼至。此足卜家道之兴。然亦全赖老弟分家时布置妥善,乃克臻此。大女儿病已大愈,殊出望外。余俟江西案办妥乃赴金陵,弟千万莫过忧灼。至祷至嘱。即问近好。

文辅卿今日到。

点评:为儿子获奖语而欣喜

人到中年后,听到别人夸奖他的儿女,其欣喜之情甚至要超过他自己受称赞。除了血肉相连的亲情本性外,这中间还有着理性思考的一层含义在内。

中年之后,一个人在世上能做多大的事业,大致已有定准了,换句话说,本人的搏击奋斗已差不多了,未达到的目标、未实现的理想、未竟的事业等等,看来都得指望下一代了。下一代如何,值不值得指望,成器不成器,便是做父母最为关心的事。

曾氏说他过了五十后,便纯是老人心态:巴望儿女早完婚,巴望家中添口加丁,子孙繁盛。故当老九夸奖纪泽时,他心里真是高兴得很。我们来看他回忆六七年前的一桩往事:咸丰七年冬天,曾氏正在老家守父丧,他收到湖北巡抚胡林翼的一封信。胡称赞李续宾(迪庵)、李续宜(希庵)、杨岳斌(厚庵)与彭玉麟(雪琴)为当今的贤能。当时正好温甫在座,便说,沅甫(老九)实在要胜过这几个人。现在看来,此话已得到应验。于是知道温甫是有所测试的。这段回忆既在恭维老九,又表现出对儿子的期盼。一句"或亦有所试乎",直让人感觉到急切希望誉者能说得更详细的心态,已跃然纸上!

信中说到的科一、科三、科四、甲三、甲五分别指纪鸿、纪渠、纪瑞、纪泽、纪梁(国潢长子),他们为共祖父的兄弟,俗称嫡堂兄弟。应该说,这种兄弟算是较亲的。但事实上,因为不同父同母,更因为家族析产时,出于财产分配不匀方面的问题,大多不太亲密,有的甚至成为怨仇。现在曾家的这几个嫡堂兄弟爱敬兼至,曾氏为之欣慰。常言道"家和万事兴",曾家的第三代能和气相处,遂可卜家道之兴。

致澄弟（有福不可享尽，有势不可使尽）

同治三年六月初四日

澄弟左右：

六月四日接五月二十三日信，初一日接十一日信，具悉一切。震四果尔早世，四妹适朱家，万缘皆空。吾骨肉中今年何多变也！老弟终日奔驰劳苦，身体吃得住否？深为系念。

此间近状平安。大女儿病六七日，今已全愈。沅弟病亦愈矣，闻二十五六日每日又骑行百余里。余命泽儿往看沅病，初二归来云"尽可放心"，但六月尚盖棉被三床，体亦弱矣。弟能从此少管公事，甚慰甚慰。余蒙先人余荫忝居高位，与诸弟及子侄谆谆慎守者但有二语，曰"有福不可享尽，有势不可使尽"而已。福不多享，故总以俭字为主，少用仆婢，少花银钱，自然惜福矣；势不多使，则少管闲事，少断是非，无感者亦无怕者，自然悠久矣。余详日记中，顺问近好。

外李北冈一信，阅毕专人送去。

点评：有福不可享尽，有势不可使尽

曾氏在家书中多次说过"有福不可享尽，有势不可使尽"的话，屡屡提醒子弟们在享福时不可忘记先人的勤俭，在有权势的时候要想到万一哪天失势时的尴尬。

关于"惜福"，前面已多次说过，笔者还想再说几句。爱惜福分，不滥用多用，则可以长保幸福，并可惠泽子孙。这种思维虽无科学根据，却可以对人性中的贪婪无厌和得意忘形等弱点加以抑制，使得人不至于过于放纵，过于膨胀，从而可以减少社会的忌妒和愤恨，以利平安度日。有些人以为自己强大得无人可敌，乃至于无法无天，为所欲为，就算别人奈何不了你，但到时你也得接受上帝的制裁。你死了后，你的子孙别人就再不顾忌再不害怕了，那时所有的怨恨都会发泄到他们的头上。历史上常有这样的事情发生：一个强人一旦倒下，随即而来的便是倾家荡产、家破人亡。倘若早一点惜福——有福不享尽、有势不使尽的话，或许不至于这么快就遗祸家人。

怎么惜福？曾氏为子弟们拈出了几根"金针"：少用仆婢，少花银钱，少管闲事，少断是非。

致沅弟（李鸿章不敢得罪老九）

同治三年六月初十日

沅弟左右：

初十辰刻接弟初六夜信，具悉一切。

少泉信阅过，其片稿则已抄寄余处矣。观少泉屡次奏咨信函，似始终不欲来攻金陵。若深知弟军之千辛万苦，不欲分此垂成之功者。诚能如此存心，则过人远矣。

纪泽儿已于初二日到皖。余从弟之意，秋初再赴金陵。老年畏热异常，阿弟深知而体恤，兄即依弟之议，实受其福矣。英山、宿、太日内警信迭至。余调王可陞守无为，再急则调陈自明池州之二千人守庐江。惟调守桐、舒之铨军为江西官绅所留，拟改调钧军上援皖北，亦难遽到也。春霆于六月四日抵南昌，江西人心大定，想不至别有风波耳。顺问近好。

点评：李鸿章不敢得罪老九

去不去江宁会战，李鸿章一直在矛盾着。就他的热衷性格而言，他是极愿意去的。能分天下第一功，不仅为他李鸿章所乐意，也为当时其他带兵将帅所乐意。但这个功也并不好分。首先是曾老九得罪不起。曾老九为人的强梁、骄悍、翻脸不认人等等，李鸿章怎能不知？其次是曾氏得罪不得。李是个极聪明的人。他知道曾氏内心深处是不情愿看他分老九的功的，但鉴于孤城久不下的局面和朝廷的催逼，又不得不做出一个邀请的姿态。于是他给曾氏兄弟写信，表示他的态度："不敢近禁脔而窥卧榻。"同时又说明不能来的理由：盛暑天火药不能起作用，开花炮弹会炸不响。

这个理由可笑之极，明眼人一看就知道这是一个搪塞：李借此搪塞曾氏兄弟，曾氏兄弟也可借此搪塞朝廷，搪塞天下悠悠之口，从而让自己心安理得地继续独攻江宁。

在朝廷再次命李赴江宁时，李决定派刘铭传等二十七营前去会攻。据赵烈文的《能静居日记》记载，曾国荃接信后，"将此咨传示众将曰：'他人至矣，苦二年，以与人耶？'众皆曰：'愿尽死力！'"从这几句对话中，我们可以看到曾老九及吉字营将官们对援军的反感之大。

但赵烈文说，李在此事中玩了两面派手法，表面上说自己不来，背地里却对朝廷说是曾氏兄弟不愿他来。他在日记中写道："按少帅［笔者注：李鸿章字少荃（泉），世人尊称他为"少帅"］前致中丞（笔者注：曾国荃任浙江巡抚，中丞是对巡抚的尊称）信，力言不来。黄昌岐军门至皖为之游说，相告中堂（笔者注：中堂是对大学士的尊称，曾氏时为协办大学士）以苏军炮队之利及口粮亦止半关，无贫富相耀之虑。并言但得中堂一纸书，即无不来。其五月十八日奏片则又明指中丞有信，不须其来。而十八九日间中旨，忽云饬令李鸿章不分畛域不避嫌怨，迅速会剿之语。则京都权要处必先有信，言此间不愿其来。此一事而机械百出，语言处处不同。其图望大功、日夜计算心计之工，细入毫芒。中堂此疏，不望有功，但求无过。其辞气之卑约，不独自雪无专功之念，而李之骄亢，已隐然言外。处功名之际，固当如此，即论手段平直无奇，实则高李数倍，不可不细细体味。"

二曾与李之间的互为依赖又互相防患的关系，在援不援江宁一事上表现得很微妙。

致沅弟（男儿自立须有倔强之气）

同治三年六月十六日

沅弟左右：

接弟十二夜信，知连日辛苦异常，猛攻数日，并未收队，深为惦念。弟向来督攻，好往来于炮子如雨之中，此次想无二致也。少泉前奏至湖州一看，仍回苏州。此次十六启行，不知径来金陵乎，抑先至湖州乎？难禁风浪四字璧还，甚好甚慰。古来豪杰皆以此四字为大忌。吾家祖父教人，亦以懦弱无刚四字为大耻。故男儿自立，必须有倔强之气。惟数万人困于坚城之下，最易暗销锐气。弟能养数万人之刚气而久不销损，此是过人之处，更宜从此加功。

子弹日内装就，明日开行，不知果赶得上否？余启行之期，仍候弟一确信也。顺问近好。

点评：男儿自立须有倔强之气

要说倔强，老九比起乃兄来，自有过之而无不及。吉字营人马最多时也不过五万；江宁城，论其城墙之长来说乃世界第一，城内有十余万将士，城外又常有各处援兵来攻打，多则二十余万，少则也有数万。围城两年来，所遇之困难亦不少。先是瘟疫流行，人心恐惧，连曾国葆的命也搭了进去。继则是饷银匮乏，欠饷多至八九个月，军心动摇；又杀出个沈葆桢截江西厘金事，倘若其他省看样，则军队随时可能哗变。再下来是老九自己生病，病到"六月尚盖棉被三床"，体质之弱可想而知。此外，还得忍受来自京师各省及同在江南作战的友军中各种指责讥讽等等。所有这些，曾老九都挺过来了。他没有听从乃兄的多次"暂时撤退"的规劝，也不理睬朝廷三番五次的派遣李鸿章来援的谕旨，他我行我素，一意孤行，只认定一个"夺取天下第一功"的死理。要说湘人的"犟"、"霸蛮"、"骡子精神"，在曾老九身上可谓体现得淋漓尽致，典型至极。

致沅弟（八百里驰奏打下金陵）

同治三年六月十九日

沅弟左右：

十八夜子正接弟十六日申刻咨文，知午刻克复金陵。弟功在社稷，岂仅一家之光哉！虽有志者事竟成，然弟苦矣，将士苦矣。未得弟详信，不知弟平安否？将士伤亡不甚多否？进城巷战不甚久否？洪、李二酋未逃出否？俟得详函发详折后，再赴金陵与弟相会也。顺问近好，并贺并谢。

点评：八百里驰奏打下金陵

六月十六日一早，金陵城太平门一带的城墙，被填入地洞里的炸药炸开二十余丈。曾国荃指挥吉字营官兵从缺口中冲进城内，然后分成四路人马，分别进攻天王府、神策门与仪凤门、通济门、朝阳门及洪武门。

当天夜里十点多钟，在天王府尚未打下的时候，曾国荃便会合彭玉麟、杨岳斌，迫不及待地以日速八百里捷报向朝廷报喜。当时以马送信函，日速四百里便算快递了。若日速八百里，则每到一驿站，便得换人换马连夜奔跑。如此，大概只需四天功夫，便可将捷报由金陵递到北京。安庆离金陵约七八百里路，曾氏两天后收到捷报。可知此捷报未用八百里，用的是日速四百里。

十六夜三更，天王府及其他王府同时举火焚烧，乘着火势，忠王李秀成带着幼天王洪天贵福及一千多号太平军将士，穿着湘军号衣号褂，从太平门缺口冲出，向孝陵卫定林镇一路奔去。就在这个时候，湘军冲进天王府内城。金陵城的完全攻下，应该是此刻。十八夜三更三点，曾氏接到这个信息，一颗悬着的心才彻底落下。当夜日记写道："思前想后，喜惧悲欢，万端交集，竟夕不复成寐。"

二十三日，曾氏会同湖广总督官文，并附杨岳斌、彭玉麟、李鸿章、曾国荃为后衔，共同以六百里速度用红旗报捷的方式向朝廷递送这份奏折。六百里是介于八百里与四百里之间的一种快递。红旗报捷，大概是在捷报信函上贴一块红纸片，作为喜庆的表示。曾氏供职翰苑时，曾作过题为《感春六首》的诗作，其中一首里有这样几句："国家声灵薄万里，岂有大辂阻屏螳。立收乌合成齑粉，早晚红旗报未央。"红旗，即红旗捷报。汉代长安城里的未央宫为皇帝居住之地，故后世以未央为皇宫的代名词。那时的曾氏，大概没有想到，二十年后，他能真的作为前线军队的最高统帅，亲手将呈递朝廷的红旗捷报拜发！

这份奏章在曾氏历年折片中算是最长的了，绝大部分文字，对今天的读者来说已无意义，但也不乏具有史料价值及文字上的可欣赏之处，让我们摘几句来看看。

"窃念金陵一军围攻二载有奇，前后死于疾疫者万余人，死于战阵者八九千人，令人悲啼，不堪回首。"为围攻金陵，吉字营付出近二万人的代价。此数字或许略有夸大，但不至于相差太远。

"此次金陵城破，十万余贼无一降者，至聚众自焚而不悔，实为古今罕见之剧寇。"这实在是人世间最为惨烈的场景。太平军将士之所以如此，主要的原因当然是大部分人对信仰的坚定，对敌人的仇恨，但不可否认，湘军、淮军过去的杀降行为，也断绝了他们投降求生的念头。

"官禁虽极俭啬，而不惜巨饷以募战士；名器虽极慎重，而不惜破格以奖有功；庙算虽极精密，而不惜屈己以从将帅之谋。"这是奏章结尾一段中歌颂已死的咸丰皇帝的几句话，单从行文来看，的确精彩。它采取对比的句式，突出咸丰帝对这场胜利所起的关键作用。尤其是最后一句，既颂扬了已死的皇上，又表彰了自己的谋略。接下来说："皇太后、皇上守此三者，悉循旧章而加之，去邪弥果，求贤弥广，用能诛除僭伪，蔚成中兴之业。"在原有的基础上再递进一步，用以拍当今实际掌权者的马屁，并让被拍者接受得自然轻松。建此大功，却不居功自夸，而是将成绩都归之于朝廷。这当然是皇太后、皇上所乐意看到的奏章。古今一理，今日的上级领导，又有谁不愿意看到类似的工作汇报呢？

这篇奏章的思想、大体格局，自然都出于文章斫轮老手曾氏。当然，拟稿者不可能是他，只能是幕僚代笔。于此可见，曾氏幕府中是大有善为文者的。

谕纪泽（成为阶下囚的李秀成）

同治三年六月二十六日

字谕纪泽儿：

二十四日申正之禀，二十六申刻接到。余于二十五日巳刻抵金陵陆营，文案各船亦于二十六日申刻赶到。沅叔湿毒未愈，而精神甚好。伪忠王曾亲讯一次，拟即在此杀之。由安庆咨行各处之折，在皖时未办咨札稿，兹寄去一稿。若已先发，即与此稿不符，亦无碍也。刻折稿寄家可一二十分，或百分亦可。沅叔要二百分，宜先尽沅叔处，此外各处不宜多散。此次令王洪陞坐轮船于二十七日回皖，以后送包封者仍坐舢板归去。包封每日止送一次，不可再多。尔一切以勤俭二字为主。至嘱。

涤生手示

顷见安庆付来之咨行稿甚妥，此间稿不用矣。

点评：成为阶下囚的李秀成

六月十六半夜三更，李秀成率领千余名太平军将士保护幼天王冲出金陵城。幼天王洪天贵福，当时只有十六岁。出城后，李秀成将人马分成前队、后队两部分，洪天贵福由前队保护先走，他率后队抵抗湘军。李又将坐骑换给洪天贵福，自己骑一匹劣马。

就这样，洪天贵福得以逃脱追兵。李的后队被打散，他和随身的两三个士兵逃到六十多里外的方山的一座破庙里休息。后来被当地百姓接回家匿藏。但很快被人出卖，成为曾国荃的阶下囚。

曾国荃恨死了李秀成，见面后便用锥子刺李秀成的大腿，顿时血流如注。李秀成面不改色，对老九说：你何必这样呢？我们不过各为其主罢了，你这样做不是发疯了吗？老九气得要将他凌迟处死，赵烈文说李是朝廷点名的要犯，未经审讯不能杀。于是，老九做了一个大木笼将李关起来。

六月二十五日下午，曾氏到了老九军营，当晚便见了李，问了他几句话。几天后，曾氏又对李审讯过一次。六月二十七日，李秀成开始写自述，写了七八天。七月初六日，李秀成被杀。

李秀成是广西藤县人，出身贫苦。洪秀全起义之初，他便投入太平军。因为勇敢善战，受东王杨秀清器重，迅速崛起，太平军内讧之前，他已升为地官正丞相、合天侯。内讧之后，他和陈玉成一道成为洪秀全的左右手。咸丰九年，受封忠王。陈玉成被杀后，他成为太平天国中地位仅次于天王的领导人。他对天国忠心耿耿，被捕以后，也不肯投降，愿以死殉国。他后来又写了一篇长达数万字的自述。自述中口口声声称曾氏为"老中堂"，感激他的不杀之恩，又主动提出招降旧部。于是，忠王到底是"忠"还是"不忠"，便引起了史学界的怀疑，到了上个世纪60年代初，还为此爆发了一场大争论，最后以"晚节不忠，不足为训"作为定论。二十年后，此事又被重提。曾氏的后人中有人提出一个很重要的证据，说在曾氏家族里一直流传这样一句话，即李秀成曾劝曾氏做皇帝，曾氏不敢。这个证据对一直主张李是假投降真策反的论者是个很大的支持。于是，又有不少学者相信李是个真正的忠王。

除此之外，在李秀成自述一案的讨论中，还提出过诸如自述真伪的问题，曾氏对自述有无删节的问题。

依笔者看，曾氏同治三年七月初五、初六、初七等日的日记中均提到李秀成供词的事，且台湾已影印出版了李的自述原件。此事的真实性应不成问题。再，七月初六的日记说："阅李秀成之供，约四万余字，一一校对。"初七日记说："将李秀成之供分作八九人缮写，共写一百三十叶，每叶二百一十六字，装成一本，点句画段，并用红纸签分段落，封送军机处备查。"从这两段日记中可知，李的自述原文有四万余字，而曾氏上报给军机处的只有二万八千余字。删没删，岂不一目了然？

在对如何处置李秀成一事上，曾氏的态度前后有变化。六月二十三日奏章中，说李秀成"应否槛送京师，抑或即在金陵正法，咨请定夺"。但七月初六日，曾氏便在没有答复的情况下先行将李秀成杀了。四天后，他收到朝廷"槛送京师"的上谕。他随即奏明李已"就地正法"，朝廷无奈，也只得表示同意。

为什么会有变化呢？赵烈文同治三年七月初二日记说："晚至中堂处久谭，拟即将李秀成正法……余答言，生擒已十余日，众目皆睹，且经中堂录备，当无人怀疑，而此贼甚狡，不宜使入都。与中堂意同。"

据这段话，可知之所以不押入都，一是擒李之事人人皆知，且有供词，不会被人认为是假的；二是李狡猾，不宜入都。

对于第二点，有人猜测是曾氏怕李在朝廷审讯时，供出他曾劝曾氏造反的话。还有一点，怕有人半路打劫。

另外，有一则野史说，在审讯李时，同时叫松王陈德风上堂对质。陈对木笼中的李长跪不起，眼中流泪。曾氏由此看出李在太平军中的威望，遂打消了招降的念头，尽快杀之了结。

谕纪泽（验洪秀全之尸）

同治三年六月二十九夜

字谕纪泽儿：

二十九日接尔二十七日申刻禀。余以是日巡览各营，夜宿萧信卿处，距沅叔大营三十里，故接包封稍晚也。天气虽热，然此间屡得大雨，早晚尚凉，比之沅叔与诸将终年在矮屋破棚之中，战争于烈日骤雨之下，苦乐相去远矣。尔等勿以为念。余拟将城内城外周览一过，七月中旬即可返棹回皖。洪秀全之逆尸昨已挖出亲验。李秀成之亲供亦将取毕。沅叔湿毒尚未愈也。

涤生手示

督科一请示禀批数字附还。

点评：验洪秀全之尸

关于验洪秀全之尸的事，曾氏在同治三年六月二十八日日记中有记载："熊登武挖出洪秀全之尸，扛来一验，胡须微白可数，头秃无发，左臂股左膀尚有肉，遍身用黄缎绣龙包裹。验毕，大风雨约半时许。旋有一伪官女，呼之质讯。据称道州人，十七岁掳入贼中，今三十矣，充当伪女侍之婢，黄姓。洪秀全于四月二十日死，实时宪书之二十七日也。黄氏女亲埋洪秀全于殿内，故知之最详。"

洪秀全生于1814年，死于1864年，享年五十一岁。今天的五十一岁人，尚属中年之列。据曾氏记载，五十一岁的洪秀全头秃得无一根头发，胡须也已变得微白，看来他是早衰。

谕纪鸿（进身之始，务知自重）

同治三年七月初九日

字谕纪鸿：

自尔起行后，南风甚多，此五日内却是东北风，不知尔已至岳州否？余以二十五日至金陵，沅叔病已痊愈。二十八日戮洪秀全之尸，初六日将伪忠王正法。初八日接富将军咨，余蒙恩封侯，沅叔封伯。余所发之折，批旨尚未接到，不知同事诸公得何懋赏，然得五等者甚少。余借人之力以窃上赏，寸心不安之至。

尔在外以谦谨二字为主,世家子弟,门第过盛,万目所属。临行时,教以三戒之首,末二条及力去傲惰二弊,当已牢记之矣。场前不可与州县来往,不可送条子,进身之始,务知自重,酷热尤须保养身体。此嘱。

> **点评:进身之始,务知自重**

六月二十二日,曾纪鸿辞别父母,离安庆回湖南参加甲子科乡试。此刻尚在途中。曾氏在种种大事纷至沓来的时候,仍不忘给小儿子写这封叮嘱信,叫儿子在此举世瞩目曾家的时候,尤当注意谦虚谨慎。

现在办事时兴拉关系,走后门。从这封信看来,一百多年前的风气大概也差不多。许多人在考试之前,多方联络,疏通关节,好让别人为自己的录取暗中出力帮忙。作为当今天下第一功臣的曾府二公子,长沙城里该有多少官绅士商想巴结讨好?只要开口,什么事都好办。曾氏深知世态人情,叮嘱儿子不要去与地方官拉拉扯扯,踏入社会的第一步,便要清清白白,自爱自重,不可仗父辈的功劳而走轻巧之途。

曾纪鸿这次乡试结果是落榜了。此事也从另一面看出当时的科考还是较为严格的。若考官们要借此巴结曾府,让二少爷中个举人,其办法总是可以想得出的。二少爷没有去走门子,考官们也没有存心去讨好,彼此都还规矩。

谕纪泽(兄弟同日封侯伯)

同治三年七月初十日

字谕纪泽儿:

今早接奉二十九日谕旨。余蒙恩封一等侯、太子太保、双眼花翎,沅叔蒙恩封一等伯、太子少保、双眼花翎,李臣典封子爵,萧孚泗男爵。其余黄马褂九人,世职十人,双眼花翎四人(余兄弟及李、萧)。恩旨本日包封抄回。兹先将初七之折寄回发刻,李秀成供明日付回也。

涤生手示

> **点评:兄弟同日封侯伯**

七月初八日,曾氏便从江宁将军富明阿咨送来的廷寄中,得知自己封一等侯，老九封一等伯，但没有亲自接到廷寄，不便上表称谢。初十日，正式接到六月二十九日的上谕。

这道上谕是接到曾氏二十三日捷报的当天拟的，可见当时两宫太后的喜悦之情。

上谕是这样嘉奖这批有功之臣的：曾氏赏加太子太保衔，锡封一等侯爵，世袭罔替，赏戴双眼花翎。曾国荃赏加太子少保衔，锡封一等伯爵，赏戴双眼花翎。李臣典锡封一等子爵，赏穿黄马褂，赏戴双眼花翎。萧孚泗锡封一等男爵，赏戴双眼花翎。

此外，还有一大批将领或获骑都尉、轻车都尉、云骑尉等世职，或给以布政使、道员、知府、提督、总兵等衔。

同一天，还颁发另一道上谕：加赏蒙古亲王僧格林沁之子以贝勒封号。官文锡封一等伯爵，世袭罔替，抬旗，赏戴双眼花翎。李鸿章锡封一等伯爵，赏戴双眼花翎。杨岳斌、彭玉麟、骆秉章均赏一等轻车都尉世职，赏戴双眼花翎。另外，尚有鲍超、都兴阿、冯子材等人获赏。

这年九月，左宗棠也获一等伯爵之赏；之前，他已获太子少保衔。同时获封爵之赏的还有鲍超：受封子爵。历时十四年之久的这场战争结束了。一人封贝勒，一人封侯，四人封伯，两人封子，一人封男。许多人封各种名目的世职。据曾氏说，封赏之厚，超过平三藩、平准部，为有清一代所仅见。

尤其是曾氏兄弟同日封侯伯，古往今来极为罕见。然而，以曾国荃为代表的一批吉字营将领大多不满意，他们认为赏轻了，不足以酬劳。前面说过，咸丰帝曾有"打下金陵封王"的许诺，后接受近臣所谏，采取以满人围金陵，用汉人打外围的战略。谁知事与愿违，结果打下金陵的还是汉人。

曾国荃自认为功盖天下，就是受封王之赏亦不为过，即便限于祖制，不能封王，公侯之爵也是可以封的，为什么只是伯爵，而且没有"世袭罔替"？所谓"世袭罔替"，就是世代承袭，若不触犯国法的话，子子孙孙都顶着这个封爵。比如曾氏便是"世袭罔替"的一等侯。他死后，其子纪泽承袭，世称"曾袭侯"。纪泽死后，其子广銮承袭。曾氏的侯爵只传了三代，那是因为清朝被推翻了，清朝廷的一切封赏自然跟着寿终正寝。

这都罢了，最让曾国荃不甘心的是，官文、李鸿章等都跟他一样的封一等伯爵。多了，滥了，他的一等伯爵就贬值了。同治三年九月初八日，曾氏在日记里写道："沅弟谈久，稍发抒其郁抑不平之气。余稍阻止劝解，仍令毕其说以畅其怀。沅弟所陈，多切中事理之言。"

老九的郁抑不平有很多，封爵不公是其中之一。他心中的另外不快，我们将在后面的评点中再谈及。

其实，据精通掌故的人说，老九的这个伯爵还是乃兄的"王"所分出来的，他不应当不平而应当窃喜。我们来看徐珂编《清稗类钞》中的一段话："粤寇之据金陵也，文宗顾命，深引为憾，谓有能克复金陵者，可封郡王。及曾国藩克金陵，廷议以文臣封王似嫌太骤，且旧制所无。因析而为四，封侯、伯、子、男各一。于是国藩封一等毅勇侯，世袭罔替，其弟国荃封一等威毅伯，提督李臣典封一等子，提督萧孚泗封一等男。"

此次获殊赏的子爵李臣典没有来得及领赏，早在八天前便一命呜呼了。李只有二十七岁，正是年轻力壮之时，如何突然死去呢？原来，李正是仗着自己功劳大，年轻力壮，进城之后荒淫过度。他没有死在炮子堆里，而是死于石榴裙下。另，据野史透露，萧孚泗后来成了湘军中哥老会的大龙头。堂堂朝廷所封的男爵，却做了江湖会党的头领。湘军高级将领的素质如何，可以从李、萧二人处略知一二。

致沅弟（老九遭各方攻击，郁郁不乐）

同治三年七月二十九日

沅弟左右：

数日未寄信于弟，想弟悬系无已。余于二十二宿芜湖，二十六宿池州，二十八坐一小舟回省寓中，内外平安。二十五日接到初七日所发一折之批、一明谕、一寄谕，舟中匆匆，尚未咨弟。兹接弟二十六日信，已赶办咨文矣。

弟撤勇之事，余必一一速办，除催李世忠及办里下河之捐外，再札上海官绅办沪捐六十万，并加函托苏、常绅士，必有所获，弟可放心。昨得云仙信，已办六万径解弟营矣。弟之退志，兄应成全，兄之门面亦赖弟成全。第一要紧守金陵、芜湖、金柱三处，第二要分一支出剿广德，以塞众望。即令朱南桂与刘松山、易开俊三人进剿广德。而弟处派三支，分防宁郡、泾、旌，或亦一道，望弟早为酌定。倘兄之门面撑立不住，弟亦无颜久居山中矣。熊登武、张诗日、刘南云三人，弟万万不可放走。陈舫仙稍迟一步，明年再退可也。此外孰留孰散，听弟裁酌，总不使我遽倒门面为要。千万千万。

弟肝气不能平伏，深为可虑。究之弟何必郁郁？从古有大勋劳者，不过本身得一爵耳！弟则本身既挣一爵，又赠送阿兄一爵。弟之赠送此礼，人或忽而不察，弟或谦而不居，而余深知之。顷已详告妻子知之，将来必遍告家人宗族知之。吾弟于国事家事，可谓有志必成，有谋必就，何郁郁之有？千万自玉自重。顺问近好。

点评：老九遭各方攻击，郁郁不乐

曾氏在金陵住了二十多天，于七月二十日返棹归皖，二十八日抵安庆城，二十九日即给老九写了这封信。他知道老九还在为封爵一事而郁郁，便开导他，又特别指出自己的侯爵都是他所赠送，并要将此遍告家人宗族，用以宽慰大功告成后却偏多忧愁的老九。

老九的忧郁不仅是封爵一事，还有别的。曾氏当然清楚，只是信里没有讲罢了，让笔者来略叙几桩。

一、放走了幼天王。这是令朝廷最为不满意的事。幼天王虽是十六岁少年，并无实际才干，但他名义上是太平天国的领袖，有很大的号召力和凝聚力。有他在，也就意味着太平天国并未灭亡。何况江南江北尚有二十万太平军将士存在，这些人马很有可能在他的旗号下再度聚集，整军复国。另外，令朝廷不快的是，曾氏六月二十三日的奏折中清清楚楚地写明"破城后，伪幼主积薪宫殿举火自焚"，事实并非如此。若上纲上线的话，曾氏兄弟有欺君之罪。

二、擅自杀李秀成。朝廷先后两次严令将李秀成槛送京师，讯明后依法处治。但曾氏兄弟抢在谕旨下达之前，便匆忙将李秀成杀了。这便让朝廷内外许多人产生疑问：是真的捕获了李秀成吗？为什么不押李到北京来？这中间难道有不可告人的目的？朝廷还为此密令江宁将军富明阿暗中调查。

三、财产去向不明。多年来外间纷传金陵城的圣库里金银如海、百货充盈。但曾氏七月七日的奏折中说"逮二十日查询，则并无所谓贼库者"，还说"克复老巢而全无货财，实出微臣意计之外，亦为从来罕闻之事"。这几句话，能让朝廷相信吗？朝廷还指望着这笔财富来办事哩，不料竹篮打水一场空。朝廷怎能不生气？

朝廷的强烈不满很快表现了出来。首先是六月二十六日上谕的严厉斥责："该逆死党尚有万余，曾国荃于攻克外城时，即应一鼓作气，将伪城尽力攻拔，生擒首逆。乃因大势粗定，遽回老营，恐将士等贪取财物，因而懈弛万一。该逆委弃辎重，饵我军士而潜出别道，乘我不备，冀图一逞，或伺间奔窜，冲出重围,切不可不虑。着曾国藩饬令曾国荃督率将士,迅将伪城克日攻拔,歼擒首逆,以竟一篑之功,同膺懋赏。倘曾国荃骤胜而骄,令垂成之功或有中变,致稽时日,必惟曾国荃是问。"

接下来是七月十一日廷寄的训斥:"曾国藩以儒臣从戎,历年最久,战功最多,自能慎终如始,永保勋名。惟所部诸将,自曾国荃以下,均应由该大臣随时申儆,勿使骤胜而骄,庶可长存恩眷。"

再往下,便是曾氏一连七次保举都被吏部打了下来。这在过去是从来没有过的事。曾氏以往的每次保举,朝廷都照准不误。狡兔刚亡,走狗便不受宠了。

紧接着,便是四面八方都说吉字营将金陵城内的财富打劫一空,为消灭罪证,有意放火烧了天王府和其他王府,并骂曾老九是"老饕"(饕即饕餮,为古代传说中的一种贪食的恶兽,后世以此比喻贪婪凶恶)。

老九虽获伯爵之封,受双眼花翎之赏,处于这种形势下,他的日子的确不好过。

事实上,这些指责都是有道理、有根据的。常言道,擒贼先擒王,打下金陵,却让幼天王逃跑了,缺憾不可谓不大。赵烈文说,幸而后来捕捉了李秀成,否则真是不能交卷出场。像李秀成这样的大人物,当然不能擅自处置。是怕李秀成供出金陵城里的金银财宝吗?无论如何,杀他有灭口之嫌。至于吉字营将士把金陵城财货打劫一空,则更是千真万确的事实。

"敲竹杠"有多种说法,其中一说便是针对此事的。说是吉字营将士将金银藏在竹杠里,用船载回湖南。后来被官府知道了,便设卡专门稽查。见有装竹杠的船便拦下,用棍子敲打竹杠。竹杠里若装了金银,响声与空竹杠明显不同,一敲便知道。一旦查出,便作私货没收。由此可见他们打劫银子之多。至今在湖南民间流传着一句话:"打开南京了!"这话的意思是说发大财了。最有说服力的还是赵烈文当时的日记:"所恨中丞厚待各将,而破城之日,全军掠夺,无一人顾全大局,使槛中之兽大股逃脱。"

照理说,事实是这样,曾国荃也没有必要太忧郁,但他有委屈之感。他的委屈是在与别人的比较中产生的。

同治二年,李鸿章在打下苏州后,在奏折中写明李秀成从小路搭桥而去。同治三年春,左宗棠打下杭州后,在奏折中也写明听王陈炳文等十万多人逃走。同是打下名城而让主犯逃逸,李、左都没有遭到指责。至于城破后抢劫,几乎是所有胜利之师的通病,为何独对吉字营要求这样严格?

老九的这些委屈,曾氏是深抱同感的。他知道自己的文字,即便是家信,日后也得公之于众,故不愿在信中挑明,只作如此泛泛劝解。

致沅弟（收回金陵后的三桩大事）

同治三年八月初五日

沅弟左右：

初四夜接初一夜来函，具悉一切。

贡院九月可以毕工，大慰大慰。但规模不可狭小，工程不可草率。吾辈办事，动作百年之想。昨有一缄，言主考房后添造十八房住屋，须将长毛所造仓屋拆去另造，即不欲草率之意。此间所购木料，中秋前可到一批，九月再到一批。

弟中怀抑郁，余所深知。究竟弟所成就者，业已卓然不朽。古人称立德、立功、立言为三不朽。立德最难，而亦最空，故自周、汉以后，罕见以德传者。立功如萧、曹、房、杜、郭、李、韩、岳，立言如马、班、韩、欧、李、杜、苏、黄，古今曾有几人？吾辈所可勉者，但求尽吾心力之所能及，而不必遽希千古万难攀跻之人。弟每取立言中之万难攀跻者，而将立功中之稍次者一概抹杀，是孟子钩金舆羽、食重礼轻之说也。乌乎可哉？不若就现有之功，而加之以读书养气，小心大度，以求德亦日进，言亦日醇。譬如筑室，弟之立功已有绝大基址，绝好结构，以后但加装修工夫。何必汲汲皇皇，茫若无主乎？

刘、朱两军，望弟迅速发来。必须安庆六县无贼，兄乃可撑住门面，乃可速赴金陵。至要至要。弟所遣散之勇，皆令在长沙领补全饷，必办不到。十八万盐本何能遽尔畅销？须令过长沙时暂补一半（遣散者今年发全饷，则留者皆不愿留），余则营官给一限期票与勇（余于萧、毛两军拟用限期票札）。弟给一限期札与营官，明年再补可也。顺问近好。

点评：收回金陵后的三桩大事

金陵城的收回，意味着太平天国的灭亡，也意味着湘军事业的大功告成。作为湘军的统帅，尤其是作为国家的大臣，曾氏本人并没有暂息肩的想法，他深知接下来的事情也不会轻松。我们在曾氏兄弟之间的往来家书中，可以看出曾氏这段时间在考虑三桩大事：撤军、撤厘、修建贡院。

湘军必须撤，这有多方面的原因。首先，湘勇本是团勇，不是国家的经制之师。事起而聚，事完而散。仗打完了，自应解散。其次，大部分勇丁在打仗过程中多多少少都积攒了一些战利品，军营辛苦，且无室家之乐，故而他们中许多人急于回乡，买田起屋，娶妻生子，过小康日子。第三，相对于战时而言，承平之时的军营更难管理。湘军中不少人是十多年行伍的老兵油子，军营习气极为严重，整个湘军内部腐败颓废之风蔓延，一旦无战事，便会生出许多麻烦事来，早一天遣散，早一天安静。第四，最重要的是，这支湘军，其实是曾氏兄弟的私家军队，十多年来，已锻炼成能征惯战的劲旅，且今日又是老子天下第一的功臣。这样的军队，哪个当政者都将视为卧榻旁的猛虎、脖子边的宝剑，何况今天的当政者是人数少的满族！他们从来就视汉族为其心必异的非我族类，入关以来严格限制汉人执掌军权，这些年来之所以授曾氏兄弟、李、左等人以兵权，乃是万般无奈下的应急之方。眼下仗打完了，湘军不撤，满洲权贵能安得下心吗？事实上，朝廷早已作了周密布置：蒙古亲王僧格林沁、江宁将军富明阿、镇江守将冯子材等都分布在金陵城的四周，正虎视眈眈地在盯着城内的一举一动。

撤军本身不是问题，只是历年来积欠的饷银太多，如何打发得当才不至于惹起事端，则是他一直在思考的事。

再就是撤厘。设卡抽厘，本是一件大为招怨的事，曾氏不能不知，但他既要募勇打仗，在没有国家提供充裕兵饷的时候，他只能如此。用兵之省抽厘尚有话可说，非用兵之省就完全说不过去了。提供厘金最多的非用兵之省是广东，所以曾氏把撤广东之厘摆在第一位，并建议朝廷以增加广东乡试文武之额四名来作为对该省的回报。

第三桩大事便是修建江南贡院，尽早举行甲子科乡试，以此来收买江南士人之心，借他们的口来颂扬曾制台的德政。

从咸丰三年三月起到同治三年六月止，十二年间，金陵城换了主人，过去在金陵城内每三年举行一次的乡试自然随之中止。除了咸丰九年曾借浙江举办过一次恩科并补行咸丰五年的正科外，其中有三届正科一届恩科共四科未办。江苏本人文荟萃之地，有清一代共举行过一百一十二届会试，取状元一百一十四名（其中顺治朝有两届满榜），其中江苏籍的状元为四十名，可见江苏科举之发达。正因为此，江南贡院便成为全国最大最有名的贡院。四届未行乡试，有多少习举子业的士人被困于此！通过科举考试进入仕途的曾氏，深知科考对于士人的重要性，也深知士人的口碑与文字在全国舆情中所占地位的重大。在金陵火烬未熄的时候，他便决定修复贡院，开科取士。

致沅弟（曾氏是否也有过狎邪游）

同治三年八月十四日

沅弟左右：

连接初七、八、十日三信，又专寄李少荃一信，具悉一切。弟肝病太久，元气已亏，何可轻服大黄？无论湿毒如何溃烂，切不可服大黄以伐根本。余于道光二十五、六、七、八等年遍身癣毒，其痛楚实为难受，澄、温诸弟曾见之。亦曾服攻伐之品，疑为杨梅疮而医之，终无寸效。后乃置之不理，头面渐渐去净，身上渐稀薄，痛愈而痒亦减。今已十有九年，竟得十痊其八。此等皮肤之疾，万无送命之理，断不可因此而妄伐本根。请弟全禁吃药，并禁敷药，不久必自痊愈。弟病比兄十年之病轻得多半也。至于弟之肝郁，此时尽可自化自解。谓立功非弟今世所能希冀，尤为可怪！古今立大功者，有几人过于弟耶？

南云病重，即在金陵调养，不必上来。王、戴二人之米银，即在此间给发期票期札，系与毛竹丹营中商定，众心愿从者。湖南人发湖南钱店之票，每张概系十两，当无不乐从者。否则，兄共裁五万人（弟二万五，此外裁希部一万，别部一万五，希部与湖北共之），今年何能了耶？昨日发一密片抄阅。即问近好。

点评：曾氏是否也有过狎邪游

曾氏一生以圣贤为榜样，立身处世皆以堂堂正正自励，故他死后得"文正"之特谥。但我们细读此信中的这句话："余于道光二十五、六、七、八等年遍身癣毒……亦曾服攻伐之品，疑为杨梅疮而医之，终无寸效，后乃置之不理。"倘若曾氏没有过寻花问柳的狎邪之行，医者诊断为杨梅疮，他必然会愤怒而决不肯吃治梅毒之药。但他居然吃了，表示他心中亦有怀疑。如此说来，他一定有过越轨的行为，故而拿不准而接受医者的治疗。

曾氏诗文集中有一首挽联是挽伎大姑的："大抵浮生若梦，姑从此处销魂。"有野史说，这个名叫大姑的妓女曾在湘乡县城颇为有名，曾氏与大姑关系较为密切，"浮生若梦"、"此处消魂"的话也完全是玩世不恭者的态度。野史还说，曾氏年轻时也曾风流过，后来进京师翰林院师从倭仁、唐鉴等理学大师后，才彻底走上正路。曾氏本名子诚，后改名国藩，以国之藩篱自勉。又自号"涤生"，取涤旧生新之意。这说明曾氏在成长的过程中有一个告别旧时之我的阶段。弃荒唐而归于洁身，或许也是其中的内容之一。

没有确凿无疑的证据予以坐实，姑存一疑问于此，供有兴趣者参考。

致沅弟（寿弟诗）

同治三年八月二十日

沅弟左右：

昨日一信，便寄兰泉书。今日乃弟四十一大庆，吾未得在金陵举樽相祝，遂在皖作寿诗，将写小屏幅带至金陵，以将微意。一则以纪泽寿文不甚惬意，一则以近来接各贺信，皆称吾兄弟为古今仅见。若非弟之九年苦战，吾何能享此大名？故略采众人所颂者，以为祝诗也。东坡有寿子由诗三首，吾当过之耳。顺贺寿祺。

点评：寿弟诗

同治三年八月二十日，为曾国荃的四十周岁生日，按当时的习惯算虚岁，则为四十一，也是大生。于公于私，曾氏都觉得应该为老九特别祝贺，故而写了一组寿诗，并于诗后题跋："甲子八月二十日，沅圃弟四十一生日，为小诗十三首寿之。往在壬戌四月，沅弟克复巢县、和州、含山等城，余赋诗四首。一时，同人以为声调有似铙歌而和之。此诗略仿其体，以征和者，且使儿曹歌以侑觞。"

我们抄录六首于后，并略加说明，聊供诸位欣赏。

"九载艰难下百城，漫天箕口复纵横。今朝一酹黄花酒，始与阿连庆更生。"曾老九咸丰六年组建吉字营，九年来收复不少城池，说好说歹的都有。今天为兄的举起一杯酒来，祝贺你九死一生而获得大功。阿连，即弟弟的爱称，典出《宋书·谢灵运传》。谢之族弟惠连甚有才华，谢很怜爱，亲昵地称之为阿连。后世文人遂以阿连为弟的代称。

"陆云入洛正华年，访道寻师志颇坚。惭愧庭阶春意薄，无风吹汝上青天。"陆机、陆云兄弟二人为三国名将陆逊之孙，均为西晋时期的著名文学家，世称之为"二陆"。此处的陆云即老九。曾氏入京做翰林的第二年，其父护送欧阳夫人与纪泽来京，同行的有老九，那时年方十七岁。老九在京师住了一年零八个月后回湘。曾氏惭愧自己无力让老九在京师获得好的境遇。

"几年橐笔逐辛酸，科第尼人寸寸难。一剑须臾龙变化，谁能终古老泥蟠？"老九寒窗苦读二十多年，直到三十二岁还只是贡生而已。三十三岁那年，他弃文就武，一下子便迎来好命运，像一条龙似的，从长年的蛰伏一跃而起了。

"河山策命冠时髦，鲁卫同封异数叨。刮骨箭瘢天鉴否，可怜叔子独贤劳。"

此为组诗中的第九首,讲老九历经千辛万苦,身上负伤多处,才赢得打下金陵的胜利,获封爵之赏。策命,书于简册上的辞命。古时,凡命诸侯及大夫,则以简册命之,以示郑重。此处策命,指朝廷的封赏上谕。鲁、卫,即鲁国、卫国。两国的诸侯都是文王的后裔,姬姓,故鲁、卫即兄弟。叔子,即西晋著名将领羊祜,他为西晋灭吴立了许多功劳,此处借指老九。

"左列钟铭右谤书,人间随处有乘除。低头一拜屠羊说,万事浮云过太虚。"这是组诗的第十首。一边是勒名钟鼎以纪功,一边是谤书陈列以攻讦。这种事情,自古以来便有,不足为怪。还是以屠羊说为榜样吧,荣誉也好,诋毁也好,都是天上的浮云而已,过眼即逝。

屠羊说是一个人的名字。这是一个很有趣的人,见于《庄子·让王》。有一次,吴国的军队打进楚国的都城,楚昭王弃城出逃,屠羊说跟着他一道逃跑。后来,吴军退出,楚昭王回都,要奖赏跟他一起共患难的人,其中便有屠羊说。屠羊说道:"您丢掉了国家,我也跟着丢掉宰羊的职业。您回国重新做王,我也重新做了屠夫。这就是奖赏,何必还要别的奖赏。"

昭王要手下人强迫他受赏。

屠羊说道:"您丢了国家,不是我的罪,我不应受罚。您收回了国家,也不是我的功劳,我也不应受赏。"

昭王要手下人带他来见。

屠羊说道:"楚国的法令,一定要有大功受重赏的人才能见大王。而我的智慧不足以安定国家,我的勇敢也不足以冲锋陷阵。吴军进城时,我是因为害怕才出逃,并不是有意追随大王。现在大王要超出常规来接见我,这不是我出名的正途。"

昭王听后,对身边的大臣说:"屠羊说身处卑贱而所说的道理却很高尚,你替我请他出来任三公之职。"

屠羊说道:"我知道三公要比宰羊的地位尊贵得多,万钟俸禄要比宰羊的所得多得多。但是,难道可以因为我的贪恋富贵而坏了大王的英名吗?我不能接受,我还是继续操刀宰羊为好。"

屠羊说因此以一个心胸旷达、不慕荣利的形象而受到后世的尊敬。

"童稚温温无险峨,酒人浩浩少猜疑。与君同讲长生诀,且学婴儿中酒时。"这是组诗中的最后一首。对待过去的一切不快,应当以童心和酒客的态度去对待,什么都不要再去计较了,摆在兄弟俩面前第一位的事情,便是今后如何保养身体,以求健康长寿。

显然,这组寿诗是以开劝老九为主题的。

致澄弟（老九开缺回籍）

同治三年八月二十四日

澄弟左右：

前接弟信，知已由李家送葬归来，具悉一切。

此间近状平安。沅弟之肝疾未平，湿毒更炽，克城封爵之后而郁抑之气并未稍减。余在金陵住二十余日，自六月二十五至七月初八、九，沅弟心神不怡，初十日至二十日，察沅心怀似稍开豁，病亦日减。近与余相隔二十余日，情复郁结，疾亦略增。余定于初一日起程，再赴金陵，家眷亦于初间同去，并于二十一日具折，为沅弟告病开缺回籍调理。沅见归期已近，或可速痊。然起行总在十月，但能归家过年，不能赶十一月初三也。

纪鸿想已抵家，在署一年，已沾染贵公子气习否？吾家子侄，人人须以勤俭二字自勉，庶几长保盛美。观《汉书·霍光传》，而知大家所以速败之故。观金日䃅、张安世二传，解示后辈可也。即问近好。

> **点评：老九开缺回籍**

无论乃兄如何规劝，老九总是心病重重、郁积难化，他决定辞职回家。名为养病，实为发泄不满：不满朝廷的赏不酬劳、偏听偏信，不满朝野内外对他和吉字营的指责。曾氏为老九代为递折。

奏折叙述老九病情严重，非回籍安心调养不可，又说明经手事件业已处置妥当；最后一段文字可谓佳极妙极："伏查臣弟曾国荃，春夏之交，饮食日减，睡不成寐，臣曾陈奏一次。然以一人而统九十里之围师，与群酋悍贼相持，自无安枕熟睡之理，亦系将帅应尝之苦，臣尚不甚介意。迨克城之后，臣至金陵，见其遍体湿疮，仍复彻夜不眠，心窃虑之。近十数日不得家书，询之来皖差弁，知其肝火上炎，病势日增，竟不能握管作字。幸值撤勇就绪，军务业经大定，地方又无专责。合无仰恳圣恩，俯如所请，准曾国荃开缺回籍调理，一俟病体就痊，即令奏请销假入都陛见，跪求圣训。"

明为述病，实为表功。对于这样因勤劳王事而病体沉重的有功之臣，朝廷还要指责猜忌，能说得过去吗？曾氏幕府的奏章，有"天下第一疏"之称，此折可为一例。

九月初四，朝廷颁发上谕，在说了一大通称赞的话之后，准予曾国荃开缺，并赏人参六两以示安慰。

初八日，曾氏由安庆乘轮船抵金陵城。两江总督衙门已空了十二年，而今迎来战后的第一位总督。曾氏做了五年的江督，其衙门一直在流亡途中，现在算是回家了。

致沅弟（左宗棠奏报幼天王已逃）

同治三年十月初六日

沅弟左右：

　　前日握手后，未刻即至大胜关，申刻入城。是日东风甚微，上水不能迅速，闻弟舟仅至太平也。纪鸿儿与金二外甥于初五日巳刻入署，不知在何夹内与弟船相左，渠等在裕溪口闻弟舟先已过去。金二将纪瑞家信交亲兵手，想弟已接阅矣。

　　昨日接席宝田禀言玗王事、左季高奏片言幼主事。又接部文言江南主考事。兹并抄寄弟处。主考果系刘韫斋先生，不出兄之所料，想弟与雨农必服兄之神算也。

　　苞堂言运库可提银五万，渠办新引十万金，皆于十月可到。合之丁雨生之款，十月不至甚窘，当解四万与刘、朱三军。若再得山内粮台四万金，刘、朱等便可至鄂境合剿（若不越境，情理似说不去；若无现饷，事势又行不去），而以李、王、易三军分扎宿、太，以为后继之师。弟以为可，则请于过皖时告知刘、朱及马、何诸公也。顺问近好。

点评：左宗棠奏报幼天王已逃

　　金陵城破后吉字营各路人马忙于打劫财富，让幼天王带着一班天国主要将领逃出城外。此事成为朝野各方攻讦曾老九的主要口实，也成了老九的一块心病。他非常忌讳别人提这桩事，但吉字营外的湘军、楚军、淮军及绿营、八旗等却对此欣喜异常，好比一个宝贝从城内流失于外，谁获得，谁将得重赏发大财。于是，人人都在打探这支人马的去向，人人都想成为侥幸者。

　　左宗棠最先得到了这个信息。他手下有一个提督衔总兵刘明灯在安徽歙县的一次胜仗中，意外发现了李秀成的干儿子二殿下李士贵。据李士贵招供，六月十六日夜里，幼天王一行的确从太平门缺口冲出，出城后分为两支。幼天王这一支里有养王吉庆元、李秀成胞弟杨王李名成，及李秀成之母与两岁的亲生子。李士贵亲眼见过幼天王。幼天王留着剪齐的至肩长发。这一行由湖州逃到广德州,再南下经宁国到歙县。李士贵在此地被捕。幼天王及佑王李远继、偕王谭体元、干王洪仁玕、杨王李名成、李秀成的母亲与儿子等人先已渡河继续南下。

左宗棠将这一重要军情于九月十五日奏报朝廷。这就是信中所说的"左季高奏片言幼主事"。曾、左之间的交恶由此引起,以后嫌隙越来越大,一直到曾氏病死,整整八年,两人不通音问,只有公文往来,无片纸私函。

幼天王一行为什么南下呢?这是因为当时侍王李世贤的人马在江西建昌、抚州一带,他们是去投靠李世贤的,会合后准备再去湖北会抚王陈得才。然后,拟踞荆州、襄阳,以图再起复国。

他们取道皖浙交界地入江西铅山。九月初九夜三更,他们在石城县被湘军将领席宝田的部队所包围,幼天王及干王洪仁玕、昭王黄文英等同时被捕。十月二十日,幼天王在南昌被杀。五天后,洪仁玕亦被杀于南昌。自从幼天王死后,太平天国的旗杆就彻底倒了,太平军余部李得才、李世贤、汪海洋等军不久后相继瓦解。闹腾十四年、纵横十六省的太平天国起义至此平息。

捕获幼天王的席宝田属于湘军中的另一支系。这一支系的头领是刘长佑、刘坤一叔侄。他们长期在广西一带作战。同治二年,席宝田与江忠义一道来到江西,他当时决没有料到,万众所瞩的这个宝贝最后竟落到他的手里。席因此获云骑尉世职,赏穿黄马褂,授贵州按察使实职。

致沅弟（新的使命）

同治三年十月十四日

沅弟左右:

自前发二信后,闻柳寿田割耳事,恐伤弟之肝气,甚不放心。又闻弟意欲除吉中二字各勇,必不舒服,因札撤柳之委。若余无此札,各统领不能不遵弟札行事。一去吉中二字,则水陆相仇无已时矣。兄为弥息争端起见,不知果妥否?接弟初十日在大通所发一咨,未接信函,不知病势加重乎?减轻乎?

十三夜接奉寄谕,督篆交少泉暂署,饬余赴鄂皖之交剿贼。少泉三日内可到。余交卸后,拟即力陈精力已衰,请解兵柄,实不愿赴楚界,更不愿赴他处矣。弟闻此信,未免更增郁结。然此次寄谕与七月各寄谕,朝廷于外间艰难实未周知。吾辈坦然安之若命，正不必稍怀悒悒。弟难作字，请朱心楷代写病状告我。顺问近好。

点评：新的使命

发源于皖北，活动于皖、豫、鲁、苏、鄂一带，以私盐贩子和无业游民为主体的捻军，其兴旺时期在咸丰五年至同治二年之间，随着领袖张乐行的死去，其势力也渐趋衰落。金陵城破后，太平军余部大部分陆续瓦解，但以遵王赖文光为首的一支人马与捻军首领张宗禹、任化邦联合起来了，用太平军制改组捻军。因此，这一支人马又日渐活跃起来，成为清朝廷的头号大敌。

十月十三日，曾氏在金陵督署接朝廷旨令："现今江宁已臻底平，军务业经蒇事，即着曾国藩酌带所部，前赴皖鄂交界督兵剿贼，务其迅速前进，勿少延缓。李鸿章前赴江宁，暂署总督篆务。江苏巡抚，着吴棠暂行署理。"

此处所谓的"贼"，即赖文光、张宗禹所领导的捻军。从内心来说，曾氏并不愿意接受这个新的使命。其原因大致有如下几点：一、捻军不能与太平军相比，即便很快赢得胜利，也不能为他增添多少荣耀；二、曾氏已心力交瘁，不堪再荷重负；三、湘军中的精锐之师正在裁撤中，已无得力人马再上前线；四、捻军擅长骑术和流动作战，这两点均为湘军之弱，实不易对付。

但曾氏的性格与老九大不一样，他办事多顾虑，且老九已开缺回籍，他不能再做违背朝廷旨意的事，只得硬着头皮答应，勉力而行。

十月十七日，李鸿章从苏州来到金陵，与曾氏商量接篆及剿捻之事。鉴于湘军的现状，李提出由刘铭传、李鹤章统率两支淮军渡江而北，上援皖鄂。就在这次会面时，曾氏作出一个对李鸿章本人及中国近代政局至关重要的决定：在撤湘军的同时，扩大淮军。

淮军成军晚，尚未到全面衰暮期，比湘军有生气，战斗力强，又得到上海及苏南商贾的支持，饷银一向不缺。捻军的活跃，使曾氏意识到，不能将多年来所培植的军事力量一下子全部减杀，保持一支有战斗力的军队仍十分重要。湘军已在撤勇阶段，不能挽回，淮军没动，正好不撤。除此之外，还有一个重要原因促使他作出扩大淮军的决定，那就是湘军中有一批人不愿意离开军营回家乡。这批人从戎多年，已习惯于军旅生活，打仗是行家，对种田务工反而不喜欢了。曾氏便让他们改头换面，从湘军转入淮军。对此，四十二岁身体强健雄心勃勃的李鸿章欣然赞同，他借此大力扩展淮军。从那以后，湘军便渐为淮军所取代，成了中国军界的主力。后来的北洋军，其实就是从淮军中衍生的。淮军影响近代中国的政局，也确保李鸿章在曾氏死后的三十年中执掌晚清军事、外交大权的不可撼动的地位。

关于这次重大的会谈，曾氏年谱中只给了寥寥数句的记载："公与商裁退楚军，进用淮勇。"

十一月初三日，曾、李二人在金陵举行总督关防交接仪式。隔了两天，一道上谕下来，说鄂皖捻军已被肃清，曾氏不用离开金陵，督印也不要交了。李鸿章已来金陵，就不必急着回去，即命充当乡试监临，待乡试结束后，再回苏抚本任。两江总督的大印，李鸿章只掌了两天，便又交了出来。

致澄弟沅弟（甲子科江南乡试）

同治三年十二月十六日

澄、沅弟左右：

腊月初六日接沅弟十一月十七日信，知已于十六日平安到家，慰幸无已。初九日接澄弟十一月初十日信，具悉一切。

此间近状平安。少泉于初六日起行，初十日已抵苏州。余于十四日入闱写榜，是夜二更发榜，正榜二百七十三，副榜四十八。闱墨极好，为三十年来所未有。韫斋先生与副主考亦极得意，士子欢欣传诵。韫师定于二十六日起程，平景孙编修奏请便道回浙。此间公私送程仪约各三千有奇。各营挑浚秦淮河，已浚十分之六，约年内可以竣事。

澄弟送萝卜丝，谢谢。以后请无他物，太远，多费船钱也。其所劝大臣大儒致身之道，敬悉敬悉。惟目下精神实不如从前耳。顺问近好。

点评：甲子科江南乡试

通常的乡试，都定于八月初，最后一场为十五日，考生交卷出场后恰赶上中秋节夜里的赏月。故乡试又称为秋闱，与春闱（会试）相对应。甲子科的江南乡试，出于修复贡院及让考生多一点准备时间的缘故，延至十一月初六日正式点名入闱，入场人数达一万三千多人，父子同来的不少，甚至还有祖孙三代结伴而来的，实为中国科场空前绝后之仅例。

初八日至初十日为头场，十一日二场，十五日三场。这些天金陵雨雪交加，天气极冷，考生不但要应付繁重的考试，还得在号房过夜，苦不堪言。

十二月十四日，曾氏入闱写榜。从上午八时起一直写到傍晚才将正榜写完，吃过晚饭，从七时起又写到近十时，将副榜写完。这次乡试共录取正榜二百七十三人，副榜四十八人。第一名为江都人江璧。

通常江苏乡试录取举人七十名左右，这次因为四科作一次考，故录取人数也约为四倍。

这次考试所放的正主考为太仆寺少卿刘昆，是一个老资格的官员；副主考翰林院编修平步青，才三十二岁，可谓青年才俊。江苏是富庶之地，这次考生又特别的多，考试结束后，官方所送和新举人所凑的谢银共六千两，外加户部所发的程仪一千两，正副主考各分三千五百两银子，真是发了一笔大财。当年曾氏主考一次四川乡试只得银二千余两，比他们少多了。

剿捻失利（1865—1867）

英雄迟暮

——唐浩明点评曾国藩家书

凡事皆有极困极难之时，打得通的，便是好汉。

天下事无所为而成者极少，有所贪有所利而成者居其半，有所激有所逼而成者居其半。

以能立能达为体，以不怨不尤为用。立者，发奋自强，站得住也；达者，办事圆融，行得通也。

致澄弟沅弟（老九借病拒不应诏）

同治四年（1865）三月初四日

澄、沅弟左右：

初二日接奉寄谕，饬沅弟迅速进京陛见。兹用排单恭录谕旨咨至弟处。上年十二月，韫斋先生力言京师士大夫于沅弟毫无闲言，余即知不久必有谕旨征召，特不料如是之速。余拟于日内复奏一次，言弟所患夜不成寐之病尚未痊愈，赶紧调理，一俟稍痊，即行进京；一面函商臣弟国荃，令将病状详细陈明云云。沅弟奉旨后，望作一折寄至金陵，附余发折之便复奏。

余意不寐屡醒之症总由元、二两年用心太过，肝家亦暗暗受伤。必须在家静养一年，或可奏效，明春再行出山，方为妥善。若此后再有谕旨来催，亦须稍能成寐，乃可应诏急出。不审两弟之意以为何如？

筱荃来抚吾湘，诸事尚不至大有更张。惟次山以微罪去官，令人怅怅。沅弟前函有长沙之行，想正值移宫换羽之际，难为情也。

点评：老九借病拒不应诏

曾氏初二接到的这道上谕，二十二天后，曾国荃在湘乡老家也接到了。上谕全文如下："上年江宁克复后，曾国荃因病陈请开缺回籍调理。当经降旨，令该抚病痊即行来京陛见。迄今已及半载，该抚病体当可渐次就痊。朝廷以该抚功绩昭著，且年力盛强，正可借资倚任，着曾国藩传知曾国荃，如病已就痊，即行来京陛见。现当勤求治理，需才孔亟之时，该抚慎勿遽萌功成身退之念，以副期望。"

曾国荃以"湿疮未愈，怔忡数发"为由，拒绝进京陛见。

身体有病是一个原因，但更主要的还是心中有病，所以曾氏要借来自京师的太常寺卿刘昆的话来宽慰他。

曾老九虽有专横霸道、贪财好货的毛病，但他能够率性葆真，敢于冒丢掉乌纱帽的风险来顶撞朝廷，这种胆量也不是那种在官场酱缸里浸软了骨头、离开官场便一无所用的职业官吏所能有的。

致沅弟（慈禧与恭王矛盾的初次暴露）

同治四年三月十八日

沅浦弟左右：

十七日接奉三月初八日寄谕，首行军机大臣之上少议政王三字，殊堪大诧。以前无不有此三字者，虽恭王病假之时，亦尚有之。三月初六日寄谕亦尚有之，若非生死大变，则必斥逐，不与闻枢密大政矣。此事关系绝大，不胜悚惧。

顷又闻河南之贼窜至山东单县、汶上，僧邸亦追至汶上。汶上去山东省城仅二百余里，去直隶境亦二百余里，深为可虑。

有识之士与相爱之友多劝弟暂缓出山。余意亦欲弟久养病躯，闭户三年，再行出膺艰巨。若各路不靖，则恐又有征召之旨。弟身体未瘥，总宜再三斟酌。如有复奏之疏，专人至鄂，搭洋船至金陵，由余代递，最为妥叶，免致兄弟辞意两歧也。

> **点评：慈禧与恭王矛盾的初次暴露**

咸丰十一年七月中旬咸丰皇帝病逝于热河行宫，两宫皇太后与咸丰帝的两个亲弟六爷恭王、七爷醇王内外联手，除掉了顾命八大臣，朝廷格局作了彻底改变。六岁的小皇帝继续在上书房里读书，慈安、慈禧两宫太后垂帘听政，以恭王为军机处领班，为表尊崇，前面再冠以"议政王"三个字，以示与过去一般的军机处王大臣相区别。

咸丰帝的皇后钮祜禄氏才地平庸，于政治亦无多大兴趣，虽名位在前，其实是个空的，实权在慈禧手中。慈禧略通文墨，机敏干练，有极强的政治欲望。咸丰在病重时，慈禧曾代他看过折。这种历练也带给她以处理国事的实际能力。母以子贵，在同治帝登基的第二天，她与钮祜禄氏共封太后。她的妹妹为七爷醇王的正福晋，醇王也自然跟她亲近而跟钮祜禄氏较疏。相反的，恭王因不满慈禧的揽权而偏于钮祜禄氏。就这样，当年因共同利益而结成联盟的这个皇室集团，在执掌大清最高权力的日子里产生了裂缝，且缝隙越来越深。慈禧对恭王的嫌隙，酿造了中国晚清政坛恭王三上三下的有趣故事。

这封信里所说的便是恭王当政后的第一次下台。

恭王当政后权力大增，然开支也跟着增大，尤其是宫中需索过多，他为银钱不够周旋而忧虑。他的岳父桂良做过地方督抚，知道督抚的生财之道，便告诉他学督抚的惯用手法：收门包。恭王依照此法而行，果然财货滚滚而来，但恶名也便随之而起。慈禧知道后，对恭王颇为不满。

两宫与恭王商量国事时，太监在给两宫上茶时也给恭王上茶。有一次，太监忘记给恭王上茶了，恭王拿起慈禧的茶杯，欲喝时，突然发觉拿错了，立时放下。慈安对恭王的这个举动笑了起来，但慈禧心中却不快。

慈禧身边有个受她宠信的小太监，名叫安得海。此人是个仗势为非的小人，他总是不断地向内务府索求。因为有慈禧的支持，大家敢怒不敢言。有次他刚领一套上好瓷器，没过几天又来领。管理者向恭王诉苦。恭王教训安得海：财力艰难，不能浪费。第二天，安得海尽挑些缺边少角的碗盘给慈禧上菜。慈禧惊问何故。安得海以恭王不准领取为对。慈禧又一次在心里记下了恭王的不是。

御史蔡寿祺上书指责恭王贪污受贿，慈禧告诉恭王此事。恭王竟然当着慈禧之面大声说蔡寿祺不是好人，弄得慈禧大为不快。

种种不快不满加在一起，终于引起了慈禧对恭王的愤怒。她亲自拟了一道上谕，革去恭王的一切差委。慈禧读书不多，一道短短的上谕错别字连篇。我们照实抄录，以飨读者，只将改正的字置于其后的括号中。

"谕在廷王大臣等同看。朕奉两宫皇太后懿旨，本月初五日据蔡寿祺奏，恭亲王办事徇情贪墨，骄盈揽权，多招物议种种情形等弊。嗣（似）此重情，何以能办公事？查办虽无实据，是（事）出有因，实属暧昧知（之）事，难以悬揣。恭亲王从议政以来，妄自尊大，诸多狂敖（傲），以（倚）仗爵高权重，目无君上。看朕冲龄，诸多挟致（制），往往谙（暗）始（使）离间，不可细问。每日召见，趾高气扬，言语之间，许多取巧，满口胡谈乱道。嗣（似）此情形，以后何以能办国事？若不即早宣示，朕归（亲）政之时，何以能用人行正（政）？嗣（似）此种种重大情形，姑免深究，方知朕宽大之恩。恭亲王着毋庸在军机处议政，革去一切差使，不准干预公事，方是朕保全之至意。特谕。"

错别字虽多，意思还是说清楚了，而且将革职说成是保全，也足见慈禧有借用文字来为自己掩饰的能力。

上谕下达后，引起朝廷内外极大的震动。以咸丰帝亲弟五爷惇王为首的一批王大臣不赞成罢免恭王的职务，竭力谏争。又劝恭王向慈禧赔不是，求得慈禧的宽恕。恭王是个性格脆弱的人，他接受惇王等人的规劝，向慈禧涕泣检讨，终于得到了慈禧的宽谅，又降旨命恭王继续做军机处领班大臣，但"议政王"的头衔始终未予偿还，算是对他的薄惩。

这一场叔嫂斗法的纠纷至此平息。

历史上，许多论者都认为这场纷争背后的重要人物是醇王。是醇王在里面制造事端，予以挑拨，他的目的是倒恭而让自己上台，所以上谕中才有"暗使离间，不可细问"的话。曾氏身边便有人持这种看法，这可以从赵烈文的《能静居日记》中看出。赵烈文同治四年四月初二日记中全文抄录了慈禧手写的这道上谕，并于其后作了评论："闻蔡系江西人，醇邸之党，然此事不过借以作引。其恭、醇二邸衅隙已久。醇邸福晋，圣母之妹，故圣母右之，而母后颇倚任恭邸。谕中'暗使离间'之语，其故可想。醇邸素性轻僄，疾其兄之专权，久有眈眈之意，去年曾上疏请与诸王轮流带领引见。盖惟此差可出入内廷，帘前面对，视军机议政为尤重也。朝廷之不能长治久安，余与沅帅恒言之，今果然矣。晋之八王纷争，元之宗室谋统，可为寒心。"

圣母即慈禧，母后即慈安，沅帅即曾国荃。赵烈文此时在曾氏幕府。在曾国荃离开金陵之前，他一直在曾国荃身边，常常与之谈到朝廷很可能不会长治久安的话，想不到得到应验，并担心出现晋代的八王纷争、元代的宗室内乱的政局。作为亲信幕僚，赵的思想必然受曾氏兄弟的影响，当然，曾氏兄弟的思想也会受到赵的影响，故曾氏劝老九暂缓出山，甚至可以在高楣山的林泉之间闭户三年。由此可见，朝廷内部的一举一动，对远在江南的曾府的决策都有决定性的影响。

致澄弟沅弟（替代僧格林沁北上打捻）

同治四年五月初五日

澄、沅弟左右：

日内未接弟信，想家中各宅平安。

余于初二日接奉廷寄，饬余出省督师剿贼，尚未开江督之缺，不过驻江南境内。初三日接奉廷寄，则僧邸在郓城阵亡，饬余赴山东督剿，以李少荃署江督，刘松岩护苏抚。现约少荃于月半后来宁，余于月底起行。金陵之八千人，现札令愿随征者，自告奋勇，愿撤散者，遣发回籍，各营自行具禀。或北征，或西归，拟令同日起行。但留一营护卫衙署，暂不搬动。家眷应否回湘，秋凉再作计较。

淮勇现有刘铭传等万余人在徐州，张树声三千五百在清江，余拟带此万四千人赴东,此外又调寿春镇易开俊三千人以行。金陵之告奋勇者,无论多少,皆与易同打一路。此外,令申甫至山东就地新募马勇数百。合计二万余人,当足以御寇氛。

沅弟复奏之折业已拜发,兹将原稿寄回。

点评:替代僧格林沁北上打捻

在朝廷派出的镇压太平军的正规军中,有一支特别的队伍,即僧格林沁指挥的蒙古马队。

满人入关以后,非常注重与蒙古人的联姻。通过联姻的形式,提高蒙古人的地位,加强满人对汉人的统治力量。后妃中有不少人出于蒙古,顺治帝的生母、康熙帝的祖母庄妃便是其中最出名者。皇室中的公主、格格们也有不少下嫁蒙古。僧格林沁的嫡母便是道光帝的妹妹、咸丰帝的亲姑姑。尽管这位公主本身并未生育,但他哺养的僧格林沁仍得到咸丰帝以表兄相待的礼遇。僧格林沁十四岁受封郡王,四十四岁封亲王,咸丰三年任参赞大臣,会同钦差大臣胜保防堵太平天国的北征军。同治元年,僧格林沁奉命统辖鲁豫军务,与节制苏皖赣浙四省军务的曾氏,共同对付太平军与捻军。因为此,在金陵城攻下后,他为儿子挣得一个贝勒爵位。同治四年四月,僧格林沁在山东菏泽高楼寨

僧格林沁(1811—1865)

遭到捻军的围歼,惨败,他的命也丧于此地。僧格林沁一死,蒙古马队便失去了战斗力。朝廷遂命曾氏带兵北上山东,取代僧格林沁及蒙古马队。曾氏刚刚庆幸免去了鄂皖之行,却最终逃脱不掉转战沙场的苦命运。情形跟去年十月一个样:曾氏带兵外出,李鸿章署理两江总督。

致澄弟沅弟（不望富贵，愿代代有秀才）

同治四年五月二十五日

澄、沅弟左右：

纪瑞侄得取县案首，喜慰无已。吾不望代代得富贵，但愿代代有秀才。秀才者，读书之种子也，世家之招牌也，礼义之旗帜也。谆嘱瑞侄从此奋勉加功，为人与为学并进，切戒"骄奢"二字，则家中风气日厚，而诸子侄争相濯磨矣。

吾自奉督办山东军务之命，初九、十三日两折皆已寄弟阅看。兹将两次批谕抄阅。吾于二十五日启行登舟，在河下停泊三日，待遣回之十五营一概开行，带去之六营一概拔队，然后解维长行。茂堂不愿久在北路，拟至徐州度暑后，九月间，准茂堂还湘。勇丁有不愿留徐者，亦听随茂堂归。总使吉中全军人人荣归，可去可来，无半句闲话惹人谈论，沅弟千万放心。

余舌尖蹇涩，不能多说话，诸事不甚耐烦，幸饮食如常耳。沅弟湿毒未减，悬系之至。药物断难奏效，总以能养能睡为妙。

> **点评：不望富贵，愿代代有秀才**

纪瑞为曾国荃长子，此时年方十六岁，得中秀才。十六岁中秀才，在科场虽不算很年轻，但在曾家，也算是功名早达了，值得曾府上下庆贺。曾氏因此大发了一通议论。曾氏此论，与数年前写给儿子信里说的"不望子孙做大官，只望做明理君子"，是一脉相承的。曾氏的这种思想，实在是十分清醒而明智的。

说其清醒，是指曾氏对做官与读书二者看得清楚透彻。官场因是名利渊薮，故为众人所向往；又因其名额有限，故而为众人所争夺。于是官场便成为勾心斗角、倾轧挤压之地，且权力又启人贪婪之心思。所以，久处官场，人易于变得或阴险，或圆滑，或贪心。总之，人的心灵容易被扭曲。所以，老于宦海的曾氏知道做官也并不是很好的行当。早在道光二十六七年，他就萌生了弃官回籍的念头。相反的，读书可以让人更多地懂得生命的真趣味，在领略前人智慧的过程中陶冶自己的性灵情操，在不与人争斗的环境中享受天君泰然、心境平和的乐趣。二者相较，若家境宽裕、不愁稻粱的话，做个读书人实在是比做个官吏要好得多。

说其明智，是说曾氏知道做不做得成官、能做多大的官，不是自己所能掌握的，通常是握在别人的手里。首先，科名这一关能不能过，便不可知，所谓"功名乃前世事"，说的便是这层意思。此外，做官后能不能常获迁升，也不可知。

不要以为有才干有政绩便一定升官,那是天真的一厢情愿,许多庸才反而官运亨通,他有的是另一种本事。若一心一意要做官,但又做不成,或一门心思想升官,却又仕途坎坷,那反而会给自己带来无穷无尽的痛苦、怨尤,不如干脆不想那档子事,陶醉于书卷中,尚可与人无干,自得其乐。

曾氏的这种思想,实际上是一种很平实的治家之方。我们今天的父母应该从中得到某些启示。现在的父母大都望子成龙,巴盼儿子长大后做老总、做明星、做大官,其实那都很渺茫,还不如鼓励他们做个明道理的好人、有健康体魄的正常人现实得多。

曾氏这次北上打捻,带去的易开俊、刘松山等部湘军九千人及刘铭传、周盛波、张树声、潘鼎新等部淮军二万二千人,共三万余人。

谕纪泽(夜饭不用荤为养生之道)

同治四年闰五月十九日

字谕纪泽儿:

接尔十一、十五日两次安禀,具悉一切。尔母病已全愈,罗外孙亦好,慰慰。

余到清江已十一日,因刘松山未到,皖南各军闹饷,故尔迟迟未发。雉河、蒙城等处日内亦无警信。罗茂堂等今日开行,由陆路赴临淮。余俟刘松山到后,拟于二十一日由水路赴临淮。

身体平安。惟廑念湘勇闹饷,有弗戢自焚之惧,竟日忧灼。蒋之纯一军在湖北业已叛变,恐各处相煽,即湘乡亦难安居。思所以痛惩之之法,尚无善策。

杨见山之五十金,已函复小岑在于伊卿处致送。邵世兄及各处月送之款,已有一札,由伊卿长送矣。惟壬叔向按季送,偶未入单,刘伯山书局撤后,再代谋一安砚之所。该局何时可撤,尚无闻也。

寓中绝不酬应,计每月用钱若干?儿妇诸女,果每日纺绩有常课否?下次禀复。吾近夜饭不用荤菜,以肉汤炖蔬菜一二种,令其烂如蘼,味美无比,必可以咨培养(菜不必贵,适口则足养人),试炖与尔母食之(星冈公好于日入时手摘鲜蔬,以供夜餐。吾当时侍食,实觉津津有味,今则加以肉汤,而味尚不逮于昔时)。后辈则夜饭不荤,专食蔬而不用肉汤,亦养生之宜,且崇俭之道也。颜黄门(之推)《颜氏家训》作于乱离之世,张文端(英)《聪训斋语》作于承平之世,所以教家者极精。尔兄弟各觅一册，常常阅习，则日进矣。

涤生手草（清江浦）

点评：夜饭不用荤为养生之道

信中所言的这个"亦好"的罗外孙，其实很不好，没有多久便夭折了。这个小儿是被炮声吓死的。此事曾纪芬的《自订年谱》中提到了："朝命文正公带兵北上，以五月二十五日启行。先是，适罗氏姊于三月二十八日在署中生子，及是亦乘吉日携幼回湘。姊之姑为罗忠节之妾，性颇悍厉。姊惮于行，临别悲恋不已。又文正公出署登舟之际，全城水陆诸军举炮送行，其声震耳，久而不绝。其子因惊致疾，已登舟，疾甚，遂折回署中也。医治无效，竟殇。"

先是想趁着父亲出征的大吉日子回湖南，不料送行的炮声将怀中刚出生两个来月的婴儿给吓死了。本来就惧怕恶婆婆，这下又将她的孙子给弄没了，曾纪琛在罗家的日子就更不好过了。两年后，纪琛生了一个女儿，不为夫家所喜。鉴于自己的身体不好，难以再生育，纪琛亲自出面，为丈夫罗兆升找了一个小十多岁的女子洪氏为妾。后来，罗兆升到陕西做小官，又在那里纳了一妾。光绪十四年，罗兆升死于任上，年仅四十三岁，死时仍无儿子。过了几个月，洪氏妾为他生了个遗腹子。从此，三个寡妇守着这个单丁过日子。侯门家的这个三小姐一生也够苦的了。

湘军在短时期内大规模地裁撤，留下不少后患。最大的问题便是欠饷无法补还。咸丰三年，曾氏组建湘军之初，亲自为勇丁制定月薪：什长四两八钱，亲兵四两五钱，正兵四两二钱，伙夫三两三钱，连为军营挑担的长夫一个月也有三两银子，而当时七八钱银子便可买一石谷。

湘军的薪水比绿营、八旗的都要高，故而投军者很多。初期，湘军也主要靠这种优厚的薪水来稳定队伍。但后来，因为兵勇的大幅增加及筹饷的艰难，饷银不能按时足额发放，各营各部无一不欠饷，即便是后起的淮军，有上海绅商的支持，也只能发半饷。年复一年的拖欠，这个数目便可观了。许多勇丁，都指望着拿到这笔钱回家买田起屋，现在一下子说声没了就没了，他们如何不恼火？于是，聚众闹饷，便成了湘军裁撤后的一个普遍现象。六天前，曾氏在给老四、老九的信中说："徽、休、青阳三军闹饷，情同叛逆。"可见，这件事已经被闹得很严重了。对于闹饷之风，曾氏分别采取借银补还一部分及以盐票代替等办法来平息，有的则派军队予以强力弹压。

大部分欠饷的勇丁都没有得到多少补还，他们于是结团打伙流落江湖不回原籍，哥老会便成了他们最得力的组织。在哥老会的旗帜下，他们打家劫舍啸聚山林，活跃在长江中下游一带，最兴旺的时期曾达到二三十万人马。后来，他们中的一部分人与反满革命势力联合起来，成为推翻满清王朝的一股重要力量。九泉之下的湘军创始人，面对着这种与他初始愿望绝对相反的结局，不知作何感慨！当然，这都是后话了。

曾氏在信中教给后辈一个养生之法：晚餐专吃蔬菜，不沾荤。现在的保养经验，也有"晚餐吃得少"一说。这与曾氏的养生之法在道理上是一致的，即晚上人活动少，睡得早，吃得过多过好，都不宜消化吸收，肠胃中堆积太多未经消化吸收的食物，对身体无益而有大害。早在西汉初年，人们就认识到了这个问题，故枚乘的《七发》里有"甘脆肥脓，命曰腐肠之药"的说法。现在物资丰富，餐餐鱼肉鸡鸭不断，吃起来是舒服快乐，但富贵病也便随之而起。但多素少荤、晚餐少食，往往只为那些年过半百以上、已发觉满身都是病的中老年人才信奉，身体强壮的年轻人则总是不屑一顾的。不知有没有青年读者愿意长期奉行曾氏所说的晚餐素食的家教，或许它于养生真有大好处。

谕纪泽纪鸿（气势、识度、情韵、趣味）

同治四年六月初一日

字谕纪泽、纪鸿儿：

闰五月三十日由龙克胜等带到尔二十三日一禀，六月一日由驲递到尔十八日一禀，具悉一切。罗家外孙既系漫惊风，则极难医治。

余于二十五六日渡洪泽湖面二百四十里，二十七日入淮。二十八日在五河停泊一日，等候旱队。二十九日抵临淮。闻刘省三于二十四日抵徐州，二十八日由徐州赴援雉河，英西林于二十六日攻克高炉集。雉河之军心益固，大约围可解矣。罗、张、朱等明日可以到此，刘松山初五六可到。余小住半月，当仍赴徐州也。毛寄云年伯至清江，急欲与余一晤。余因太远，止其来临淮。

尔写信太短。近日所看之书，及领略古人文字意趣，尽可自摅所见，随时质正。前所示有气则有势，有识则有度，有情则有韵，有趣则有味，古人绝好文字，大约于此四者之中必有一长。尔所阅古文，何篇于何者为近？可放论而详问焉。鸿儿亦宜常常具禀，自述近日工夫。此示。

涤生手草

点评：气势、识度、情韵、趣味

在文学史上，曾氏是以散文家的身份留下姓名的。关于他的散文成就，钱基博在其名著《现代中国文学史》中给予很高的评价。钱氏之前，近代不少文章大家如梁启超、章太炎等人也都推崇备至。但后来出于政治方面的原因，各种文学史论或有意回避，或不得不曲意批判。上世纪90年代出版的由中国社科院主编的《中华文学通史》拨乱反正，给了曾氏散文成就以较为公允的评价。该书称曾氏为"桐城派的中兴改造者"，并具体地指出这种改造主要在两个方面：一、补救桐城派空疏迂阔的弱点，将文章引导到经世致用；二、针对桐城派规模狭小、气势孱弱的毛病，提出广开门径，转益经史百家，作雄奇瑰伟、气象光明之文。该书还准确地揭示其为文的特征："曾国藩之文，以切于事理而持议坚劲、委婉严谨而内藏拗强之气为基本特点。"

实事求是地说，曾氏的确是近代散文创作的一代宗师。他在近代散文创作中的这种地位，并非主要因其政治地位的煊赫，而是由他本人的创作成绩来奠定的。曾氏是个有心人，他对什么事都力求弄清个所以然。他好文章，不仅多写，而且也对前人的文章认真地钻研分析，抉其优长，化为己用。他的这个特点不仅使他在散文创作上取得过人的成就，也是他在其他方面取得过人成就的一个重要原因。

在这封信里，他向儿子谈了他对前人文章研究的一个心得，即前人绝好文章，必于气势、识度、情韵、趣味四个方面有一长。尤其可贵的是，他将人们所熟悉的这四个词拆开来分析，揭示其间的内在联系，使读者明白势来自于气，度来自于识，韵来自于情，味来自于趣。笔者相信，有心为文的人，将会于这种细细的分析中获得启示。

曾氏擅长细分法，他将这种细分法名曰剖析，并详加说明："剖析者，如治骨角者之切，如治玉石者之琢。每一事来，先须剖成两片，由两片而剖成四片，四片而剖成八片，愈剖愈悬绝，愈剖愈细密。如纪昌之视虱如轮，如庖丁之批隙导窾，总不使有一处之颟顸，一丝之含混。"

任何麻烦之事、深奥之理，都经不得这样一剖再剖。越剖得细便越看得清楚了，一旦看得清清楚楚、明明白白，则治理之方、应对之策也便相应出来了。读者诸君不妨在自己的工作和学习实践中试一试！

致澄弟沅弟（老九拒绝北上为晋抚）

同治四年六月二十四日

澄、沅弟左右：

接两弟闰五月信，知沅弟又复大病。久劳久病之躯，又多服攻伐之剂，殊为悬虑。

次日接奉六月十八日寄谕，沅弟已拜山西巡抚之命。既感天恩高厚，不为浮言所摇，予以最称完善富庶之区，又虞沅体尚未复元，恐不宜遽出任此劳勤。计湘乡奉到谕旨，不过七月。沅病若已大愈，应诏赴晋，则七月初旬当具折谢恩，自请进京陛见，再履新任；若尚未全愈，稍为调养，再行北上。计拜折之期，不及待兄此次之信耳。

山西号称富国。然年来京饷，全以该省为大宗，厘金尚未办动，入款较道光年间不见增多，出款则较昔日增。去京极近，银钱丝毫皆户部所深知。沅弟有手笔太廓之名，既为安静省分督抚，则正杂各款不能不谨慎节俭、丝丝入扣。

外间拟弟再出，当系军务棘手之处。此时山西虽无寇警，而圣意虑捻匪入晋，逼近畿辅。弟到任，似宜多带得力将军，勇丁则就近在晋招募。南人不惯面食，晋中尤无稻米可买，不似直东，尚可由大海及运河设法也。弟进京，可由安庆登陆，至徐州与兄相会，豳论一切。

闻钦差至山西，实系至陕查办霞仙之事。一波未平，一波复起，宦海真可畏耳。

点评：老九拒绝北上为晋抚

上次因恭王的事，曾氏曾劝老九隐居三年再行出山，不料慈禧仿佛是拿恭王开个玩笑似的，没有多久，这场掀天大浪便很快平静，恭王依旧做他实际上的宰相，于是曾氏改变了主意。你看他将山西说得那么好，就如同当今天下第一个好省份似的。又给老九详尽地谋划出山后的种种安排。他那种急欲让老九出任晋抚的心情跃然纸上。为什么曾氏这样盼望老九北上呢？除了希望借高官重权让老九得以发舒有利于身体康复外，还有出于他自身利益考虑的因素所在。

此刻的曾氏正在与捻军作战的前线。捻军与太平军不同，它是一支活动的军队，而流动的地域又多在北方。太平军的扶王陈得才手下还有一支人马，经常出没于秦晋一带，与捻军多有联系，活跃在苏鲁皖豫的捻军完全有流向秦晋的可能。倘若老九出任山西巡抚，并练就一支能战的军队，则可以帮助曾氏抵挡流向秦晋的捻军，甚至还可以出山西协助曾氏围打捻军。这对于再为军事统帅的曾氏是一个强有力的支持。故而曾氏将山西说得千好万好，以利老九早日出山。但老九却不理睬乃兄的苦衷，继续赖在湘乡不愿出来。他一口拒绝了朝廷的这道上谕，理由依旧是沉疴未愈，需在籍静养。朝廷无奈，再下一道上谕："着毋庸开缺，赏假六个月，在籍安心调理，一俟病体稍愈，即行迅速北上。"

但六个月未满，老九便有新命，未赴山西。不过，老九是命里注定要做三晋之主的，躲过了这次，躲不过下次。十二年后，曾老九再次被任命为山西巡抚。那时山西已连遭两年大旱，赤地千里，饿殍遍野，所谓的"富国"成了人间地狱。可想而知，那时的晋抚当得是多么的辛苦。这是后话，与本书无关，且不多说了。

曾纪泽的岳丈刘蓉，字霞仙，此时正在做陕西巡抚。刘蓉的前半生命运不太好，中了个秀才后便再没有尺寸进步，只好借塾师糊口。因为学问好，而与曾氏、罗泽南等人关系较为密切。战事起后，随着曾、罗的筹建湘军，刘蓉也投笔从戎，在曾氏幕中多年。咸丰十一年，因川督骆秉章的推荐而擢升四川布政使。刘并非带兵统领，短短七八年间，便成为一省方伯，也算是官运亨通了。当然，骆的推荐也有曾的面子在内，因为那时曾氏已是江督了。也是刘的运气好，太平天国翼王石达开在四川兵败投降，恰好投在刘蓉的属下。这就好比席宝田偶尔之间获得幼天王一样，刘也因此升为陕西巡抚，为湘军的督抚席上又添了一员。

谕纪泽纪鸿（少年文字，总贵气象峥嵘）

同治四年七月初三日

字谕纪泽、纪鸿儿：

纪泽于陶诗之识度不能领会，试取《饮酒》二十首、《拟古》九首、《归田园居》五首、《咏贫士》七首等篇反复读之，若能窥其胸襟之广大，寄托之遥深，则知此公于圣贤豪杰皆已升堂入室。尔能寻其用意深处，下次试解说一二首寄来。

又问有一专长，是否须兼三者乃为合作。此则断断不能。韩无阴柔之美，欧无阳刚之美，况于他人而能兼之？凡言兼众长者，皆其一无所长者也。鸿儿言此表范围曲成，横竖相合，足见善于领会。至于纯熟文字，极力揣摩固属切实工夫，然少年文字，总贵气象峥嵘，东坡所谓蓬蓬勃勃如釜上气。古文如贾谊《治安策》、贾山《至言》、太史公《报任安书》、韩退之《原道》、柳子厚《封建论》、苏东坡《上神宗书》，时文如黄陶庵、吕晚村、袁简斋、曹寅谷，墨卷如《墨选观止》、《乡墨精锐》中所选两排三选之文，皆有最盛之气势。尔当兼在气势上用功，无徒在揣摩上用功。大约偶句多，单句少，段落多，分股少，莫拘场屋之格式。短或三五百字，长或八九百字千余字，皆无不可。虽系《四书》题，或用后世之史事，或论目今之时务，亦无不可。总须将气势展得开，笔仗使得强，乃不至于束缚拘滞，愈紧愈呆。

嗣后尔每月作五课揣摩之文，作一课气势之文。讲揣摩者送师阅改，讲气势者寄余阅改。四象表中，惟气势之属太阳者，最难能而可贵。古来文人虽偏于彼三者，而无不在气势上痛下工夫。两儿均宜勉之。此嘱。

点评：少年文字，总贵气象峥嵘

曾氏在前封信中提出气势、识度、情韵、趣味四说，认为前人绝好文章，必于此四者中拥有一种。细揣这封信，可以看出曾氏希望他的两个儿子更注意在气势上学前人之长，并提出"少年文字，总贵气象峥嵘"的观点。笔者认为，曾氏此说很有道理。

关于气势，曾氏在同治五年十月十四日的日记里有一段议论："文家之有气势，亦犹书家有黄山谷、赵松雪辈，凌空而行，不必尽合于理法，但求气之昌耳。故南宋以后文人好言义理者，气皆不盛。大抵凡事皆宜以气为主，气能挟理以行，而后虽言理而不厌，否则气既衰苶，说理虽精，未有不可厌者。犹之作字者，气不贯注，虽笔笔有法，不足观也。"

曾氏将文章与书法作为同一个审美对象看待，认为皆须气势贯注，能达到这种境地的，即便小有瑕疵，仍不失为上品。这正与王船山的"气为文章之帅"的观点一脉相承。

因此，曾氏希望儿子把握住这个最重要的为文诀窍。

曾氏自己的文章以及以他为宗师的湘乡文派，其与桐城诸老文章的一个最显著的区别，也就在于气势上。曾氏于"气势"揣摩最深，运用最好，故他在这方面的顺手指点都能到位："偶句多，单句少，段落多，分股少，莫拘场屋之格式。""将气势展得开，笔仗使得强，乃不至于束缚拘滞，愈紧愈呆。"在另外一封信里他说过："议论勃发，层出不穷，乃文章必发之品。"这里所讲的都是关于"气势"方面的行家之说，至于情韵、趣味等方面，似乎曾氏本人也不太擅长。

更重要的是，曾氏特别看重人生少年时的朝气锐气。峥嵘气象，正是朝气锐气的外在表现。

人生少年时，好比一天中的早晨、一年中的春天，蓬蓬勃勃，生机旺盛，对前途充满信心，才是理所当然、天经地义的。此时的为人为文，即便狂一点、傲一点、偏激一点都不要紧，尤为可贵的是，说不定正是因为这种狂傲、不拘常度，才有日后超过常人的成就。千百年来的阅历告诉人们，倒是那些从小便循规蹈矩、瞻前顾后的人，大多没什么出息。我们应当鼓励少年多蓄盛气，多存狂想，切莫轻挥戒骄戒躁的大棍子，从而伤害了可成参天大树的幼苗。

谕纪泽（炒老米粥可医脾亏）

同治四年七月十三日

字谕纪泽儿：

十二日接尔初八日禀，具悉一切。福秀之病，全在脾亏。余前信已详言之。今闻晓岑先生峻补脾胃，似亦不甚相宜。凡五藏极亏者，皆不受峻补也。尔少时亦极脾亏，后用老米炒黄，熬成极酽之稀饭，服之半年，乃有转机。尔母当尚能记忆。金陵可觅得老米否？试为福秀一服此方。开生到已数日，元徵信接到，兹有复信，并邵二世兄信。尔阅后封口交去。渠需银两，尔陆续支付可也。

义山集似曾批过，但所批无多。余于道光二十二三四五六等年，用胭脂圈批。惟余有丁刻《史记》（六套，在家否）、王刻韩文（在尔处）、程刻韩诗（最精本）、小本杜诗、康刻《古文辞类纂》（温叔带回，霞仙借去）、震川集（在季师处）、山谷集（在黄恕皆家）首尾完毕，余皆有始无终，故深以无恒为憾。近年在军中阅书，稍觉有恒，然已晚矣。故望尔等于少壮时，即从有恒二字痛下工夫。然须有情韵趣味，养得生机盎然，乃可历久不衰。若拘苦疲困，则不能真有恒也。

密禀悉，当细察耳。

涤生手示

正封缄间，又接泽儿初九日禀。小孩病尚未好。尔母泄泻，系脾虚火亏。昔年在京服重剂黄芪参术，此后不宜日日服药，服则补火补气。内银钱所房屋尽可退还俏山租钱。李宫保处宜旬一往，幕中陈、凌、蒋、陈等皆熟人也。又示。（十四日申刻）

点评：炒老米粥可医脾亏

曾氏在这里为患脾胃亏虚的人开出一剂药方，有此病者不妨试一试。

曾氏看重气势，亦喜爱有情韵趣味的好文章，并主张以情趣来培养心灵中的生机。不要以为理学之徒都是正襟危坐毫无趣味可言的人,读读理学创始人周敦颐的《爱莲说》:"出淤泥而不染,濯清涟而不妖,中通外直,不蔓不枝,香远益清,亭亭净植。"这位太极图大师对莲观察得多么细致!对莲的观察之细,源于对自然界美好之物的喜爱之心,这份爱心之中充满的自是活泼泼的生机。再读读理学宗师朱熹的《观书有感》:"半亩方塘一鉴开,天光云影共徘徊。问渠哪得清如许,为有源头活水来。"这股活水,其实源于作者的心池。天光云影,正是心池的清澈透明。曾氏也是理学徒,他向来注重在勤苦中保持心灵的生意,试看他的一副戏联:"养活一团春意思,撑起两根穷骨头。"

任是外界何等艰苦,何等严峻,总要养活自心的春意。因为心总是归自己支配的,它完全可以脱离外界的干扰。这是唯心主义吗?不是的,它在于人的修炼、人的定力。能不能做到这一点,古往今来,都将它视作人的境界的标志之一。

谕纪泽纪鸿(二十四岁即守寡的纪纯)

同治四年八月初三日

字谕纪泽、纪鸿儿:

七月二十四日接泽儿十九日之禀、鸿儿十四日之禀并诗文一首。八月初二接泽儿二十八日一禀并郭云仙姻丈与尔之信,具悉一切。其二十六日专兵之禀尚未到也。

郭宅姻事,吾决不肯由轮船海道行走。嘉礼尽可安和中度,何必冒大洋风涛之险?至成礼或在广东或在湘阴,须先将我家或全眷回湘,或泽儿夫妇送妹回湘,吾家主意定后,而后婚期之或迟或早可定,而后成礼之或湘或粤亦可定。

吾既决计不回江督之任,而全眷犹恋恋于金陵,不免武仲据防之嫌,是尔母及全眷早迟总宜回湘,全眷皆须还乡,四女何必先行?吾意九月间,尔兄弟送家属悉归湘乡。经过省城时,如吉期在半月之内,或尔母亲至湘阴一送亦可。如吉期尚遥,则纪泽夫妇带四妹在长沙小住,届期再行送至湘阴成婚。

至成礼之地,余意总欲在湘阴为正办。云仙姻丈去岁嫁女,既可在湘阴由意城主持,则今年娶妇,亦可在湘阴由意城主持。金陵至湘阴近三千里,粤东至湘阴近二千里。女家送三千,婿家迎二千,而成礼于累世桑梓之地,岂不尽美尽善?尔以此意详复筠仙姻丈一函,令崔成贵等由海道回粤。余亦以此意详致一函,由排单寄去,即以此信为定。喜期定于十二月初二日,全眷十月上旬自金陵启行,断不致误。如筠仙姻丈不愿在湘阴举行,仍执送粤之说,则我家全眷暂回湘乡,明年再商吉期可也。

郭宅送来衣服、首饰及燕菜、马褂之类全数收领,途费四百则交来使带回,无庸收存。此间送女途费理应自备也。崔巡捕、杨仆各给银四十两,但用余名写书一封答之。其喜期之书帖,待湘阴成礼时再办。

鸿儿之文气势颇旺,下次再行详示。尔母须用伏苓,候至京之便购买。余以二十四日自临淮起行,十日无雨,明日可到临徐州矣。途次平安勿念。

涤生手示

再,尔复云仙姻叔之信,或将余此□□(评点者按:原件此处缺二字)信抄一稿附去。或不抄,尔兄弟酌之。余决计不由海道行走,如必欲送粤,余不甚坚执也,但心以湘阴为宜耳。陈舫仙寄到在京见闻密件,兹抄寄尔阅,秘之。朱金权远来,似不便阻其来徐,只好听之。又示。

点评:二十四岁即守寡的纪纯

曾氏父子在这里讨论的是四女纪纯出阁的事。纪纯许配郭嵩焘之子郭依永,此事早在咸丰八年纪纯十二岁时便定了。纪纯从小过继给幺叔国葆,故那时她的庚书有两份,一份用本生父母名,一份用继父母名。同治元年,国葆夫妇相继去世,纪纯又回到父母身边,出阁大事自然是本生父母主持了。此时纪纯十九岁,新郎倌才十六岁。郭嵩焘抱孙心切,早早地便替儿子办了婚事。不过,在当时,十五六岁的新郎倌也不少。

曾氏嫁女一律以二百两银子为嫁妆,纪纯出嫁时也只有两百两银子。时曾国荃在家养病,初不相信,确知只有二百两时,感慨再三,认为这实在是不能敷用,便加送四百两给侄女。

纪纯的娘家送亲人为大哥纪泽,他当时还兴冲冲地作了两首七律,题为《送四妹归郭氏呈筠仙丈二首》:"夜半天东起瑞霞,笙钟环绕七香车。穿林戢戢竹初笋,照眼纷纷梅自花。室揽众山来户牖,田留数顷课桑麻。借斟卮酒酬吾妹,庆汝于归积善家。""刘公两鬓早成霜,德业与公诚雁行。缟纻几家相许与,关山万里各行藏。鸣鸠乳燕春将及,风虎云龙事未央。颐性林泉真早计,东山何以慰民望。"

这两首诗,纪泽还送给父亲看了。曾氏在诗旁批道:"次首情韵俱胜。"这第二首颂扬的是父辈的业绩,曾氏看了自然心里舒坦,故认为要强过第一首。

纪纯这门婚事其实是不幸的。前面已说过，郭依永二十一岁时去世，纪纯二十四岁便守寡，精神抑郁少欢，三十五岁那年也撒手走了。那时当年送亲的大哥正在英国做大使，闻讯悲悼不已，又写了两首七律："尘封脂盝锈生钿，茹糵餐冰十二年。两顷蓝田留玉种，九还丹鼎证金仙。门楣得汝增光焰，德性凭谁载简编？泪眼已枯无可拭，只添白发上华颠。""陆云名誉动京师，一蹶无由到凤池。忽忽生离成死别，茕茕寡妇挈孤儿。可怜丹旐还乡日，又是青琴得道时。梦抚两棺成一恸，觉来海角望天涯。"当然，这两首诗再也得不到父亲的批语了。

谕纪泽（刻印船山遗书）

同治四年八月十九日

字谕纪泽儿：

兹因潘文质回金陵，寄去鹿胶二斤、高丽参三斤并冬菜、口蘑等物查收。又付《全唐诗》四本，即六月间取来者。恐其遗失，故寄回，归于全部之中。

王船山先生《书经稗疏》三本、《春秋家说序》一薄本，系托刘韫斋先生在京城文渊阁抄出者。尔可速寄欧阳晓岑丈处，以便续行刊刻。刘松山前借去鄂刻地图七本，兹已取回。尚有二十六本在金陵，可寄至大营，配成全部（此书金陵寓中尚有十余部，尔珍藏之，将来即以前代之图用朱笔写于此图之上）。

《全唐文》太繁，而郭慕徐处有专集十余种，其中有《韩昌黎集》，吾欲借来一阅，取其无注，便于温诵也。又《文献通考》（吾曾点过田赋、钱币、户口、职役、征榷、市籴、土贡、国用、刑制、舆地等门者）、《晋书》、《新唐书》（要殿本，《晋书》兼取李芋仙送毛刻本）均取来，以便翻阅。《后汉书》亦可带来（殿本）。冬春皮衣均于此次舢板带来（缺衿者一裹圆者皆要，袍褂不要）。此嘱。

涤生手示

> 点评：刻印船山遗书

打下金陵城后，紧接着开科取士的盛举，曾氏又办了一件有利于弘扬中华文化、广受士人赞誉的大事，那便是筹建金陵书局，刻印王夫之的著作。

王夫之，字而农，湖南衡阳人，晚年因居于衡阳石船山，世称"船山先生"，明末清初大学问家、大思想家，生平著述甚丰，但因家境清贫，无力付梓。死后，其子刻印遗书十余种，乾隆时开四库全书馆，经湖南巡抚推荐，收船山著作六种。嘉庆时，衡阳汇江书室又刻印船山之书十余种。道光末年，船山著作刻印渐多，此中规模最大的便是由曾氏朋友湘潭欧阳兆熊资助，由湘中著名学者邓显鹤主持的《船山遗书》，共刻印著作十八种一百五十卷。不久，版毁于战火中。此次，由曾氏倡议，曾国荃出资重刻船山著作，便是湘潭版本的扩充，也请欧阳兆熊董理其事，书名也叫《船山遗书》。

完工后，曾氏亲自写了一篇《王船山遗书序》，开头一段说："王船山遗书，同治四年十月刻竣，凡三百二十二卷。国藩校阅者：《礼记章句》四十九卷，《张子正蒙注》九卷，《读通鉴论》三十卷，《宋论》十五卷，《四书》、《易》、《诗》、《春秋》诸经稗疏考异十四卷，订正讹脱百七十余事。军中鲜暇，不克细绎全篇。"

从这段话里，可以得知在日理万机之际，曾氏仍为重刻《船山遗书》做了大量卓有成效的编校实事。船山思想在清末为反满革命者所接受，成为他们捍卫民族大义的指导思想之一，湖南的士人受船山思想影响更大，谭嗣同甚至说："五百年间，真通天人之变者，船山一人而已！"而让船山思想得以广为传播者，便是金陵书局。曾氏兄弟官高望重，财力雄厚，《船山遗书》校刊精致，印刷量大，且大部分都是免费赠予。船山思想本博大精深，又得到曾氏兄弟这般推崇，遂更加风行全国士林。正因为船山思想在清末盛行，故有人认为曾氏兄弟此举是对自己镇压汉人维护满人的忏悔，其实这完全是附会。曾氏为什么要开金陵书局刻船山之书，他的目的在《序》中说得很明白："昔仲尼好语求仁而雅言执礼，孟氏亦仁礼并称，盖圣王所以平物我之情而息天下之争，内之莫大于仁，外之莫急于礼。自孔孟在时，老庄已鄙弃礼教。杨墨之指不同，而同于贼仁。厥后众流歧出，载籍焚烧，微言中绝，人纪紊焉。汉儒掇拾遗经，小戴氏乃作记，以存礼于什一。又千余年，宋儒远承坠绪，横渠乃作《正蒙》，以讨论为仁之方。船山先生注《正蒙》数万言，注《礼记》数十万言，幽以究民物之同原，显以纲维万事，弭世乱于未形。其于古昔明体达用、盈科后进之旨，往往近之。"

原来，曾氏推崇船山，是推崇他的继承孔孟仁礼并重治心治世的圣教，希望通过弘扬船山学说来弭世乱于无形。

一百二十年后，岳麓书社重编《船山全书》，收集更全，校审更精，印装更美，然其基础，仍是当年曾氏兄弟的金陵本。

谕纪泽纪鸿（宰相府起因于欧阳夫人）

同治四年八月二十一日

字谕纪泽、纪鸿儿：

二十日马得胜至，接尔十一日禀暨尔母一函、松生一函，均悉。家眷旋湘，应俟接筠仙丈复信乃可定局。余意姻期果定十二月初二，则泽儿夫妇送妹先行，至湘阴办喜事毕，即回湘乡，另觅房屋。觅妥后，写信至金陵，鸿儿奉母并全眷回籍。若婚期改至明年，则泽儿一人回湘觅屋，冢妇及四女皆随母明年起程。

黄金堂之屋，尔母素不以为安，又有塘中溺人之事，自以另择一处为妥。余意不愿在长沙住，以风俗华靡，一家不能独俭。若另求僻静处所，亦殊难得，不如即在金陵多住一年半载亦无不可。泽儿回湘与两叔父商，在附近二三十里觅一合适之屋，或尚可得。星冈公昔年思在牛栏大丘起屋，即鲇鱼坝萧祠间壁也。不知果可造屋，以终先志否？又油铺里系元吉公屋，犁头嘴系辅臣公屋，不知可买庄兑换或借住一二年否？富坨可移兑否？尔禀商两叔，必可设法办成。尔母既定于明年起程，则松生夫妇及邵小姐之位置，新年再议可也。

近奉谕旨，饬余晋驻许州。不去则屡违诏旨，又失民望；遽往则局势不顺，必无成功，焦灼之至。余不多及。

涤生手示

再，泽儿前寄到之《几何原本序》尽可用得，即由壬叔处照刊，不必待批改也。末书某年月曾△△，不写官衔，不另行，用宋字，不另写真行书。

点评：宰相府起因于欧阳夫人

曾氏虽带兵北上，欧阳夫人及儿女们继续住在金陵城是完全可以的，但曾氏因有辞江督之念，不愿眷属在金陵久住，故有全家搬回湖南老家的讨论。

当年分家时，曾氏作为长房分得曾家祖传的正房黄金堂。欧阳夫人不喜欢这个宅子，其主要原因是咸丰七年媳妇贺氏难产死于该屋，又加之前面池塘里淹死过人，于是有觅新居的想法。这便是后来有名的"宰相府"的诞生渊源。

宰相府是当地百姓的俗称，曾氏将他的新居命名为富厚堂。在这之前，老九早已建好了华丽闳阔的"大夫第"，老四、老幺也相继建成了高大的"万宜堂"、"有恒堂"。

富厚堂主建筑为两层楼房，两旁有三层楼的望楼，槽门口有石狮、拴马柱、停轿坪、水池，大门内有宽大的天井，种有四季花木，大大小小的房子有百余

富厚堂外景

间。关于起房,曾纪芬在《自订年谱》中有一段记载:"湘俗构新屋必诵上梁文,工匠无知,乃以湘乡土音为之颂曰:'两江总督太细哩,要到南京做皇帝。'湘谚谓小为细也。其时乡愚无知,可见一斑。"

湘乡工匠满以为这话是对曾氏的恭维,岂知这种颂词很有可能将曾氏送上断头台!曾纪芬作年谱时已是民国二十年,皇帝早不存在了,倘若大清王朝未亡,想必她也不敢将这两句话写进书中。

这座"宰相府"虽已陈旧,个别地方也有破损,但大体上保存尚好,位于现在的湖南双峰县荷叶乡,近年已多次修缮,被列为省重点文物保护单位。富厚堂建好后,欧阳夫人带着儿女们住在这里,但曾氏本人因一直在外,并没有在新居住过一天。

信中所提到的《几何原本序》,是纪泽代父亲为《几何原本》中译本所作的序言,至今保留在《曾纪泽遗集》中。《几何原本》是伟大数学家欧几里得的一部数学名著。明万历年间意大利传教士利玛窦与徐光启合作翻译了前六卷,后九卷由李善兰与英国人伟烈亚力共同翻译。

李善兰,浙江海宁人,近代中国著名数学家。除《几何原本》外,他还翻译了《代微积拾级》、《重说》、《植物学》、《谈天》等西方科技书籍,为西学东渐作出了很大贡献。咸丰十一年,曾氏在安庆创设安庆内军械所,实为我国第一所生产近代武器的兵工厂,广为延请海内洋务人才,李善兰及数学家华蘅芳、化学家徐寿等一大批中国早期的科技专家高薪受聘。《几何原本》后九卷的翻译就在这

"富厚堂"匾额

徐寿(右)与其子建寅(左)及华蘅芳摄于江南机器制造局翻译处

段时期内。曾氏十分重视李善兰的这个业绩,并欣然答应为此书作序。一则因为太忙,二则也要借此培养儿子,曾氏遂将序文的写作交给了纪泽。

《几何原本》是西人所著的数学书,为此书作序,对于在《四书》、《五经》诵读声中长大的中国士人来说是一件陌生事。我们且从这篇序文里抄出一段来,让读者看看曾纪泽的文章风格和西学水平:"《几何原本》不言法而言理,括一切有形而概之曰点、线、面、体。点、线、面、体者,象也。点相引而成线,线相遇而成面,面相叠而成体,而线与线、面与面、体与体,其形有相兼、有相似,其数有和有较、有有等有无等、有有比例有无比例。洞悉乎点、线、面、体,而御之加、减、乘、除,譬诸闭门造车,出门而合辙也,奚散散然逐物而求之哉?"

曾氏对儿子的这篇代笔很满意,评之曰:"文气清劲,笔亦足达难显之情。"

热心西学、不久后充当中国驻英法第一任大使的现任粤抚郭嵩焘也很赞赏这篇文章，在文后题了几句话："观其象而通其理，然后立法以求其数：数语尽算学之用。西洋线法推行，至于抛物线以穷其变。惟明乎数之理，故能取给于心而用不穷，以是为溯乎《九章》立法之源，故是笃论。"

曾纪泽后来接替郭嵩焘成了第二任驻英法大使，其间的因缘或许就在这篇序文之中。

谕纪泽（听天命亦是养生之道）

同治四年九月初一日

字谕纪泽儿：

三十日戌鸿纲到，接尔八月十六日禀。具悉尔十一后连日患病，十六尚神倦头眩，不知近已全愈否？吾于凡事皆守"尽其在我，听其在天"二语，即养生之道亦然。体强者，如富人因戒奢而益富；体弱者，如贫人因节啬而自全。节啬非独食色之性也，即读书用心，亦宜检约，不使太过。余八本匾中，言养生以少恼怒为本。又尝教尔胸中不宜太苦，须活泼泼地，养得一段生机，亦去恼怒之道也。既戒恼怒，又知节啬，养生之道，已尽其在我者矣。此外寿之长短，病之有无，一概听其在天，不必多生妄想去计较他。凡多服药饵，求祷神祇，皆妄想也。吾于医药、祷祀等事，皆记星冈公之遗训，而稍加推阐，教示后辈。尔可常常与家中内外言之。尔今冬若回湘，不必来徐省问，徐去金陵太远也。朱金权于初十内外回金陵，欲伴尔回湘。

近日贼犯山东，余之调度，概咨少泉宫保处。澄、沅两叔信附去查阅，不须寄来矣。此嘱。

涤生手示

点评：听天命亦是养生之道

曾家子弟，大多身体不强壮。此时的曾纪泽，不过二十六七岁的青年，却体弱多病。他后来五十一岁上去世，连下寿都不及。"尽其在我，听其在天"与"尽人事而听天命"，是同一个意思的两种表叙方式，原本说的是一种处世办事的态度，曾氏认为这也是养生之道，抱这种态度对待生老病死，可以免去许多烦恼和忧虑；

既积极地保养治病,又不妄求长生,顺其自然,心境平和,反倒可以健康长寿。

其实,许多处世办事之法亦是养生卫生之方,如宽厚和气、勤快朴素、不存害人之心、不贪非分之财等等,说的是处世办事,然都可借来养心卫生,因为这二者在道理上是相通的。

谕纪泽纪鸿（借花竹山水以养身心）

同治四年九月晦日

字谕纪泽、纪鸿儿:

二十六日接纪泽二十日排递之禀,纪鸿初六日舢板带来禀件、衣书,今日派夫往接矣。李老太太病势颇重,近日略愈否?深为系念。泽儿肝气痛病亦全好否?尔不应有肝郁之症。或由元气不足,诸病易生,身体本弱,用心太过。上次函示以节啬之道,用心宜约,尔曾体验否?张文端公（英）所著《聪训斋语》,皆教子之言。其中言养身、择友、观玩山水花竹,纯是一片太和生机,尔宜常常省览。鸿儿体亦单弱,亦宜常看此书。吾教尔兄弟不在多书,但以圣祖之《庭训格言》（家中尚有数本）、张公之《聪训斋语》（莫宅有之,申夫又刻于安庆）二种为教,句句皆吾肺腑所欲言。

以后在家则莳养花竹,出门则饱看山水,环金陵百里内外,可以遍游也。算学书切不可再看,读他书亦以半日为率。未刻以后,即宜歇息游观。古人以惩忿窒欲为养生要诀。惩忿即吾前信所谓少恼怒也,窒欲即吾前信所谓知节啬也。因好名好胜而用心太过,亦欲之类也。药虽有利,害亦随之,不可轻服。切嘱。

此间派队于二十八日出剿,初一二可以见仗。十九日折奉旨留中,暂无寄谕。尔可先告李宫保也。余不多及。

涤生手示

点评：借花竹山水以养身心

中国的传统士人都看重自然景物对人的身心的陶冶培植作用,这大概与中国文化的最高境界"天人合一"的熏陶分不开。有"天人合一"的境界,自然而然地产生了"民胞物与"的宝贵思想:"民吾同胞,物吾与也。"这是多么博大的胸怀!从某种意义上说,这也可算是中国最早的环保意识了。

此外，曾氏还提出惩忿窒欲、戒好名好胜、少吃药特别是少吃补药等养生要诀，都可以作为我们的参考。

谕纪泽纪鸿（请吴汝纶之父为西席）

同治四年十月二十四夜

字谕纪泽、纪鸿儿：

十八日接泽儿十一夜禀并笔墨二包。余日内偶忘写信，故戎国治未得速归。二十二日又接尔十一日禀。余近日身体平安。捻匪自窜河南后，久无消息。十九日之折，顷接寄谕，业经照准。

明年寓中请师。顷桐城吴汝纶挚甫来此，渠以本年连捷，得内阁中书，告假出京。余劝令不必遽尔进京当差，明年可至余幕中专心读书，多作古文。因拟请其父吴元甲号育泉者至金陵教书，为纪鸿及陈婿之师。育泉以廪生举孝廉方正，其子汝纶，系一手所教成者也。挚甫闻此言欣然乐从，归告其父，想必允许。惟澄、沅叔已答应将富坨让与我家居住，明岁将送全眷回湘，吴来金陵，恐非长久之局。挚甫由徐赴金陵，余拟派差官送之。尔可与之面商一切。

沈戟门先生今冬可辞谢也。邵铭既难遽刻，拟换写后半。琦、赛两名之下各添一公字，便中寄来。滕将薪水单阅过，可照此发。鸿儿每十日宜写一禀，字宜略大，墨宜浓厚。此嘱。

涤生手示

点评：请吴汝纶之父为西席

吴汝纶字挚甫，是近代著名散文家，曾做过京师大学堂的总教习。他是安徽桐城人，从小深受桐城文派的影响，为文气势纵肆。同治四年中进士后来曾氏幕中，备受曾氏器重，一时奏折大多出于吴之手。吴师事曾氏，与张裕钊、黎庶昌、薛福成合称曾门四子。四子为乃师文章革新之举推波助澜、摇旗呐喊，共同创建湘乡文派。

曾氏由喜爱吴汝纶而敬重吴父，拟请他来金陵节署，教曾纪鸿及寓居署内的二女婿陈远济读书。吴老先生教出了一个佳儿，却没有让两个学生达到预期目标。这两个学生既未博得功名，也没有向文章方面发展，一个后来醉心数学，一个后来做了外交官。命之使然，性之使然，即便有再好的名师，也不一定能扭转得了。

致澄弟沅弟（沅甫出处大计：行四藏六）

同治四年十二月十五日

澄、沅弟左右：

近日贼情，张总愚一股尚在南阳，赖汶光、任柱等股尚在光州、固始一带。闻京师之东北、山海关外、奉天等处马贼猖獗，派文尚书、福将军剿办，尚未得手。新授徐海道张树声为直隶臬司。圣意盖欲多调淮勇北卫畿辅，局势又当少变矣。

沅弟出处大计，余前屡次言及，谓腊月乃有准信。近来熟思审处，劝弟出山不过十分之三四，劝弟潜藏竟居十分之六七。

部中新例甚多。余处如金陵续保之案、皖南肃清保案全行议驳，其余小事动遭驳诘；而言路于任事有功之臣，责备甚苛，措辞甚厉，令人寒心。军事一波未平，一波复起，头绪繁多。

西北各省饷项固绌，转运尤艰。处山西完善之区，则银钱分文皆须入奏，难以放手办事。若改调凋残之省，则行剥民敛怨之政，犹恐无济于事。去年三四月间，吾兄弟正方万分艰窘，户部犹将江西厘金拨去，金陵围师几将决裂。共事诸公易致龃龉，稍露声色，群讥以为恃功骄蹇。为出山之计，实恐呕气时多，适意时少。若为潜藏之计，亦有须熟筹者。大凡才大之人，每不甘于岑寂，如孔翠洒屏，好自耀其文彩。林文忠晚年在家，好与大吏议论时政，以致与刘玉坡制军不合，复思出山。近徐松龛中丞与地方官不合，复行出山。二人皆有过人之才，又为本籍之官所挤，故不愿久居林下。沅弟虽积劳已久，而才调实未能尽展其长，恐难久甘枯寂。目下李筱荃中丞相待甚好，将来设与地方官不能水乳交融，难保不静极思动，潜久思飞。

以余饱阅世变、默察时局，则劝沅行者四分，劝沅藏者六分。以久藏之不易，则此事须由沅内断于心，自为主持。兄与澄不克全为代谋也。余前所谓腊月再有确信者大率如此，下二次更当申明之。

点评：沅甫出处大计：行四藏六

年初，朝廷命老九出任山西巡抚，他以病辞，朝廷给假六个月。眼看假期就要满了，出不出山？兄弟俩讨论的是这件事。

此时的曾氏，各方面都处于不顺之际：捻军奔驰飘忽，曾氏临时拼凑的这支军队根本不是其对手。张宗禹、任柱等率部时而全数西去，时而又全萃湖北，官军疲于奔命。另外，曾氏名为最高统帅，但淮军各营并不完全听他的指挥，李鸿章在金陵遥控他们。李昭庆畏惧艰苦，想离开前线，请他的哥哥李鸿章代为向曾氏请假。曾氏为此事生气地对李鸿章说：淮军既由鄙人指挥，阁下可不必再插手。至于鲁豫等省的绿营兵，曾氏更是指挥不动。面对着这种局面，曾氏几有不能驾驭之叹！又加之欠饷久不能发放，闹饷一事令曾氏头痛不已。最为严重的是，曾氏看出朝廷对他的圣眷已有衰退的迹象，不像前两年那样倚重了。他的保折频遭部驳，对他的各种指责时见邸报所登的御史弹章中。所有这些，令身体日渐衰弱的曾氏有一种秋风末路之感，故而在对老九的出处行藏的思考上，他倾向于藏卧。但十天后，他在给两弟的信中又否定了这个倾向："天下纷纷，沅弟断不能久安，与其将来事变相迫，仓卒出山，不如此次仰体圣意，假满出山。余十五之信，四分劝行，六分劝藏，细思仍是未妥。不如兄弟尽力王事，各怀鞠躬尽瘁死而后已之志，终不失为上策。"

前后两信，典型地反映出曾氏此时的进退两难的矛盾心情和他一贯的遇事瞻徇的谨慎性格。

信中所说的林文忠即林则徐，刘玉坡即刘韵珂，林谪居家乡时的闽浙总督。徐松龛即徐继畬，也做过闽浙总督。他有一部名气很大的书叫做《瀛环志略》，是中国知识界介绍世界史地的早期图书之一。

李筱泉乃李鸿章的哥哥，他由广东藩司升为湖南巡抚。随着筱泉升任巡抚，李家与曾家双峰并峙的局面开始出现。以后淮军势力日强，湘军势力日弱，李家也就寖寖然超过曾家了。

谕纪鸿（打得通的便是好汉）

同治五年（1866）正月十八日

字谕纪鸿：

尔学柳帖《琅邪碑》，效其骨力，则失其结构，有其开张，则无其挽搏。古帖本不易学，然尔学之尚不过旬日，焉能众美毕备，收效如此神速？

余昔学颜柳帖，临摹动辄数百纸，犹且一无所似。余四十以前在京所作之字，骨力间架皆无可观，余自愧而自恶之。四十八岁以后，习李北海《岳麓寺碑》，略有进境，然业历八年之久，临摹已过千纸。今尔用功未满一月，遂欲遽跻神妙耶？余于凡事皆用困知勉行工夫，尔不可求名太骤，求效太捷也。以后每日习柳字百个，单日以生纸临之，双日以油纸摹之。临帖宜徐，摹帖宜疾，专学其开张处。数月之后，手愈拙，字愈丑，意兴愈低，所谓困也。困时切莫间断，熬过此关，便可少进。再进再困，再熬再奋，自有亨通精进之日。不特习字，凡事皆有极困极难之时，打得通的，便是好汉。余所责尔之功课，并无多事，每日习字一百，阅《通鉴》五叶，诵熟书一千字（或经书，或古文、古诗，或八股试帖，从前读书即为熟书，总以能背诵为止，总宜高声朗诵），三八日作一文一诗。此课极简，每日不过两个时辰，即可完毕，而看、读、写、作四者俱全。余则听尔自为主张可也。

尔母欲与全家住周家口，断不可行。周家口河道甚窄，与永丰河相似，而余住周家口亦非长局，决计全眷回湘。纪泽俟全行复元，二月初回金陵。余于初九日起程也。此嘱。

点评：打得通的便是好汉

曾纪鸿临摹字帖不过十日便有收效不大的感叹，针对儿子这种急功近利的心态，曾氏予以谆谆教导，且以自己习字的实践和切身体会来证明。曾氏认为凡真本事都出于困知勉行之中，这是真正的阅历之言，十分值得我们重视。

略有点经历的人都知道，学习的过程都有一个从易到难，再从难到易，又从易到难的过程。学习一样东西，一开始会有一个进展较快的时候，那时的兴趣很大。过了这个阶段，再要提高一步便会觉得难了。过了这个难关，又有一段进展快的时期。到一定的时候，又出现了新的难关。这道难关往往要比上道难关更大。这一道道难关，实际上便是一个个飞跃的起点。过了，便超越了前一段的自我。当自我越来越高的时候，超越也便越来越难，攻关者也便因陆续淘汰而越来越少：怕苦怕难者被淘汰了，满足现状者被淘汰了，天分差者被淘汰了，而能打通极困极难关口的才是好汉，才是成功者。

致沅弟（曾国荃调任湖北巡抚）

同治五年二月初一日

沅弟左右：

顷奉正月二十六日谕旨，弟调湖北巡抚，且令即赴新任。虽明发谕旨中无"无庸来京"字样，而寄谕中似饬弟就近履任，即办鄂境之捻。朝廷为地择人,亦即为人择地。圣恩优渥,无以复加。而余办捻事,正苦鄂中血脉不能贯通,今得弟抚鄂,则三江两湖均可合为一家,联为一气。论公论私,均属大有裨益。

余前调张诗日、刘松山二镇带十九营赴鄂助剿,定于二月中旬起程。又春霆一军,谕旨令赴楚豫之交,归余调度。余正虑相离太远,呼应不灵,弟在湖北,则就近调遣,节节灵通。弟奉旨后,即于谢恩折内声明一面酌带营勇赴鄂剿贼,俟鄂难稍平人心稍定,即行进京陛见。如谕旨不令来京,亦尽可带兵出境,兄弟相会。

赴鄂行期,或可不待六个月假满。如待假满,亦断不可展限。君恩过厚,无令外人疑为装腔做势也。余俟续致。顺贺大喜,并问澄弟近好。

点评:曾国荃调任湖北巡抚

正月二十六日这道谕旨,曾国荃二月份在湘乡也接到了。他没有再行辞谢,三月初七日从长沙起程,十七日抵武昌接印。

为什么这一次他不再拒绝而欣然接受呢?笔者以为,大概出于以下几个方面的原因:一是他已回籍养病一年多了,再以病体未愈为由软顶也说不过去;万一朝廷恼火了,从此不再用他,那也不是他所希望出现的事。二则他是南人,不喜欢北方苦寒之地,湖北与湖南相差无几,做鄂抚较为理想。第三,最重要的是,湖北现为对抗捻军的重要省份,他此番出山实际上仍是做军事统帅。老九从未有过一天地方官的经历,于吏治民事全然不懂,带兵打仗才是他的强项,况且现在打捻的统帅是他的兄长。无论从扬长避短的角度考虑,还是从兄弟情分的角度考虑,鄂抚一职都是老九最好的选择。于是,在短短的一个多月内,老九便招集旧部组成六千余人的军队,号称新湘军,浩浩荡荡由湖南开赴湖北。新湘军的大将分别为记名布政使表弟彭毓橘和福建提督原吉字营营官郭松林。

谕纪泽纪鸿(养生之法在顺其自然)

同治五年二月二十五日

字谕纪泽、纪鸿儿:

二十日接纪泽在清江浦、金陵所发之信。二十二日李鼎荣来,又接一信。二十四日又接尔至金陵十九日所发之信。舟行甚速，病亦大愈为慰。老年来始知圣人教孟武伯问孝一节之真切。尔虽体弱多病，然只宜清静调养，不宜妄施攻治。庄生云："闻在宥天下，不闻治天下也。"东坡取此二语，以为养生之法。尔熟于小学，试取在宥二字之训诂体味一番，则知庄、苏皆有顺其自然之意。养生亦然，治天下亦然。若服药而日更数方，无故而终年峻补，疾轻而妄施攻伐强求发汗，则如商君治秦、荆公治宋，全失自然之妙。柳子厚所谓名为爱之其实害之，陆务观所谓天下本无事庸人自扰之，皆此义也。东坡游罗浮诗云："小儿少年有奇志，中宵起坐存黄庭。"下一存字，正合庄子在宥二字之意。盖苏氏兄弟父子皆讲养生，窃取黄老微旨，故称其子为有奇志。以尔之聪明，岂不能窥透此旨？余教尔从眠食二端用功，看似粗浅，却得自然之妙。尔以后不轻服药，自然日就壮健矣。

余以十九日至济宁，即闻河南贼匪图窜山东，暂住此间，不遽赴豫。贼于二十二日已入山东曹县境，余调朱星槛三营来济护卫，腾出潘军赴曹攻剿。须俟贼出齐境，余乃移营西行也。

尔侍母西行，宜作还里之计，不宜留连鄂中。仕宦之家，往往贪恋外省，轻弃其乡，目前之快意甚少，将来之受累甚大。吾家宜力矫此弊。余不悉。

涤生手示

李眉生于二十四日到济宁相见矣。四叔、九叔寄余信二件寄阅。他人寄纪泽信四件、王成九信一件查收。

点评：养生之法在顺其自然

《论语·为政篇》里记载孔子与他的弟子们谈孝道的事，曾氏独称"孟武伯问孝"一节为真切。让我们来看看这一节的原文："孟武伯问孝。子曰：'父母惟其疾之忧。'"

孔子回答的这句话是什么意思呢？他的意思是，什么是孝？孝就是让父母对自己除了担忧生病一事外，再无别的担忧。生病是难以防患的，故不是过失。换句话说，即子女自爱，生活得好好的，没有过失，便是对父母的孝顺。

正在山东与捻军周旋的曾氏，怎么会突然想起这一段话来呢？原来，他的心里一直在牵挂着儿子的病情。少时读《论语》这一节，很可能没有什么特别的感觉，因为那时没有这种切身体验，老来却有特别亲切之感。笔者想，当年孔老夫子或许正是因为牵挂儿子孔鲤的病情，才有这样一句回答孟武伯的话。

曾氏对待养生十分重视，但他的重视是在顺其自然，而不是多服补药，妄施攻治，并认为治理天下也宜如此。他不主张商鞅、王安石的强制政治，有点无为而治的味道。

谕纪泽纪鸿（不宜过于玲珑剔透）

同治五年三月十四夜

字谕纪泽、纪鸿：

顷据探报，张逆业已回窜，似有返豫之意。其任、赖一股锐意来东，已过汴梁，顷探亦有改窜西路之意。如果齐省一律肃清，余仍当赴周家口以践前言。

雪琴之坐船已送到否？三月十七果成行否？沿途州县有送迎者，除不受礼物酒席外，尔兄弟遇之，须有一种谦谨气象，勿恃其清介而生傲惰也。余近年默省之勤、俭、刚、明、忠、恕、谦、浑八德，曾为泽儿言之，宜转告与鸿儿，就中能体会一二字，便有日进之象。泽儿天质聪颖，但嫌过于玲珑剔透，宜从浑字上用些工夫。鸿儿则从勤字上用些工夫。用工不可拘苦，须探讨些趣味出来。

余身体平安，告尔母放心。此嘱。（济宁州）

点评：不宜过于玲珑剔透

曾氏眷属已决定离宁回湘，纪泽、纪鸿兄弟均已成人娶妻，护送母亲、妹妹的事，自是他们的本职。曾氏叮嘱两儿，沿途既不可接受别人的礼物酒食，又要谦虚礼貌相待。接人待物，是一种艺术，处置得好，朋友遍天下；处置得不好，易招怨惹是非。像纪泽、纪鸿这种侯门公子，沿途张扬招摇，让州县故旧都来迎送宴请，固然不好，但若做起一副清高绝俗、拒人于千里之外的神态来，或许更不好。把握分寸，适中合度，艺术技巧全在此八字中。

人人都希望自己聪明敏捷，也都盼望儿女天质聪颖，但聪明的人也有其弊端。曾氏指出的"过于玲珑剔透"，不仅是聪明如纪泽者身上有，也几乎是所有聪明人的通病。

所谓聪明，耳聪目明之谓也。具体地说，头脑灵泛，反应快，口齿伶俐，善察风色等等，都是聪明的表现。但若把握不好，过了分寸，便会变为过于玲珑剔透，则反为不美。

为什么不美？个中原因太多太复杂，决不是一篇短文所能说清楚的。这里只略说几点。

一、过于玲珑剔透者,求学做事往往不愿意下笨工夫,也难以久耐艰苦寂寞。但大学问、大事业,大多都是从笨、苦、持久中得来。因而,此种人难成大器。

二、过于玲珑剔透者,对人对事往往沉不住气,好表现,喜跟风,而世道人心,却复杂多变。故此种人不如持重者稳妥,易栽跟头。

三、过于玲珑剔透者,往往讲究清爽明白,打破砂锅问到底。但世界上许多事情是不能够求个清爽明白的,一味讲究,反倒招烦招怨招是非。

故而曾氏从他的丰富阅历中总结出一个"浑"字出来,与"勤、俭、刚、明、忠、恕、谦"一道列为人之"八德"。

"浑"不是圆滑,更不是糊涂,它是一种高境界的处世待人之方。阅世浅的人难以理解,容易将它与"世故"混为一谈。阅世多而又有心者,当可从"浑"中体味出许多意蕴来。世人有句话叫做"聪明反被聪明误",杨修丧命,祢衡问斩,头都掉在"聪明"二字上。所以古人从来不把聪明与否看得太重,而将深沉、稳重、坚毅等视为人生的种种美德。

谕纪泽纪鸿(可悲的侯门长女)

同治五年三月十九日

字谕纪泽、纪鸿儿:

日内未接来禀,不知十七日业已成行否?十日发信一次,使余放心,自不可少。自金陵起借用善后局封,过安庆后借竹庄封,至两湖则用沅叔暨李筱泉封可也。尔前禀问《二十四史》、《五礼通考》之外更须何书:《大学衍义》、《衍义补》及《皇朝职官表》六套亦可交竹庄觅便寄来。

此间军事惟运河之沈口一带最为吃紧,余则守局尚稳。昨有复吴仲仙一函抄寄尔阅。沅叔将富坨兑与我住,又多出田一百余亩。兹将各信寄尔等看。道途太远,可不必带回大营矣。余身体平善。所最虑者,恐贼窜过运河,则济宁省城与曲阜孔林皆可危耳。沅叔拟住襄阳,大约俟尔母子过后再出省也。

袁秉桢在徐州粮台扯空银六百两,行事日益荒唐。顷令巡捕传谕,以后不许渠见我之面,入我之公馆。渠未婚而先娶妾,在金陵不住内署,不入拜年,既不认妻子,不认岳家矣。吾亦永远绝之可也。大女送至湘潭袁宅,不可再带至富托，教之尽妇道。二女究留金陵否，前信尚未确告，想有禀续陈矣。

涤生手示

> **点评：可悲的侯门长女**

像袁秉桢这样荒唐透顶的女婿，宜尽早一刀两断，与之脱离婚姻关系。然而曾氏只与他本人永绝，却还要将大女儿送至夫家尽妇道。可怜的曾纪静，今后的日子怎么过？果然，她长期抑郁，终成不治之症，五年后病逝，年仅二十九岁。

一个一等侯爷、协办大学士、两江总督的女儿，居然被一个混小子给活活折磨死了，这在今人看来简直不可思议！如果说，让曾氏出面解除女儿婚约的这个要求，在当时来说过分了点，但他至少可以将女儿留在娘家，免受丈夫的窝囊气！然而曾氏没有这样做。是曾氏没有父爱吗？让我们读读他接到女儿去世消息的当天日记："接李少泉信，知长女适袁者于九月下旬去世，为之伤感！日内所深虑者，家乡哥老会滋事，恐扰及桑梓丘墓，又恐沅弟带兵未能得手，不料女儿中有袁氏女之变。老境颓唐，不堪伤感！"

从这段话里，我们感受到白发人送黑发人的那种痛苦与凄凉的心情。曾氏与天下所有的父亲一样，对女儿是疼爱的。他之所以仍叫女儿去夫家尽妇道，完全是遵循着"三纲五常"的说教。别的父亲也许不会这样，他是一个标准的礼教捍卫者、遵守者，故而会做出这种大悖亲情的事。礼教杀人！与其说曾纪静是被"绝情"的父亲所害死，还不如说她是被绝情的礼教所杀。

致澄弟沅弟（用人不率冗，存心不自满）

同治五年三月二十六日

澄、沅弟左右：

三月十八接沅弟二月二十八日长沙河干一信，二十二日接澄弟二月二十二日一缄，具悉一切。

沅弟定于十七接印，此时已履任数日矣。督抚本不易做，近则多事之秋，必须筹兵筹饷。筹兵，则恐以败挫而致谤；筹饷，则恐以搜括而致怨。二者皆易坏声名。而其物议沸腾，被人参劾者，每在于用人之不当。沅弟爱博而面软,向来用人失之于率,失之于冗。以后宜慎选贤员,以救率字之弊;少用数员,以救冗字之弊。位高而资浅,貌贵温恭,心贵谦下。天下之事理人才,为吾辈所不深知、不及料者多矣,切弗存一自是之见。用人不率冗,存心不自满,二者本末俱到,必可免于咎戾,不坠令名。至嘱至嘱,幸勿以为泛常之语而忽视之。

陈筱浦不愿赴鄂。渠本盐务好手,于军事吏事恐亦非其所长。余处亦无折奏好手,仍邀子密前来,事理较为清晰,文笔亦见精当。自奏折外,沅弟又当找一书启高手,说事明畅,以通各路之情。

此间军事,二十一日各折已咨弟处,另有密件抄去一览。复张子青一信亦抄阅。纪泽母子等四月中旬当可抵鄂,纪鸿留弟署读书,余以回湘为是。科三嫂病愈,甚慰甚慰。顺问近好。

点评:用人不率冗,存心不自满

曾国荃此时已在武昌,与曾国潢分开了。曾氏此信仍是两弟并称,应是让老九看后再寄回湘乡让老四看。

可谓千呼万唤,老九终于重新出山了。名为鄂抚,其实依旧是一员带兵的统帅,只是统率的人马由吉字营换成了新湘军,对手也由据城守地的太平军换为飘忽不定的捻军。

知弟莫如兄,曾氏深知从小看着长大的老九身上的毛病。当他只是一个普通耕读子的时候,他的毛病只是伤及自身和家庭;而现在,他身为一省之主、一军之主,其毛病就有可能伤及一省一军,甚至于更大范围。老九这个人究竟有什么特征,让我们借赵烈文与曾氏的一段对话来看看。这段对话见赵同治六年九月初十日《能静居日记》:

"因问师故乡山甚多,亦有园池之概否?沅师所居,闻有大池,然乎?师曰:'乡间唐浜所时有。舍弟宅外一池,闻架桥其上,讥之者以为似庙宇。所起屋亦极拙陋,而费钱至多,并招邻里之怨。'余问:'费钱是矣,招怨胡为者?'师曰:'吾乡中无大木,有必坟树,或屋舍旁多年之物,人借以为荫,多不愿卖。舍弟已必给重价为之,使令者则从而武断之。树皆松木,油多易蠹,非屋材。人间值一缗者,往往至二十缗,复载怨而归。其从湘潭购杉木,逆流三百余里,又有旱道须牵拽,厥价亦不啻数倍。买田价比寻常有增无减,然亦致恨。比如有田一区已买得,中杂他姓田数亩,必欲归之于己。其人或素封,或世产,不愿则又强之。故湘中宦成归者如李石湖、罗素溪辈买田何啻数倍舍弟,而人皆不以为言。舍弟则大遗口实,其巧拙盖有如天壤者。'余曰:'此正沅师厚德处。烈以为宦族归置产业,乃恒情,与其巧,毋宁拙。拙不过损一时清名而已,究竟用心不伤纤薄,必可以久贻子孙。纵使荒乱之时,以厚实贻累,天亦有乘除之理,忧患较轻。'师曰:'此理诚是,然如舍弟亦太拙矣。忆咸丰七年,吾居忧在家,劼刚前妇贺氏,耦庚先生女也,素多病,其生母来视之,并欲购高丽参。吾家人云:"乡僻无上药,既自省垣来,何反求之下邑邪?"对曰:"省中高丽参已为九大人买尽。"吾初闻不以为然。遣人探之,则果有其事。凡买高丽参数十斤,临行装一竹箱,令人担负而走。人被创者则令嚼参以渣敷创上,亦不知何处得此海上方。'余大笑曰:'沅师举动,真英雄不可及,书之青史,古人一掷百万,奚以过之!'"

之所以不厌其烦地抄录这一大段文字,是想让读者较为真切地感受到曾氏的言谈风采。从这段对话中,我们看到了一位不拘小节、我行我素、招摇张扬、挥金如土的曾老九!其行事做人,与乃兄真有霄壤之别。

谕纪泽纪鸿（一百四十年前的高考辅导书）

同治五年五月十一夜

字谕纪泽、纪鸿儿:

前接泽儿四月二十一日信,兹又接尔二人二十七日禀,知尔九叔母率全眷抵鄂,极骨肉团聚之乐。宦途亲眷本难相逢,乱世尤难。留鄂过暑,自是至情。

鸿儿与瑞侄一同读书,请黄宅生先生看文,恰与吾前信之意相合。屡闻近日精于举业者,言及陕西路闰生先生（德）《仁在堂稿》及所选仁在堂试帖、律赋、课艺无一不当行出色,宜古宜今。余未见此书,仅见其所著《柽华馆试帖》,久为佩仰。陕西近三十年科第中人,无不出闰生先生之门。湖北官员中想亦有之。纪鸿与瑞侄等须买《仁在堂全稿》、《柽华馆试帖》悉心揣摩,如武汉无可购买,或折差由京买回亦可。

鸿儿信中拟专读唐人诗文。唐诗固宜专读,唐文除韩、柳、李、孙外,几无一不四六者,亦可不必多读。明年鸿、瑞两人宜专攻八股试帖。选仁在堂中佳者,读必手抄,熟必背诵。尔信中言须能背诵乃读他篇,苟能践言,实良法也。读《柽华馆试帖》,亦以背诵为要。对策不可太空。鸿、瑞二人可将《文献通考》序二十五篇读熟,限五十日读毕,终身受用不尽。既在鄂读书,不必来营省觐矣。余详初六日所送四月日记及九叔信中日记。

涤生手示

点评：一百四十年前的高考辅导书

信中所说的《仁在堂全稿》、《桧华馆试帖》是当年的闱场指导书，也就是我们今天所说的高考辅导书。曾氏建议子侄悉心揣摩这两部书。曾氏本人也曾见过《桧华馆试帖》，并对著者久为佩仰，可知其书知名度甚高，且畅销了很多年。那个时代没有出版公司，写书的人不但没稿费，还得自己筹集重金雕版印刷，印出来后也难于或羞于出卖，不过送人而已。但若是写作闱场指导这类的书，却不愁无人来买；若是像这位路闰生先生，想必获利甚多，是足可仗此养家糊口，过上好日子的。

致澄弟（养生五事）

同治五年六月初五日

澄弟左右：

五月十八日接弟四月八日信，具悉一切。七十侄女移居县城，长与娘家人相见，或可稍解郁郁之怀。乡间谷价日贱，禾豆畅茂，尤是升平景象，极慰极慰。

此间军事，贼自三月下旬退出曹、郓之境，幸保山东运河以东各属，而仍蹂躏于曹、宋、徐、泗、凤、淮诸府，彼剿此窜，倏往忽来。直至五月下旬，张、牛各股始窜至周家口以西，任、赖各股始窜至太和以西，大约夏秋数月山东、江苏可以高枕无忧，河南、皖、鄂又必手忙脚乱。余拟于数日内至宿迁、桃源一带察看堤墙，即由水路上临淮而至周家口。盛暑而坐小船，是一极苦之事，因陆路多被水淹，雇车又甚不易，不得不改由水程。余老境日逼，勉强支持一年半载，实不能久当大任矣。因思吾兄弟体气皆不甚健，后辈子侄尤多虚弱，宜于平日讲求养生之法，不可于临时乱投药剂。

养生之法约有五事：一曰眠食有恒，二曰惩忿，三曰节欲，四曰每夜临睡洗脚，五曰每日两饭后各行三千步。惩忿，即余匾中所谓养生以少恼怒为本也。眠食有恒及洗脚二事，星冈公行之四十年，余亦学行七年矣。饭后三千步近日试行，自矢永不间断。弟从前劳苦太久，年近五十，愿将此五事立志行之，并劝沅弟与诸子侄行之。

余与沅弟同时封爵开府,门庭可谓极盛,然非可常恃之道。记得己亥正月,星冈公训竹亭公曰:"宽一虽点翰林,我家仍靠作田为业,不可靠他吃饭。"此语最有道理,今亦当守此二语为命脉。望吾弟专在作田上用些工夫,而辅之以书、蔬、鱼、猪、早、扫、考、宝八字,任凭家中如何贵盛,切莫全改道光初年之规模。凡家道所以可久者,不恃一时之官爵,而恃长远之家规;不恃一二人之骤发,而恃大众之维持。我若有福罢官回家,当与弟竭力维持。老亲旧眷、贫贱族党不可怠慢,待贫者亦与富者一般,当盛时预作衰时之想,自有深固之基矣。

凯章家事,即照弟信办一札照收。湘军各营俱不在余左右,故每月仅能送信一次,俟至周家口后即送三次可也。余详日记中。顺问近好。沅弟在鄂拆阅,均此。

点评:养生五事

曾氏所述的这五条养生之法,即便从今天的科学角度看也很有道理。眠食有恒,即起居有规律;惩忿,即常保心情舒畅;节欲,即不让欲望过多过滥,人之欲望固然是导致人类前进的原始动力,但若不节制,则将有害人类自身。至于洗脚,则被今人抬到很高的地步。其科学根据是,脚掌上有许多穴位,双脚切磋时,可起按摩穴位、促进血液循环的作用。民间一直流传这样的谚语:天天洗脚,胜过吃药。眼下遍布大街小巷的足浴馆,生意兴隆,足见洗脚好处甚多。饭后散步,则更是为人们所喜爱的运动。毛泽东在《新青年》第三卷(1917年4月1日出版)发表了一篇很有名的文章:《体育之研究》。在这篇文章中,他向全国青年推介曾氏的养生之法:"曾文正行临睡洗脚、食后千步之法,得益不少。"

二十多年前,当曾氏刚中进士入翰苑的时候,其祖星冈公所说的"仍靠作田为业,不可靠他吃饭"的话,体现了一个乡间农人的长远见识,这句话让曾氏一辈子牢记。当家门鼎盛之时,他又重提乃祖之训以教子弟。曾氏的这个守农思想,从今天来看,固然有落后保守的小农经济意识在内,但它也有另外的一面,即虽处富贵亦不忘贫贱时,不因富贵而骄人,不恃富贵为根本,这些方面仍对今天有启迪价值。试想当今有不少人一阔脸就变,仗势欺人,还有不少暴富之徒纸醉金迷、骄奢淫佚。与曾氏那虽有点陈旧的观念相比,孰优孰劣,是显而易见的。

顺便提一下,写完这封信的第三天,即六月初七,曾氏随军营来到山东嘉祥县,拜谒宗圣曾子庙,接见宗子曾广莆,捐银一千两作为祭祀之资。次日,又谒曾子之墓。据族谱所载,曾氏乃曾参第七十代孙。曾参的第四十二代孙曾孟鲁于宋雍熙年间迁至湖南茶陵州。此人为曾氏家族迁湖广的始祖。第四十五代孙曾霸于南宋时由茶陵迁衡州。第六十二代孙曾孟学于清康熙年间迁至湘乡。此人为曾氏家族迁湘乡的鼻祖。再传八代便是曾氏兄弟了。清康熙年间，曾家与孔、孟、颜三家联谱，统一使用康熙皇帝所赐的派名，后来道光皇帝又增加十代派名，共二十五代派名，依次为：宏闻员尚衍，兴毓传记广，昭宪庆繁祥，令德维垂佑，钦绍念显扬。

曾氏为传字派。按曾氏家谱所载，曾氏本人的嫡系后裔，现在当旺的是宪、庆两辈。

致沅弟（不能视文章太重）

同治五年六月十二日

沅弟左右：

六月六日连接五月十八日、二十四日两次来信。同一排单，何以迟速悬殊？足毒居然全好，大慰大慰。不特鼻子无缺，并脚梗亦不短欠丝毫，足以闭执逸匿之口。豹岑处，弟复雨亭信，未令西来，从此即作罢论。一万二千之数，恐不足保鄂省疆土，自可量力多招。至于有文一篇，便使天下后世知某某为小人云云，则未免视文太重，而视天下后世太轻。此室所论之是非，易一室而彼不以为然，易一邑而其说更变矣；此乡所服之贤士，易一乡而彼不以为然，易一府而屡变不一变矣。况天下乎？况后世乎？

此间军情，凡大处调度，均已咨达弟署。若各股均渡至沙河、淮河之南，余当以淮军扼守沙河、贾鲁河。此数月内鄂境虽十分吃紧，而使贼不得回窜东北平旷之区，各军得悉萃于西南山多田多之处，剿办当稍易为力。恐其半过沙河以南，半留沙河以北，则尤疲于奔命耳。

以贤四本家为罪魁，诚为笃论。惟信风本家向来在京在粤声望极劣，人以巨憝目之，尚须细察。绅士如藿郊、畏之尚相洽否？子寿、孝凤、廉卿等曾晋省一晤否？小舫、云黼等曾通信否？皆顺斋排行之至交也。本日寄谕中有左帅折片，另咨抄阅。余详日记中。顺问近好。

点评：不能视文章太重

中国读书人一向把文章摆在极高极重要的地位，魏文帝曹丕一句"文章乃经国之大业，不朽之盛事"的过头话，千余年来被人们津津乐道。自隋朝以来的科举制度，也是以文章取士。"书中自有黄金屋，书中自有千钟粟，书中自有颜如玉"，会写文章，便有了一切。"文章千古事"，文章可流传万代千秋，既可让作者名垂不朽，也可让文中所写的人与事永垂不朽。

然而，当时执天下文章牛耳的曾氏，却并不这样看。他以明智通达的心态看待文章的功能。可惜我们不能找到曾国荃的原信，不知"有文一篇"的具体所指，估计是老九心中对某人有愤懑之情，欲借一篇文章来发泄。曾氏以"未免视文太重，而视天下后世太轻"来劝阻。

平心而论，曾氏的话道理更充足，事实上也是如此。像《讨武曌檄》、《辨奸论》这种让天下后世知武则天、王安石为"大奸"的文章，古往今来能有几篇？随着资讯的发达、发表的简易，从今往后，大概再也不可能出现像过去那种千百年传颂不衰的文章了。这是文章的不幸，但这的确是文明的幸事。

谕纪泽纪鸿（贪利而成居半，激逼而成居半）

同治五年六月十六日

字谕纪泽、纪鸿儿：

六月六日接纪泽五月十七、二十六日两禀，具悉一切。沅叔足疼全愈，深可喜慰。惟外毒遽瘥，不知不生内疾否。

唐文李、孙二字，系指李翱、孙樵。八家始于唐荆川之文编，至茅鹿门而其名大定，至储欣同人而添孙、李二家。御选《唐宋文醇》，亦从储而增为十家。以全唐皆尚骈俪之文，故韩、柳、李、孙四人之不骈者为可贵耳。

湘乡修县志，举尔纂修。尔学未成，就文甚迟钝，自不宜承认，然亦不可全辞。一则通县公事，吾家为物望所归，不得不竭力赞助；二则尔惮于作文，正可借此逼出几篇。天下事无所为而成者极少，有所贪有所利而成者居其半，有所激有所逼而成者居其半。尔篆韵抄毕，宜从古文上用功。余不能文，而微有文名，深以为耻。尔文更浅而亦获虚名，尤不可也。或请本县及外县之高手为撰修，而尔为协修。

吾友有山阳鲁一同通父，所撰《邳州志》、《清河县志》（下次专人寄回），即为近日志书之最善者。此外再取有名之志为式，议定体例，俟余核过，乃可动手。

纪鸿前文申夫改过，并自作一文三诗，兹寄去。申夫订于八月至鄂，教授一月，即行回川。渠善于讲说，而讲试帖尤为娓娓可听。鸿儿、瑞侄听渠细讲一月，纵八股不进，试帖必有长进。鸿儿文病在太无拄意，以后以看题及想拄意为先务。

余于十五日自济宁起程，顷始行二十余里。身体尚好，但觉疲乏耳。此谕。

涤生手示

> **点评：贪利而成居半，激逼而成居半**

对于古文，今人大多都知道唐宋八大家，少有知道在八大家之外尚有李翱、孙樵两大家的。纪泽兄弟当时也不知，故在信中问乃父。实事求是地说，李、孙二家是远不能与其他八家相提并论的。人们不读《唐宋文醇》而读《唐宋八大家》，尽管前者之选家贵为天子，后者之选家只是一个普通士人。这说明权势毕竟不能代替真理。在一个极短的时期内，权势、财富等等会有一定的支配力，但从长远的角度看，它是绝对不能与真理抗衡的。

各县修县志，照例都推举一县之望来领衔。比如光绪年间衡阳县修志，领衔的便是当时衡阳第一人彭玉麟。湘乡县修志，自然由曾氏领衔。老子无暇，把儿子推出来，也是当时的人情物理。借此逼出几篇文章，亦是好事。曾氏由此而申发，得出"天下事无所为而成者极少，有所贪有所利而成者居其半，有所激有所逼而成者居其半"的结论来。曾氏此论，的确是阅历之得。我们略为检索下历史上一切成就大功名大事业者，不是出于功利，便是出于激逼，舍此两途外的强大推动力，可谓极少极少。曾氏本人就毫不隐瞒地承认自己的成功源于激逼。他的这番话见于赵烈文《能静居日记》同治六年八月二十一日："下午，涤师复来久谭。自言：'初服官京师，与诸名士游接。时梅伯言以古文、何子贞以学问书法，皆负重名。吾时时察其造诣，心独不肯下之。顾自视无所蓄积，思多读书，以为异日若辈不相伯仲。无何，学未成而官已达，从此与簿书为缘，素植不讲。比咸丰以后，奉命讨贼，驰驱戎马，益不暇，今日复视梅伯言之文，反觉有过人之处，往者之见，客气多耳。然使我有暇读书，以视数子，或不多让。'余鼓掌狂笑曰：'人之性度，不可测识，世有薄天子而好为臣下之称号者，汉之富平侯、明之镇国公是也。公事业凌铄千古，唐宋以下几无其伦，顾欲与儒生下竟咕毕之业，非是类耶？今聆师语，可见当日雄毅之姿，不可一世，逮后而与狂贼争胜负，始为得所发泄矣。'师曰：'起兵亦有激而成。初得旨为团练大臣，借居抚署，欲诛梗令数卒，全军鼓噪入署，几为所戕。因是发愤募勇万人，浸以成军，其时亦好胜而已。不意遂成今日，可为一笑。'"

发愤读书作文，是想与梅曾亮、何绍基不相伯仲；发愤募勇成军，是要与绿营比一比高低。曾氏以自己的经历为"有所激有所逼而成者居其半"，作了最好的注脚。

在社会上没有地位，被人所轻，对于好强者来说，也许并不是坏事，在激逼中发愤而为，事业和成就有可能就在这时候出来了。让我们重温一下太史公那段千古不朽的名言："古者富贵而名磨灭，不可胜记，唯倜傥非常之人称焉。盖文王拘而演《周易》；仲尼厄而作《春秋》；屈原放逐，乃赋《离骚》；左丘失明，厥有《国语》；孙子膑脚，兵法修列；不韦迁蜀，世传《吕览》；韩非囚秦，《说难》、《孤愤》；《诗》三百篇，大抵贤圣发愤之所为作也。"愿这段话能给处在困厄阶段的朋友以鼓舞和力量。

谕纪泽纪鸿（思路宏开为文章必发之品）

同治五年八月初三日

字谕纪泽、纪鸿儿：

接纪泽六月二十三、七月初三日两禀，并纪鸿及瑞侄禀信、八股。两人气象俱光昌，有发达之概，惟思路未开。作文以思路宏开为必发之品；意义层出不穷，宏开之谓也。

余此次行役，始为酷热所困，中为风波所惊，旋为疾病所苦。此间赴周家口尚有三百余里，或可平安耳。尔拟于《明史》看毕，重看《通鉴》，即可便看王船山之《读通鉴论》，尔或间作史论或作咏史诗。惟有所作，则心自易入，史亦易熟，否则难记也。余近状详日记中。到周口后又专□（评点者按：此处原件缺一字）送信。此示。

涤生手谕

早间所食之盐姜已完，近日设法寄至周家口。吾家妇女须讲究做小菜，如腐乳、酱油、酱菜、好醋、倒笋之类，常常做些寄与我吃。《内则》言事父母舅姑，以此为重。若外间买者，则不寄可也。

点评：思路宏开为文章必发之品

所有初学写文章的人，大概都会时常想到这样一个问题：如何才能把文章写好？所有常写文章的人，大概也会这样想：如何才能把文章写得更好？

曾氏认为，作文的关键在于思路宏开。什么是宏开？他的答案是：意义层出不穷。确切地说，这是对论说文的指导，因为当时科场考试的八股文是属于论说文这个范畴的。对于闱中之文，向来有严格的规定，只能写代圣贤立言的议论文章，不能有别的体裁。曾经做过曾氏短期幕僚、后来一直与曾氏保持文字之交的王闿运，是近代一位大教育家、大学问家，也是一位不拘常礼的风流名士。咸丰十年，他第三次进京会试。头场考四书文，他兴之所致，乱发议论；卷子交上后，细思这次的文章又出格了，此科必罢无疑。于是在第二场写五经义的时候，他索性来个大大的出格，在闱场里写了一篇洋洋洒洒的大赋，弄得阅卷官们惊愕不已。这位风流名士便借此出了大名。现在看来，王闿运很会自我炒作。不过，我们也从这个故事中知道闱文的规矩极严。

今天的读者，当然是决不会再作八股文的。但不管你从事什么职业，都免不了要写一些带有议论色彩的文章，至于文字工作者，自然更是免不了要写论说文。按曾氏的意思，此种文章要写得好，关键是在有层出不穷的意义在胸间。我们常说的言之有物，与此说接近，但细揣"层出不穷"四字的意思，还不只是"有物"便行了的。它有如剥笋，剥去一层又一层；它有如走山路，转过一山遇到一番景色，再转过一山又是一番景色；它又如登高览胜，视角一换，眼底立刻又是一片不同的风光。作者议论勃发，左右逢源，读者也如羊被牵，自愿进入水草丰茂之地。这样的文章，岂有不发达之理？

致澄弟（不必曲为搜求哥老会徒）

同治五年八月初十日

澄弟左右：

八月初六日接弟六月十八山枣一缄，初九日沅弟寄到弟七月十九与沅之函，具悉一切。

哥老会之事，余意不必曲为搜求。左帅疏称要拿沈沧海，兄未见其原折，便中抄寄一阅。提镇副将，官阶已大，苟非有叛逆之实迹实据，似不必轻言正法。如王清泉，系克复金陵有功之人，在湖北散营，欠饷尚有数成未发。既打金陵，则欠饷不清不能全归咎于湖北，余亦与有过焉。因欠饷不清，则军装不能全缴，自是意中之事。即实缺提镇之最可信为心腹者，如萧孚泗、朱南桂、唐义训、熊登武等，若有意搜求，其家亦未必全无军装，亦难保别人不诬之为哥老会首。余意凡保至一、二、三品武职，总须以礼貌待之，以诚意感之。如有犯事到官，弟在家常常缓颊而保全之。即明知其哥老会，唤至密室，恳切劝谕，令其首悔而贷其一死。惟柔可以制刚很之气，惟诚可以化顽梗之民。即以吾一家而论，兄与沅弟带兵，皆以杀人为业，以自强为本；弟在家，当以生人为心，以柔弱为用，庶相反而适以相成也。

孝凤为人，余亦深知，在外阅历多年，求完善者实鲜。余外病全去，尚未复元。初九抵周家口，此间或可久住。余详日记中。顺问近好。

> **点评：不必曲为搜求哥老会徒**

因鲍超及其所统率的霆军的缘故，盛行于四川民间的哥老会，咸丰末期开始在湘军内部蔓延开来。哥老会徒仗着团伙的力量无视军纪，自成一派，故为湘军带兵将领们所恼火，尤为其统帅曾氏、左宗棠等人所痛恨。

信中所提到的捉拿沈沧海的左宗棠奏疏，收在岳麓书社出版的《左宗棠全集》中。这份同治五年四月十九日的奏疏称都司衔守备沈沧海结交哥老会，在撤勇期间散布谣言，煽惑军士不缴军器，现已逃避无踪。故此，左除请求朝廷下旨湖广总督、湖南巡抚将沈查拿正法外，另请旨敕部查销沈的历次保案。朝廷同意左的建议。

圣旨下达后，湖南刮起一股清查哥老会之风。

历史经验告诉我们，这种清查某一事件、某一团伙，尤其是清查某一种思潮的事情，一旦在大范围内用大轰大嗡的方式进行，往往是弊大于利，祸大于福，株连、诬陷、挟嫌报复、冒功请赏等奇奇怪怪的东西都会出现，势必出现扩大化，甚而酿至冤狱遍地的后果，实在不可取。处置这种事，只能就事论事，一案一办。但在位者往往希望借此制造一种气氛，以求达到杀鸡给猴子看的效果。朝廷既有这样的圣旨，曾氏自然不会叫湖南巡抚顶着不办，他只能劝主张"极力追求根株"的自家兄弟对此事宜宽宜柔，不可激发事端。应该说曾氏的这种做法比较得宜。联想到咸丰三年初办团练时那种杀气腾腾、恨不得一天之内把各种会党一网打尽的做法，十多年的阅历和磨炼，毕竟让此公老到圆熟了。

另外，通过这封信，也让我们知道，当年有关攻打金陵的吉字营主要头领大多都是哥老会头目的传言，并不是空穴来风。

谕纪泽纪鸿（风流名士曾广钧）

同治五年八月二十二日

字谕纪泽、纪鸿儿：

接尔等八月初十日禀，知鸿儿生男之喜。军事棘手，衰病焦灼之际，闻此大为喜慰。排行用浚、哲、文、明四字。此儿乳名浚一，书名应用广字派否，俟得沅叔回信再取名也。

九月初十后，泽儿送全眷回湘，鸿儿可来周家口侍奉左右。明年夏间，泽儿来营侍奉，换鸿儿回家乡试。余病已全愈，惟不能用心。偶一用心，即有齿痛出汗等患，而折片等不肯假手于人。责望太重，万不能不用心也。

朱子《纲目》一书，有续修宋元及明合为一编者，白玉堂忠愍公有之，武汉买得出否？若有而字大明显者，可买一部带来。此谕。

涤生手示

点评：风流名士曾广钧

八月初十日，曾纪鸿的妻子郭筠生下一个儿子。早在四月份，曾氏家属包括欧阳夫人、纪泽纪鸿兄弟及内眷、大女纪静、二女纪耀夫妇、三女纪琛夫妇、四女纪纯、小女纪芬，一大家人浩浩荡荡乘船离开金陵回湖南。

那时，老九已就任湖北巡抚，留他们在湖北巡抚衙门暂住。不多久，老九的太太熊氏也带着两个儿子来到武昌。曾家的眷属们在武昌城里小团聚。这一住，便是几个月。纪鸿的儿子便生在湖北抚署东偏房多桂堂。

这是纪鸿的长子，也是曾氏的长孙子。纪泽虽结婚多年，但此时尚只有一女，并无儿子。那个时代，自然是重男轻女的，所以这个婴儿的降临，给曾府上下带来了巨大的喜悦。儿子生下的当天，纪鸿便兴冲冲地给在山东前线的父亲报喜。果然曾氏闻之大为喜慰，第二天在给老九的信中又说："知科一得生一子，于万分忧郁之中得一届公公之喜，老怀稍纾，病亦日痊。"得一孙子，连病都好了！此子，曾氏为他取名广钧，字重伯。

曾广钧七岁时，曾氏去世，他与父亲曾纪鸿同获举人之赏，"准其一体会试"。这就是说，曾广钧长大后，无须府试、乡试便可直接进京会试。这为他的科举道上扫除了多少障碍！这个好处，他的父亲曾纪鸿没有用上，而让他得了极大的便利。光绪十五年（1889），二十三岁的曾广钧考中进士，朝考改翰林院庶吉士，成为曾家的第二个翰林，且比乃祖早中五年。尽管曾广钧的起点大为超过普通士子，但中进士点翰林，也不是一桩易事，须知曾氏是三次会试才如愿，左宗棠是三次也未如愿！

曾广钧的确天资聪颖，从小便有神童之称，尤擅长诗。十三四岁的时候，他的诗作便受到老辈诗人的赏识，被公认为湖湘诗坛的后起之秀。让我们借此机会抄录他的两首诗，以便读者略窥他的诗风。

其一《题齐河壁》："岱顶人归小九州，马前晴色鹊华秋。穿山古驿兼愁断，到海长河破晓流。辩士文章恢赤县，女郎风雨避青邱。羁吟莫讶还乡路，明日车程过白沟。"

其二《陶然亭薄暮》："节序惊人不可留，风丝檐角见牵牛。寒砧和笛风清响，玉露兼风作素秋。京洛酒痕消短褶，关河幽梦落渔钩。雄心绮思成双遣，拼得红香委暮流。"

读者看看，比起他那爱吟诗的伯父来，"神童"的诗是不是真的才气多一点？论资质，曾广钧或许胜过父、祖两辈，但论立身处世，却不如父、祖两辈远矣。曾广钧风流不羁，以诗酒名士自居。我们来看他的胞妹曾广珊后来是怎么评价他的："幸亏文正公未做皇帝，如做，到了第三代，皇位如果传给他那个擅长诗词、爱搞女人的孙儿，那就会做李后主或宋徽宗了。"（见罗尔纲著《太平天国史》第2064页）可见，曾广钧在家族中口碑并不好。他的官只做到知府，似乎也无任何政绩可言。不过，他有一个很有名气的女儿曾宝荪。她是中国第一个获得外国大学学位的女性，后来在长沙创办艺芳女校，终身未嫁，献身教育事业，为曾氏家族赢得了极好的声誉。

致沅弟（曾老九参劾官文）

同治五年八月二十四夜

沅弟左右：

二十三日接弟十八日信，欣悉甲五、科三两侄于初一、初四均得生子，先大夫于十日之内得三曾孙。余近年他无所求，惟盼家中添丁，心甚拳拳，今乃喜溢望外。弟之有功于家，不仅谋葬祖父一事，然此亦大功之昭著者。即越级超保，亦必不干部驳也。来汝会晤一节，尽可置之缓图。顺斋排行一节，亦请暂置缓图。此等事幸而获胜，而众人眈眈环伺，必欲寻隙一泄其忿。彼不能报复，而众人若皆思代彼报复者。吾阅世最久，见此甚明。寄云一疏而参抚，黄藩又一片而保抚，郭昆、李非不快意，当时即闻外议不平。其后小蘧果代黄报复，而云仙亦与毛水火，寄云近颇悔之。吾参竹伯时，小蘧亦代为不平，至今尚痛诋吾兄弟。去冬查办案内，密片参吴少村，河南司道颇为不平，后任亦极隔阂。陈、黄非无可参之罪，余与毛之位望积累，尚不足以参之，火候未到，所谓燕有可伐之罪，齐非伐燕之人也。以弟而陈顺斋排行，亦是火候未到，代渠思报复者必群起矣。苟公事不十分掣肘，何必下此辣手？汴之紫三本家于余处颇多掣肘，余顷以密片保全之，抄付弟览。吾兄弟位高功高，名望亦高，中外指目为第一家。楼高易倒，树高易折，吾与弟时时有可危之机。专讲宽平谦巽，庶几高而不危。弟谋为此举，则人指为恃武功，恃圣眷，恃门第，而巍巍招风之象见矣，请缓图之。

春霆何以缺饷？每月十一万五千，渠究竟有亏空否？请细查见示。余拟定霆军饷项单，两次咨弟，曾细阅否？顺问近好。

再，星冈公教人常言："晓得下塘，须要晓得上岸。"又云："怕临老打扫脚棍。"兄衰年多病，位高名重，深虑打扫脚棍，蹈陆、叶、何、黄之复辙。自金陵告克后，常思退休藏拙。三年秋冬，应让弟先归。四年夏间，僧邸殉难，中外责望在余，万难推卸。又各勇遣撤未毕，不得不徘徊审慎。今年弟既复出，兄即思退。逮大暑病疲之后，言路又有避贼而行之劾，决计引归。拟八九月请假二次，十月开缺。今群捻东窜，贼情大变，恐又不能遽如吾意。弟若直陈顺斋排行，则人皆疑兄弟熟商而行。百喙无以自解，而兄愈不能轻轻引退矣。望弟平平和和作一二年，送阿兄上岸后，再行轰轰烈烈做去。至嘱至嘱。

胡润帅奉朱批不准专衔奏军事，其怄气百倍于弟今日也，幸稍耐焉。兄又手致。

点评：曾老九参劾官文

信中所说的先大夫十日内得三曾孙，即曾纪鸿生广钧、曾纪梁生广祚、曾纪渠生广㲀，他们都是竹亭公的曾孙。纪梁、纪渠皆为曾国潢的儿子。纪渠出抚曾国葆，他的儿子算是第五房之后了。

老九抵武昌不过五个月，便与湖广总督官文闹起了矛盾。事情的起因缘于老九接事之初便大裁湖北军队，用新募的湘军替代。总督又称制军，主管军事，裁湖北之军无疑让官文下不了台面，官文因此恼恨老九。不久，老九的军队在前方缺粮，后方的粮台无足够的粮食供应。有人密告老九，说是官文将粮食作为补发欠饷发给了被裁撤的鄂军，这是有意为难新湘军。老九本就因官文并无实战功劳而与他同封伯爵一事,对官极为反感,这时可谓旧隙新怨凑到一起了,于是决定上疏弹劾官文。

官文是个平庸无能的人,仗着满人身份和圆滑乖巧的做官技艺,在官场上一直混得很好。咸丰五年从荆州将军改任湖广总督,至今已在这把交椅上坐了十七年。

清代在地方政权上实行总督、巡抚并存制。巡抚为一省的最高长官,总督则为一省、两省甚至三省的最高长官。通常情况下,巡抚的职责重在民政,总督的职责重在军政;战时,巡抚也要负责一省的军务。在品衔上,总督为正二品,巡抚为从二品。巡抚虽低一级,但不是总督的下属,双方见面时行的是平礼。巡抚对朝廷负责,有权单独上奏章。这样的设置,本出于对地方政权长官的相互制约,但弊端也便因此而起。尤其在督抚同城的省份与战争时代,督抚闹纠纷而不和的事,几乎在所难免。这是职权交错而必然引发的矛盾。咸丰五年至咸丰十一年,胡林翼做了六年多的湖北巡抚。胡是一个很聪明的人,为了在军事上得到官文的支持,他谦辞卑容,又配以种种手段,从而博得了官文的完全信任。这六年间,胡在军事上取得了很大的进展。与此同时,官文也坐收渔利,获能干的美誉。据此,官文将湖广总督的座椅打得牢牢的,以后的几任鄂抚也不敢对他不恭。官文也因而得意忘形,以为自己真的是一个很有本事的人,骄矜之气逼人。这下遇到一个心高气傲、因打下金陵而以天下第一功臣自居的曾老九,两人便水火不相容了。

就参劾一事,老九去信乃兄。曾氏认为此事当"暂置缓图"。他列举几个督抚互参结局均不佳的例子来说明。又提到自己咸丰五年参劾江西巡抚陈启迈一事,至今还有后遗症。希望老九以前事为师,不要将冲突激化。

至于信中所说的"汴之紫三本家于余处颇多掣肘,余顷以密片保全之"这句话,笔者想点破一下。"汴之紫三本家"系指河南巡抚李鹤年。曾氏以此作为宽容的例子,其实这中间还有另外一层原因。咸丰七年,曾氏在籍守父丧的时候,就再次出山之事与朝廷讨价还价。后来朝廷见江西军事进展较顺,以为有无曾氏都无所谓,便顺水推舟,将曾氏晾起来。眼看着自己千辛万苦种下的果树,让别人摘现成的果子,曾氏心里又气又悔。这时,身为给事中的李鹤年仗义上疏,请求朝廷再次启用曾氏。李的奏疏引起了朝廷的重视,再加之浙江告急,才有了曾氏咸丰八年的再次出山。这次豫军防守不力,让捻军从朱仙镇南面的沙河、贾鲁河一带的防线上突围东去,弄得曾氏经营年余的河防之策泡了汤。作为巡抚,李鹤年负有不可推卸的责任。因为有当年推荐之功这个背景,曾氏为李鹤年开脱,并请朝廷免于对他的处分,继续在豫抚任上办理军事,以观后效。

　　严刑重典办会党、锋辞峻语参同僚，这些都是初办地方事的曾氏所惯用的手法，但现在勋望在世、大权在握的总督却力劝九弟不要像他当年那样，宜改弦易辙，平和行事。

　　咸丰七、八两年，曾氏在守父丧期间，在大悔大悟的过程中，其思想得到一个较大的升华。他将早期崇仰的程朱之学、出山后所奉行的申韩之法与他过去不够重视的老庄之术结合起来，儒、法、道三家相互糅合、交替使用，终于导致了曾氏事业上的成功。而相应的，他整个的人生境界也得到一次巨大的飞跃。以柔和宽谅的态度来处置会党、对待同僚，便是这种心境下的产物。

致沅弟（《湘军志》与《湘军记》）

同治五年九月初二日

沅弟左右：

　　二十二、二十五日寄去二信，想早到矣。二十八日接弟二十三五日两信，具悉一切。

　　顺斋一案，接余函后能否中辍？悬系之至。此等大事，人人皆疑为兄弟熟商而行，不关乎会晤与否。譬如筱泉劾官，谓少泉全不知情，少泉劾余，谓筱泉全不知情，弟肯信乎？天下人皆肯信乎？异地以观，而弟有大举，兄不得诿为不知情也。审厚庵告病，季高调督陕甘，仲山升督闽浙，子青督漕，鹤侪抚秦，环视天下封疆，可胜两湖之任而又与弟可水乳者，殊难其选。朝廷亦左右搜索，将虽器使，良具有苦心耳。

　　捻众于二十二三至曹县、菏泽一带，二十五六麋集郓、巨，琴轩亦于二十三日追至单县。刘、张、刘、杨四淮军二十七八均抵东境。幼泉本在济宁。官军势盛，贼或不渡运。如不窜运东，不久当又西来，鄂事宜时时预防。

　　纪鸿儿来周口可坐一轿，从人行李则小车可也。余详日记中。顺问近好。

　　再，此间幕府有王定安，号鼎丞，湖北东湖人，以分发江苏知县。贺云黼荐至兄处，学习安详，有识。其胞兄王赓飏，号策臣，戊午解元，闻学识俱可。鼎丞求余函荐弟处觅一差使，若晋谒时，弟接见，察看才具，量为位置可也。涤生又行。

点评:《湘军志》与《湘军记》

老九不听乃兄颇有点苦苦哀求似的劝谏,一意孤行,上疏弹劾官文,列举官文六大罪状:贪庸骄蹇、欺罔徇私、宠任家丁、贻误军政、笼络军机处、肃党遗孽。劾疏末尾处,还附带刺了一下军机处,说军机处故意与鄂抚为难,凡有寄谕,从不径寄,而由督署转递。

老九所列官文的这些罪状,有的有根据,有的只是捕风捉影,至于肃党遗孽,更是缺乏足够的证据,倘若是御史言官,闻风上奏,也勉强说得过去。但身为一省巡抚,却不宜这样轻率,尤其是指责军机处更为不策略。这道奏章,最终会落到军机处大臣手中。他们看后心里作何想?

老九这份参劾,的确有点孟浪!

继前信的种种规劝后,曾氏在这封信里又提出参掉官后谁来继任的问题。这确实也是一个大问题。据《清史稿》官文本传里记载,胡林翼与官文共事之初,也担心官文驭下不严、用财不节而影响大事,因而萌发劾官文的念头。胡的心腹阎敬铭劝胡,除说了一通满汉畛域的大道理之外,也提出了一个谁来接替的问题。阎说:督抚相劾,未必能胜,即便胜了,你能料定后来者就一定比前任好吗?假使来了个品德好又勤于政事,但缺乏远谋又专横自是的人,他又怎么肯事事让你做主?官文无主见且为满人,你正可借他的名义来办自己的事。他无非是喜好钱财、贪图享受罢了,你每年拿出十万两银子给他挥霍好了。至于他手下的人不好,可容则容之,不可容则罢去,谅他也不会因为这点小事跟你闹意见。

胡林翼听从阎敬铭的话,彼此相安。但老九不是胡这种性格的人,他听不进别人的劝告,即便是他所敬重的大哥的话,他也不听,弹章照发。

此信的末段提到一个名叫王定安的人。此人后来也做了一些颇有影响的事,借此多说几句。

王定安是湖北东湖(今宜昌)人,举人出身。王学问、文章均好,尤擅诗。投到老九幕府后,为其主管文案,深得老九信任。光绪三年(1877),老九出任山西巡抚,又将王召来山西办赈灾捐款事,后正式任命王为冀宁道。王在办赈期间贪污了大量的灾款,被人告发,革职查办。老九有"滥保"之责,那时他已任两广总督,奉旨"革职留任"。

王定安如此恶劣,老九依旧信任他。

光绪七年,王闿运撰写的《湘军志》竣工付梓。王闿运对这部书很自负,认为可以跟《史记》、《汉书》媲美;士林也对此书评价甚高,认为史料充足,议论允当，文笔雄深雅健。但湘军将领普遍对这部书不满，尤其是老九和吉字营的将领更是对之深恶痛绝。原来，王闿运在书中对吉字营在打金陵后的种种不法行为予以揭露和讥讽。一介书生王闿运当然不是老九等人的对手，《湘军志》的版被捣毁，永不许再印刷。然后，他们决定重新写一部以颂扬吉字营为主旨的新书——《湘军记》，其作者便是老九所指定的王定安。

王定安深谢老九的器重，极尽阿谀粉饰之能事，为《湘军记》精心谋篇布局，咬文嚼字。《湘军记》完工后，大获老九赞赏，又亲笔为之写了一篇序言，对王定安大加吹捧："少负异才，不谐于俗，由州县历监司，所至树立卓卓。""踦齕于时，偃蹇湖山，行见以著述老，人多惜之，然鼎丞不穷。夫名位煊赫一时，而文章则千载事也。韩愈氏所谓不以所得易所失者，其斯之谓乎！"

王定安贪污赈灾款被革职查办，本是罪有应得，老九却把它说成"不谐于俗"、"人多惜之"，连起码的是非观念都不顾了。这位九帅的我行我素也到了惊人的地步。

谕纪泽纪鸿（人但有志气即可奖成之）

同治五年九月初九日

字谕纪泽、纪鸿：

接泽儿八月十八日禀，具悉。择期九月二十日还湘，十月二十四日四女喜事，诸务想办妥矣。凡衣服首饰百物，只可照大女二女三女之例，不可再加。纪鸿于二十日送母之后，即可束装来营，自坐一轿，行李用小车，从人或车或马皆可，请沅叔派人送至罗山，余派人迎至罗山。

淮勇不足恃，余亦久闻此言，然物论悠悠，何足深信。所贵好而知其恶，恶而知其美。省三、琴轩均属有志之士，未可厚非。申夫好作识微之论，而实不能平心细察。余所见将才杰出者极少，但有志气，即可予以美名而奖成之。

余病虽已愈，而难于用心，拟于十二日续假一月，十月奏请开缺，但须沅弟无非常之举，吾乃可徐行吾志耳。否则别有波折，又须虚与委蛇也。此谕。

> **点评：人但有志气即可奖成之**

曾氏十分重视人才，在长期治军行政的过程中，逐步形成一个较为完善的人才学体系，在爱才、识才、育才、用才等方面都有不少可资借鉴之处。此信中所说的"余所见将才杰出者极少,但有志气,即可予以美名而奖成之",属于曾氏育才方面的思想,用曾氏自己另一句简单的话来表叙,即"宏奖以育才"。他在给部属许振祎的信中说:"人才何常,褒之则若甘雨之兴苗,贬之则若严霜之凋物……米汤若醍醐之灌顶,高帽若神山之冠鳌。昔胡文忠每以此法诱掖人才,今阁下以此法诱奖诸生,何患人才不勃然兴起?"

曾氏这种"宏奖"育才法,基于人都有向上慕好的心理。多用奖劝,少用批评,体现了教育者对被教育者人格的尊重。曾氏认为世人大抵分为两种:一种为高明者,这种人好顾体面,耻居人后,勉之以忠可为忠,勉之以廉可为廉;另一种为卑琐者,这种人无大志,斤斤计较小得失,管得严则有所畏惧,管得松则懒散堕落。用奖励而不用苛责,正是把对方置于高明而好体面者之列,所以更能激发其自尊心,从而为忠为廉。

宏奖还可以成为一种动力,使被奖者对自己充满信心,明确目标,会在成才的路上前进更快,便有可能变庸才为人才,变小才为大才。信中所说的将才极少,就是说,人才、大才极少,但用鼓励奖勉的办法,便有可能使他们成为带兵之人才,甚或可为带兵之大才。

他在教育部下方面有两句名言,即"扬善于公庭,规过于私室"。下属为善,则在大庭广众之中予以表扬;若有过失,则将他单独召来予以批评。这种方法既顾全了部下的脸面,又起对大众导向的作用,的确不失为良法。

曾氏曾在日记中写过这样的话:"君子有三乐:读书声出金石,飘飘意远,一乐也;宏奖人才,诱人日进,二乐也;勤劳而后憩息,三乐也。"他把宏奖人才作为自己的乐趣,这确乎已到了很高的境界。

与郭家的姻事,因郭嵩焘的意见而推迟了一年。秋高气爽,长孙广钧也已满月,正是启程的好时候。全家于九月二十日取道水路回湖南,途中路过湘阴郭氏老家。曾纪泽下船,护送四妹至夫家举行婚礼。

致沅弟（求强在自修处，不在胜人处）

同治五年九月十二日

沅弟左右:

九月初六接弟八月二十七八日信,初十日接初五樊城所发之信,具悉一切。

顺斋一事业已奏出，但望内召不甚着迹，换替者不甚掣肘，即为至幸。弟谓命运作主，余素所深信；谓自强者每胜一筹，则余不甚深信。凡国之强，必须多得贤臣工；家之强，必须多出贤子弟。此亦关乎天命，不尽由于人谋。至一身之强，则不外乎北宫黝、孟施舍、曾子三种。孟子之集义而慊，即曾子之自反而缩也。惟曾、孟与孔子告仲由之强，略为可久可常。此外斗智斗力之强，则有因强而大兴，亦有因强而大败。古来如李斯、曹操、董卓、杨素，其智力皆横绝一世，而其祸败亦迥异寻常。近世如陆、何、肃、陈亦皆予知自雄，而俱不保其终。故吾辈在自修处求强则可，在胜人处求强则不可。福益外家若专在胜人处求强，其能强到底与否尚未可知。即使终身强横安稳，亦君子所不屑道也。

贼匪此次东窜，东军小胜二次，大胜一次，刘、潘大胜一次，小胜数次，似已大受惩创，不似上半年之猖獗。但求不窜陕、洛，即窜鄂境，或可收夹击之效。余定于明日请续假一月，十月请开各缺，仍留军营，刻一木戳，会办中路剿匪事宜而已。余详日记中。顺问近好。

点评：求强在自修处，不在胜人处

尽管曾氏对老九参劾官文之事老大不同意，但眼下的老九，已不是十多年前那个在大哥面前虽心里不同意但行动上不得不听话的小青年了。他要做的事情，已无人可阻挡了。

曾氏只能退而求其次，但愿后果不太严重就算是幸运了。

针对老九"自强者每胜一筹"的观点，曾氏发表了自己的不同看法。他在谈到一身之强时，列举了三种不同自强模式，即北宫黝式、孟施舍式、曾子式。北宫黝、孟施舍，这两个人已不可考，曾子即曾氏家族奉为始祖的宗圣曾参。这三种自强模式出于《孟子·公孙丑篇》。

孟子与其学生公孙丑在谈到培养自己的勇气的时候，说北宫黝皮肤被刺不退缩，眼睛被戳不眨眼皮，但在大庭广众下却不能忍受一丝被人所挫。有人骂他，他一定回骂，无论是一国君主还是市井小民，他都视如等同。而孟施舍与人交战，是一点也不考虑对方的实力和自己的后果，他只是凭借着胆气去较量。至于曾子，他奉行的原则是守约，即遵守一个标准：倘若是自己不占理，即便对方是最卑贱者，也不去欺侮；倘若道理在自己手上，即便对方是千军万马，也勇往直前。

"孔子告仲由之强"见于《论语·述而篇》。孔子告诉弟子仲由，不能做暴虎冯河的莽撞勇者，而是要做临事而惧、好谋而成的有头脑的勇者。

显然，曾氏是服膺孔、孟、曾子的自强模式的，即从自修处求强，也就是说强大自己本身，强大内在的力量。如对一个国家而言，即增强本国的经济、军事实力。实力一旦到了相当的地步，国家自然而然就强了，用不着去今天打这个，明天打那个。如对一个人而言，即增强自身的道德、才干，埋头苦干，在事业中去获得成就，用不着去忌妒别人，打击别人。在曾氏看来，专在对付别人方面下功夫的人，不是真正的强者。因为此种做法招怨招恨，强不了多久，即便强梁到能让别人奈何不了你，也不是正道，也不值得称赞。话虽没有挑明，但曾氏的意思已经很明显了，他认为老九只是孟施舍、仲由一路的强者，而不是圣贤所认可的真正强者。

当然，曾氏的这种自强理论也并不见得就能指导一切，面临着邪恶横行、是非颠倒的时候，一味地恪守在"自修处求强"的原则，则往往会吃亏。但是，我们应当相信，邪恶横行、是非颠倒的时候毕竟不可能是长久的。所以笔者还是赞同这种"略为可久可常"的自强理论。

关于"在胜人处求强"的人，曾氏列举了几个代表人物。李斯、曹操、董卓、杨素这四个古代人物，读者都知道。近世几个则可能不一定清楚了。陆，即曾做过两江总督的陆建瀛，咸丰三年死于太平军手中。何，即陆之后的两江总督何桂清，咸丰十年，在太平军的打击下弃城逃命，后被朝廷斩首。肃，即肃顺，顾命八大臣的首领，后被慈禧杀头示众。陈，即陈孚恩，做过军机大臣、尚书，肃顺党羽，后被抄家，发配新疆。这四个人的共同特点是为人强梁而下场都惨。

致沅弟（进驻南阳略作回避）

同治五年九月二十八夜

沅弟左右：

二十六日接弟十四日沙阳之信，具悉一切。顺斋一案，何以至今未录批谕寄来？即折稿亦须抄来一阅。兄实悬悬，已屡次占卦矣。闻放钦差绵尚书森、谭侍郎廷襄至河南查办事件。河南无事可查，恐系至湖北查案耳。兄昨复咨，令弟遵旨进驻南阳。一则以黄、麻无事，一则恐星使入鄂，纷纷索凭索证。越境治军，或可少省烦恼。或来或否，听弟自酌。如其至豫，则不可与李子和小有龃龉。兄虽不求回籍置身事外，然实切求开缺，稍轻责任，不欲更得罪一人也。法条走满之说，如果有之，则兄早走满，停摆正其时矣。弟之法条微嫌上得太紧，在各幕府须请一二阅历多文笔圆者，凡遇大事，与之商量法条松紧之节。顺斋一案，究竟有何人商酌，便中示及。

少泉于初一日接余密片稿，是日料理赴津。初七日接奉寄谕，初九带印出省，颇为迅速。

纪鸿儿已起程否？如未起行，此时西贼赴洛，东贼在齐，南、汝无事，尽可起行前来，每日发探马先走三四十里可耳。顺问近好。

> **点评：进驻南阳略作回避**

刑部尚书绵森、工部侍郎谭廷襄，对外放风说是去河南办事，实际上正是奉命来武昌调查这场巡抚告总督之案。曾氏希望老九离开武昌进驻河南南阳，略作回避。这既对钦差办案有利，也对老九本人有利。在曾氏看来，老九此举实在没有必要，闹得这样沸沸扬扬，天下皆知，徒给自己招来烦恼而已，于事并无多大补益，何况所参的又是朝廷十分信任的满洲大员。当年曾氏自己虽参这个劾那个，但却十分谨慎地避开与满大员发生冲突。尤其令曾氏担心的是，老九过去还对乃兄说过"吾不能仰鼻息于傀儡膻腥之辈"的话。也不知他平时对多少人说过类似的话，也不知朝廷中的满蒙权贵们耳闻与否，而这次为首的钦差又正是满洲人，若老九情急之中当着这位满钦差之面，说出什么没分寸的话来，那岂不是连辩解的余地都没有了！

李鹤年不久前放走了捻军，也是老九眼中的"庸碌老朽"之辈。曾氏又生怕老九口没遮拦，与李鹤年闹翻。故带着请求的口吻，望老九再勿惹是生非，让他安安稳稳"软着陆"。哎，遇着一个这样的老弟，曾氏真是说重了也不是，说轻了也不是，难着哩！

谕纪泽（大家名作自有一种面貌神态）

同治五年十月十一日

字谕纪泽儿：

九月二十六日接尔初九日禀，二十九、初一等日接尔十八、二十一日两禀，具悉一切。二十三如果开船，则此时应抵长沙矣。二十四之喜事，不知由湘阴舟次而往乎？抑自省城发喜轿乎？

尔读李义山诗，于情韵既有所得，则将来于六朝文人诗文，亦必易于契合。

凡大家名家之作，必有一种面貌，一种神态，与他人迥不相同。譬之书家羲、献、欧、虞、褚、李、颜、柳，一点一画，其面貌既截然不同，其神气亦全无似处。本朝张得天、何义门虽称书家，而未能尽变古人之貌。故必如刘石庵之貌异神异，乃可推为大家。诗文亦然。若非其貌其神迥绝群伦，不足以当大家之目。渠既迥绝群伦矣，而后人读之，不能辨识其貌，领取其神，是读者之见解未到，非作者之咎也。尔以后读古文古诗，惟当先认其貌，后观其神，久之自能分别蹊径。今人动指某人学某家，大抵多道听途说，扣槃扪烛之类，不足信也。君子贵于自知，不必随众口附和也。余病已大愈，尚难用心，日内当奏请开缺。近作古文二首，亦尚入理，今冬或可再作数首。

唐镜海先生没时，其世兄求作墓志，余已应允，久未动笔，并将节略失去。尔向唐家或贺世兄处（蔗农先生子，镜海丈婿也），索取行状节略寄来。罗山文集年谱未带来营，亦向易芝生先生（渠求作碑甚切）索一部付来，以便作碑，一偿夙诺。

纪鸿初六日自黄安起程，日内应可到此。余不悉。

涤生手示

刘墉（石庵）书法

点评：大家名作自有一种面貌神态

曾氏在这里提出一个审美标准，即艺术家要想成为大家的话，则必须在自己的作品中创造出别于他人的貌与神来。这个标准将那些模仿之技高得足以乱真的人,排斥在大家之外。当然,这个标准并非曾氏所提出,也不奇特怪异,而是被众人所一致认同。曾氏写在家信中,无非是向儿子传授这个知识罢了。但话又要说回来,作为艺术欣赏者,或者艺术领域的涉足者,有没有这个知识,也是有没有艺术素养的一个衡量之点。假若具备了这种鉴赏力,即能在众多的艺术品中看出其中的别于常态之作来,也就具备了相当高的艺术素质,堪称大鉴赏家了。

曾氏在摈弃了诸如张得天、何义门等名满一时的书法家后,独推刘石庵为大家,可见他对此人的尊崇。刘石庵即为近年来被电视剧《宰相刘罗锅》弄得人人皆知的那个刘罗锅子刘墉,他做过乾隆朝的大学士,死后谥文清。他的父亲刘统勋也做过乾隆朝的大学士,死后谥文正。父子宰相,在中国两千余年的封建社会里并不多见。

为什么曾氏如此推崇刘墉呢?我们在前面提到过曾氏咸丰十一年六月十七日日记中的一段名言:"看刘文清公《清爱堂帖》,略得其冲淡自然之趣。方悟文人技艺佳境有二,曰雄奇,曰淡远。作文然,作诗然,作字亦然。若能含雄奇于淡远之中,尤为可贵。"

原来,曾氏在欣赏刘墉的书法时,悟出了一个很大的道理,即将技艺佳境中的两端——雄奇与淡远,也就是人们所常说的阳刚之美与阴柔之美结合起来,才是最佳的境界,而这种结合的最好方式则是把雄奇寓含于淡远之中,说得浅白些,即外表上的显现为淡远,内里的实质为雄奇。更为重要的是,曾氏从艺术中获得的这个认识,又融入了他的人生感悟中。他在咸丰八年复出之后,注意将峻厉的申韩之法寓含于柔弱谦退的黄老之道中,因此而将事业和人生提升到一个新的境界。

致沅弟(自请开缺辞爵)

同治五年十月二十三日

沅弟左右:

十二日接初五日长信,言春霆事,十八日接李鼎荣带回之信,二十一日接十七夜之信,具悉一切。十六日交便勇带来之信与澄弟信则尚未到。此间子密接方子颖信,言光一外家已暂出军机。明白回奏两次,初次认系程仪千金,二次认系充炮船之赏,从来无明白回奏而可两次互歧者,或亦神魂扰乱之故。余初闻弟折已发,焦灼弥月,直至十月朔日得见密稿,始行放心。所言皆系正人应说之事,无论输赢,皆有足以自立之道,此后惟安坐听之而已。

余腰疼旬余,今将全愈。开缺辞爵之件,本拟三请四请,不允不休。昨奉十四日严旨诘责,愈无所庸其徘徊。大约一连数疏,辞婉而意坚,得请乃已,获祸亦所不顾。春霆奉旨入秦,霞仙亦催之甚速。然米粮子药运送万难,且恐士卒滋事溃变,已批令毋庸赴秦,又函令不必奏事。除批咨达外,兹将函稿抄阅。

鸿儿十五日到此,一切平安。左公进京,当添多少谤言。日者言明年运蹇,端已见矣。顺问近好。

点评:自请开缺辞爵

十天前,曾氏一天之中连上一折一片。折题为《病难速痊请开各缺仍留军中效力折》,片名为《剿捻无功请暂注销封爵片》。曾氏奉旨北上,与捻军作战,已近一年半。一年半中,尽管他双管齐下——军事围剿和清乡查圩并行,却收效甚微。素来多病的身体又因劳累过度而更加衰弱,加之平地又刮起老九参劾官文的风波,真把曾氏弄得焦头烂额,身心交瘁。朝廷不满,御史责备,更让这个不久前尚处在荣誉巅峰状态的湘军统帅蒙羞负愧。他已清醒地意识到自己不是平捻之人,遂来个自请开缺辞爵,以求稍保面子。半个月后,曾氏接到让他回到江督本任、李鸿章继任为钦差大臣的上谕。他再次上疏,请求开缺两江总督、协办大学士。朝廷予以拒绝,并命他"懔遵前旨,克期回任",以便办理后路粮饷,"俾李鸿章得专意剿贼,迅奏肤功"。在这道严旨面前,他不能再喋喋不休了。

就在他重返金陵途中,继御史朱镇、卢士杰、朱学笃等人的参劾之后,御史穆缉香阿、阿凌阿又劾他督师日久无功,骄妄轻率,请求朝廷予以谴责。事实上,曾氏是在朝廷上下一片指责声中,黯然失意回到金陵城的。

致沅弟(兄弟私议李鸿章)

同治五年十一月初七日

沅弟左右:

初四日接二十八日信,初五日又接三十夜信,具悉一切。

二十日之寄谕令余入觐者，初二日之复奏，均于初三日交专差带去，想已收到。顷又得初一日寄谕，令回江督本任。余奏明病体不能用心阅文，不能见客多说，既不堪为星使，又岂可为江督？即日当具疏恭辞。余回任之说，系小泉疏中微露其意。兹将渠折片并来信抄寄弟，余回信亦抄阅。

弟信云宠荣利禄利害计较甚深，良为确论。然天下滔滔，当今疆吏中不信倚此等人，更有何人可信可倚？吾近年专以至诚待之，此次亦必以江督让之。余仍请以散员留营，或先开星使、江督二缺，而暂留协办治军亦可，乞归林泉亦非易易。弟住家年余，值次山、筱泉皆系至好，故得优游如意。若地方大吏小有隔阂，则步步皆成荆棘。住京养病尤易招怨丛谤。余反复筹思，仍以散员留营为中下之策，此外皆下下也。

弟开罪于军机，凡有廷寄，皆不写寄弟处，概由官相转咨，亦殊可诧。若圣意于弟，则未见有薄处，弟惟诚心竭力做去。吾尝言"天道忌巧，天道忌盈，天道忌贰"，若甫在向用之际，而遽萌前却之见，是贰也。即与他人交际，亦须略省己之不是。弟向来不肯认半个错字，望力改之。顺问近好。

点评：兄弟私议李鸿章

这封信在光绪二年传忠书局的刻本中，将从"余回任之说"起到"此次亦必以江督让之"一段话删去了。其删去的理由与前面那封信相同。即此次兄弟俩所议论的这个人也是李鸿章。看来，曾氏对这个他亲手选定的接班人确实很不满意，其不满意处在品德上。但李能干，且拥有未遭裁撤的淮军，放眼天下疆吏，又还有谁强过李呢？不能信倚也要信倚，曾氏真是有点无可奈何！

信中所说的"天道忌巧，天道忌盈，天道忌贰"三句话，很值得玩味。巧者，乖巧也，好使小聪明、小权术，善观风向，见风使舵，八面玲珑，四方讨好等等，都属于巧之列。盈者，盈满也，名利权位，样样都想得到；踌躇满志，趾高气扬，无视别人的存在等等，都属于盈之列。贰者，三心二意也，脚踩两边船，眼睛望着这个，心里想着那个；与人交往，不真诚，不坦荡，办事不光明磊落，都属于贰之列。

《书》曰："天视自我民视，天听自我民听。"所谓天道，便是大多数人的指向。曾氏以其自身的阅历，指出"巧"、"盈"、"贰"为大多数人所忌恨，值得我们重视。

致欧阳夫人（做各房及子孙的榜样）

同治五年十二月初一日

欧阳夫人左右：

接纪泽儿各禀，知全眷平安抵家，夫人体气康健，至以为慰。余自八月以后，屡疏请告假开缺，幸蒙圣恩准交卸钦差大臣关防，尚令回江督本任。余病难于见客，难于阅文，不能复胜江督繁剧之任，仍当再三疏辞。但受恩深重，不忍遽请离营，即在周口养病，少泉接办。如军务日有起色，余明年或可回籍省墓一次。若久享山林之福，则恐不能。然办捻无功，钦差交出，而恩眷仍不甚衰，已大幸矣。

家中遇祭酒菜，必须夫人率妇女亲自经手。祭祀之器皿，另作一箱收之，平日不可动用。内而纺绩做小菜，外而蔬菜养鱼、款待人客，夫人均须留心。吾夫妇居心行事，各房及子孙皆依以为榜样，不可不劳苦，不可不谨慎。近在京买参，每两去银二十五金，不知好否？兹寄一两与夫人服之。澄叔待兄与嫂极诚极敬，我夫妇宜以诚敬待之，大小事丝毫不可瞒他，自然愈久愈亲。此问近好。

点评：做各房及子孙的榜样

现存的曾氏家书中，给夫人欧阳氏的信，仅存两封，此为其中第一封。欧阳夫人率全家于十月份抵达湘乡老家。她比丈夫小五岁，此时应为五十一岁。她身负双重责任：在她自己的家庭，下有两子两媳一孙女一孙子，另有一个十五岁的小女，八口之家，她为长。在曾氏家族，她是长房冢妇，下有三房人口亦多的兄弟家庭，遇有家族中的内事如祭祀、婚嫁等，她所起的作用也不是别人能够替代得了的。所以，曾氏一再叮嘱夫人要为各房及子孙的榜样。

据说，欧阳夫人曾用七钱银子打了一个小挖耳勺，后不慎掉了，她为此哭了三天。又，在两江总督衙门里，她带头纺纱，并与众媳妇女儿定下每天纺纱的指标。由此可见，欧阳夫人是俭朴而勤劳的，并没有当时常见的贵妇人身上那种养尊处优、奢侈华靡的习气。

欧阳夫人出生于书香之家，略通文墨。在湘乡曾氏文献中所保留的她给丈夫的两封家信，都不长，前面我们抄录过一封，这次将第二封也录于此：

"妾欧阳氏敬上夫子大人福座：接手示，敬悉一切，大人身体平安为慰。九叔归家，将家分开，妾仍住元（原）宅，作本宅田五十五亩。前大人在家时，许龙愿七日，即此初八日起，十四日散。现家内大小清吉，但惟叔父病体不能痊愈。多感大人盛意，厚赠家伯母银，二十九接到。是夜着人送往，不幸即此夜已先归西矣。外，女儿做靴页一个，不为甚好。众女云，下次再做好的呈上。即此顺候近好，并叩新喜。正月初四日。"

这封信有日月期，没有年份。信中有"九叔归家，将家分开"的话，显然此信写在分家之后。查曾氏咸丰十年正月二十四日致澄弟、沅弟的信中说："沅弟信中有分关田单，一一读悉。我于家中毫无补益而得此厚产，亦惟学早三爹频称'多多谢'而已。"可见曾氏大家庭的分家在咸丰九年年底，此时老九正在家中。如此看来，欧阳夫人此信当写在咸丰十年正月初四日。

致澄弟（再四辞职苦衷何在）

同治五年十二月初六日

澄弟左右：

十一月二十三日芳四来，接弟长信并墓志，二十六日接弟十一日在富圫发信，具悉一切。

余于十月二十五接入觐之旨，次日写信召纪泽来营，厥后又有三次信止其勿来，不知均接到否？自十一月初六接奉回江督任之旨，十七日已具疏恭辞；二十八日又奉旨令回本任，初三日又具疏恳辞。如再不获命，尚当再四疏辞。但受恩深重，不敢遽求回籍，留营调理而已。兹将初三折稿付阅。余从此不复作官。同乡京官，今冬炭敬犹须照常馈送。昨令李翥汉回湘送罗家二百金，李家二百金，刘家百金，昔年曾共患难者也。

前致弟处千金，为数极少，自有两江总督以来，无待胞弟如此之薄者。然处兹乱世，钱愈多则患愈大，兄家与弟家总不宜多存现银。现钱每年足敷一年之用，便是天下之大富，人间之大福。家中要得兴旺，全靠出贤子弟。若子弟不贤不才，虽多积银积钱积谷积产积衣积书，总是枉然。子弟之贤否，六分本于天生，四分由于家教。吾家代代皆有世德明训，惟星冈公之教尤应谨守牢记。吾近将星冈公之家规编成八句，云："书、蔬、鱼、猪、考、早、扫、宝，常说常行，八者都好；地、命、医理、僧巫、祈祷、留客久住，六者俱恼。"盖星冈公于地、命、医、僧、巫五项人，进门便恼，即亲友远客久住亦恼。此八好六恼者，我家世世守之，永为家训。子孙虽愚，亦必略有范围也。

写至此，又接弟十一月二十三日信并纪泽信矣。余详日记中。顺问近好。

点评：再四辞职苦衷何在

早在八月中旬，曾氏便上疏朝廷请病假一月，仍住军营调理。疏中所列病况为：浑身酸疼，盗汗，耳鸣，朝廷批准他在营调理一月。两个月后的十月十三日，曾氏再次上疏，称自己病情并未好转，需要继续治疗，并进而提出开除各缺的请求。同日又附片自劾剿捻无功，请求注销一等侯爵的封号。二十天后，奉到朝廷寄谕：钦差大臣的关防交李鸿章暂行署理，命曾氏调理一月后再进京陛见。四天后，又接到朝廷命回江督本任，捻战之事交由李鸿章专职办理。十一月十七日，再次上疏，言自己病情严重，不能应付江督繁剧，请由李鸿章兼署江督，他以散员身份在军营料理一切，维护军心。二十八日，严旨命他速回本任，以便李鸿章移营前进。十二月初三日，曾氏第三次请开协办大学士、两江总督之缺，回籍养病。初九日，他奉到上谕。上谕严令他不要再固执己见，着即懔遵前旨，克期回任，毋许再有固请。曾氏接旨后上疏，一面表示以大局为重，遵旨回任，一面仍请朝廷为江督一职另拣能员，过两三个月后再剀切具奏。

曾氏一连三次请求开缺，朝廷也一连三次予以挽留。君臣之间的这种交道，在封建社会里，尤其在有清一代并不多见。细细解剖一下这中间的过节，是一件颇为有趣的事。

从曾氏的本性来说，他有秉母亲刚强之性一面，又自小懔遵祖父"男儿以懦弱无刚为耻"的家训，故而倔强刚烈、自负好胜为其性格之主导方面。这种性格自然而然地导致他初办团练时的选择申韩之术：严刑峻法，我行我素。申韩法家的霹雳手段，促成他组建了一支极富战斗力的湘军，赢得了早期举世瞩目的军功，也让他与周边的人事关系迅速僵化恶化，从而导致军事上的进退维谷，一筹莫展。守父丧之初，他仍处执迷不悟的时期。在朝廷命他再次墨绖出山时，他大诉委屈讨价还价，结果价没讨成，反而被晾在一旁，眼睁睁地看着别人建功立业，轻易地摘取胜利的果实。种种无奈逼得他悔恨。在悔恨中，他终于醒悟过来，真正地弄清了黄老之术的价值所在。再次复出之后，他竭力借黄老之谦抑退让来换取融洽和谐的人际环境，最终取得了事业的大成。在本书的前面，笔者曾说过，曾氏性格中也有秉承其弱父遗传的一面。能接受黄老之术，正是这一面的体现。试想，一个里外全是强悍的人，是很难听得进"柔弱胜刚强"一类话的。这个话题需要很多文字来阐述，此处且说这几句吧！

但是，从同治五年八月到十二月这段时间里，我们看到的似乎不再是近七八年来谦退柔和的两江总督，先前那个刚狠倔强的在籍侍郎形象仿佛又重现眼前。这种以退为进、以守作攻的情势，就连今天的读者都可以看得出，又怎能瞒得过那批深谙宦术的军机大臣和机巧过人的慈禧太后？

这位一向沉稳持重的毅勇侯，为什么又犯起"傻劲"了？笔者看来，这是他一年多来各种怨恨的一次总爆发。

同治四年五月初，曾氏奉到北上剿捻的谕旨，当即便上了一道历陈种种困难的奏章。主要的几大困难是：湘军已裁撤殆尽，仅存三千亲兵，没有骑兵；需要重新筹建黄河水师，以扼制捻军北窜；难以调度豫鲁等省的地方军队。附片又奏"精力日衰，不任艰巨，更事愈久，心胆愈小"，请朝廷"另简知兵大员督办北路军务"，他愿"以闲散人员效力行间"。这两道奏疏背后的意思很明显：他不愿意接受这个使命。

当年怀抱澄清天下之志，在千难万难之中都敢组建湘军与已建都立国、其势力十倍于捻军的太平军角逐，而今反而丧失了信心和勇气，这是为何？十多年的征战生涯，大大地斫伤了他的身体。五十五岁的半老头子，已没有四十二岁时的旺烈血气，这无疑是一个重要原因。此外，如果说十多年前的出兵，是负有个人建功立业和拯救孔孟圣教的双重责任的话，眼下的与捻军作战，这两方面都远不能跟昔日相比。战胜了，普天下都认为应该，他的爵位不可能再升，官阶也不会再上；战败了，过去的荣耀则有可能扫地以尽。掂掂这次北上之行，他对迅速蒇事不太抱希望。先前的胜利，他依仗的是两支劲旅。一是杨岳斌、彭玉麟的长江水师。在豫鲁鄂皖山丘中与敌人周旋，水师不起作用。二是曾国荃的吉字营。不要说吉字营已全部裁撤，即便完整地保留，吉字营的长项也只是挖壕围城。捻军是飘忽不定的流动军队，曾国荃和他的吉字营的狠劲使不上。号称铁骑的蒙古马队和骁勇善战的僧格林沁都敌不过，这支临时拼凑的松散军团能够取胜吗？更为主要的是，打下金陵之后的种种意想不到的险恶政治局面，至今令他想起来尚心有余悸。他的那几句战战兢兢的话——"置祸福毁誉于度外，坦然做去，见可而留，知难而退，但不得罪东家，好来好去就行了"——想必仍时常在心头浮起。他的灵府深处早已是对"大功大名"心灰意冷了。

事实上，一年多的战况恰不出他所料，军队调度了五六万，饷银耗费数百万，却无尺寸之功。他自己本已无面目见江东父老了，还要备受御史言官的奚落，让各省绿营兵看笑话。他心中的愤懑早已积压千万重，随时都将寻找一个缺口喷发出来。接二连三地与朝廷较真，便是他所找到的一个发泄口。这是其一。

其二，他要借此与曾国荃弹劾官文一案作点平衡。曾老九在甫任鄂抚正当湖北大用兵之际，弹劾湖督官文，无论从哪个方面来说，都是做了一件大蠢事。曾氏拿这个老弟真是啼笑皆非，毫无办法。他深知老九的孟浪将会结怨朝中满洲亲贵，给他们兄弟今后的仕途带来严重后患，他需要以自劾来减轻别人对曾氏家族的嫉恨，换取局外人对此事的体谅。

第三，曾氏已看准朝廷还得用他这只功狗，一时半会尚不至于烹煮，他可借朝廷的屡次挽留来为自己赢得些许颜面。为什么还得用他呢？一则老九依旧在带兵，这是一支重要的力量。再则剿捻前线的军队一半乃曾氏旧部，这又是一支重要的力量。有这两支力量支撑着，曾氏明白，只要捻军存在一日，他便也可以在位一日，不妨与朝廷叫叫板，虽会招致一些小非议，但于大局无损。

"政治"这两个字，早已被世事洞明的曾氏摸得精熟了。想必那班子安富尊荣的军机大臣和羽翼尚不十分丰满的三十二岁太后，尽管窝了一肚子气，也还只得迁就一下。

致沅弟（人心日伪，大乱方长）

同治五年十二月十二日

沅弟左右：

初六日接初二、初三日两次来信，初九日接初四、初六之信，十二日又接初七、初八及初九夜之信，具悉一切。

郭子美皂吊挫后又有臼口之挫，殊为忧灼。人皆言捻子善避兵，只怕打不着。余则谓不怕打不着，只怕打不胜。即鲍、刘等与之相遇，胜负亦在不可知之数。如鲍、刘不败，群捻幸出鄂境，弟当将各军大加整顿，无以曾克安庆、金陵，遂信麾下多统将之才。杏岳亦非可当一面者，祈慎使之。即与鲍、刘、周、张等通信，亦勿以灭贼劝之，姑以不败期之。百战之寇，屡衰屡盛，即仅存数十人尚是巨患，况有数万乎？

光一外家轻轻议处，虽有后患，然弟不大赢，究不大犯众怒。渠虽巧于出脱，究为人所窃笑。少泉劝我密疏保全顺斋，不知邪火正旺，弟用芒硝大黄且攻之不下，吾岂可更进参茸乎？人心日伪，大乱方长，吾兄弟惟勤劳谦谨以邀神佑，选将练兵以济时艰而已。湖北水师诸将中与弟颇相联络否？恐其放贼渡汉渡江，不可不防。年终密考暂不必办，新年另专一差亦无不可。余同治二年二月十五始在金陵拜发，弟所见也。伟勇号之案，亦俟腊底查出送去。顺问近好。余详日记中。

> **点评：人心日伪，大乱方长**

绵森、谭廷襄两位钦差在武昌住了一段时期，返回京师后奏报太后，说曾国荃列举官文的几大罪状都查无实据，惟一过错是动用捐款，但与贪污性质大不相同。显然，两钦差在为官文避重就轻，蓄意开脱。朝廷于是念及他的功劳，优与保全，处以罚款、停伯爵俸十年，召还京师管理刑部，仍是文华殿大学士，还兼正白旗都统；没有多久，又署理直隶总督：一切照旧。老九与官文的这场官司，以双方打个平手而结束。眼下老九虽未输，但却埋下了隐患。明年他开鄂抚缺回籍养病，这一养便是整整八年，朝廷不闻不问。冷落这么久，岂不正是无言的报复？

而李鸿章却来劝老师密保官文，借此补救老九的过失，抵消满洲亲贵的怨恨，曾氏予以拒绝。"人心日伪"这四个字，既是对官文、绵森、谭廷襄等人的指责，看来也是对李鸿章为人的指责。此信的一个多月前，老九在给大哥的信里说："去、前年少泉尚是宠荣利禄中人，近日见解又少进矣，其计较利害也亦甚深。"

可见曾氏兄弟一直对李鸿章的过分乖巧深为不满。

拼命做官，而又巧于仕宦，这大概是李鸿章官运亨通而又长盛不衰的秘诀了。

在曾氏看来，从官文到李鸿章都是一班虚伪的官僚。这班人身居高位，掌握权柄，这乱局岂有休止之时！

致沅弟（好汉打脱牙和血吞）

同治五年十二月十八夜

沅弟左右：

十四、十五六日接弟初十日函、十二日酉刻及四更二函。贼已回窜东路，淮、霆各军将近五万，幼泉万人尚不在内，不能与之一为交手，可恨之至！岂天心果不欲灭此贼耶？抑吾辈办贼之法实有未善耶？目下深虑黄州失守，不知府县尚可靠否？略有防兵否？山东、河南州县一味闭城坚守，乡间亦闭寨坚守，贼无火药，素不善攻，从无失守城池之事，不知湖北能开此风气否？鄂中水师不善用命，能多方激劝，扼住江、汉二水，不使偷渡否？少泉言捻逆断不南渡，余谓任逆以马为命，自不肯离淮南北，赖逆则未尝不窥伺大江以南。屡接弟调度公牍，从未议及水师，以后务祈留意。

奉初九、十三等日寄谕，有严行申饬及云梦县等三令不准草留之旨。弟之忧灼，想尤甚于初十以前。然困心横虑，正是磨炼英雄玉汝于成。李申夫尝谓余怄气从不说出，一味忍耐，徐图自强，因引谚曰"好汉打脱牙和血吞"。此二语是余生平咬牙立志之诀，不料被申夫看破。余庚戌、辛亥间为京师权贵所唾骂，癸丑、甲寅为长沙所唾骂，乙卯、丙辰为江西所唾骂，以及岳州之败、靖江之败、湖口之败，盖打脱牙之时多矣，无一次不和血吞之。弟此次郭军之败、三县之失，亦颇有打脱门牙之象。来信每怪运气不好，便不似好汉声口。惟有一字不说，咬定牙根，徐图自强而已。

子美倘难整顿，恐须催南云来鄂。鄂中向有之水陆，其格格不入者，须设法笼络之，不可灰心懒漫，遽萌退志也。余奉命克期回任，拟奏明新正赴津，替出少泉来豫，仍请另简江督。顺问近好。

点评：好汉打脱牙和血吞

过去有人说过，上天降生曾氏兄弟，是安排做太平天国的对头的，太平天国失败后，他们也应在那时死去；若如此，无论是对他们个人，还是对清朝廷来说都是好事。此话虽是玩笑，却有一定的道理。自从金陵城被打下后，曾氏兄弟都开始走背运了。老大一年多的剿捻是吃尽了苦头，到头来无功而返，耳边听到的是一片讪笑声。老九的新湘军更是屡败于东捻任化邦、赖文光之部，先前吉字营的悍将彭毓橘、郭松林、熊登武等人，在捻军面前都抖不出半点威风来。十一月中，接连丢掉云梦、孝感、应城三县，朝廷震惊。十二月初一，上谕严斥曾国荃："该抚毫无布置，且近省各军俱已调拨赴营，致令后路空虚，实属调度无方；倘掉以轻心，不能速筹防剿，就地殄除，致令窜出本境，坐失机会，恐不能当此重咎也。懔之！"

十二月初九日，曾国荃再度遭到朝廷申斥："曾国荃驻扎德安，统领兵勇不少，调度无方，致令该逆如入无人之境，不知所司何事！着传旨严行申饬。""曾国荃身临前敌，责有专司，尤不得稍涉推诿，致干重咎。"

一个自视为天下第一战将的人，面临着屡战屡败的局面和朝廷一而再声色俱厉的训斥，他心里作何想？尤其令人玩味的是，上谕讲得清清楚楚，是据"官文奏"。此时官文的湖广总督虽已由钦差大臣谭廷襄暂署，但他仍在湖北督办军务。朝廷对官文的信任及军机处对官、曾两人的心之向背已昭然若揭。曾氏兄弟对此自然心知肚明。

　　事情已经是这样子了，只得硬着头皮顶下去。做哥哥的道出他平生成功的最大秘诀来，既是点拨，亦是安慰。这秘诀便是"好汉打脱牙和血吞"。

　　"打脱牙"意谓失败了；"和血吞"则是不在人前示弱，将仇恨埋在心里，下次再来较量。这的确是硬汉子的所作所为。苏联有部电影叫做《莫斯科不相信眼泪》，其实，岂止是莫斯科，全世界都如此！凡有人群之所，凡处竞争之地，如官场，如战场，如商场，如考场，即便是最缱绻、最软性的情场，也不相信眼泪，它们都相信实力！哪怕是"运气不好"这样的话都不应该说。若有这种思想，便会为自己的失败寻找借口，便是在换取别人的廉价同情。这是软弱无能的表现，是没有出息的。有出息的强者就是曾氏所说的："一字不说，咬定牙根，徐图自强。"

　　笔者常常想：强者决不是事事都强，时时都强，他必定有遭受挫折的时候，有失意的经历。古往今来，人们大多在胜利到来时才看到谁是强者。其实，真正的强弱早在如何面对挫折和失意时便已见分晓了。笔者真愿"打脱牙和血吞"这句最形象也最直白的湖南俚语，成为一切立志奋斗者的座右铭。

致沅弟（贪色贪财又豪气的郭松林）

同治五年十二月二十五日

沅弟左右：

　　二十五日接弟二十日信，商参郭军门之事。十九日之寄谕已言郭松林受伤甚重，曾某恐不能当此重咎云云，吾意即弟所发之折，不知系谭公所发。其中有请恤数员，是否即子美之部将？初六日之战，弟于正月再奏参究，似嫌稍迟。最轻则拔去花翎，革去勇号，稍重则褫去黄马褂，再重则请以总兵副将降补。一开提督实缺，即与革职无异，是最重矣。或重或轻，听弟斟酌，但不可请交部议处，恐轻则全无分晓，重则革职也。弟此后必须加意选将练兵，参郭之应轻应重，但求有益于将来之军事,轻而无益犹可为之,重而无益不可为也。

本日阅邸抄,胡、张革职留任,四年无过,方准开复。胡不准在军机大臣上学习行走,计顺斋处分亦必不甚轻松。吾兄弟位太高,名太重,必须军务办得结实,乃不为见仇者所快。余虽决计不作星使、江督两席,然到徐州后必认真讲求操练马队。弟请处分,亦不过言调度无方交部议处而已。而当兹挫衄之后,正宜力戒自是,专求破捻之法。思之思之,鬼神通之,弟其勉之。顺问近好。

点评:贪色贪财又豪气的郭松林

曾国荃重组新湘军的第一号统领郭松林,打仗并无多大本事,然在女色风流上却大过常人。早在同治二年,老九在给大哥的信中便写道:"昨接程学启来函,称郭松林已置五妾,已扯空营中口粮七八千两。"至今又过去了三年,说不定他的后院又增加了几房小妾。笔者在前面评点何绍基的字时,说过郭松林用一千两银子买下何的一副十字寿联的故事,手笔之大,举世骇然。郭出手如此阔绰,可见他平日花钱大方,他哪来的这多银子?还不是吃的兵饷,"扯空营中口粮七八千两"便是注脚。

致沅弟(悔字诀助老九过难关)

同治六年(1867)正月初二日

沅弟左右:

鄂署五福堂有回禄之灾,幸人口无恙,上房无恙,受惊已不小矣。其屋系板壁纸糊,本易招火。凡遇此等事,只可说打杂人役失火,固不可疑会匪之毒谋,尤不可怪仇家之奸细。若大惊小怪,胡思乱猜,生出多少枝叶,仇家转得传播以为快。惟有处处泰然,行所无事。申甫所谓"好汉打脱牙和血吞",星冈公所谓"有福之人善退财",真处逆境者之良法也。

弟求兄随时训示申儆。兄自问近年得力惟有一悔字诀。兄昔年自负本领甚大,可屈可伸,可行可藏,又每见得人家不是。自从丁巳、戊午大悔大悟之后,乃知自己全无本领,凡事都见得人家有几分是处。故自戊午至今九载,与四十岁以前迥不相同,大约以能立能达为体,以不怨不尤为用。立者,发奋自强,站得住也;达者,办事圆融,行得通也。吾九年以来,痛戒无恒之弊。看书写字,从未间断，选将练兵，亦常留心。此皆自强能立工夫。奏疏公牍，再三斟酌，无一过当之语自夸之词。此皆圆融能达工夫。至于怨天本有所不敢，尤人则常不能免，亦皆随时强制而克去之。弟若欲自儆惕，似可学阿兄丁戊二年之悔，然后痛下箴砭，必有大进。

立达二字，吾于己未年曾写于弟之手卷中，弟亦刻刻思自立自强，但于能达处尚欠体验，于不怨尤处尚难强制。吾信中言皆随时指点，劝弟强制也。赵广汉本汉之贤臣，因星变而劾魏相，后乃身当其灾，可为殷鉴。默存一悔字，无事不可挽回也。

点评：悔字诀助老九过难关

同治五年十二月二十七日，老九给大哥的信中写道："二十二日黎明，五福堂两栋均被火烧。幸人丁清吉，然受惊不少。火从上而下，非会匪之毒谋，即仇家之奸细……弟德凉福薄，又不量力而参秀相，本系取祸之道。今值此内讧外侮之交，又灾生意外，惟有益自儆惕，不敢稍涉怨尤，当求随时训示申儆为叩。"

此信即是对老九二十七日信的回复。

五福堂即湖北巡抚衙门后院。当时的规矩，各级官府的正堂（即一把手）及其眷属住衙门的后院。老九为湖北巡抚，巡抚衙门的后院则居住着他的妻儿婢仆。"五福堂"当系老九为后院所取的名字。如果换成别人做巡抚，同一座后院，则又是另一个名字了。后院起火，从上烧到下，很有可能是人为的放火，故而老九认定：要么是公敌——会匪，要么是私怨——仇家。但大哥劝老弟不要这样去想，而是把责任者局限在自家内部。多半是一件遭人暗害的事，为什么不去追查到底，揪出作案者，予以严惩，反而把责任揽在自己身上，这岂不是在示人以弱吗？何况受害人乃堂堂的一省之主！于是曾氏向老九推出他的一大人生诀窍：悔字诀。

什么是悔？悔者，悔过自新之谓。《易·系辞》曰："震无咎者存乎悔。"也就是说，行动而无过失的原因，在于能够悔改。咸丰七年、八年之间，曾氏在家守父丧的时候，回顾出山办事以来的种种不顺，终于悟出了一个道理，即自己并非万能者，而事情的成功也不是靠的一味硬干。从老庄的"柔弱胜刚强"的学说中，曾氏获得了人生的最大启迪。因为这一转变得力于对自己过去所作所为的悔改，故他将这一启迪命名为悔字诀。他又将这个悔字诀在"体"、"用"两个层面上予以充实。所谓体，即主干本体，"悔"的主体为立、达二字。立，即自立自强，这是核心。达，即通达圆融、事业成功，这是最终的目的。所谓用，即所采取的途径、方式、手段等等。"悔"的途径为不怨不尤。不怨不尤，则自心平静，亦不至于招恨结仇。以不怨不尤之用，可成能立能达之体。这就是曾氏"悔字诀"的主要内容。

以眼前的例子来说，家里失火，怀疑是别人有意加害，便是怨尤，要不得。

一个人身处逆境之际，一定是外界强自己弱的时候。此时行"悔字诀"，好比韬光养晦，减少被人攻击的机会；好比藏锋削芒，少了许多与人冲突的可能性。如此则能更好地保护自己，免受太多的伤害。若在顺境的时候也能奉行此诀，则更能赢得别人发自内心的敬服。

悔字诀或许真的是做人做事的成功诀窍。一向自视甚高的老九，在连遭挫折后，渐有自知之明。他在收到大哥此信后，回复道："前日奉初二手示，训诲肫详。悔字一诀，吉之所由生也。能站得住之谓立，能行得通之谓达。切实浅近，令人易于意味。兄去年信内随时指点一二语，弟犹漫然，不甚介意。今于忧患之后，一经提醒，始知一字一珠，均早谙诚于事端未发之先也。"

致澄弟（虽处鼎盛不可忘寒士家风味）

同治六年正月初四日

澄弟左右：

军事愈办愈坏。郭松林十二月初六日大败，淮军在德安附近挫败，统领张树珊阵亡。此东股任、赖一股也。其西路张逆一股，十二月十八日，秦军在灞桥大败，几于全军覆没。捻匪凶悍如此，深可忧灼。

余二十一日奏明正初暂回徐州，仍接督篆。正月初三接奉寄谕。现定于正月初六日自周家口起行，节前后可到徐州。身体尚好。但在徐治军，实不能兼顾总督地方事件，三月再恳切奏辞耳。

沅弟劾官相，星使业已回京，而处分尚未见明文；胡公则已出军机矣。吾家位高名重，不宜作此发挥殆尽之事。米已成饭，木已成舟，只好听之而已。

余作书架样子，兹亦送回，家中可照样多做数十个。取其花钱不多，又结实又精致。寒士之家，亦可勉做一二个。吾家现虽鼎盛，不可忘寒士家风味，子弟力戒傲惰。戒傲以不大声骂仆从为首，戒惰以不晏起为首。吾则不忘蒋市街卖菜篮情景，弟则不忘竹山坳拖碑车风景。昔日苦况，安知异日不再尝之？自知谨慎矣。

点评：虽处鼎盛不可忘寒士家风味

这几个月，应是捻军起事来战绩最好的一段时期，东捻、西捻全面获胜。对付东捻的战地统帅，已由曾氏换成了李鸿章，其偏师总指挥即湖北巡抚曾国荃。李麾下的淮军与曾麾下的新湘军在湖北联合围攻东捻，结果都败在任化邦、赖文光手下：先是郭松林全军惨败，继则淮军大将张树珊阵亡。

张树珊，安徽合肥人，李鸿章的同乡。张树珊与其兄树声、弟树屏，早在咸丰三年便组团与太平军角逐，在安徽已小有名声。同治元年，李鸿章组建淮军，便以张氏三兄弟的树字营为淮军的基础。树字营是淮军中一支战斗力极强的劲旅。金陵打下时，树珊、树屏都做到镇协高级武官；至于树声，眼下已是直隶按察使了。张氏三兄弟数老大官运最好，后来做过贵州巡抚，晚年做到两广总督。但在光绪十年（1884）的越南战场上，他的淮军旧部却被法国军队打得丢城弃地，他一生引以自豪的军功也便蒙上一层厚厚的灰尘，因此而气死。受《盛世危言》的作者郑观应的影响，临死前他给朝廷上了一道遗疏，请求朝廷加快自强步伐，不仅要学习西方的科学技术，还要学习他们的教育及议会制度。他说："西人立国之本体，在育才于学堂，论政于议院，轮船、大炮、电线、铁路皆其用。中国遗其体而求其用，常不相及，纵令铁舰成行，铁路四达，犹不足恃也。宜采西人之体以引其用，则奠国家之长久之业矣。"一百一十余年前，能有这种认识的高级官员真是凤毛麟角，张树声也算得上一个明智的人。他的第四代孙女张兆和，便是大文学家沈从文的夫人。她能打破门第观念，嫁给一个来自湘西的清贫文人，这种见识大约得自于乃祖的遗传。当然，这些都是题外话。

至于西捻，其战绩更骄人。西捻的战场在陕西，官军的战地统帅不是别人，正是曾氏的挚友亲家、曾纪泽的岳父刘蓉。

早几个月前刘蓉被告发"漏泄密折"，遭降职处分，陕西巡抚已换成了乔松年，但在陕西与捻军作战的军队都是从湖南招募来的湘军，于是刘仍留在陕西督办军务。不料，他的三十营湘军，在西安城郊灞桥遭到西捻张宗禹部的偷袭，全军溃败。朝廷下诏斥责刘蓉贻误军情，将他革职回籍。

这封家信开头一段说的便是这个背景。然而此信最值得今天读者重视的，还是最后那段关于"寒士家风"的议论。

欧阳夫人带着儿女已回到新建好的富厚堂住了，家里需得置办家具，曾氏委托老四代为办理，但书架他却要亲手操持。他自己设计了一个式样，叫人依样画出来，又打发人将图样送回老家，叫家人照此样做。到底是个什么样子，我们现在已无从得知，但从信中所说的"花钱不多"、"寒士""亦可勉做"来看，大概在当时只能算作低档次的书架。曾氏身为两江总督，多豪华的书架都可以置办得起，但他却要乡村的土木匠做几十个这样的"寒士"书架。他为何要这样？其理由是"吾家现虽鼎盛，不可忘寒士家风味"。

曾氏从来都认为自己是寒士出身。他念念不忘过去家中常年欠债，念念不忘他进京赴考家中筹不出钱而慷慨借钱给他的恩人；他念念不忘借钱买《二十三史》的经历，念念不忘第三次会试时抵京只剩下三缗线！他眼下已封侯拜相，却还在跟老四深情地回忆当年兄弟们的苦况：他在离家几十里远的蒋市街集上卖自家编的菜篮子，老四在竹山坳帮人拖运装墓碑的板车。中国人一向主张"不忘本"。不忘本的人通常不会太张狂，不会太得意忘形，私欲不会太膨胀，能保持较为平和满足的心态。不忘本的人，因为常记得过去，也便自然而然地会珍惜情谊，记得朋友，不泯爱心……

不管你眼下是如何的富有，你过去总有过贫困；不管你眼下是如何的顺遂，你过去总有过坎坷；不管你眼下是如何的尊贵，你过去总有过卑贱。富时常忆贫，顺时常忆逆，贵时常忆贱，将可以让人多保持几分清醒，少进几个误区！

致沅弟（波平浪静与掀天揭地）

同治六年正月二十二日

沅弟左右：

日内有战事否？留霆军剿任、赖一股，昨已附片具奏，另咨弟案。嗣后奏事，宜请人细阅熟商，不可一意孤行是己非人为嘱。

弟克复两省，勋业断难磨灭，根基极为深固。但患不能达，不患不能立；但患不稳适，不患不峥嵘。此后总从波平浪静处安身，莫从掀天揭地处着想。吾亦不甘为庸庸者，近来阅历万变，一味向平实处用功。非委靡也，位太高，名太重，不如是，皆危道也。

> **点评：波平浪静与掀天揭地**

在一连串的打击和大哥的一再点拨下，老九的人生观正在向一个较高的境地迈进。正月初十，他在给大哥的信中写道："近观世事，即色即空，旋生旋灭。

老氏'祸倚于福，福伏于祸'之说，与圣人悔吝吉凶之理互相发明，争竞之心稍平，而自强之焰亦渐减矣。进境乎，抑弥退境乎？不自得而主，亦不得而知也。仍求兄随时策励为叩。"

然老九仍在困惑中：随着竞争之心减退，自强的激情也跟着减退。这到底是向前进了呢，还是往后退了呢？请求大哥于此开导开导。

于是曾氏对老九说，你已经建立很大的功劳，够露脸了，"立"是毫无问题的，所欠缺的是通融平稳。今后该追求的是波平浪静——安安稳稳，不要再去想掀天揭地——大功大业。说白了，曾氏是希望老九往后平平静静地做官过日子，不要老想着干惊世骇俗的大事。

对于这个性格倔强、不安本分的老弟，曾氏的这番告诫实在是太切中要害了。信写得很短，他的许多心中所想并没有写出来，结合曾氏一贯的思想，笔者想说几句他于这方面的思考。

曾氏信奉"花未全开月未圆"的哲学，求缺而不求全，对于四十岁之前已功成名就的老九相当满意了，今后即便平平庸庸也是正常的，不必去企盼一辈子都轰轰烈烈，都荣耀风光。

曾氏相信大功大业的建立是多方因素的促成，他在打下金陵后一再对老九说要把功劳让一半与天，便是这个意思。这就是说，不要太霸蛮，不要刻意去追求事功。时机不顺，则淡然处之。曾氏深知"处大位大权而兼享大名，自古曾有几人能善其末路者"的历史教训。木秀遭摧，皎皎易污，名大招嫉，位高多倾。持盈保泰的最好办法是低调，是平淡，是不惹人注目。

曾氏的这些人生阅历，可作为立志做强者和已经是强者的读者的另一种思维参考。

致沅弟（湘淮两军、曾李两家联为一气）

同治六年正月二十六日

沅弟左右：

二十五日亲兵回，接正月初十日来信，具悉一切。

顷阅邸抄，官相处分极轻。公道全泯，亦殊可惧。惟以少帅督楚，筱荃署之，又以韫斋先生抚湘，似均为安慰吾弟，不令掣肘起见。朝廷调停大臣，盖亦恐有党仇报复之事，弟不必因此而更怀郁郁也。

少荃宫保于吾兄弟之事极力扶助，虽于弟劼顺斋不甚谓然，然但虑此后做官之不利，非谓做人之有损也。弟于渠兄弟务须推诚相待，同心协力，以求有济。淮军诸将在鄂中者有信至少荃处，皆感弟相待之厚，刘克仁感之尤深。大约淮湘两军、曾李两家必须联为一气，然后贼匪可渐平，外侮不能侵。少荃及此间文武力劝余即回江宁，久于其位。余以精力日衰，屡被参劾，官兴索然，现尚未能定计。霞仙去官，屡干谕旨严诘，余不能不与之通信。兹有一函，请弟阅后封口，专人妥交。

鸣原堂文亦思多选，以竟其事。若不作官，必可副弟之望。古文目录，俟抄就再寄。顺问近好。

国藩手草

点评：湘淮两军、曾李两家联为一气

官文所受的处分，落到实处的不过为罚伯爵俸禄而已，所以曾氏认为是"极轻"。之所以这样，是大部分朝中官员，包括钦差大臣、军机处在内，都不站在曾国荃一边，只是考虑到现在还得用他打仗，不得已敷衍敷衍罢了。曾氏知道老九心中不快，便从另一个角度来安慰。所谓"恐有党仇报复之事"，系指朝廷担心此中或有个人恩怨的因素在内。因为事实上同城督抚不和的原因，大多在个人恩怨上。尽管奏章上的话都说得漂亮，仿佛自己全是正义在握，对方尽皆祸国殃民，其实多不是这回事。朝廷对督抚不和的事件，多采取调离的办法来解决。这种做法的结果往往是双方都不满意，但却是较为稳当的。

官文走后，湖广总督一职的空缺由李鸿章来补，但李鸿章军务为重，不能在职，于是让他的哥哥湖南巡抚李瀚章来武昌署理，所留下的湘抚一缺则由刘昆来补。这种安排，对曾氏兄弟来说可谓最好了。

对于李鸿章，曾氏一向是把他作为替手来着意培养的。历史证明，曾氏在鼎盛时期便考虑"替手"事宜，作为一个政治家来说，是极富远见、极为老到的举措；历史还证明，曾氏选择李鸿章作为替手，并有意让淮军作为湘军的后续，是极为明智、极为成功的决策。捻军的最后平息，完全靠的是李鸿章的淮军。曾氏在他死后，事业得以赓续，声名得以久传，除了他本人的因素之外，也很得力于李鸿章在政坛上的长据要津以及淮军集团对近代中国的巨大影响。

尽管在个人道德修养上，曾氏对李鸿章颇多微辞，但总体上对这个替手还是较为满意的。相对于大哥而言，老九对李鸿章的意见更大。这个嫌隙起于同治三年五六月间有关李增援打金陵的事。老九要独吞天下第一功，最讨厌有人来分这杯羹，故对李之援金陵极为反感。前面说过，赵烈文曾怀疑京师流传老九无力独打金陵和非淮军不能破金陵的话都是李散布的。李明里说不来金陵，暗地里又散布这样的传言。赵认为李人品不好。赵当时在老九身边，老九自然也是这样认为的，故而对李深怀成见。再则，对于这次弹劾官文，李也不以为然，这也令老九不快。这样，老九于李的嫌隙更深了。曾氏深以此为忧，遂说出"湘淮两军、曾李两家必须联为一气"的话来。

  曾氏的这番兄弟私语，无论对于眼下的战事还是今后曾家的未来，无疑都是见高识远的金玉良言，但笔者却于此看到即将到来的祸害近代中国半个世纪的军阀专政的苗头。曾氏说这话时，他的心里是有很明确的概念的，即湘军是曾家的军队，淮军是李家的军队，否则他在说到湘淮两军联为一气的时候，就不会立即说到曾李两家也要联为一气。军队是私家财产，军队为维护其统帅的利益而服务，这正是军阀的典型特征。过去史学界都把曾氏称之为近代军阀的开山鼻祖，这虽不十分确切（如曾氏在打下金陵后，将湘军十裁其九，这便不是后世军阀的作为），但在心理意识上，他的确是把湘军当做他曾家的军队，多次在家信中谈到湘军关系到曾氏家族的气运。从这个层面上来看，他也可以算得上近世军阀的滥觞。

  后来，曾氏的孙女嫁给李鸿章的侄子，两家结为儿女亲家，真正的联为一气了。

  这里再附带说一件有趣的事。李鸿章的父亲李文安去世后，其母一直跟着长子瀚章住。瀚章这时署理湖督，李老太太随着儿子媳妇搬进督署后院，到了同治七年东捻平后，李鸿章正式做湖督，李瀚章改浙抚，他的眷属都得跟着走。但李老太太喜欢武昌，不愿走。她是可以不走的，因为继任的是她的次子。她于是继续住下，直到光绪八年（1882）死在督署后院。这中间湖督一职虽有过几次更换，但换来换去不是李家老大便是李家老二，老太太端居督署后院纹丝不动十五六年。这在有清一代的官场史上，可谓独一无二。李老太太又享高寿，一直活到八十多岁才辞世，故被人们称之为近代中国最有福气的一位女性。

总督南北（1867—1871）

功成身遂

— 唐浩明点评曾国藩 家书

清则易柔，惟志趣高坚，则可变柔为刚；清则易刻，惟襟怀闲远，则可化刻为厚。

圣贤教人修身，千言万语，而要以不忮不求为重。忮者，嫉贤害能，妒功争宠，所谓怠者不能修，忌者畏人修之类也。求者，贪利贪名，怀土怀惠，所谓未得患得，既得患失之类也。

忮不去，满怀皆是荆棘；求不去，满腔日即卑污。

致澄弟（富贵常蹈危机）

同治六年二月初五日

澄弟左右：

正月初六日起行，十五日抵徐州，十九接印。近又两奉寄谕，令回金陵。文武官绅，人人劝速赴江宁。申夫自京归，备述都中舆论亦皆以回任为善，辞官为非。兹拟于二月移驻金陵，满三个月后，再行专疏奏请开缺。连上两疏，情辞务极恳至，不肯作恋栈无耻之徒；然亦不为悻悻小丈夫之态。允准与否，事未可知。

沅弟近日迭奉谕旨，谴责严切，令人难堪。固由劾官、胡二人激动众怒，亦因军务毫无起色，授人以口实；而沅所作奏章，有难免于讪笑者。计沅近日郁抑之怀，如坐针毡之上。

霞仙系告病引退之员，忽奉严旨革职。云仙并无降调之案，忽以两淮运使降补。二公皆不能无郁郁。大约凡作大官，处安荣之境，即时时有可危可辱之道，古人所谓富贵常蹈危机也。纪泽腊月信言宜坚辞江督，余亦思之烂熟。平世辞荣避位，即为安身良策；乱世仅辞荣避位，尚非良策也。

点评：富贵常蹈危机

曾氏二子五女已婚嫁六人，六个亲家健在的仅只纪泽的岳父刘蓉（霞仙）、纪纯的公公郭嵩焘（云仙）。这两位亲家翁眼下都在走背运：刘蓉从陕西巡抚任上革职回籍，郭嵩焘则从广东巡抚任上降调两淮盐运使。再加上老九军事不顺及他本人怏怏回任，可谓内亲外戚尽碰上了倒霉事。曾氏为此发出"富贵常蹈危机"的感叹。

富者多涉商。人们通常把经商比做下海。大海藏有珍珠宝贝，大海亦多风浪危险，故下海可致富，亦可丧身。

贵者皆为官。官场，人们又叫宦海，故做官也是下海。相对于商海来说，宦海更可怕，因为它只有一根独木桥，而奔竞于此桥的人又更多。从政者更多学问知识，也便更多心计虚伪。

看来，人生欲求轻松平顺，还是远离富贵为好。有句流行歌词唱道："平平淡淡才是真。"初听起来，似觉不太好理解，若将曾氏所说的"富贵常蹈危机"对照来咀嚼，便觉得这句浅白的歌词实在值得回味。

谕纪泽（世上几无真正的清官）

同治六年二月十三日

字谕纪泽儿：

二月初九日王则智等到营，接澄叔及尔母腊月二十五日之信并甜酒、饼粑等物。十二日接尔正月二十一日之禀，十三日接澄叔正月十四日之信，具悉一切。

富坨修理旧屋，何以花钱至七千串之多？即新造一屋，亦不应费钱许多。余生平以大官之家买田起屋为可愧之事，不料我家竟尔行之。澄叔诸事皆能体我之心，独用财太奢与我意大不相合。凡居官不可有清名，若名清而实不清，尤为造物所怒。我家欠澄叔一千余金，将来余必寄还，而目下实不能遽还。

尔于经营外事颇有才而精细，何不禀商尔母暨澄叔，将家中每年用度必不可少者逐条开出，计一岁除田谷所入外，尚少若干，寄营余核定后以便按年付回。袁薇生入泮，此间拟以三百金贺之。以明余屏绝榆生，恶其人非疏其家也。余定于十六日自徐起行回金陵。近又有御史参我不肯接印，将来恐竟不能不作官。或如澄叔之言，一切遵旨而行亦好。兹将折稿付回。曾文煜到金陵住两三月，仍当令其回家。余将来不积银钱留与儿孙，惟书籍尚思添买耳。

沅叔屡奉寄谕严加诘责。劾官之事，中外多不谓然。湖北绅士公呈请留官相，幸谭抄呈入奏时，朝廷未经宣布。沅叔近日心绪极不佳，而捻匪久蹂鄂境不出，尤可闷也。此信呈澄叔阅，不另致。

涤生手草

点评：世上几无真正的清官

从这封信里，我们可知现今大体保存完好的曾氏故居富厚堂，当年修建时花了七千串，折合银子约六千两。曾氏本意是将旧的房屋修理下，或少量地再建几间，不料竟是一个这样大的工程。他对老四这个主事者的大手大脚颇为不满。从信中看来，老四垫了一千多两银子，曾氏表示将来要归还给他。当然这些年来，曾氏送给老四的银子远过这笔数目，但亲兄弟，明算账，桥归桥，路归路，送归送，借归借。借的钱还是应该还的。

曾氏说"居官不可有清名，若名清而实不清，尤为造物所怒"，这句话的后半句好理解，即要名实相符，若名实不符反为不美。那么前半句该怎么理解呢？难道做官不要清廉之名还要贪污之名吗？笔者想，曾氏当然不希望有贪名，但他也不希望社会上都说他是清官。因为事实上，官场上不可能有真正意义上的清官。当

富厚堂一角

然,中国历史上也曾有几个一清到底的清官,比如明代的海瑞。但传说海瑞母亲过生日,家里连几斤肉都买不起。这种官做得有什么意思,又有几个人愿意去做这种官?这涉及到中国官场的薪俸制度,也就是说,朝廷所定的俸禄标准不太合理。

比如一个七品县令,年薪四十五两,一年下来平安无事,钱粮也照数收上来了,年终可得养廉费一千两。两项加起来除以十二个月,每个月的月薪八十余两。对于一个普遍百姓人家,每个月有八十多两银子的收入,自然日子过得舒服。但对于一个县令来说,这笔钱就不够花,若规规矩矩谨守这点钱,家里的日子就会过得紧巴巴的,真有可能办不出像样的寿筵来。这是因为一旦做了县令,便有许多穷亲戚、穷朋友要来求接济、打秋风,便有许多应酬要出血,还有许多说不出名目的银子要花。所以,不得不在该上交的钱粮中打主意。于是,"火耗"、"折色"过程中所多出的银钱,便成了官府的小金库,从正堂到佐隶,大家都从中分一点。上级默认,老百姓也知道,上上下下都睁一只眼闭一只眼,不把此项进息当做贪污。其实,这就是贪污。此外,一年下来,一个握有实权的官吏,因为可以给人方便,不知要接受多少红包、礼物。如果不触犯法律法规,人们通常也不把它视作受贿。其实,这就是受贿。所以,若要较起真来,世上能有清官吗?即便有,怕也是几十万里挑一个,几十年里遇一人。

就拿曾氏来说,即便他本人一个额外子不要,他容忍老九将数不清的金银财宝运回老家便不对。老九从这些钱财中分出一部分来给了兄弟子侄们,还得到曾氏的称赞,说他是"家族的功臣"。仅凭这一点,曾氏的"清廉"便不纯洁。

如此一剖析，这前半句话也好理解了：既然根本就做不到真正的清，又何必空顶一个清名？

致沅弟（乱世处大位，乃人生之大不幸）

同治六年二月二十一日

沅弟左右：

澄弟之孙元五殇亡，忧系之至。家中人口不甚兴旺，而后辈读书全未寻着门路，岂吾兄弟位高名大，遂将福分占尽耶？

接吴竹庄信，捻似尚未入皖境。闻巴河、武穴焚掠一空，鄂饷日绌，军事久不得手，弟之名望必且日损，深以为虑。

吾所过之处，千里萧条，民不聊生。当乱世处大位而为军民之司命者，殆人生之不幸耳，弟信云英气为之一沮，若兄则不特气沮而已，直觉无处不疚心，无日不惧祸也。

点评：乱世处大位，乃人生之大不幸

中国的传统观念认为多子为福。曾氏的父亲有五个儿子，当是有福之人。到了曾氏兄弟这一辈，没有一个赶得上父亲的：曾氏两个儿子，国潢三个儿子，国华一个儿子，国荃两个儿子，国葆无子。五兄弟加起来不过八个儿子。至于孙辈，眼下还只见四个，却又殇了一个。中国的旧观念里还有一说，即一代有一代的福份，这个福份的大小，是由上天安排的。若上一代的福份过大，超过了定额，则下一辈的福份就要相应减小。故而面对下辈人丁不旺的局面，他怀疑是否他和老九的福份过大了。当然，这是无稽之谈，不过在漫长的封建时代里，这种观念对于遏制非分与贪婪，多多少少地起过一点作用。

读"所过之处，千里萧条，民不聊生"的话，很容易令人想起建安时代的诗来："铠甲生虮虱，万姓以死亡。白骨露于野，千里无鸡鸣。生民百遗一，念之断人肠。"（曹操《蒿里行》）"侧足无行径，荒畴不复田……中野何萧条，千里无人烟。"（曹植《送应氏》）"出门无所见，白骨蔽平原。"（王粲《七哀诗》）自从咸丰初年以来，河南、安徽、江苏一带便陷于战火之中，十余年来几乎无日不战。战争的结果，古时和今时是没有什么区别的，都只能是田野萧条，民不聊生。生此乱世，百姓的命固然不如蝼蚁，但处高位者却无力制止战争，尤其是

带兵者，还得制造和加剧这种惨象。稍有点良心的人，都会于心不安的。曾氏的"疚心"和"惧祸"应不是故作姿态。

谕纪泽（二十三四聪明始小开）

同治六年二月二十五日

字谕纪泽儿：

二月十六日接正月初十禀，二十一日又接二十六日信。得知是日生女，大小平安，至以为慰。儿女早迟有定，能常生女即是可生男之征，尔夫妇不必郁郁也。李宫保于甲子年生子已四十二矣。惟元五殇亡，余却深为廑系。家中人口总不甚旺，而后辈读书天分平常，又无良师善讲者教之，亦以为虑。

科一作文数次，脉理全不明白，字句亦欠清顺。欲令其归应秋闱，则恐文理纰缪，为监临以下各官所笑；欲不令其下场，又恐阻其少年进取之志。拟带至金陵，于三月初八、四月初八学乡场之例，令其于九日内各作三场十四艺，果能完卷无笑话，五月再遣归应秋试。科一生长富贵，但闻谀颂之言，不闻督责鄙笑之语，故文理浅陋而不自知。又处境太顺，无困横激发之时，本难期其长进。惟其眉宇大有清气，志趣亦不庸鄙，将来或终有成就。余二十岁在衡阳从汪师读书，二十一岁在家中教澄、温二弟，其时之文与科一目下之文相似，亦系脉不清而调不圆。厥后癸巳、甲午间，余年二十三四聪明始小开，至留馆以后年三十一二岁聪明始大开。科一或禀父体，似余之聪明晚开亦未可知。拟访一良师朝夕与之讲《四书》、经书、八股，不知果能聘请否？若能聘得，则科一与叶亭及今为之未迟也。

余以十六日自徐州起行，二十二日至清江，二十三日过水闸，到金陵后仍住姚宅行台。此间绅民望余回任甚为真切，御史阿凌阿至列之弹章，谓余不肯回任为骄妄，只好姑且做去，祸福听之而已。澄叔正月十三、二十八之信已到，暂未作复，此信送澄叔一阅。

涤生手示（宝应舟中）

徐寿衡之长子次子皆殇，其妻（扶正者）并其女亦丧，附及。

点评：二十三四聪明始小开

曾纪泽这次生的女儿，是他的次女，取名广珣。广珣后嫁给浙江吴兴人吴永。吴永并非湘军将帅之后，亦不是名宦之裔。他出身平民之家，功名亦不过一秀才而已。他是怎么娶得曾袭侯的千金呢？原来，吴永在二十一岁那年客居长沙，结识湘阴郭家的后人，因此得以跟随赋闲在家的郭嵩焘。郭嵩焘赏识吴的才华，将他推荐给时任户部侍郎的曾纪泽。曾聘吴为西席。光绪十四年，二十四岁的吴永与时年二十二岁的曾广珣结婚。吴永最大的官只做到道员为止，但他却在近代史上有点小名气。他的这点名气完全得之于一个偶然的机缘。

光绪二十六年（1900），八国联军打进北京，慈禧携带光绪帝匆忙西逃，离开北京后到的第一个县城为怀来县，而此时的怀来县令正是吴永。在十分艰难困苦的情况下吴永接驾，让饥寒交迫的慈禧吃上了东西，穿上了像样的衣服。吴永给慈禧换的衣服正是其妻广珣的，只可惜此时广珣已去世。推算起来，广珣生年不及三十四岁，且不曾留下儿女。慈禧赏识吴永能办事，便将其留在身边，为她的西行车队办后勤。就这样，吴永跟随慈禧整整一年，与慈禧、光绪帝一道经历了一段特殊的岁月，成了两宫的患难之交。因为此，在两宫回銮时，他便擢升广东雷琼道员。吴永后来将他的这段奇遇写成《庚子西狩丛谈》一书，记述了慈禧逃难途中的种种细节，甚为历史学家、掌故学家们看重，成为研究庚子、辛丑年间的一部信史。吴永于1936年七十二岁上死去，一生没有什么事业可言，但他能做曾氏的孙女婿和慈禧太后的患难朋友，也算是命运不凡了。

值得我们注意的是，在这封信里曾氏谈到了他自己的智力开发史：二十岁前后，他的文章尚是脉络不清晰、文句不圆熟。二十三四岁时聪明初开。这两年间他接连中秀才、中举人，应该说此时的诗文已经是很好的了。曾氏并没有把二十八岁时中进士点翰林作为聪明大开的标记，而是将三四年后的三十一二岁作为分界线。这两年间，曾氏供职翰林院，拜唐鉴为师，在唐的指点下攻读宋明理学，身体力行，与倭仁、吴廷栋、邵懿辰等一班师友，以学问节义相砥砺；又详究前史，求经世之学，兼治古诗文词，从当时的文章大家梅曾亮、何绍基等人游。曾氏从三家村的功名之学走进真正的学术殿堂，正是在这段时间，一生事业的学问基础奠定于此。他将这两年视为自己的聪明大开期，是很有道理的。

曾氏的智力开发史给我们以多方面的启迪。它告诉我们，曾氏并非神童。事实上，神童也并不见得就是好事。神童大都无大出息大作为，就是因为智力开发得太早的缘故。过早被人颂扬，过早享受优越的待遇，只会将天才扼杀在温柔手里。它也告诉我们，学历和学位与真正的学问不完全相等，即便得了个博士，也还只能说刚迈进学问之门。聪明大开、智慧大开，是在独自探得学问骊珠之后。它还告诉我们，一个男孩子即便三十岁还没找到安身立命之处，亦不必太担忧，还有几年可以寻找，可以闯荡；只要在三十多岁前定下一生的目标，依旧可望成大事业、大成就。

致沅弟（咬牙励志，勿因失败而自馁）

同治六年二月二十九日

沅弟左右：

十八之败，杏南表弟阵亡，营官亡者亦多，计亲族邻里中或及于难，弟日内心绪之忧恼万难自解。然事已如此，只好硬心很肠，付之不问而壹意料理军务。补救一分，即算一分。弟已立大功于前，即使屡挫，识者犹当恕之。比之兄在岳州、靖港败后栖身高峰寺，胡文忠在夌山败后舟居六溪口气象，犹当略胜。高峰寺、六溪口尚可再振，而弟今不求再振乎？

此时须将劾官相之案、圣眷之隆替、言路之弹劾一概不管。袁了凡所谓从前种种譬如昨日死，从后种种譬如今日生，另起炉灶，重开世界，安知此两番之大败，非天之磨炼英雄，使弟大有长进乎？谚云吃一堑长一智，吾生平长进全在受挫受辱之时。务须咬牙厉志，蓄其气而长其智，切不可茶然自馁也。

点评：咬牙励志，勿因失败而自馁

彭毓橘字杏南，系曾氏姑奶奶的孙子，当年吉字营中的重要将领；打下金陵后，被封记名按察使，并获赏一等轻车都尉世职。老九建新湘军，他与郭松林同任统领。据史载，彭毓橘兵败被俘后遭捻军肢解，死得很惨。捻军如此善战，这可能是刚刚取得对太平军大胜的湘淮军们所没有想到的。趾高骄矜的曾老九因郭松林、彭毓橘的接连失败，终于陷于舆论和军事的双重困境中。面对如此局面，做哥哥的当然不能再指责了，只能反过来安慰他，将当年自己和胡林翼屡败屡战的往事翻出来，让颇有点沮丧的老九增加点自信心。

曾氏说他平生长进全在受挫受辱之时，这是一句实话。人的一生在社会上摸爬滚打，没有不受挫折的，蒙羞受辱的事绝大多数人也会经历过。但挫折羞辱对于不同的人来说，则会有不同的后果。性格刚烈、心理素质坚强的人，往往会将挫折羞辱作为激励自己上进的动力，从而造就出一个人才来。性格懦弱、心理素质脆弱的人，则会被挫折羞辱所打垮，从此一蹶不振。这正好比一股激流冲刷下来，遇到岩石则会溅起美丽的浪花，遇到泥土则会出现一滩泥浆。

人的性格和心理素质固然得之于天授，但有意识地加以培养，也是可望收到好效果的。曾氏经常说"读书可以改变气质"。他第一次使用望远镜时，就对玻璃镜片经过多次打磨后能改变其原本性质一事大发感慨，认为人经过多次打磨后也能有质的飞跃。每当失意之时则咬牙励志，不灰心、不自馁、不屈服，这便是最好的自我打磨。曾氏说:"劲气常抱于胸,而百挫不渝。"一个人能如此坚毅,世上还有什么办不成的事!

致沅弟(逆来顺受面对百端拂逆)

同治六年三月初二日

沅弟左右:

接李少帅信,知春霆因弟复奏之片言省三系与任逆接仗、霆军系与赖逆交锋,大为不平,自奏伤疾举发,请开缺调理。又以书告少帅,谓弟自占地步。弟当此百端拂逆之时,又添此至交龃龉之事,想心绪益觉难堪。然事已如此,亦只有逆来顺受之法,仍不外悔字诀、硬字诀而已。

朱子尝言:悔字如春,万物蕴蓄初发;吉字如夏,万物茂盛已极;吝字如秋,万物始落;凶字如冬,万物枯凋。又尝以元字配春,亨字配夏,利字配秋,贞字配冬。兄意贞字即硬字诀也。弟当此艰危之际,若能以硬字法冬藏之德,以悔字启春生之机,庶几可挽回一二乎?

闻左师近日亦极谦慎,在汉口气象如何?弟曾闻其略否?申夫阅历极深。若遇危难之际,与之深谈,渠尚能于恶风骇浪之中默识把舵之道,在司道中不可多得也。

点评:逆来顺受面对百端拂逆

鲍超的霆军历来是湘军中一支能征惯战的部队,打下金陵后,已是浙江提督的鲍超被赏一等轻车都尉。这次捻战,他也再上前线,率霆军与淮军、新湘军一道转战豫鲁苏鄂。鲍超本是曾氏一手提拔的湘军嫡系,不料也与老九闹起意见来,并以开缺养伤之举来表示他的强烈不满。继督抚互劾、军事受挫后又遭遇内部不和,老九可谓真正处于百端拂逆之时,大哥劝他采取逆来顺受之法,并于"悔字诀"外,再授"硬字诀"机宜。

元、亨、利、贞本是《易经》的卦辞,朱熹借过来,配以春、夏、秋、冬四季物象。冬天草叶凋零,只剩下粗枝强干在酷寒中顽强地生存着。干即贞也,干即硬也,故曾氏又将"冬藏之德"以一"硬"字来概括。这"硬"字诀也就是曾氏有名的"挺经"。

曾氏的孙女婿吴永在《庚子西狩丛谈》中有一段话，记载李鸿章与他谈"挺经"的事。李鸿章"又曰我老师的秘传心法，有十八条'挺经'。这真是精通造化、守身用世的宝诀。我试讲一条与你听：一家子，有老翁请了贵客，要留他在家午餐。早间就吩咐儿子前往市上备办肴蔬果品，日已过巳尚未还家。老翁心慌意急，亲至村口看望。见离家不远，儿子挑着菜担，至水塍上与一个京货担子对着，彼此皆不肯让，就钉住不得过。老翁赶上前，婉语曰：'老哥，我家中有客，待此具餐，请你往水田里稍避一步，待他过去，你老哥也可过去，岂不两便么？'其人曰：'你叫我下水，怎么他下不得呢？'老翁曰：'他身子短小，水田里恐怕担子浸着，湿坏了食物。你老哥身子高大些，可以不至于沾水。因为这个理由，所以请你避让的。'其人曰：'你这担内，不过是菜蔬果品，就是浸湿，也还可将就用的。我担中都是京广贵货，万一着水，便是一文不值。这担子身份不同，安能叫我让避？'老翁见抵说不过，乃挺身就近曰：'来来，然则如此办理：待我老头儿下了水田，你老哥将货担交付于我。我顶在头上，请你空身从我儿旁边岔过，再将担子奉还何如？'当即俯身脱履。其人见老翁如此，作意不过，曰：'既老丈如此费事，我就下了水田，让尔担过去。'当即下田避让。他只挺了一挺，一场竞争就此消解。这便是'挺经'中开宗明义的第一条"。

曾氏的十八条"挺经"，李鸿章只听到这一条。两人挺在田塍上互不相让，再来一个老头儿，宁愿自己下水田用头顶别人的担子，也不叫儿子相让。最后这位老头胜利了，对方让步了。谁能硬着头皮挺得住，谁就会赢。这大概就是曾氏"挺经"的含义。徐凌霄、徐一士合著的《凌霄一士随笔》中记载了一则李鸿章运用"挺经"对付政敌的实例。李与翁同龢一向不和。翁做协办大学士久了，想扶正做大学士，但没有缺，巴望李退休腾出个大学士位置来。袁世凯替翁做说客，李一口拒绝。待袁走后，李对人说："我决不会把位子腾给翁，让他去想得要死。我老师的'挺经'正用得着，我是要传他衣钵的。我决计与他挺着，看他们如何摆布！"李鸿章靠什么来挺得住，当然靠的是硬字。

这硬字，既有"强硬"一层意思，也有"忍耐"一层意义，所谓"逆来顺受"便是忍耐。早在京师做官的时候，曾氏就有意培植这方面的修养。赵烈文《能静居日记》在同治六年八月二十八日中记道："余曰：'少帅事机不顺，未必能如师宏忍。'师曰：'吾谥法为文韧公，此邵位西之言，足下知之乎？'余曰：'此一字简明的当，邵君诚知言也。'"韧者，毅也，忍也。

致沅弟（平生四次受人讥笑）

同治六年三月十二日

沅弟左右：

春霆之郁抑不平，大约屡奉谕旨严责，虽上元之捷，亦无奖许之辞，用是怏怏者十之四；弟奏与渠奏报不符，用是怏怏者十之二；而少荃奏省三败挫，由于霆军爽约，其不服者亦十之二焉。余日内诸事忙冗，尚未作信劝驾。向来于诸将有挟而骄者，从不肯十分低首恳求，亦硬字诀之一端。

余到金陵已六日，应酬纷繁，尚能勉强支持，惟畏祸之心刻刻不忘。弟信以咸丰三年六月为余穷困之时。余生平吃数大堑，而癸丑六月不与焉。第一次壬辰年发佾生，学台悬牌，责其文理之浅。第二庚戌年上日讲疏内，画一图甚陋，九卿中无人不冷笑而薄之。第三甲寅年岳州、靖港败后栖于高峰寺，为通省官绅所鄙夷。第四乙卯年九江败后赧颜走入江西，又参抚、臬；丙辰被困南昌，官绅人人目笑存之。吃此四堑，无地自容。故近虽忝窃大名，而不敢自诩为有本领，不敢自以为是。俯畏人言，仰畏天命，皆从磨炼后得来。

弟今所吃之堑，与余甲寅岳州、靖港败后相等，虽难处各有不同，被人指摘称快则一也。弟力守悔字硬字两诀，以求挽回。弟自任鄂抚，不名一钱，整顿吏治，外间知者甚多，并非全无公道。从此反求诸己，切实做去，安知大堑之后无大伸之日耶？

点评：平生四次受人讥笑

短短的半个月内，曾氏一连三封信安慰处于逆境中的老九。本是骨肉至亲，又加之共同的事业相系，曾氏的格外关心体贴，自是出之真情。

细读曾氏的四次受人讥笑一节，启发良多。笔者最大的感受是，人生还是不要太顺利为好，常常受点挫折、吃点苦头是好事而不是坏事。曾氏才大能大，但总有一种虚怀之态，既不以己之长而骄人，又常有内省不足之明智，不知者以为这是曾氏的虚伪矫情。读这封信后，方知这是曾氏历经挫折而后的长进。我们常常可以看到一些年轻人骄狂得很，仿佛天下事无所不能为，仿佛别人尽皆不如他。之所以如此，除个性外，还因为入世浅，没有遭受过挫折和失意，待到多历些岁月、多经些风雨，头脑自然就会清醒了。

老九自组建吉字营来，一路顺利，连克安庆、金陵两省城，遂自我膨胀，眼不容物。曾氏明里没说，言外之意，却是很清楚的：让你受点苦头也好，今后再也不要自诩本事大得很，应该知道畏人言、畏天命的道理。

关于这层意思，曾氏与心腹幕僚赵烈文在平时聊天时也曾谈起过。同治六年六月十五日赵的日记里记载："师论兵事：'……如沅甫之攻金陵，幸而有成，皆归功于己。余常言汝虽才大，亦须让一半与天。彼恒不谓然，今渐悟矣。'余云：'此无足奇，人情大抵阅历既多，饱经忧乱，则知命运之有定。少、沅两帅所处皆顺境，起徒步，数年之中各建大功，安得不侈然自命！故沅帅去年劾官秀峰不胜，余以为此沅帅闻道之机，不当吊而当贺。'"

谕纪泽（曾纪鸿的肺病起于十九岁）

同治六年三月十八日

字谕纪泽儿：

三月初十日罗登高来，接尔二月初六之信。十五日接二月十九日禀，具悉一切。余以初六日至金陵，初八日专差送信与澄叔，此外常有信与沅叔，不知尔常得知其详否？

鸿儿自今年以来长有小病，自二月二十六七以后常服清润之药。三月初八九作三文一诗，十一二日作经文五道，盖欲三四月试考二次，令五月回家乡试也。十四日作策三道，是夜即病。初意料其用心太过，体弱生疾。十五日服熟地等滋阴之剂。是日竟日未起。十六日改服参、芪、术、附等补阳之剂。不料壮热大作，舌有芒刺，竟先伏有外感疫症在内。十七日改服犀角、生地等清凉之剂，亦未大效。现在遍身发红，疹子热尚未退。鸿儿之意因数日吃药太杂，自请停药一日。余向来坚持不药之说，近亦不敢力主，择众论之善者而从之。鸿儿病不甚重，惟体气弱，又适在考试用心太过之后，殊为焦虑。

尔母信来，欲带眷口仍来金陵。余本欲留尔母子在富圫立家作业，不令再来官署。今因鸿儿抱病，又思接全家来署，免得两地挂心。或早接或迟接，或令鸿儿病瘥速归，旬日内再有确信。

余身体平安，但以见客太多为苦。鄂省军事日坏。杏南殒难，春霆又两次奏请开缺，沅叔所处极艰，吾实无以助之。甲五侄处，余近日作信慰之。尔六叔母所须绫、书、温印等物，亦于下次专人寄回。此信呈澄叔一阅，不另书。

涤生手示

点评：曾纪鸿的肺病起于十九岁

曾纪鸿死于光绪七年，仅三十三岁，他是死在肺病上。肺病是当时的不治之症,尽管他是侯门公子,也无法医救。从此信看来,曾纪鸿的病得于同治六年春,那时他不过十九岁。体气太弱,用心太过,是他致病的根由。

纪鸿生病,住在湘乡老家的欧阳夫人自然挂念不已,希望携眷口重返金陵。曾氏同意了夫人的要求,但直到第二年三月下旬,欧阳夫人才来到金陵督署。

陈氏妾早已死去,此时曾氏的身边没有别的女人。他已五十六七岁了,又体弱多病,为什么不留夫人在身旁照顾照顾呢?这在今人看来似觉不可思议,即便在当时,像曾氏这样长年累月独身在外做官的人大概也不多。

谕纪泽（襟怀高淡胜过南面王）

同治六年三月二十二日

字谕纪泽儿:

十八日寄去一信,言纪鸿病状。十九日请一医来诊。鸿儿乃天花痘喜也。余深用忧骇,以痘太密厚,年太长大,而所服十五六七八九等日之药,无一不误。阖署惶恐失措,幸托痘神佑助,此三日内转危为安。兹将日记由鄂转寄家中,稍为一慰。再过三日灌浆,续行寄信回湘也。

尔与澄叔二月二十八日之信顷已接到。尔七律十五首圆适深稳,步趋义山,而劲气倔强处颇似山谷。尔于情韵、趣味二者皆由天分中得之。凡诗文趣味约有二种:一曰诙诡之趣,一曰闲适之趣。诙诡之趣,惟庄、柳之文,苏、黄之诗。韩公诗文,皆极诙诡。此外实不多见。闲适之趣,文惟柳子厚游记近之,诗则韦、孟、白傅均极闲适。而余所好者,尤在陶之五古、杜之五律、陆之七绝,以为人生具此高淡襟怀,虽南面王不以易其乐也。尔胸怀颇雅淡,试将此三人之诗研究一番,但不可走入孤僻一路耳。

余近日平安,告尔母及澄叔知之。

涤生手示

点评: 襟怀高淡胜过南面王

曾氏在批阅纪泽所寄来的十五首七律时,由闲适之趣谈到陶渊明的五古、杜甫的五律、陆游的七绝,指出他们在诗中都体现了一种高洁淡远的襟怀。曾氏对这种襟怀非常钦慕向往,甚至认为帝王之乐也不可与之相比。曾氏的文人情怀在这里得到最充分的体现。据此一句话,我们便可以认定,尽管曾氏戎马关山,封侯拜相,他仍然还是一个士人,即一个知识分子,与职业军人,与政客官僚不属一类。

以杀人屠城为职志的武夫和以频频升官为目标的官吏,他们决不会想到陶、杜、陆等人的高淡襟怀,更不会想到以南面王来换取这种襟怀的快乐。曾氏不接受许多人劝他蓄势自立的好意,除了种种其他原因外,与他本性上是一个书生也有很大的关系。

谕纪泽(变柔为刚,化刻为厚)

同治六年三月二十八日

字谕纪泽儿:

接尔三月十一日省城发禀,具悉一切。鸿儿出痘,余两次详信告知家中。此六日尤为平顺,兹抄六日日记寄沅叔转寄湘乡,俾全家放心。

余忧患之余,每闻危险之事,寸心如沸汤浇灼。鸿儿病痊后,又以鄂省贼久踞白口、天门,春霆病势甚重,焦虑之至。尔信中述左帅密劾次青,又与鸿儿信言闽中谣歌之事,恐均不确。余闻少泉言及闽绅公禀留左帅,幼丹实不与闻。特因官阶最大,列渠首衔。左帅奏请幼丹督办轮船厂务,幼已坚辞。见诸廷寄矣。余于左、沈二公之以怨报德,此中诚不能无芥蒂,然老年笃畏天命,力求克去褊心忮心。尔辈少年,尤不宜妄生意气,于二公但不通闻问而已,此外着不得丝毫意见。切记切记。

尔禀气太清。清则易柔,惟志趣高坚,则可变柔为刚;清则易刻,惟襟怀闲远,则可化刻为厚。余字汝曰劼刚,恐其稍涉柔弱也。教汝读书须具大量,看陆诗以导闲适之抱,恐其稍涉刻薄也。尔天性淡于荣利,再从此二事用功,则终身受用不尽矣。

鸿儿全数复元。端午后当遣之回湘。此信呈澄叔一阅,不另具。

涤生手示

点评:变柔为刚,化刻为厚

曾氏与左宗棠原本惺惺相惜,但因金陵城破后放走幼天王和忠王一事,曾氏兄弟与左闹翻了。曾氏在江西期间,很赏识沈葆桢的才干和胆识,不仅调沈来幕中办军需,而且多次向朝廷密荐沈可大用。但同治三年因截留饷银一事,曾氏兄弟与沈也闹翻了。曾氏认为左、沈是以怨报德,心中的恨意长久不能消除。直到同治十一年(1872)曾氏去世,八年之间,曾、左这对昔日朋友一直不通音问。公文往来自然是有的，只是没有私函罢了。但他们都只将芥蒂停留在本人这一代上，不愿意对下一代有影响。曾氏谆谆告诫儿辈，不得对左、沈二公有丝毫意见。左的胸襟更为豁达，同治十一年四月十四日给长子孝威的信上说："曾侯之丧，吾甚悲之。不但时局可虑，且交游情谊亦难恝然也。已致赙四百金，挽联云：'知人之明，谋国之忠，自愧不如元辅；同心若金，攻错若石，相期无负平生。'盖亦道实语。见何小宋代恳恩恤一疏，于侯心事颇道得着，阐发不遗余力，知劼刚亦能言父实际，可谓无忝矣。君臣朋友之间，居心宜直，用情宜厚。从前彼此争论，每拜疏后即录稿咨送，可谓锄去陵谷，绝无城府。至兹感伤不暇之时，乃复负气邪？'知人之明，谋国之忠'两语亦久见章奏，非始毁今誉，儿当知吾心也。丧过湘干时，尔宜赴吊，以敬父执。牲醴肴馔自不可少，更能作诔哀之，申吾不尽之意，尤是道理。"

这是一段感人的文字，让我们看到一代雄杰左宗棠的真性情，也让我们知道什么是中国古人所谓的君子之交。

六十多年后，当曾氏最小的女儿曾纪芬在回忆往事时，更对左宗棠善待朋友后人的情谊满怀感激："文襄督两江之日，待中丞公（笔者注：文襄即左宗棠，中丞公即纪芬丈夫聂缉椝，他做过江苏、安徽、浙江等省巡抚）不啻子侄，亦时垂询及余，欲余往谒。余于先年冬曾一度至其行辕，在大堂下舆，越庭院数重，始至内室，文襄适又公出。余自壬申奉文正丧出署，别此地正十年。抚今追昔，百感交集，故其后文襄虽屡次询及，余终不愿往。继而文襄知余意，乃令特开中门，肩舆直至三堂。下舆相见礼毕，文襄谓余曰：'文正是壬申生耶？'余曰：'辛未也。'文襄曰：'然则长吾一岁，宜以叔父视吾矣。'固令余周视署中，重寻十年前卧起之室。余敬诺之。嗣后忠襄公至宁，文襄语及之曰：'满小姐已认吾家为其外家矣。'"

曾氏地下有知，听到女儿这一段深情的回忆后，心中对左的芥蒂一定会消除殆尽。

常言道，知子莫如父。曾氏是如何看待这个今后将要袭他爵位的儿子呢？他认为儿子"禀气太清"、"天性淡于荣利"。此时的曾纪泽二十八九岁，而二十八九岁的曾氏正是翰林院的新科庶吉士：争强好胜，志向远大。看来纪泽的天性与父亲相距很远，这是来自母亲的遗传。

天底下的父亲尤其是有大作为的父亲，通常都喜欢与自己性格相同的儿子，而不喜欢与自己性格不同的儿子。吕后之所以将戚妃残为人彘，主要的原因是因为戚妃的儿子如意险些夺了吕后的儿子惠帝的位，而刘邦之所以喜欢如意，是因为"如意类我"。

晚年的曾氏，或舔犊之情十分浓厚，也或许因阅历太多而绚烂之极归于平淡，故对淡泊之性转而欣赏。总之，他对纪泽的这种清淡天性是肯定的，只是提醒儿子注意这种性格的负面。其实，每种性格都有它的负面。

曾氏信中叫儿子提防"稍涉刻薄"。刻薄，人人都说不好；宽厚，人人都说好。但宽厚过分，则没有原则性，容易纵容祸害，此种人尤不宜做一把手。

曾纪泽连秀才也未考中，性情又淡泊，若生在普通人家，一辈子大概只是个塾师的命。但他因为有父亲的余荫，顺利进入官场。又因为学过英文，得以外放欧洲做大使，后来又做到侍郎高官。在中俄谈判中，居然赢得了晚清仅有的一次外交胜利，被朝野称为能员。曾纪泽也应该算是一个人才，但按正常的仕途规矩，他是连门槛也进不了的人。

从这件事上可以看出科举考试压抑了多少人才。但反过来，倘若没有正规的科举考试，像曾氏那样无所依傍的农家子弟，又通过什么途径来崭露头角呢？这真是一个两难之选。

致欧阳夫人（有盛必有衰）

同治六年五月初五日

欧阳夫人左右：

自余回金陵后，诸事顺遂。惟天气亢旱，虽四月二十四、五月初三日两次甘雨，稻田尚不能栽插，深以为虑。科一出痘，非常危险，幸祖宗神灵庇佑，现已全愈发体，变一结实模样。十五日满两个月后，即当遣之回家，计六月中旬可以抵湘。如体气日旺，七月中旬赴省乡试可也。

余精力日衰，总难多见人客。算命者常言十一月交癸运，即不吉利，余亦不愿久居此官，不欲再接家眷东来。夫人率儿妇辈在家，须事事立个一定章程。居官不过偶然之事，居家乃是长久之计，能从勤俭耕读上做出好规模，虽一旦罢官，尚不失为兴旺气象。若贪图衙门之热闹，不立家乡之基业，则罢官之后，便觉气象萧索。凡有盛必有衰，不可不预为之计。望夫人教训儿孙妇女，常常作家中无官之想，时时有谦恭省俭之意，则福泽悠久，余心大慰矣。余身体安好如常。惟眼蒙日甚，说话多则舌头蹇涩，左牙疼甚，而不甚动摇，不至遽脱，堪以告慰。顺问近好。

点评：有盛必有衰

同治六年的端午节，曾氏给欧阳夫人写了这封信。从咸丰二年底离家筹办湘军起,到同治十一年去世这十八九年时间,曾氏夫妇相聚时少,分离时多。曾氏小家庭的家书收信人,多为二子。欧阳夫人所要对丈夫说的话,也由儿子的信中说出。这种情形,正是中国传统观念中的"男主外,女主内"的表现。

保存下来的曾氏直接写给夫人的信仅两封,这是第二封。

这封信里,曾氏与夫人谈到居官与居家、盛与衰等事。依笔者的理解,官员之身的曾氏是将"官"看成暂时的,将"家"看成是永久的;将"官"视为用,将"家"视为本。他的这些观念,很值得我们重视揣摩,特别值得那些做大官、做大事的人重视揣摩。人生在世,最真实的成就感、幸福感,究竟是来自于权势、财产、事业,还是来自于家庭,来自于自身?这可能是一个有争议且无固定答案的问题。

致澄弟（做一日和尚撞一日钟）

同治六年六月初六日

澄弟左右：

闻弟与内人白发颇多,吾发白者尚少,不及十分之一。惟齿落较多,精神亦尚能支持下去。诸事棘手,焦灼之际,未尝不思遁入眼闭箱子之中,昂然甘寝,万事不视,或比今日人世差觉快乐。乃焦灼愈甚,公事愈烦,而长夜快乐之期杳无音信。且又晋阶端揆,责任愈重,指摘愈多。人以极品为荣,吾今实以为苦恼之境。然时势所处,万不能置事身外,亦惟有做一日和尚撞一日钟而已。

哥老会匪,吾意总以解散为是。顷已刊刻告示,于沿江到处张贴,并专人至湖南发贴。兹寄一张与弟阅看。人多言湖南恐非乐土,必有劫数。湖南大乱,则星冈公之子孙自须全数避乱远出。若目前未乱,则吾一家不应轻去其乡也。

南岳碑文,得闲即作。吾所欠文债甚多,不知何日可偿也。此间雨已透足,夏至插禾尚不为迟,但求此后晴霁耳。

点评：做一日和尚撞一日钟

曾国潢比大哥整整小了十岁,此刻不过四十七岁,白头发却很多了,曾氏的白发则不及十分之一。但曾国潢活到六十七岁,曾氏只活到六十一岁。可见白发多少,不是衡量身体好坏的重要标志。

五月下旬,曾氏奉到补授大学士的谕旨。清代的内阁,自乾隆三十六年起,由文华殿、武英殿、文渊阁、东阁、体仁阁二殿三阁大学士组成,另有两名协办大学士。

曾氏所授的大学士为体仁阁大学士，同时的其他大学士为：文华殿大学士官文、武英殿大学士贾桢、文渊阁大学士倭仁。东阁大学士缺。曾氏所遗留的协办大学士的缺由四川总督骆秉章补授。如果我们不读这封家书，凭想象一个得到人臣之极位置的人，会是多么的兴奋，多么的激动，多么的感激涕零：谢天谢地谢君王谢祖宗。因为入阁拜相，这可是两千多年儒家弟子世世代代所追求的最高理想，所能得到的最高境遇呀！但是，你看这位曾大学士对老弟吐的苦水："人以极品为荣，吾今实以为苦恼之境……惟有做一日和尚撞一日钟而已。"他甚至觉得死都比活着要快乐。

　　古往今来，有如此获大拜之命的宰相吗？有清一代，有怀着如此痛苦心情登上人臣之极的大学士吗？

　　造成曾氏此刻恶劣心绪的原因，除前面一再说到的剿捻无功、屡遭御史弹劾以及老九劾官文案、新湘军屡战屡败、彭毓橘被杀等等外，还有回到江督原任后所面临的种种困境。其中最大的有两桩事：一是钱银匮乏。制造轮船，购买机器，要钱；进入陕西的湘军，进入湖北的淮军，要钱；长江北岸拟添募陆军以加强运河防务，要钱；运河堤坝险工林立，迫切需要修复，要钱。四处伸手要钱，而钱又无出处，弄得他焦头烂额，心绪烦躁。二是旱情严重。曾氏在给朝廷的奏章里写道："农田枯坼，禾稻不能栽插。盐河无水，盐斤不能出场。远近祈祷，人心皇皇。"作为地方最高长官，他负有很大的责任："皆由微臣位高德薄，上干天和，累及斯民，忧愧无地。"

　　眼下的两江总督，真是做得一丝味道都没有，难怪他虽补授体仁阁大学士，却无半点喜悦心情。

谕纪泽（制造船炮为自强之本）

同治七年（1868）十二月初三日

字谕纪泽儿：

　　泰安发一信交刘高山带至金陵。是日接尔二十日禀，知十九日已移下江考棚为慰。李中堂欲借后园地球，尽可允许。俟渠到湖北，即交便轮船带去。并求其将方子可请入楚督署内，刊刻此图，附刻图说。仍求将方元徵调入鄂省，酌委署缺，必为良吏。李相创立上海、金陵两机器局，制造船炮，为中国自强之本，厥功甚伟。余思宏其绪而大其规，如添翻译馆、造地球，皆是一串之事。故余告冯、沈二君，以后上海铁厂仍请李相主持，马、丁两帅会办。尔可将此意先行函告李相，余以后再有函商之也。

应敏斋所兑号票银虽止一万二千，而言明可用二万两，计别敬用万六七千，尚有三四千作盘川，尽足敷用。小舫此举殊为多事。尔亦不宜寄来，姑带在身边可也。

日内途次平安。三十日小雪，恰与丁中丞在齐河会谈。今日至刘智庙，已交直隶境。兹将二十二以后九日日记寄去，尔速寄澄、沅两叔一览。余久未寄湘信，甚歉甚歉，过保定再寄耳。此嘱。

涤生手示

点评：制造船炮为自强之本

李鸿章接手对捻作战的统帅后，形势开始好转起来。同治六年年底，东捻首领赖文光被杀，东捻平息。沾李的光，曾氏获加赏一云骑尉世职。同治七年七月，西捻张宗禹折回直隶后陷于绝境，死之，西捻平息。至此，捻军之火完全熄灭。李鸿章因平捻之功补授协办大学士。曾国荃的新湘军虽然在剿捻战役中起了一点作用，但终究没有达到预期效果。同治六年十月，他以病重为由，获准开缺。从那以后，直到光绪元年（1875）出任河东河道总督，曾国荃被朝廷晾在一边七八年。捻战一役，是曾、李两家的一道分水岭。这之前，曾家气势煊赫，明显优于李家。这以后，李家蒸蒸日上，渐渐地跑在曾家的前面了。待到曾氏去世后，李鸿章独掌大清军事外交三十年，权倾天下，炙手可热，曾家自是望尘莫及。捻战的成功，是李家最重要的一块政治基石。

同治七年七月下旬，曾国藩奉调直隶总督，其遗缺由闽浙总督马新贻调补。九月下旬，曾国潢来到金陵。咸丰八年复出至今，整整十年，兄弟再次相见，"大被同宿，纵谈家乡琐事，以为笑乐"（黎庶昌编《年谱》），并亲笔书箴言六则赠老四。这篇文章实在写得好，但过长，不便全录，只得摘录部分，以飨读者：

"清。《记》曰：'清明在躬。'吾人身心之间，须有一种清气，使子弟饮其和，乡党薰其德，庶几积善可以致祥。饮酒太多，则气必昏浊；说话太多，则神必躁扰。弟于此二弊皆不能免。欲葆清气，首贵饮酒有节，次贵说话不苟。"

"俭。凡多欲者不能俭，好动者不能俭。多欲如好衣好食好声色好书画古玩之类，皆可浪费破产。弟向无癖嗜之好，而颇有好动之弊……首戒好动。不轻出门，不轻举事……其次则仆从宜少……其次则送情宜减。"

"明。三达德之首曰智。智即明也。古来豪杰，动称英明，英即明也。明有二端：人见其近，吾见其远，曰高明；人见其粗，吾见其细，曰精明。高明者，譬如室中所见有限，登楼则所见远矣，登山则所见更远矣。精明者，譬如至微之

曾氏观看地球仪图

物,以显微镜照之,则加大一倍十倍矣。又如粗糙之米,再舂则粗糠全去,三舂四舂则精白绝伦矣。高明由于天分,精明由于学问。吾兄弟忝居大家,天分均不甚高明,专赖学问以求精明。"

"慎。古人曰钦曰敬曰谦曰谨曰虔恭曰祗惧,皆慎字之义也。慎者,有所谓惮之谓也。居心不循天理,则畏天怒;作事不顺人情,则畏人言。少贱则畏父师畏官长,老年则畏后生之窃议,高位则畏僚属之指责。凡人方寸有所畏惮,则过必不大,鬼神必从而原之。"

"恕。圣门好言仁,仁即恕也。曰富曰贵曰成曰荣曰誉曰顺,此数者我之所喜,人亦皆喜之。曰贫曰贱曰败曰辱曰毁曰逆,此数者我之所恶,人亦皆恶之。吾辈有声势之家,一言可以荣人,一言可以辱人……吾兄弟须从恕字痛下功夫。随在皆设身以处地。我要步步站得稳,须知他人也要站得稳,所谓立也。我要处处行得通,须知他人也要行得通,所谓达也。今日我处顺境,预想他日也有处逆境之时;今日我以盛气凌人,预想他日人亦以盛气凌我之身,或凌我之子孙。常以恕字自惕,常留余地处人,则荆棘少矣。"

"静。静则生明,动则多咎,自然之理也……静有二道:一曰不入是非之场,二曰不入势利之场。乡里之词讼曲直,于我何干?我若强为判断,始则赔酒饭,后则惹怨恨。官场之得失升沉,于我何涉?我若稍为干预,小则招物议,大则挂弹章。不若一概不管,可以敛后辈之躁气,即可保此身之清福。"

曾国潢以曾府当家人自居,在湘乡方圆百里间俨然一大绅士。他好饮酒,好说话,好出风头,好讲排场,好往来于省、府、县官商之间,干预地方事情,又有点偏听偏信,自作主张,以大老自居。湘中官、民对曾四爷口碑并不太好,哥老会更加将他视为眼中钉。凡此种种,曾氏都了然于心,但老年兄弟,不能说得太重,曾氏便借"清"、"俭"、"明"、"慎"、"恕"、"静"六字来正面开导、点拨。此六字虽是开导曾国潢，然对世人皆有启发性，故笔者不惮其长，抄录于此。

十一月初四日，曾氏在办完交割手续后，于金陵城外下关码头登舟，取道运河水路进京。时欧阳夫人患咳喘病厉害，加之愈往北走天气愈冷，于病不利，故不能跟随。留下纪泽夫妇在金陵侍疾，纪鸿陪同父亲北上。曾国潢送到扬州再分手回湖南。

写这封信的时候，曾氏已到了山东德州。曾氏在泰安时收到纪泽十一月二十日寄自金陵的家信。信上说李鸿章在赴湖广总督任途中路过金陵，看望了欧阳夫人，在后花园见到地球仪。他想借去，在武昌署中暂为陈设。纪泽不敢擅自做主，请示父亲。

曾氏指示儿子，同意借给李鸿章，并由此谈到上海及金陵的机器局事。曾氏此处所说的事，当时称之为夷务或洋务。在前面的评点中，笔者说过，近代中国的洋务运动，其起始点应定在曾氏咸丰十年十一月初八日的奏章上。这个奏章提出了"师夷智以造炮制船"的思想，并得到了朝廷的肯定。八年过去了，曾氏本人以及当时的政府在洋务方面做了哪些事呢？

咸丰十一年十一月，曾氏在安庆创设安庆内军械所，开始制造洋枪洋炮。这标志着中国第一家生产近代武器的兵工厂诞生。同治元年四月，由科技专家华蘅芳所制造的开花炮弹在安庆试制成功。这年七月，由华蘅芳与化学工程师徐寿所制造的蒸气轮船成功。曾氏在日记中写道："约试演一时，窃喜洋人之智巧，我中国人亦能为之，彼不能傲我以其所不知矣。"八月，经数学家李善兰介绍，曾氏会见中国第一个留美学士容闳，与他商量办机器厂的事。

同治二年二月，朝廷同意江苏巡抚李鸿章的奏请，在上海设立广方言馆，即翻译学校，聘请英人傅兰雅等为教师。十月，曾国藩委派容闳出洋购买机器。同治三年五月，广州同文馆开馆，聘请美人谭顺为教习。同治四年五月，李鸿章在上海创办江南制造局，容闳在美国购买的机器全部安装在该局。七月，李鸿章又在南京创办金陵制造局，并奏道："机器制造一事，为今日御侮之资，自强之本。"同治五年，应闽浙总督左宗棠之请，朝廷在福州建马尾船厂。不久，左宗棠又在福州创办中国第一所海军学校——求是堂艺局。四月，曾氏奏请朝廷准予以江海关洋税的十分之一"为专造轮船之用"。

同治七年春，天津机器局正式开工兴建。闰四月，曾氏视察上海江南制造局的分厂——铁厂，并查阅有关洋炮、轮船的工程兴建情况。六月，江南制造局造出第一艘轮船，曾氏亲自命名为"恬吉"（取四海波恬、军务安吉之意）号。恬吉号开到金陵,曾氏亲自登上该船,并兴致勃勃随船坐到安徽采石矶。九月,恬吉号试航成功,曾氏奏报朝廷筹办上海机器局及增设翻译馆情形。

从以上简述看来,尽管朝野上下许多人尚不理解,以及国家用兵频繁,但中国历史上从未有过的新鲜事——洋务事业正在悄然兴起,曾氏、李鸿章、左宗棠等人于此起了很大的作用。

战争让这些湘淮军统帅们正视现实,眼界开阔,手中的精兵强将又使他们成为政坛上的实力人物,有能力办成别人所不能办成的事。就这样,以曾氏为代表的一批军方实力派,在19世纪下半叶的中国引导了时代的潮流。

信中的"冯、沈二君",系江南机器制造局的负责人冯焌光、沈葆靖;"马、丁两帅",系指新任两江总督马新贻与江苏巡抚丁日昌。信中所谓的"别敬",指馈赠给京官的礼金。当时官场陋习,地方官每年除固定需得向京官致送冰敬、炭敬外,还得在别的名目下敬献银钱,如各种红白喜事等等。当然,并不是所有的京官都能得到,这得看有没有实权及权力的大小。

曾氏位高权重资格老,他需要巴结的人自然很少。曾氏一向俭朴小气,且内心深处并不喜欢这种世俗应酬,但他也不能不从俗。以他这种情形,进一次京的送礼费用都得要一万六七千两,倘若是别的督抚进京,该要准备多少银子!咸丰末年做过江西藩司的张集馨在其年谱中说,他在做陕西粮道时进一次京送礼一万七千两,做四川臬司时进京送礼一万四千两,做贵州藩司则送礼一万一千两,调

江南机器制造总局

任河南藩司时送礼一万三千两,而年节应酬、红白喜事尚不在内。他为此发出感叹:"外官以进京为畏途!"清末官场风气之坏,此事又是一例。

谕纪泽(散财最忌有名)

同治八年(1869)正月二十二夜

字谕纪泽儿:

久未闻两江折差入京,是以未及写信。前接尔腊月二十六日禀,本日固安途次又接尔正月初七禀,具悉一切。余自十二月十七至除夕已载于日记中,兹付回。

正月灯节以前惟初三、五无宴席,余皆赴人之召。然每日仅吃一家,有重复者辄辞谢,不似李、马二公日或赴宴四五处。盖在京之日较久,又辈行较老,请者较少也。军机处及弘德殿诸公颇有相敬之意,较去冬初到时似加亲厚,九列中亦无违言。然余生平最怕以势利相接,以机心相贸,决计不作京官,亦不愿久作直督。约计履任一年即当引疾悬车,若到官有掣肘之处,并不待一年期满矣。

接眷北来,殊难定策,听尔与尔母熟商。或全眷今春即回湖南,或全家北来保定,明年与我同回湖南,均无不可。若全来保定,三月初即可起行。余于二十日出京,先行查勘永定河。二十七八可到保定,接印后即派施占琦回金陵,二月二十日外可到。尔将书箱交施由沪运京,即可奉母北行耳。

余送别敬壹万四千余金,三江两湖五省全送,但亦厚耳。合之捐款及杂费凡万六千上下,加以用度千余金,再带二千余金赴官,共用二万两。已写信寄应敏斋,由作梅于余所存缉私经费项下提出归款。阅该项存后路粮台者已有三万余金,余家于此二万外不可再取丝毫。尔密商之作梅先生、雨亭方伯,设法用去。凡散财最忌有名,总不可使一人知(一有名便有许多窒碍,或捏作善后局之零用,或留作报销局之部费,不可捐为善举费)。至嘱至嘱。余生平以享大名为忧,若清廉之名尤恐折福也。杜小舫所寄汇票二张,已令高列三涂销寄回。尔等进京,可至雨亭处取养廉数千金作为途费,余者仍寄雨亭处另款存库,余罢官后或取作终老之资,已极丰裕矣。纪鸿儿及幕府等未随余勘河,二十三日始出京赴保定也。此谕。

涤生手示(固安工次)

点评:散财最忌有名

曾氏从金陵出发,一路上走了四十天,十二月十三抵达北京城。自从咸丰二年出京以来，曾氏再未回过京师。此次重返京华，想必他最大的感慨，大概不是这十七年间做了一桩大事业，获得封侯拜相的人生大成功，而是叹息当年踌躇满志的中年人，如今已是衰朽残年了。

他进京后下榻东安门外金鱼胡同贤良寺。当天傍晚，便奉到次日召见的通知。这是皇家对进京陛见的大臣的格外礼遇。十四日凌晨四点一刻，曾氏便起床，吃过早饭，五点半钟来到紫禁城景运门。进入大内，在隆宗门外的军机值庐里会见了恭王、惇王、孚王等近支亲王和军机大臣，又在九卿朝房里会见许多卿贰大臣。巳正时分，由道光帝的侄儿奕山带领走进养心殿东暖阁，两宫太后和同治帝在此召见他。

咸丰二年出京时，慈安太后虽已是皇后，但曾氏作为外官，是不可能见到她的。至于慈禧太后，那时只是一个地位极低的秀女。曾氏对这个那拉氏，绝对是名字都未听说过。十三岁的同治皇帝载淳，那时尚未出生。所以，他们之间的见面，彼此都是第一次。皇上一直没有开口，说话的都是两宫太后，其中慈禧说得更多些。两宫问的是一路的行程和曾家兄弟的情况，希望曾氏在直隶练出一支好兵来。第二天、第三天，又接连召见两次，问的是江南造船和撤勇的事。分成三次召见，一是一天要见的人太多，不能谈话太久，二是表示圣眷隆厚，让被召见者脸上更光采。第一次召见时，两宫太后便赏曾氏紫禁城骑马的特殊待遇。所谓紫禁城骑马，并不是真的骑着马进紫禁城，而是朝廷将一根七八寸长装饰考究的马鞭赏给被赏者，这是对功大年高大臣的一种崇高赏赐。

在进京途中，曾氏又奉旨由体仁阁大学士改为武英殿大学士。二殿三阁的排列次序为文华殿、武英殿、文渊阁、东阁、体仁阁，这意味着大学士的位置又前挪了。既为大学士，曾氏也便到内阁去看了看，又去翰林院看了看，接见内阁及翰苑的官员们。同治八年大年初一，曾氏作为百官之首，带领群臣进宫向皇太后、皇上贺新年之禧。十六日，皇上在内宫宴请百官，倭仁坐满员首座，曾氏坐汉员首座。十七日中午，两宫太后与皇上第四次召见曾氏，再次谈及直隶练兵及防备外人入侵的事。二十日离京南下保定，一路查看永定河工。此信即写在查看河工途中。

从此信可知，曾氏的别敬是送给三江两湖五省的在京官员的。三江指的是江苏、江西、安徽三省。曾氏身为两江总督，是此三省的最高行政长官，故三省全体官员沾润。两湖即湖南、湖北。曾氏为湖南人，湘籍京官自然都是乡亲，送礼在情理中。至于湖北京官为何要送呢？原来，在雍正朝以前，湖北、湖南两省乡试为同一个考场，设在武昌。因为此，两湖有同乡之称。鉴于洞庭湖在六七月间风浪险恶，湖南士子此时过湖多危险，遂从雍正二年开始，两湖分闱，湖南士子在长沙乡试。但两湖同乡之谊仍沿袭下来。湖北、湖南籍京官互称"大同乡",湖南籍者则互称"小同乡"。明白了这个沿革,便可知曾氏为何要送鄂籍京官礼金。

"别敬"及捐款、杂费以及进京车马费,都是因公花的,故从公款——缉私经费上开支。缉私费类似于我们今天的罚款,它是公款,但不是正规的财政收入,朝廷是不会管的。廉洁的官员会将这笔额外收入用之于公事,不廉洁的官员则有可能私分或独吞。曾氏叮嘱家人不可从中妄取丝毫,而将余下的一万多两设法散去,但特别提醒儿子注意,不可张扬此事,不可视此事为做慈善事。为什么如此呢?

笔者想,曾氏可能认为这笔钱本不是他的私产,若张扬出去,社会上会以"清廉"、"乐善好施"等来称颂他,那样将名不符实。他的名望已够大了,若加此不实之名,反为不美。在另一封给纪泽的信中,曾氏告诉儿子,他有一万八千两养廉费存于江苏藩司李宗羲处,这笔钱是他的私产,家人可用。故此信中他说,倘若家眷北上的话,其途费可以从雨亭(即李宗羲)处取养廉费数千金。

谕纪泽(小儿女愈看得娇愈难成器)

同治八年二月十八日

字谕纪泽儿:

初二日接印,初三日派施占琦至江南接眷,寄去一缄并正月日记,想将到矣。初八日纪鸿接尔正月二十七日信,知三孙女乾秀殇亡,殊为感恼,知尔夫妇尤伤怀也。然吾观儿女多少成否,丝毫皆有前定,绝非人力所可强求。故君子之道,以知命为第一要务,不知命无以为君子也。尔之天分甚高,胸襟颇广,而于儿女一事不免沾滞之象。吾观乡里贫家儿女愈看得贱愈易长大,富户儿女愈看得娇愈难成器。尔夫妇视儿女过于娇贵。柳子厚《郭橐驼传》所谓旦视而暮抚、爪肤而摇本者,爱之而反以害之。彼谓养树通于养民,吾谓养树通于养儿。尔与冢妇宜深晓此意。庄子每说委心任运听其自然之道,当令人读之首肯,思之发口(评点者注:此处原件缺一字)。东坡有目疾不肯医治,引《庄子》曰:"闻在宥天下,不闻治天下也。"吾家自尔母以下皆好吃药,尔宜深明此理,而渐渐劝谏止之。

吾自初二接印,至今半月,公事较之江督任内多至三倍。无要紧者,皆刑名案件,与六部例稿相似,竟日无片刻读书之暇。做官如此,真味同嚼蜡矣。纪鸿近日习字颇有长进,温《左传》亦尚易熟,稍为慰意。此谕。

涤生手示(保定)

> **点评：小儿女愈看得娇愈难成器**

曾纪泽的三女儿夭殇了。曾氏得到这个信息后心中颇为难过，专门写了这封安慰儿子与媳妇的信。曾纪泽夫妇已生有三个女儿，尚无儿子。女儿的夭殇，自然给纪泽夫妇带来很大的痛苦。在中国传统观念中，儿女之事与富贵寿夭等均属于同一性质，即为命里所定，人力做不得主的。这个观念，当然是消极的，但这种消极的观念同时也可以让人从现实中解脱出来，给心灵以安抚。

曾氏一面传授这个消极的传统观念，一面也指出儿子在养育儿女一事上的不当做法。这应视为积极的建议。他的建议是顺其自然，不应看得太娇贵，颇有道理。过去湖南乡间有换儿抚养的做法，即两家儿女交换抚养。这种儿女易于长大，其根本原因就在于少了一点亲生父母的过分娇贵溺爱。

谕纪泽（备三百两银子买一妾）

同治八年三月初三日

字谕纪泽儿：

接尔十六日禀，知二月一日去函已到，施占琦赍去之函尚未接到，尔母旧病全愈，决计暂不归湘，北来从官。若三月中旬起行，则四月初可抵济宁，余日内派人沿途察看。济宁至临清三百余里（由济宁至张秋百余里水路，由张秋至临清二百余里旱路），可请铭军代统刘子务照料。自临秋以下，笨重之物可由舟载至天津（下水），再由津雇舟送至保定（距省三十里登岸，余现开挖省河，则可径抵南门），眷口及随身要物则由济宁登陆。此间地气高燥，上房宽敞，或可却病。惟车行比之舟行，则难易悬殊耳。

余近日所治之事，刑名居其大半。竟日披阅公牍，无复读书之暇，三月初一二日始稍翻《五礼通考》。昔年每思军事粗毕即当解组还山，略作古文，以了在京之素志。今进退不克自由，而精力日衰，自度此生断不能偿夙愿。日困簿书之中，萧然寡欢。思在此买一妾服侍起居，而闻京城及天津女子性情多半乖戾，尔可备银三百两交黄军门家，请渠为我买一妾。或在金陵，或在扬州、苏州购买皆可。事若速成，则眷口北上即可带来。若缓缓买成，则请昌岐派一武弁用可靠之老妈附轮舟送至天津。言明系六十老人买妾，余死即行遣嫁。观东坡朝云诗序，言家有数妾，四五年相继辞去，则未死而遣妾，亦古来老人之常事。尔对昌岐

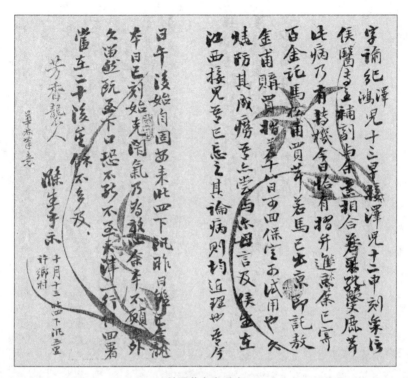

曾国藩家书手迹

言，但取性情和柔、心窍不甚蠢者，他无所择也。

直督养廉银壹万五千两，盐院入款银近二万两，其名目尚不如两江缉私经费之正大。而刘印渠号为清正，亦曾取用。余计每年出款须用二万二三千金，除养廉外，只须用盐院所入七八千金，尚可剩出万余金，将来亦不必携去，则后路粮台所剩缉私一款断不必携来矣。尔可告之作梅、雨亭两君，余亦当函告耳。此嘱。

涤生手示

点评：备三百两银子买一妾

曾氏在直隶最大的政绩，便是清理该省多年积压下来的上万件讼案。这些官司文字，既烦琐枯燥，又还得认真细读，走不得神。一天到晚读这种东西，无异于受刑罚，何况一个年近六旬体弱多病的老者！所以上封信里曾氏说："做官如此，真味同嚼蜡。"在这种日困簿书的日子里，曾氏突然萌发出想再买一个妾的愿望来，并且要儿子出面找黄军门去办理，也算是一桩趣事。

黄军门即黄翼升，字昌岐，湖南长沙人，咸丰三年曾氏办湘军水师时即来投奔，现为长江水师提督。其夫人为欧阳夫人义女，故曾氏托他办这种私事。

按当时习俗，老头子买小妾不是怪事。左宗棠七十岁后还买了一个十几岁的小女孩为妾。左死后，此妾一直没离开左家，20世纪40年代才去世。左家人将她葬在左氏祖坟内。老人买妾，主要是便于贴身照顾。买之前先说好死后即遣嫁，算是较为开明的一种买法。但从缓解"萧然寡欢"的角度来看，这位理学老夫子也有想从年轻女人身上寻找乐趣的一面，不纯为"服侍起居"而已。

对于买妾之事，家中反应如何？纪泽在给随侍父旁的弟弟的信中略有透露："父亲命托黄军门买妾，刻下黄军门方溯流巡汛，未能即时派人往苏、扬购办。时日太促，不能随眷属带去。兄意母亲到署在近，若两老人见面熟商办理，尤为妥惬。兄因母亲目病未瘳，一时尚未将此事禀明，望弟婉禀父亲为要。"

细读这段文字，可知纪泽不以父亲此命为然。他不愿意将此事告诉母亲，怕母亲听了难受，要父亲当面去跟母亲说。"熟商"二字的背后，隐含着纪泽的意见：此事草率了！

这个小妾最后没有买成。曾氏对人说，他自知活不久了，怕耽误了买来的女孩子。是不是家人的阻力太大了呢？没有确凿的证据能证实这个推想，故而只能是猜测而已。

曾纪泽接到父亲这封信后的第五天，即三月十三日带着全家从金陵登船，取水路北上。这一行队伍庞大，计有欧阳夫人、纪芬、纪泽夫妇及两个小女儿、纪鸿的夫人郭氏及两个小儿子，共九人。途中纪鸿的次子夭殇。曾氏闻讯后十分难过，当天的日记上说：这个孙子的夭折是为服药所误，"亦由余所作大官，不无损阴德之处也"。

一家老少在四月二十日抵达保定。长时间的舟车辛苦，又加之天气炎热，到保定后大部分人都病了。从金陵到保定走了一个多月，且付出如此大的代价，可见当年长途迁徙是多么艰难！

谕纪泽（病因可能在心血管上）

同治九年（1870）四月十六日

字谕纪泽儿：

初六日王元回，接尔一禀。后无续信，余甚惦念。余右目病如故，后又因亢旱焦急之至。今早寅正起头忽大眩晕，立即躺倒，脚若朝天，床若旋绕，心不能主持，如是者四次，终不能起坐。请竹舲开方，服大滋阴之剂。顷至辰末始勉强起坐，进饭碗许。以后如有危症，当专差进京接尔归来；如从此平顺，则由信行寄信一二次告尔。尔不必速归也。

考荫有定期否？若在五月上半月，自宜等候，考毕再回；若为期太远，则先回一次亦可。听尔自酌。仙屏差旋，若过保定，余当送程仪百金。是星使过境，有交谊者酬赠之常例。今余未寄程仪，而渠乃先寄接礼，悚仄之至。今付去百金，尔可面交。余因病未另写亲笔信，并为我道歉忧也。尔在京宜节饮食慎调养，由沈廉处常常寄信。此嘱。

涤生手示

点评：病因可能在心血管上

曾氏同治九年四月间日记，从十六日起到二十五日，整整十天，每天的第一句话都是"眩晕如故"。此后一直到六月初赴天津办理教案的前一天，每天都有"诊脉"的字样。四月二十一日，他奏请病假一月。一个月满后，又于五月二十二日续请病假一月。可见曾氏病情不轻，极有可能是心血管方面的毛病，致使大脑供血不足，造成眩晕之症。

此时，曾纪泽正在京城等候荫生考试。因为父亲的官位，曾纪泽获得荫生的待遇。荫者，庇荫也。荫生名义上需入国子监读书，但实际上许多人都不入监，而是通过考试合格后直接去做官。曾纪泽考荫及格，由吏部官员带领引见后，奉旨以员外郎（相当于今天的副司长）分部行走，抽签后分到户部陕西司。

信中所说的"星使"，是指奉朝廷之命出京办事的官员。仙屏即许振祎，江西人，曾做过曾氏的幕僚。一个奉命外出办事的官员，路过地方上时，相识的地方官员得送银子给他。这也是当时的官场陋习。直隶地处京师四周，凡外出的官员都必须经过该省。一年之中有多少星使，一年之中地方官凭空要支出多少"程仪"！

谕纪泽纪鸿（安排后事）

同治九年六月初四日

余即日前赴天津，查办殴毙洋人焚毁教堂一案。外国性情凶悍，津民习气浮嚣，俱难和叶，将来构怨兴兵，恐致激成大变。余此行反复筹思，殊无良策。余自咸丰三年募勇以来，即自誓效命疆场，今老年病躯，危难之际，断不肯苟于一死，以自负其初心。恐邂逅及难，而尔等诸事无所禀承，兹略示一二，以备不虞。

余若长逝，灵柩自以由运河搬回江南归湘为便。中间虽有临清至张秋一节须改陆路，较之全行陆路者差易。去年由海船送来之书籍、木器等过于繁重，断不可全行带回，须细心分别去留。可送者分送，可毁者焚毁，其必不可弃者，乃行带归，毋贪琐物而花途费。其在保定自制之木器全行分送。沿途谢绝一切，概不收礼，但水陆略求兵勇护送而已。

余历年奏折，令夏吏择要抄录，今已抄一多半，自须全行择抄。抄毕后存之家中，留于子孙观览，不可发刻送人，以其间可存者绝少也。

余所作古文，黎莼斋抄录颇多，顷渠已照抄一分寄余处存稿，此外黎所未抄之文寥寥无几，尤不可发刻送人，不特篇帙太少，且少壮不克努力，志亢而才不足以副之，刻出适以彰其陋耳。如有知旧劝刻余集者，婉言谢之可也。切嘱切嘱。

余生平略涉儒先之书，见圣贤教人修身，千言万语，而要以不忮不求为重。忮者，嫉贤害能，妒功争宠，所谓怠者不能修，忌者畏人修之类也。求者，贪利贪名，怀土怀惠，所谓未得患得，既得患失之类也。忮不常见，每发露于名业相侔、势位相埒之人；求不常见，每发露于货财相接、仕进相妨之际。将欲造福，先去忮心，所谓人能充无欲害人之心，而仁不可胜用也。将欲立品，先去求心，所谓人能充无穿窬之心，而义不可胜用也。忮不去，满怀皆是荆棘；求不去，满腔日即卑污。余于此二者常加克治，恨尚未能扫除净尽。尔等欲心地干净，宜于此二者痛下工夫，并愿子孙世世戒之。附作忮求诗二首录右。

历览有国有家之兴，皆由克勤克俭所致。其衰也，则反是。余生平亦颇以勤字自励，而实不能勤。故读书无手抄之册，居官无可存之牍。生平亦好以俭字教人，而自问实不能俭。今署中内外服役之人，厨房日用之数，亦云奢矣。其故由于前在军营，规模宏阔，相沿未改，近因多病，医药之资漫无限制。由俭入奢易于下水，由奢反俭难于登天。在两江交卸时，尚存养廉二万金。在余初意，不料有此，然似此放手用去，转瞬即已立尽。尔辈以后居家，须学陆梭山之法，每月用银若干两，限一成数，另封秤出。本月用毕，只准赢余，不准亏欠。衙门奢侈之习，不能不彻底痛改。余初带兵之时，立志不取军营之钱以自肥其私，今日差幸不负始愿，然亦不愿子孙过于贫困，低颜求人，惟在尔辈力崇俭德，善持其后而已。

孝友为家庭之祥瑞。凡所称因果报应，他事或不尽验，独孝友则立获吉庆，反是则立获殃祸，无不验者。

吾早岁久宦京师，于孝养之道多疏，后来展转兵间，多获诸弟之助，而吾毫无裨益于诸弟。余兄弟姊妹各家，均有田宅之安，大抵皆九弟扶助之力。我身殁之后，尔等事两叔如父，事叔母如母，视堂兄弟如手足。凡事皆从省啬，独待诸叔之家则处处从厚，待堂兄弟以德业相劝、过失相规，期于彼此有成，为第一要义。其次则亲之欲其贵，爱之欲其富，常常以吉祥善事代诸昆季默为祷祝，自当神人共钦。温甫、季洪两弟之死，余内省觉有惭德。澄侯、沅甫两弟渐老，余此生不审能否相见。尔辈若能从孝友二字切实讲求，亦足为我弥缝缺憾耳。

附忮求诗二首：

善莫大于恕，德莫凶于妒。妒者妾妇行，琐琐奚比数。己拙忌人能，己塞忌人遇。
己若无事功，忌人得成务；己若无党援，忌人得多助。势位苟相敌，畏逼又相恶。
己无好闻望，忌人文名著；己无贤子孙，忌人后嗣裕。争名日夜奔，争利东西鹜。
但期一身荣，不惜他人污。闻灾或欣幸，闻祸或悦豫。问渠何以然，不自知其故。
尔室神来格，高明鬼所顾。天道常好还，嫉人还自误。幽明丛诟忌，乖气相回互。
重者灾汝躬，轻亦减汝祚。我今告后生，懔然大觉寤。终身让人道，曾不失寸步。
终身祝人善，曾不损尺布。消除嫉妒心，普天零甘露。家家获吉祥，我亦无恐怖。
（右不忮）

知足天地宽，贪得宇宙隘。岂无过人姿，多欲为患害。在约每思丰，居困常求泰。
富求千乘车，贵求万钉带。未得求速偿，既得求勿坏。芬馨比椒兰，磐固方泰岱。
求荣不知厌，志亢神愈忲。岁燠有时寒，日明有时晦。时来多善缘，运去生灾怪。
诸福不可期，百殃纷来会。片言动招尤，举足便有碍。戚戚抱殷忧，精爽日凋瘵。
矫首望八荒，乾坤一何大！安荣无遽欣，患难无遽憝。君看十人中，八九无倚赖。
人穷多过我，我穷犹可耐。而况处夷途，奚事生嗟忾？于世少所求，俯仰有余快。
俟命堪终古，曾不愿乎外。（右不求）

点评：安排后事

同治九年五月二十五日，曾国藩奉到一道"前赴天津查办事件"的上谕。天津出的这个事件便是中国近代著名的天津教案。为方便读者阅读以下所录的几封家书，有必要将天津教案简单地介绍一下。

同治九年入夏以来，天津亢旱异常，人心不定，民间谣言甚多。传说有人用药迷拐幼孩，又义冢内有暴露的小孩尸体，暴露之尸系洋人教堂所丢弃，并有教堂挖眼剖心之说。五月二十日，有人捉拿用药迷拐幼孩的罪犯武兰珍至官府，审讯时牵涉到已加入法国教会的教民王三，于是民情汹汹。二十三日，法国领事丰大业、传教士谢福音面见武兰珍，但武不能指出王三其人，且所供与教堂实际不符。教堂外面，围观的老百姓与教堂中人发生口角、殴打。这时，丰大业持枪进入清廷设在天津的办理洋务的机构——三口通商衙门，并在衙门内放枪。丰大业走出衙门后遇到天津知县刘杰。丰向刘开枪未中，伤及刘的仆人。围观的百姓愤怒至极，遂将丰大业打死。百姓的情绪因此更加激愤，涌至法国领事馆，扯毁国旗，捣毁房屋，又放火焚烧仁慈堂一处、洋行一处、英国讲书堂四处、美国讲书堂二处，打死法国人九名、俄国人三名、比利时人二名、英美人各一名，另有无名尸十具，造成了震惊中外的天津大教案。此次教案中，外国人所遭受的打击，为历次教案所仅见。法国为此提出强烈抗议，并威胁清廷说要调集兵船，英、俄、意、比等也纷纷提出抗议，事态极为严重。

三口通商大臣崇厚急报朝廷，并请派大员来津处理此事。朝廷第一个想到的便是直隶总督曾国藩。五月二十五日曾氏所奉的谕旨是这样写的："崇厚奏津郡民人与天主教起衅，现在设法弹压，请派大员来津查办一折……曾国藩病尚未痊，本日已再行赏假一月，惟此案关系紧要，曾国藩精神如可支持，着前赴天津，与崇厚悉心会商，妥筹办理。匪徒迷拐人口，挖眼剖心，实属罪无可逭。既据供称牵连教堂之人，如查有实据，自应与洋人指证明确，将匪犯按律惩办，以除地方之害。至百姓聚众将该领事殴死，并焚毁教堂，拆毁仁慈堂等处，此风亦不可长。着将为首滋事之人查拿惩办，俾昭公允。地方官如有办理未协之处，亦应一并查明，毋稍回护。曾国藩务当体察情形，迅速持平办理，以顺舆情而维大局。"五月二十七日，朝廷在接到崇厚的再次报急后，又给曾氏下了一道上谕，令他赶赴天津查明案情，缉拿凶手，弹压滋事人员。五月三十日，朝廷谕内阁严惩作奸犯科的匪徒，紧接着又将天津道员周家勋、天津知府张光藻、天津知县刘杰先行交部分别议处，随后又派崇厚为出使法国大臣，向法国政府说明真相，赔礼道歉。

在这样的情况下，无论是事关重大、朝廷严命，还是职分攸关，重病中的曾氏都不可能不接受这个使命。离保定前夕，他想到眼下天津城一片乱哄哄，中外情绪都在激昂中，事情不仅棘手难以处置，即便处置了，也绝对是两边不讨好。事多心烦，再加之病情严重，此去天津很可能不是活着回来，于是给两个儿子写下了这份带有遗嘱性质的信。

信中所说的运灵柩回湖南之事，自是一般人的不愿客葬他乡做野鬼的心态，可不必说；关于不忮不求勤俭孝友等等，乃曾氏一贯的主张，先前的家信中反反复复地说得很多，也可不必再赘述。与通常人的遗嘱不同的是，曾氏着重叮嘱二子今后要"事两叔如父，事叔母如母，视堂兄弟如手足"。这是因为曾氏的兄弟经历与常人不同。曾府的真正鼎盛靠的是那场战争。五兄弟四人带兵在外打仗，一人在家守摊子。曾府因此赢得"一门忠义"的御旨赞誉，又因两人死于战场，使得这四个字的分量更重。在曾氏看来，曾府今日的局面，是众兄弟共同撑起来的，此为其一。其二，老九战功最大，为家族捞得的金银最多，曾氏又常说他的侯爵是老九送的。信中说各家的"田宅之安，大抵皆九弟扶助之力"，可知曾氏一直深记老九对家族的实在贡献，并对他心存感激。其三，曾氏从三十岁起便离家宦游，不能多管家事，身为次子的老四实际上挑起了长子照顾家庭的重担。

凡此种种，使得曾氏对健在的两弟的情感大为超过常人手足之情。明白了这几层原因，便不难理解"事两叔如父"的话了。

这封信另一个值得我们重视的，是关于他对自己所留文字的处置态度：奏折、古文不可发刻送人，只留于子孙观览。不刻文集，其原因是，他认为这些文字不足以传世。

他的这个遗嘱，家人并没有执行。他死后的第二年，即同治十二年（1873）便开始刊刻他的全集，四五年间他的全集陆续刷印问世。不但奏折、古文刻了，他的诗、杂著、批牍、信函都刻了，连纯粹属于个人的东西如日记、家书等也刻印了。

由李瀚章、郑敦谨等人主编的这套《曾文正公全集》，后来成了晚清人物文集中最为著名的一种，百余年来对中国官场士林影响最为深巨。到了20世纪80年代，湖南岳麓书社则组织学者专家对存世的湘乡曾氏文献予以清查整理，积数十人之功，历十余年之久，出版了一套三十册一千五百万字的《曾国藩全集》，将曾氏遗留人世的所有文字搜罗一尽。

曾氏家人不执行这个遗命是对的。因为曾氏一旦谢世，他的文字便进入历史档案一类，将它公之于世，对于历史研究是大有裨益的，倘若拘泥于遗命，反倒是一种自私的行为。事实上，曾氏本人及其关系密切之人，早就知道这些文字必定会刊刻出来的。曾氏将所有文字均录副送到老家保存，便是试图尽可能完整地保存他的档案，以利于今后出全集。他的日记绝少涉及到机密事，也很少臧否人物，也是出于今后面世的考虑。有一次，老九看了曾氏的日记后，发现其间有对自己不利的文字，曾氏说可以将那些文字涂掉。

既作刊刻的考虑，又不同意发刻送人，看似有点矛盾虚伪，其实不然。曾氏是一个明智的人，自我看待是一件事，别人看待又是一件事，两者不能混淆。"身后是非谁管得，满村听说蔡中郎。"尽管自己不愿刻印文集，但他知道，刻印的"厄运"是不可逃避的。一向谨慎的他，于是处处预做日后刊刻的准备。

谕纪泽（撤天津地方官以全大局）

同治九年六月十四日

字谕纪泽儿：

接尔十一、十二日两禀，内有澄、沅两叔信，具悉一切。

余日内平安，惟以眼蒙为苦。天津人心汹汹，拿犯之说，势不能行，而非此又不能交卷。崇帅欲余撤道、府、县三官以悦洋人之意，余虽知撤张守即大失民心，而不得不勉从以全大局。今又闻永定河决口之信，弥深焦灼。自到直隶，无日不在忧恐之中，近三四月益无欢悰。惟祝左目少延余明，即为至幸。

庚帖礼物尽可不必寄来，尔寄信先行阻止，余亦当徐寄一信也。李少帅两信言须调兵自卫，顷已调保定丁乐山所统之四千人来此，其张秋之队暂不必调。朝廷一意主和，调兵转生疑端，且亦未必能御寇也。余不多及。

涤生手示

点评：撤天津地方官以全大局

曾氏抱病受命，初六日启程，初十日到达天津。此时的天津城一片乱糟糟：津民与洋人两不相下，地方政府已经瘫痪；代表朝廷出面交涉的三口通商大臣崇厚一向与洋人亲善，又刚奉旨即将前往法国赔礼道歉，故而他更加倾向严惩闹事津民和失职的地方官员，以便自己的法国之行能顺利交差。命运将病重衰弱的曾氏推到了烈火熊熊的火炉上，事情既万难办理，心绪更是恶劣透顶。曾氏这段时期的日记中常见"郁闷"、"烦闷"、"寸心如焚"等字样。

来津之前，他根据所阅材料，抉出此案的关键在于：一、武兰珍是否为王三所使，二、王三是否果为教堂所养，三、挖眼剖心之说是否确实。到了天津后，经反复调查，查明教堂并无拐骗小孩事，挖眼剖心纯属谣传，至于武兰珍是否王三所使，亦无确证。鉴于此，曾氏认为天津教案是津民理曲，洋人理直。另一方面，在"维大局"即保全和局不与洋人构衅这点上，曾氏与朝廷的意见是一致的。这些，成为曾氏处理津案的基础。

当时以醇王奕譞、内阁学士宋晋、翰林院侍讲学士袁保恒等人为首，认为津案乃义举，不能违背民心，应对洋人采取强硬态度。他们代表着京师清流一派的观点。曾氏对津案的认识显然与清流派不同。当崇厚提出撤除天津道、府、县三级地方官职务的建议时，曾氏虽知道此举必遭非议，但为顾全大局，他还是同意的。

关于此事，后来果然闹成很大的风波。就在当时，连曾纪泽也不赞同。现今保留了一封曾纪泽谈此事的信件。曾纪泽是一个极恭顺的儿子，从不在信中与父亲辩论什么，而这次却在接到父亲的信后于十六日写了一封长信，申叙自己的观点。我们略为摘录两段来看看："撤道、府、县三官，诚足以悦洋人之意，然若因此遂失民心，则所损者大，而患方未已，似宜斟酌尽善，然后行之。男窃谓此次洋务之所以棘手者，不徒在洋人之凶悍、百姓之刁蛮而已，又在于总署、商臣毫无远虑，祸难未至而先自扰乱也。""此时事务，最不可先失民心，欲得民心，在于保全好官而缓言缉凶。"

曾纪泽向父亲建议，以密函寄总理衙门，告知得罪百姓比得罪洋人更可怕，使朝廷明白此中利害。又不必先提缉凶撤地方官，让对方先提出来，然后再稍微让让步，好比做买卖样的讨价还价。

看来，曾纪泽是赞同清流派观点的。他的这封信对曾氏的决策虽没有起什么作用，但对其心理压力却不小。这可以从日后曾氏的"后悔"中感觉得出来。

信中所说的"庚帖礼物"，系指小女曾纪芬的婚姻事。纪芬因同治十一年父丧和同治十三年的母丧而一再推迟婚期，直到光绪元年二十四岁时才出嫁，在当时是真正的晚婚了。

谕纪泽（内疚神明，外惭清议）

同治九年六月二十四日

字谕纪泽儿：

二十三日接尔二十二日禀。罗淑亚十九日到津，初见尚属和平，二十一二日大变初态，以兵船要挟，须将府县及陈国瑞三人抵命。不得已从地山之计，竟将府县奏参革职，交部治罪。二人俱无大过，张守尤洽民望。吾此举内负疚于神明，外得罪于清议，远近皆将唾骂，而大局仍未必能曲全，日内当再有波澜。吾目昏头晕，心胆俱裂，不料老年遭此大难。兹将渠来照会及余照复抄去（折片另札行总局，嘱诸公密之）。尔可交与作梅转寄卢、钱及存之一看，以明隐忍，为此非得已也。

日来服竹龄药，晕症已减。惟目蒙日甚，断难久支，以后亦不再治目矣。余自来津，诸事惟崇公之言是听，挚甫等皆咎余不应随人作计，名裂而无救于身之败。余才衰思枯，心力不劲，竟无善策，惟临难不敢苟免，此则虽毫不改耳。此谕。

涤生手示

> **点评：内疚神明，外惭清议**

读此信，可知曾氏当时是多么的狼狈痛苦：既知地方官无大错，撤之必失人心，但又不得不听从崇厚的意见；明知此举于大局无益，然又不得不违心去办。"内负疚于神明，外得罪于清议"，这种话他后来多次说过，还说"萃九州之铁不能铸此一错"。这说明晚年曾氏面对现实的无奈以及心理素质的脆弱。"心胆俱裂"、"遭此大难"的话，很难想象是出于昔日的湘军统帅之口。此前办津案的崇厚与此后接办的李鸿章、丁日昌等人，都没有他这种心态。除心理素质上的毛病外，身体上的病情严重，大概也是很重要的原因。

读者从这样的家书中，可以看到一个活生生的享盛名、居高位的大人物。当年初办团练时置"曾剃头"恶名不顾的是曾国藩，而今对自己所做的事后悔不已的也是曾国藩。

信中所提到的陈国瑞，原本是太平军将官，后投降僧格林沁，成为僧王手下的一员悍将。此时为直隶提督，传说他为津案的幕后指使者，故法国公使罗淑亚将陈与天津三个地方官同样看待。

谕纪泽（两江总督马新贻被刺案）

同治九年八月初四日

字谕纪泽儿：

初一、二、三日连接尔禀并澄叔两信，具悉一切。

今日接奉廷寄，马谷帅被刺客戕害，余仍调两江总督，李少帅调督直隶。余目疾不能服官，太后及枢廷皆早知之，不知何以复有此调？拟即日具疏恭辞，声明津案办毕再请开缺，不审能邀俞允否？

余日内食量如故，略复春间之旧。眩晕亦未再发，两腿亦较有力。惟目疾未得少愈，左目与去冬之右目相似。犬肉苟可医目，余亦不难食之。惟宰杀难于觅地，临食难于下喉。佛生少年病目，与余老年之病未必相同耳。章敬亭如肯受八百金之聘，不妨聘请，将来移交少泉。若嫌俸薄，则不聘矣。

此间拿犯已八十余人，日内督催严讯，总期于二十内外讯毕奏结。廷寄令少帅至天津接印，计亦在月杪矣。余不多及。

涤生手示

点评：两江总督马新贻被刺案

正当曾氏在天津办教案的时候，江南金陵城内又出了一件大命案：七月二十六日，两江总督马新贻在校场被人刺死。

马新贻字谷山，山东菏泽人，道光二十七年进士，与李鸿章、郭嵩焘同年，初放安徽知县，后办军务，因军功累获迁升。曾氏在安徽期间，他先后做过安徽按察使、布政使。同治三年，曾国荃开缺回籍，其所留浙江巡抚一缺便由马接替。不久，又升闽浙总督。曾氏奉调直督时，马则移督金陵，时尚未满五十。马为人精明，办事干练。他并非湘淮军系，却在四十多岁时便做到总督高位，当时被称为能员。

江宁城有绿营兵二千多人，月课成绩为大小头目升迁的一个主要依凭。月课即每月由督标中军主持的武功考核，分弓、刀、石、马四大项。七月份的月课在江宁校场举行，马新贻亲来校场观看。当时校场内刀枪林立，校场上的看客多达万余。就在考核完毕，马新贻通过箭道回督署时，一个从外面越过栅栏跨进校场的中年男子来到马新贻的身边，一边呼喊"冤枉"，一边从怀中抽出一把匕首来将马新贻刺倒在地。

刺客并不逃走，束手就擒。马新贻因失血过多，当夜死在督署。初审时刺客招认他名叫张文祥，河南人，无业，杀马是替人报仇，此外再不多说什么了。

光天化日之下，万目睽睽之中，一个总督在校场上被人刺杀，这真是怪事一桩，也为有清一代所绝无仅有。

因为马新贻被刺，人事发生了变化，朝廷将曾氏调回金陵重任江督，将湖广总督李鸿章调任直隶总督，所遗湖督一缺由他的哥哥李瀚章接替。要从官运好的角度来看，这个李家老大可谓典型。咸丰初年，他以一个拔贡出身分发到湖南做县令，从没带过一天兵，也没看到他有什么政绩，十几年功夫，也做到了总督。其弟鸿章翰林出身，亲手创建淮军，出入多少兵凶战危之地，也只是一个总督。对做官感兴趣的读者，不妨好好研究一下这位李老大。当然，历史最终还是公允的，在近代史上留名的只有李鸿章，有几个人知道李瀚章！不过，话又要说回来，在世俗观念中，留名有什么用？"死去原知万事空"，生前的一切才是最重要的，所以李瀚章还是值得研究。自然，这几句都是题外话。

为什么将曾氏调回江南呢？这属于当时的绝密，外人无从知晓。据笔者分析，可能出于以下几方面的考虑：一、在此之前，曾氏曾因在崇厚面前晕倒过，使得崇厚请求朝廷另简大员来津，朝廷同意了，将江苏巡抚丁日昌调来天津；在丁未到之前，先由京师派出工部尚书毛昶熙代替。这就意味着曾氏可以从天津教案中抽身出来。二、为防意外，曾氏已请示朝廷同意，将刘铭传的铭军调到直隶。丁日昌、刘铭传都是李鸿章的部下，这时若由李来做直督，应比曾更合适。三、曾在两江做过近十年的总督，处理两江的案件，显然比别人有优势。如此看来，曾氏调两江、李调直隶是合适的。

这一安排对李鸿章的一生有着重大的作用。从同治九年起，到光绪二十七年（1901）去世，除甲午战争后赋闲及在广州做粤督的几年外，李鸿章一直稳坐直隶总督这个天下第一督宝座二十多年，以大学士、直督、北洋大臣的身份主持晚清的外交军事大计。

曾氏以病弱为由辞谢江督，不获准，只得勉为受命。

谕纪泽（治目神药空青石）

同治九年八月二十一日

字谕纪泽儿：

接尔十七八九等日禀，具悉一切。

余日内胃口甚好，腿软尚未痊愈，左目亦极昏蒙。尔母目疾，李家邀请可不必去，即至亲如李中堂亦可不必接见。目既残废，又系内眷，自以全不应酬为是。丁雨帅以空青为治目神药，用重价在苏州购得一具，专丁取来，特以见诒，厚意可感。视之黑石，大如鸡卵，摇之中作水响。据云一石可医七八盲人，只要瞳人尚存，眼未封闭者均可复明，但须有良医曾经阅历者乃能取出点注。应否另配他药，渠拟再到苏州请医来治。余试之后，尔母尚可试也。

天津教案拟于二十三日奏结。第一批应斩凶犯现定十五人，流徒等犯二十余人。又限于九月二十日以前奏结第二批。其修堂、恤银等事均于第二次完案，不知洋人允准否。

《史记》、《三国志》由江南带来者，尔可寄津。余将分饷京中诸老，内择宽长者一部送李中堂。西间之两汉书宽大者，本系余自留之物，亦可割以送李中堂。初印精纸者，余父子三人共有两部，亦云多矣。

男妇等有喜，不能坐辆车，自以雇骡轿为是。虽与肩舆之价不甚悬远，然肩舆四人者究嫌奢靡，尔可速觅骡轿。闻榜信数日后家眷可起行，粗物分两批：一由运河，一寄荃相处托由海运亦无不可，然终以运河为正。盐吏占费将馀千金，余不欲以之肥私，可以四百捐育婴堂，余分给诸人（五巡捕各五十，内戈什各三十，外戈什及上房仆婢酌分）。李佛生难带之南行，当力荐之荃相耳。此嘱。

涤生手示

点评：治目神药空青石

曾氏目力一直不好，咸丰七八年期间在家守父丧，不过四十七八岁，便自云寸径大的字都看不清楚，后来也一直以眼病为苦。此时右目已经失明，左目亦极昏蒙。刚从苏抚任上调到天津办理教案的丁日昌（字雨生，"雨帅"为其尊称），从苏州给曾氏带来治目神药。此药名曰"空青"，看起来像一块黑石头，鸡蛋大，摇动起来可听见里面的水声。用石头里面的水来点眼睛，只要未全瞎，均可治好。

做驻英法公使时的曾纪泽

这事说起来真是神奇得很，似有点荒诞不经，但中国古代的医书中确有记载。成书于明万历年间的《神农本经会通》一书对"空青"有这样的注释："生于铜外，铜精熏，则生空青。其腹中空，三月中旬采，状若杨梅……破之有浆，绝难得。大者如鸡子，小者如豆子。"又说："《本经》云，主青盲耳聋，明目，利七窍，通血脉，养精神，益肝气，疗目赤痛，去肤翳，止泪出，利水道，下浮汗，破坚积。久服轻身延年不老，令人不忘，志高神仙。""《图经》云……治眼障，为最要之药。"这本书还说康熙皇帝曾诏令御药院将"空青"赏赐近戚。

看来，"空青"石之水的确有许多药效，不仅可外用，还可内服，是极难得到的宝贝，以至于皇帝都拿它来赏赐皇亲国戚。其最大的药效又在于治眼障。丁日昌送的这块空青石有鸡蛋大，应属大者，"重价"云云，当不是谎言。但可惜它并没能成为神药，曾氏的目疾仍在继续恶化。

八月二十三日，曾氏出奏天津教案的第一批人犯。奏折上说，抓获的七八十个犯人中，真正招供杀了洋人的只有七八人。考虑到洋人死了二十多人，若只杀七八人，怕洋人不同意，只得变通办理，"但得旁证二人、三人指实，取具切结，亦即据以定案"。这样又增加几人，共拟正法者十五名，军徒者二十一人。过了二十天，曾氏又上一折，再正法五名，军徒四名。

津案最后的处理是：正法二十人，军徒二十五人，流放天津知府、知县，开缺天津道员，赔偿白银五十万两，修复领事馆、育婴堂、讲书堂，派崇厚去法国赔礼道歉。作为出面处理此事的曾氏，因此而受尽了京师清流和全国士林的谴责，骂他是"卖国贼"、"软骨头"。他为京师湖南长郡会馆题写的匾额，也被国子监学生们愤怒砸毁。曾氏一生的名望跌至谷底。一年多后曾氏即死去，天津教案带给他的痛苦抑郁，无疑是致他于死的主要原因。

八年后曾纪泽奉旨出使英法，陛见时，与慈禧太后有一段谈及教案的对话，现抄录如下：

旨（笔者注：旨即圣旨，即慈禧的话）："办洋务甚不容易。闻福建又有焚毁教堂房屋之案，将来必又淘气。"

对（笔者注：即曾纪泽的回答）："办洋务难处，在外国人不讲理，中国人不明事势。中国臣民常恨洋人，不消说了，但须徐图自强，乃能为济，断非毁一教堂杀一洋人，便算报仇雪耻。现在中国人多不明此理，所以有云南马嘉理一事，致太后、皇上宵旰勤劳。"

旨："可不是么！我们此仇何能一日忘记，但是要慢慢自强起来。你方才的话说得很明白，断非杀一人烧一屋就算报了仇的。"

对："是。"

旨："这些人明白这理的少。你替国家办这等事，将来这些人必有骂你的时候，你却要任劳任怨。"

对："臣从前读书到'事君能致其身'一语，以为人臣忠则尽命，是到了极处。观近来时势，见得中外交涉事件，有时须看得性命尚在第二层，竟须拼得将声名看得不要紧，方能替国家保全大局。即如前天津一案，臣的父亲先臣曾国藩，在保定动身，正是卧病之时，即写了遗嘱分付家里人，安排将性命不要了。及至到了天津，又见事务重大，非一死所能了事，于是委曲求全以保和局，其时京城士大夫骂者颇多。臣父亲引咎自责，寄亲朋的信常写'外惭清议，内疚神明'八字，正是拼却声名以顾大局。其实当时事势，舍曾国藩之所办，更无办法。"

旨："曾国藩真是公忠体国之人。"

曾纪泽在父亲死后八年，能有这样的机会向慈禧谈及当年的天津教案，实为难得；他能将父亲拼却声名、委曲求全以顾大局的良苦用心说得这样清楚允当，引来慈禧一句"公忠体国"的称誉，可见曾纪泽头脑甚为明白。曾氏有子如此，应为几十年的家教成功而含笑九泉！

致澄弟沅弟（张文祥为何杀马新贻）

同治十年（1871）正月二十五日

澄、沅弟左右：

十五日发出一缄到否？后于十八日寅刻，纪泽生一子，小大平安，深以为慰。纪泽今年三十三岁，正在望子极殷之际，如愿得之，满门欣喜。惟八字于五行缺水缺火，不知易于养成否？二十九日堂弟厚九至此。署中内外清吉。余眩晕之疾近日未发，目病则日益昏蒙，恐左目亦不能久保。闻堂叔母彭孺人亦盲一目，其脚本不能行动，又增目疾，老景亦苦矣。

郑小山尚书自除夕到此，初二日即督同司员审马制军之案，至今熬审将近一月。张汶祥毫无确供，即再熬亦属无益，只好仍照魁将军等上年原定之案具奏。

长江水师，外间啧有烦言。或谓遇民间有骨牌者字牌者，则以拿赌讹索，得数千或千余文乃肯释放。或以查拿私盐、查拿小钱、搜索民舟及附近人家，讹钱释放。夜索打更之灯油钱。民船拉纤，不许在炮船桅上盖过。干预词讼，至有哨官棍责举人者。甚且包庇私盐、袒护劫盗种种弊端。余设立水师，不能为长江除害，乃反为长江生害。两弟在省时，亦常闻此等闲话否？如有所闻，望详细告我。

兄精神衰惫，加以目病，每日治事甚少，任内应尽之职，不克一一办妥。而昔年所办之事，又有大不妥如水师者，贻人讥议。用是寸心焦灼，了无乐趣。境颇顺而心不适，对老弟而滋愧矣。

沅弟若果居省城，澄弟又常不在家，则吾乡五家日益寂寞，深以为念。而苻、剑两侄欲求学问文章之日进，又似宜在省会，多求良友，以扩充其识而激发其志。二者利害参半，若不得良友而亲损友，则居省之利少矣。

意臣信来，欲余专疏为黄南翁申雪表章。余以昔年曾两次疏陈南翁之才而表其功俱遭谴诘，其时余当物望尚隆之际，已不能有益于南翁，近则余望大减，恐拜疏反为南老之累，故慎重而不敢轻出。《东皋书院记》余尚未作，而澄弟写来之节略又失去矣。顺问近好。

兄国藩手草

点评：张文祥为何杀马新贻

同治九年十月十五日，曾氏由北京启程南下。四天前，他在京寓迎来六十初度，皇上赏他一块寿匾，题曰"勋高柱石"。慈禧太后又专为他写了"福"、"寿"各一字，又赐金佛一尊、玉如意一柄、吉绸十卷、线绉十卷。两湖京官则为他在湖广会馆设宴庆祝。因津案而声名大伤的曾氏，再隆重的庆典，可能都不会让他感觉到生日的快乐。闰十月二十日，曾氏一家老少回到离别两年的六朝旧都。十二月二十九日，负责查讯马案的钦差大臣刑部尚书郑敦谨抵达金陵，配合曾氏、署苏抚张之万及江宁将军魁玉一道审理此案。在曾氏抵宁之前，张之万、魁玉及江苏藩司梅启照等人已对张文祥进行了多次审讯，曾、郑并没有审出新东西。正月二十九日，曾、郑会衔向朝廷奏报了此案的审理过程。

张文祥为什么刺杀马新贻呢？奏折是这样说的——

道光二十九年，张离开河南老家，来浙江做毡帽生意。咸丰年间张在宁波开小押店（即小当铺）。太平军打到宁波时，张投靠太平军。同治三年离开太平军转投湘军，后又到福州当兵。同治四年他回宁波探视妻儿，却不料妻子已跟了一个叫吴炳燮的人。张告官府，将妻子断回，妻子所带去的银两因无凭证没有要回。张向一批江湖朋友借钱重开小押店，并代他们销赃获利。同治五年马新贻做浙江巡抚，严厉禁盗，张的一班朋友被杀被抓。马亦禁小押店，张的处境更不好。张曾在马出巡中，为银子被吴所占事拦轿喊控，马将其状子掷还不理。吴借此取笑

悬挂于富厚堂内的"勋高柱石"匾

张，又乘机将张的妻子勾引走。张再次告官府，并逼令妻子自杀。就这样，张仇恨马。在江湖朋友的唆使下，终于将马杀了。

鉴于张被抓时曾说过"养兵千日，用在一时"的话，许多人都怀疑张的背景一定复杂。曾、郑又特为此再上一奏，声称张的确无主使人，罪是他一人犯的。

朝廷批准曾、郑的奏章，张随即被凌迟处死，并摘心祭奠马新贻。据刑场目击者言，张身上的肉被一片片地削下，一共削了一百多刀，至死未喊叫一声，四周成千上万的围观者莫不称他是一条铁汉子。

曾、郑的奏章属于官方文本，民间关于此案的版本很多。一时间，金陵街头巷尾纷纷传说此事，更有民间艺人将它编为说书、弹词，在酒楼茶馆里表演，酒茶生意为之火爆。民间的传说多种多样，最主要的一种是说张杀马为的是给结拜兄弟报仇。

当年马在安徽做知县，率团勇与捻军作战被获。抓马的这支捻军的头目即张文祥，他有两个结义兄弟曹二虎、石金标。曹精于面相，看出马今后会大有出息，于是和张、石商量，借放马为进身之阶，弃捻投靠官军。张、石同意，第二天率部与马一道来到官府。马向上司禀报，说这支捻军是他招降的，因此而升官，后又仗着张等人的会打仗而步步高升。后来马为了霸占曹的妻子，诬诂曹私通太平军，并杀了曹。张为此离开了马，并下决心要杀马为兄弟报仇。直到几年后，才有了校场相遇的机会。

张杀马的原因究竟如何，背后有没有大人物的指使，在当时便扑朔迷离，现在要弄清楚更不可能了。正因为难以弄清楚，故而史学家、文艺家就更感兴趣。"刺马案"与后来的"杨乃武案"、"慈安太后暴死案"、"慈禧毒死光绪案"一起被称为"晚清四大奇案"。这四大奇案，史学家们喜欢研究，文艺家们更乐于描绘表演。

湘军水师为曾氏一手所创制。水师的两个大头目彭玉麟、杨岳斌，也是曾氏从微末中越级提拔上来的。十多年征战中，水师的功绩也是特别突出的。曾氏对水军格外看重，将它视为嫡系。同治三年湘军大裁撤时，独水师未动，全军转入国家经制之师。曾氏希望这支水师成为一支能打仗、军纪好的军队，但在整个绿营、八旗全面腐败的当时，怎么可能会有一支不合时尚的军队存在？长江水师的腐败害民种种弊端，反倒是正常的现象。但曾氏执迷不悟，仍力求将长江水师整顿好。同治十年十二月下旬，距离他逝世不到两个月，在生命已经走到尽头的时候，他仍扶病修改水师章程，并给朝廷上报此事，企盼经过整顿后的长江水师能有起色。

致澄弟沅弟（空青石回天无力）

同治十年四月初七日

澄、沅弟左右：

四月初一日发出一缄交信号寄，不知可速到否？黄南翁仙逝，三月中旬始由钱子密处交到讣书。唁信及联幛等办好，又苦无便可寄，兹命彭芳四送归。自十月后日记久未付去，此次将十一二、正、二、三五个月日记付去。弟观之亦足见余近来衰惫之状，但不可与外人看。老病如此，不知引退，亦可愧也。目光昏蒙日甚，较之右目之全盲者无甚区别。幸眠食如常，不似即亲近眼闭箱者。内人腿肿渐消，亦似不至遽死，殊非意料所及。

纪鸿之次子病白喉数日，今已全愈。余合室小大平安。惟署中所用弁仆妪婢等太多，食口众，则用度浩繁。又兼治病医药，百端奢靡，入少出多，江督岁中进款竟不敷一岁之用。曩者尝怪澄弟日用太侈，不能节俭，以致欠债甚巨。今余亦因用度不俭，亦将欠债，深为可讶。今付甥女贺王氏处百金，黄南翁赙仪百金，皆嫌其轻，故将近状略告弟知，以明余不善经理也。

八年春在京用去一万金，九年冬在京用去万余金。在他人见为简啬，在余已筋疲力竭。近嘱戒纪泽等必须从上房、厨房两处节省，而后不至亏空。澄弟负累本重，沅弟亦无源之水，以后三家均须力行节俭。余平日自誓不欲身后多留余财，亦不宜留债与后人耳。

扬州洋人近又与李世忠构衅，与陈国瑞构衅，并有因观剧观艺与士民争殴之事，不知能速了否。余有复总署信，抄寄两弟一阅。顺问近好。

国藩手具

点评：空青石回天无力

这一年来，曾氏所犯的病症除眩晕外，另有腿浮肿无力、疝气、肾坚肿下坠、右目全盲。左目虽有空青石水点滴，但此信说"昏蒙日甚"，可见治目神药无效。是药效不行，还是曾氏已病入膏肓，生命力微弱，任何药物都不可能在他身上发生作用？可能是两者兼备。

曾氏为大学士总督，按例俸禄加上养廉费，岁入可至两万两银子，但竟不能供府内一岁之用，可见开支浩大。曾氏夫妇均病状严重，一年的医药费花去不少。曾氏夫妇都力行俭朴，尚入不敷出，何况挥霍奢靡之官府家！岁入两万，在老百姓看来真是天文数字。官府与百姓生活差距之大，直有天地之隔。

致澄弟沅弟（理学家亦看杂书）

同治十年五月初十日

澄、沅弟左右：

四月二十日接初六日信，论敕书、养廉等事。五月初二日接洋局寄信，报岳崧侄案首之喜。初七日又连接二十一日之排递信、二十八日之洋行信——论李廷章剿办等事，具悉一一。鲁秋航带到好茶及前此寄来之早茶俱已收到，至情佳味，感谢感谢。纪寿早得入庠，足以少慰高轩公、愍烈公于地下，良为慰幸。惟府考院考尚须敬慎将事。

余昏眩之疾、疝气之症近皆未发，目光则昏蒙如常，无法挽回。内人右脚肿已全消，疼亦大减，能伸缩而不能行走。虽眼不光脚不健为极苦之境，而三月间势处必死，竟能逃出命来，亦不幸中之幸也。其余合室平安。

澄弟问余所作慎独、主敬等四条，兹抄一分寄去。澄与诸侄辈若能行之，于身心及治家俱大有益。《阅微草堂笔记》系纪文达公所著，多言狐鬼及因果报应之事。长沙如有可买，弟亦可常常阅之。

云仙极言有笔之劣，而筱泉则谓是老实人耳。究以何说为宜？朱唐洲、彭霖系何处人？"俟其至当优待之"。此间差事亦极难逢，瑞臣及厚九近始各得一差，已候半年矣！

封爵敕书同治四年领得。错字极多，令纪泽带至湖北呈弟处。弟因其错误一笑而未收，纪泽即带回湘乡。不知今尚在富厚堂否？拟到京换领，尚未果行。养廉有领与否？可在外省藩库领否？须托人到京一查（余之爵廉未曾领过一次）。

《湖南文征》收到。研翁去年寄书，意欲余为伯宜作碑传等，语甚沉痛。余顷为作伯宜墓志。其《文征》之序，少迟亦当一作，俟作就一并寄南，请弟先告研翁。精力日衰，文笔日陋，则不能强者也。

两处设卡之详未到。鲁、秦二君既十分可靠，将来任以卡务亦无不可。此案余已具奏，思稍收回鄂岸引地，现交户部核议。部若议准，尚须筱泉肯略相助，不一力沮川，乃可期有起色。

任鹤年系何处人？现居何官？督销局向无会办，且姑待之。此间雨已沾足，本月下旬再得甘霖则丰收矣。顺问近好。

兄国藩手具

本日另有一信交江西曾姓五人。

点评：理学家亦看杂书

《能静居日记》中记载曾氏书房里有《红楼梦》，并戏称两江总督衙门里藏有私盐。此信中，曾氏又主张两弟常常阅读纪晓岚的《阅微草堂笔记》。

《红楼梦》说的是小儿女情爱，《阅微草堂笔记》记的是狐仙鬼怪，都与圣人之教相抵牾。曾氏好读此类书，可见他不迂腐，不呆板，不是一个里里外外彻底理学化的迂夫子。

信中提到的《湖南文征》序言，曾氏后来写了，这是曾氏文集中的一篇重要文章，借评点此信略说几句。

《湖南文征》为湘潭人罗研生所主编，收集湘籍文人之作一百九十卷，是一部湖湘文章的大汇集，请曾氏来为此集作序，自然是再恰当不过的人选了。曾氏除自己雅好古文及作为三湘人望不容推辞外，他以病弱之躯作序，还有另外一层原因，那就是主编罗研生的儿子罗伯宜曾经做过他的幕僚。罗伯宜英年去世，曾氏为他作墓志铭。墓志铭中说，咸丰年间，曾在江西处于最困难时期，罗伯宜一直跟随着他，给他做机要秘书，又亲自带领一军攻城略地。到军情稍为缓解后，才回家从事艺文学问事。同治七年再次从戎，死于贵州。曾氏怜爱罗伯宜，为之作墓志铭；出于对子的怜爱，也便接受了为其父所编《湖南文征》作序的要求。

序文仅八百余字，却涵括不少内容。曾氏首先指出，为文无定法，不必强摹古人，一句"人心各具自然之文"，可谓对文章之道的最好表述。然后再对古今文章予以高度概括：一曰理，一曰情，一切文章无非此两类。但说理之文，在阐幽抉微之际往往激宕失中；抒情之文，文字虽悱恻感人，但又失之于太注重词藻而缺乏实在的内容。韩愈力变华靡无实之文风，造成文章中兴，后世更效韩氏之文体来阐明性道。传到乾嘉以后，汉学家们以数千言文章说一字一事，烦琐而空疏，实不足称道。

曾氏晚年文章极简洁而老到，进入了一个很高的境界。末段点出湖湘文章的源头为屈原的《离骚》和周敦颐的《太极图说》、《通书》，更见其学问慧眼。

致澄弟沅弟（安置故旧，追悔往日）

同治十年六月二十七日

澄、沅弟左右：

久未致书，想我弟悬望之至。屡接弟信，承寄健脾糕、茶叶、腊肉之类，谢谢不尽。又代寄南云茶叶、舫仙漆碗，深为感荷。

朱唐洲、欧阳仲諴先后到此，尚无位置。王上国已派先锋官。王瑞臣派宝应厘局，每月三十六金。曾澧楼管纱帽洲炮船五号，每月五十二千。在此间即算优差。鲁秋航已札令回湘，管陈陵矶花畹岗盐卡。此外皆无差可派。武员望泽者，尤多穷困饥疲。公既无事可委，私又无钱可赠，惟有抱愧而已。

余身体尚好。今年不甚酷热，眩晕、疝气等病未发。惟目光昏蒙如常，亦不吃药点药。内人脚肿已消，膝尚作疼，略可站立，不能行动。久病之后，此已算全愈矣。

纪鸿之次子（九年元旦生日）日内有疾，食物全不消化，夜不能寐，亦未服药。余满门平安。聂宅姻事，余已两次回信。余于八九月出外府阅操，请渠冬二月选择吉期，在宁招赘。新郎或八九月到宁，或稍迟再到，听渠裁夺。不知一峰近常与沅弟通信否？

冯树堂已抵家否？渠在此小住兼旬，又至上海访涂朗仙，又至六安州代吴竹如先生相择阳宅阴地，并为涂家择地数处，又言八九月间将至湘乡二十四都等处为我预卜葬地。若果至吾乡，请澄弟殷勤款接。渠昔在祁门，余与之口角失欢，至今悔之。今年渠至此间，余对之甚愧也。

余往年开罪之处，近日一一追悔，其于次青尤甚。昔与次青在营，曾有两家联姻之说。其时温弟、沅弟均尚有未定姻事者，系指同辈说媒言之，非指后辈言之也。顷闻次青欲与纪泽联姻，断无不允之理，特辈行不合，抱惭滋深耳。

长沙无《阅微草堂笔记》，当即以此间一部寄弟。纸板亦坏，较之金陵市店之小板犹略胜耳。

沅弟信中所称德一本家、虎远本家纵容凶恶，与善为仇，诚亦可虑。凡吏治之最忌者，在不分皂白，使贤者寒心，不肖者无忌惮。若犯此症，则百病丛生，不可救药。韫师近日天眷稍替，若更事事将就，则群辈益将恣肆。余近待属吏亦殊颟顸。顷派员至三省密查，求去其尤无良者而已。

澄弟索融峰匾，八月当寄去。梅煦庵顷已到此。待差者虽难位置，然煦庵、唐洲必当有以玉成之也。元六小恙，比已全愈否？至为系念。顺问近好。

兄国藩手具

点评：安置故旧，追悔往日

咸丰七年之前，曾氏对前来投奔的家乡亲朋戚友，待之较苛，许多人满怀希望而来，失望而去。咸丰八年复出之后，他于人事处置方面采取宽容的态度，不仅前来投奔的人尽量予以安置，不让他们抱怨，即便对待保举之事，也都大为放宽。到了晚年，于此更是有增无已。虽然如此，但他仍然有一个尺度，所以才有此信中"惟有抱愧而已"。试想，一个两江总督，所辖三省的绿营尽皆由他节制，再加上长江水师至今仍是他的嫡系部队，他真要安排的话，几个武员算什么？随便下个札子便行了。之所以不委，这便是他心里仍有自己的原则。这一点，他的学生、眼下已与他平起平坐的李鸿章就大为不同了。

李对于凡来投奔的安徽人，不管识与不识，才与不才，均予以安置：亲者识者，委好缺；疏者不识者，委一般的缺；有才者委重缺，无才者做更夫火夫，再不济者，也挂个名，有碗饭吃。他常对手下人说："我们两淮穷苦，自古以来许多人吃不饱饭，现在好不容易弟兄们拉起了一支子弟兵，两淮父老才有了盼头。他们爬山涉水千里迢迢来投靠，无非是求一碗饱饭吃，弟兄们能让他们失望而归吗？"

这几句话温暖了多少两淮穷苦人的心！故而成千上万安徽人走出家乡，投奔淮军出身的官员，来到李鸿章兄弟门下的更多。李这样做，固然让安徽人满意，却也从根本上毁了淮军。淮军官兵良莠不齐，腐败成风，其源便在此。

冯树堂是湖南长沙人，是曾氏青年时代的朋友。冯在京师考会试时，多得曾氏的照顾。咸丰年间也曾参加过曾氏幕府。据欧阳晓岑《水窗春呓》一书记载，在幕府期间，曾氏为一件小事大训冯。冯极为生气，拂袖而归。朋友中对此颇有微辞，认为曾有点仗势欺人。这些年来，曾对往日不当之事颇多追悔，尤觉对不起李元度。曾、李两家最后还是结了儿女亲家。曾的孙子广铨娶李的女儿为妻。此女颇有乃父之风，喜吟咏，刻有《筱吟斋诗集》四卷。

同治十三年（1874），长沙城内所建的曾文正公祠堂落成，曾国潢邀集湘中高年耆宿负时望而有文名者九人，举行诗酒会。李元度作为九老之一赋诗："缅怀文正师，干将懔锋锷。功成荷殊锡，彤弓纪繁弱。"他已捐弃前嫌，与大家一起，对死后的曾氏大唱颂歌了。

致澄弟沅弟（精力太衰，不再纳妾）

同治十年七月二十六日

澄、沅弟左右：

久未寄函与弟，近日亦未接弟信，想各家皆清吉也。纪泽之子曰同儿者，于七月发慢惊风，二十三日酉刻便已殇亡。前此余不知其有病，直至二十二日始闻其腹泻已近二十日，痰涌已历七日（十七日起），因病状不甚要紧，未办医药。

二十二日动风时，即已危险难治矣。此儿初生时，余观八字于五行中缺水缺火，与甲一儿之缺水缺木者相同，即已虑其难于长成，不料其如是之速。纪泽夫妇年逾三十，难免忧伤。然此等全凭天事，非人力所能主持，只得安命静听。余老年衰惫，亦畏闻此等事，强自排解，以惜余年，两弟尽可放心。

善长（即玉二）带一婢女来，云将为吾置篷，系昌期所办，而吾弟亦赞成之者。吾以精力太衰，理不久于人世，不欲误人子女，故不收纳，不久即当倩媒另行择配。

江境兵勇太少，缓急无可倚恃。现令章合才招湘勇三千东来，派朱唐洲、李健斋为营务处，梅煦庵为支应委员。薪水则朱六十金，李、梅各四十金，略为位置三人。此外谋差而无以位置者尚极多也。

余衰颓日甚，每日常思多卧多躺，公事不能细阅，抱愧之至。看书未甚间断，不看则此心愈觉不安。偶作古文，全无是处。研生兄处文二篇，兹有一信寄渠，请弟转交。伊辅先生文一篇，托弟交丁子开（骅）。前曾寄信，此次未写也。祖、考两处墓表皆已作就，皆不称意，下次再行寄回。如其可用，则请沅弟书就刊刻。

左帅疏荐沅弟及芗泉，此间亦闻是说。其萌退志，则未尝闻之。章合才言其精神百倍，多酒健饭，现派刘省三出关剿新疆伊黎之贼。左帅平定甘肃之后，恐下文尚长，亦由天生过人之精力，任此艰巨也。

余拟于八月初出省大阅，大约两月后乃可旋省。此间岁事丰稔。高田间有伤旱之处，而亦可望七八分。涂朗仙放湖南臬司，本属有德，近更优于才，湖南之福也。此间近好。

兄国藩手具

点评：精力太衰，不再纳妾

曾纪泽正月间生的儿子，不幸夭折了。曾纪泽年已三十三岁，与刘氏夫人结婚十二三年，其间共育有一子三女，而今只存活两个女儿。在那个十分看重以儿子承继香火的年代，身为长房的曾纪泽，对此儿的夭折该是多么的痛心！老来纯系普通老人心思、十分盼望家中人丁兴旺的曾氏，面对此种打击，心情也很难受。所谓"强自排解"，正是无可奈何也。

关于买妾的事，在这里有了交代。这个妾终于没纳成，也幸而没纳成，为只剩半年生命期的曾氏免去了一桩遭人诟病的风流案。他当年所纳的陈氏妾，过门不久即患病，跟随他亦不过一年多时间，想必没有给他带来多少快乐，却为他的"圣贤"形象添了一道阴影；倘若当时忍耐一下，不纳陈氏妾的话，说不定在崇拜者的心中，他的形象还会更高大一点。

谕纪泽纪鸿（与王闿运相见于徐州）

同治十年九月二十八日

字谕纪泽、纪鸿儿：

迭接纪鸿二十二日、纪泽二十三四五日所发各禀，具悉一切。

余于二十二日未刻抵常州。二十三日看操。二十四五过无锡、常熟。二十六日在福山看操。二十七日季君梅、杨滨石及府县请游虞山二寺。二十八申刻抵苏州，将上岸小住三日。初二日计可离苏赴松。

二十五六七三日皆连夜行船，体尚平安。惟眼蒙较甚于在署时，到上海当一找张石谷，然内障总无治法也。吾望尔兄弟殚心竭力，以好学为第一义，而养生亦不宜置之第二。吾近日寄澄、沅两叔信甚稀，纪泽宜常寄禀，以十日一次为率。壬秋、星泉二十五果成行否？宝秀果全愈否？常常挂念。署中用度宜力行节俭。近询各衙门，无如吾家之靡费者，慎之。此谕。

涤生手示（阊门外）

点评：与王闿运相见于徐州

曾氏重返金陵任江督一年零三个月，并无多少建树，其间最重要的一次活动即出省大阅。这次以检阅徐、淮、常、镇、苏、松等郡军营为主要内容的大阅，起自同治十年八月十三日，结束于十月十五日，历时两个月。这是曾氏一生中的最后一次阅兵，也是他的最后一次大举措。

曾氏走的是水路。从金陵城出发后抵达扬州，然后从扬州改行京杭大运河北上至清江浦、徐州，再沿着运河南下扬州，在镇江再沿运河继续南下。从常州到苏州，再从苏州到松江到上海，最后从上海回到金陵城。

此信中问二子："壬秋、星泉二十五果成行否？"星泉即欧阳星泉，欧阳牧云子。欧阳牧云为欧阳夫人长兄，八月一日在家乡去世，在金陵城做事的星泉回家奔父丧。壬秋即王闿运，他亦回湖南，于是二十五日两人同舟。王闿运这次是会试再次不第，由京师取道山东、江苏回家。船过清江浦时，恰遇曾氏大阅至此。两人有七年未曾见面了，在此相逢，彼此都很高兴。

为便于深谈，王请求让他陪伴着一道到徐州，曾氏同意了。于是从九月初二起直到二十日，前后十九天，王陪着曾氏一路北上到徐州，然后又一同南下，直到镇江两人方才分手。这段时间，曾、王有过多次谈话。王送曾新著《桂阳州志》，曾在舟中抽空翻阅。镇江分别时，曾送王一首五言长诗，外加一笔路费。

诗中写道："尘块正纷絮，邂逅扶英彦。乖离七易霜，天遣更相见。""尽抉诸经心，始知老儒贱。探箧出新编，照座光如电。说《易》烛大幽，笺《书》祛众眩。旁及庄生旨，抵峨发英眄……湖湘增景光，老怀亦忻汴。"

王比曾小二十多岁，功名不过一举人，社会地位仅一主讲。曾氏对他这等礼遇，固然是因为王的学问文章好，但更主要的是曾氏本人有一种礼贤下士的胸襟。

谕纪泽（视察江南机器局）

同治十年十月十一夜

字谕纪泽儿：

接尔十月初四、五、六、七等日来禀，具悉一一。澄叔及纪瑞、纪官各信亦均阅过。吾乡二十四都进学五名之多，洵为从来所未有。

吾自松江初七起行，申刻即至上海。应酬三日，毫无暇晷。

初十日，各官备音尊为余预祝，十一日又将备音尊正祝。余力辞之，而自备酒面款接各客。内厅抚、提、藩等二席，外厅文武印委等二十席。虽费钱稍多，而免得扰累僚属，此心难安。巳正席散，即登舟起行，傍夕抵吴淞口。十二日可看水陆操演。十三再看半日，即驾轮舟西还，计十四可达金陵。

彤云以轮船三号送我。如魁将军尚未起身，当以恬吉一号送之赴鄂。第冬令水涸，九江以上节节浅阻。彤云深恐轮舟能往而不能返，坚请到鄂不停留一日，即放该船回沪。尔可与将军订定。若将军十五后再行，则程仪可待余归再送。第此信到宁，恐余已先到耳。余不一一。

涤生手示（吴淞口舟中）

点评：视察江南机器局

十月初七日，曾氏由松江府来到上海，住江南机器制造局。第二天，在制造局负责人徐润等人陪同下视察该局，参观即将建成的第五号轮船。该局建造的前四号轮船，均由曾氏命名，分别为"恬吉"、"威靖"、"操江"、"测海"，已成为外海水师的主力舰艇。初九日，曾氏在制造局会见一批外国公使，计有日本领事官忠道、延长，英国护领事达文波、护副领事法礼士，奥斯马加国领事施利克，美国领事西华、副领事晏玛太，丹麦领事庄纯北，德国领事温策楞，西班牙领事官班兰生。

十一日，曾氏大阅途中在上海迎来他的六十晋一的生日。按今天的算法，这才是他的六十大寿的日子。曾氏自己掏钱，以面席招待僚属。据他的日记记载，这一天前来拜访的客人极多，他只与一个人谈话最久，此人名叫孙家谷，"渠出使外洋诸国三年，故与谈询洋务"。

看制造局，接见外国领事，与出洋三年的孙家谷长谈，这些都鲜明地表示曾氏晚年对洋务的极端重视。就在这次大阅之前的一个月，曾氏还与李鸿章会衔给朝廷上了一道在中国近代史上堪称具有划时期意义的奏折，其折名《拟选聪颖子弟赴泰西各国肄业折》，即选派聪颖少年出国留学。

一年前，曾氏在天津办教案，江苏巡抚丁日昌向他提了一个建议：选派聪颖幼童去泰西各国学习军政、船政、步算、制造诸术，十余年后业成而归，使西人擅长之技中国皆能谙悉，然后可以渐图自强。曾氏欣然接受，在同治九年九月十六日、同治十年正月十二日的奏折中附带提到此事。这次又与李鸿章会衔单独专门谈这件事，并提出了具体方案：每年选拔十五岁左右聪颖少年三十名，分四年共一百二十名，在外国学习十五年，首尾二十年共需银一百二十万两。又为之制定章程十二条，以便朝廷切实考虑。

曾、李这道奏折得到朝廷的允准。同治十一年、同治十二年、同治十三年、光绪元年每年选派一批，四批共一百二十余人，全部赴美就读。此事开了近代中国官费留学生的先河，被誉为亘古未有之创举，对中国现代化进展的影响不可估量。

留美幼童

致澄弟沅弟（养生六事与为学四字）

同治十年十月二十三日

澄、沅两弟左右：

屡接弟信，并阅弟给纪泽等谕帖，具悉一切。兄以八月十三出省，十月十五日归署。在外匆匆，未得常寄函与弟，深以为歉。小澄生子，岳松（崧字与岳字重复，应写此松字）入学，是家中近日可庆之事。沅弟夫妇病而速痊，适朱氏侄女生子不育而不甚忧闷，亦属可慰。

吾见家中后辈体皆虚弱，读书不甚长进，曾以养生六事勖儿辈：一曰饭后千步，一曰将睡洗脚，一曰胸无恼怒，一曰静坐有常时，一曰习射有常时（射足以习威仪强筋力，子弟宜多习），一曰黎明吃白饭一碗不沾点菜。此皆闻诸老人，累试毫无流弊者，今亦望家中诸侄试行之。又曾以为学四字勖儿辈：一曰看生书宜求速，不多阅则太陋；一曰温旧书宜求熟，不背诵则易忘；一曰习字宜有恒，不善写则如身之无衣，山之无木；一曰作文宜苦思，不善作则如人之哑不能言，马之跛不能行。四者缺一不可。盖阅历一生，而深知之深悔之者，今亦望家中诸侄力行之。养生与力学，二者兼营并进，则志强而身亦不弱，或是家中振兴之象。两弟如以为然，望常以此教诫子侄为要。

兄在外两月有余，应酬极繁，眩晕、疝气等症幸未复发，脚肿亦因穿洋袜而愈。惟目蒙日甚，小便太频，衰老相逼，时势当然，无足异也。

聂一峰信来，言其子须明春乃来，又商及送女至粤成婚一层。余复信仍以招赘为定，但许迟至春间耳。

章合才果为庸才，其军断难得力。刘毅斋则无美不备，将来事业正未可量。其欠饷，余必竭力助之。王辅臣亦庸庸，颇难寻一相宜之差。

东台山为合邑之公地，众人属目，且距城太近，即系佳壤，余亦不愿求之己有，信复树堂矣。

茶叶、蛏虷、川笋、酱油均已领到，谢谢！阿兄尚未有一味之甘分与老弟，而弟频致珍鲜，愧甚愧甚。川笋似不及少年乡味，并不及沅六年所送，不知何故？

鸣原堂文，余竟忘所选之为何篇，请弟将目录抄来，兄当选足百篇，以践宿诺。祖父墓表即日必寄去，请沅弟大笔一挥，但求如张石卿壁上所悬之大楷屏（似沅七年所书）足矣，不必谦也。顺问近好。

国藩手具

> **点评：养生六事与为学四字**

曾氏身体应属不强壮之列，同时代的"中兴"名流如左宗棠、彭玉麟、李鸿章等人都活了七十多岁，但曾氏却喜谈养生，也很注重养生。我们来看他所说的养生六事：饭后散步、临睡洗脚、不烦恼、静坐锻炼、早起吃白饭不吃菜，除最后一条较难理解外，其他五条都符合今天的养生科学。

曾氏三十岁时患肺病，几于不治。肺病在当时被视为绝症，他虽然死里逃生，但很可能此病对他的身体伤害极大。中年后患的癣疾伴他后半辈子，晚年患肾病、心血管病兼双目白内障。可谓终其生，他没有多少健康的岁月。曾氏以一病弱之躯，在短短的六十年里，读书，做官，写诗文，筹建军队，指挥打仗，一人做了两三人的事，而且样样都做得比别人好。之所以能坚持下去，除了过人的毅力外，说不定正是得力于他持之以恒的养生之道。

他的为学四字：一曰速。即博览群书，扩大知识面。二曰熟。即对经典之作反复读，并且能背诵。三曰恒。即坚持临帖习字，书法要好。四曰思。即做文章要有自己的见解、自己的思想。除第三字因电脑被广泛运用，书法淡出外，其他三字均对今天的读者仍有启发。尤其是"熟"字，今天的读书郎往往不太重视。他们认为现在有了电脑，前人的东西，动一下鼠标就出现在荧屏上，还要记在脑子里做什么？其实，存在人脑里和存在电脑里是大不相同的。存在人脑里的知识是接受新知识的基础，也是产生新才智的源头。没有旧知作底，好比石板上没有土壤，任何新知的种子都不可能在此生根发芽。再说，人们在日常工作中处理事情、思索创造、著书立说等等，能时时从电脑里去找根据，找启发，找灵感吗？倘若脑子里一片空白，即便想找也无从着手。趁着年轻记忆力好的时候，必须在脑子里多储存前人已获取的宝贵知识，将它变为自己的精神财富，这是一切伟大创新的基础。不管科学技术发展到何等先进地步，人脑的记忆都是不可取代的。

致澄弟沅弟（曾广铨出抚伯父）

同治十年十一月初八日

澄、沅两弟左右：

近接澄弟一信、沅弟二信，具悉一切。兄自大阅归来，倏已兼旬。身体尚好，眩晕、疝气、脚肿诸症俱未复发。惟目蒙日甚，小便太密，无非以一衰字蔽之。

亲戚来此者龙三及从三之子俱已归去，仅有远房曰江福田者，留老湘营当勇。李健斋、曹镜初俱归，订明春复来。刘毅斋亦已告归。其欠饷五十余万，余已为之设法，约二年可以完清，渠甚以为感。盖寿卿固可敬，毅斋又极可爱，宜沅弟屡函思所以扶植之也。

王笛楼甥来祝寿，亦已返鄂。康侯拟于腊月旋归，因吾将以十一月二十二日迁新衙门，渠同移后始归也。历年有菲仪寄家乡族戚，今年亦稍为点缀。兹命彭芳四送去，乞弟即为分致。毫末之情，知无补于各家之万一。

纪鸿拟以一子出嗣纪泽。余自十月半由苏、沪归来始闻其说，力赞成之。本月拟即写约告祖，不作活动之语。中和公出嗣添梓坪，因活动而生讼端，不如李少荃抚幼泉之子作呆笔耳。

筱荃至湖南查案，必于韫帅有碍。夔石既署抚篆，藩席另放吴公，则中台开缺已无疑义。韫帅和平明慎，不知同乡京僚何以啧啧评贬？宦途信可畏哉！顺问近好。

兄国藩手具

点评：曾广铨出抚伯父

纪泽、纪鸿两兄弟在同治十年正月各生一子，给晚年为病患所苦的曾氏带来极大欣慰。两个婴儿分别取名广铭、广铨。不料广铭在七月间因惊风夭折。纪泽仅此一子而保不住，纪鸿已有两子而新生儿又健康活泼。天道真薄于泽而厚于鸿。于是有了出抚一说。关于此事，曾纪芬的《自订年谱》中有记载："是年正月十八伯兄嫂举一子，名广铭。二十六日仲兄嫂亦举第三子，名广铨。七月，广铭殇。仲兄嫂怜长兄嫂悲哀过度，愿听择一子暂为抚养，俟异日得子再行退还。伯嫂闻之甚喜，即倩余上禀父母。文正公有时寝于上房，则由余侍奉宽衣等事，闻禀欣然云：'即日过继，照李少荃家之办法，何必言日后退还语！'至十一月二十二日移入督署，广铨亦即抱归长房。"

出抚的参照物是李鸿章家的过继事。李鸿章初娶周夫人，生两个女儿而无儿子。李四十岁时仍无子，便从六弟昭庆家中将经方过继。所谓作呆笔，即不管日后生不生儿子，抚子均不再回到亲生父母处。后来继配赵夫人连生三子，经方依旧在李鸿章家。曾家亦是如此办理。同治十二年纪泽生子广銮，光绪五年生子广铷（此子九岁时夭殇），广铨依旧在长房不动。但据曾氏后人所说，这里面还是有些不愉快的事。

首先是曾纪泽去世后，其爵位并未给居于兄长位的抚子广铨，而是给他的亲生子广銮。其二，家中析产时，对广铨苛刻而偏心于广銮。纪鸿长子广钧的女儿曾宝荪的《回忆录》中写道："我五叔（笔者注：即广铨）没有分祖父母的遗产，因为五叔出嗣惠敏公，应得大房遗产。我在这里要说我五叔的德行。他过继在惠敏公房下，后来惠敏夫人——刘蓉之女——自己生了我的六叔及八叔两人，所以我祖父要废抚，但惠敏公决计不肯，说是文正公所定，不能翻悔。惠敏公与刘侯夫人在世时，便将家产分成九份，计大、二姑母各一份，四、六、八叔各一份，惠敏公夫妇各一份，公记一份，五叔一份。当时大、二姑母都去世也无出，四、八叔均幼殇，所以他们的产业都是六叔的，惠敏公夫妇二份更是六叔的，只有公记一份或可对分。家族各处虽啧有烦言，尤其是忠襄公，但他亦无法更改，只好自己送我祖母几十亩田，弥补家用。五叔立志自食其力，不用分家之钱。"

从这段回忆中可以看出，曾纪泽夫妇在对待抚子和亲生子上，分心是何等的厉害露骨！也可知曾氏的家教尽管让两个儿子在大体上继承了家风，有所出息，但人性深处的自私，却并没有得到多少克服。同时，我们也于此看到表面上诗书簪缨、门庭鼎盛的曾氏大家族，其背后所隐藏的不为外人所知的自私、忌妒、争斗、怨尤等等，也许并不亚于别人家。

谕纪泽纪鸿（慎独、主敬、求仁、习劳四课）

同治十年十一月

一曰慎独则心安。自修之道，莫难于养心。心既知有善知有恶，而不能实用其力，以为善去恶，则谓之自欺。方寸之自欺与否，盖他人所不及知，而己独知之。故《大学》之"诚意"章，两言慎独。果能好善如好好色，恶恶如恶恶臭，力去人欲，以存天理，则《大学》之所谓自慊，《中庸》之所谓戒慎恐惧，皆能切实行之。即曾子之所谓自反而缩，孟子之所谓仰不愧、俯不怍，所谓养心莫善于寡欲，皆不外乎是。故能慎独，则内省不疚，可以对天地质鬼神，断无行有不慊于心则馁之时。人无一内愧之事，则天君泰然，此心常快足宽平，是人生第一自强之道，第一寻乐之方，守身之先务也。

二曰主敬则身强。敬之一字，孔门持以教人，春秋士大夫亦常言之，至程朱则千言万语不离此旨。内而专静纯一，外而整齐严肃，敬之工夫也；出门如见大宾,使民如承大祭,敬之气象也;修己以安百姓,笃恭而天下平,敬之效验也。程子谓上下一于恭敬,则天地自位,万物自育,气无不和,四灵毕至。聪明睿智,皆由此出。以此事天飨帝,盖谓敬则无美不备也。吾谓敬字切近之效,尤在能固人肌肤之会筋骸之束。庄敬日强,安肆日偷,皆自然之征应,虽有衰年病躯,一遇坛庙祭献之时,战阵危急之际,亦不觉神为之悚,气为之振,斯足知敬能使人身强矣。若人无众寡,事无大小,一一恭敬,不敢懈慢,则身体之强健,又何疑乎?

三曰求仁则人悦。凡人之生,皆得天地之理以成性,得天地之气以成形,我与民物,其大本乃同出一源。若但知私己,而不知仁民爱物,是于大本一源之道已悖而失之矣。至于尊官厚禄,高居人上,则有拯民溺救民饥之责。读书学古,粗知大义,即有觉后知觉后觉之责。若但知自了,而不知教养庶汇,是于天之所以厚我者辜负甚大矣。

孔门教人,莫大于求仁,而其最切者,莫要于欲立立人、欲达达人数语。立者自立不惧,如富人百物有余,不假外求;达者四达不悖,如贵人登高一呼,群山四应。人孰不欲己立己达,若能推以立人达人,则与物同春矣。后世论求仁者,莫精于张子之《西铭》。彼其视民胞物与,宏济群伦,皆事天者性分当然之事。必如此,乃可谓之人,不如此,则曰悖德,曰贼。诚如其说,则虽尽立天下之人,尽达天下之人,而曾无善劳之足言,人有不悦而归之者乎?

四曰习劳则神钦。凡人之情,莫不好逸而恶劳,无论贵贱智愚老少,皆贪于逸而惮于劳,古今之所同也。人一日所着之衣所进之食,与一日所行之事所用之力相称,则旁人韪之,鬼神许之,以为彼自食其力也。若农夫织妇终岁勤动,以成数石之粟数尺之布,而富贵之家终岁逸乐,不营一业,而食必珍羞,衣必锦绣,酣豢高眠,一呼百诺,此天下最不平之事,鬼神所不许也,其能久乎?

古之圣君贤相,若汤之昧旦丕显,文王日昃不遑,周公夜以继日坐以待旦,盖无时不以勤劳自励。《无逸》一篇,推之于勤则寿考,逸则夭亡,历历不爽。为一身计,则必操习技艺,磨炼筋骨,困知勉行,操心危虑,而后可以增智慧而长才识。为天下计,则必己饥己溺,一夫不获,引为余辜。大禹之周乘四载,过门不入,墨子之摩顶放踵,以利天下,皆极俭以奉身,而极勤以救民。故荀子好称大禹、墨翟之行,以其勤劳也。

军兴以来,每见人有一材一技、能耐艰苦者,无不见用于人,见称于时。其绝无材技、不惯作劳者,皆唾弃于时,饥冻就毙。故勤则寿,逸则夭,勤则有材而见用,逸则无能而见弃,勤则博济斯民,而神祇钦仰,逸则无补于人,而神鬼不歇。是以君子欲为人神所凭依，莫大于习劳也。

　　余衰年多病，目疾日深，万难挽回，汝及诸侄辈身体强壮者少，古之君子修己治家，必能心安身强而后有振兴之象，必使人悦神钦而后有骈集之祥。今书此四条，老年用自儆惕，以补昔岁之愆；并令二子各自勖勉，每夜以此四条相课，每月终以此四条相稽，仍寄诸侄共守，以期有成焉。（同治十年金陵节署中日记）

点评：慎独、主敬、求仁、习劳四课

　　这封信所说的四门日课，最早见于曾氏同治九年九月二十二日日记。其时曾氏已奉调两江，天津教案的处理也告一段落，第二天一早即由儿子纪泽陪同进京陛见，然后再南下金陵。这天晚上，他在天津寓所写下一段日记："是日细思古人功夫，其效之尤著者约有四端：曰慎独则心泰，曰主敬则身强，曰求仁则人悦，曰思诚则神钦。慎独者，遏欲不忽隐微，循理不问须臾，内省不疚，故心泰。主敬者，外而整齐严肃，内而专静纯一，斋庄不懈，故身强。求仁者，体则存心养性，用则民胞物与，大公无我，故人悦。思诚者，心则忠贞不贰，言则笃实不欺，至诚相感，故神钦。四者之功夫果至，则四者之效验自臻。余老矣，亦尚思少致吾功，以求万一之效耳。"

　　与上段日记相比，有三个字不同。一是第一条的慎独则心泰，将"泰"易为"安"，虽换字，意思是一样的。二是第四条思诚则神钦，"思诚"易为"习劳"，这两字改得更好。此外，则是通过诠释文字而将内涵大为丰富拓展。

　　"慎独"一词见于《大学》："所谓诚其意者，毋自欺也。如恶恶臭，如好好色。此之谓自谦，故君子必慎其独也……此谓诚于中，形于外，故君子必慎其独也。"又见于《中庸》："莫见乎隐，莫显乎微，故君子慎独也。"

　　慎独，即谨慎独处：一个人在独处时，也能做到严格要求自己，不妄取不苟为。在儒家学说中，慎独，乃是修身的最高境界。宋明理学家最重视的也就是人在独处时的态度。曾氏道光年间在京师拜倭仁、唐鉴为师研习理学，其中最主要的一项内容也即为此。我们看到他那时的日记中，常常充满了对自己的指责，甚至辱骂，而其"错"往往是独处时的思想失落。试看道光二十二年十月初十日的一则日记："昨夜梦人得利，甚觉艳羡，醒后痛自惩责，谓好利之心至形诸梦寐，何以卑鄙若此！"

　　梦中的事，天地间惟有他一人知道，即便对于这种状况下所流露的一丝贪欲，他也要写在日记上，对自己痛自刻责，"慎独"到了何等自觉的地步！令人不由得想起"文革"期间所提倡的"灵魂深处爆发革命"。

前附的《君子慎独论》，就写在这个时期。文章开篇便说："尝谓独也者，君子与小人共焉者也。小人以其为独而生一念之妄，积妄生肆，而欺人之事成；君子懔其为独而生一念之诚，积诚为慎，而自慊之功密。"他在分析君子与小人在独处时对"善"与"不善"的不同想法之后，概括道："独知之地，慎之又慎。此圣经之要领，而后贤所切究者也。"一个人独处尚且能为善去恶，其心中自然无一内愧之事，什么时候都能坦然面对世界。

人们都知道，养生首在养心，最大的快乐在于心情的愉悦。慎独则是最好的养心，将可使人得到最大的快乐。

曾氏的第二条"主敬则身强"，实际上讲的是一个人的精神状态的重要性。我们在自己的周围常常可以看到两种不同的典型：一种人自强、自信、自立，对待工作、对待生活庄敬严肃。这种人必定事业有成，生活充实。一种人做什么事都提不起精神，一副萎靡不振的模样，事业上既无追求，生活上又毫无节制。这种人固然做不出成绩来，即便是身体也不会好。曾氏希望儿子以主敬来达到身强的目的，也就是说希望儿子做精神状态好的人。

曾氏的第三条，用今天的话说就是对人要有爱心。你关爱别人（欲立立人，欲达达人），别人也就欢迎你。儒家对这种关系，有一个说法叫做"民胞物与"。关于"民胞物与"，笔者在前面的评点中已说过。曾氏认为张载此说是对"仁"的最精当的阐述。

曾氏的第四条是说人应当用自己的劳作来换取生存和社会地位。圣君贤相，以自己的智慧给天下百姓带来福祉；升斗小民，则凭一己之才技为家庭谋食。无论智慧也好，才技也好，皆来自于勤劳艰苦，困知勉行。人付出的劳作与所得之酬赏若相一致，则不会招来忌妒怨恨；反之则难以长久。

曾氏说："若农夫织妇终岁勤动，以成数石之粟、数尺之布，而富贵之家终岁逸乐，不营一业，而食必珍羞，衣必锦绣，酣豢高眠，一呼百诺，此天下最不平之事，鬼神所不许也，其能久乎？"

一百三十余年前，一个侯爵大学士，一个手握重权高高在上的总督，能够清醒地看到当时社会上所存在的这种最不平等的现象，能够对农夫织妇这些处于社会最底层的人们予以同情，对于不事生产却坐享奢豪的富贵之家能有如此谴责，这是多么的不容易！这固然与曾氏出身农家、亲历艰苦有关，但更主要的出于他建筑在学养和阅历上的智慧。作为一个对家族具有深厚责任心的家长，他对于子孙的长远关怀，更多的是形而上的智慧的传授，而不是形而下的财富的遗留。曾氏此刻已是百病缠身，自知不久于人世，他将多年的人生思考凝聚为"慎独、主敬、求仁、习劳"八个字,作为最后的家训传给二子,希望他们牢记于心,传之于后,长保曾氏家族的兴旺不衰。其用心真是良苦深远之极。

关于曾氏的死,其小女曾纪芬在《自述》中有较为详细的记载:"是年(笔者注:同治十一年,即1872年)正月二十三日,文正公会客,偶患脚筋上缩,移时而复。入内室时,语仲姊曰:'吾适以为大限将至,不自意又能复常也。'至二十六日出门拜客,忽欲语而不能,似将动风抽搐者,稍服药旋即愈矣。众以请假暂休为劝。公曰:'请假后宁尚有销假时耶?'又询欧阳太夫人以竹亭公逝时病状。盖竹亭公亦以二月初四日逝世也。语竟,公曰:'吾他日当俄然而逝,不至如此也。'至二月初四日,饭后在内室小坐。余姊妹剖橙以进,公少尝之,旋至署西花园中散步。花园甚大,而满园已走遍,尚欲登楼,以工程未毕而止。散步久之,忽足屡前蹴。惠敏在旁请曰:'纳履未安耶?'公曰:'吾觉足麻也。'惠敏亟与从行之戈什哈扶掖,渐不能行,即已抽搐,因呼椅至,掖坐椅中,舁以入花厅,家人环集,不复能语,端坐三刻遂薨。二姊于病亟时祷天割臂,亦无救矣。时二月初四日戌时也。"

从症状来看,曾氏当死于中风,正月份的脚抽筋、失语等为其先兆。奇怪的是,他与乃父死于同月同日,只是晚了十五年。曾氏归葬于湖南善化,墓址在今日湖南望城县坪塘镇。墓穴为曾国荃选定。两年后欧阳夫人去世,享年五十九岁,与丈夫合墓。长沙市政府已将曾氏夫妇墓辟为旅游景点。

曾氏夫妇合葬墓(在今湖南省望城县坪塘镇)

古人云：君子之泽，五世而斩。纵观古往今来，家族鼎盛的局面能传到五代以下的确是微乎其微，但曾氏家族则至少在五代之内代有英才，是海内极为少见的长盛之家。下面，笔者对这五代略作一点介绍：

第一代：曾氏兄弟。

第二代：曾纪泽，著名外交家，在收复伊犁地区的中俄谈判中维护了国家的主权和尊严。这是近代中国惟一一次获胜的外事活动。曾纪鸿，数学家，撰有《对数详解》、《圆周率考真图解》等书。

第三代：曾氏长孙曾广钧，翰林，著名诗人，有《环天室诗集》行世。曾氏三孙曾广铨，外交家，三十三岁时即任出使韩国大臣。

曾宝荪（1893—1978）

曾约农（1893—1986）

曾昭抡（1899—1967）

曾昭燏（1909—1964）

第四代：曾氏曾孙女曾宝荪。民国五年获伦敦大学理科学士学位，为中国第一位在西方获得学位的女子。她是一位基督徒，终身未嫁，一生献与教育事业，创办长沙艺芳女子学校，并任过湖南省立第一女子师范学校校长，湖南省立第二中学校长，第二届、第三届太平洋国际讨论会中国代表，湖南省临时参议会参议员，国民政府参议会参议员。

曾氏曾孙曾约农，英国伦敦大学博士。他亦是基督徒，终身未娶，与堂姐宝荪一起终生致力于教育事业，曾任湖南克强学院院长、台湾东海大学校长等职。

曾国潢曾孙女曾昭燏，英国伦敦大学硕士、德国柏林大学研究员，曾任南京博物院院长等职。她是一位著名的考古学家，亦终身未嫁。

曾国潢曾孙曾昭抡，美国麻省理工学院博士，著名化学家，曾任过高教部副部长、中国科学院学部委员（即院士）。其夫人俞大姻的母亲曾广珊乃曾氏的孙女，他们的婚姻属姑表开亲。俞大姻为英国牛津大学文科学士，做过南京中央大学教授。

第五代：曾宪植。宪植为曾国荃的玄孙女。她是一位女革命家，曾参加过北伐战争、广州起义，1937年与叶剑英结婚。先后任过全国妇联书记处书记，党组副书记、副主席等职。

曾厚熙，亦为曾国荃的玄孙。早年毕业于华中大学，后长期定居香港，曾任过华南大学艺术学院院长，是誉满海外的画家，曾被联合国聘为文教委员。

难道曾氏家族中真有一种基因密码可以一代代传下去吗？难道上天刻意要在每代曾氏子孙中安置几个人才吗？显然都不是。曾氏家族之所以人才辈出，是因为有一种世代相传的浓郁的文化氛围的薰陶；而这种文化氛围的形成，则得力于后世子孙遵奉曾氏的家教。